유수연 토익
실전 1000제
LC 해설집

커넥츠 영단기

유수연 토익 실전 1000제 LC 해설집

저자	유수연
연구 개발	함연식 조인희 김혜림 김서애 박가영
기획 총괄	최봉수 김효신
기획·편집	정유상
마케팅·영업	남용석 이진홍 김소영 손지한 임윤조
디자인 총괄	김지원
표지 디자인	이정화
내지 디자인	닷츠
펴낸날	초판 1쇄 2018년 5월 15일
	2쇄 2018년 7월 26일
펴낸이	윤성혁
펴낸곳	(주)에스티유니타스
홈페이지	eng.conects.com
고객센터	1600-1517
주소	서울시 강남구 영동대로 417 오토웨이타워 2F
등록번호	제2015-000186호

이 책에 실린 모든 글과 사진, 일러스트를 포함한 디자인 및 편집 형태, 배포에 대한 권리는
(주)에스티유니타스에 있으므로 무단으로 전재하거나 복제, 배포할 수 없습니다. 파본은 교환해 드립니다.

머리말

"우리는 오늘도 토익을 준비하고 있다."

취업을 준비하는 우리의 목표는 단기간에 효율적으로 토익 고득점을 만들어 최대한의 경쟁력을 갖추는 것입니다.

그러기 위해서는 우선 토익을 제대로 이해하는 것부터 시작해야 합니다.
우리가 접해 온 수능 영어나 토플은 상위 학습을 위한 지식의 습득을 목표로 하기 때문에 아카데믹한 성향이 강하며, 문장 해석 위주로 내용을 이해하는 것에 초점을 두었습니다. 하지만 토익은 아카데믹한 성향의 수험 영어와는 달리 커뮤니케이션 능력에 중점을 두어 일상생활 또는 국제 업무 등에 필요한 실용 영어 능력을 평가하는 시험입니다.

특히, 토익 LC는 무조건 열심히 듣는다고 고득점이 나오는 것은 아닙니다.
자주 나오는 상황이나 대화 또는 담화의 유형 등을 '눈과 머리'로 먼저 공부한 후 귀로 훈련을 해야 합니다. 아는 만큼 들리는 것이기 때문에 PART별 전략과 패턴들을 습득한 후에 듣기 훈련에 들어가는 것이 효과적입니다.
또한 실전 모의고사를 푼 후에는 항상 푼 문제를 철저히 분석하여 정답과 오답의 패턴을 파악하고 빈출 어휘, 주요 표현 등을 확인하는 과정이 필요합니다

〈유수연 토익 실전 1000제 LC〉는 수험생 여러분이 단기간에 목표 점수를 달성할 수 있도록 최근 1년간 토익의 출제 경향과 난이도를 완벽히 분석하여 현 토익 트렌드를 정확히 반영한 실전 문제집입니다. 해설에는 토익 LC에 출제되는 정답과 오답 패턴을 수록하여 실전 문제이지만 수험생 여러분이 꼼꼼히 기본기를 다질 수 있도록 제작하였습니다.

경기 침체 속에 취업을 해야 하는 이 어려운 시기에, 여러분의 노력이 최대한의 결과를 가져오기를 희망하며, 단기간에 '토익'이라는 시험을 넘고 좀 더 경쟁력 있는 자신을 만들어 가기 바랍니다.

유수연 드림

유수연의 토익 LC
끝내기 라인업

토익 끝내기 5단계 라인업

기초/입문	기본/중급	실전 대비	최종 점검	시험 직후
영단기 新토익 스타트 LC	영단기 新토익 LC	유수연 토익 실전 1000제 LC	마라톤 특강	토익 총평 강의

토익 단기 고득점을 위해서는 분명한 공부 전략과 시험에 반드시 나오는 유형만을 짚어 주는 1등 강사에게 배워야 합니다.

기초/입문

영단기 新토익 스타트 LC (교재/유료 강의)
- 30일 커리큘럼으로 기초를 완전 정복하는 토익 LC 입문서

기본/중급

영단기 新토익 LC (교재/유료 강의)
- 기본에서 실전까지 한 권으로 끝내는 토익 LC 기본서

실전 대비

유수연 토익 실전 1000제 LC (교재/유료 강의)
- 최근 토익 시험의 출제 경향과 난이도를 완벽히 분석하여 현 토익 트렌드가 정확히 반영된 문제로 실전을 대비하는 토익 LC 실전서

최종 점검

마라톤 특강 (무료 특강)
- 89,000명이 열광한 시험 전 필수 특강
- 매월 토익 시험 전에 최종 실전 점검을 위한 PART별, 테마별 무료 특강 제공!

시험 직후

토익 총평 강의 (무료 특강)
- 최신 토익 출제 유형 트렌드 파악

유수연의 토익 LC
끝내기 비법 FAQ

Q1	신토익으로 바뀌면서 LC에서 가장 많이 달라진 부분은 무엇인가요?
A	**1. PART별 문항 수의 변화** PART 1 10문제 → 6문제 PART 2 30문제 → 25문제 PART 3 30문제 → 39문제 PART 4 30문제 → 30문제	**2. PART 3, 4에 신유형 문제 추가** PART 3, 4에서 '화자의 의도 파악 문제'가 각 2, 3문제, '시각 자료 연계 문제'가 각 3, 2문제씩 출제되며, PART 3에서 2명의 대화만 나오는 것이 아니라 3명의 대화가 1~2개 출제됩니다.

Q2	신유형이 추가되면서 난이도의 변화도 있나요?
A	네, PART별 문항 수가 변화되고, 신유형 문제가 추가되어 실질적인 난이도가 높아졌습니다. PART 2에서 직접적인 답변의 출제 빈도는 줄고, 우회성 답변의 출제 빈도가 높아졌습니다. PART 3, 4의 '화자의 의도 파악 문제'는 대화/담화 속 해당 표현 앞뒤 내용의 정확한 이해가 필요합니다. PART 3, 4의 '시각 자료 연계 문제'는 대화/담화에서 언급되는 내용과 문제지에 제시된 시각 자료를 연계하여 답을 찾아야 합니다.

Q3	모의고사 문제를 풀 때 가장 중요한 것은 무엇인가요?
A	많은 분들이 실전 감각을 익히기 위해 모의고사로 마무리 학습을 하거나 정기적으로 주 1회 모의고사를 풉니다. 하지만 단순히 모의고사를 많이 푼다고 실전 감각이 생기는 것은 아닙니다. 실전 감각을 익힌다는 것은 실제 시험에서 자신이 아는 것을 최대한 점수로 연결시킬 수 있게 연습을 하는 것입니다. 그러기 위해서는 단 1회의 모의고사를 풀더라도 채점 후 철저한 스크립트 분석과 틀린 문제의 정확한 출제 의도 파악, 잘못된 문제 풀이 접근 방법을 개선하고자 하는 고민과 노력이 필요합니다.

Q4	선생님이 추천하는 LC PART별 공부법은 무엇인가요?
A	모든 PART에서 가장 중요한 것은 스크립트 분석입니다. 문제를 푼 후에는 꼭 스크립트 분석을 하시기를 권합니다. PART 1, 2는 소거 대상인 오답 어휘를 확인하고 해당 어휘의 정확한 의미와 쓰임을 알아 두시는 것이 중요합니다. 특히 PART 2는 질문의 의도를 알 수 있는 앞에 3~4단어에 표시하고 보기에서 답을 선택해 봅니다. 오답 보기도 그냥 넘어가지 말고, 출제자가 어떤 이유로 이 오답 보기를 출제했는지 5가지 오답 유형에서 확인하기 바랍니다. PART 3, 4는 문제에서 키워드를 정확히 확인하고 문제의 의도가 무엇인지 적어 둡니다. 그리고 정답의 단서가 대화/담화의 상·중·하 어느 부분에서 언급되는지 표시합니다. 또한 대화/담화의 스크립트를 반복적으로 읽으면서 내용과 흐름을 파악해 두시기 바랍니다. 점수대가 낮은 초급자나 입문자의 경우 해석을 보면서 대화/담화의 내용과 흐름을 파악하는 것이 좋습니다. 마지막 한 가지! 몰랐던 단어나 표현들은 문장이나 구 단위로 소리 내어 읽으면서 암기합니다.

유수연의 토익 LC PART별 실전 전략

출제 의도를 알아야 토익을 단기간에 끝낼 수 있다.

토익은 출제자의 의도를 정확히 파악해야 단기간에 원하는 점수를 얻을 수 있다. PART 1은 상황별 어휘 및 표현 구사력을 묻고, PART 2는 질문을 빠르게 파악하여 적절한 응답을 고를 수 있는지를 묻는다. 상대적으로 내용이 긴 PART 3, 4는 대화/담화의 상황을 이해하고 필요한 정보를 캐치할 수 있는지 묻는 것이다.

PART 1 기본 문제 풀이 전략

- STEP 1 사진 파악 음성이 나오기 전에 사진을 미리 보고 시선을 떼지 않는다.
- STEP 2 받아쓰기 음성을 들으면서 빠르게 핵심어 1~2단어를 받아쓴다.
- STEP 3 소거법 사진에서 보이지 않는 단어(동사, 명사)가 들리는 보기는 바로 소거한다.
- STEP 4 정답 확인 오답을 먼저 제거하고 남은 것을 정답으로 선택한다.

고난도 문제 풀이 전략

1. 유사한 동작을 묘사하더라도 마지막에 언급되는 명사를 확인하라.
2. 사람 유무에 관계없이 정답이 되는 수동태 진행형(be being p.p.)은 따로 있다.
3. 익숙하지 않은 사물이나 자연 현상을 묘사하는 표현을 확인하라.

PART 2 기본 문제 풀이 전략

- PART 2 문제의 80%는 앞의 3단어에서 답이 결정된다.
- 5가지 오답 유형 제거가 중요하다.
- 문제를 듣자마자 보기가 나오기 전에 15가지 출제 유형을 파악해야 한다.
- 중급자들은 받아쓰기를 위주로, 고득점자는 reaction을 위주로 공부해야 한다.

15가지 출제 유형과 5가지 오답 유형

15가지 출제 유형		5가지 오답 유형
의문사 의문문	1. Who 의문문	
	2. Where 의문문	
	3. When 의문문	
	4. Why 의문문	1. Yes/No 오류
	5. How 의문문	2. 다른 의문사(의도)에 대한 답변
	6. What/Which 의문문	3. 주어(대명사) 오류
일반 조동사 의문문	7. 간접 의문문	4. 유사 발음, 동일/연상 어휘 오류
	8. 조동사 의문문	5. 시제 오류
	9. 선택 의문문	
	10. 권유/제안/요청 의문문	
	11. 부가/부정 의문문	

평서문	12. 평서문
우회성 답변	13. I don't know
	14. 반문
	15. 간접 상황

PART 3, 4 기본 문제 풀이 전략

- STEP 1 문제의 키워드를 반드시 확인하라.
- STEP 2 키워드를 통해 문제의 의도를 확인하고 대화/담화의 흐름을 예측하라.
- STEP 3 문제의 정답 단서는 문제가 제시된 순서대로 언급된다.

PART 3, 4 불변의 원칙

1. 정답은 대화/담화의 진행 순서대로 등장한다.
2. 질문은 정해진 유형에서 벗어나지 않는다.
3. 대화/담화에서는 구체적인 내용으로 언급되지만 정답은 포괄적인 표현으로 제시된다.
4. man(남자) 질문은 남자의 대사에서 답이 나온다. / 담화의 전개 방식은 패턴화되어 있다.

빈출 문제 유형

- 유형1 기본 정보
  - 대화/담화 상황에 대한 기본적인 정보를 묻는 문제로, 처음 2줄에 정답의 단서가 있는 문제
  - 주제/목적/장소/직업/업종 문제
- 유형2 구체적 정보
  - 대화/담화에서 언급되는 구체적인 내용을 묻는 문제로, 지문 중간에 정답의 단서가 있는 문제
- 유형3 미래 정보
  - 대화/담화 이후에 발생할 내용을 묻는 문제로 마지막 2줄에 정답의 단서가 있는 문제
  - 권유/제안, 요구/요청, next, 미래 시점 문제

신유형 문제 풀이 전략

화자의 의도 파악 문제 풀이 전략	시각 자료 연계 문제 풀이 전략
1. 제시된 문장과 같은 뜻의 보기는 제거한다. 2. 포괄적으로 상황을 설명한 것이 정답이다. 3. 대화/담화에서 문제에 제시된 표현이 언급되는 곳 앞뒤에 있는 연결어를 주의한다.	1. 대화/담화에서 직접적으로 언급된 보기는 정답이 아니다. 2. 일정표는 일정의 변경, 취소 등을 확인하라. 3. 지도 관련 시각 자료는 장소 전치사가 문제 풀이의 핵심이다. 4. 그래프는 서수, 최상급, 수량에 대한 언급에서 정답을 파악할 수 있다. 5. 브로셔, 쿠폰, 영수증은 잘못된 정보를 찾는 문제가 주로 나온다.

토익 시험 정보의 모든 것

토익 소개

TOEIC 시험이란?
TEST OF ENGLISH FOR INTERNATIONAL COMMUNICATION의 약자로, 모국어가 영어가 아닌 사람이 일상적인 생활 또는 업무에서 의사소통이 가능한지를 평가하는 시험입니다.

시험 구성
듣기(LC) 4개 PART 100문제와 읽기(RC) 3개 PART 100문제로 총 7개 PART에 걸쳐 200문제가 출제됩니다. 200문제 모두 선택지 중에서 정답을 찾는 객관식 문제로 출제됩니다.

구성	PART 구성	출제 내용	문항수	시간	점수
LC (Listening Comprehension)	PART 1	사진 묘사 (사진 보고 문제 풀기)	6	45분 내외	495점
	PART 2	질문-대답 (질문 듣고 답변 고르기)	25		
	PART 3	짧은 대화 (두 사람 혹은 세 사람의 대화를 듣고 질문에 답하기)	39		
	PART 4	설명문 (전화 메시지, 연설문, 안내 방송, 일기 예보 등을 듣고 질문에 답하기)	30		
RC (Reading Comprehension)	PART 5	문장 빈칸 채우기 (하나의 문장 안에 있는 빈칸에 알맞은 말(문법 & 어휘) 고르기)	30	75분	495점
	PART 6	지문 빈칸 채우기 (짧은 지문 안에 있는 빈칸에 알맞은 말(문법&어휘&문장) 고르기)	16		
	PART 7	싱글 지문 (1개의 지문을 읽고 질문에 답하기)	29		
		더블 지문 (2개의 지문을 읽고 질문에 답하기)	10		
		트리플 지문 (3개의 지문을 읽고 질문에 답하기)	15		
총계			200	약 120분	990점

출제 범위 및 주제
일상생활 및 업무에 대한 영어 의사소통 능력을 평가하기 때문에 특정 분야의 전문 지식 또는 이와 관련된 어휘는 출제하지 않습니다. 국제 업무 환경에 맞게 다양한 국가의 지명과 성명이 등장하며, 듣기 평가에서는 미국, 영국, 호주 발음이 고르게 섞여 출제됩니다. 다음의 주제를 참고해 봅시다.

기업 일반	이사회, 편지, 공지, 전화, 팩스, 이메일, 사무실 장비 및 가구, 사무실 규정, 계약, 협상, 합병 및 인수, 판매, 보증, 사업 계획, 회의, 노사 관계
공식 연회	식사 및 연회, 장소 예약
엔터테인먼트	영화, 공연, 전시
재무	은행 업무, 투자, 세금, 회계, 청구
의료	건강 보험, 병원 방문 및 예약
부동산	건설 및 보수 내역, 부동산 구매 및 임대, 기타 설비
제조	제품 조립, 공장 경영, 품질 관리
인사	모집, 고용, 퇴임, 승진, 급여, 일자리 지원, 구인 광고, 연금, 시상
구매	쇼핑, 주문, 배송, 송장
기술	전자 장비, 기술 지원, 컴퓨터, 연구실과 관련 장비
여행	교통 관련 일정, 교통 관련 각종 공지, 렌터카, 호텔 예약, 연착 및 취소

세상에서 가장 친절한 토익 시험 가이드

1. 토익 접수 방법
- 토익 시험의 인터넷 접수 기간을 한국 TOEIC 위원회 사이트(www.toeic.co.kr)에서 확인합니다.
- 사이트에서 인터넷 접수를 선택하고 시험일, 고사장, 수험 정보 등의 정보를 입력합니다.
- 시험 접수 시 최근 6개월 이내 사진(JPG 형식)이 필요하오니 미리 준비합니다.

 약 시험 D-30부터는 특별 추가 접수에 해당하여 5천원 정도의 추가 비용이 발생합니다. 미리 시험을 접수하는 것이 좋습니다.

2. 시험 당일 꼭! 챙겨야 할 준비물
- 규정 신분증
  성인의 경우, 주민등록증, 운전면허증, 기간 만료 전 여권, 공무원증 등이 인정됩니다. 중고등학생에 한하여 학생증(국내 학생증만 허용)도 신분증으로 인정됩니다.
- 연필 (볼펜, 사인펜은 No!)
  연필 끝을 뭉뚝하게 만들어 준비하면 답안 마킹을 더 쉽게 할 수 있습니다.
- 지우개
- 아날로그 손목시계 (전자식 시계는 No!)

3. 입실 전 유의 사항
- 시험 시간이 오전일 경우, 오전 9:20까지, 시험 시간이 오후일 경우 오후 2:20까지 입실합니다.

 오전 시험은 오전 9:50 이후, 오후 시험은 오후 2:50 이후로는 절대 입실할 수 없으니 꼭 시간을 지켜 미리 입실합니다.
시험 시간 직전에는 독해 문제를 풀기보다는 듣기 연습을 충분히 하여 귀를 훈련시키는 게 더 효과적입니다.

4. 시험 진행 안내

오전 시험	오후 시험	시험 진행
9:30~9:45 (15분)	2:30~2:45 (15분)	답안지 작성 오리엔테이션
9:45~9:50 (5분)	2:45~2:50 (5분)	쉬는 시간
9:50~10:05 (15분)	2:50~3:05 (15분)	신분증 확인
10:05~10:10 (5분)	3:05~3:10 (5분)	문제지 배부, 파본 확인
10:10~10:55 (45분)	3:10~3:55 (45분)	듣기 평가 (LC)
10:55~12:10 (75분)	3:55~5:10 (75분)	독해 평가 (RC)

5. 성적 확인 및 성적표 발급 방법 알아보기
- 시험일로부터 약 16일 후 오후 3시에 한국 TOEIC 위원회 사이트(www.toeic.co.kr) 혹은 ARS 060-800-0515로 성적 확인이 가능합니다. (단, ARS 성적 확인에 '동의'한 수험자에 한하여 ARS 성적 확인이 가능함)
- 성적표 수령은 온라인 출력이나 우편 수령을 택할 수 있습니다.
- 온라인 출력 선택 시, 성적 유효 기간 내 홈페이지에서 출력이 가능합니다.
- 우편 수령 선택 시, 성적 발표 후 접수 시 기입한 주소로 성적표가 우편 발송됩니다. (약 7~10일 소요)
- 온라인 출력과 우편 수령은 1회 발급만 무료이며, 이후에는 유료로 발급됩니다.

유수연 토익 실전 1000제 LC
해설집 사용법

PART 1/2

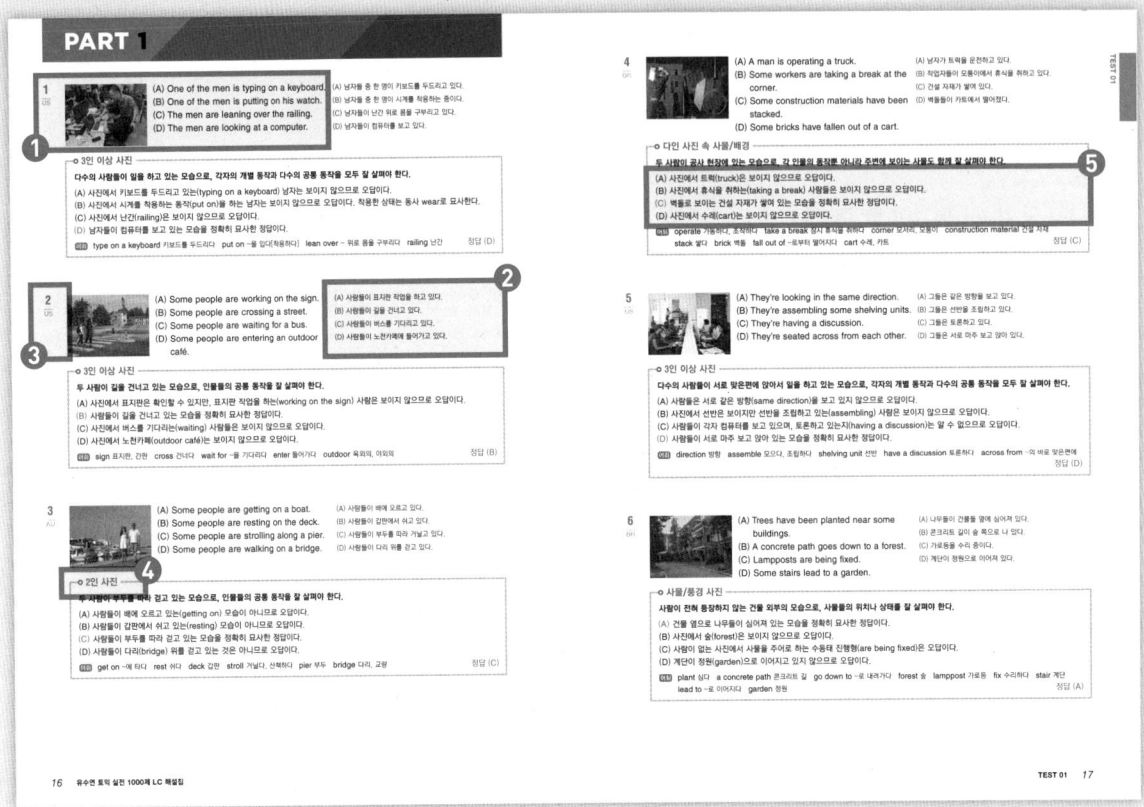

❶ 문제	문제를 그대로 수록하여 문제집을 옆에 같이 펼쳐 놓지 않아도 복습이 가능합니다. 정답은 스크립트에 표시를 하지 않고 문제에서 최대한 먼 곳에 따로 배치하여, 해설을 보기 전에 문제를 다시 한 번 풀어 보며 복습해 볼 수 있도록 하였습니다.
❷ 해석	정확한 한글 해석을 달아서 궁금한 표현은 바로 의미를 확인하고 문장 구조를 파악할 수 있습니다.
❸ 국가별 발음 표시	실제 토익 시험과 동일하게 미국, 영국, 호주 성우가 녹음하였습니다. 문제마다 어떤 나라의 영어 발음인지 확인할 수 있도록 표시하였으므로, 잘 들리지 않았던 부분이 국가별 상이한 발음 때문인지 파악할 수 있습니다. (미국: US 영국: BR 호주: AU)
❹ 문제 유형	실전에 자주 출제되는 문제 유형, 또는 자신이 취약한 유형이 무엇인지 파악할 수 있도록 모든 문제에 문제 유형을 표기하였습니다. 문제 유형은 『영단기 新토익 LC』의 문제 유형 분류를 따르고 있으므로, 취약 유형을 더 깊이 학습하고 싶을 때 쉽게 찾아볼 수 있도록 하였습니다.
❺ 해설	문제에 대한 기본적인 설명을 제시한 뒤, 해설을 알기 쉽게 풀어 썼습니다. 정답의 이유, 전형적인 정답 유형, 오답의 함정 등 자세한 설명을 담았습니다.

PART 3/4

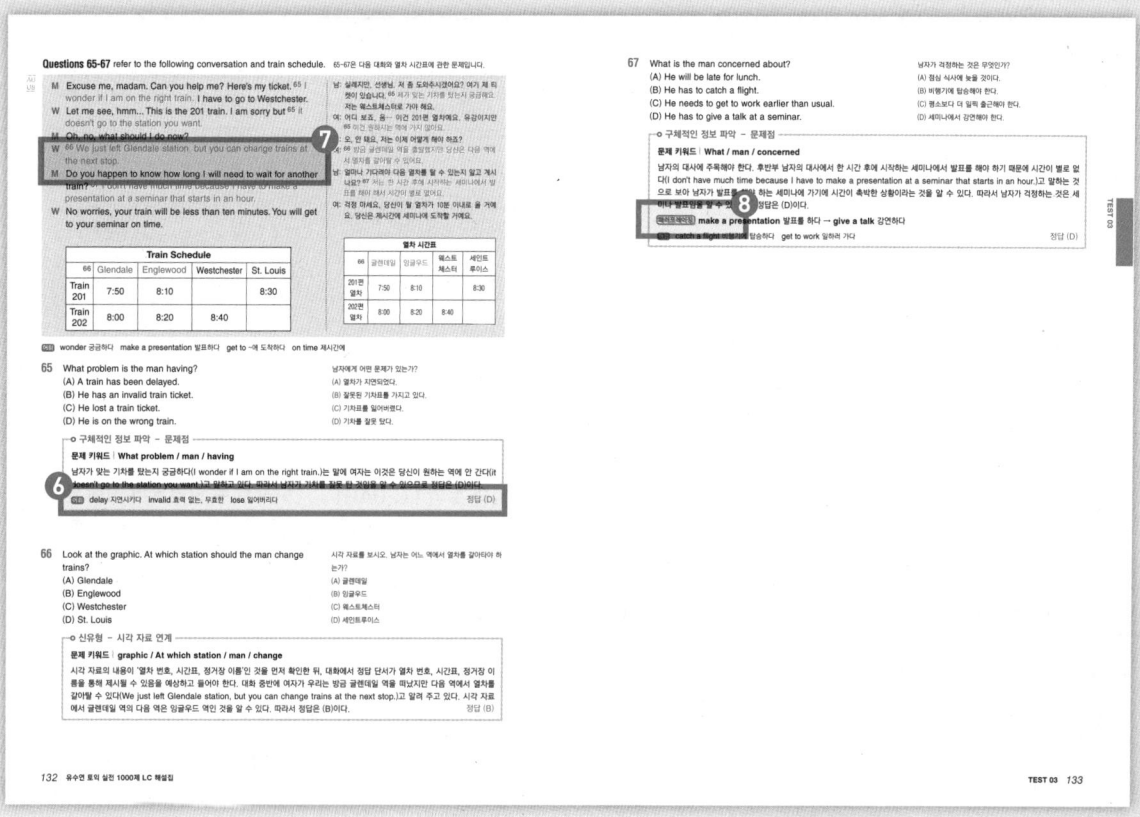

❻ 어휘 문제에 나온 중요 단어나 구를 별도로 정리하여 뜻을 모르는 단어를 사전으로 찾아보는 수고를 덜 수 있도록 하였습니다.

❼ 정답의 단서 표시 지문에서 정답을 선택하는 데 단서가 되는 부분을 해당 문제 번호와 함께 표시하였습니다. 단서를 통해 문제별로 해당 내용이 나올 위치를 예측하는 연습을 할 수 있습니다.

❽ 패러프레이징 대화/담화에서 언급된 정답의 단서가 정답에서 비슷한 표현으로 바꿔서 제시된 경우, 이를 따로 정리하여 한눈에 확인할 수 있도록 하였습니다.

유수연 토익 실전 1000제 LC
문제집 미리보기 [별매]

STEP 1
토익 준비 운동하기
토익을 파악하고 전략을 세우자!

유수연의 토익 LC 끝내기 비법 FAQ
토익을 준비하는 수험생들이 자주 하는 질문을 모아 유수연 선생님만의 핵심 노하우로 상세하게 답변하였습니다.

유수연의 토익 LC PART별 실전 전략
유수연 선생님의 토익 LC PART별 기본 문제 풀이 전략을 수록하였습니다.

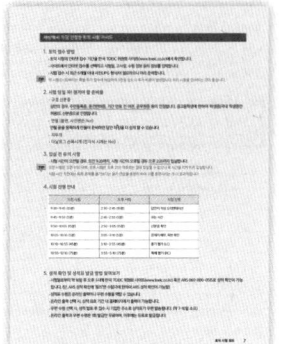

세상에서 가장 친절한 토익 시험 가이드
토익 접수 방법부터 시험 당일 팁까지 유용한 정보를 수록하였습니다.

STEP 2
LC 실전 TEST 풀기
토익 출제 경향을 철저히 반영한 새로운 문제!

✚ 시험장 환경에 최대한 가까워지는 구성으로 실전 감각 기르기

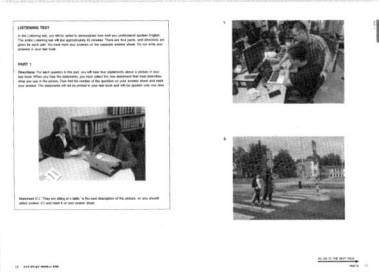

토익 LC 실전 TEST 10회분
〈유수연 토익 실전 1000제 LC 문제집〉은 최신 출제 경향을 철저히 분석하여 제대로 정밀하게 반영하였습니다. 문제의 배치까지 실제 토익 문제지와 동일하게 구현하였으므로, 토익 시험에 응시하기 전 실전 TEST 10회분을 정복하면 진정한 토익 고수가 될 수 있습니다.

ANSWER SHEETS
실제 토익 시험에서는 별도의 마킹 시간이 주어지지 않으므로 녹음 파일의 재생 시간 내에 마킹까지 모두 끝내야 합니다. 반쪽짜리가 아닌 전체 ANSWER SHEET도 함께 수록하여 문제지와 함께 펼쳐 두고 마킹을 해 보는 연습을 할 수 있습니다.

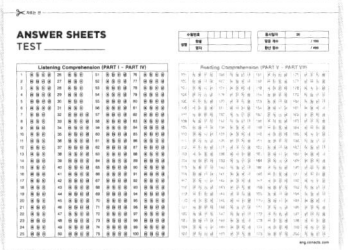

MP3 다운로드
MP3에 편리하게 접근할 수 있도록 각 TEST 소개 페이지에 QR코드를 실었습니다. MP3는 실제 토익 시험과 동일하게 미국, 영국, 호주 성우가 녹음하였으며, QR코드에는 'TEST, 고속, 고사장 소음, 복습' 총 4가지 버전이 수록되어 있어 다양하게 학습할 수 있습니다.

STEP 3
채점 및 복습하기
자신의 실력을 확인하고 점검하자!

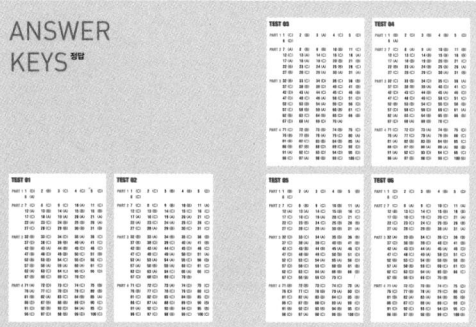

정답표/점수 환산표/점수 향상표
각 TEST를 마친 후 교재 뒤에 수록된 정답표를 통해 채점을 한 뒤, 점수 환산표에서 자신의 점수를 확인하세요. 각 TEST가 끝날 때마다 점수 향상표에 점수를 기록함으로써 자신의 실력을 파악하고 학습 계획을 세울 수 있습니다.

LC 스크립트 전문 수록
1000문제의 녹음 스크립트를 교재 후반에 실었습니다. 문제를 풀면서 잘 안 들렸던 부분이나 놓친 부분을 확인할 수 있고, 틀린 문제의 경우 어느 부분에서 정보를 놓쳤는지를 스크립트를 통해 꼼꼼히 확인하고 다시 반복해서 듣는 연습을 통해 LC 실력을 향상시킬 수 있습니다.

STEP 4
부가 자료 활용하기
토익 고득점으로 가는 가장 빠른 지름길!

꿀팁 추가 자료! 유수연 新토익 공식집과 예습/복습/필기노트 제공 (PDF)
유수연 토익 유료 온라인 강의 수강 시 제공합니다.
(*강좌별로 제공되는 자료는 상이할 수 있습니다.)

토익커들이 열광하는 유수연의 독한 마라톤 특강 (무료)
매월 토익 시험 전, 최종 실전 점검을 위한 PART별, 테마별 무료 특강을 제공합니다.

정확한 분석과 예측이 가능한 토익 총평 강의 (무료)
매월 토익 시험 후, 정확한 분석을 통해 최신 토익 트렌드를 파악할 수 있습니다.

목차 및
학습 플래너

- 2 유수연의 토익 LC 끝내기 라인업
- 3 유수연의 토익 LC 끝내기 비법 FAQ
- 4 유수연의 토익 LC PART별 실전 전략
- 6 토익 시험 정보의 모든 것
- 8 유수연 토익 실전 1000제 LC 해설집 사용법
- 10 유수연 토익 실전 1000제 LC 문제집 미리보기

페이지	TEST	공부한 날	TEST 소요 시간	점수	복습 여부
14	TEST 01	월 일	녹음 파일의 재생 시간 내에 마킹까지 끝냈나요? ○ | ×	맞은 개수 _____ 환산 점수 _____	○ | ×
60	TEST 02	월 일	녹음 파일의 재생 시간 내에 마킹까지 끝냈나요? ○ | ×	맞은 개수 _____ 환산 점수 _____	○ | ×
106	TEST 03	월 일	녹음 파일의 재생 시간 내에 마킹까지 끝냈나요? ○ | ×	맞은 개수 _____ 환산 점수 _____	○ | ×
150	TEST 04	월 일	녹음 파일의 재생 시간 내에 마킹까지 끝냈나요? ○ | ×	맞은 개수 _____ 환산 점수 _____	○ | ×
196	TEST 05	월 일	녹음 파일의 재생 시간 내에 마킹까지 끝냈나요? ○ | ×	맞은 개수 _____ 환산 점수 _____	○ | ×

*환산 점수는 〈문제집〉 p. 159의 '점수 환산표'를 참고하세요.

MP3 다운로드 eng.conects.com

페이지	TEST	공부한 날	TEST 소요 시간	점수	복습 여부
242	**TEST 06**	☐ 월 ☐ 일	녹음 파일의 재생 시간 내에 마킹까지 끝냈나요? O | X	맞은 개수 _____ 환산 점수 _____	O | X
284	**TEST 07**	☐ 월 ☐ 일	녹음 파일의 재생 시간 내에 마킹까지 끝냈나요? O | X	맞은 개수 _____ 환산 점수 _____	O | X
326	**TEST 08**	☐ 월 ☐ 일	녹음 파일의 재생 시간 내에 마킹까지 끝냈나요? O | X	맞은 개수 _____ 환산 점수 _____	O | X
370	**TEST 09**	☐ 월 ☐ 일	녹음 파일의 재생 시간 내에 마킹까지 끝냈나요? O | X	맞은 개수 _____ 환산 점수 _____	O | X
416	**TEST 10**	☐ 월 ☐ 일	녹음 파일의 재생 시간 내에 마킹까지 끝냈나요? O | X	맞은 개수 _____ 환산 점수 _____	O | X

*환산 점수는 〈문제집〉 p. 159의 '점수 환산표'를 참고하세요.

Test01.mp3
MP3 다운로드
eng.conects.com

QR 코드로 바로가기

PART 1
PART 2
PART 3
PART 4

ANSWER KEYS

PART 1   1 (D)   2 (B)   3 (C)   4 (C)   5 (D)   6 (A)

PART 2   7 (C)   8 (C)   9 (C)   10 (A)   11 (C)   12 (A)   13 (B)   14 (A)   15 (B)   16 (B)
          17 (C)   18 (A)   19 (A)   20 (A)   21 (A)   22 (A)   23 (C)   24 (B)   25 (B)   26 (A)
          27 (C)   28 (C)   29 (B)   30 (B)   31 (B)

PART 3   32 (B)   33 (C)   34 (D)   35 (A)   36 (C)   37 (D)   38 (C)   39 (B)   40 (A)   41 (C)
          42 (B)   43 (A)   44 (B)   45 (D)   46 (C)   47 (B)   48 (D)   49 (B)   50 (C)   51 (B)
          52 (B)   53 (B)   54 (C)   55 (D)   56 (C)   57 (B)   58 (A)   59 (A)   60 (A)   61 (C)
          62 (A)   63 (C)   64 (C)   65 (C)   66 (D)   67 (B)   68 (C)   69 (C)   70 (D)

PART 4   71 (A)   72 (D)   73 (C)   74 (C)   75 (B)   76 (A)   77 (C)   78 (D)   79 (C)   80 (B)
          81 (B)   82 (A)   83 (C)   84 (B)   85 (A)   86 (D)   87 (B)   88 (B)   89 (D)   90 (C)
          91 (D)   92 (B)   93 (D)   94 (A)   95 (C)   96 (C)   97 (D)   98 (B)   99 (D)   100 (C)

PART 1

1
US

(A) One of the men is typing on a keyboard.
(B) One of the men is putting on his watch.
(C) The men are leaning over the railing.
(D) The men are looking at a computer.

(A) 남자들 중 한 명이 키보드를 두드리고 있다.
(B) 남자들 중 한 명이 시계를 착용하는 중이다.
(C) 남자들이 난간 위로 몸을 구부리고 있다.
(D) 남자들이 컴퓨터를 보고 있다.

○ 3인 이상 사진
다수의 사람들이 일을 하고 있는 모습으로, 각자의 개별 동작과 다수의 공통 동작을 모두 잘 살펴야 한다.
(A) 사진에서 키보드를 두드리고 있는(typing on a keyboard) 남자는 보이지 않으므로 오답이다.
(B) 사진에서 시계를 착용하는 동작(put on)을 하는 남자는 보이지 않으므로 오답이다. 착용한 상태는 동사 wear로 묘사한다.
(C) 사진에서 난간(railing)은 보이지 않으므로 오답이다.
(D) 남자들이 컴퓨터를 보고 있는 모습을 정확히 묘사한 정답이다.

어휘 type on a keyboard 키보드를 두드리다   put on ~을 입다[착용하다]   lean over ~ 위로 몸을 구부리다   railing 난간   정답 (D)

2
US

(A) Some people are working on the sign.
(B) Some people are crossing a street.
(C) Some people are waiting for a bus.
(D) Some people are entering an outdoor café.

(A) 사람들이 표지판 작업을 하고 있다.
(B) 사람들이 길을 건너고 있다.
(C) 사람들이 버스를 기다리고 있다.
(D) 사람들이 노천카페에 들어가고 있다.

○ 3인 이상 사진
두 사람이 길을 건너고 있는 모습으로, 인물들의 공통 동작을 잘 살펴야 한다.
(A) 사진에서 표지판은 확인할 수 있지만, 표지판 작업을 하는(working on the sign) 사람은 보이지 않으므로 오답이다.
(B) 사람들이 길을 건너고 있는 모습을 정확히 묘사한 정답이다.
(C) 사진에서 버스를 기다리는(waiting) 사람들은 보이지 않으므로 오답이다.
(D) 사진에서 노천카페(outdoor café)는 보이지 않으므로 오답이다.

어휘 sign 표지판, 간판   cross 건너다   wait for ~을 기다리다   enter 들어가다   outdoor 옥외의, 야외의   정답 (B)

3
AU

(A) Some people are getting on a boat.
(B) Some people are resting on the deck.
(C) Some people are strolling along a pier.
(D) Some people are walking on a bridge.

(A) 사람들이 배에 오르고 있다.
(B) 사람들이 갑판에서 쉬고 있다.
(C) 사람들이 부두를 따라 거닐고 있다.
(D) 사람들이 다리 위를 걷고 있다.

○ 2인 사진
두 사람이 부두를 따라 걷고 있는 모습으로, 인물들의 공통 동작을 잘 살펴야 한다.
(A) 사람들이 배에 오르고 있는(getting on) 모습이 아니므로 오답이다.
(B) 사람들이 갑판에서 쉬고 있는(resting) 모습이 아니므로 오답이다.
(C) 사람들이 부두를 따라 걷고 있는 모습을 정확히 묘사한 정답이다.
(D) 사람들이 다리(bridge) 위를 걷고 있는 것은 아니므로 오답이다.

어휘 get on ~에 타다   rest 쉬다   deck 갑판   stroll 거닐다, 산책하다   pier 부두   bridge 다리, 교량   정답 (C)

4
BR

(A) A man is operating a truck.
(B) Some workers are taking a break at the corner.
(C) Some construction materials have been stacked.
(D) Some bricks have fallen out of a cart.

(A) 남자가 트럭을 운전하고 있다.
(B) 작업자들이 모퉁이에서 휴식을 취하고 있다.
(C) 건설 자재가 쌓여 있다.
(D) 벽돌들이 카트에서 떨어졌다.

○─ 다인 사진 속 사물/배경 ─

두 사람이 공사 현장에 있는 모습으로, 각 인물의 동작뿐 아니라 주변에 보이는 사물도 함께 잘 살펴야 한다.
(A) 사진에서 트럭(truck)은 보이지 않으므로 오답이다.
(B) 사진에서 휴식을 취하는(taking a break) 사람들은 보이지 않으므로 오답이다.
(C) 벽돌로 보이는 건설 자재가 쌓여 있는 모습을 정확히 묘사한 정답이다.
(D) 사진에서 수레(cart)는 보이지 않으므로 오답이다.

어휘 operate 가동하다, 조작하다　take a break 잠시 휴식을 취하다　corner 모서리, 모퉁이　construction material 건설 자재
stack 쌓다　brick 벽돌　fall out of ~로부터 떨어지다　cart 수레, 카트

정답 (C)

5
US

(A) They're looking in the same direction.
(B) They're assembling some shelving units.
(C) They're having a discussion.
(D) They're seated across from each other.

(A) 그들은 같은 방향을 보고 있다.
(B) 그들은 선반을 조립하고 있다.
(C) 그들은 토론하고 있다.
(D) 그들은 서로 마주 보고 앉아 있다.

○─ 3인 이상 사진 ─

다수의 사람들이 서로 맞은편에 앉아서 일을 하고 있는 모습으로, 각자의 개별 동작과 다수의 공통 동작을 모두 잘 살펴야 한다.
(A) 사람들은 서로 같은 방향(same direction)을 보고 있지 않으므로 오답이다.
(B) 사진에서 선반은 보이지만 선반을 조립하고 있는(assembling) 사람은 보이지 않으므로 오답이다.
(C) 사람들이 각자 컴퓨터를 보고 있으며, 토론하고 있는지(having a discussion)는 알 수 없으므로 오답이다.
(D) 사람들이 서로 마주 보고 앉아 있는 모습을 정확히 묘사한 정답이다.

어휘 direction 방향　assemble 모으다, 조립하다　shelving unit 선반　have a discussion 토론하다　across from ~의 바로 맞은편에

정답 (D)

6
BR

(A) Trees have been planted near some buildings.
(B) A concrete path goes down to a forest.
(C) Lampposts are being fixed.
(D) Some stairs lead to a garden.

(A) 나무들이 건물들 옆에 심어져 있다.
(B) 콘크리트 길이 숲 쪽으로 나 있다.
(C) 가로등을 수리 중이다.
(D) 계단이 정원으로 이어져 있다.

○─ 사물/풍경 사진 ─

사람이 전혀 등장하지 않는 건물 외부의 모습으로, 사물들의 위치나 상태를 잘 살펴야 한다.
(A) 건물 옆으로 나무들이 심어져 있는 모습을 정확히 묘사한 정답이다.
(B) 사진에서 숲(forest)은 보이지 않으므로 오답이다.
(C) 사람이 없는 사진에서 사물을 주어로 하는 수동태 진행형(are being fixed)은 오답이다.
(D) 계단이 정원(garden)으로 이어지고 있지 않으므로 오답이다.

어휘 plant 심다　a concrete path 콘크리트 길　go down to ~로 내려가다　forest 숲　lamppost 가로등　fix 수리하다　stair 계단
lead to ~로 이어지다　garden 정원

정답 (A)

PART 2

7 Does this train go to the Huston National Park?
(A) It has a limited parking space.
(B) I left it on the bus.
(C) Yes, it does.

이 기차는 휴스턴 국립 공원으로 가나요?
(A) 주차 공간이 한정되어 있습니다.
(B) 저는 버스에 그것을 두고 왔습니다.
(C) 네, 갑니다.

조동사 의문문

문제 키워드 | Does / this train / go / Park

기차가 휴스턴 국립 공원으로 가는지 묻는 조동사 의문문이다.
(A) 질문의 Park와 발음이 유사한 parking을 사용하여 혼동을 유도한 오답이다.
(B) 질문의 train에서 연상 가능한 bus를 사용하여 혼동을 유도한 오답이다.
(C) 기차가 휴스턴 국립 공원으로 가는지 묻는 질문에 긍정의 Yes로 응답하고, 대동사 does를 써서 휴스턴 국립 공원으로 간다고 답변하고 있으므로 정답이다.

어휘 limited 한정된, 제한된 leave 두고 오다

정답 (C)

---

8 Where is the nearest hospital located?
(A) Not so good.
(B) Ten floors.
(C) On Queen's Avenue.

가장 가까운 병원이 어디에 있나요?
(A) 그렇게 좋지는 않습니다.
(B) 10층이요.
(C) 퀸즈 거리예요.

Where 의문문

문제 키워드 | Where / nearest hospital / located

가장 가까운 병원의 위치를 묻는 Where 의문문이다.
(A) 상태 혹은 의견을 묻는 How 의문문에 어울리는 답변이므로 오답이다.
(B) 전치사 없이 구체적인 층수를 밝히고 있으므로, 'What floor is the hospital on?(병원이 몇 층에 있나요?)'이라고 묻는 질문의 답변으로 어울린다.
(C) 병원의 위치를 묻는 질문에 장소 부사구로 특정 위치를 알려 주고 있으므로 정답이다.

어휘 nearest 가장 가까운 hospital 병원 locate 위치하다 floor 층 avenue 거리

정답 (C)

---

9 How was the trade convention last week?
(A) It was on June 12.
(B) I do have a seminar.
(C) It was extremely well attended.

지난주 무역 컨벤션은 어땠나요?
(A) 6월 12일이었어요.
(B) 저는 세미나가 있습니다.
(C) 참석자가 매우 많았어요.

How 의문문

문제 키워드 | How / trade convention / last week

지난주 무역 컨벤션이 어떻게 진행되었는지를 묻는 How 의문문이다.
(A) 시간을 묻는 When 의문문에 어울리는 응답이므로 오답이다.
(B) 질문의 convention에서 연상 가능한 seminar를 사용하여 혼동을 유도한 오답이다.
(C) 무역 컨벤션이 어땠는지 묻는 질문에 참석자가 매우 많았다며 잘 진행되었음을 우회적으로 전달하고 있으므로 정답이다.

어휘 extremely 매우 well attended 많은 사람들이 참석한, 참석률이 좋은

정답 (C)

10
US US

Who's going to pick up the clients from the hotel?
(A) I will pick them up at eleven.
(B) It's my favorite hotel.
(C) At the lobby.

누가 호텔로 고객을 데리러 갈 예정인가요?
(A) 제가 11시에 그들을 모시러 갈 예정입니다.
(B) 그곳은 제가 가장 좋아하는 호텔입니다.
(C) 로비에서요.

Who 의문문

문제 키워드 | Who / pick up / clients

고객을 데리러 누가 갈 것인지를 묻는 Who 의문문이다.
(A) 누가 고객을 데리러 갈 것인지 묻는 질문에 본인이 고객을 데리러 갈 것이라고 답했으므로 정답이다.
(B) 질문의 hotel을 반복 사용한 오답이다.
(C) 장소를 묻는 Where 의문문에 어울리는 답변이므로 오답이다. 또한 질문의 hotel에서 연상할 수 있는 lobby를 사용해 혼동을 유도했다.

어휘 pick up ~를 (차에) 태우러 가다   client 고객   favorite 가장 좋아하는   lobby 로비

정답 (A)

11
US BR

When is the marketing budget due?
(A) Yes, the monthly payment is due today.
(B) In the accounting department.
(C) In a month.

마케팅 예산안의 마감이 언제인가요?
(A) 네, 할부금을 오늘 납부해야 합니다.
(B) 회계부에요.
(C) 한 달 후에요.

When 의문문

문제 키워드 | When / budget / due

예산안의 마감이 언제인지 묻는 When 의문문이다.
(A) When 의문문에는 Yes/No로 대답할 수 없으므로 오답이다. 질문의 due를 반복 사용하여 혼동을 유도하였다.
(B) 질문의 budget에서 연상 가능한 accounting department를 사용하여 혼동을 유도한 오답이다.
(C) 예산안 마감 시점을 묻는 질문에 '한 달 후'라고 구체적인 시점으로 답하였으므로 정답이다.

어휘 budget 예산(안)   monthly payment 할부, 월별 지급

정답 (C)

12
AU BR

Which restaurant do you want me to make the reservation at?
(A) The Chinese restaurant next to Sky Tower.
(B) Through the Web site.
(C) At least ten.

제가 어느 식당을 예약할까요?
(A) 스카이 타워 옆에 있는 중국 음식점이요.
(B) 웹사이트를 통해서요.
(C) 적어도 10개요.

Which 의문문

문제 키워드 | Which restaurant / make / reservation

어느 식당을 예약하길 원하는지 묻는 Which 의문문이다.
(A) 예약하길 원하는 식당을 묻는 질문에 '스카이 타워 옆 중국 음식점'이라며, 예약을 원하는 구체적인 식당으로 답하였으므로 정답이다.
(B) 질문의 reservation에서 연상 가능한 Web site를 이용해 혼동을 유도한 오답으로 예약 수단을 묻는 How 의문문에 어울리는 응답이다.
(C) 숫자 답변은 수량을 묻는 How many 의문문에 어울리는 응답이므로 오답이다.

어휘 make a reservation 예약하다   next to ~ 바로 옆에

정답 (A)

13
US
AU

Would you like some help in packaging trial products?
(A) Sure, I'd love to help you.
(B) Sandra has already sent them out yesterday.
(C) No, I didn't.

시제품을 포장하는 것을 도와 드릴까요?
(A) 네, 저는 당신을 돕고 싶어요.
(B) Sandra 씨가 어제 이미 그것들을 보냈어요.
(C) 아니요, 저는 안 했어요.

> **권유/제안 의문문**
>
> **문제 키워드 | Would you like / help / packaging**
>
> 시제품 포장에 도움이 필요한지를 묻는 권유/제안 의문문이다.
> (A) 질문의 help를 반복 사용하여 혼동을 주고 있으나, 상대에게 도움을 요청하는 질문에 어울리는 답변이므로 오답이다.
> (B) 시제품 포장에 도움이 필요한지를 묻는 질문에 Sandra 씨가 어제 이미 보냈다는 답변으로 도와주지 않아도 된다는 부정의 No를 우회적으로 표현한 정답이다.
> (C) 부정의 No로 답하고 있지만, 도움이 필요한지를 묻는 질문에 과거 시제로 답하고 있으므로 시제 불일치 오답이다.
>
> **어휘** package 포장하다 send something out ~을 보내다
>
> 정답 (B)

14
BR
AU

How many more are we interviewing this afternoon?
(A) That was the last applicant.
(B) He will interview the rest.
(C) No, we don't need it any more.

우리는 오늘 오후에 몇 명을 더 면접 보나요?
(A) 그분이 마지막 지원자였어요.
(B) 그가 나머지를 면접 볼 거예요.
(C) 아니요, 저희는 그것이 더 이상 필요하지 않아요.

> **How 의문문**
>
> **문제 키워드 | How many / we / interviewing / this afternoon**
>
> 오후에 몇 명을 더 면접 보는지 묻는 How many 의문문이다.
> (A) 몇 명을 더 면접 보는지 묻는 질문에 그 사람이 마지막 지원자였다는 답변은 더 이상 면접 볼 사람이 없다는 것을 우회적으로 말하고 있는 것이므로 정답이다.
> (B) 질문의 interviewing과 발음이 유사한 interview를 사용하여 혼동을 유도한 오답으로 질문에서 구체적인 사람을 언급하는 경우에만 he나 she가 포함된 답변이 가능하다는 점을 유의하자.
> (C) How 의문문에 Yes/No로 답변할 수 없으므로 오답이다.
>
> **어휘** interview 면접을 보다 applicant 지원자 rest 나머지
>
> 정답 (A)

15
US
US

Why is the pharmacy at the corner of Michigan Avenue closed today?
(A) The corner of Santa Monica and Winter streets.
(B) For some renovations.
(C) In the next building.

미시간 거리의 모퉁이에 있는 약국은 왜 오늘 영업을 하지 않나요?
(A) 산타모니카와 윈터 거리의 모퉁이요.
(B) 보수 때문에요.
(C) 옆 건물에요.

> **Why 의문문**
>
> **문제 키워드 | Why / pharmacy / closed / today**
>
> 오늘 약국이 영업을 하지 않는 이유를 묻는 Why 의문문이다.
> (A) 질문의 corner를 반복 사용하여 혼동을 유도한 오답이다.
> (B) 약국이 영업을 하지 않는 이유를 묻는 질문에 보수 때문이라는 적절한 이유를 제시하고 있으므로 정답이다.
> (C) 장소 부사구를 이용한 답변은 Where 의문문에 대한 대답이므로 오답이다.
>
> **어휘** pharmacy 약국 avenue 거리, 길 renovation 수리, 보수
>
> 정답 (B)

16 Do you have a customer account with our store?
US/BR
(A) No, he is not our customer.
(B) Yes, you should have my address.
(C) A month ago.

저희 가게에 고객 계정이 있으신가요?
(A) 아니요, 그는 저희 고객이 아닙니다.
(B) 네, 제 주소가 등록되어 있을 것입니다.
(C) 한 달 전에요.

○ **조동사 의문문**

문제 키워드 | Do / you / have / customer account

상대방이 가게의 회원인지를 확인하는 조동사 의문문이다.
(A) 대명사 he로 지칭할 만한 사람이 질문에 등장하지 않았으므로 오답이다.
(B) 고객 계정이 있는지 묻는 질문에 긍정의 답변과 함께 자신의 주소를 가지고 있을 것이라는 부연 설명을 하고 있으므로 정답이다.
(C) 시간 부사구는 When 의문문에 어울리는 답변이므로 오답이다.

어휘 customer account 고객 계정 address 주소

정답 (B)

---

17 Where can I find the list of guests for the banquet?
AU/US
(A) Outside of London.
(B) That's a nice party.
(C) On the Web site.

연회에 참석하시는 손님들의 명단을 어디서 찾을 수 있나요?
(A) 런던 밖에서요.
(B) 그것은 멋진 파티입니다.
(C) 웹사이트에서요.

○ **Where 의문문**

문제 키워드 | Where / I / find / list of guests

연회 참석자 명단을 확인할 수 있는 곳을 묻는 Where 의문문이다.
(A) Where 의문문에 구체적인 위치로 답변했으므로 정답이 될 것 같지만, 제시한 장소는 명단이 있을 만한 곳으로는 부적절하므로 오답이다. 연회장의 위치를 묻는 질문(Where will the banquet be held?)에 어울리는 응답이다.
(B) 질문에 전혀 어울리지 않는 응답으로 질문의 banquet에서 연상 가능한 party를 사용해 혼동을 유도한 오답이다.
(C) 참석자 명단을 확인할 수 있는 곳을 묻는 질문에 전치사와 함께 목록 등의 정보를 확인할 수 있는 Web site를 제시했으므로 정답이다.

어휘 list 명단 banquet 연회 outside of ~의 바깥쪽에, ~밖에

정답 (C)

---

18 Why don't we get rid of the old stocks and boxes in storage?
AU/BR
(A) Sure, but let me finish this first.
(B) To make more space.
(C) Oh, did she?

창고에 있는 오래된 재고품과 박스를 버리는 것이 어떨까요?
(A) 네, 하지만 이것을 먼저 마무리할게요.
(B) 더 많은 공간을 만들기 위해서요.
(C) 오, 그녀가 그랬어요?

○ **권유/제안 의문문**

문제 키워드 | Why don't we / get rid of / stocks and boxes

창고에 있는 물품들을 함께 처리하자고 제안하는 의문문이다.
(A) 창고에 있는 물품들을 함께 처리하자는 제안에 수락하는 답변으로 정답이다. 권유/제안 의문문의 답변으로 최근에는 '바쁘겠다, 곧 가겠다' 등의 추가 설명이 자주 함께 언급된다.
(B) 질문의 storage에서 연상 가능한 space를 사용해 혼동을 유도하고 있다. 또한 to부정사를 이용한 답변은 목적을 나타내므로 Why 의문문의 답변으로 적절하다.
(C) she로 받을 수 있는 구체적인 사람 명사가 질문에 언급되지 않았으므로 오답이다.

어휘 get rid of ~을 제거하다 stock 재고품 storage 창고 space 공간

정답 (A)

19
US
US

Didn't you come here for lunch yesterday?
(A) Yes, around noon.
(B) At the restaurant.
(C) A reservation for 6.

어제 점심 먹으러 이곳에 오지 않았나요?
(A) 네, 12시쯤에요.
(B) 식당에서요.
(C) 6명 예약이요.

부정 의문문

문제 키워드 | Didn't you / come / yesterday

어제 이곳에 왔는지 여부를 묻는 부정 의문문이다.
(A) 어제 왔었는지 묻는 질문에 긍정의 답변과 함께 12시쯤이라고 부연 설명한 정답이다.
(B) 질문의 lunch에서 연상 가능한 restaurant를 사용해 혼동을 유도한 오답으로 장소를 묻는 Where 의문문에 어울리는 답변이다.
(C) 질문의 lunch에서 연상 가능한 reservation을 사용해 혼동을 유도한 오답이다.

어휘 noon 정오 reservation 예약

정답 (A)

20
US
AU

I heard that Kathy moved to the human resources department in January.
(A) Oh, I didn't know that.
(B) Yes, they moved in.
(C) The winter sales event.

Kathy 씨가 1월에 인사과로 옮겼다는 소식을 들었습니다.
(A) 오, 저는 그것을 몰랐습니다.
(B) 네, 그들은 이사를 했습니다.
(C) 겨울 할인 행사요.

평서문

문제 키워드 | heard / Kathy / moved / human resources department

Kathy 씨가 인사과로 옮겼다는 내용의 평서문이다.
(A) 특정인이 부서 이동을 했다는 말에 만능 답변으로 쓰이는 I don't know 유형의 답변으로 대답한 정답이다. 대명사 that은 앞 문장의 that절을 가리킨다.
(B) moved를 반복 사용하여 혼동을 유도한 오답이다. 또한 대명사 they로 받을 수 있는 복수 명사도 언급되지 않았다.
(C) 제시된 문장과 무관한 내용으로 오답이다.

어휘 human resources department 인사과 move in 이사를 들다

정답 (A)

21
BR
US

Do you need to review the monthly bank statement or the yearly one?
(A) The one for this fiscal year.
(B) I will get a new one.
(C) Every two months.

당신은 월별 입출금 내역서를 검토해야 하나요, 아니면 연간 입출금 내역서를 검토해야 하나요?
(A) 올 회계 연도 것이요.
(B) 저는 새것을 살 거예요.
(C) 2개월마다요.

선택 의문문

문제 키워드 | review / monthly bank statement / or / yearly one

월별과 연간 중 어떤 입출금 내역서를 검토해야 하는지를 묻는 선택 의문문이다.
(A) 월별과 연간 중 어떤 입출금 내역서를 검토해야 하는지를 묻는 질문에 연간 입출금 내역서를 선택한 것으로 두 가지 선택 사항 중 한 가지를 택하였으므로 정답이다.
(B) 질문의 one을 반복 사용하여 혼동을 유도한 오답이다.
(C) 질문의 monthly와 발음이 유사한 months를 사용하여 혼동을 유도한 오답으로 빈도를 묻는 How often 의문문에 어울리는 답변이다.

어휘 monthly 매월의 bank statement 입출금 내역서 yearly 연간의 fiscal year 회계 연도

정답 (A)

22 Could I use your computer for a while?
(A) My graphic card is not working currently.
(B) Yes, you did.
(C) I couldn't buy it.

당신의 컴퓨터를 잠시 사용해도 될까요?
(A) 제 그래픽 카드가 현재 작동하지 않아요.
(B) 네, 당신이 했어요.
(C) 저는 그것을 살 수 없었어요.

요청/부탁 의문문

문제 키워드 | Could I / use / your computer

컴퓨터 사용에 관해 허락을 구하는 요청 의문문이다.
(A) 컴퓨터 사용에 관해 허락을 구하는 질문에 그래픽 카드가 현재 작동하지 않는다며 컴퓨터를 사용할 수 없음을 우회적으로 표현하였으므로 정답이다.
(B) 긍정의 Yes로 답하였지만, 사용해도 되는지 묻는 질문에 you did라고 과거 시제로 답하고 있으므로 시제 불일치 오류이다.
(C) 질문의 could를 반복 사용하여 혼동을 유도한 오답이다.

어휘 graphic card 그래픽 카드　currently 현재

정답 (A)

---

23 When are you available to talk about the product designs with me?
(A) In my office.
(B) No, they didn't.
(C) I'm free all this afternoon.

제품 디자인에 관해 언제쯤 저와 이야기를 나누실 수 있을까요?
(A) 제 사무실에서요.
(B) 아니요, 그들은 안 했습니다.
(C) 저는 오후 내내 한가합니다.

When 의문문

문제 키워드 | When / you / available / talk

제품 디자인과 관련하여 이야기를 나눌 수 있는 시간이 언제인지를 묻는 When 의문문이다.
(A) 장소 부사구를 사용했으므로 Where 의문문에 어울리는 답변이다.
(B) When 의문문에는 Yes/No로 응답할 수 없으므로 오답이다.
(C) 이야기를 나눌 수 있는 시간을 묻는 질문에 오후에 한가하다는 말로 구체적인 시간을 제시했으므로 정답이다.

어휘 available 시간이 있는　free 한가한

정답 (C)

---

24 These blue pants look good on you.
(A) No, I am not able to go with you.
(B) I think I should try this pair instead.
(C) Yes, it was good to see her.

이 파란 바지가 당신에게 잘 어울립니다.
(A) 아니요, 저는 당신과 함께 갈 수 없습니다.
(B) 제 생각에는 그게 아니라 이것을 입어 봐야 할 것 같아요.
(C) 네, 그녀를 만나서 기뻤습니다.

평서문

문제 키워드 | These blue pants / look good / you

파란 바지가 잘 어울린다는 내용의 평서문이다.
(A) 부정의 답변 No로 응답하였지만, 뒤에 이어지는 내용이 무관하므로 오답이다.
(B) 파란 바지가 잘 어울린다는 말에 그게 아닌 다른 바지를 입어 봐야겠다는 말로 그 파란 바지가 마음에 들지 않음을 우회적으로 전달하고 있으므로 정답이다.
(C) good을 반복 사용한 오답이다.

어휘 look good on ~와 잘 어울리다　instead 대신, 그게 아니라

정답 (B)

25
The elevator in the main building was fixed yesterday, right?
(A) Five is enough.
(B) None of our technicians were available.
(C) Yes, the right building.

본관에 있는 엘리베이터가 어제 수리되었죠, 그렇죠?
(A) 5개면 충분해요.
(B) 저희 기술자 모두 시간이 없었어요.
(C) 네, 오른쪽 건물입니다.

부가 의문문

문제 키워드 | elevator / fixed / yesterday / right

엘리베이터가 어제 고쳐졌는지를 확인하는 부가 의문문이다.
(A) 수량을 묻는 How many 의문문에 어울리는 답변이므로 오답이다.
(B) 어제 엘리베이터가 수리됐는지 확인하는 질문에 기술자 모두 시간이 없었다는 말로 부정의 뜻을 우회적으로 전달한 정답이다.
(C) 긍정으로 답하고 있지만 질문의 building을 반복 사용하여 혼동을 유도한 오답이다.

어휘 fix 수리하다 technician 기술자 available 시간이 있는

정답 (B)

26
Who will be invited as a keynote speaker for the workshop?
(A) Adrian has made the list.
(B) They will close soon.
(C) I ordered Asian food as well.

워크숍 기조 연설자로 누가 초청될 예정인가요?
(A) Adrian 씨가 그 명단을 만들었어요.
(B) 그들은 곧 문을 닫을 예정입니다.
(C) 저는 아시아 음식도 주문했습니다.

Who 의문문

문제 키워드 | Who / invited / keynote speaker

워크숍 기조 연설자가 누구인지를 묻는 Who 의문문이다.
(A) 연설자가 누구인지 묻는 질문에 Adrian 씨가 그 명단을 만들었다는 말로 그 정보를 알 만한 사람의 이름을 알려 주는 I don't know 유형의 답변을 했으므로 정답이다.
(B) 질문에 구체적인 복수 명사가 언급되지 않았으므로 대명사 they로 답변할 수 없다. 또한 시간 부사 soon을 사용했으므로 When 의문문에 어울리는 답변이다.
(C) 미래 시제의 질문에 과거 시제로 답변한 시제 불일치 오답이다. 답변 내용 역시 질문과 무관하다.

어휘 invite 초대하다 keynote speaker 기조 연설자

정답 (A)

27
Do you want me to select the candidates?
(A) Yes, he did a good job.
(B) They warned me about the trails.
(C) We're still accepting applications.

제가 후보자를 선정할까요?
(A) 네, 그가 잘 해냈어요.
(B) 그들은 저에게 그 산길을 조심하라고 했어요.
(C) 저희는 여전히 지원서를 받고 있어요.

권유/제안 의문문

문제 키워드 | Do you want me / select / candidates

본인이 후보자를 선정하길 원하는지를 묻는 권유/제안 의문문이다.
(A) 긍정의 Yes로 답하고 있지만, he로 지칭할 만한 사람이 질문에서 언급되지 않았으므로 오답이다.
(B) 질문의 want와 발음이 유사한 warned를 사용하여 혼동을 유도한 오답이다.
(C) 본인이 후보자를 선정하길 원하는지 묻는 질문에 여전히 지원서를 받고 있다는 말로 아직 후보자를 선정할 수 있는 단계가 아니라고 우회적으로 거절의 답변을 하고 있으므로 정답이다.

어휘 select 선정하다 candidate 지원자, 후보자 warn 경고하다, 조심하라고 하다 trail 오솔길, 산길 application 지원(서)

정답 (C)

28
US
AU

How long will it take to become a professional carpenter?
(A) For a price estimate.
(B) Since the last year.
(C) Are you interested in training for that job?

전문 목수가 되려면 얼마나 걸릴까요?
(A) 가격 견적서 때문에요.
(B) 작년부터요.
(C) 그 직업을 위한 교육에 관심이 있으신가요?

─○ How 의문문 ──────────────────────────────

문제 키워드 | How long / take / become / professional carpenter

전문 목수가 되는 데 걸리는 시간을 묻는 How long 의문문이다.
(A) 전치사 for와 함께 구체적인 목적 혹은 이유를 설명하고 있으므로 Why 의문문에 어울리는 답변이다.
(B) 전치사 since는 과거의 특정 시점으로부터 현재까지 계속된다는 의미를 갖고 있기 때문에 미래 시제의 질문에 적합한 답변이 아니다.
(C) 전문 목수가 되는 데 걸리는 시간을 묻는 질문에 그 직업을 위한 교육에 관심이 있냐고 반문하고 있으므로 정답이다.

어휘 professional 전문적인 carpenter 목수 price estimate 가격 견적서 be interested in ~에 관심이 있다

정답 (C)

29
BR
US

The photo shooting for the magazine is finished, right?
(A) A yearly subscription.
(B) The studio had to start over.
(C) No, I didn't mean that.

잡지의 사진 촬영이 끝났어요, 그렇죠?
(A) 연간 구독이요.
(B) 스튜디오가 다시 시작해야 했어요.
(C) 아니요, 그런 뜻이 아니었어요.

─○ 부가 의문문 ──────────────────────────────

문제 키워드 | photo shooting / finished / right?

잡지의 사진 촬영이 끝났는지 확인하는 부가 의문문이다.
(A) 질문의 magazine에서 연상할 수 있는 subscription을 사용하여 혼동을 유도한 오답이다.
(B) 사진 촬영이 끝났는지 확인하는 질문에 스튜디오가 다시 시작해야 했다는 말로 사진 촬영이 다 끝나지 않았음을 우회적으로 전달한 정답이다.
(C) 부정의 No로 응답하였지만, 질문과 무관한 내용이므로 오답이다.

어휘 shooting 촬영 yearly 연간의 subscription 구독 start over 다시 시작하다 mean 의미하다

정답 (B)

30
BR
AU

Would you like to address the board of directors first or shall I?
(A) Quality issues.
(B) Why don't you start?
(C) About ten board members.

이사회 때 먼저 연설하실래요, 아니면 제가 먼저 할까요?
(A) 품질 문제예요.
(B) 당신이 시작하시는 게 어때요?
(C) 약 열 명의 이사진들이요.

─○ 선택 의문문 ──────────────────────────────

문제 키워드 | you / address / first / or / shall I

상대방과 본인 중 누가 먼저 연설하길 원하는지 묻는 선택 의문문이다.
(A) 어떤 문제인지를 묻는 What 의문문에 어울리는 답변이다.
(B) 상대방과 본인 중 누가 먼저 연설하길 원하는지 묻는 질문에 상대방에게 먼저 하라고 제안하는 답변이므로 정답이다.
(C) 질문의 board를 반복 사용한 오답이다.

어휘 address 연설하다, 이야기하다 board of directors 이사회 quality 품질 issue 문제, 주제

정답 (B)

31
AU
BR

We are struggling to attract new customers in the Asian market.
(A) Only for a couple of months.
(B) You should offer the cash incentive to first time buyers.
(C) Yes, they performed very well.

우리는 아시아 시장에서 신규 고객을 유치하기 위해 노력하고 있어요.
(A) 몇 달 동안만이요.
(B) 당신은 첫 구매자에게 현금 장려금을 제공해야 해요.
(C) 네, 그들은 매우 잘 해냈어요.

> **○ 평서문**
>
> **문제 키워드 | We / struggling / attract / customers**
>
> 고객을 유치하기 위해 노력하고 있다고 말하는 평서문이다.
> (A) 기간을 묻는 How long 의문문에 어울리는 답변이므로 오답이다.
> (B) 고객을 끌기 위해 노력하고 있다는 말에 첫 구매자에게 현금 장려금을 제공해야 한다고 관련 방안을 제시하고 있으므로 정답이다.
> (C) 제시된 문장의 내용과 상관없는 답변이므로 오답이다.
>
> **어휘** struggle 애쓰다 attract 유치하다, 끌다 a couple of 몇 개의 incentive 장려책 perform 수행하다, 공연하다   정답 (B)

PART 3

Questions 32-34 refer to the following conversation. 32-34는 다음 대화에 관한 문제입니다.

US
AU

W ³² I'd like to rent kayaks for two days. They will be for myself and my husband.
M Right, the total fee will be £70. The kayaks can be picked up from the deck right over there. And, please bring them back to the same place by 11 o'clock on the day you return them. ³³ There will be a small additional charge if you're late.
W Well, I don't think we'll be late. By the way, would you recommend any good rivers or lakes for kayaking around the area?
M Yeah, there is a scenic river nearby. ³⁴ We have some maps showing directions to some good places for kayaking including that one. Please take a copy. It's free.

여: ³² 저는 이틀간 카약을 대여하고 싶습니다. 저와 제 남편이 탈 예정입니다.
남: 알겠습니다. 총 요금은 70파운드입니다. 카약은 바로 저쪽 갑판에서 가져가실 수 있습니다. 그리고 반납하는 날에는 11시까지 같은 장소로 가져와 주세요. ³³ 만약 늦으시면, 소액의 추가 비용이 발생할 것입니다.
여: 음, 저희는 늦을 것 같지 않아요. 그런데 이 주변에서 카약을 타기에 괜찮은 강이나 호수를 추천해 주시겠어요?
남: 네, 근처에 경치가 아름다운 강이 있습니다. ³⁴ 거기를 포함하여 카약을 타기에 좋은 여러 장소로 가는 길을 보여 주는 지도가 있습니다. 한 부 가져가세요. 무료입니다.

어휘 rent 빌리다 kayak 카약 total 총액의 fee 수수료, 요금 pick up 가져가다 deck 갑판 additional 추가의 charge 비용 recommend 추천하다 scenic 경치가 좋은 nearby 인근에 directions 길 안내 including ~을 포함해서

32 What does the woman want to do?
(A) Apply for membership
(B) Rent some leisure equipment
(C) Book a flight ticket
(D) Purchase a map

여자는 무엇 하기를 원하는가?
(A) 회원 신청
(B) 레저 장비 대여
(C) 항공편 예약
(D) 지도 구매

─○ 구체적인 정보 파악 − 특정 사항 ─

문제 키워드 | What / woman / want

여자가 하고 싶은 일이 무엇인지를 묻는 문제로, 여자의 첫 대사에서 정답을 파악할 수 있다. 여자는 이틀간 카약을 대여하고 싶다 (I'd like to rent kayaks for two days.)고 이야기하고 있으므로 정답은 (B)이다.

패러프레이징 kayaks 카약 → leisure equipment 레저 장비

정답 (B)

33 What will happen if the woman is late?
(A) An additional product will be shipped.
(B) A reservation will be canceled.
(C) An extra charge will be added.
(D) An employee will work overtime.

여자가 늦으면 무슨 일이 일어날 것인가?
(A) 추가 상품이 배송될 것이다.
(B) 예약이 취소될 것이다.
(C) 추가 비용이 부과될 것이다.
(D) 직원이 초과 근무를 할 것이다.

─○ 구체적인 정보 파악 − 특정 사항 ─

문제 키워드 | What / happen / if / woman / late

여자가 시간을 지키지 못할 경우에 발생할 일을 묻는 문제로, 핵심 키워드인 if, late가 언급되는 곳에 집중한다. 만약 늦으면, 소액의 추가 비용이 발생할 것(There will be a small additional charge if you're late.)이라고 했으므로 정답은 (C)이다.

패러프레이징 There will be a small additional charge 소액의 추가 비용이 발생할 것이다
→ An extra charge will be added. 추가 비용이 부과될 것이다.

정답 (C)

34 What does the man provide to the woman?
(A) A complimentary T-shirt
(B) Some discount vouchers
(C) Some refreshments
(D) A map of the area

남자는 여자에게 무엇을 제공하는가?
(A) 무료 티셔츠
(B) 할인권
(C) 다과
(D) 지역 지도

─○ 구체적인 정보 파악 − 특정 사항 ─

문제 키워드 | What / man / provide / woman

여자가 카약을 타기에 좋은 장소를 추천해 달라고 하자, 남자가 지도(some maps showing directions to some good places for kayaking)가 있다며, 한 부 가져가라(Please take a copy.)고 했으므로 (D)가 정답이다.

어휘 complimentary 무료의 voucher 바우처, 쿠폰 refreshment 다과

정답 (D)

Questions 35-37 refer to the following conversation. 35-37은 다음 대화에 관한 문제입니다.

US
US

W Good afternoon, Mr. Allen. 35 Baker is not in his office and I was asked to hand in a request for some new office chairs to him no later than today. I brought the form with me. Could you give it to him?
M Sure, no problem. 36 He's attending a meeting with one of his clients, and he'll be back soon.
W Thank you. 37 I have to leave for an interview with a job candidate this afternoon.

여: 안녕하세요, Allen 씨. 35 Baker 씨는 지금 사무실에 안 계신데, 저는 오늘까지 그에게 새 사무용 의자 신청서를 제출하라고 요청받았어요. 제가 그 서류를 가져왔습니다. 그에게 전해 주실 수 있나요?
남: 네, 물론이죠. 36 그는 고객과 회의를 하고 있는데, 곧 돌아올 예정입니다.
여: 감사합니다. 37 저는 오후에 입사 지원자와의 면접이 있어서 지금 가봐야 해요.

어휘 hand in ~을 제출하다 request 요청(서) no later than 늦어도 ~까지는 attend 참석하다 job candidate 입사 지원자

35 Why is the woman trying to see Baker?
(A) To submit a form
(B) To conduct an interview
(C) To make a presentation
(D) To ask for some directions

여자는 왜 Baker 씨를 만나려 하는가?
(A) 서류를 제출하기 위해
(B) 면접을 진행하기 위해
(C) 발표를 하기 위해
(D) 길을 묻기 위해

○ 구체적인 정보 파악 – 이유/원인

문제 키워드 | Why / woman / see / Baker

핵심 키워드 Baker가 언급되는 곳에 정답의 단서가 있다. 여자는 Baker 씨에게 오늘까지 새 사무용 의자 신청서를 제출하라고 요청받았다(I was asked to hand in a request for some new office chairs to him no later than today.)고 구체적인 이유를 설명하고 있으므로 정답은 (A)이다.

패러프레이징 hand in a request 신청서를 제출하다 → **submit a form** 서류를 제출하다

어휘 submit 제출하다   conduct 시행하다

정답 (A)

36 Why is Baker not in the office?
(A) He is away on holiday.
(B) He called in sick.
(C) He is meeting a client.
(D) He went to a branch office.

Baker 씨는 왜 사무실에 없는가?
(A) 휴가 중이다.
(B) 병가를 냈다.
(C) 고객을 만나고 있다.
(D) 지점에 갔다.

○ 구체적인 정보 파악 – 이유/원인

문제 키워드 | Why / Baker / not / in / office

Baker 씨가 사무실에 없는 이유를 묻는 문제로, Baker 씨는 남자의 대사에서 3인칭 대명사 He로 언급됐다. 남자는 Baker 씨가 고객과 회의 중(He's attending a meeting with one of his clients,)이라고 이야기했으므로 정답은 (C)이다.

패러프레이징 attending a meeting with one of his clients 고객과 회의를 하고 있다
→ **meeting a client** 고객을 만나고 있다

어휘 on holiday 휴가 중   call in sick 전화로 병가를 내다   branch 지점, 지사

정답 (C)

37 What will the woman most likely do next?
(A) Leave for the day
(B) Set up an appointment
(C) Print out some documents
(D) Attend an interview

여자는 다음에 무엇을 할 것 같은가?
(A) 퇴근하기
(B) 약속 잡기
(C) 서류 인쇄하기
(D) 면접 참석하기

○ 구체적인 정보 파악 – 미래

문제 키워드 | What / will / woman / next

여자의 미래 일정을 묻는 문제로, 후반부 여자의 대사에서 정답의 근거를 찾는다. 후반부에 여자가 오후에 입사 지원자와의 면접이 있어서 지금 가봐야 한다(I have to leave for an interview with a job candidate this afternoon.)고 본인이 다음에 할 일을 언급했으므로 정답은 (D)이다.

패러프레이징 leave for an interview 면접 때문에 떠나다 → **Attend an interview** 면접 참석하기

정답 (D)

Questions 38-40 refer to the following conversation. 38-40은 다음 대화에 관한 문제입니다.

M: Hilda. **38** I just spoke with our TV program's producer, and he informed me that Erica Riley, the famous chef, agreed to appear on one of our afternoon programs next week. She would like to promote her new cookbook.
W: That's great. That would be very interesting. **39** I'm sure she'll demonstrate one of her special recipes.
M: Right! That's why we need to have our kitchen set arranged for her. **40** Tomorrow, Chef Riley will be e-mailing us a list of all of the ingredients and equipment required for her show.
W: **40** Alright, I'll be expecting her e-mail and we can talk about it then.

남: Hilda 씨. **38** 방금 우리 TV 프로그램의 프로듀서와 이야기를 나누었는데, 유명 셰프인 Erica Riley 씨가 다음 주에 우리의 오후 프로그램 중 하나에 출연하기로 했다고 알려 주었어요. 그녀는 새 요리책을 홍보하길 원해요.
여: 잘됐군요. 매우 흥미로울 것 같아요. **39** 그녀가 특별한 조리법 중 하나를 보여 주겠군요.
남: 맞아요! 그래서 우리는 그녀를 위해 주방 세트를 준비해 놓아야 해요. **40** 내일 Riley 셰프가 방송을 위해 필요한 대부분의 재료와 도구의 목록을 우리에게 이메일로 보내줄 거예요.
여: **40** 알겠어요! 그녀의 이메일을 기다릴게요. 그 다음에 그것에 대해서 이야기하면 되겠네요.

어휘 agree to V ~하는 데 합의하다, 동의하다 appear on ~에 등장하다, 나오다 promote 홍보하다 demonstrate 보여 주다, 설명하다 recipe 조리법 arrange 마련하다, 준비하다 ingredient 재료 equipment 도구 required for ~에 필요한

38 What kind of business do the speakers work for?
(A) A public library
(B) A culinary school
(C) A broadcasting station
(D) A local supermarket

화자들은 어떤 업종에서 근무하는가?
(A) 공공 도서관
(B) 조리 학교
(C) 방송국
(D) 지역 슈퍼마켓

○ 기본 정보 파악 – 직업/업종

문제 키워드 | What / business / speakers / work
화자들의 직업은 주로 대화의 전반부에서 알 수 있다. 남자가 TV 프로그램의 프로듀서와 이야기를 나누었는데 유명 셰프인 Eric Riley 씨가 다음 주에 우리의 프로그램에 출연하기로 했다(the famous chef, agreed to appear on one of our afternoon programs next week.)고 알려 주었다고 한 것에서 화자들이 방송국에서 근무하는 것을 알 수 있으므로 정답은 (C)이다.

어휘 culinary 요리의, 음식의 broadcasting station 방송국 local 지역의   정답 (C)

39 According to the woman, what will Erica Riley most likely do?
(A) Purchase some new equipment
(B) Show how to cook a dish
(C) Close a deal with a local business
(D) Autograph her new publications

여자의 말에 따르면, Erica Riley 씨는 무엇을 할 것 같은가?
(A) 신형 장비 구입하기
(B) 요리 방법 보여 주기
(C) 현지 기업과의 거래 체결하기
(D) 자신의 신간 서적에 사인하기

○ 구체적인 정보 파악 – 미래

문제 키워드 | woman / what / will / Erica Riley
Erica Riley 씨의 미래 일정을 묻는 문제로 여자의 대사에서 정답의 근거를 찾는다. 여자가 중반부에 Erica Riley 씨가 특별한 조리법 중 하나를 보여 줄 것(I'm sure she'll demonstrate one of her special recipes.)이라고 했으므로 정답은 (B)이다.

패러프레이징 demonstrate one of her special recipes 특별한 조리법 중 하나를 보여 주다
→ Show how to cook a dish 요리 방법 보여 주기

어휘 equipment 장비 close a deal 계약을 마무리하다 autograph 서명하다 publication 서적, 출판물   정답 (B)

40 What does the woman say she will do tomorrow?
(A) Review a list
(B) Meet with a chef
(C) Go shopping for some food
(D) Put up a sign for a show

여자는 내일 무엇을 할 것이라고 말하는가?
(A) 목록 확인하기
(B) 셰프와 만나기
(C) 식자재 쇼핑하기
(D) 방송 표지판 설치하기

○ 구체적인 정보 파악 – 미래

문제 키워드 | What / woman / say / will / tomorrow
핵심 키워드인 tomorrow가 언급되는 곳에 집중하자. 남자가 내일 Riley 셰프가 재료와 도구의 목록을 이메일로 보내줄 것(Tomorrow, Chef Riley will be e-mailing us a list of ~.)이라고 하자, 여자가 알겠다며 이메일을 기다리겠다(I'll be expecting her e-mail)고 하였다. 즉, 여자는 내일 목록이 포함된 이메일을 확인할 것이므로 정답은 (A)이다.   정답 (A)

Questions 41-43 refer to the following conversation with three speakers. 41-43은 다음 세 명의 대화에 관한 문제입니다.

AU BR US	M	Hello, Terri and Debra. **41 I was just informed by the e-mail you sent me that the machines on the assembly line have some problems. What seems to be wrong?**	남: 안녕하세요, Terri 씨, Debra 씨. **41** 조립 라인 기계에 문제가 있다는 당신의 이메일을 막 받았습니다. 무엇이 잘못된 것 같나요?
	W1	Well, **42 the packing unit is not as fast as it should be.** Debra already contacted a technician to get help.	여1: 글쎄요, **42** 포장 기계가 본래 성능만큼 빠르게 작동하지 않습니다. Debra 씨가 이미 기술자에게 연락하여 도움을 요청했습니다.
	W2	Yes. The technician came and found that some of the conveyer belts are not working properly. So **42 the overall process is taking far longer than it used to.**	여2: 네. 기술자가 와서 일부 컨베이어 벨트가 제대로 작동하지 않는 것을 확인하였습니다. 그래서 **42** 전체 과정이 이전보다 훨씬 더 오래 걸리고 있습니다.
	M	That sounds serious. **43 We should set up a time when the line can be shut down for the repair work.**	남: 심각한 것 같네요. **43** 수리를 위해 생산 라인을 중단시킬 시간을 정해야 합니다.

어휘 inform 알리다, 통지하다 assembly line 조립 라인, 생산 라인 seem ~인 것처럼 보이다 packing 포장 unit 기구, 장치 technician 기술자 properly 제대로, 적절히 overall 전체적인 process 과정 used to V ~하곤 했다 serious 심각한 shut down 멈추다, 정지하다

41 What kind of company do the speakers most likely work for?
(A) A delivery service
(B) A repair center
(C) A manufacturing plant
(D) A real estate agency

화자들은 어떤 종류의 회사에서 근무하고 있는 것 같은가?
(A) 택배 회사
(B) 수리 센터
(C) 생산 공장
(D) 부동산

○ 기본 정보 파악 – 직업/업종

문제 키워드 | What / company / speakers / work

직업/업종 문제의 단서는 주로 전반부에 나온다. 남자가 조립 라인 기계에 문제가 있다(the machines on the assembly line have some problems)는 이메일을 받았다고 했는데 이와 관련된 곳은 생산 공장이므로 정답은 (C)이다.   정답 (C)

42 What do the women mention about the problem?
(A) Additional workers are needed.
(B) Equipment is not fast enough.
(C) Some materials are not delivered on time.
(D) Workspace is too small.

여자들이 언급한 문제는 무엇인가?
(A) 직원들이 추가로 필요하다.
(B) 장비가 충분히 빠르지 않다.
(C) 일부 자재가 제시간에 배달되지 않는다.
(D) 작업 공간이 너무 협소하다.

○ 구체적인 정보 파악 – 문제점

문제 키워드 | What / women / mention / problem

여자1은 포장 기계가 빠르게 작동하지 않는다(the packing unit is not as fast as it should be.)는 문제점을 언급했고, 여자2는 전체 과정이 이전보다 훨씬 더 오래 걸리고 있다(the overall process is taking far longer than it used to.)는 문제점을 언급했다. 즉, 장비가 빠르지 않다는 문제점을 언급했으므로 정답은 (B)이다.

패러프레이징 the packing unit is not as fast as it should be. 포장 기계가 본래 성능만큼 빠르게 작동하지 않는다.
→ Equipment is not fast enough. 장비가 충분히 빠르지 않다.

어휘 additional 추가의 equipment 장비 material 자재, 재료 on time 제시간에 workspace 작업 공간   정답 (B)

43 What does the man suggest doing?
(A) Scheduling a time for a repair
(B) Asking for an inspection
(C) Ordering a new machine
(D) Renewing a warranty

남자는 무엇 하기를 제안하는가?
(A) 수리 일정 잡기
(B) 점검 요청하기
(C) 신규 장비 주문하기
(D) 보증 갱신하기

○ 구체적인 정보 파악 – 제안/요청

문제 키워드 | What / man / suggest

남자가 제안한 일을 묻는 문제로, 후반부 남자의 대사에 정답의 단서가 있다. 남자는 수리를 위해 생산 라인을 중단시킬 시간을 정해야 한다(We should set up a time when the line can be shut down for the repair work.)고 했으므로 정답은 (A)이다.

패러프레이징 set up a time when the line can be shut down for the repair work 수리를 위해 생산 라인을 중단시킬 시간을 정하다 → Scheduling a time for a repair 수리 일정 잡기

어휘 inspection 점검 renew 갱신하다 warranty 보증   정답 (A)

Questions 44-46 refer to the following conversation. 44-46은 다음 대화에 관한 문제입니다.

US / US

W Hi, Robin. We're scheduled to launch a new line of leather shoes next month. So, **44 my biggest issue is how we market the shoes better.** And I'm trying to find some low-cost ways to promote them. Do you have any suggestions?

M You know that it is important to target the right customers and that makes the advertisement more cost-efficient. Also **45 you will need to focus on the fact that they are made with collaboration of a famous jewelry brand.**

W Definitively. **46 Why don't we offer a discount** to all return customers who have purchased our shoes for the last two years? And if they bring their friends we also offer the same discount to them.

여: 안녕하세요, Robin 씨. 우리는 다음 달에 새로운 가죽 신발을 출시할 예정이에요. 그래서 **44 저의 가장 큰 고민은 우리가 어떻게 그 신발을 더 잘 광고할 것인지**입니다. 그리고 저는 적은 비용으로 그것을 홍보할 방법을 찾고 있어요. 제안해 줄 게 있나요?

남: 적합한 고객을 겨냥하는 것이 중요하고 그것이 광고를 더 비용 효율적으로 만들잖아요. 또한, **45 그것들이 유명한 보석 브랜드와의 협업으로 만들어진다는 사실에 주력해야 해요.**

여: 물론이죠. 지난 2년 동안 우리의 신발을 구매한 모든 재구매 고객에게 **46 할인을 제공하는 건 어때요?** 그리고 그들이 친구를 데려온다면 그들에게도 똑같은 할인을 제공하는 거예요.

어휘 be scheduled to V ~할 예정이다   launch 출시하다   low-cost 비용이 적게 드는   promote 홍보하다   suggestion 제안, 의견   target 겨냥하다, 대상으로 삼다   advertisement 광고   cost-efficient 비용 효율이 높은   focus on ~에 주력하다, 초점을 맞추다   collaboration 협업, 공동 작업

44 What is the conversation mainly about?
(A) Conducting research
(B) Developing a marketing strategy
(C) Hiring an advertising agency
(D) Reducing a budget

대화는 주로 무엇에 관한 것인가?
(A) 조사를 실시하는 것
(B) 마케팅 전략을 개발하는 것
(C) 광고 대행사를 고용하는 것
(D) 예산을 삭감하는 것

○ 기본 정보 파악 - 주제

문제 키워드 | What / conversation / about

주제 문제의 단서는 주로 대화의 전반부에 나온다. 전반부에 여자가 가장 큰 고민은 어떻게 그 신발을 더 잘 광고할 것인가(my biggest issue is how we market the shoes better.)라고 말하며 적은 비용으로 홍보할 방법을 찾고 있다는 언급과 함께 제안해 줄 게 있는지 묻고 있으므로 정답은 (B)이다.

어휘 conduct 실시하다   strategy 전략   reduce 줄이다   budget 예산   정답 (B)

45 What does the man mention about the product?
(A) It is cheaper than others.
(B) It is no longer available.
(C) It can be purchased only at a store.
(D) It is involved with another company.

남자가 그 제품에 대해 말하는 것은 무엇인가?
(A) 다른 것보다 더 저렴하다
(B) 더 이상 이용할 수 없다.
(C) 상점에서만 구매할 수 있다.
(D) 다른 회사와 연관되어 있다.

○ 구체적인 정보 파악 - 특정 사항

문제 키워드 | What / man / mention / product

중반부 남자의 대사에서 그것들이 유명한 보석 브랜드와의 협업으로 만들어진다(they are made with collaboration of a famous jewelry brand)는 점에 주력해야 한다고 했으므로 제품이 다른 회사와 연관되어 있음을 알 수 있다. 따라서 (D)가 정답이다.

어휘 be involved with ~와 연관되어 있다   정답 (D)

46 What does the woman suggest?
(A) Soliciting customer feedback
(B) Offering a free warranty
(C) Providing a discount
(D) Changing a warranty period

여자는 무엇을 제안하는가?
(A) 고객 의견을 요청하는 것
(B) 무상 품질 보증을 제공하는 것
(C) 할인을 제공하는 것
(D) 품질 보증 기간을 변경하는 것

○ 구체적인 정보 파악 - 제안/요청

문제 키워드 | What / woman / suggest

여자가 제안하는 것을 묻는 문제로, 후반부 여자의 대사를 잘 들어야 한다. 여자가 마지막 대사에서 할인을 제공하는 것(Why don't we offer a discount)을 제안하고 있으므로 정답은 (C)이다. Let's나 Why don't you/we/I 등의 권유/제안 표현 다음에 정답의 단서가 나올 가능성이 높다는 것을 명심하자.

어휘 solicit 요청하다, 간청하다   warranty 품질 보증(서)   period 기간   정답 (C)

Questions 47-49 refer to the following conversation. 47-49는 다음 대화에 관한 문제입니다.

M Technical Support, how can I help you?
W Hi, 47 I'm having difficulty using the time reporting software. Since last week, it hasn't allowed me to log in to my account, and I'm very concerned my paycheck won't be issued on time.
M We're sorry to hear that. The software was recently updated. 48 Would you describe what information your login screen shows?
W Actually, I'm out of the office at the moment. I'm on my way to meet one of my clients and won't be back to my office.
M OK. Then, 49 why don't I e-mail you some instructions? So you can consult them to solve the problem.
W Oh, that sounds great. Thank you.

남: 기술 지원부입니다. 무엇을 도와 드릴까요?
여: 안녕하세요, 47 저는 시간 보고 소프트웨어를 사용하는 데 어려움을 겪고 있습니다. 지난주부터 제 계정에 로그인할 수 없어서 급료 지불 수표가 제때 발행되지 않을까 봐 매우 걱정됩니다.
남: 유감입니다. 해당 소프트웨어는 최근에 업데이트되었습니다. 48 로그인 화면에 어떤 정보가 보이는지 설명해 주시겠어요?
여: 사실, 저는 지금 사무실에 없습니다. 고객을 만나러 가는 길인데 사무실로 돌아가지 않아요.
남: 네. 그러면 49 제가 당신에게 이메일로 설명서를 보내 드리는 게 어떨까요? 그러면 당신은 문제를 해결하기 위해 설명서를 참고하실 수 있습니다.
여: 오, 그거 좋겠네요. 감사합니다.

어휘 allow to V ~하는 것을 허용하다   account 계정   concerned 걱정하는   paycheck 급여, 급료 지불 수표   issue 발행하다   on time 제시간에   recently 최근에   describe 말하다, 설명하다   instructions 설명서   consult 참고하다   solve 해결하다

47 What is the purpose of the woman's call?
(A) To submit an order
(B) To request some assistance
(C) To advertise a product
(D) To install a software program

여자가 전화한 목적은 무엇인가?
(A) 주문서를 제출하는 것
(B) 도움을 요청하는 것
(C) 제품을 홍보하는 것
(D) 소프트웨어 프로그램을 설치하는 것

○ 기본 정보 파악 – 전화 목적

문제 키워드 | What / purpose / woman's call

전화 목적은 주로 대화 전반부에 언급된다. 무엇을 도와줄지 묻는 남자의 말에 여자는 소프트웨어를 사용하는 데 어려움을 겪고 있다(I'm having difficulty using the time reporting software)고 했으므로 도움을 요청하기 위한 전화임을 알 수 있다. 따라서 정답은 (B)이다.   정답 (B)

48 What does the woman mean when she says, "I'm out of the office at the moment"?
(A) She started her work earlier than usual.
(B) She wants to delay a meeting.
(C) She wants someone to come to her office.
(D) She is not able to give some information.

여자가 "저는 지금 사무실에 없습니다"라고 말할 때 의미하는 것은 무엇인가?
(A) 평소보다 일찍 업무를 시작했다.
(B) 회의를 미루길 원한다.
(C) 누군가가 그녀의 사무실로 오길 원한다.
(D) 정보를 줄 수 없다.

○ 신유형 – 화자의 의도 파악

문제 키워드 | What / woman / mean / "I'm out of the office at the moment"

화자의 의도 파악 유형은 해당 표현과 주변 문맥을 종합하여 답을 찾아야 한다. 로그인 화면에 어떤 정보가 보이는지 설명해 달라(Would you describe what information your login screen shows?)는 남자의 말에 여자가 "저는 지금 사무실에 없습니다(I'm out of office at the moment)"라고 응답한 것은 남자가 요청한 정보를 줄 수 없다는 의미이므로 정답은 (D)이다.   정답 (D)

49 What does the man offer to do for the woman?
(A) Revise a report
(B) Forward instructions by e-mail
(C) Fill out a request form
(D) Reinstall some software

남자는 여자에게 무엇을 해 주겠다고 제안하는가?
(A) 보고서 수정하기
(B) 이메일로 설명서 보내기
(C) 신청서 작성하기
(D) 일부 소프트웨어 재설치하기

○ 구체적인 정보 파악 – 제안/요청

문제 키워드 | What / man / offer / woman

제안 문제는 대화의 후반부에서 정답의 단서를 찾을 수 있다. 남자가 후반부에 설명서를 이메일로 보내 주는 것(why don't I e-mail you some instructions?)을 제안하고 있으므로 정답은 (B)이다.

패러프레이징 e-mail you some instructions 설명서를 이메일로 보내기
→ Forward instructions by e-mail 이메일로 설명서 보내기   정답 (B)

Questions 50-52 refer to the following conversation. 50-52는 다음 대화에 관한 문제입니다.

BR
AU

W: Hello, Jack. How did last week's employee award banquet go?
M: It was pretty good. Actually, 50 I received a prize for accomplishing the highest sales numbers.
W: Oh, congratulations. But that does not really surprise me. Your sales number always impresses me. By the way, what's the prize?
M: Well, it was a couple of tickets to a baseball game on Saturday.
W: That's great.
M: Yeah, but you know, 51 I'm planning to go on holiday this weekend. So I don't think I'll be able to go.
W: That's too bad. Then, 52 are you going to give the tickets away to someone?
M: 52 Yes, would you like to go to the game?

여: 안녕하세요, Jack 씨. 지난주에 있던 직원 시상식 연회는 어땠나요?
남: 매우 좋았어요. 사실 50 저는 가장 높은 매출을 달성해서 상을 받았어요.
여: 오, 축하해요. 하지만 그렇게 놀랍지는 않네요. 당신의 매출 수치는 항상 인상 깊었어요. 어쨌든 상품은 무엇이었나요?
남: 음, 토요일 야구 경기 입장권 2장이요.
여: 잘됐네요.
남: 네, 하지만 51 저는 이번 주말에 휴가를 갈 계획이에요. 그래서 갈 수 없을 것 같아요.
여: 그것 참 안타깝네요. 그러면 52 그 표를 다른 사람에게 줄 건가요?
남: 52 네, 그 경기를 보러 가고 싶으신가요?

어휘 award banquet 시상식 연회　prize 상, 상품　accomplish 성취하다　surprise 놀라게 하다　impress 깊은 인상을 주다　a couple of 둘의
go on holiday 휴가를 가다　give away 거저 주다

50 Why did the man receive a prize?
(A) For developing a new product
(B) For establishing a good relationship with coworkers
(C) For selling the most products
(D) For working late for a project

남자는 왜 상을 받았는가?
(A) 신제품을 개발했기 때문에
(B) 동료들과 좋은 관계를 수립했기 때문에
(C) 가장 많은 제품을 판매했기 때문에
(D) 프로젝트로 늦게까지 일했기 때문에

> **구체적인 정보 파악 - 이유/원인**
>
> **문제 키워드** | Why / man / receive / prize
>
> 남자가 상을 받은 이유를 묻는 문제로, 핵심 키워드인 receive, prize가 언급되는 곳에 정답의 단서가 있다. 남자가 가장 높은 매출을 달성해서 상을 받았다(I received a prize for accomplishing the highest sales numbers.)고 했으므로 정답은 (C)이다.
>
> **패러프레이징** accomplishing the highest sales numbers 가장 높은 매출을 달성한 것
> → selling the most products 가장 많은 제품을 판매한 것
>
> 정답 (C)

51 What will the man do this weekend?
(A) Attend a trade fair
(B) Leave for vacation
(C) Go to another branch
(D) Meet with players

남자는 이번 주말에 무엇을 할 예정인가?
(A) 무역 박람회 참석하기
(B) 휴가 가기
(C) 다른 지점 방문하기
(D) 선수들과 만나기

> **구체적인 정보 파악 - 미래**
>
> **문제 키워드** | What / will / man / this weekend
>
> 남자의 미래 계획을 묻는 문제로, 핵심 키워드인 this weekend가 언급되는 곳에서 정답을 찾는다. 남자는 이번 주말에 휴가를 갈 계획(I'm planning to go on holiday this weekend.)이라고 했으므로 정답은 (B)이다.
>
> **패러프레이징** go on holiday 휴가를 가다 → Leave for vacation 휴가 가기
>
> 정답 (B)

52 According to the man, what will he do with the prize?
(A) Get a refund for it
(B) Give it to someone
(C) Keep it at home
(D) Show it to his friends

남자의 말에 따르면, 그는 상품으로 무엇을 할 예정인가?
(A) 환불받기
(B) 다른 사람에게 주기
(C) 집에 보관하기
(D) 친구들에게 보여 주기

> **구체적인 정보 파악 - 미래**
>
> **문제 키워드** | man / what / will / he / prize
>
> 대화 중반부에서 남자가 상품으로 야구 경기 입장권을 받았는데 못 갈 거라고 이야기했고, 여자는 그 표를 다른 사람에게 줄 것인지(are you going to give the tickets away to someone?) 물었다. 남자가 그렇다(Yes,)고 했으므로 정답은 (B)이다.
>
> **어휘** refund 환불
>
> 정답 (B)

Questions 53-55 refer to the following conversation. 53-55는 다음 대화에 관한 문제입니다.

W Bennie, 53 you've been working on the new personal directory application for mobile device, haven't you? How is it coming along?
M The tech development division has been helping us make the app ready to run. But it seems there are still several problems in the final stage when it displays specific information related to home addresses.
W Okay. Then, 54 how long do you believe it will take to make the app ready?
M Well, someone from the software team might be able to tell you that. I hope it won't take long, but it seems...
W Hmm... I should talk with them about it. 55 I'm concerned about the launch we have scheduled for the beginning of the next month. Before the event, consumer testing should be done.

여: Bennie 씨, 53 새로운 모바일 기기용 개인 주소록 앱을 작업하고 계시죠, 그렇죠? 어떻게 진행되고 있나요?
남: 앱을 구동할 수 있도록 준비하는 것을 기술 개발부에서 도와주고 있어요. 하지만 자택 주소와 관련된 특정 정보를 보여 주는 최종 단계에 아직도 여러 문제가 있는 것 같아요.
여: 알겠어요. 그러면 54 앱이 준비되려면 시간이 얼마나 걸릴 것 같나요?
남: 글쎄요, 소프트웨어 팀의 팀원이 그것을 알려 줄 수 있을 거예요. 시간이 오래 걸리지 않기를 바라지만, 보기에는...
여: 음... 제가 그 문제에 대해서 그들과 이야기해야겠네요. 55 다음 달 초로 예정된 출시가 매우 걱정되네요. 출시 전에 소비자 검사가 완료되어야 해요.

어휘 directory 주소록, 안내 책자 application 앱, 응용 프로그램 device 장치 development 개발 division 부서 display 보이다 specific 구체적인 information 정보 related to ~와 관련된 be concerned about ~을 걱정하다 launch 출시 consumer testing 소비자 검사

53 What has the man been involved in doing?
(A) Scheduling an annual event
(B) Developing a mobile application
(C) Updating client information
(D) Revising a user manual

남자는 무엇에 관여하고 있는가?
(A) 연례행사 일정 잡기
(B) 모바일 앱 개발하기
(C) 고객 정보 업데이트하기
(D) 사용 설명서 수정하기

○ 구체적인 정보 파악 - 특정 사항

문제 키워드 | What / man / involved

여자의 첫 대사에서 남자에게 새로운 모바일 기기용 개인 주소록 앱을 작업하고 있는지(you've been working on the new personal directory application for mobile device, haven't you?) 확인하고 있으므로 정답은 (B)이다.   정답 (B)

54 What does the man mean when he says, "someone from the software team might be able to tell you that"?
(A) He is well aware of an issue.
(B) A change will be made.
(C) He is not sure about the answer.
(D) A new project will start soon.

남자가 "소프트웨어 팀의 팀원이 그것을 알려 줄 수 있을 거예요"라고 말할 때 의미하는 것은 무엇인가?
(A) 그는 문제점을 잘 알고 있다.
(B) 변화가 생길 것이다.
(C) 그는 답을 잘 모른다.
(D) 신규 프로젝트가 곧 시작될 것이다.

○ 신유형 - 화자의 의도 파악

문제 키워드 | What / man / mean / "someone from the software team might be able to tell you that"

화자의 의도 파악 문제는 해당 문장과 앞뒤 문맥을 종합하여 답을 찾아야 한다. 앞서 여자가 남자에게 앱이 준비되려면 시간이 얼마나 걸릴 것 같은지(how long do you believe it will take to make the app ready?) 물었고, 이에 대해 남자가 "소프트웨어 팀의 팀원이 그것을 알려 줄 수 있을 거예요"라고 한 것은 본인은 잘 모른다는 의미임을 알 수 있다. 따라서 정답은 (C)이다.   정답 (C)

55 What is the woman worried about?
(A) Working overtime
(B) Acquiring wrong data
(C) Organizing a new team
(D) Finishing a project in time

여자는 무엇에 대해서 걱정하는가?
(A) 초과 근무 하는 것
(B) 잘못된 데이터를 얻는 것
(C) 새로운 팀을 조직하는 것
(D) 제시간에 프로젝트를 마치는 것

○ 구체적인 정보 파악 - 문제점

문제 키워드 | What / woman / worried

여자가 걱정하고 있는 것이 무엇인지를 묻는 문제. 후반부에 여자는 다음 달 초로 예정된 출시가 매우 걱정된다(I'm concerned about the launch we have scheduled for the beginning of the next month.)고 했으므로 정답은 (D)이다.

어휘 acquire 습득하다, 얻다 organize 조직하다   정답 (D)

Questions 56-58 refer to the following conversation. 56-58은 다음 대화에 관한 문제입니다.

AU
US

M Good morning. I'm Noel Torres. I phoned you yesterday about visiting your office complex to 56 check if I can rent an office for my dental clinic.
W Alright, Dr. Torres. I've been waiting for you. My name is Alicia and I'm property manager for the complex.
M Pleased to meet you. 57 I would like to rent space on the first floor, which makes my clinic more easily accessible for my patients.
W Sure, let me show you around some offices on the first floor. By the way, 58 do you know we have a parking lot beside the building? It's only for this office complex, so your patients and employees can readily use it.

남: 안녕하세요. 저는 Noel Torres입니다. 56 저는 제 치과를 위한 사무실을 임대할 수 있을지 확인하기 위해 당신의 사무실 단지를 방문하는 것에 관해 어제 전화 드렸습니다.
여: 그래요, Torres 박사님. 당신을 기다리고 있었습니다. 제 이름은 Alicia이고, 건물의 부동산 매니저입니다.
남: 만나서 기쁩니다. 57 저는 제 환자들이 제 병원에 더욱 쉽게 접근할 수 있도록 1층에 공간을 임대하고자 합니다.
여: 네. 1층의 사무실 몇 군데를 보여 드리겠습니다. 그런데 58 저희 건물 옆에 주차장이 있는 것은 아시나요? 그곳은 이 사무실 단지만을 위한 곳으로 당신의 환자와 직원들이 쉽게 그곳을 이용하실 수 있을 겁니다.

어휘 phone 전화를 걸다 complex (건물) 단지 rent 임대하다 property 부동산, 건물 space 공간 accessible 접근이 가능한 readily 쉽게

56 Who most likely is the man?
(A) A maintenance worker
(B) A car mechanic
(C) A medical professional
(D) A shop assistant

남자는 누구일 것 같은가?
(A) 관리 직원
(B) 자동차 정비사
(C) 의료 전문가
(D) 점원

○ 기본 정보 파악 - 직업/업종

문제 키워드 | Who / man

화자의 직업은 주로 대화 전반부에서 알 수 있다. 남자가 첫 번째 대사에서 자신의 치과를 위한 사무실을 임대할 수 있을지 확인하기(check if I can rent an office for my dental clinic) 위해 전화했었다고 했으므로 정답은 (C)이다.

정답 (C)

57 Why does the man want to rent an office on the first floor?
(A) It is located near restaurants and cafés.
(B) It makes it easier for visitors to access his clinic.
(C) It provides a larger space than other offices.
(D) It is much cheaper than offices on other floors.

왜 남자는 1층에 사무실을 임대하기를 원하는가?
(A) 식당과 카페 근처에 위치해 있다.
(B) 방문객들이 그의 진료소에 접근하는 것을 좀 더 쉽게 만든다.
(C) 다른 사무실보다 더 큰 공간을 제공하고 있다.
(D) 다른 층의 사무실보다 훨씬 더 저렴하다.

○ 구체적인 정보 파악 - 이유/원인

문제 키워드 | Why / man / rent / first floor

이유 문제는 대화에서 문제가 거의 그대로 언급된 후 정답이 되는 이유가 바로 이어지는 것이 일반적이다. 남자가 1층에 공간을 임대하고 싶다(I would like to rent space on the first floor,)고 하면서 그것이 환자들을 더 쉽게 접근할 수 있게 한다(which makes my clinic more easily accessible for my patients.)고 했으므로 정답은 (B)이다.

어휘 locate 위치하다 visitor 방문객 access 접근하다

정답 (B)

58 What advantage does the woman mention?
(A) A complex has its own parking area.
(B) A rental fee is not expensive.
(C) Some offices are under renovation.
(D) A complex is conveniently located.

여자는 어떤 이점을 언급하는가?
(A) 단지는 자체 주차장을 갖고 있다.
(B) 임대료가 저렴하다.
(C) 몇몇 사무실은 보수 중이다.
(D) 단지는 편리하게 위치해 있다.

○ 구체적인 정보 파악 - 특정 사항

문제 키워드 | What advantage / woman / mention

대개 대화의 순서와 문제의 순서가 일치하므로 여자의 마지막 말에 단서가 있을 것임을 유추할 수 있다. 여자의 마지막 말에서 건물 옆에 주차장이 있는 것은 아는지(do you know we have a parking lot beside the building?) 묻고 그곳은 이 사무실 단지만을 위한 곳(It's only for this office complex)이라고 했으므로 정답은 (A)가 된다.

어휘 rental fee 임대료 under renovation 보수 중인 conveniently located 편리하게 위치한

정답 (A)

Questions 59-61 refer to the following conversation with three speakers. 59-61은 다음 세 명의 대화에 관한 문제입니다.

W1 Hello, Steven. I'm Edith Henry, **59** human resources manager at Horton Marketing, and this is my coworker, Sadie Jackson.
W2 Glad to meet you, Steven.
W1 **59** Could you tell us about your previous work experience?
M Well, **59** I have extensive experience in Web design. I believe you can see it in my portfolio.
W2 Oh, it's quite fascinating. **60** Would you tell us any specialties you have?
M **60** I have participated in creating many Web pages for large international organizations.
W2 It seems you have been doing great at your previous job. What made you decide to leave?
M I liked my work, but it was only a temporary position. I was told that Horton offers permanent positions. **61** I think Horton considers its employees important assets. I'm quite impressed.

여1: 안녕하세요, Steven 씨. 저는 Horton 마케팅의 인적 자원 관리자인 Edith Henry이고, 이분은 제 동료인 Sadie Jackson 씨입니다.
여2: 만나 뵙게 되어 반갑습니다, Steven 씨.
여1: **59** 이전 근무 경험에 대해 말씀해 주실 수 있나요?
남: 음, **59** 저는 웹 디자인 경험이 많습니다. 제 포트폴리오에서 그 점을 확인하실 수 있습니다.
여2: 오, 상당히 흥미롭네요. **60** 당신의 전문 분야를 설명해 주시겠습니까?
남: **60** 저는 대형 국제기관들의 웹페이지 제작에 참여했습니다.
여2: 이전 업무를 매우 잘해 오신 것으로 보입니다. 어떤 이유로 퇴사를 결정하셨나요?
남: 제 일을 좋아했지만 임시직이었습니다. Horton은 정규직을 제안한다고 들었습니다. **61** Horton은 직원들을 중요한 자산으로 생각하는 것 같습니다. (이 점에) 매우 감명을 받았습니다.

어휘 human resources manager 인적 자원 관리자, 인사 담당자 coworker 동료 previous 이전의 work experience 근무 경험, 경력 extensive 폭넓은 quite 꽤 fascinating 흥미로운, 매력적인 specialty 전문 분야, 전공 participate in ~에 참여하다 create 만들다 international organization 국제기관 temporary position 비정규직 permanent position 정규직 asset 자산 impressed 감동을 받은

59 Why is the man visiting Horton Marketing?
(A) To discuss a job opportunity
(B) To win a building contract
(C) To sell some products
(D) To make them register for an event

남자는 왜 Horton 마케팅을 방문하고 있는가?
(A) 취업 기회에 대해 이야기하기 위해
(B) 건축 계약을 체결하기 위해
(C) 상품을 판매하기 위해
(D) 행사 등록을 권유하기 위해

> **기본 정보 파악 - 방문 목적**
>
> **문제 키워드 | Why / man / visiting / Horton Marketing**
>
> 남자가 Horton 마케팅을 방문한 이유를 묻는 문제로, 여자1의 첫 대사에서 여자1은 Horton 마케팅의 인사 관리자라고 언급하고 있고, 이어진 여자1의 대사에서 남자에게 이전 근무 경험에 대해 말해 줄 수 있는지(Could you tell us about your previous work experience?) 물었고, 남자는 웹 디자인 경험이 많다며 포트폴리오에서 그것을 확인할 수 있다(I have extensive experience in Web design. I believe you can see it in my portfolio.)고 했다. 이를 통해 남자는 입사 면접을 보기 위해 Horton 마케팅을 방문했음을 알 수 있으므로 정답은 (A)이다.
>
> **어휘** job opportunity 취업 기회 win a contract 계약을 체결하다 register for ~에 등록하다
>
> 정답 (A)

60 According to the man, what are his specialties?
(A) Designing Web pages
(B) Reducing costs
(C) Developing products
(D) Extending a client base

남자의 말에 따르면, 그의 전문 분야는 무엇인가?
(A) 웹페이지 디자인
(B) 비용 절감
(C) 상품 개발
(D) 고객층 확장

> **구체적인 정보 파악 - 특정 사항**
>
> **문제 키워드 | man / what / his specialties**
>
> 남자가 언급한 본인의 전문 분야를 묻는 문제로, 핵심 키워드인 specialties가 언급되는 곳 앞뒤에서 정답의 단서를 찾는다. 여자2가 남자에게 전문 분야가 무엇인지를(would you tell us any specialties you have?) 묻자, 남자가 대형 국제기관들의 웹페이지를 제작하는 것에 참여했다(I have participated in creating many Web pages for large international organizations.)고 답하였다. 따라서 정답은 (A)이다.
>
> **패러프레이징** creating many Web pages 웹페이지를 제작하는 것 → Designing web pages 웹페이지를 디자인하는 것
>
> **어휘** reduce 줄이다, 절감하다 develop 개발하다 extend 확대하다, 확장하다 client base 고객층
>
> 정답 (A)

61 Why does the man mention he is quite impressed with Horton?
(A) It is so innovative.
(B) It is an international organization.
(C) It thinks its employees are important.
(D) It provides great employee benefits.

남자는 왜 Horton에 매우 감명을 받았다고 말하는가?
(A) 매우 혁신적이다.
(B) 국제기관이다.
(C) 직원들을 중요하게 생각한다.
(D) 직원 복지 혜택을 많이 제공한다.

―○ 구체적인 정보 파악 - 이유/원인 ―

문제 키워드 | Why / man / mention / impressed / Horton

남자가 Horton에 감명을 받은 이유를 묻는 문제로, 남자의 대사 중 Horton이 언급되는 곳 앞뒤에서 정답을 찾는다. 남자는 Horton은 직원들을 중요한 자산으로 생각하는 것 같다며 매우 감명을 받았다(I think Horton considers its employees important assets. I'm quite impressed.)고 했으므로 정답은 (C)이다.

패러프레이징 considers its employees important assets 직원들을 중요한 자산으로 생각하다
→ thinks its employees are important 직원들을 중요하게 생각한다

어휘 innovative 혁신적인

정답 (C)

Questions 62-64 refer to the following conversation and schedule. 62-64는 다음 대화와 일정표에 관한 문제입니다.

M   Hi, Jessy. **62 You're on the team that will be giving a presentation of our new packaging design at the international design conference, right?**
W   That's right, James. **63 We introduced a more sophisticated packaging design. According to our recent market research, 63 most consumers greatly preferred the new design to traditional ones.**
M   You know, I have some new clients in Paris and they said that they would also like to see it if possible. Do you think you can add one more stop to your next month's trip?
W   Well, **64 we could go to Paris the day after we're in Amsterdam and move Firenze's design exhibition to Thursday.**

July Travel Itinerary	
Friday, 10th	London
Monday, 13th	Manchester
Tuesday, 14th	Amsterdam
64 Wednesday, 15th	Firenze

남: 안녕하세요, Jessy 씨. **62** 당신은 국제 디자인 학회에서 우리의 신규 포장 디자인에 관해서 발표할 부서에 속해 있으시죠, 그렇죠?
여: 맞습니다, James 씨. **63** 저희는 좀 더 세련된 포장 디자인을 내놓았어요. 우리의 최근 시장 조사에 따르면, **63** 대부분의 소비자들이 기존의 디자인보다 신규 디자인을 훨씬 더 선호했어요.
남: 있잖아요, 저는 파리에 신규 고객이 있는데, 그들도 가능하다면 그것을 보고 싶다고 했어요. 다음 달 출장지에 한 곳을 더 추가할 수 있을까요?
여: 음, **64** 저희가 암스테르담에 머무르는 날의 다음 날에 파리에 가고 피렌체의 디자인 전시회를 목요일로 옮기면 되겠네요.

7월 여행 일정	
10일 금요일	런던
13일 월요일	맨체스터
14일 화요일	암스테르담
64 15일 수요일	피렌체

어휘 give a presentation 발표하다 international 국제적인 conference 학회, 콘퍼런스 introduce 소개하다, 도입하다 sophisticated 정교한 recent 최근의 consumer 소비자 greatly 대단히, 크게 prefer A to B B보다 A를 선호하다 traditional 전통적인, 기존의 exhibition 전시회

62 What is the woman's team scheduled to do?
(A) Attend a professional conference
(B) Demonstrate a new product
(C) Promote some machines
(D) Develop a new design

여자의 부서는 무엇을 할 예정인가?
(A) 전문 학회 참석하기
(B) 신제품 설명하기
(C) 일부 기계 홍보하기
(D) 신규 디자인 개발하기

○ 구체적인 정보 파악 - 미래

문제 키워드 | What / woman's team / scheduled

여자의 미래 일정을 묻는 문제로, 전반부에 남자가 여자에게 국제 디자인 학회에서 신규 포장 디자인에 관해서 발표할 부서에 속해 있는지(You're on the team that will be giving a presentation of our new packaging design at the international design conference, right?) 확인하는 질문을 했고, 여자가 그렇다고 했으므로 여자의 팀이 학회에 참석할 예정임을 알 수 있다. 따라서 (A)가 정답이다.

패러프레이징 international design conference 국제 디자인 학회 → **professional conference** 전문 학회

어휘 demonstrate 설명하다 promote 홍보하다 develop 개발하다

정답 (A)

63 According to the woman, why do consumers prefer a new design?
(A) It is lightweight.
(B) It is easy to use.
(C) It looks modern.
(D) It is more durable.

여자의 말에 따르면, 소비자들은 왜 새로운 디자인을 더 좋아하는가?
(A) 가볍다.
(B) 사용하기 쉽다.
(C) 현대적으로 보인다.
(D) 내구성이 더 좋다.

― 구체적인 정보 파악 ― 특정 사항 ―

문제 키워드 | woman / why / customers / prefer / new design

여자의 말에서 단서를 찾아야 하므로 여자의 대사를 잘 들어야 한다. 여자는 좀 더 세련된 포장 디자인을 내놓았다(We introduced a more sophisticated packaging design.)고 했고, 대부분의 소비자들이 기존의 디자인보다 신규 디자인을 훨씬 더 선호한다(most consumers greatly preferred the new design to traditional ones.)고 하였다. 새로운 디자인이 좀 더 세련되어 보여서 소비자들이 좋아한다는 것이므로 이와 가장 가까운 내용인 (C)가 정답이다.

패러프레이징 more sophisticated 세련된 → looks modern 현대적으로 보이다

어휘 lightweight 가벼운 durable 내구성이 있는

정답 (C)

---

64 Look at the graphic. When will the woman's team likely go to Paris?
(A) On Friday
(B) On Tuesday
(C) On Wednesday
(D) On Thursday

시각 자료를 보시오. 여자의 부서는 언제 파리에 갈 것 같은가?
(A) 금요일에
(B) 화요일에
(C) 수요일에
(D) 목요일에

― 신유형 ― 시각 자료 연계 ―

문제 키워드 | graphic / When / will / woman's team / go / Paris

신유형인 시각 자료 연계 문제로, 우선 시각 자료와 보기의 관계를 파악해야 한다. 보기에 요일이 제시되어 있으므로 대화에서는 방문 장소에 대한 언급이 단서로 제시될 것임을 예상할 수 있다. 대화 중반부 이후에 남자가 파리 고객들을 언급하며 출장지를 추가할 수 있는지 묻자 여자가 암스테르담에 머무르는 날의 다음 날에 파리에 갈 수 있다(we could go to Paris the day after we're in Amsterdam)고 하였다. 시각 자료를 확인하면 암스테르담에 방문하는 날은 14일 화요일이므로 파리에 방문하는 날은 다음 날인 15일 수요일임을 알 수 있다. 따라서 정답은 (C)가 된다.

정답 (C)

Questions 65-67 refer to the following conversation and window. 65-67은 다음 대화와 창에 관한 문제입니다.

W Hello, Misty. We need to leave for the annual conference soon, right? Actually, I need some help before we go. 65 I wanted to open some files on my computer, but this window popped up.
M Hmm... Let me see. Well, it's asking you to choose an option among four to install the software which is needed to open the files.
W Do you know which option would be better than the others?
M Well, 66 I used the third one, but it had me spend too much time to install the software. I asked some of my friends and they said the last one is the best.
W Oh, thank you. 67 I should finish installing it right now before joining you to the conference.

여: 안녕하세요, Misty 씨. 우리는 곧 연례 학회에 가야 하죠, 그렇죠? 실은 출발하기 전에 도움이 좀 필요해요. 65 제 컴퓨터에서 파일을 좀 열고 싶은데 이 창이 나왔어요.
남: 음… 확인해 볼게요. 음, 이건 그 파일을 열 때 필요한 소프트웨어를 설치하기 위해서 4가지 중 하나를 선택할 것을 요청하고 있어요.
여: 이것들 중 어느 옵션이 가장 괜찮을까요?
남: 글쎄요, 66 저는 세번째 옵션을 사용했지만, 소프트웨어를 설치하는 데 너무 많은 시간이 걸렸어요. 친구들에게 물어봤는데 마지막 것이 가장 낫다고 말했어요.
여: 오, 감사합니다. 당신과 함께 학회에 가기 전에 67 지금 바로 설치를 마쳐야 해요.

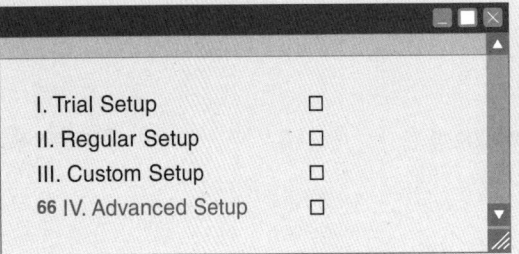

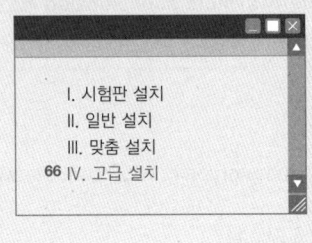

어휘 leave for ~로 떠나다 annual 연례의 conference 학회 pop up 튀어나오다 choose 선택하다 among ~ 중에 install 설치하다 last 마지막의 join 합류하다, 참석하다 trial 시험, 실험 regular 정규의, 일반적인 custom(= customized) 주문 제작의 advanced 고급[상급]의

65 What does the woman say she wanted to do?
(A) Forward a document to a colleague
(B) Update a Web page
(C) Open some files on her computer
(D) Buy some software programs

여자는 무엇을 하기를 원했다고 말하는가?
(A) 동료에게 서류 전달하기
(B) 웹페이지 업데이트하기
(C) 컴퓨터에서 파일 열기
(D) 소프트웨어 프로그램 구매하기

━━○ 구체적인 정보 파악 - 특정 사항 ━━━━

문제 키워드 | What / woman / say / wanted
여자가 원했던 것을 묻는 문제이므로 전반부 여자의 대사에 집중한다. 전반부 여자의 대사에서 컴퓨터에서 파일을 열고 싶었다(I wanted to open some files on my computer,)고 했으므로 정답은 (C)이다.

어휘 forward 전달하다 colleague 동료

정답 (C)

66 Look at the graphic. Which option does the man suggest the woman try?
(A) Trial Setup
(B) Regular Setup
(C) Custom Setup
(D) Advanced Setup

시각 자료를 보시오. 남자는 여자에게 어떤 옵션을 사용하라고 제안하고 있는가?
(A) 시험판 설치
(B) 일반 설치
(C) 맞춤 설치
(D) 고급 설치

─● 신유형 – 시각 자료 연계 ─

문제 키워드 | graphic / Which option / man / suggest / woman / try

시각 자료 연계 문제로 남자가 여자에게 제안하는 내용을 듣고 시각 자료에서 해당 옵션을 찾아야 한다. 어느 옵션이 가장 괜찮을지 묻는 여자의 질문에 남자는 세 번째 옵션을 사용했지만 소프트웨어를 설치하는 데 너무 많은 시간이 걸렸다(I used the third one, but it had me spend too much time to install the software.)며, 친구들에게 물어봤는데 마지막 것이 가장 낫다고 말했다(I asked some of my friends and they said the last one is the best.)고 했으므로, 남자가 여자에게 제안한 옵션은 마지막 옵션이라는 것을 알 수 있다. 시각 자료에서 마지막 옵션에 해당하는 것은 고급 설치이므로 정답은 (D)이다. 정답 (D)

67 What will the woman most likely do next?
(A) Print out some documents
(B) Set up a software program
(C) Go to a conference
(D) Prepare a presentation

여자는 다음에 무엇을 할 것 같은가?
(A) 서류 인쇄하기
(B) 소프트웨어 프로그램 설치하기
(C) 학회에 가기
(D) 발표 준비하기

─● 구체적인 정보 파악 – 미래 ─

문제 키워드 | What / will / woman / next

미래 정보를 묻는 문제이므로 대화의 후반부에서 정답을 찾을 수 있다. 앞에서 소프트웨어 설치에 대해 이야기했고, 여자의 마지막 대사에서 지금 바로 설치를 마쳐야 한다(I should finish installing it right now)고 했으므로 여자가 소프트웨어 프로그램을 설치할 것임을 알 수 있다. 따라서 정답은 (B)이다.

어휘 set up ~을 설치하다   prepare 준비하다 정답 (B)

Questions 68-70 refer to the following conversation and table of contents. 68-70은 다음 대화와 목차에 관한 문제입니다.

M Ms. Hicks. I've just reviewed the business plan you created, and it seems you made a great one. **68** You've got an intriguing idea for your new hotel. I think you've taken much account of your main customer base.

W That's right. **69** From my previous business, I learned that attracting everyone is impossible and inefficient. So, to avoid making the same mistake, I tried to focus more on the concept for certain customers.

M Excellent. OK, now you're going to use this plan to get a loan, right? So, **70** I think you need to revise the budget you estimated. Especially, since staffing tends to cost much higher than this, more of the expense should be allocated to it.

남: Hicks 씨. 당신이 작성한 사업 계획서를 막 검토했는데, 정말로 잘 만드신 것 같습니다. **68** 새 호텔에 대해 아주 흥미로운 아이디어를 갖고 계시네요. 주요 고객층을 많이 고려하신 것 같습니다.
여: 맞습니다. **69** 이전 사업에서 저는 모든 사람들을 사로잡는 것이 불가능하고 비효율적이라는 것을 배웠습니다. 그래서 똑같은 실수를 반복하지 않고자 특정 고객들을 위한 콘셉트에 집중하려고 노력했습니다.
남: 대단합니다. 그러면 이 계획서로 대출을 받으실 예정이시죠, 그렇죠? 그러면 **70** 당신이 추정한 예산을 수정해야 할 것 같습니다. 특히, 직원 채용에는 보통 이것보다 훨씬 더 많은 비용이 들기 때문에 더 많은 예산이 그 부분에 할당되어야 합니다.

Outline of Business Plan

Section 1 ······ Overview of Business
Section 2 ······ Analysis of Industry
Section 3 ······ Product and Service
Section 4 ······ Sales and Marketing
70 Section 5 ······ Projection of Budget

사업 계획서 개요

1번 항목 ·········· 사업 개요
2번 항목 ·········· 업계 분석
3번 항목 ·········· 상품과 서비스
4번 항목 ·········· 영업과 마케팅
70 5번 항목 ·········· 추정 예산

어휘 review 검토하다 business plan 사업 계획서 create 제작하다 intriguing 아주 흥미로운 take account of ~을 고려하다 customer base 고객층 previous 이전의 attract 끌어들이다 impossible 불가능한 inefficient 비효율적인 avoid 피하다 make a mistake 실수하다 focus on ~에 집중하다 certain 특정한 loan 대출 revise 수정하다 budget 예산 estimate 추산하다 staffing 직원 채용 tend to V ~하는 경향이 있다 allocate 할당하다 outline 개요 overview 개요 analysis 분석 projection 예상, 추정

68 What type of business is the woman trying to start?
(A) A café
(B) A bakery
(C) A hotel
(D) A clothing store

여자는 어떤 종류의 사업을 시작하려 하는가?
(A) 카페
(B) 빵집
(C) 호텔
(D) 옷가게

○ 기본 정보 파악 - 직업/업종

문제 키워드 | What / business / woman / start

여자가 새롭게 운영하려는 사업의 종류를 묻는 문제로, 직업/업종 문제는 전반부에 정답의 단서가 있다. 전반부에 남자가 여자의 신규 사업 계획서를 검토했다며 새 호텔에 대해 아주 흥미로운 아이디어를 갖고 있다(You've got an intriguing idea for your new hotel.)고 여자를 칭찬하고 있다. 따라서 정답은 (C)이다.   정답 (C)

69 According to the woman, what did she learn from her last business?
(A) How to apply for a loan
(B) Where to begin an advertising campaign
(C) How to attract potential customers
(D) Where to start a new business

여자의 말에 따르면, 그녀는 이전 사업에서 무엇을 배웠는가?
(A) 대출 신청 방법
(B) 광고 캠페인 시작 장소
(C) 잠재 고객 유입 방법
(D) 신규 사업 시작 장소

○ 구체적인 정보 파악 - 특정 사항

문제 키워드 | woman / what / learn / last business

여자가 지난 사업에서 배운 것이 무엇인지를 묻는 문제로, 문제의 핵심 키워드인 last business가 대화에서는 previous business로 언급되었다. 여자가 이전 사업에서 모든 사람들을 사로잡는 것이 불가능하고 비효율적이라는 것을 배웠다(From my previous business, I learned that attracting everyone is impossible and inefficient.)고 했으므로 정답은 (C)이다.

어휘 apply for ~을 신청하다 potential 잠재적인

정답 (C)

70 Look at the graphic. Which section of the business plan does the man say needs to be revised?
(A) Section 1
(B) Section 3
(C) Section 4
(D) Section 5

시각 자료를 보시오. 남자는 사업 계획서 중 어떤 항목이 수정되어야 한다고 말했는가?
(A) 1번 항목
(B) 3번 항목
(C) 4번 항목
(D) 5번 항목

○ 신유형 - 시각 자료 연계

문제 키워드 | graphic / Which section / business plan / man / say / revised

남자가 수정해야 한다고 말한 사업 계획서의 항목을 묻는 시각 자료 연계 문제로, 남자의 대사에서 사업 계획서의 각 항목의 구체적인 내용이 언급되는지 집중하면서 대화를 듣는다. 남자는 추정한 예산을 수정해야 할 것 같다(I think you need to revise the budget you estimated.)고 하였다. 따라서 시각 자료에서 예산과 관련된 항목을 찾으면 (D)가 정답이다.

정답 (D)

PART 4

Questions 71-73 refer to the following introduction. 71-73은 다음 소개에 관한 문제입니다.

M 71 Welcome to the Annual Businessman of the Year Banquet and thank you for being with us tonight. Now, it's time to present the award to this year's winner. Each year we honor a local entrepreneur who has succeeded in business and ultimately benefited the community. This year's award will go to 72 Suzanne Horton, founder of the Brandy Restaurant, which is well known as one of the most popular spots in the area. Ms. Horton has been supporting young people willing to begin their own business and 73 recently set up the Suzanne scholarship program to assist students with their educational expenses. Let's give her a round of applause.

남: 71 올해의 기업가 시상식 연회에 오신 것을 환영하며, 오늘 밤 저희와 함께해 주셔서 감사합니다. 이제, 올해 수상자에게 상을 수여할 시간입니다. 저희는 매년 사업에 성공하여 결국에는 지역 사회에 많은 도움을 준 한 명의 현지 기업가에게 영예를 드리고 있습니다. 올해의 수상자는 지역 내 인기 있는 장소 중 한 곳으로 잘 알려져 있는 72 Brandy 식당의 설립자인 Suzanne Horton 씨입니다. Horton 씨는 창업을 하고자 하는 젊은이들을 후원하고 있으며, 73 최근 학생들의 교육비를 지원하는 Suzanne 장학금 프로그램을 설립하였습니다. 그녀에게 박수 부탁드립니다.

어휘 honor 명예를 주다 entrepreneur 기업가 succeed in ~에 성공하다 ultimately 궁극적으로, 결국 benefit 이익이 되다 community 지역 사회 founder 설립자 be known as ~로 알려져 있다 support 후원하다 willing to V ~하고자 하는 recently 최근에 set up ~을 설립하다 scholarship 장학금 assist 도움이 되다 educational expense 교육비 give a round of applause 박수로 맞이하다

71 Where most likely are the listeners?
(A) At an award banquet
(B) At a wedding reception
(C) At a graduation ceremony
(D) At a fund-raising party

청자들은 어디에 있을 것 같은가?
(A) 시상식 연회에
(B) 결혼식 피로연에
(C) 졸업식에
(D) 기금 모금 파티에

○ 기본 정보 파악 - 장소

문제 키워드 | Where / listeners

청자들의 현 위치를 묻는 문제로, 장소 문제는 담화 전반부에서 정답의 근거를 찾아야 한다. 전반부에 화자가 올해의 기업가 시상식 연회에 오신 것을 환영한다(Welcome to the Annual Businessman of the Year Banquet)고 했으므로 정답은 (A)이다.

패러프레이징 Businessman of the Year Banquet 기업가 시상식 연회 → an award banquet 시상식 연회   정답 (A)

72 What kind of business does the speaker say Ms. Horton runs?
(A) A supermarket   (B) A shoe store
(C) A financial institute   (D) A restaurant

화자는 Horton 씨가 어떤 업체를 운영한다고 말하는가?
(A) 슈퍼마켓   (B) 신발 가게
(C) 금융 기관   (D) 식당

○ 기본 정보 파악 - 직업/업종

문제 키워드 | What / business / Horton / runs

Horton 씨가 운영하고 있는 업체의 종류를 묻는 문제로, 핵심 키워드인 Horton에 집중한다. 화자는 Suzanne Horton 씨를 Brandy 식당의 설립자(Suzanne Horton, founder of the Brandy Restaurant,)라고 했으므로 정답은 (D)이다.   정답 (D)

73 How has Ms. Horton helped students carry on their studies?
(A) She has invited many professionals to a school.
(B) She has established some educational institutions.
(C) She has started a scholarship program.
(D) She has given many lectures.

Horton 씨는 학생들이 계속 공부하도록 어떻게 도왔는가?
(A) 학교에 많은 전문가들을 초청했다.
(B) 여러 교육 기관을 설립했다.
(C) 장학 프로그램을 시작했다.
(D) 여러 강의를 했다.

○ 구체적인 정보 파악 - 특정 사항

문제 키워드 | How / Ms. Horton / helped / students

후반부에 Horton 씨에 대해 이야기하며 최근 학생들의 교육비를 지원하는 Suzanne 장학금 프로그램을 설립하였다(recently set up the Suzanne scholarship program)고 했으므로 정답은 (C)이다.

패러프레이징 set up the Suzanne scholarship program Suzanne 장학금 프로그램을 설립하다
→ started a scholarship program 장학 프로그램을 시작했다

어휘 establish 설립하다 institution 기관 lecture 강의   정답 (C)

Questions 74-76 refer to the following talk. 74-76은 다음 담화에 관한 문제입니다.

W   Good afternoon, **74** welcome to Maxine Research Firm's staff training course for new employees. I believe you'll love market research work with us very much. I'm Thelma and I will lead today's training. This afternoon, we'll go over the employee handbook. But **75** before we start, you've received an application form, so please fill it out for the employee ID badge. You will need the badge when you access any of our facilities. During the training, **76** please help yourself to snacks and beverages on the table by the window. Thank you.

여   안녕하세요, **74** 신입 직원들을 위한 Maxine 조사 회사의 직원 교육 과정에 오신 것을 환영합니다. 저는 여러분들이 저희와 함께 하는 시장 조사 업무를 매우 좋아할 것이라고 생각합니다. 저는 Thelma이고 오늘의 교육을 진행할 것입니다. 오늘 오후에 우리는 직원 안내서를 살펴볼 것입니다. 그렇지만 **75** 시작하기 전에 신청서를 받으셨으니 사원증 발급을 위해 그 서류를 작성해 주세요. 우리 시설 어디든지 들어갈 때 그 사원증이 필요할 것입니다. 교육 동안에 **76** 창문 옆 테이블에서 간식과 음료수를 마음껏 드시기 바랍니다. 감사합니다.

어휘 firm 회사 market research 시장 조사 lead 안내하다, 이끌다 go over ~을 검토하다 employee handbook 직원 안내서 application form 신청서 fill out ~을 작성하다 access 접근하다 facility 시설 beverage 음료

74 What type of business will the listeners work for?
(A) An advertising company
(B) An architectural firm
(C) A market research agency
(D) A food supplier

청자들은 어떤 종류의 회사에서 근무할 것인가?
(A) 광고 회사
(B) 건축 회사
(C) 시장 조사 기관
(D) 식품 공급업체

기본 정보 파악 - 직업/업종

문제 키워드 | What / business / listeners / work

청자들의 직업을 묻는 문제로, 간단한 인사말 뒤에 정답의 근거가 언급될 확률이 높다. 전반부에 화자가 신입 직원들을 위한 Maxine 조사 회사의 직원 교육 과정에 오신 것을 환영한다(welcome to Maxine Research Firm's staff training course for new employees.)고 했고, 뒤이어 시장 조사 업무를 언급했으므로, 청자들은 시장 조사를 하는 회사에서 근무할 신입 직원들임을 알 수 있다. 따라서 정답은 (C)이다.

정답 (C)

75 What does the speaker ask the listeners to do before the training?
(A) Revise a handbook
(B) Complete a form
(C) Meet with coworkers
(D) Look around a facility

교육 시작 전에 화자가 청자들에게 요청한 것은 무엇인가?
(A) 안내서 수정
(B) 서류 작성
(C) 동료와의 만남
(D) 시설 견학

구체적인 정보 파악 - 제안/요청

문제 키워드 | What / speaker / ask / listeners / before the training

화자가 청자에게 요청한 내용이 무엇인지를 묻는 문제로, 권유/제안 표현에 집중하며 정답을 찾아야 한다. 시작하기 전에 사원증 발급을 위해 신청서를 작성해 달라(please fill it out for the employee ID badge.)고 했으므로 (B)가 정답이다.

패러프레이징 fill it(= an application form) out 신청서를 작성하다 → **Complete a form** 서류 작성

어휘 revise 수정하다 complete 작성하다 coworker 동료

정답 (B)

76 According to the speaker, what is available by the window?
(A) Some refreshments
(B) Information packets
(C) Extra chairs
(D) Company brochures

화자에 따르면, 창문 옆에서 이용할 수 있는 것은 무엇인가?
(A) 일부 다과
(B) 자료집
(C) 추가 의자
(D) 회사 책자

구체적인 정보 파악 - 특정 사항

문제 키워드 | what / available / by the window

창문 옆에서 이용할 수 있는 것이 무엇인지를 묻는 문제로, 후반부에서 핵심 키워드인 by the window에 집중한다. 화자는 창문 옆 테이블에서 간식과 음료수를 마음껏 먹으라(please help yourself to snacks and beverages on the table by the window.)고 했으므로 정답은 (A)이다.

패러프레이징 snacks and beverages 간식과 음료 → **refreshments** 다과

어휘 refreshments 다과 extra 추가의

정답 (A)

Questions 77-79 refer to the following tour information. 77-79는 다음 여행 정보에 관한 문제입니다.

BR

W Well, 77 this is the end of our tour of Euston History Museum. I hope all of you have found today's tour both exciting and informative. Well, 78 before leaving today, I'd like you all to visit our souvenir shop on the first floor. There are a wide selection of items that would make today's tour more memorable. In addition, 79 you can learn more about our art restoration processes. If you come to the reception desk now, you can meet some of our restoration specialists.

여: 음, 77 이곳은 유스톤 역사박물관의 마지막 견학 장소입니다. 여러분들 모두에게 오늘 견학이 재미있고 유익했기를 바랍니다. 음, 78 오늘 떠나기 전에 여러분들 모두 1층에 있는 기념품 가게를 방문했으면 합니다. 그곳에는 오늘 견학을 더욱 기억에 남게 만들어 줄 다양한 상품들이 있습니다. 게다가 79 예술 작품 복원 과정에 대해서 더 배우실 수 있습니다. 지금 접수처를 방문하시면, **복구 전문가들을 만나실 수 있습니다.**

어휘 exciting 흥미진진한 informative 유익한 souvenir shop 기념품점 floor 층 a wide selection of 다양한 memorable 기억할 만한, 잊히지 않는 restoration 복원 process 과정 reception desk 접수처 specialist 전문가

77 Where most likely are the listeners?
(A) At a hotel
(B) In a local supermarket
(C) At a museum of history
(D) In a sports stadium

청자들은 어디에 있을 것 같은가?
(A) 호텔에
(B) 지역 슈퍼마켓에
(C) 역사박물관에
(D) 스포츠 경기장에

○ 기본 정보 파악 - 장소

문제 키워드 | Where / listeners

청자들이 있는 장소를 묻는 문제로, 담화 전반부에서 this, our, here 등의 표현에 집중한다. 전반부에 화자가 이곳은 유스톤 역사박물관의 마지막 견학 장소(this is the end of our tour of Euston History Museum.)라고 했으므로 정답은 (C)이다. 정답 (C)

78 What does the speaker encourage the listeners to do before they leave?
(A) Obtain a pamphlet
(B) Enjoy some refreshments
(C) Answer a questionnaire
(D) Come by a souvenir store

화자는 청자들이 떠나기 전에 무엇을 하라고 권유하고 있는가?
(A) 팸플릿 얻기
(B) 다과 즐기기
(C) 설문지에 답변하기
(D) 기념품 가게 들르기

○ 구체적인 정보 파악 - 제안/요청

문제 키워드 | What / speaker / encourage / listeners / before / leave

화자가 권유한 것이 무엇인지를 묻는 문제로, 핵심 키워드인 before, leave가 언급되는 곳에서 정답의 근거를 찾는다. 화자는 청자들에게 오늘 떠나기 전에 모두 1층에 있는 기념품 가게를 방문했으면 한다(before leaving today, I'd like you all to visit our souvenir shop on the first floor.)고 하였으므로 정답은 (D)이다.

패러프레이징 visit our souvenir shop 기념품 가게를 방문하다 → **Come by a souvenir store** 기념품 가게 들르기

어휘 obtain 얻다, 획득하다 refreshments 다과 questionnaire 설문지
정답 (D)

79 Why does the speaker say, "you can meet some of our restoration specialists"?
(A) To encourage visitors to sign up for another event
(B) To show where to solve a problem
(C) To suggest visitors to obtain more information
(D) To explain why a wing is not accessible

화자는 왜 "복구 전문가들을 만나실 수 있습니다"라고 말하는가?
(A) 방문객들에게 다른 행사 등록을 권장하기 위해서
(B) 문제를 해결할 수 있는 장소를 알려 주기 위해서
(C) 방문객들에게 더 많은 정보를 얻을 것을 제안하기 위해서
(D) 부속 건물을 이용할 수 없는 이유를 설명하기 위해서

○ 신유형 - 화자의 의도 파악

문제 키워드 | Why / speaker / say / "you can meet some of our restoration specialists"

특정 표현에 대한 화자의 의도를 파악하는 문제로, 전후 맥락을 파악하여 문제를 풀어야 한다. 후반부에 청자들에게 예술 작품 복원 과정에 대해서 더 배울 수 있다(you can learn more about our art restoration processes.)고 한 뒤에 접수처를 방문하면(If you come to the reception desk now,) 복구 전문가들을 만날 수 있다(you can meet some of our restoration specialists)고 했다. 즉, 접수처에 가서 예술 작품 복원 과정에 대해 더 많은 정보를 얻으라는 말임을 알 수 있으므로 정답은 (C)이다.

어휘 sign up for ~에 등록하다 solve 해결하다 accessible 이용할 수 없는, 접근할 수 없는
정답 (C)

Questions 80-82 refer to the following telephone message. 80-82는 다음 전화 메시지에 관한 문제입니다.

M Hi, Ms. Herrera. **80** This is Kurt Howell living in Apartment 201 and I'm returning your call regarding the annual building inspection. Thank you for reminding me about this. But I didn't realize it's scheduled to be inspected this Wednesday. Is it possible to do it this Friday instead? **81** Some of my family members are coming to see me on Wednesday. So, **82** it would be great if you reschedule the inspection for Friday. I'll be expecting your call soon. Thank you.

남: 안녕하세요, Herrera 씨. **80** 저는 아파트 201호에 살고 있는 Kurt Howell이고, 연례 건물 점검에 관한 귀하의 전화에 답신드립니다. 그 일에 대해 다시 알려 주셔서 감사합니다. 하지만 이번 수요일에 점검이 예정되어 있다는 건 몰랐어요. 대신 이번 주 금요일에 점검을 받을 수 있을까요? **81** 가족들이 수요일에 저를 보러 올 예정이에요. 그래서 **82** 금요일로 점검 일정을 재조정해 주시면 좋겠습니다. 당신의 전화를 기다리고 있겠습니다. 감사합니다.

어휘 return a call 회신하다 regarding ~에 관하여 annual 연례의 building inspection 건물 점검 remind 상기시키다, 다시 알려 주다 realize 깨닫다, 알아차리다 inspect 점검하다 possible 가능한 reschedule 일정을 재조정하다 expect 기대하다

80 Who most likely is leaving the message?
(A) A building inspector
(B) An apartment resident
(C) A city official
(D) A bank teller

누가 메시지를 남기고 있는 것 같은가?
(A) 건물 점검 책임자
(B) 아파트 거주자
(C) 시 공무원
(D) 은행원

기본 정보 파악 – 직업/업종

문제 키워드 | Who / leaving / message

메시지를 남긴 사람, 즉 화자의 직업을 묻는 문제로, 담화 전반부에서 정답을 찾는다. 담화 전반부에 화자는 아파트 201호에 살고 있다(This is Kurt Howell living in Apartment 201)고 했으므로 정답은 (B)이다.

패러프레이징 living in Apartment 201 아파트 201호에 사는 → **An apartment resident** 아파트 거주자

정답 (B)

81 According to the speaker, what will most likely happen on Wednesday?
(A) An agreement will be signed.
(B) Some family members will come.
(C) A new tenant will move in.
(D) Some construction projects will start.

화자의 말에 따르면, 수요일에 무슨 일이 일어날 것 같은가?
(A) 합의서에 서명할 것이다.
(B) 가족들이 방문할 것이다.
(C) 새로운 세입자가 이사를 올 것이다.
(D) 건설 프로젝트를 시작할 것이다.

구체적인 정보 파악 – 미래

문제 키워드 | speaker / what / will / happen / Wednesday

수요일에 일어날 일을 묻는 문제로, 핵심 키워드인 Wednesday가 언급되는 곳에 정답의 단서가 있다. 수요일에 가족들이 본인을 보러 올 것(Some of my family members are coming to see me on Wednesday.)이라고 했으므로 정답은 (B)이다.

어휘 agreement 합의(서) sign 서명하다 tenant 세입자 construction 건설

정답 (B)

82 What does the speaker ask the listener to do?
(A) Change a schedule
(B) Arrive early
(C) Pay a visit regularly
(D) Revise a policy

화자는 청자에게 무엇 하기를 요청하는가?
(A) 일정 변경하기
(B) 일찍 도착하기
(C) 정기적으로 방문하기
(D) 정책 수정하기

구체적인 정보 파악 – 제안/요청

문제 키워드 | What / speaker / ask / listener

화자의 요청 사항이 무엇인지를 묻는 문제로, 담화 후반부에서 정답의 근거를 찾는다. 금요일로 점검 일정을 재조정해 주면 좋겠다(it would be great if you reschedule the inspection for Friday.)며 일정 변경을 요청하고 있다. 따라서 정답은 (A)이다.

패러프레이징 reschedule the inspection 점검 일정을 재조정하다 → **Change a schedule** 일정 변경하기

어휘 pay a visit 방문하다 regularly 정기적으로 revise 수정하다 policy 정책

정답 (A)

Questions 83-85 refer to the following excerpt from a meeting. 83-85는 다음 회의 발췌록에 관한 문제입니다.

M Thank you for attending today's staff meeting. Before we talk about our agenda, 83 let me remind you that the time sheet needs to be completed and handed in by Thursday. Now, 84 first I'd like to tell you about some great news. We've experienced dramatic increases in sales for the last three months. I really appreciate your hard work and dedication. 85 I'm well aware that our quarterly report about our top-selling goods should have been prepared for this staff meeting, but you know, some important clients from Washington are visiting us for a week. 85 So, it won't be ready until tomorrow afternoon. You all will receive it by e-mail.

남: 오늘 직원회의에 참석해 주셔서 감사합니다. 안건에 대해서 이야기를 나누기 전에 83 목요일까지 근무 시간표를 작성해서 제출해 주셔야 함을 상기시켜 드립니다. 자, 84 우선 여러분께 좋은 소식을 알려 드리겠습니다. 우리는 지난 3개월간 극적인 매출 증가를 경험했습니다. 여러분들의 노고와 헌신에 매우 감사드립니다. 85 오늘의 직원회의를 위해 최고 인기 상품의 분기 보고서가 준비되었어야 한다는 것을 잘 알고 있지만, 아시다시피 워싱턴에서 오신 여러 중요 고객들이 일주일간 우리를 방문하고 있습니다. 85 그래서 보고서는 내일 오후쯤이나 준비될 것 같습니다. 여러분은 보고서를 이메일로 받으실 것입니다.

어휘 staff meeting 직원회의   agenda 안건   remind 상기시키다, 다시 한 번 알려 주다   time sheet 근무 시간 기록표   complete 완료하다, 작성하다   hand in ~을 제출하다   experience 경험하다   dramatic 극적인   increase 상승, 증가   sales 매출   appreciate 감사하다   hard work 노고   dedication 헌신   quarterly 분기별의   top-selling 가장 잘 팔리는   goods 상품, 제품   should have p.p ~했어야 했는데 (안 해서 안타깝다)   important 중요한   client 고객

83 According to the speaker, what will the listeners need to do by Thursday?
(A) Conduct a survey
(B) Revise a report
(C) Turn in a time sheet
(D) Register for an event

화자의 말에 따르면, 청자들은 목요일까지 무엇을 해야 하는가?
(A) 설문 조사 실시
(B) 보고서 수정
(C) 근무 시간표 제출
(D) 행사 등록

○ 구체적인 정보 파악 - 특정 사항

문제 키워드 | what / listeners / need / by Thursday

청자들이 목요일까지 해야 하는 일이 무엇인지를 묻는 문제로, 핵심 키워드인 by Thursday가 언급되는 곳에서 정답을 파악한다. 화자는 본격적으로 직원회의를 시작하기 전에 목요일까지 근무 시간표를 작성해서 제출해야 함을 상기시킨다(let me remind you that the time sheet needs to be completed and handed in by Thursday.)고 했으므로 정답은 (C)이다.

패러프레이징 the time sheet needs to be completed and handed in 근무 시간표를 작성해서 제출해야 한다
→ **Turn in a time sheet** 근무 시간표 제출

어휘 conduct 실시하다   revise 수정하다   turn in ~을 제출하다   register for ~에 등록하다   정답 (C)

84 What is mentioned as great news to the listeners?
(A) Some employees will be able to take extra time off.
(B) Revenues have risen dramatically.
(C) An employee was promoted to a higher position.
(D) New products will be released soon.

청자들에게 좋은 소식으로 언급된 것은 무엇인가?
(A) 일부 직원들이 추가 휴가를 받을 수 있을 것이다.
(B) 수익이 극적으로 증가했다.
(C) 직원이 더 높은 직책으로 승진했다.
(D) 신제품이 곧 공개될 것이다.

○ 구체적인 정보 파악 - 특정 사항

문제 키워드 | What / mentioned / great news

청자들에게 좋은 소식으로 언급된 것이 무엇인지를 묻는 문제로, 핵심 키워드인 great news가 언급되는 곳에 집중한다. 우선 좋은 소식을 알려 드리고 싶다(first I'd like to tell you about some great news.)며 지난 3개월간 극적인 매출 증가를 경험했다(We've experienced dramatic increases in sales for the last three months.)고 했으므로 정답은 (B)이다.

패러프레이징 experienced dramatic increases in sales 극적인 매출 증가를 경험했다
→ **Revenues have risen dramatically.** 수익이 극적으로 증가했다.

어휘 extra 추가의   take time off 휴가를 내다   revenue 수입, 세입   promote 승진시키다   release 공개하다   정답 (B)

85 Why does the speaker say, "some important clients from Washington are visiting us for a week"?
(A) To make an excuse about a delay
(B) To request more assistance
(C) To explain a new project
(D) To address an important issue

화자는 왜 "워싱턴에서 오신 여러 중요 고객들이 일주일간 우리를 방문하고 있습니다"라고 말하는가?
(A) 지체에 대한 변명을 하기 위해서
(B) 추가 도움을 요청하기 위해서
(C) 신규 프로젝트에 대해 설명하기 위해서
(D) 중요한 문제를 다루기 위해서

신유형 – 화자의 의도 파악

문제 키워드 | Why / speaker / say / "some important clients from Washington are visiting us for a week"

화자의 의도 파악 문제는 해당 문장 주변의 문맥을 파악해야 한다. 화자가 앞서 오늘의 직원회의를 위해 최고 인기 상품의 분기 보고서가 준비되었어야 한다는 것을 잘 알고 있다(I'm well aware that our quarterly report about our top-selling goods should have been prepared for this staff meeting,)고 한 뒤에 역접의 접속사 but과 함께 해당 문장을 언급하였다. 이어서 보고서가 내일 오후쯤에야 준비될 것 같다(it won't be ready until tomorrow afternoon.)고 하였으므로 화자가 다른 일정 때문에 보고서를 제때 준비하지 못했다고 변명하고 있는 것임을 알 수 있다. 따라서 정답은 (A)이다.

어휘 make an excuse 변명하다　delay 지연, 지체　assistance 도움　address 다루다, 처리하다　issue 문제, 주제

정답 (A)

Questions 86-88 refer to the following broadcast. 86-88은 다음 방송에 관한 문제입니다.

W And now for our local news. **86** The town's public transit authority will introduce a new payment system for public transportation. As of next week, commuters will have the option of paying their fares with an electronic card when they use public transportation. The cards can be considered as debit cards. Commuters can use the card multiple times as long as they put enough money into it. The cash-only system often caused people to waste time, trying to find change for their fare. **87** Some commuters we interviewed are pleased with the new system because it allows them to travel a lot more conveniently. However, at the moment this system is only limited to some parts of the town. **88** In July, the authority is planning to expand this service into the other areas in the town.

여: 이제 지역 뉴스 시간입니다. **86** 시의 대중교통 당국은 대중교통에 새로운 결제 시스템을 도입할 예정입니다. 다음 주부터, 통근자들은 대중교통을 이용하실 때, 전자 카드로 요금을 지불하실 수 있습니다. 해당 카드는 체크 카드로 사용될 수 있습니다. 카드 안에 충분한 돈을 넣어 놓으면, 통근자들은 카드를 여러 번 사용하실 수 있습니다. 현금 전용 시스템은 요금 지불을 위해 잔돈을 찾느라 종종 사람들의 시간을 낭비하였습니다. **87** 저희가 인터뷰를 한 일부 통근자들은 새로운 시스템으로 훨씬 더 편리하게 이동할 수 있기 때문에 만족해하고 있습니다. 하지만 현재 이 시스템은 시의 일부 지역에만 국한됩니다. **88** 7월에 당국은 해당 서비스를 시의 다른 지역으로 확대할 계획입니다.

어휘 local 지역의 public transit authority 대중교통 당국 introduce 도입하다 payment 지불, 지급 public transportation 대중교통 as of ~일자로 commuter 통근자 pay 지불하다 fare 요금 electronic card 전자 카드 consider 간주하다 debit card 직불 카드, 체크 카드 multiple 많은, 다수의 as long as ~이기만 하면 cause 야기하다 waste 낭비하다 changes 잔돈 be pleased with ~에 만족을 느끼다 allow 허용하다, 하게 하다 conveniently 편리하게 at the moment 바로 지금 limited 제한적인 expand 확장하다

86 What is the broadcast mainly about?
(A) A public park
(B) A new computer system
(C) A package tour
(D) A transportation card

방송은 주로 무엇에 관한 것인가?
(A) 공원
(B) 새 컴퓨터 시스템
(C) 패키지 여행
(D) 교통 카드

기본 정보 파악 – 주제

문제 키워드 | What / broadcast / about

방송 주제를 묻는 문제로, 주제 문제는 전반부에 정답의 근거가 있다. 화자는 교통 당국이 새로운 결제 시스템을 도입할 예정이라며, 다음 주부터 대중교통을 이용할 때에는 전자 카드로 요금을 지불할 수 있다(The town's public transit authority will introduce a new payment system for public transportation. As of next week, commuters will have the option of paying their fares with an electronic card when they use public transportation.)고 설명하고 있다. 따라서 정답은 (D)이다.

정답 (D)

87 What is the reason some commuters are happy with a change?
(A) It is much cheaper.
(B) It is more convenient.
(C) It is far safer.
(D) It is more reliable.

일부 통근자들이 변화에 만족하는 이유는 무엇인가?
(A) 훨씬 더 저렴하다.
(B) 더 편리하다.
(C) 훨씬 더 안전하다.
(D) 더 믿을 수 있다.

구체적인 정보 파악 – 이유/원인

문제 키워드 | What / reason / commuters / happy / change

통근자들이 변화에 만족하는 이유를 묻는 문제로, 문제의 핵심 키워드인 happy, change가 담화에서는 pleased, new system으로 언급되었다. 화자는 인터뷰를 한 일부 통근자들은 새로운 시스템으로 훨씬 더 편리하게 이동할 수 있기 때문에 만족해하고 있다(Some commuters we interviewed are pleased with the new system because it allows them to travel a lot more conveniently.)고 구체적인 이유를 언급했으므로 정답은 (B)이다.

어휘 convenient 편리한 reliable 믿을 수 있는

정답 (B)

88 According to the speaker, what will happen in July?
(A) Some stations in the town will be closed.
(B) A service will be available in more areas.
(C) Some buildings will be under renovation.
(D) A new system will be introduced.

화자의 말에 따르면, 7월에 무슨 일이 있을 예정인가?
(A) 시의 일부 역들이 폐쇄될 것이다.
(B) 더 많은 지역에서 서비스를 이용할 수 있을 것이다.
(C) 일부 건물들이 보수 중일 것이다.
(D) 새로운 시스템이 발표될 것이다.

─○ 구체적인 정보 파악 – 미래 ─

문제 키워드 | speaker / what / will / happen / July

미래 일정을 묻는 문제로, 핵심 키워드인 July에 집중하면서 담화를 듣는다. 화자는 7월에 당국이 해당 서비스를 시의 다른 지역으로 확대할 계획(In July, the authority is planning to expand this service into the other areas in the town.)이라고 했으므로 정답은 (B)이다.

[패러프레이징] expand this service into the other areas 해당 서비스를 시의 다른 지역으로 확대하다
→ A service will be available in more areas. 더 많은 지역에서 서비스를 이용할 수 있을 것이다.

[어휘] available 이용할 수 있는   under renovation 개조[보수] 중인

정답 (B)

Questions 89-91 refer to the following talk. 89-91은 다음 담화에 관한 문제입니다.

M **89** Welcome to this month's career development seminar. **90** We'll be focusing on the problem that our staff members frequently experience cultural misunderstandings in their foreign assignments. Many business relationship related issues can be caused by unfamiliarity with what is usual for the host culture. We are currently working very much with international clients. Thus, it is important for us to improve relationships across other cultures. **91** You can check other things in the packet you have received – such as how to make a good impression, exchange greetings or make an appointment. Let's go through it together.

남 **89** 이번 달 경력 개발 세미나에 오신 것을 환영합니다. **90** 우리 직원들이 해외 업무 시 문화적 오해를 자주 경험하는 문제에 집중할 것입니다. 많은 비즈니스 관계 관련 문제들은 해당 국가에서는 일반적인 일에 익숙하지 않아 발생할 수 있습니다. 우리는 현재 해외 고객과 많은 일을 하고 있습니다. 따라서 타 문화 간의 관계를 개선시키는 것이 우리에게는 중요합니다. **91** 좋은 인상을 주는 방법, 인사하는 방법, 약속을 잡는 방법과 같은 내용들을 받으신 자료에서 확인하실 수 있습니다. 함께 그것을 살펴봅시다.

어휘 career 경력, 직업 development 개발 focus on ~에 집중하다 frequently 자주, 빈번히 experience 경험하다 cultural 문화적인 misunderstanding 오해 foreign 외국의 assignment 업무 relationship 관계 related 관련된 cause 야기하다 unfamiliarity 잘 모름, 익숙하지 않음 host 주인 currently 현재 international 국제적인 improve 개선시키다 packet 꾸러미 make a good impression 좋은 인상을 주다 exchange greeting 인사를 주고받다 make an appointment 약속을 하다, 임명하다 go through ~을 살펴보다

89 What type of event are the listeners attending?
(A) A social gathering
(B) A board meeting
(C) A financial consultation
(D) A professional seminar

청자들은 어떤 종류의 행사에 참석하고 있는가?
(A) 친목회
(B) 이사회
(C) 금융 컨설팅
(D) 전문 세미나

○ 기본 정보 파악 – 장소

문제 키워드 | What / event / listeners / attending

청자들이 참석한 행사, 즉 청자들이 지금 어디에 있는지를 묻는 문제이므로, 담화 전반부에서 정답을 찾는다. 화자는 이번 달 경력 개발 세미나에 온 것을 환영한다(Welcome to this month's career development seminar.)고 했으므로 정답은 (D)이다.

패러프레이징 career development seminar 경력 개발 세미나 → **A professional seminar** 전문 세미나   정답 (D)

90 According to the speaker, what is a frequent problem for the firm?
(A) Staff members who need more training
(B) Equipment that should be replaced
(C) Misunderstandings of other cultures
(D) Projects requiring more funds

화자의 말에 따르면, 회사에서 자주 겪고 있는 문제는 무엇인가?
(A) 추가 교육이 필요한 직원들
(B) 교체되어야 하는 장비
(C) 다른 문화에 대한 오해
(D) 추가 자금이 필요한 프로젝트

○ 구체적인 정보 파악 – 문제점

문제 키워드 | what / frequent / problem / firm

회사에서 자주 겪고 있는 문제점이 무엇인지를 묻는 문제로, 문제의 핵심 키워드인 problem이 언급되는 곳에 집중한다. 화자는 직원들이 해외 업무에서 문화적 오해를 자주 경험하는 문제에 집중할 것(We'll be focusing on the problem that our staff members frequently experience cultural misunderstandings in their foreign assignments.)이라고 했으므로 정답은 (C)이다.

패러프레이징 cultural misunderstandings in their foreign assignments 해외 업무에서 문화적 오해
→ **Misunderstandings of other cultures** 다른 문화에 대한 오해

어휘 equipment 장비 replace 교체하다 require 필요하다 fund 자금, 돈   정답 (C)

91 What will the listeners do next?
(A) Submit a form
(B) Contact some clients
(C) Fill out a document
(D) Take a look at a brochure

청자들은 다음에 무엇을 할 것인가?
(A) 서류 제출하기
(B) 고객에게 연락하기
(C) 서류 작성하기
(D) 책자 살펴보기

○ 구체적인 정보 파악 - 미래

문제 키워드 | What / will / listeners / next

청자들이 할 일을 묻는 문제로, 담화 후반부에 집중한다. 화자는 좋은 인상을 주는 방법, 인사하는 방법, 약속을 잡는 방법과 같은 내용들을 받은 자료에서 확인할 수 있다며 함께 그것을 살펴보자(You can check other things in the packet you have received – such as how to make a good impression, exchange greetings or make an appointment. Let's go through it together.)고 했으므로 정답은 (D)이다.

패러프레이징 go through it(= packet) 그것(= 자료)를 살피다 → **Take a look at a brochure** 책자 살펴보기   정답 (D)

Question 92-94 refer to the following talk. 92-94는 다음 담화에 관한 문제입니다.

W Well, **92 I'm pleased to meet you all here at JR Constructions.** And thank you for inviting me to introduce the Reymo Online Meeting System. Since your company has many international projects as well as local ones, in order to meet your clients and on-site staff you need to visit them. However, **93 with this system, you can reduce the need for on-site meetings, which means you will improve efficiency in time and money.** Just say there are some concerns about your project in New York. You don't need to travel immediately. First you can figure out what the concerns are through the online meeting with your on-site managers. Okay, **94 now I'd like to show you how to use this system. Please check your computer is turned on.**

여: 흠, **92 이곳 JR 건설 회사에서 여러분 모두를 만나게 되어 기쁩니다.** 또한 제가 Reymo 온라인 회의 시스템을 소개할 수 있도록 초대해 주셔서 감사합니다. 귀사는 현지 프로젝트뿐 아니라 국제적인 프로젝트를 많이 진행하고 있기 때문에 고객과 현장 직원들을 만나기 위해서는 그 장소를 방문해야 합니다. 하지만 **93 이 시스템으로 여러분들은 현장 회의의 필요성을 감소시킬 수 있으며, 이로써 시간과 비용 면에서 효율성을 증진시킬 수 있습니다.** 뉴욕에서 진행하고 있는 여러분들의 프로젝트에 염려되는 것이 있다고 가정해 봅시다. 여러분들은 바로 출장을 갈 필요가 없습니다. 우선, 여러분들의 현장 관리자와의 온라인 회의를 통해서 염려되는 것이 무엇인지를 확인하실 수 있습니다. 자, **94 이제 이 시스템의 사용 방법을 보여 드리겠습니다. 여러분들의 컴퓨터가 켜져 있는지를 확인해 주십시오.**

어휘 invite 초대하다 introduce 소개하다 international 국제적인 local 지역의, 현지의 in order to V ~하기 위해서 reduce 줄이다 need for ~에 대한 필요성 on-site 현지의, 현장의 improve 개선하다, 향상시키다 efficiency 효율(성) concern 우려, 걱정 immediately 즉시 figure out ~을 알아내다

92 What kind of business do the listeners work for?
(A) An electronics manufacturer
(B) A construction company
(C) A travel agency
(D) An online advertising agency

청자들은 어떤 업종에서 근무하는가?
(A) 전자 기기 제조업체
(B) 건설 회사
(C) 여행사
(D) 온라인 광고 회사

> ○ 기본 정보 파악 - 직업/업종
>
> 문제 키워드 | What / business / listeners / work
>
> 청자들이 종사하고 있는 업종이 무엇인지를 묻는 문제이다. 초반에 화자는 Reymo 온라인 회의 시스템을 소개할 수 있도록 JR 건설 회사에 초대해 줘서 고맙다(I'm pleased to meet you all here at JR Constructions. And thank you for inviting me to introduce the Reymo Online Meeting System.)고 언급하였다. 즉, 청자들은 JR 건설 회사의 직원들이므로 정답은 (B)이다.
>
> 어휘 electronics 전자 장치, 전자 공학   manufacturer 제조업체
>
> 정답 (B)

93 According to the speaker, how can the listeners improve efficiency?
(A) By hiring experienced staff
(B) By contracting with a local company
(C) By replacing old equipment
(D) By holding online meetings

화자의 말에 따르면, 청자들은 어떻게 효율성을 높일 수 있는가?
(A) 경력 직원들을 고용함으로써
(B) 현지 회사와 계약을 맺음으로써
(C) 낡은 장비를 교체함으로써
(D) 온라인 회의를 진행함으로써

> ○ 구체적인 정보 파악 - 특정 사항
>
> 문제 키워드 | how / listeners / improve efficiency
>
> 효율성을 높일 수 있는 방법을 묻는 문제이다. 초반에 화자는 Reymo 온라인 회의 시스템을 소개한 뒤, 이 시스템이 있으면 현장 회의의 필요성을 감소시켜 비용과 시간 면에서 효율성을 높일 수 있다(with this system, you can reduce the need for on-site meetings, which means you will improve efficiency in time and money.)고 언급하였다. 즉, 해당 시스템을 사용해 현장에서의 회의가 아닌 온라인 회의를 진행하여 효율성을 높일 수 있다는 것이므로 정답은 (D)이다.
>
> 어휘 experienced 경력이 있는   contract 계약하다   replace 교체하다   equipment 장비
>
> 정답 (D)

94 What does the speaker imply when she says, "Please check your computer is turned on"?
(A) She will now give a demonstration.
(B) She wants to see if a replacement is needed.
(C) She will suggest ways to save energy.
(D) She will use a different computer.

화자가 "여러분들의 컴퓨터가 켜져 있는지를 확인해 주십시오"라고 말할 때 암시하는 것은 무엇인가?
(A) 이제 시범을 보여줄 것이다.
(B) 교체가 필요한지 여부를 확인하고 싶다.
(C) 에너지를 절약할 수 있는 방법을 제안할 것이다.
(D) 다른 컴퓨터를 사용할 것이다.

신유형 - 화자의 의도 파악

문제 키워드 | What / speaker / imply / "Please check your computer is turned on"

전체 대화 속에서 특정 표현에 대한 화자의 의도를 파악하는 문제이다. 바로 앞 문장에서 화자는 해당 시스템의 사용 방법을 알려주겠다(now I'd like to show you how to use this system.)고 한 뒤, 컴퓨터가 켜져 있는지를 확인해 달라고 요청하고 있다. 즉, 시범을 보이기 위해 컴퓨터가 켜져 있는지 확인하는 것이므로 정답은 (A)이다.

어휘 give a demonstration 시범을 보이다, 시연하다　replacement 교체(품)　save 절약하다

정답 (A)

Questions 95-97 refer to the following announcement and train ticket. 95-97은 다음 안내와 기차표에 관한 문제입니다.

W Attention, please! We are sorry to inform all the passengers on board train 34 to Grand Canyon of a delay. **95** Due to the heavy snow, our train needs to stop at the next station while our work crew clears the train tracks. Passengers are allowed to get off the train, but please stay within the train station. An announcement will be made when our train is ready to depart. We apologize for this delay once again. **96** We expect that we will arrive at Grand Canyon station at around 7 P.M., which is an hour later than originally scheduled. **97** A voucher for a complimentary meal will be passed out to each passenger to compensate for the unexpected delay. The voucher can be used at any café or restaurant in the station.

여: 안내 말씀을 드리겠습니다. 그랜드 캐니언행 34번 열차에 탑승하신 모든 승객 여러분들께 지연 소식을 알리게 되어 죄송합니다. **95** 폭설로 인해 저희 작업팀이 철로를 치우는 동안 저희 열차는 다음 역에서 정차해야 합니다. 승객 여러분들은 기차에서 내리실 수 있지만, 기차역 안에 머물러 주시기 바랍니다. 기차가 출발할 준비가 되면 안내가 있을 것입니다. 지연에 대해 다시 한 번 사과드립니다. **96** 저희는 원래 예정보다 한 시간 늦은 오후 7시쯤 그랜드 캐니언 역에 도착할 것으로 예상합니다. **97** 예상하지 못한 지연을 보상하기 위해 승객 여러분들께 무료 식사 쿠폰을 배부해 드릴 것입니다. 이 쿠폰은 역 안에 있는 모든 카페와 식당에서 사용하실 수 있습니다.

Los Angeles → Grand Canyon
Departure Time : 8:30 A.M.
96 Arrival Time : 6:00 P.M.
Seat Number : 23A
Platform : 12

로스앤젤레스 → 그랜드 캐니언
출발 시간 : 오전 8시 30분
96 도착 시간 : 오후 6시 00분
좌석 번호 : 23A
승강장 : 12

어휘 inform 알리다 passenger 승객 on board 탑승한 delay 지연, 지체 crew 팀, 반 allow 허락하다 get off 내리다 announcement 안내 depart 출발하다 apologize 사과하다 expect 예상하다 originally 원래 voucher 쿠폰 complimentary 무료의 pass out 나눠 주다 compensate for ~에 대해 보상하다 unexpected 예상치 않은

95 According to the announcement, what is the main reason of the delay?
(A) System failure
(B) Track maintenance work
(C) Severe weather conditions
(D) Schedule changes

안내에 따르면, 지연의 주된 이유는 무엇인가?
(A) 시스템 고장
(B) 선로 보수 작업
(C) 악천후
(D) 일정 변경

구체적인 정보 파악 - 이유/원인

문제 키워드 | what / reason / delay

기차가 지연된 이유를 묻는 문제로, 이유의 접속사나 전치사가 언급되는 곳에 집중한다. 전반부에 지연 소식을 알리게 되어 죄송하다며 폭설로 인해 작업팀이 철로를 치우는 동안 열차는 다음 역에서 정차해야 한다(Due to the heavy snow, our train needs to stop at the next station while our work crew clears the train tracks.)고 했으므로 정답은 (C)이다.

패러프레이징 heavy snow 폭설 → severe weather conditions 악천후

어휘 failure 고장, 실패 maintenance 보수 severe weather conditions 악천후

정답 (C)

96 Look at the graphic. According to the announcement, which part of information will be updated?
(A) Los Angeles
(B) 8:30 A.M.
(C) 6:00 P.M.
(D) 23A

시각 자료를 보시오. 안내에 따르면, 정보의 어떤 부분이 업데이트될 것인가?
(A) 로스앤젤레스
(B) 오전 8시 30분
(C) 오후 6시 00분
(D) 23A

― 신유형 - 시각 자료 연계 ―

문제 키워드 | graphic / which part / information / updated

변경될 항목이 무엇인지를 묻는 시각 자료 연계 문제로, 담화에서 언급된 정보와 문제지에 제시된 시각 자료를 연계하여 파악해야 한다. 중반부에 화자가 원래 예정보다 한 시간 늦은 오후 7시쯤 그랜드 캐니언 역에 도착할 것으로 예상한다(We expect that we will arrive at Grand Canyon station at around 7 P.M., which is an hour later than originally scheduled.)고 했으므로, 시각 자료에서 도착 시간이 변경되는 것임을 알 수 있다. 따라서 정답은 (C)이다.

정답 (C)

97 What will be provided to the listeners for free?
(A) Guidebooks
(B) Questionnaires
(C) Full refunds
(D) Vouchers for food

청자들에게 무엇이 무료로 제공될 것인가?
(A) 안내서
(B) 설문지
(C) 전액 환불
(D) 식사권

― 구체적인 정보 파악 - 특정 사항 ―

문제 키워드 | What / provided / listeners / free

청자들에게 무료로 제공되는 것이 무엇인지를 묻는 문제로, 후반부에 집중해야 한다. 후반부에서 화자는 예상치 못한 지연에 대한 보상으로 승객들에게 무료 식사 쿠폰을 배부할 것(A voucher for a complimentary meal will be passed out to each passenger to compensate for the unexpected delay.)이라고 했으므로 정답은 (D)이다.

어휘 questionnaire 설문지 refund 환불

정답 (D)

Questions 98-100 refer to the following talk and chart. 98-100은 다음 담화와 표에 관한 문제입니다.

M Yesterday, we talked about how to handle the most frequent customer inquiries. **98** At today's workshop, we'll focus on upgrading satellite TV service when a subscriber makes a request. Take a look at the chart on page 43 in your handbook, which shows the package options. Among the four options, most subscribers are currently using the one which includes only national channels. However, **99** we can suggest them to use the best deal with national channels plus movies and dramas. **100** When you sell this option to more than fifteen customers by next month, a bonus will be added to your paycheck as an incentive.

남: 어제 우리는 고객들이 가장 자주 묻는 질문에 대처하는 방법에 대해 이야기를 나누었습니다. **98** 오늘 워크숍에서 우리는 구독자가 요청할 때 위성 TV 서비스를 업그레이드하는 것에 중점을 두려고 합니다. 여러분의 안내서에서 43쪽에 있는 표를 보시면 패키지 옵션들을 확인하실 수 있습니다. 4가지 옵션 중, 현재 대부분의 구독자들은 오직 국내 채널만 포함된 것을 사용하고 있습니다. 하지만 **99** 우리는 그들에게 국내 채널뿐만 아니라 영화와 드라마가 포함되어 있는 가장 좋은 상품을 이용하도록 제안할 수 있습니다. **100** 다음 달까지 15명 이상의 고객들에게 이 상품을 판매한다면, 인센티브로 여러분들의 급여에 보너스가 지급될 것입니다.

Satellite TV Package Options		
Options	Accessible Channels	Monthly Fee
1	National	£10.50
2	National + Movies	£12.95
3	National + Movies + Sports	£17.95
99 4	National + Movies + Drama	£20.95

위성 TV 패키지 옵션		
옵션	이용 가능 채널	월 요금
1	국내	10.50파운드
2	국내 + 영화	12.95파운드
3	국내 + 영화 + 스포츠	17.95파운드
99 4	국내 + 영화 + 드라마	20.95파운드

어휘 handle 처리하다 frequent 잦은, 빈번한 inquiry 문의 focus on ~에 집중하다 satellite 위성 subscriber 구독자 make a request 부탁하다, 요청하다 take a look at ~을 (한 번) 보다 handbook 안내서 among ~ 중에 currently 현재 include 포함하다 national 국가의, 전국적인 suggest 제안하다 plus ~뿐만 아니라 add 추가하다 paycheck 급료 incentive 장려책, 인센티브 accessible 이용 가능한 fee 요금

98 Where most likely are the listeners?
(A) At an executive meeting
(B) At a training session
(C) At an opening ceremony
(D) At a trade fair

청자들은 어디에 있을 것 같은가?
(A) 간부 회의에
(B) 연수회에
(C) 개막식에
(D) 무역 박람회에

> **기본 정보 파악 - 장소**
>
> **문제 키워드** | Where / listeners
> 청자들이 있는 곳을 묻는 문제로, 담화 전반부에서 정답을 찾는다. 화자는 오늘 워크숍에서는 구독자가 요청할 때 위성 TV 서비스를 업그레이드하는 것에 중점을 두려고 한다(At today's workshop, we'll focus on upgrading satellite TV service when a subscriber makes a request.)고 하였으므로 정답은 (B)이다.
>
> **패러프레이징** workshop 워크숍 → a training session 연수회
>
> 정답 (B)

99 Look at the graphic. What option is described as the best?
(A) Option 1
(B) Option 2
(C) Option 3
(D) Option 4

시각 자료를 보시오. 가장 좋다고 설명한 옵션은 무엇인가?
(A) 1번 옵션
(B) 2번 옵션
(C) 3번 옵션
(D) 4번 옵션

○ 신유형 - 시각 자료 연계

문제 키워드 | graphic / What option / described / best

화자가 언급한 최고 상품을 묻는 시각 자료 연계 문제로, 각 옵션의 구체적인 채널 종류나 가격에 집중해서 정답을 찾는다. 화자는 국내 채널뿐만 아니라 영화와 드라마를 포함하고 있는 가장 좋은 상품을 소비자에게 제안할 수 있다(we can suggest them to use the best deal with national channels plus movies and dramas.)고 했으므로, 시각 자료에서 국내 채널, 영화와 드라마가 포함되어 있는 것을 찾으면 (D)가 정답이다.

정답 (D)

100 According to the speaker, what incentive will the listeners receive?
(A) Some product samples
(B) Free movie tickets
(C) A monetary prize
(D) Additional time off

화자의 말에 따르면, 청자들은 어떤 인센티브를 받을 것인가?
(A) 일부 제품 샘플
(B) 무료 영화 티켓
(C) 금전적인 상
(D) 추가 휴가

○ 구체적인 정보 파악 - 특정 사항

문제 키워드 | what incentive / will / listeners / receive

청자들이 받는 구체적인 인센티브를 묻는 문제로, 문제의 핵심 키워드인 incentive가 언급되는 곳에 집중한다. 화자는 다음 달까지 15명 이상의 고객들에게 이 상품을 판매하면, 인센티브로 급여에 보너스가 지급될 것(When you sell this option to more than fifteen customers by next month, a bonus will be added to your paycheck as an incentive.)이라고 설명했으므로 정답은 (C)이다.

[패러프레이징] a bonus will be added to your paycheck 급여에 보너스가 지급될 것이다 → **A monetary prize** 금전적인 상

[어휘] monetary 금전의, 금전상의   additional 추가의

정답 (C)

Test02.mp3

MP3 다운로드
eng.conects.com

QR 코드 바로가기

PART 1
PART 2
PART 3
PART 4

ANSWER KEYS

PART 1   1 (C)   2 (C)   3 (B)   4 (B)   5 (D)   6 (C)

PART 2   7 (C)   8 (C)   9 (B)   10 (B)   11 (A)   12 (C)   13 (B)   14 (C)   15 (C)   16 (C)
17 (A)   18 (C)   19 (A)   20 (A)   21 (C)   22 (A)   23 (C)   24 (A)   25 (C)   26 (C)
27 (C)   28 (A)   29 (B)   30 (C)   31 (C)

PART 3   32 (B)   33 (A)   34 (B)   35 (C)   36 (B)   37 (B)   38 (D)   39 (C)   40 (A)   41 (B)
42 (B)   43 (A)   44 (C)   45 (D)   46 (C)   47 (C)   48 (C)   49 (A)   50 (D)   51 (A)
52 (A)   53 (A)   54 (A)   55 (C)   56 (B)   57 (A)   58 (B)   59 (A)   60 (C)   61 (C)
62 (D)   63 (A)   64 (C)   65 (A)   66 (C)   67 (D)   68 (C)   69 (A)   70 (B)

PART 4   71 (C)   72 (C)   73 (A)   74 (D)   75 (C)   76 (B)   77 (C)   78 (C)   79 (D)   80 (C)
81 (C)   82 (D)   83 (C)   84 (B)   85 (C)   86 (C)   87 (A)   88 (D)   89 (D)   90 (B)
91 (A)   92 (C)   93 (B)   94 (C)   95 (B)   96 (C)   97 (C)   98 (B)   99 (C)   100 (C)

PART 1

1
AU
(A) He's holding onto a door handle.
(B) He's entering a restaurant.
(C) He's walking through a revolving door.
(D) He's carrying some plants.

(A) 그는 문손잡이를 잡고 있다.
(B) 그는 식당에 들어가고 있다.
(C) 그는 회전문을 통해 걸어가고 있다.
(D) 그는 일부 식물을 옮기고 있다.

> **◦ 1인 사진**
>
> 한 사람이 회전문을 통과하고 있는 모습으로, 인물의 동작이나 상태에 주목해서 들어야 한다.
> (A) 남자는 문손잡이(door handle)가 아니라 휴대폰을 들고 있으므로 오답이다.
> (B) 사진에서 식당(restaurant)은 보이지 않으므로 오답이다.
> (C) 남자가 회전문을 통과해 걸어가고 있는 모습을 정확히 묘사한 정답이다.
> (D) 남자가 식물을 옮기는(carrying) 모습이 아니므로 오답이다.
>
> **어휘** hold onto ~을 잡다 handle 손잡이 enter 들어가다 through ~을 통해 revolving 회전하는 carry 나르다 plant 식물   정답 (C)

2
US
(A) The woman is inspecting some toys.
(B) The woman is holding a box.
(C) The man is handing over an item to a customer.
(D) The man is wiping a countertop with a cloth.

(A) 여자가 장난감을 점검하고 있다.
(B) 여자가 상자를 들고 있다.
(C) 남자가 손님에게 물품을 넘겨주고 있다.
(D) 남자가 천으로 상판을 닦고 있다.

> **◦ 2인 사진**
>
> 상점을 배경으로 한 2인 사진으로, 두 사람의 공통 동작뿐만 아니라 각자의 개별 동작 및 상태도 잘 살펴야 한다.
> (A) 여자가 장난감을 점검하고 있는(inspecting) 모습이 아니므로 오답이다. '장난감(toys)'만 듣고 정답으로 선택하지 않도록 주의한다.
> (B) 여자가 상자(box)를 들고 있지 않으므로 오답이다.
> (C) 남자가 손님에게 물품을 넘겨주고 있는 모습을 정확히 묘사한 정답이다.
> (D) 남자가 천으로 상판을 닦고 있는(wiping) 모습이 아니므로 오답이다.
>
> **어휘** inspect 점검하다 hand over ~을 넘겨주다 wipe 닦다 countertop 상판, 조리대 cloth 천   정답 (C)

3
US
(A) One of the men is taking a shovel out of a box.
(B) They're wearing safety helmets.
(C) They're putting on safety vests.
(D) They're washing their hands.

(A) 남자들 중 한 명이 상자에서 삽을 꺼내고 있다.
(B) 그들은 안전모를 쓰고 있다.
(C) 그들은 안전 조끼를 입고 있는 중이다.
(D) 그들은 손을 씻고 있다.

> **◦ 2인 사진**
>
> 공사 현장을 배경으로 한 2인 사진으로, 두 사람의 위치, 동작, 상태 등을 확인한다.
> (A) 상자에서 삽을 꺼내는(taking a shovel out of a box) 남자는 보이지 않으므로 오답이다.
> (B) 두 명의 남자가 안전모를 쓰고 있는 상태를 정확히 묘사한 정답이다.
> (C) 두 명의 남자가 안전 조끼를 입는(putting on) 동작을 하는 상황이 아니므로 오답이다. 동작을 묘사하는 putting on과 상태를 묘사하는 wearing을 구분해야 한다.
> (D) 남자들이 손을 씻고 있는(washing) 모습이 아니므로 오답이다.
>
> **어휘** shovel 삽 take something out ~을 (…에서) 꺼내다 safety 안전 vest 조끼 wash 씻다   정답 (B)

4
BR

(A) People are getting out of the train.
(B) Some people are standing on a platform.
(C) Some train tracks are being fixed.
(D) A train has stopped at a platform.

(A) 사람들이 열차에서 나오고 있다.
(B) 사람들이 승강장에 서 있다.
(C) 열차 선로가 수리되고 있다.
(D) 열차가 승강장에 멈췄다.

─○ 다인 사진 속 사물/배경 ─

사람들이 승강장에서 열차를 기다리고 있는 모습으로, 사물/배경은 물론 사람 묘사도 보기로 나올 수 있으므로 사진 관찰에 각별히 신경을 써야 한다.
(A) 사람들이 열차에서 나오고 있는(getting out of the train) 모습이 아니므로 오답이다.
(B) 사람들이 승강장에 서 있는 모습을 정확히 묘사한 정답이다.
(C) 사진에서 선로를 수리하고 있는(being fixed) 사람은 보이지 않으므로 오답이다.
(D) 열차가 승강장에 멈춰 있는(stopped) 모습이 아니므로 오답이다.

어휘 get out of ~에서 나가다 platform 승강장 track 선로 fix 수리하다

정답 (B)

5
AU

(A) Some racks are arranged in front of the house.
(B) Some people are fixing the door.
(C) Potted plants are growing on balconies.
(D) A staircase leads to the entrance of the house.

(A) 선반들이 집 앞에 배열되어 있다.
(B) 사람들이 문을 고치고 있다.
(C) 화분의 식물들이 발코니에서 자라고 있다.
(D) 계단이 주택의 입구로 이어져 있다.

─○ 사물/풍경 사진 ─

건물 외벽과 현관이 보이는 사진으로, 각 사물의 위치 및 상태에 집중한다.
(A) 사진에서 선반들(racks)은 보이지 않으므로 오답이다.
(B) 사진에 등장하는 인물(Some people)이 없으므로 오답이다. 사물/풍경 사진에서 사람 주어로 문장이 시작하면 오답이므로 바로 소거한다.
(C) 화분은 하나만 보이며 화분이 있는 곳은 문 앞이지 발코니(balconies)가 아니므로 오답이다.
(D) 계단이 주택의 입구로 이어지는 상태를 정확히 묘사한 정답이다.

어휘 rack 선반 be arranged 배열되어 있다 in front of ~의 앞에 potted plant 화분에 심은 식물 staircase 계단 lead to ~로 이어지다 entrance 입구

정답 (D)

6
US

(A) A sofa is located between round tables.
(B) A light fixture is being removed from the ceiling.
(C) Some artwork has been mounted on the wall.
(D) Some furniture is being carried inside.

(A) 소파가 원형 테이블들 사이에 위치해 있다.
(B) 조명 기구가 천장에서 제거되고 있다.
(C) 예술품이 벽에 걸려 있다.
(D) 가구가 내부로 옮겨지고 있다.

─○ 사물/풍경 사진 ─

사람이 없는 실내의 모습으로, 각 사물의 배치에 주의하며 들어야 하는 문제이다.
(A) 사진에서 원형 테이블(round tables)은 보이지 않으므로 오답이다.
(B) 사람이 없는 사진에서는 사물을 주어로 하는 수동태 진행형(is being removed)은 오답이다.
(C) 예술품 여러 점이 벽에 걸려 있는 모습을 정확히 묘사한 정답이다.
(D) 사람이 없는 사진에서는 사물을 주어로 하는 수동태 진행형(is being carried)은 오답이다.

어휘 be located (~에) 위치해 있다 light fixture 조명 기구 remove 제거하다 ceiling 천장 be mounted on ~에 부착되어 있다

정답 (C)

PART 2

7 When are you placing an order for the parts?
(A) From the purchasing department.
(B) In order to get more replacements.
(C) Next week, actually.

당신은 부품을 언제 주문하실 건가요?
(A) 구매부에서요.
(B) 대용품을 더 얻기 위해서요.
(C) 사실, 다음 주요.

─○ When 의문문 ─

문제 키워드 | When / placing / order

부품을 언제 주문할 건지를 묻는 When 의문문이다.
(A) 질문의 placing an order에서 연상 가능한 purchasing을 사용하여 혼동을 유도한 오답이다.
(B) 이유/목적을 묻는 Why 의문문에 어울리는 답변이므로 오답이다.
(C) 언제 주문할 건지 묻는 질문에 '다음 주'라고 구체적인 시점으로 답변하고 있으므로 정답이다.

어휘 place an order 주문하다   part 부품   replacement 대용품, 교환품

정답 (C)

---

8 Have you decided which restaurant to go?
(A) It's already closed.
(B) I'll give you a ride.
(C) Not yet, do you have any recommendations?

어느 식당으로 갈지 결정했나요?
(A) 그것은 벌써 문을 닫았어요.
(B) 제가 당신을 태워 줄게요.
(C) 아직이요, 추천할 만한 곳이 있나요?

─○ 간접 의문문 ─

문제 키워드 | decided / which restaurant / go

어느 식당으로 갈지 결정했냐고 묻는 간접 의문문이다. 질문의 핵심은 which 이하의 내용임을 파악해야 한다.
(A) 질문의 restaurant에서 연상할 수 있는 오답으로, 문을 닫았다는 의미가 되는데, 주어인 대명사 it으로 받을 수 있는 구체적 대상이 없으므로 오답이다.
(B) 질문의 go에서 연상 가능한 give a ride를 사용하여 혼동을 유도한 오답이다.
(C) 어느 식당으로 갈지 결정했냐고 묻는 질문에 부정(Not yet)으로 답변한 뒤, 추천할 만한 곳이 있는지 묻고 있으므로 정답이다.

어휘 decide 결정하다   give a ride 태워 주다   recommendation 추천

정답 (C)

---

9 How long will it take to drive to the grocery store?
(A) You don't need to bring anything.
(B) Just 5 minutes.
(C) Sure, when would you like to go?

식료품점까지 차로 얼마나 걸릴까요?
(A) 당신은 아무것도 가져올 필요가 없습니다.
(B) 단지 5분이요.
(C) 네, 언제 가시겠어요?

─○ How 의문문 ─

문제 키워드 | How long / take / drive / store

상점에 가는 데 걸리는 시간이 얼마인지를 묻는 How long 의문문이다.
(A) 질문의 take에서 연상 가능한 bring을 사용하여 혼동을 유도한 오답이다.
(B) 상점에 가는 데 걸리는 시간을 묻는 질문에 구체적인 시간으로 답변하였으므로 정답이다.
(C) 질문에서 의문사를 놓쳤을 경우 정답으로 혼동할 수 있는 오답으로, 질문의 drive에서 연상 가능한 go를 이용하여 혼동을 유도하였다.

어휘 grocery store 식료품점

정답 (B)

10 Where should I put these boxes?
(A) They are from the supplier.
(B) In the cabinet is fine.
(C) At three o'clock.

이 상자들을 어디에 둘까요?
(A) 그것들은 공급업체에서 왔어요.
(B) 캐비닛에 두는 게 좋겠네요.
(C) 3시에요.

> **◦ Where 의문문**
>
> **문제 키워드 | Where / put / boxes**
>
> 상자를 둘 장소를 묻는 Where 의문문이다.
> (A) 질문의 boxes에서 연상할 수 있는 supplier를 사용하여 혼동을 유도한 오답이다.
> (B) 상자들을 둘 곳을 묻는 질문에 캐비닛에 두는 게 좋겠다며 구체적인 장소로 답하고 있으므로 정답이다.
> (C) 시간을 묻는 When 의문문에 어울리는 답변이므로 오답이다.
>
> **어휘** supplier 공급 회사   cabinet 캐비닛
>
> 정답 (B)

11 Wasn't that a great film premiere?
(A) Yes, the movie was quite impressive.
(B) The show was filmed in China.
(C) Exhibitors should arrive early.

개봉한 영화 멋지지 않았나요?
(A) 네, 영화가 꽤 인상적이었어요.
(B) 그 쇼는 중국에서 촬영되었어요.
(C) 출품자들은 일찍 도착해야 합니다.

> **◦ 부정 의문문**
>
> **문제 키워드 | Wasn't / great / film premiere**
>
> 개봉한 영화가 멋지지 않았냐고 확인하는 부정 의문문이다.
> (A) 개봉한 영화가 멋지지 않았냐고 확인하는 질문에 긍정의 Yes로 응답하고, 영화가 꽤 인상적이었다고 구체적인 의견을 추가로 제시하였으므로 정답이다.
> (B) 질문에서 명사로 쓰인 film을 동사로 사용하여 혼동을 유도한 오답이다.
> (C) 질문의 premiere(개봉, 초연)에서 연상 가능한 early를 사용하여 혼동을 유도한 오답이다.
>
> **어휘** film 영화; 촬영하다   premiere 개봉, 초연   impressive 인상적인   exhibitor 출품자
>
> 정답 (A)

12 Why is it taking so long to get to the airport?
(A) A flight for Hong Kong.
(B) Well, it's no longer available.
(C) Because of the parade on Jason Avenue.

공항까지 가는 데 왜 그렇게 오래 걸리나요?
(A) 홍콩행 비행기요.
(B) 음, 그건 더 이상 이용할 수 없습니다.
(C) 제이슨 거리의 퍼레이드 때문입니다.

> **◦ Why 의문문**
>
> **문제 키워드 | Why / taking / long / get / airport**
>
> 공항까지 가는 데 왜 그렇게 오랜 시간이 걸리는지 이유를 묻는 Why 의문문이다.
> (A) 질문의 airport에서 연상할 수 있는 flight를 사용하여 혼동을 유도한 오답이다.
> (B) 질문의 get의 다른 뜻인 '얻다, 사다'에서 연상할 수 있는 available(이용할 수 있는)을 사용하여 혼동을 유도한 오답이다.
> (C) 공항까지 가는 데 왜 그렇게 오래 걸리는지 묻는 질문에 제이슨 거리에서 열리는 퍼레이드 때문이라고 구체적인 이유로 답하고 있으므로 정답이다.
>
> **어휘** get 도착하다, 이르다   no longer 더 이상 ~ 아닌   available 이용할 수 있는
>
> 정답 (C)

13 Where is the box office?
(A) An informative guidebook.
(B) Right in front of the theater.
(C) I always go to the office supply store.

매표소는 어디에 있나요?
(A) 유익한 안내서요.
(B) 극장 바로 앞에요.
(C) 저는 항상 사무용품점에 갑니다.

> **Where 의문문**
>
> **문제 키워드 | Where / box office**
> 매표소의 위치를 묻는 Where 의문문이다.
> (A) 단답형 명사 답변은 What 의문문에 어울리는 답변이므로 오답이다.
> (B) 매표소의 위치를 묻는 질문에 '극장 바로 앞'이라고 장소 부사구로 답변하고 있으므로 정답이다.
> (C) 질문의 office를 반복 사용한 오답이다.
>
> **어휘** box office 매표소 informative 유용한 정보를 주는, 유익한 guidebook 안내서 office supply 사무용품
>
> 정답 (B)

14 This building is very well maintained.
(A) The maintenance department.
(B) No, Kevin is in charge of that.
(C) We inspect it regularly.

이 건물은 관리가 매우 잘 되어 있네요.
(A) 관리부요.
(B) 아니요, Kevin 씨가 그것을 담당하고 있어요.
(C) 우리는 정기적으로 그것을 점검합니다.

> **평서문**
>
> **문제 키워드 | building / well maintained**
> 건물이 잘 관리되어 있다고 말하는 평서문이다.
> (A) maintained와 발음이 유사한 maintenance를 사용하여 혼동을 유도한 오답이다.
> (B) maintained에서 연상할 수 있는 in charge of를 사용하여 혼동을 유도한 오답이다.
> (C) 건물이 잘 관리되어 있다는 말에 정기적으로 점검한다고 그 이유를 언급하고 있으므로 정답이다.
>
> **어휘** maintain 관리하다, 유지하다 in charge of ~을 담당하는 inspect 점검하다 regularly 정기적으로
>
> 정답 (C)

15 What is on the agenda for today's meeting?
(A) Yes, it will be handled today.
(B) At the convention center.
(C) Recent updates on the merger.

오늘 회의 안건은 무엇입니까?
(A) 네, 그건 오늘 처리될 겁니다.
(B) 컨벤션 센터에서요.
(C) 합병에 관한 최신 정보입니다.

> **What 의문문**
>
> **문제 키워드 | What / agenda / meeting**
> 회의 안건이 무엇인지 묻는 What 의문문이다.
> (A) What 의문문에 Yes/No로 대답할 수 없으므로 오답이다.
> (B) 질문의 meeting에서 연상할 수 있는 convention center를 사용하여 혼동을 유도한 오답으로, 장소를 묻는 Where 의문문에 어울리는 답변이다.
> (C) 회의 안건을 묻는 질문에 '합병에 관한 최신 정보'라고 구체적인 안건으로 답변했으므로 정답이다.
>
> **어휘** agenda 안건 handle 처리하다 recent 최근의 merger 합병
>
> 정답 (C)

16 Do you want me to book a hotel for you?
US/BR
(A) Sorry, I can't stay longer.
(B) A higher ticket price.
(C) Yes, I'd appreciate that.

당신을 위해 호텔을 예약해 드릴까요?
(A) 죄송하지만, 저는 더 오래 숙박할 수 없습니다.
(B) 더 비싼 티켓 가격이요.
(C) 네, 그렇게 해 주시면 정말 고맙겠습니다.

○─ 권유/제안 의문문 ─

문제 키워드 | Do you want me / book / hotel
호텔을 예약해 주겠다고 제안하는 권유/제안 의문문이다.
(A) 호텔 예약 이후에 추가 숙박을 권유/제안하는 질문(Would you like to spend more days in our hotel?)에 거절하는 답변이므로 오답이다.
(B) 질문의 book에서 연상할 수 있는 ticket을 사용하여 혼동을 유도한 오답이다.
(C) 호텔을 예약해 주는 걸 원하는지 묻는 질문에 긍정의 Yes로 답하며 감사 인사를 전하고 있으므로 정답이다.

어휘 book 예약하다 stay 머무르다 appreciate 감사하다

정답 (C)

17 What are people saying about our new customer service center?
AU/US
(A) Let's look at the online reviews.
(B) 24 hours a day.
(C) It's nearly done.

사람들이 우리의 새로운 고객 서비스 센터에 대해 뭐라고 하나요?
(A) 온라인 후기를 봅시다.
(B) 하루 24시간이요.
(C) 거의 끝났어요.

○─ What 의문문 ─

문제 키워드 | What / people / saying / customer service center
고객 서비스 센터에 대한 사람들의 반응을 묻는 What 의문문이다.
(A) 사람들의 반응을 묻는 질문에 온라인 후기를 보자고 반응을 알 수 있는 곳을 언급하며 본인도 모른다는 것을 우회적으로 전달한 정답이다.
(B) 질문의 service center에서 연상 가능한 24 hours a day를 이용하여 혼동을 유도한 오답으로, 영업시간 등을 묻는 질문에 어울리는 답변이다.
(C) 질문의 service에서 연상 가능한 done을 이용하여 혼동을 유도한 오답이다.

어휘 look at ~을 보다 review 후기, 평가 nearly 거의

정답 (A)

18 Aren't we supposed to send our design samples to Mr. Gordon?
AU/BR
(A) No. I didn't.
(B) Yes, he is my assistant.
(C) I was told to send them by overnight express mail.

Gordon 씨에게 디자인 샘플을 보내 주기로 하지 않았나요?
(A) 아니요, 제가 하지 않았습니다.
(B) 네, 그는 제 조수입니다.
(C) 저는 당일 속달 우편으로 그것들을 보내라고 들었습니다.

○─ 부정 의문문 ─

문제 키워드 | aren't / supposed / send / samples / Mr. Gordon
샘플 발송과 관련된 미래 일정을 확인하는 부정 의문문이다.
(A) 미래 시제로 묻는 질문에 과거 시제로 답하고 있으므로 시제 불일치 오답이다.
(B) 질문의 Mr. Gordon을 가리키는 대명사 he로 혼동을 유도하고 있지만, 질문 내용과는 전혀 무관한 답변이므로 오답이다.
(C) 특정인에게 디자인 샘플을 보내기로 한 것을 확인하는 질문에 간접적인 동의를 표현하면서 구체적인 배송 방법을 언급하였으므로 정답이다.

어휘 be supposed to V ~하기로 되어 있다 assistant 조수, 보조 overnight express mail 당일 속달 우편

정답 (C)

19 Did you purchase the tickets for the concert?
(A) Not yet, I'll get them this afternoon.
(B) 30 dollars per month.
(C) A local charity event.

콘서트 티켓을 구매했나요?
(A) 아직이요, 오늘 오후에 살 거예요.
(B) 한 달에 30달러입니다.
(C) 지역 자선 행사요.

> **조동사 의문문**
>
> **문제 키워드 | Did / purchase / tickets**
> 티켓 구매 여부를 묻는 조동사 의문문이다.
> (A) 티켓을 구매했는지 묻는 질문에 아직 구매하지 않았다고 답하며, 오늘 오후에 살 거라고 부연하고 있으므로 정답이다.
> (B) 가격을 묻는 How much 의문문에 어울리는 답변이므로 오답이다.
> (C) 질문의 concert에서 연상할 수 있는 event를 사용하여 혼동을 유도한 오답이다.
> **어휘** purchase 구매하다 get 사다 local 지역의, 현지의 charity event 자선 행사
> 정답 (A)

20 Is there any computer I could use?
(A) This is my only one.
(B) That doesn't work properly.
(C) A used one is fine with me.

제가 사용할 수 있는 컴퓨터가 있나요?
(A) 이게 저의 유일한 거예요.
(B) 그건 제대로 작동하지 않아요.
(C) 저는 중고도 괜찮아요.

> **Be동사 의문문**
>
> **문제 키워드 | Is there / computer / I / use**
> 사용할 수 있는 컴퓨터가 있는지를 묻는 Be동사 의문문이다.
> (A) 사용할 수 있는 컴퓨터가 있는지를 묻는 질문에 이게 본인의 유일한 거라는 말로 사용할 수 있는 컴퓨터가 없음을 우회적으로 답변한 정답이다.
> (B) 질문의 computer에서 연상할 수 있는 work properly를 사용해 혼동을 유도한 오답이다. 사용할 수 있는 컴퓨터가 있는지 여부를 묻는 질문에 특정한 것(that)을 가리켜 그건 제대로 작동하지 않는다는 답변은 부자연스럽다.
> (C) 질문의 use와 발음이 유사한 used를 사용하여 혼동을 유도한 오답이다.
> **어휘** properly 제대로 used 중고의
> 정답 (A)

21 The store has a delivery service, right?
(A) It's out of order.
(B) That's my favorite food.
(C) Here's their phone number.

그 상점은 배달이 되죠, 그렇죠?
(A) 고장 났어요.
(B) 그게 제가 좋아하는 음식이에요.
(C) 여기 그들의 전화번호가 있습니다.

> **부가 의문문**
>
> **문제 키워드 | store / has / delivery service / right**
> 배달 서비스가 있는 상점인지 확인하는 부가 의문문이다.
> (A) 질문의 delivery에서 연상 가능한 order를 사용하여 혼동을 유도한 오답이다.
> (B) 질문의 store에서 연상 가능한 food를 사용하여 혼동을 유도한 오답이다.
> (C) 배달이 되는지 묻는 질문에 전화번호를 줌으로써 확인할 수 있는 방법을 제시하고 있으므로 정답이다.
> **어휘** place an order 주문하다 beverage 음료
> 정답 (C)

22
BR
AU

Are we planning to conduct a videoconference or hold a meeting here at our company?
(A) Actually, we'll have to postpone the meeting.
(B) How about a seminar on business communication skills?
(C) In about two months.

화상 회의를 진행할 예정인가요, 아니면 이곳 저희 회사에서 회의를 열 예정인가요?
(A) 사실, 저희는 회의를 연기해야 할 것입니다.
(B) 비즈니스 의사소통 기술에 대한 세미나는 어떤가요?
(C) 대략 두 달 후에요.

─○ 선택 의문문 ─

문제 키워드 | Are we planning / videoconference / or / here

화상 회의와 현장 회의 중 진행 방법을 묻는 선택 의문문이다.
(A) 화상 회의와 현장 회의 중 진행 방법을 묻는 질문에 언급된 두 개 중 하나를 선택하는 것이 아니라, 회의를 연기해야 할 것이라고 답하여 어느 방식으로도 진행되지 않을 것임을 우회적으로 표현하고 있으므로 정답이다.
(B) 질문의 conference에서 연상 가능한 seminar를 사용해 오답을 유도한 답변이다.
(C) 특정 시점을 언급하고 있으므로 When 의문문에 어울리는 답변이다.

어휘 conduct 실시하다 videoconference 화상 회의 postpone 연기하다 communication skill 의사소통 능력

정답 (A)

23
US
US

Can I speak to the editor about today's article?
(A) Here's your copy.
(B) Your article will be on page 7.
(C) Her next meeting is about to start.

오늘의 기사에 대해서 편집장과 이야기할 수 있을까요?
(A) 사본 여기 있습니다.
(B) 당신의 기사는 7페이지에 실릴 겁니다.
(C) 그녀의 다음 회의가 막 시작하려 합니다.

─○ 조동사 의문문 ─

문제 키워드 | Can I / speak / editor

편집장과 이야기할 수 있는지 묻는 조동사 의문문이다.
(A) 질문의 article에서 연상할 수 있는 copy를 사용하여 혼동을 유도한 오답이다.
(B) 질문의 article을 반복 사용한 오답이다.
(C) 편집장과 이야기할 수 있는지 묻는 질문에 그녀의 다음 회의가 막 시작하려 한다며 지금은 이야기할 수 없다는 것을 우회적으로 표현한 정답이다.

어휘 editor 편집장, 편집자 article 기사 be about to V 막 ~하려고 하다

정답 (C)

24
US
BR

Am I supposed to give a presentation on behalf of our department?
(A) Your supervisor will help you with that.
(B) Let's get started.
(C) All of us should be there.

제가 우리 부서를 대표해서 발표를 하기로 되어 있나요?
(A) 당신의 관리자가 당신을 도와줄 거예요.
(B) 시작합시다.
(C) 우리들 모두 거기에 있어야 합니다.

─○ Be동사 의문문 ─

문제 키워드 | Am I supposed to / give / presentation

자신이 발표를 해야 하는지 여부를 묻는 Be동사 의문문이다.
(A) 자신이 발표해야 하는지를 묻는 질문에 관리자가 도와줄 거라는 말로 긍정의 뜻을 우회적으로 전달한 정답이다.
(B) 질문과 상관없는 답변이므로 오답이다.
(C) 질문의 be supposed to(~할 의무가 있다)에서 연상할 수 있는 should(~해야 한다)를 사용해 혼동을 유도한 오답이다.

어휘 be supposed to V ~하기로 되어 있다, ~할 의무가 있다 on behalf of ~을 대표하여 department 부서 supervisor 관리자

정답 (A)

25 How many employee handbooks do we need for the orientation?
(A) The company rules.
(B) No, we do not need anymore.
(C) You should check the attendee list.

오리엔테이션을 위해 몇 부의 직원 안내서가 필요한가요?
(A) 회사 규정이요.
(B) 아니요, 우리는 더 이상 필요 없어요.
(C) 당신은 참석자 목록을 확인해야 합니다.

┌─ How 의문문 ───
│ **문제 키워드 | How many / handbooks / we / need**
│
│ 몇 부의 직원 안내서가 필요한지 묻는 How many 의문문이다.
│ (A) 질문의 employee에서 연상 가능한 company를 사용하여 혼동을 유도한 오답이다.
│ (B) How 의문문에 Yes/No로 응답할 수 없으므로 오답이다. 또한 질문의 need를 반복 사용하여 혼동을 주고 있다.
│ (C) 몇 부의 직원 안내서가 필요한지 묻는 질문에 참석자 목록을 확인하라는 말로 '모른다'는 의미를 우회적으로 전달하고 있으므로
│   정답이다.
│
│ **어휘** employee handbook 직원 안내서 check 살피다 attendee 참석자   정답 (C)
└──

26 You've been to Australia before, haven't you?
(A) It was held in Sydney.
(B) I've never tried that brand.
(C) I was there ten years ago.

당신은 이전에 호주에 가본 적이 있죠, 그렇죠?
(A) 그것은 시드니에서 개최되었습니다.
(B) 저는 그 브랜드를 착용해 본 적이 없습니다.
(C) 저는 10년 전에 그곳에 가본 적이 있습니다.

┌─ 부가 의문문 ──
│ **문제 키워드 | You've been / Australia / haven't you**
│
│ 호주 방문 여부를 확인하는 부가 의문문이다.
│ (A) 질문에서 대명사 it으로 지칭할 만한 구체적인 대상이 언급되지 않았으며, Australia에서 연상할 수 있는 Sydney를 사용하여
│   혼동을 유도한 오답이다.
│ (B) 질문의 haven't you에서 연상할 수 있는 I've never를 사용하여 혼동을 유도한 오답이다.
│ (C) 호주 방문 여부를 확인하는 질문에 호주에 방문한 시기를 구체적으로 언급하면서 긍정의 답변을 하고 있으므로 정답이다.
│
│ **어휘** have been to ~에 가본 적이 있다 try 시도하다 brand 상표, 브랜드   정답 (C)
└──

27 How come our sales were so high during the last summer?
(A) By airplane.
(B) Mostly summer items.
(C) Probably because of the sales promotions.

지난여름 동안 우리의 판매량이 왜 그렇게 높았나요?
(A) 비행기로요.
(B) 주로 여름 상품입니다.
(C) 아마 판촉 활동 때문일 거예요.

┌─ How 의문문 ───
│ **문제 키워드 | How come / sales / high / last summer**
│
│ 지난여름 판매량이 왜 높았는지 이유를 묻는 How come 의문문이다.
│ (A) 질문의 come에서 연상할 수 있는 교통수단을 사용한 오답이다.
│ (B) 질문의 summer를 반복 사용한 오답이다.
│ (C) 판매량이 높은 이유를 묻는 질문에 판촉 활동 때문일 거라고 구체적인 이유로 답변했으므로 정답이다.
│
│ **어휘** sales promotion 판매 촉진 (활동)   정답 (C)
└──

28 Who's leading the training workshop next Monday?
US
AU
(A) Let me check the schedule.
(B) It's on the ground floor.
(C) I was told so.

누가 다음 주 월요일 교육 워크숍을 진행하나요?
(A) 일정을 확인해 보겠습니다.
(B) 1층에 있습니다.
(C) 저는 그렇게 들었습니다.

> **Who 의문문**
>
> **문제 키워드 | Who / leading / workshop**
> 다음 주 워크숍을 누가 진행하는지를 묻는 Who 의문문이다.
> (A) 워크숍을 진행하는 사람이 누군지 묻는 질문에 일정을 확인해 보겠다는 말로 본인도 모른다는 것을 우회적으로 전달한 정답이다.
> (B) 장소를 묻는 Where 의문문에 어울리는 답변이므로 오답이다.
> (C) 미래의 일에 대한 질문에 과거 시제로 답변하였으므로 시제 불일치 오답이다.
>
> **어휘** lead 이끌다 ground floor 1층
>
> 정답 (A)

29 Would you like your coffee with milk or just black?
BR
US
(A) She prefers black.
(B) Isn't there any tea?
(C) Sure, we are so thirsty.

우유를 넣은 커피를 원하시나요, 아니면 그냥 블랙을 원하시나요?
(A) 그녀는 검정색을 선호합니다.
(B) 차는 없나요?
(C) 네, 저희는 매우 목이 마릅니다.

> **선택 의문문**
>
> **문제 키워드 | Would you like / coffee / milk / or / black**
> 우유를 넣은 커피와 블랙커피 중 어느 것을 좋아하는지를 묻는 선택 의문문이다.
> (A) 대명사 she로 지칭할 만한 사람이 질문에 등장하지 않았으므로 오답이다. 또한 질문의 black을 반복 사용하여 혼동을 유도하였다.
> (B) 우유를 넣은 커피와 블랙커피 중 어느 것을 원하는지 묻는 질문에 차는 없냐고 반문하며 제시된 두 가지 중 하나를 선택하는 것이 아닌 제3의 안이 있는지를 확인하고 있으므로 정답이다.
> (C) 선택 의문문에 Yes/No로 답변할 수 없으므로 오답이다. 또한 긍정의 대답과 함께 목이 마르다는 구체적인 이유를 설명하고 있으므로 마실 것을 제안하는 권유/제안 의문문에 어울리는 답변이다.
>
> **어휘** prefer 선호하다 thirsty 목이 마른
>
> 정답 (B)

30 Have you decided to hire the law firm that I recommended?
BR
AU
(A) The first row in the aisle.
(B) We needed rental accommodation.
(C) Don't they specialize in our case?

제가 추천해 드린 법률 사무소를 고용하기로 결정했나요?
(A) 통로의 첫 번째 줄이요.
(B) 우리는 임대 숙박 시설이 필요했어요.
(C) 그들이 우리의 사례를 전문으로 하지 않나요?

> **조동사 의문문**
>
> **문제 키워드 | Have you / decided / hire / law firm**
> 추천해 준 법률 사무소를 고용하기로 결정했는지를 묻는 조동사 의문문이다.
> (A) 질문의 law와 발음이 유사한 row를 사용하여 혼동을 유도한 오답이다.
> (B) 질문의 recommended와 발음이 유사한 accommodation을 사용하여 혼동을 유도한 오답이다.
> (C) 추천한 법률 사무소를 고용하기로 결정했냐는 질문에 그 법률 사무소가 본인의 사례를 전문으로 하는 곳이 맞는지 관련 질문을 되묻고 있으므로 정답이다.
>
> **어휘** decide 결정하다 law firm 법률 사무소 row 줄 aisle 통로 rental 임대의 accommodation 숙박 시설 specialize in ~을 전문으로 하다 case 사례, 사건
>
> 정답 (C)

31. It's probably too late to grab some groceries and medicine.
(A) I have been there before.
(B) Just a small amount for me, please.
(C) The lights are still on in the store.

식료품과 약을 구매하기에는 너무 늦은 것 같네요.
(A) 저는 이전에 그곳을 방문한 적이 있습니다.
(B) 저는 조금만 주세요.
(C) 그 가게에는 아직 불이 켜져 있습니다.

> **평서문**
>
> **문제 키워드** | **too late / grab / groceries and medicine**
>
> 식료품과 약을 구매하기에는 너무 늦은 시간임을 이야기하고 있는 평서문이다.
> (A) 제시된 평서문의 groceries를 there로 지칭한 것으로 착각하도록 유도한 오답이다.
> (B) 권유/제안 표현에 대한 응답이므로 오답이다.
> (C) 식료품과 약을 구매하기에는 너무 늦은 시간이라는 말에 가게에 불이 켜져 있다는 말로 가게가 영업 중이므로 상품을 구입할 수 있을 것임을 간접적으로 표현하고 있으므로 정답이다.
>
> **어휘** late 늦은 grab 급히 ~하다, 잡다 grocery 식료품 medicine 약 amount 양
>
> 정답 (C)

PART 3

Questions 32-34 refer to the following conversation. 32-34는 다음 대화에 관한 문제입니다.

US
US

M **32** Thank you for visiting Jack's Camera Store.
W Good afternoon. I purchased this video camera from this store just a week ago, and it seems to have some kind of problem.
M That's too bad. So, could you tell me what the problem is?
W **33** It suddenly stopped working only four days after I bought it. Although I turned it on, nothing seems to function.
M That's very weird. Maybe, that's because of the battery. Have you replaced the battery?
W Yes, I have. But, it didn't work. Could you repair the camera for me?
M I'm afraid we don't do any repair service in the shop. **34** You should contact the manufacturer. They will be able to fix the camera for you.

남 **32** Jack's 카메라 상점에 방문해 주셔서 감사합니다.
여 안녕하세요. 제가 일주일 전에 여기 상점에서 이 비디오카메라를 구매했는데, 약간 문제가 있는 것 같습니다.
남 유감입니다. 그럼 어떤 문제인지 말씀해 주시겠어요?
여 구매한 지 4일 만에 **33** 갑자기 작동이 멈추었습니다. 켜기는 했는데, 아무것도 작동하지 않는 것 같습니다.
남 그거 정말 이상하네요. 아마도 배터리 때문일 겁니다. 배터리를 교체하셨나요?
여 네, 교체했습니다. 그렇지만 작동하지 않았습니다. 카메라를 수리해 주실 수 있나요?
남 죄송하지만 저희는 상점에서 수리 서비스를 제공하지 않습니다. **34** 제조사에 연락하셔야 합니다. 그들이 카메라를 고쳐 드릴 수 있을 겁니다.

어휘 purchase 구매하다 suddenly 갑자기 turn on ~을 켜다 function 작동하다 weird 이상한 replace 교체하다 repair 수리; 수리하다 contact 연락하다 manufacturer 제조사 fix 수리하다

32 Where is the conversation taking place?
(A) At a manufacturing plant
(B) At a camera shop
(C) At a photo studio
(D) At a repair center

대화는 어디에서 이루어지고 있는가?
(A) 제조 공장에서
(B) 카메라 상점에서
(C) 사진관에서
(D) 수리 센터에서

○ 기본 정보 파악 – 장소

문제 키워드 | Where / conversation / taking place

대화 초반에 남자가 카메라 상점에 방문해 주셔서 감사하다(Thank you for visiting Jack's Camera Store.)고 말하는 것을 통해 카메라 상점에서 대화가 이루어지고 있다는 것을 알 수 있다. 따라서 정답은 (B)이다.

정답 (B)

33 According to the woman, what is the problem?
(A) An item is not working.
(B) A receipt has been misplaced.
(C) A shipment has not arrived.
(D) A product is sold out.

여자의 말에 따르면, 문제점은 무엇인가?
(A) 상품이 작동하지 않는다.
(B) 영수증을 잃어버렸다.
(C) 배송품이 도착하지 않았다.
(D) 상품이 매진되었다.

○ 구체적인 정보 파악 – 문제점

문제 키워드 | woman / what / problem

여자가 말한 문제점을 묻는 문제이므로 여자의 대사에 집중한다. 어떤 문제가 있는지 알려 달라는 남자의 질문에 여자가 갑자기 작동이 멈추었다(It suddenly stopped working)고 답했으므로 정답은 (A)이다.

패러프레이징 stopped working 작동이 멈추었다 → is not working 작동하지 않는다

정답 (A)

34 What does the man suggest the woman do?
(A) Fill out a survey
(B) Call a manufacturer
(C) Visit a Web site
(D) Consult an instruction manual

남자가 여자에게 제안한 것은 무엇인가?
(A) 설문지 작성하기
(B) 제조사에 전화하기
(C) 웹사이트 방문하기
(D) 사용 설명서 참조하기

○ 구체적인 정보 파악 – 제안/요청

문제 키워드 | What / man / suggest / woman

남자가 제안한 것을 묻는 문제이므로 남자의 대사에서 권유/제안 표현이 언급되는 곳에 집중한다. 후반부에 남자가 여자에게 제조사에 연락해야 한다(You should contact the manufacturer.)고 했으므로 정답은 (B)이다.

패러프레이징 contact 연락하다 → call 전화하다

정답 (B)

Questions 35-37 refer to the following conversation with three speakers. 35-37은 다음 세 명의 대화에 관한 문제입니다.

BR
AU
US

W   Hi, gentlemen. 35 I'm the chef. Did you enjoy your meal?
M1 Yes, it was so delicious, and absolutely well worth driving a long distance.
W   Oh, that sounds like you live quite far from here.
M2 Yeah, we both live in Hanger Lane – about 3 hours away.
W   Wow, you came quite a long way. 36 How did you learn about us?
M1 Well, 36 we happened to read a review in a local newspaper last week and the food today was much better than we had expected from the review. 37 You should consider opening a branch near Hanger Lane.
W   Actually, 37 we're going to open a new one in the area next month. Then, you'll be able to try our dishes more often.

여: 안녕하세요, 여러분. 35 저는 주방장입니다. 맛있게 드셨나요?
남1: 네, 정말 맛있었어요. 그리고 장거리를 운전할 가치가 충분히 있네요.
여: 오, 여기서 꽤 멀리 사시나 보네요.
남2: 네, 저희 둘 다 3시간 정도 떨어진 행어 레인에 살아요.
여: 와, 먼 곳에서 오셨군요. 36 저희 식당을 어떻게 알게 되셨어요?
남1: 음, 저희는 지난주에 36 지역 신문에서 우연히 후기를 읽었는데, 오늘 요리는 저희가 후기를 보고 기대했던 것보다 훨씬 좋았어요. 37 행어 레인 근처에 지점을 여는 것을 생각해 보셔야 겠는데요.
여: 사실, 37 저희는 다음 달에 그 지역에 새로운 지점을 개업할 계획이에요. 그러면 저희 요리를 더 자주 맛보실 수 있을 거예요.

어휘 chef 주방장   absolutely 전적으로, 틀림없이   worth 가치가 있는   distance 거리   happen to V 우연히 ~하다   local 지역의   branch 지점

35 Who most likely is the woman?
(A) A local farmer
(B) A bus driver
(C) A restaurant employee
(D) An architect

여자는 누구일 것 같은가?
(A) 지역 농부
(B) 버스 운전기사
(C) 식당 직원
(D) 건축가

┌─○ 기본 정보 파악 – 직업/업종 ─────────────────────────────────┐
│ **문제 키워드** | Who / woman
│ 화자의 직업과 신분에 대한 정보는 대화의 전반부에서 찾을 수 있다. 전반부 여자의 대사에서 본인을 주방장(I'm the chef.)이라고 소개했으므로 정답은 (C)이다.
│ **패러프레이징** chef 주방장 → **A restaurant employee** 식당 직원   정답 (C)
└──┘

36 How did the men know about the place?
(A) Through an old friend
(B) Through an article in a newspaper
(C) Through an advertisement on the Internet
(D) Through a cooking show

남자들은 그 장소를 어떻게 알게 되었나?
(A) 오랜 친구를 통해
(B) 신문 기사를 통해
(C) 인터넷 광고를 통해
(D) 요리 쇼를 통해

┌─○ 구체적인 정보 파악 – 특정 사항 ────────────────────────────────┐
│ **문제 키워드** | How / men / know / place
│ 남자들이 해당 장소를 어떻게 알게 되었는지 묻는 문제로, 남자들의 대사에 집중한다. 식당을 어떻게 알게 되었냐(How did you learn about us?)는 여자의 질문에 남자1은 지역 신문에서 후기를 읽었다(we happened to read a review in a local newspaper)고 했으므로 남자들은 신문 기사를 통해 식당을 알게 되었다는 것을 알 수 있다. 따라서 정답은 (B)이다.
│ **패러프레이징** **a review** 후기 → **an article** 기사, 글   정답 (B)
└──┘

37 According to the woman, what will most likely happen next month?
(A) Some menu items will be unavailable.
(B) A new branch will open.
(C) Prices will be lowered.
(D) A new chef will be hired.

여자의 말에 따르면, 다음 달에 무슨 일이 있을 것 같은가?
(A) 일부 메뉴를 주문할 수 없다.
(B) 새로운 지점을 개업할 것이다.
(C) 가격이 인하될 것이다.
(D) 새로운 주방장이 고용될 것이다.

┌─○ 구체적인 정보 파악 – 미래 ──────────────────────────────────┐
│ **문제 키워드** | woman / what / happen / next month
│ 여자가 next month를 언급하는 곳에 집중한다. 행어 레인 근처에 지점을 오픈하는 것을 고려해 보라는 남자1의 말에 여자는 다음 달에 새로운 지점을 개업할(open a new one in the area next month) 계획이라고 했으므로 정답은 (B)이다.
│   정답 (B)
└──┘

Questions 38-40 refer to the following conversation. 38-40은 다음 대화에 관한 문제입니다.

W Hi, **38** I'm calling to learn more about your display shelves. I'm starting my own clothing shop next month, and I'm looking for some shelves for my business.
M Sure. We carry a large selection of racks for commercial use. Do you have anything in mind?
W Well, **39** the design is the most important. It has to be modern and simple. Actually, I found some on your online store. I like the one that is currently advertised on your main page.
M I see. Well, but you should consider that the model with the design is rather smaller than expected. **40** So I think you need to take thorough measurements to find right ones for your shop before making an order.

여: 안녕하세요, **38** 저는 진열 선반에 관해 알고 싶어서 전화했습니다. 제가 다음 달에 옷가게를 시작할 예정인데, 저희 상점에 맞는 선반을 찾고 있어요.
남: 네. 저희는 다양한 상업용 선반을 취급하고 있습니다. 생각해 두신 것이 있나요?
여: 음, **39** 디자인이 가장 중요합니다. 현대적이고 단순해야만 해요. 사실, 저는 귀하의 온라인 상점에서 봐 둔 것이 있습니다. 메인 페이지에서 지금 광고되고 있는 모델이 마음에 들어요.
남: 알겠습니다. 하지만 그 디자인에 해당하는 모델은 예상보다 약간 더 작다는 점을 고려하셔야 합니다. 그러니 제 생각에는 주문하시기 전에 귀하의 상점에 딱 맞는 것을 찾을 수 있도록 **40** 정확한 치수를 잴 필요가 있을 겁니다.

어휘 display shelf 진열 선반 carry 취급하다 a selection of 다양한, 많은 rack 선반 commercial 상업의 in mind 마음에 둔 important 중요한 consider 고려하다 rather 다소 thorough 철저한, 완전한 measurement 치수

38 What kind of product does the woman want to buy?
(A) Storage cabinets
(B) Wooden counters
(C) Shopping carts
(D) Display shelves

여자는 어떤 종류의 제품을 구입하기를 원하는가?
(A) 저장 캐비닛
(B) 나무 카운터
(C) 쇼핑 카트
(D) 진열 선반

― 구체적인 정보 파악 - 특정 사항 ―

문제 키워드 | What / product / woman / want / buy
여자가 원하는 것은 여자의 말에서 확인할 수 있다. 진열 선반에 관해 알고 싶어서 전화했다(I'm calling to learn more about your display shelves.)고 했으므로 정답은 (D)이다.   정답 (D)

39 According to the woman, what product feature is the most important?
(A) Adjustability
(B) Price
(C) Design
(D) Mobility

여자의 말에 따르면, 제품의 어떤 특징이 가장 중요한가?
(A) 조절 기능
(B) 가격
(C) 디자인
(D) 이동성

― 구체적인 정보 파악 - 특정 사항 ―

문제 키워드 | woman / what product feature / most important
여자의 대사 중 핵심 키워드인 important가 언급되는 곳에 집중하자. 디자인이 가장 중요하다(the design is the most important.)고 했으므로 정답은 (C)이다.   정답 (C)

40 What does the man advise the woman about?
(A) Sizes
(B) Durability
(C) Current availability
(D) Shipping costs

남자는 여자에게 무엇에 관해 조언하는가?
(A) 크기
(B) 내구성
(C) 현재 이용 가능성
(D) 배송비

― 구체적인 정보 파악 - 제안/요청 ―

문제 키워드 | What / man / advise / woman
제안/요청은 주로 대화의 후반부에서 제시된다. 남자의 마지막 말에서 정확한 치수를 잴 필요가 있다(I think you need to take thorough measurements)고 했으므로 크기에 관한 조언을 하고 있음을 알 수 있다. 따라서 정답은 (A)이다.

패러프레이징 measurements 치수 → Sizes 크기

어휘 durability 내구성 availability 이용도, 유용성   정답 (A)

Questions 41-43 refer to the following conversation. 41-43은 다음 대화에 관한 문제입니다.

BR US

W Hello. Is it possible to make a reservation for flight 32 to New York at 11 A.M. tomorrow?
M OK, let me check in the system. **41** The rainstorm we've been experiencing since last week is causing a lot of travel disruptions. So many of our flights have been canceled and other flights are almost fully booked.
W Yeah, I'm already aware of that. But, I'm trying to book a ticket at the last minute because **42** I have an urgent meeting with an investor there tomorrow evening.
M Well, the system indicates that **43** there is no seat left on the 11 A.M. flight, but we have a few seats left on the 2 P.M. flight.
W OK, then I'd like to reserve a seat on that one, please. I really need to be there tomorrow.

여: 안녕하세요. 내일 오전 11시 뉴욕행 32 항공편을 예약할 수 있을까요?
남: 네, 시스템을 확인해 보겠습니다. **41** 지난주부터 겪고 있는 폭풍우로 인해 비행에 많은 차질이 발생하고 있습니다. 그래서 저희의 많은 항공편이 취소되었고 다른 항공편은 거의 모두 예약되었습니다.
여: 네, 그건 이미 알고 있습니다. 그렇지만 **42** 내일 저녁에 그곳에서 투자자와 긴급회의가 있기 때문에 임박해서 티켓을 예약하려고 합니다.
남: 음, 시스템에 **43** 오전 11시 항공편 좌석은 남아 있지 않다고 나오지만 오후 2시 항공편 좌석은 조금 남아 있습니다.
여: 네, 그러면 그 항공편 좌석으로 예약하겠습니다. 저는 내일 정말 그곳에 가야합니다.

어휘 reservation 예약 rainstorm 폭풍우 experience 경험하다 disruption 방해 urgent 긴급한 investor 투자자 indicate 나타내다

41 What does the man say has caused a problem?
(A) Technical issues
(B) Severe weather conditions
(C) Errors in a reservation system
(D) High volume of tourist travel

남자는 문제의 원인이 무엇이라고 말하는가?
(A) 기술적인 문제
(B) 악천후
(C) 예약 시스템의 오류
(D) 대규모 관광객 여행

── 구체적인 정보 파악 – 문제점 ──

문제 키워드 | What / man / say / caused / problem

남자가 말한 문제의 원인을 묻는 것이므로 남자의 대사에 집중한다. 폭풍우로 인해 비행에 많은 차질이 발생하고 있다(The rainstorm we've been experiencing since last week is causing a lot of travel disruptions.)고 했으므로 정답은 (B)이다.

패러프레이징 rainstorm 폭풍우 → **Severe weather conditions** 악천후

어휘 technical 기술적인 issue 문제 severe weather conditions 악천후 high volume 대규모, 다량의   정답 (B)

42 What is the woman supposed to do tomorrow evening?
(A) Rent a vehicle
(B) Attend a meeting
(C) See a movie
(D) Prepare a presentation

여자는 내일 저녁에 무엇을 하기로 되어 있는가?
(A) 차량 빌리기
(B) 회의 참석하기
(C) 영화 보기
(D) 발표 준비하기

── 구체적인 정보 파악 – 미래 ──

문제 키워드 | What / woman / supposed / tomorrow evening

tomorrow evening이 핵심 키워드다. 중반부에 여자가 내일 저녁에 투자자와 긴급회의가 있다(I have an urgent meeting with an investor there tomorrow evening.)고 했으므로 정답은 (B)이다.

패러프레이징 I have an urgent meeting 긴급회의가 있다 → **Attend a meeting** 회의 참석하기   정답 (B)

43 Why does the man say, "we have a few seats left on the 2 P.M. flight"?
(A) To recommend another option
(B) To make a correction
(C) To turn down a request
(D) To transfer a phone call

남자는 왜 "오후 2시 항공편 좌석은 조금 남아 있습니다"라고 말하는가?
(A) 다른 선택을 추천하기 위해
(B) 잘못을 바로잡기 위해
(C) 요청을 거절하기 위해
(D) 전화를 연결해 주기 위해

── 신유형 – 화자의 의도 파악 ──

문제 키워드 | Why / man / say / "we have a few seats left on the 2 P.M. flight"

내일 오전 11시 항공편을 급히 구하는 여자에게 남자가 그 시간 좌석은 없다(there is no seat left on the 11 A.M. flight.)고 한 뒤, 오후 2시 항공편 좌석은 남아 있다(we have a few seats left on the 2 P.M. flight)고 했다. 따라서 다른 시간대의 항공편 예약을 추천하기 위해 해당 표현을 언급한 것이므로 정답은 (A)이다.   정답 (A)

Questions 44-46 refer to the following conversation. 44-46은 다음 대화에 관한 문제입니다.

AU
BR

M Dave, 44 I just got off the phone with Billy Shoes Firm about their advertisement which we're currently working on.
W OK. 45 It's for their new line of running shoes for kids, right? Do they want to add something to the ad?
M Right. They want to emphasize their various designs available. So, 46 we need to highlight the shoes available in many patterns and colors to attract kids' attention.
W Oh, I think that'd be a great way to appeal to customers. Let's talk about that at today's meeting for the ad.

남: Dave 씨, 44 우리가 현재 작업하고 있는 Billy 신발 회사의 광고 건으로 그 회사와 방금 통화했습니다.
여: 네. 45 그들의 신상품인 어린이 운동화를 위한 광고죠, 그렇죠? 그들이 광고에 뭔가를 추가하길 원하나요?
남: 맞습니다. 그들이 제공하는 다양한 디자인을 강조하길 원합니다. 그래서 46 우리는 그 신발이 어린이의 관심을 끌기 위해 다양한 패턴과 색상으로 판매된다는 점을 강조해야 합니다.
여: 오, 저는 그것이 고객들의 관심을 끌기 위한 좋은 방법이라고 생각합니다. 오늘 광고 회의에서 그것에 대해 이야기합시다.

어휘 advertisement 광고   currently 현재, 지금   add 더하다, 추가하다   emphasize 강조하다   various 다양한   available 이용할 수 있는
highlight 강조하다   attract 마음을 끌다   appeal to ~의 관심을 끌다

44 What type of business do the speakers most likely work for?
(A) A local nursery
(B) A sports equipment store
(C) An advertising firm
(D) A shoe manufacturing plant

화자들은 어떤 종류의 업체에서 일할 것 같은가?
(A) 지역 어린이집
(B) 스포츠 용품점
(C) 광고 회사
(D) 신발 제조 공장

○ 기본 정보 파악 - 직업/업종

문제 키워드 | What / business / speakers / work

화자의 직업/업종은 대화 초반부에 언급된다. 대화 초반부에 남자가 우리가 현재 작업하고 있는 신발 회사의 광고 건으로 신발 회사와 통화했다(I just got off the phone with Billy Shoes Firm about their advertisement which we're currently working on.)고 말한 것으로 보아 화자들은 광고 회사에서 일하고 있음을 알 수 있다. 따라서 정답은 (C)이다.   정답 (C)

45 What kind of product is being discussed by the speakers?
(A) Suitcases
(B) Workout equipment
(C) Textbooks
(D) Footwear

화자들은 어떤 상품에 대해 논의하고 있는가?
(A) 여행 가방
(B) 운동 기구
(C) 교재
(D) 신발

○ 기본 정보 파악 - 주제

문제 키워드 | What / product / discussed / speakers

화자들이 논의하고 있는 상품이 무엇인지 묻는 문제이다. 대화 초반에 남자가 작업 중인 광고 때문에 신발 회사와 방금 통화했다고 하였고, 이에 여자는 어린이용 운동화를 위한 광고인지(It's for their new line of running shoes for kids, right?) 확인하고 있으며, 이어서 신발을 광고하는 방법에 대해서 논의하고 있으므로 정답은 (D)이다.

패러프레이징 running shoes 운동화 → Footwear 신발   정답 (D)

46 According to the man, what aspect of the product can attract customers?
(A) It is very affordable.
(B) It can be used all year round.
(C) It is available in various designs.
(D) It comes with a lifetime warranty.

남자의 말에 따르면, 상품의 어떤 면이 고객의 마음을 끌 수 있는가?
(A) 가격이 매우 저렴하다.
(B) 일 년 내내 사용할 수 있다.
(C) 다양한 디자인으로 구입할 수 있다.
(D) 평생 보증이 제공된다.

○ 구체적인 정보 파악 - 특정 사항

문제 키워드 | man / what aspect / product / attract / customers

남자의 후반부 대사에서 그 신발이 어린이의 관심을 끌기 위해 다양한 패턴과 색상으로 판매된다는 점을 강조해야 한다(we need to highlight the shoes available in many patterns and colors to attract kids' attention.)고 했으므로, 고객의 마음을 끌 수 있는 상품의 특징은 다양한 패턴과 색상으로 구입할 수 있다는 것임을 알 수 있다. 따라서 정답은 (C)이다.

패러프레이징 many patterns and colors 다양한 패턴과 색상 → various designs 다양한 디자인

어휘 affordable 저렴한, 감당할 수 있는   lifetime 평생   warranty 보증   정답 (C)

Questions 47-49 refer to the following conversation. 47-49는 다음 대화에 관한 문제입니다.

US / US

M: Ms. Ellis, this is Cedric Fleming and **47 I'm returning your call about the order you requested.** I'm sorry to tell you that only 5 boxes of organic spinach can be delivered to your restaurant today.

W: Oh, that's not good. They're not going to be enough. There will be a large event in our restaurant tomorrow, and I'm planning to serve spinach salads for the side dish.

M: We're really sorry, but there isn't much we can do about it since those are all we have this week. **48 Would you like to use other vegetables instead?**

W: Well, the client requested to use the ingredient.

M: Then, here is something I can do. **49 I'll contact other vendors in the area and ask if they can give us some.**

W: That'd be nice. If needed, I don't mind paying extra.

남: Ellis 씨, 저는 Cedric Fleming이고, 47 당신의 주문 요청 전화에 답신드립니다. 오늘 당신의 식당에 유기농 시금치를 5상자만 배송할 수 있다는 소식을 알리게 되어 죄송합니다.

여: 오, 그러면 안 돼요. 그건 부족할 거예요. 내일 저희 식당에서 대규모 행사가 진행될 예정인데, 곁들임 요리로 시금치 샐러드를 제공할 계획이에요.

남: 정말로 죄송하지만 그것들이 이번 주에 저희가 보유한 전부이기 때문에 저희가 어떻게 해 드릴 수 있는 것이 별로 없네요. 48 대신 다른 채소를 사용하시겠어요?

여: 글쎄요, 고객이 그 재료의 사용을 요청했습니다.

남: 그러면, 제가 이렇게 해 드릴게요. 49 지역의 다른 공급 업체에 전화를 걸어, 저희에게 조금 줄 수 있는지 물어보겠습니다.

여: 그러면 좋을 것 같습니다. 필요하다면 추가 요금을 지불하겠습니다.

어휘 organic 유기농의 spinach 시금치 serve 제공하다 side dish 곁들임 요리 vegetable 채소 instead 대신에 client 고객, 의뢰인 ingredient 재료 contact 연락하다 vendor 행상인, 판매 회사 if needed 필요하다면 extra 추가로

47 Why is the man calling the woman?
(A) To give an invitation
(B) To complete a payment
(C) To talk about an order
(D) To ask for additional staff

남자는 왜 여자에게 전화하고 있는가?
(A) 초대장을 주기 위해
(B) 결제를 완료하기 위해
(C) 주문에 대해 이야기하기 위해
(D) 추가 직원을 요청하기 위해

> **기본 정보 파악 – 전화 목적**
>
> **문제 키워드** | Why / man / calling / woman
>
> 남자가 여자에게 전화를 건 목적을 묻는 문제로, 처음 두 줄에 정답이 나온다. 남자가 여자의 주문 요청 전화에 대한 답신 전화(I'm returning your call about the order you requested)라고 했으므로 정답은 (C)이다.
>
> 정답 (C)

48 What does the woman mean when she says, "the client requested to use the ingredient"?
(A) Someone has an allergy to some food.
(B) High quality food supplies are required.
(C) Making a change is impossible.
(D) The delivery of materials is running late.

여자가 "고객이 그 재료의 사용을 요청했습니다"라고 말할 때 의미하는 것은 무엇인가?
(A) 음식에 알레르기가 있는 사람이 있다.
(B) 고품질의 식자재가 필요하다.
(C) 변경은 불가능하다.
(D) 재료의 배달이 늦어지고 있다.

> **신유형 – 화자의 의도 파악**
>
> **문제 키워드** | What / woman / mean / "the client requested to use the ingredient"
>
> 남자가 여자에게 다른 채소를 사용해도 되는지(Would you like to use other vegetables instead?) 묻자 여자가 해당 문장을 언급하였다. 즉, 주문 변경 제안을 간접적으로 거절하는 것이므로 정답은 (C)이다.
>
> **어휘** have an allergy to ~에 알레르기가 있다 quality 품질 impossible 불가능한 material 재료
>
> 정답 (C)

49 What does the man offer to do?
(A) Contact some other businesses
(B) Update a request form
(C) Close a deal
(D) Arrange an event

남자는 무엇을 해 주겠다고 제안하는가?
(A) 다른 업체에 연락하기
(B) 요청서 갱신하기
(C) 거래 체결하기
(D) 행사 준비하기

> **구체적인 정보 파악 – 제안/요청**
>
> **문제 키워드** | What / man / offer
>
> 후반부 남자의 대사 중 권유/제안 표현에서 정답 근거를 찾는다. 남자는 지역의 다른 공급 업체에 전화를 걸어, 조금 줄 수 있는지 물어보겠다(I'll contact other vendors in the area and ask if they can give us some.)고 했으므로 정답은 (A)이다.
>
> **어휘** close a deal 계약을 체결하다 arrange 준비하다, 마련하다
>
> 정답 (A)

Questions 50-52 refer to the following conversation. 50-52는 다음 대화에 관한 문제입니다.

BR
US

W Sam, **50** do you think the plan to relocate our clothing store to the new place next month is on schedule?
M Yes, it is. But **51** I believe we should give a notice to the landlord that we're moving out once the lease ends. Would you mind giving him a call?
W **51** Not at all, I'll do that after lunch.
M Thank you. And **52** the signs informing customers of our new location just arrived. I'm going to put them up in front of our shop.
W Excellent. Then, I guess everything is on track.

여: Sam 씨, **50** 다음 달에 우리의 의류 매장을 새로운 곳으로 이전하려는 계획은 예정대로 진행되고 있나요?
남: 네, 그렇습니다. 하지만 **51** 임대 계약이 끝나면 이사를 나갈 예정이라고 임대주에게 통보해야 할 것 같아요. 그에게 전화해 주실래요?
여: **51** 물론이죠. 점심 식사 후에 하겠습니다.
남: 감사합니다. 또 **52** 고객들에게 새로운 장소를 알리는 간판이 막 도착했어요. 가게 앞에 세워 둘게요.
여: 훌륭해요. 그러면 모든 것이 순조롭게 진행되고 있네요.

[어휘] relocate 이전하다 on schedule 예정대로 give a notice 통보하다 landlord 임대주 move out 이사를 나가다 lease 임대 계약 end 끝나다 give a call 전화하다 sign 간판 inform A of B A에게 B를 알리다 put up ~을 세우다, 붙이다 on track 제대로 진행되고 있는

50 What are the speakers mainly talking about?
(A) Finding a new supplier
(B) Hiring additional employees
(C) Renovating a store
(D) Moving a business to a new location

화자들은 주로 무엇에 대해 이야기하고 있는가?
(A) 새로운 공급 업체 물색
(B) 직원 추가 고용
(C) 가게 개조
(D) 새로운 장소로 영업점 이전

○ 기본 정보 파악 - 주제

문제 키워드 | What / speakers / talking

대화의 주제를 묻는 문제로, 대화 초반부에서 정답을 찾는다. 초반부에 여자가 다음 달에 의류 매장을 새로운 곳으로 이전하려는 계획은 예정대로 진행되고 있는지(do you think the plan to relocate our clothing store to the new place next month is on schedule?) 물으며 대화를 시작하고 있으므로 정답은 (D)이다.

[패러프레이징] relocate our clothing store to the new place 의류 매장을 새로운 곳으로 이전하다
→ Moving a business to a new location 새로운 장소로 영업점 이전

[어휘] supplier 공급 업체 additional 추가의 renovate 개조하다   정답 (D)

51 What will the woman do after lunch?
(A) Contact a landlord
(B) Pick up some products
(C) Review a lease agreement
(D) Reschedule a meeting

여자는 점심 식사 이후에 무엇을 할 예정인가?
(A) 임대주에게 연락하기
(B) 상품 가져오기
(C) 임대 계약서 검토하기
(D) 회의 일정 조정하기

○ 구체적인 정보 파악 - 미래

문제 키워드 | What / will / woman / after lunch

핵심 키워드인 after lunch가 언급되는 곳 앞뒤에 집중한다. 남자가 임대 계약이 끝나면 이사를 나갈 예정이라고 임대주에게 통보해야 할 것 같다(I believe we should give a notice to the landlord that ~.)며, 그에게 전화하는 것(Would you mind giving him a call?)을 부탁하자, 여자가 알겠다며 점심 식사 후에 하겠다(I'll do that after lunch.)고 하였다. 따라서 정답은 (A)이다.

[어휘] contact 연락하다 review 검토하다 agreement 계약서 reschedule 일정을 조정하다   정답 (A)

52 What will the man most likely do next?
(A) Put up some signs
(B) Install new equipment
(C) Take a measurement
(D) Sign a contract

남자는 다음에 무엇을 할 것 같은가?
(A) 간판 세우기
(B) 신규 장비 설치하기
(C) 치수 재기
(D) 계약서에 서명하기

○ 구체적인 정보 파악 - 미래

문제 키워드 | What / will / man / next

남자는 후반부에 고객들에게 새로운 장소를 알리는 간판이 막 도착했다(the signs informing customers of our new location just arrived.)며, 가게 앞에 세워 두겠다(I'm going to put them up in front of our shop.)고 했으므로 정답은 (A)이다.

[어휘] install 설치하다 equipment 장비 take a measurement 측정하다, 치수를 재다 contract 계약(서)   정답 (A)

Questions 53-55 refer to the following conversation. 53-55는 다음 대화에 관한 문제입니다.

AU
US

M Hi, 53 is this the information desk for the local farmers' outdoor market? I'm running a small café in the area and searching for some seasonal fruits to use for my juice beverages.
W Oh, you are in the right place. If you turn left at the corner over there, you'll find the Powell Orchard booth on your right. They should carry various seasonal fruits.
M Perfect! 54 Thanks for your great help. This is my first time here and I just didn't know where I should go.
W No problem. And you know, actually we are celebrating our fifth anniversary of this market. 55 A free music concert will be held in the evening. The first performance will begin at 6:30 P.M. Don't miss it.

남: 안녕하세요, 53 여기가 현지 농부들의 야외 시장을 위한 안내소인가요? 저는 이 지역에서 작은 카페를 운영하고 있으며, 주스를 만들 때 사용할 제철 과일을 찾고 있어요.
여: 오, 제대로 오셨습니다. 저쪽 모퉁이에서 왼쪽으로 도시면, 오른쪽에 Powell 과수원 부스가 보일 겁니다. 그들은 다양한 제철 과일을 취급합니다.
남: 완벽해요! 54 도와주셔서 감사합니다. 이곳에 처음 방문해서 어디로 가야 하는지 몰랐어요.
여: 걱정 마세요. 그리고 사실 저희는 이 시장의 5주년을 기념하고 있어요. 55 저녁에 무료 음악 콘서트가 열릴 거예요. 첫 공연은 오후 6시 30분에 시작될 예정입니다. 놓치지 마세요.

어휘 information desk 안내소 | local 현지의, 지역의 | outdoor market 야외 시장 | run 운영하다 | seasonal 제철의, 계절의 | beverage 음료 | orchard 과수원 | carry 취급하다 | various 다양한 | celebrate 기념하다 | anniversary 기념일 | performance 공연

53 Where most likely are the speakers?
(A) At a local outdoor market
(B) At a music concert hall
(C) At a small café
(D) At an orchard

화자들은 어디에 있을 것 같은가?
(A) 현지 야외 시장에
(B) 음악 콘서트 홀에
(C) 작은 카페에
(D) 과수원에

─○ 기본 정보 파악 – 장소 ─

문제 키워드 | Where / speakers

화자들이 대화를 나누고 있는 장소를 묻는 문제로, 초반부에 집중한다. 남자는 여자에게 여기가 현지 농부들의 야외 시장을 위한 안내소인지(is this the information desk for the local farmers' outdoor market?) 묻고 있으므로 정답은 (A)이다. 정답 (A)

54 Why does the man thank the woman?
(A) He was informed where to go.
(B) He received a discount on some items.
(C) He made a contract with the woman.
(D) He can purchase a ticket for a concert.

남자는 왜 여자에게 고마워하는가?
(A) 어디로 가야 하는지 알게 되었다.
(B) 몇 개의 물건에 할인을 더 받았다.
(C) 여자와 계약을 체결했다.
(D) 콘서트 티켓을 구매할 수 있다.

─○ 구체적인 정보파악 – 이유/원인 ─

문제 키워드 | Why / man / thank / woman

남자가 고마워하는 이유를 묻는 문제로 남자의 대사에 집중한다. 남자가 제철 과일을 파는 곳을 알려 준 여자에게 고맙다며 처음 방문해서 어디로 가야 하는지 몰랐다(Thanks for your great help. This is my first time here and I just didn't know where I should go.)고 했으므로 정답은 (A)이다. 정답 (A)

55 What will be taking place in the evening?
(A) An award banquet
(B) A cooking show
(C) A musical performance
(D) An annual parade

저녁에 어떤 일이 있을 예정인가?
(A) 시상식 연회
(B) 요리 방송
(C) 음악 공연
(D) 연례 퍼레이드

─○ 구체적인 정보 파악 – 미래 ─

문제 키워드 | What / will / evening

후반부 대사 중 핵심 키워드인 evening이 언급되는 곳 앞뒤에서 정답을 찾는다. 여자가 후반부에 시장 5주년을 기념하고 있다며 저녁에 무료 음악 콘서트가 열릴 것(A free music concert will be held in the evening.)이라고 했으므로 정답은 (C)이다.

패러프레이징 A free music concert 무료 음악 콘서트 → **A musical performance** 음악 공연 정답 (C)

Questions 56-58 refer to the following conversation. 56-58은 다음 대화에 관한 문제입니다.

AU
BR

M Hi, Ms. Cohen. My name is Jeffery Chavez from the Juan Gallery. 56 I'm calling to express my gratitude for your generous donation to our gallery's educational programs. We will surely benefit from your donation.
W Oh, my pleasure. Right after I learned about the programs when I visited the gallery last time, I decided to make a contribution to your educational programs.
M Thank you so much. Now, 58 as a token of our appreciation, we'd like to send you a set of bath towels with the gallery logo. 57 Your current address is the same as the one you gave me last time, right?
W Yeah, that's right.
M Perfect. 58 You should receive the towels in a week.

남: 안녕하세요, Cohen 씨. 저는 Juan 갤러리의 Jeffery Chavez입니다. 저희 갤러리의 교육 프로그램에 56 후한 기부를 해 주신 것에 감사의 뜻을 표하기 위해 전화 드립니다. 저희는 확실히 당신의 기부로 혜택을 보게 될 겁니다.
여: 오, 제가 더 기쁩니다. 지난번 갤러리 방문 때 프로그램에 대해 알게 되자마자, 저는 당신의 교육 프로그램에 기부하기로 결심했습니다.
남: 정말 감사합니다. 이제, 58 감사의 표시로, 갤러리 로고가 새겨진 목욕 수건 세트를 보내 드리고 싶습니다. 57 현재 주소가 지난번에 저에게 알려 주셨던 것과 같죠, 그렇죠?
여: 네, 맞습니다.
남: 좋습니다. 58 일주일 후에 수건을 받으실 겁니다.

어휘 express 표하다 gratitude 감사 generous 관대한, 후한 donation 기부 educational 교육의 surely 확실히 benefit 혜택을 보다, 득을 보다 make a contribution to ~에 기부하다 as a token of ~의 표시로 appreciation 감사 bath towel 목욕 수건 current 현재의

56 Why does the man thank the woman?
(A) Because of a great review
(B) Because of financial support
(C) Because of participation in an educational program
(D) Because of an advertisement for an exhibit

남자는 왜 여자에게 감사하는가?
(A) 좋은 평가 때문에
(B) 재정적 지원 때문에
(C) 교육 프로그램 참여 때문에
(D) 전시회 광고 때문에

─○ 구체적인 정보 파악 – 이유/원인

문제 키워드 | Why / man / thank / woman

남자가 감사하는 이유를 묻는 문제이므로 남자의 대사에 집중하자. 대화의 전반부 남자의 대사에서 후한 기부에 감사의 뜻을 표하기 위해 전화한다(I'm calling to express my gratitude for your generous donation)고 했으므로 정답은 (B)이다.

패러프레이징 donation 기부 → financial support 재정적 지원

어휘 review 평가 financial 재정의, 금융의 support 지원 participation 참여 advertisement 광고 exhibit 전시(회)   정답 (B)

57 What information does the man try to check with the woman?
(A) Her current address
(B) Her full name
(C) Her ID number
(D) Her membership code

남자가 여자에게 확인하려는 정보는 무엇인가?
(A) 현재 주소
(B) 이름
(C) 신분증 번호
(D) 회원 코드

─○ 구체적인 정보 파악 – 특정 사항

문제 키워드 | What information / man / check / woman

남자가 확인하려는 정보를 묻는 문제이므로 남자의 대사에 집중한다. 여자의 현재 주소가 지난번에 알려 준 것과 같은지(Your current address is the same as the one you gave me last time, right?) 확인하고 있으므로 정답은 (A)이다.   정답 (A)

58 According to the man, what will happen in a week?
(A) The gallery will be under renovation.
(B) A gift will be delivered to the woman.
(C) A reporter will get in touch with the woman.
(D) A new exhibit will be open to the public.

남자의 말에 따르면, 일주일 후에 무슨 일이 일어날 것인가?
(A) 갤러리가 보수될 것이다.
(B) 선물이 여자에게 배달될 것이다.
(C) 기자가 여자와 연락할 것이다.
(D) 새로운 전시회가 대중에게 공개될 것이다.

─○ 구체적인 정보 파악 – 미래

문제 키워드 | man / what / will / happen / in a week

미래 정보 문제이므로 대화 후반부에서 정답의 단서를 찾을 수 있다. 남자가 감사의 표시로, 목욕 수건 세트를 보내 드리고 싶다(as a token of our appreciation, we'd like to send you a set of bath towels with the gallery logo.)고 했고, 또한 마지막에 일주일 후에 그 수건을 받을 것(You should receive the towels in a week.)이라고 했으므로 정답은 (B)이다.   정답 (B)

Questions 59-61 refer to the following conversation with three speakers. 59-61은 다음 세 명의 대화에 관한 문제입니다.

US
US
BR

M   Diane and Karen, can I meet with both of you today? I would like to know how the trip to Kenton City yesterday went.
W1 Hello, Zachary. Actually, it went very well. **59** Four appliance stores we visited have agreed to sell our new line of refrigerators.
M   Well done! And **60** Karen, I believe it was the first business trip you went on as a sales person. **60** Did you like it?
W2 Yeah, but **60** I had some problems. It was so hard to answer all the questions the clients asked about some of our products that I haven't become familiar with yet. So, Diane helped me a lot.
M   I see. Actually, **61** we're creating a new manual for our sales representatives to consult when they go on sales calls. With it, they will be able to handle most of our clients' questions about our products.
W1 That would be great, Zachary.

남: Diane 씨, 그리고 Karen 씨, 오늘 두 분과 만날 수 있을까요? 어제 켄턴 시티 출장이 어떻게 진행됐는지 알고 싶어요.
여1: 안녕하세요, Zachary 씨. 사실 매우 잘 풀렸습니다. **59** 저희가 방문한 네 곳의 가전제품 매장이 저희가 새롭게 출시한 냉장고를 판매하기로 동의했습니다.
남: 잘됐네요! 그리고 **60** Karen 씨, 영업 사원으로 출장을 처음 간 것으로 알아요. **60** 괜찮으셨나요?
여2: 네, 하지만 **60** 문제가 있었습니다. 제가 아직 익숙하지 않은 제품들에 관해 묻는 고객들의 모든 질문에 답변하는 것이 너무 어려웠어요. 그래서 Diane 씨가 저를 많이 도와주셨습니다.
남: 그렇군요. 사실 **61** 저희는 영업 사원들이 영업 상담을 할 때 참고할 수 있는 새로운 설명서를 만들고 있어요. 그것으로 직원들은 제품에 대한 고객들의 대부분의 문의를 잘 해결할 수 있을 거예요.
여1: 그거 좋을 것 같네요, Zachary 씨.

어휘 appliance 가전제품   agree to V ~에 동의하다   refrigerator 냉장고   become familiar with ~에 익숙해지다   create 만들다   manual 설명서
sales representative 영업 사원   consult 참고하다   handle 처리하다

59 What is the main reason of the women's trip to Kenton city?
(A) To meet with new clients
(B) To conduct a survey
(C) To see relatives
(D) To attend a conference

여자들이 켄턴 시티에 출장을 간 주된 이유는 무엇인가?
(A) 새로운 고객들을 만나기 위해
(B) 설문 조사를 실시하기 위해
(C) 친척을 만나기 위해
(D) 학회에 참석하기 위해

─○ 구체적인 정보 파악 – 이유/원인

문제 키워드 | What / reason / women's trip / Kenton city

여자들이 출장을 간 이유를 묻는 구체적인 정보 파악 문제이다. 남자가 여자들에게 켄턴 시티 출장에 대해 알고 싶다고 하자, 여자 1이 방문한 네 곳의 가전제품 매장이 자사가 새롭게 출시한 냉장고를 판매하기로 동의했다(Four appliance stores we visited have agreed to sell our new line of refrigerators.)고 했다. 새롭게 출시한 냉장고를 판매하기로 한 네 곳의 가전제품 매장은 새로운 고객들(new clients)이므로, 고객들을 만나기 위해 출장을 갔다는 (A)가 정답이다.

어휘 conduct 실시하다   relative 친척

정답 (A)

60 Why did Karen have some problems?
(A) She missed her flight by mistake.
(B) She has not been trained properly yet.
(C) She did not know well about some information.
(D) She was late for an important client meeting.

Karen 씨는 왜 문제를 겪었는가?
(A) 실수로 비행기를 놓쳤다.
(B) 아직 제대로 교육을 받지 않았다.
(C) 일부 정보를 잘 몰랐다.
(D) 중요 고객과의 회의에 늦었다.

─○ 구체적인 정보 파악 – 이유/원인

문제 키워드 | Why / Karen / have / problems

3인의 화자들 중 한 사람이 문제를 겪은 이유를 묻는 질문으로, 먼저 Karen이 누구인지 파악해야 한다. 남자가 Karen의 이름 부르며, 출장이 어땠는지(Did you like it?) 묻는 질문에 여자2가 대답을 하였으므로, 여자2가 Karen이라는 것을 알 수 있다. 여자2가 아직 익숙하지 않은 제품들에 관해 묻는 고객들의 모든 질문에 답변하는 것이 너무 어려웠다(It was so hard to answer all the questions the clients asked about some of our products that I haven't become familiar with yet.)고 했으므로 정답은 (C)이다.

어휘 miss 놓치다   by mistake 실수로   properly 제대로

정답 (C)

61 According to the man, why is a new manual being created?
(A) To update an old version
(B) To distribute them to clients
(C) To help employees
(D) To promote a new product line

남자의 말에 따르면, 새로운 설명서가 제작되고 있는 이유는 무엇인가?
(A) 이전 버전을 업데이트하기 위해
(B) 고객들에게 나누어 주기 위해
(C) 직원들에게 도움을 주기 위해
(D) 신상품을 홍보하기 위해

구체적인 정보 파악 – 이유/원인

문제 키워드 | man / why / manual / created

설명서가 제작되는 이유를 묻는 문제로, 후반부 남자의 대사에서 정답의 단서를 찾을 수 있다. 영업 사원들이 영업 상담을 할 때 참고할 수 있는 새로운 설명서를 만들고 있다(we're creating a new manual for our sales representatives to consult when they go on sales calls.)고 했으므로 정답은 (C)이다.

패러프레이징 for our sales representatives to consult 영업 사원들이 참고할 수 있도록
→ **help employees** 직원들에게 도움 주기

어휘 distribute 나누어 주다, 배포하다

정답 (C)

Questions 62-64 refer to the following conversation and form. 62-64는 다음 대화와 양식에 관한 문제입니다.

M   Hello, could I wire some money to Washington?
W   Certainly, I can help you, sir. Have you filled out the request form?
M   Yeah, here is the form. 62 It's £1.50, right?
W   Exactly, since the total amount is less than £300.
M   Right, and 63 I'd like the money to be there as soon as possible because it's very urgent.
W   Well, transferring money to other countries can take up to a week. But it's normally done much sooner. It can be expected to be there in about 4 days.
M   Oh, that's good. I'm glad your store provides this service. 64 It's so convenient since my apartment is just around the corner.
W   We're happy to help you, sir.

Transaction No.	: 9854
Sending from	: Neil Obrien
Received by	: Sean Ortiz
Month/Date	: June 19
Total amount	: £295.00
62 Transfer fee	: £1.50

남: 안녕하세요, 워싱턴으로 돈을 좀 송금할 수 있을까요?
여: 네, 제가 도와 드리겠습니다. 요청서를 작성하셨나요?
남: 네, 서류 여기 있습니다. 62 1.50파운드가 맞지요?
여: 맞아요, 총금액이 300파운드 이하니까요.
남: 알겠습니다. 그리고 63 매우 급한 일이라서 가능한 한 빨리 돈이 그쪽에 송금되기를 바랍니다.
여: 글쎄요, 다른 국가로 돈을 이체하는 데는 최대 1주일 이 소요될 수 있습니다. 하지만 보통 그보다 훨씬 빨리 처리됩니다. 대략 4일 뒤에 도착할 거라 예상합니다.
남: 오, 잘됐네요. 당신의 상점에서 이런 서비스를 제공하 다니 좋네요. 64 제 아파트가 아주 가까이에 있어서 굉 장히 편하네요.
여: 당신에게 도움을 드리게 되어 기쁩니다.

송금 번호	: 9854
발송인	: Neil Obrien
수령인	: Sean Ortiz
달/월	: 6월 19일
총액	: 295.00파운드
62 이체 수수료	: 1.50파운드

어휘 wire 송금하다   fill out ~을 작성하다   request form 요청서   amount 총액   urgent 긴급한   transfer 송금하다   up to 최대 ~까지   normally 보통   expect 예상하다   provide 제공하다   convenient 편리한   just around the corner 가까이에

62 Look at the graphic. What detail does the man ask about?
(A) The transaction number
(B) The receiver
(C) The total amount
(D) The transfer fee

시각 자료를 보시오. 남자가 문의한 세부 정보는 무엇인가?
(A) 송금 번호
(B) 수령인
(C) 총액
(D) 이체 수수료

─○ **신유형 – 시각 자료 연계** ─

문제 키워드 | graphic / What detail / man / ask

남자가 문의한 정보가 무엇인지를 묻는 시각 자료 연계 문제로, 보기로 제시된 항목의 세부 정보가 언급되는 부분에 집중한다. 남자 는 송금 요청서를 건네면서 금액이 1.50파운드가 맞는지(It's £1.50, right?) 확인하고 있다. 시각 자료에서 1.50파운드에 해당하 는 항목을 확인하면 이체 수수료이므로 정답은 (D)이다.   정답 (D)

63 What is the man worried about?
(A) When the money will get to Washington
(B) How he can find another branch
(C) What information is needed to apply for membership
(D) Who can take care of his request

남자는 무엇에 대해서 걱정을 하고 있는가?
(A) 돈이 워싱턴에 도착하는 시기
(B) 다른 지점을 찾는 방법
(C) 회원 신청에 필요한 정보
(D) 요청을 담당할 사람

○ 구체적인 정보 파악 – 문제점

문제 키워드 | What / man / worried

남자가 걱정하고 있는 것이 무엇인지를 묻는 문제로, 남자의 대사에서 정답의 근거를 찾는다. 남자가 매우 급한 일이라서 가능한 한 빨리 돈이 워싱턴으로 송금되기를 바란다(I'd like the money to be there as soon as possible because it's very urgent.) 고 했으므로 돈이 워싱턴에 도착하는 시기에 대해서 걱정하고 있음을 알 수 있다. 따라서 정답은 (A)이다.

[패러프레이징] **be there as soon as possible** 가능한 한 빨리 가다
→ **When the money will get to Washington** 돈이 워싱턴에 도착하는 시기

[어휘] branch 지점, 지사　apply for ~을 신청하다　membership 회원　take care of ~을 처리하다, 담당하다

정답 (A)

64 What does the man mention about a store?
(A) It will be relocated to a different location.
(B) It has many branches.
(C) It is located near his place.
(D) It is looking for a new employee.

남자가 상점에 대해 언급한 것은 무엇인가?
(A) 다른 장소로 이전할 예정이다.
(B) 지점이 많다.
(C) 그의 집 근처에 위치해 있다.
(D) 신입 직원을 구하고 있다.

○ 구체적인 정보 파악 – 특정 사항

문제 키워드 | What / man / mention / store

남자가 가게에 대해서 언급한 것이 무엇인지를 묻는 문제로, 남자의 대사에서 정답의 단서를 찾아야 한다. 남자의 아파트가 아주 가까이 있어서 굉장히 편하다(It's so convenient since my apartment is just around the corner.)고 했으므로 정답은 (C)이다.

[패러프레이징] **my apartment is just around the corner** 아파트가 아주 가까이 있다
→ **is located near his place** 그의 집 근처에 위치해 있다

[어휘] relocate 이전하다

정답 (C)

Questions 65-67 refer to the following conversation and menu. 65-67은 다음 대화와 메뉴에 관한 문제입니다.

M Allison. **65** Before starting your shift this evening, would you change one of today's specials on the board? **66** We had so many diners at lunch and we ran out of chicken already.
W No problem. Could you tell me what we should replace it with?
M **67** We'll provide salmon steaks with fresh vegetables instead of roasted chicken salads.
W So, **67** the price will remain the same, right?
M **67** Exactly, it won't be different from the chicken's.
W Sure, I'll get it done right now.

남: Allison 씨. **65** 오늘 저녁 근무를 시작하기 전에 게시판에 적힌 오늘의 특별 요리 중 하나를 수정해 주시겠어요? **66** 점심시간에 손님이 너무 많이 와서 닭을 벌써 다 소진했어요.
여: 문제없습니다. 무엇으로 대체하실 건지 말씀해 주시겠어요?
남: **67** 구운 닭 샐러드 대신 신선한 채소를 곁들인 연어 스테이크를 제공할 예정입니다.
여: 그러면 **67** 가격은 동일한 거죠, 그렇죠?
남: **67** 네, 닭요리 가격과 다르지 않습니다.
여: 네, 지금 바로 하겠습니다.

Daily Specials	
Jacket potato with melted cheese	£4.50
Tuna and mayonnaise sandwich	£6.25
Beef hamburger	£7.00
67 Roasted chicken salads	£8.00

일일 특별 요리	
녹인 치즈를 곁들인 삶은 감자	4.50파운드
참치 마요네즈 샌드위치	6.25파운드
쇠고기 햄버거	7.00파운드
67 구운 닭 샐러드	8.00파운드

어휘 shift 교대 근무 special 특선 요리 board 게시판 diner 식사하는 사람 run out of ~을 다 쓰다 replace A with B A를 B로 대체하다 salmon 연어 fresh 신선한 vegetable 채소 roast 굽다 remain 계속 ~이다 different from ~와 다른 jacket potato 껍질째 삶은 감자 melted 녹은 tuna 참치

65 What most likely is the woman's job?
(A) A server
(B) A delivery person
(C) A factory manager
(D) A food critic

여자의 직업은 무엇일 것 같은가?
(A) 종업원
(B) 배달원
(C) 공장 매니저
(D) 음식 비평가

─○ 기본 정보 파악 – 직업/업종 ─

문제 키워드 | What / woman's job

여자의 직업을 묻는 문제로, 대화 전반부에서 정답을 찾는다. 남자가 여자에게 저녁 근무를 시작하기 전에 게시판에 적힌 오늘의 특별 요리 중 하나를 수정해 줄 것(Before starting your shift this evening, would you change one of today's specials on the board?)을 요청하고 있다. 즉, 여자는 음식을 판매하는 곳에서 근무하고 있음을 알 수 있으므로 정답은 (A)이다.   정답 (A)

66 What is the reason for making a change in today's specials?
(A) An employee made a mistake.
(B) There have been some customer complaints.
(C) An ingredient is not available.
(D) Some dishes are no longer popular.

오늘의 특별 요리를 변경하는 이유는 무엇인가?
(A) 직원이 실수를 했다.
(B) 고객 불만이 제기되었다.
(C) 재료 한 가지를 사용할 수 없다.
(D) 일부 요리는 더 이상 인기가 없다.

─○ 구체적인 정보 파악 – 이유/원인 ─

문제 키워드 | What / reason / change / today's specials

오늘의 특별 요리가 변경된 이유를 묻는 문제로, 핵심 키워드인 today's specials가 언급되는 곳 앞뒤에서 정답을 찾는다. 남자는 오늘의 특별 요리 중 하나를 수정해 줄 것을 요청하며 점심시간에 너무 많은 손님이 방문하여 닭을 벌써 다 소진했다(We had so many diners at lunch and we ran out of chicken already.)고 이유를 설명하고 있다. 따라서 정답은 (C)이다.

패러프레이징 ran out of chicken 닭을 다 소진했다 → **An ingredient is not available.** 재료 한 가지를 사용할 수 없다.

어휘 complaint 항의, 불만 ingredient 재료 available 이용할 수 있는 popular 인기 있는   정답 (C)

67 Look at the graphic. What's the price of the new special?
(A) £4.50
(B) £6.25
(C) £7.00
(D) £8.00

시각 자료를 보시오. 새로운 특별 요리의 가격은 얼마인가?
(A) 4.50파운드
(B) 6.25파운드
(C) 7.00파운드
(D) 8.00파운드

신유형 – 시각 자료 연계

문제 키워드 | graphic / What / price / new special

새로운 특별 요리의 가격을 묻는 시각 자료 연계 문제로, 보기에 가격이 제시되어 있으므로 대화에서 요리명이 언급될 것임을 예상하고 들어야 한다. 남자가 구운 닭 샐러드 대신 신선한 채소를 곁들인 연어 스테이크를 제공할 예정(We'll provide salmon steaks with fresh vegetables instead of roasted chicken salads.)이라고 하자, 여자는 가격이 동일한지(the price will remain the same, right?) 물었고, 이에 남자가 닭요리와 다르지 않다(Exactly, it won't be different from the chicken's.)고 답하였다. 즉, 새로운 특별 요리와 닭요리의 가격이 같다는 의미이므로 시각 자료에서 닭요리의 가격을 찾으면 (D)가 정답이다.

정답 (D)

Questions 68-70 refer to the following conversation and signs. 68-70은 다음 대화와 표지판들에 관한 문제입니다.

W Hi, my name is Tina Terry. **68** The sign says all vehicles are required to check in here at the security office.
M Yeah, right. What is the purpose of your visit to the research facility?
W Well, **69** I need to meet the research lab manager for a job interview at 3 o'clock.
M OK. Let me check if your name is on the scheduled visitors' list. Right, I found it.
W Thank you. Where should I park my car?
M Just, turn right at the corner over there and leave your vehicle at parking lot D. **70** But, take this tag and don't forget to display it on your car's windshield. You will be ticketed if you don't.

여: 안녕하세요, 제 이름은 Tina Terry입니다. **68** 표지판에 모든 차량들은 이곳 경비실에서 확인을 받아야 한다고 되어 있네요.
남: 네, 맞습니다. 연구소를 방문하신 목적이 무엇인가요?
여: 네, **69** 저는 3시에 면접을 위해 연구소장을 만나야 해요.
남: 알겠습니다. 당신의 이름이 방문 예정자 명단에 있는지 확인해 보겠습니다. 맞네요. 찾았습니다.
여: 감사합니다. 제 차를 어디에 주차해야 하나요?
남: 저쪽 모퉁이에서 우회전하셔서, 주차 구역 D에 주차하세요. **70** 하지만 이 태그를 가지고 가셔서 차 앞 유리에 보이도록 놓는 것을 잊지 마세요. 그렇지 않으면 딱지를 떼일 겁니다.

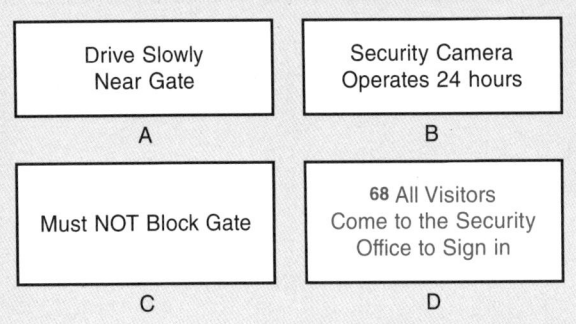

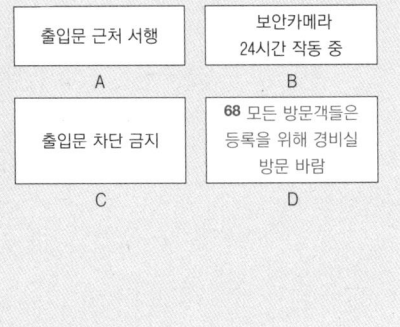

어휘 sign 표지판, 간판 vehicle 차량 be required to V ~해야 한다 check in 수속을 하다, 체크인하다, 도착했음을 알리다 security office 경비실 purpose 목적 research facility 연구소 scheduled 예정된 visitor 방문객 display 전시하다, 진열하다 windshield 앞 유리 tag 태그, 꼬리표 operate 작동하다 block 막다

68 Look at the graphic. Which sign does the woman refer to?
(A) Sign A
(B) Sign B
(C) Sign C
(D) Sign D

시각 자료를 보시오. 여자가 언급하는 표지판은 무엇인가?
(A) 표지판 A
(B) 표지판 B
(C) 표지판 C
(D) 표지판 D

─○ 신유형 – 시각 자료 연계 ─

문제 키워드 | graphic / Which sign / woman / refer
보기와 시각 자료의 관계부터 파악해야 한다. 보기에 표지판 A~D가 제시되어 있으므로, 대화에서 표지판 내용이 언급될 것임을 예측하고 들어야 한다. 전반부 여자의 대사에서 표지판에 모든 차량들은 이곳 경비실에서 확인을 받아야 한다고 되어 있다(The sign says all vehicles are required to check in here at the security office.)고 했으므로, 시각 자료에서 방문객들의 경비실 방문과 관련된 표지판을 찾으면 (D)가 정답이다.
정답 (D)

69 What is the reason of the woman's visit to the facility?
(A) To attend a demonstration
(B) To verify some experiment results
(C) To have a job interview
(D) To repair a vehicle

여자가 그 시설을 방문한 이유는 무엇인가?
(A) 설명회에 참석하기 위해
(B) 실험 결과를 확인하기 위해
(C) 면접을 보기 위해
(D) 차량을 수리하기 위해

─○ 기본 정보 파악 – 방문 목적

문제 키워드 | What / reason / woman's visit / facility

여자의 연구소 방문 이유를 묻는 문제로, 여자의 대사에 집중해야 한다. 방문 목적을 묻는 남자의 질문에 여자가 3시에 면접을 위해 연구소장을 만나야 한다(I need to meet the research lab manager for a job interview at 3 o'clock.)고 했으므로 정답은 (C)이다.

어휘 demonstration 설명회, 시연   verify 확인하다, 입증하다   experiment 실험   repair 수리하다   정답 (C)

70 What does the man provide to the woman?
(A) A floor plan
(B) A parking permit
(C) A business card
(D) A request form

남자는 여자에게 무엇을 제공하는가?
(A) 평면도
(B) 주차권
(C) 명함
(D) 신청서

─○ 구체적인 정보 파악 – 특정 사항

문제 키워드 | What / man / provide / woman

남자가 여자에게 제공한 것을 묻는 문제로, 후반부 남자의 대사에 집중한다. 차를 어디에 주차해야 하는지 묻는 여자의 질문에 남자는 주차 구역 D에 주차하라고 말하며, 이 태그를 가지고 가서 차 앞 유리에 보이도록 놓는 것을 잊지 말라(take this tag and don't forget to display it in your car's windshield.)고 했으므로 남자가 여자에게 제공하는 것은 주차권임을 알 수 있다. 따라서 정답은 (B)이다.

정답 (B)

PART 4

Questions 71-73 refer to the following telephone message. 71-73은 다음 전화 메시지에 관한 문제입니다.

W   Hi, Trent. It's Kathy calling from sales and marketing department. **71** We've set a meeting for tomorrow, remember? We were going to revise the technical specifications for the Web site development, **71** but I won't be able to make it. **72** Some major clients from Europe are visiting tomorrow, and I was asked to show them around the factory. So I will be out of the office all day. **73** Why don't you ask Frederic to explain them to you? Actually, he knows more than I do, since he was one of the members who initiated the project.

여: 안녕하세요, Trent 씨. 저는 영업 마케팅 부서의 Kathy입니다. **71** 내일 우리 회의가 잡혀 있는데 기억하시죠? 웹사이트 개발을 위한 기술 명세서를 수정할 예정이었지만, **71** 제가 참석할 수 없을 것 같습니다. **72** 유럽의 주요 고객 몇 명이 내일 방문할 예정이고, 저는 그들에게 공장을 안내하도록 요청받았습니다. 그래서 하루 종일 사무실에 없을 거예요. **73** Frederic 씨에게 그 내용을 설명해 달라고 요청하는 게 어떨까요? 사실, 그는 이 프로젝트를 시작한 멤버들 중 한 명이기 때문에 저보다 더 많이 알고 있습니다.

어휘   set a meeting 회의 시간을 정하다   revise 수정하다   technical 기술적인   specification 설명서, 사양   make it 해내다, 참석하다   major 주요한   client 고객   explain 설명하다   initiate 착수시키다, 시작하다

71 Why is the speaker calling?
(A) To invite a client to lunch
(B) To set up an appointment
(C) To cancel a meeting
(D) To ask some information

화자는 왜 전화를 걸고 있는가?
(A) 고객을 점심 식사에 초대하기 위해
(B) 약속을 잡기 위해
(C) 회의를 취소하기 위해
(D) 정보를 요청하기 위해

> **기본 정보 파악 – 전화 목적**
>
> **문제 키워드 | Why / calling**
> 전화를 거는 목적은 담화의 전반부에 나온다. 주로 I'm calling ~과 함께 언급되지만, 그렇지 않더라도 첫 두세 문장 내에서 단서가 언급된다. 먼저 내일 회의에 대한 언급(We've set a meeting for the tomorrow, remember?)이 있는데 뒤에 본인이 참석할 수 없다(but I won't be able to make it.)고 말하는 것으로 보아 회의를 취소하기 위해 전화한 것임을 알 수 있으므로 (C)가 정답이다. 또한 역접이나 반전의 표현인 but/however 뒤에는 결정적인 단서가 나온다는 것도 알아 두자.   정답 (C)

72 What is the speaker doing tomorrow?
(A) Taking a day off
(B) Traveling on business
(C) Giving a tour of the factory
(D) Visiting the clients

화자는 내일 무엇을 할 예정인가?
(A) 하루 휴가 내기
(B) 출장 가기
(C) 공장 안내하기
(D) 고객 방문하기

> **구체적인 정보 파악 – 미래**
>
> **문제 키워드 | What / speaker / tomorrow**
> 키워드인 tomorrow의 앞뒤에 단서가 언급됨을 유의하자. 내일 고객이 방문할 예정(Some major clients from Europe are visiting tomorrow)이고, 그들에게 공장을 안내하도록 요청받았다(I was asked to show them around the factory)고 했으므로 (C)가 정답임을 알 수 있다. 화자가 방문하는 것이 아니라 고객들이 방문하는 것이므로 (D)는 오답이다.
>
> **패러프레이징** show them around the factory 그들에게 공장을 보여 주다 → **Giving a tour of the factory** 공장 안내하기   정답 (C)

73 What does the speaker suggest that the listener do?
(A) Talk to another colleague
(B) Join the project
(C) Borrow a projector
(D) Get a copy of a contract

화자는 청자에게 무엇을 하라고 제안하는가?
(A) 다른 동료에게 얘기하기
(B) 프로젝트에 합류하기
(C) 프로젝터 빌리기
(D) 계약서 사본 얻기

> **구체적인 정보 파악 – 제안/요청**
>
> **문제 키워드 | What / speaker / suggest**
> 화자가 제안한 것은 담화의 후반부에 Why don't you ~, Will you ~, You should ~ 등의 권유/제안 표현과 함께 언급된다. Why don't you ~가 언급된 담화 후반부에 Frederic 씨에게 설명을 부탁하는 것(Why don't you ask Frederic to explain them to you?)을 제안하고 있으므로 (A)가 정답이다.
>
> **패러프레이징** ask Frederic to explain Frederic에게 설명을 요청하다 → **Talk to another colleague** 다른 동료에게 얘기하기   정답 (A)

Questions 74-76 refer to the following podcast. 74-76은 다음 팟캐스트에 관한 문제입니다.

US

M Welcome to our Business Podcast. **74 This is produced for those running their own large and small businesses.** One of the most important things most of business owners want to have is decent accounting software to handle their finance. **75 Today's podcast will be focusing on several accounting software programs that I've used over the years.** But, before we start, I'd like to remind you that the generous support from our listeners makes this podcast possible. **76 If you think what you hear is useful, please think about giving a donation,** which will be a big support for us. We'd appreciate even the smallest amount.

남: 저희 비즈니스 팟캐스트에 오신 것을 환영합니다. 74 이 방송은 본인 소유의 크고 작은 사업을 운영하시는 분들을 위해 제작됩니다. 대부분의 사업주들이 갖길 원하는 가장 중요한 것 중 하나는 그들의 재정 상태를 관리하는 제대로 된 회계 프로그램입니다. 75 오늘 팟캐스트는 수년간 제가 사용해 왔던 여러 회계 소프트웨어 프로그램들을 집중적으로 다룰 것입니다. 하지만 시작하기 전에 청취자들의 너그러운 후원이 이 팟캐스트를 할 수 있게 만든다는 것을 상기시켜 드리고 싶습니다. 76 만약 들으신 내용이 유익하다고 생각하신다면, 기부에 대해서 고려해 주시기 바랍니다. 그 기부는 저희에게 많은 도움이 될 것입니다. 저희는 소액 기부에도 감사드립니다.

어휘 produce 제작하다　run 운영하다　decent 괜찮은, 제대로 된　handle 처리하다, 관리하다　finance 재정　focus on ~에 집중하다　remind 상기시키다, 다시 한 번 알려 주다　generous 후한, 너그러운　support 지지, 후원　give a donation 기부금을 내다　appreciate 감사하다

74 Who most likely is the podcast intended for?
(A) Software developers
(B) Banking professionals
(C) Headhunters
(D) Business owners

팟캐스트는 누구를 대상으로 할 것 같은가?
(A) 소프트웨어 개발자
(B) 금융 전문가
(C) 헤드헌터
(D) 사업주

┌─ 기본 정보 파악 – 직업/업종 ─────────
│ **문제 키워드** | Who / podcast / intended
│ 팟캐스트의 대상자, 즉 청자를 묻는 문제로, 담화 전반부에서 근거를 찾는다. 전반부에 화자가 이 방송은 본인 소유의 크고 작은 사업을 운영하시는 분들을(those running their own large and small businesses.) 위해 제작된다고 했으므로 정답은 (D)이다.
│ 패러프레이징 **those running their own large and small businesses** 본인 소유의 크고 작은 사업을 운영하시는 분들
│ → **Business owners** 사업주　　　　　　　　　　　　　　　　　　　　　　　　　　　정답 (D)

75 What is the main topic of today's program?
(A) Managerial skills
(B) Corporate laws
(C) Accounting programs
(D) Public relations

오늘 프로그램의 주제는 무엇인가?
(A) 관리 기술
(B) 기업법
(C) 회계 프로그램
(D) 홍보

┌─ 구체적인 정보 파악 – 특정 사항 ─────────
│ **문제 키워드** | What / main topic / today's program
│ 핵심 키워드인 today's program을 담화에서는 today's podcast로 표현했다. 화자는 오늘 팟캐스트는 수년간 본인이 사용해 왔던 여러 회계 소프트웨어 프로그램들을 집중적으로 다룰 것(Today's podcast will be focusing on several accounting software programs that I've used over the years.)이라고 했으므로 정답은 (C)이다.　　　　　　　　　　　　정답 (C)

76 What are listeners encouraged to do?
(A) Make a call for questions
(B) Make a financial contribution
(C) Submit a request form
(D) Register for an event

청자들은 무엇을 할 것을 권유받는가?
(A) 전화를 걸어 질문하기
(B) 재정적인 지원을 하기
(C) 요청서 제출하기
(D) 행사 등록하기

┌─ 구체적인 정보 파악 – 제안/요청 ─────────
│ **문제 키워드** | What / listeners / encouraged
│ 청자들이 권유받은 것이 무엇인지를 묻는 문제로, 후반부의 권유/제안 표현에서 정답을 찾는다. 후반부에 화자는 청자들에게 만약 들은 내용이 유익하다고 생각하면, 기부에 대해서 고려해 주길 바란다(If you think what you hear is useful, please think about giving a donation,)고 기부를 요청하고 있다. 따라서 정답은 (B)이다.
│ 패러프레이징 **giving a donation** 기부하는 것 → **Make a financial contribution** 재정적인 지원을 하기
│ 어휘 make a contribution 기여하다, 기부하다　financial 재정의, 금융의　register for ~에 등록하다　정답 (B)

Questions 77-79 refer to the following advertisement. 77-79는 다음 광고에 관한 문제입니다.

W Here is some fantastic news for you! **78** Goodwin Apparel is relocating to the city center this November. **77** To celebrate our relocation, a huge sale will be held at the current location. It begins next Monday from 10 A.M. In spite of the limited inventory, **78** various products will still be available from trousers to T-shirts. In addition, **79** if you simply access our online store at www.goodwinapparel.com, the coupons for much bigger discounts can be printed out! Don't miss this great opportunity. We'll expect to see you next Monday.

여: 여기 좋은 소식이 있습니다! **78** Goodwin 의류는 올 11월에 도심부로 이전할 예정입니다. **77** 이전을 기념하기 위해서 대대적인 할인 행사가 현 장소에서 진행될 예정입니다. 다음 주 월요일 오전 10시부터 시작됩니다. 재고가 부족하지만, **78** 바지부터 티셔츠까지 다양한 상품들을 구매하실 수 있습니다. 게다가 **79** www.goodwinapparel.com으로 온라인 매장에 접속하시면, 추가로 더 큰 할인을 받을 수 있는 쿠폰을 인쇄하실 수 있습니다! 이 특별한 기회를 놓치지 마세요. 다음 주 월요일에 여러분과 만날 수 있기를 기대합니다.

어휘 fantastic 기막히게 좋은 apparel 의류, 의복 relocate 이전하다 celebrate 기념하다 relocation 이전 current 현재의 in spite of ~에도 불구하고 inventory 재고 various 다양한 available 이용 가능한 trousers 바지 access 접속하다 print out 인쇄하다 opportunity 기회

77 What most likely is being advertised?
(A) A sports game
(B) A moving service
(C) A sales event
(D) An opening celebration

무엇이 광고되고 있는 것 같은가?
(A) 스포츠 경기
(B) 이사 서비스
(C) 할인 행사
(D) 오픈 기념식

기본 정보 파악 – 주제

문제 키워드 | What / advertised

담화 전반부에서 정답을 찾는다. 전반부에 매장 이전을 기념하기 위해 대대적인 할인 행사가 현 매장에서 진행될 예정(To celebrate our relocation, a huge sale will be held at the current location.)이라고 했으므로 정답은 (C)이다.

패러프레이징 a huge sale 대대적인 할인 행사 → A sales event 할인 행사

정답 (C)

---

78 What product does the business mainly sell?
(A) Sports shoes
(B) Camping gear
(C) Clothes
(D) Tools

업체는 주로 어떤 제품을 판매하는가?
(A) 스포츠화
(B) 캠핑 장비
(C) 의류
(D) 공구

기본 정보 파악 – 직업/업종

문제 키워드 | What product / business / sell

광고되고 있는 업체에서 판매하고 있는 제품이 무엇인지를 묻는 문제로, 일종의 업종 문제이다. 광고 초반의 업체명 'Goodwin 의류(Goodwin Apparel)'와 중반부에 바지부터 티셔츠까지 다양한 상품들을 구매할 수 있다(various products will still be available from trousers to T-shirts.)고 한 것에서 의류 판매 업체임을 알 수 있다. 따라서 정답은 (C)이다.

패러프레이징 Apparel 의류 → Clothes 의류

정답 (C)

---

79 What does the speaker say customers can do at an online store?
(A) Complete a questionnaire
(B) Pay for a purchase
(C) Apply for membership
(D) Obtain a coupon

화자는 고객들이 온라인 매장에서 무엇을 할 수 있다고 말하는가?
(A) 설문지 작성
(B) 상품 결제
(C) 회원 신청
(D) 쿠폰 획득

구체적인 정보 파악 – 특정 사항

문제 키워드 | What / customers / can / online store

핵심 키워드인 online store에 집중한다. 화자는 온라인 매장에 접속하면, 추가로 더 큰 할인을 받을 수 있는 쿠폰을 인쇄할 수 있다(if you simply access our online store at www.goodwinapparel.com, the coupons for much bigger discounts can be printed out!)고 했으므로 정답은 (D)이다.

패러프레이징 the coupons for much bigger discounts can be printed out 추가로 더 큰 할인을 받을 수 있는 쿠폰을 인쇄할 수 있다 → Obtain a coupon 쿠폰 획득

어휘 complete 작성하다, 완료하다 questionnaire 설문지 apply for ~을 신청하다 obtain 얻다, 획득하다

정답 (D)

Questions 80-82 refer to the following excerpt from a meeting. 80-82는 다음 회의 발췌록에 관한 문제입니다.

M OK! ⁸⁰ The next item on the agenda is the new software program we installed on our computer system last month. Some of its new functions need to be addressed. Thus, ⁸¹ we invited Ethel Mason from the Tech Support to lead a series of training sessions. She will ensure that every employee is familiarized with the new software. ⁸² Please don't forget to register for the course no later than this week.

남: 네! ⁸⁰ 다음 안건은 지난달에 우리의 컴퓨터 시스템에 설치한 신규 소프트웨어 프로그램입니다. 일부 새로운 기능들을 다루어야 합니다. 그래서 ⁸¹ 우리는 기술 지원 부서의 Ethel Mason 씨에게 일련의 교육을 진행해 줄 것을 부탁했습니다. 그녀가 모든 직원이 신규 소프트웨어에 익숙해지도록 해 줄 것입니다. 늦어도 이번 주까지 ⁸² 그 강좌를 신청하는 것을 잊지 마시기 바랍니다.

어휘 agenda 안건 | install 설치하다 | function 기능 | address 해결하다, 다루다 | invite 초대하다, 부탁하다 | lead 진행하다, 이끌다 | training session 교육, 연수 | ensure 반드시 ~하게 하다 | be familiarized with ~에 익숙해지다 | forget 잊다 | register for ~을 신청하다 | no later than 늦어도 ~까지는

80 What is the talk mainly about?
(A) A business event to arrange
(B) Recent changes to a company's policies
(C) Some newly installed software
(D) A coworker's promotion

담화는 주로 무엇에 관한 것인가?
(A) 기업 행사 준비
(B) 기업 정책의 최근 변화
(C) 새롭게 설치된 소프트웨어
(D) 동료의 승진

○ 기본 정보 파악 – 주제

문제 키워드 | What / talk / about

담화의 주제를 묻는 문제로, 전반부에서 정답의 단서를 찾는다. 전반부에서 다음 안건은 지난달에 우리의 컴퓨터 시스템에 설치한 신규 소프트웨어 프로그램(The next item on the agenda is the new software program we installed on our computer system last month.)이라고 했으므로 정답은 (C)이다.

어휘 arrange 준비하다, 마련하다 | recent 최근의 | policy 정책 | coworker 동료 | promotion 승진   정답 (C)

81 What is Ethel Mason scheduled to do?
(A) Update employees on a project
(B) Reserve a function room
(C) Hold some training sessions
(D) Invite some special speakers

Ethel Mason 씨는 무엇을 하기로 예정되어 있는가?
(A) 직원들에게 프로젝트 관련 최신 소식 전달
(B) 대회의장 예약
(C) 교육 진행
(D) 특별 인사 초청

○ 구체적인 정보 파악 – 특정 사항

문제 키워드 | What / Ethel Mason / scheduled

Ethel Mason 씨가 하기로 한 일을 묻는 문제로, 핵심 키워드인 Ethel Mason 앞뒤에서 단서를 찾는다. 화자는 기술 지원 부서의 Ethel Mason 씨에게 일련의 교육을 이끌어 줄 것을 부탁했다(we invited Ethel Mason from the Tech Support to lead a series of training sessions.)고 했으므로 정답은 (C)이다.

패러프레이징 lead a series of training sessions 일련의 교육을 이끌다 → Hold some training sessions 교육 진행

어휘 reserve 예약하다 | function room 대회의장   정답 (C)

82 What does the speaker encourage the listeners to do?
(A) Back up some files
(B) Print out some instructions
(C) Collaborate with a coworker
(D) Register for a training course

화자는 청자들에게 무엇 하기를 권유하는가?
(A) 파일 백업
(B) 설명서 인쇄
(C) 동료와의 협업
(D) 교육 신청

○ 구체적인 정보 파악 – 제안/요청

문제 키워드 | What / speaker / encourage / listeners

화자가 청자에게 권유한 사항을 묻는 문제로, 화자의 권유/제안 표현에서 정답을 찾는다. 화자는 청자들에게 강좌를 신청하는 것을 잊지 말라(Please don't forget to register for the course)고 했으므로 정답은 (D)이다.

어휘 instructions 설명서 | collaborate with ~와 협력하다, 협업하다   정답 (D)

Questions 83-85 refer to the following excerpt from a meeting. 83-85는 다음 회의 발췌록에 관한 문제입니다.

M Thank you all for attending this week's marketing meeting. Today, 83 **we're going to focus on our fruit juice drinks.** 84 After looking through the quarterly sales for the products, **we decided to make some changes to our advertising strategy.** We'll start with our TV advertisements, and of course our Internet and print ads will need to be changed, too. The packaging will be redesigned by adding photos of celebrities. 85 A brief slide show has been prepared to give an overview of some of our future directions we will follow. OK, everyone. 85 Let's take a look at it now.

남: 이번 주 마케팅 회의에 참석해 주셔서 모두 감사합니다. 오늘 83 우리는 과즙 음료에 집중할 것입니다. 84 해당 제품의 분기별 매출을 살펴본 후에 우리는 광고 전략 중 일부를 변경하기로 결정했습니다. TV 광고를 시작할 것이고, 물론 인터넷과 인쇄 광고도 변경이 필요할 것입니다. 유명인들의 사진을 추가하여 포장지를 다시 디자인할 예정입니다. 우리의 향후 방향 중 일부를 개략적으로 설명하고자 85 간단히 슬라이드 쇼를 준비하였습니다. 네, 여러분들. 85 이제 그것을 보겠습니다.

어휘 attend 참석하다 focus on ~에 집중하다 fruit juice 과즙 음료, 과일 주스 look through ~을 검토하다 quarterly 분기별의 sales 매출 decide 결정하다 make a change 변경하다 strategy 전략 advertisement 광고 print ad (신문, 잡지 등에) 인쇄된 광고 packaging 포장 add 추가하다 celebrity 유명 인사 give an overview of ~을 개략적으로 설명하다

83 What kind of product is being discussed by the speaker?
(A) Presentation equipment
(B) Office supplies
(C) Beverages
(D) Home appliances

화자는 어떤 종류의 제품을 이야기하고 있는가?
(A) 발표 장비
(B) 사무용품
(C) 음료
(D) 가정용 전자기기

○ 기본 정보 파악 – 주제
문제 키워드 | What / product / discussed
화자가 이야기하고 있는 제품을 묻는 문제로, 담화 전반부에서 정답의 단서를 찾는다. 담화 전반부에 화자가 과즙 음료에 집중할 것 (we're going to focus on our fruit juice drinks.)이라고 했으므로 정답은 (C)이다.

패러프레이징 fruit juice drinks 과즙 음료 → **Beverages** 음료   정답 (C)

84 Why does the speaker say, "we decided to make some changes to our advertising strategy"?
(A) Because of complaints about a product
(B) Because of poor sales figures
(C) Because of scheduling conflicts
(D) Because of staff shortages

화자는 왜 "우리는 광고 전략 중 일부를 변경하기로 결정했습니다"라고 말하는가?
(A) 제품에 대한 불만 때문에
(B) 저조한 매출액 때문에
(C) 일정 충돌 때문에
(D) 직원 부족 때문에

○ 신유형 – 화자의 의도 파악
문제 키워드 | Why / speaker / say / "we decided to make some changes to our advertising strategy"
화자의 의도 파악 문제는 앞뒤 상황을 포괄적으로 설명한 보기를 정답으로 골라야 한다. 화자는 과즙 음료의 분기별 매출을 살펴보았다(After looking through the quarterly sales for the products,)는 말과 함께 해당 문장을 언급하였다. 즉, 매출이 저조하다는 문제점을 해결하기 위해 광고 전략 수정이라는 대책을 제시한 것임을 유추할 수 있으므로 정답은 (B)이다.

어휘 complaint 불만 sales figure 매출액 scheduling conflicts 일정 충돌 shortage 부족   정답 (B)

85 What does the speaker encourage the listeners to do?
(A) Revise a document
(B) Arrange an event
(C) Come up with a solution
(D) Watch a slide presentation

화자는 청자들에게 무엇 하기를 권장하는가?
(A) 서류 수정
(B) 행사 준비
(C) 해결책 제시
(D) 슬라이드 발표 시청

─○ 구체적인 정보 파악 – 제안/요청 ─

문제 키워드 | **What / speaker / encourage / listeners**

화자가 청자에게 권하고 있는 일이 무엇인지를 묻는 문제로, 후반부 화자의 권유/제안 표현에 정답의 단서가 있다. 후반부에 화자가 슬라이드 쇼를 준비했다(A brief slide show has been prepared)며 함께 보자(Let's take a look at it now.)고 했으므로 정답은 (D)이다.

[패러프레이징] take a look at it(= a brief slide show) 그것(= 간단한 슬라이드 쇼)을 보다
→ **Watch a slide presentation** 슬라이드 발표 시청

[어휘] revise 수정하다   arrange 준비하다, 마련하다   solution 해결책

정답 (D)

Questions 86-88 refer to the following talk. 86-88은 다음 담화에 관한 문제입니다.

W   Hi, my name is Colleen Gibson and ⁸⁶ I'm the one who will be leading the orientation for you here at Graham Financial Academy. I believe enrolling in our college's accounting program will help you with successful careers. During your study here, you'll be able to acquire the wide knowledge to qualify for various accounting positions. Also ⁸⁷ I suggest that you frequently check current job postings on our Web site. They can give you an idea of what courses you should take. OK, ⁸⁸ it's time to give you a tour of our computer lab and library. We might have a chance to see what the actual classes you'll take are like.

여   안녕하세요. 제 이름은 Colleen Gibson이며, ⁸⁶ 제가 이곳 Graham 금융 아카데미에서 여러분을 위해 오리엔테이션을 진행할 것입니다. 저희 학교의 회계 프로그램에 등록하는 것이 성공적인 경력을 쌓는 데 도움을 줄 것이라고 생각합니다. 여러분이 이곳에서 공부하는 동안, 여러 회계 직에 필요한 해박한 지식을 얻을 수 있을 것입니다. 또한 ⁸⁷ 저희 웹사이트에서 그때그때 구인 게시물을 자주 확인하기를 추천합니다. 그것들이 어떤 강의를 들어야 할지에 대한 아이디어를 줄 것입니다. 자, ⁸⁸ 컴퓨터실과 도서관을 안내해 드릴 시간이네요. 여러분들이 실제 수강할 수업이 어떤지 볼 기회가 있을 것입니다.

어휘 lead 이끌다, 인솔하다   financial 금융의, 재정의   enroll in ~에 등록하다   accounting 회계   successful 성공적인   career 경력, 직업   acquire 획득하다, 취득하다   wide knowledge 해박한 지식   qualify for ~의 자격을 얻다   various 다양한   position 일자리, 지위   frequently 자주, 빈번히   current 현재의   job posting 구인 게시물   course 강좌, 과목   actual 실제의

86 What is the main reason the talk is being given?
(A) To hire some teachers
(B) To advertise new accounting software
(C) To welcome participants in an educational program
(D) To announce a newly elected mayor

담화가 진행되고 있는 주요 이유는 무엇인가?
(A) 선생님을 더 채용하기 위해
(B) 신규 회계 프로그램을 광고하기 위해
(C) 교육 프로그램의 참가자를 환영하기 위해
(D) 새로 선출된 시장을 발표하기 위해

┌─ **기본 정보 파악 – 담화 목적** ─────────────────────────────────┐

문제 키워드 | What / reason / talk / given

담화의 목적을 묻는 문제로, 담화 전반부에서 정답의 근거를 찾는다. 화자는 본인을 소개하며, Graham 금융 아카데미에서 청자들을 위해 오리엔테이션을 진행할 것(I'm the one who will be leading the orientation for you here at Graham Financial Academy.)이라고 했으므로, 오리엔테이션의 참석자인 청자들을 처음 만나 인사를 하고 있는 것임을 알 수 있다. 따라서 정답은 (C)이다.

패러프레이징 leading the orientation for you here at Graham Financial Academy Granham
금융 아카데미에서 여러분들을 위해 오리엔테이션을 진행할 것이다
→ **welcome participants in an educational program** 교육 프로그램의 참가자를 환영하다

어휘 participant 참가자   educational 교육의   elected 선출된   mayor 시장   정답 (C)

└──┘

87 What does the speaker suggest the listeners do?
(A) Check jobs posted online
(B) Focus on just one field
(C) Update their résumés regularly
(D) Apply for as many jobs as they can

화자는 청자들에게 무엇 하기를 제안하는가?
(A) 온라인에 게시된 일자리 확인
(B) 한 분야에만 집중
(C) 정기적으로 이력서 업데이트
(D) 가능한 한 많은 일자리에 지원

┌─ **구체적인 정보 파악 – 제안/요청** ────────────────────────────────┐

문제 키워드 | What / speaker / suggest / listeners

화자가 청자에게 제안한 일이 무엇인지를 묻는 문제로, 화자의 권유/제안 표현에서 정답의 근거를 찾는다. 화자는 웹사이트에서 현재의 구인 게시물을 자주 확인하기를 추천한다(I suggest that you frequently check current job postings on our Web site.)고 하였으므로 정답은 (A)이다.

패러프레이징 check current job postings on our Web site 웹사이트에서 현재의 구인 게시물을 자주 확인하다
→ **Check jobs posted online** 온라인에 게시된 일자리 확인

어휘 post 게시하다   focus on ~에 집중하다   field 분야   résumé 이력서   regularly 정기적으로   apply for ~에 지원하다   정답 (A)

└──┘

88 What will the listeners most likely do next?
(A) See a film
(B) Take a short break
(C) Arrange a presentation
(D) Look around a facility

청자들은 다음에 무엇을 할 것 같은가?
(A) 영화 관람하기
(B) 잠깐 휴식 취하기
(C) 발표 준비하기
(D) 시설 둘러보기

○ 구체적인 정보 파악 – 미래

문제 키워드 | What / will / listeners / next

청자들의 미래 일정을 묻는 문제로, 후반부에서 정답의 단서를 찾는다. 후반부에 화자가 컴퓨터실과 도서관을 안내해 줄 시간(it's time to give you a tour of our computer lab and library.)이라고 했으므로 정답은 (D)이다.

패러프레이징 give you a tour of our computer lab and library 컴퓨터실과 도서관을 안내해 주다
→ **Look around a facility** 시설 둘러보기

어휘 take a break 휴식을 취하다   arrange 준비하다, 마련하다   facility 시설

정답 (D)

Questions 89-91 refer to the following telephone message. 89-91은 다음 전화 메시지에 관한 문제입니다.

W Hi, Mr. Hector. **89** This is Noelle Shelton returning your phone call about organizing your company's staff training program. I'm willing to meet with you in person to talk about it in more detail to help your business reach its potential. We can organize various training programs with our highly skilled and experienced coordinators to meet your needs. **90** Jesse Computer Engineering can be a good example of how our service can help our clients. You can visit our Web site to find out more about it. **91** I'm scheduled to be away for my vacation this week. So, if you are OK, I would like to meet you next Monday to see how we can help you.

여: 안녕하세요, Hector 씨. **89** 저는 Noelle Shelton이며, 귀사의 직원 교육 프로그램 준비에 관한 귀하의 전화에 답신 전화를 드립니다. 저는 귀사가 잠재 역량을 발휘하도록 돕고자 더 상세하게 직원 교육 프로그램에 대해 이야기하기 위해 당신을 직접 만나고 싶습니다. 저희는 귀하의 요구를 충족시키기 위해 매우 숙련되고 경험이 있는 기획자들과 다양한 교육 프로그램을 준비할 수 있습니다. **90** Jesse 컴퓨터 공학은 저희 서비스가 고객사들에게 어떻게 도움을 드릴 수 있는지에 대한 좋은 사례입니다. 저희 웹사이트를 방문하시어 그것에 관해 더 알아보실 수 있습니다. **91** 저는 이번 주에 휴가 갈 예정입니다. 그러니 괜찮으시다면, 저희가 어떻게 도움을 드릴 수 있을지 알아보기 위해 다음 주 월요일에 귀하를 만나고 싶습니다.

어휘 organize 준비하다   be willing to V 흔쾌히 ~하다, 기꺼이 ~하다   reach 도달하다   potential 잠재력   various 다양한   skilled 숙련된, 노련한   experienced 경험이 있는   coordinator 진행자   find out 알아내다, 발견하다

89 What kind of industry does the speaker work in?
(A) Accounting service
(B) Computer engineering
(C) Legal consulting
(D) Company training

화자는 어떤 종류의 산업에서 일하는가?
(A) 회계 서비스
(B) 컴퓨터 공학
(C) 법률 상담
(D) 기업 교육

> **기본 정보 파악 – 직업/업종**
>
> **문제 키워드** | What / industry / speaker / work
>
> 화자가 일하는 업종을 묻는 문제는 초반부에 정답의 단서가 제시된다. 화자가 초반에 자기 이름을 말하며 직원 교육 프로그램 준비에 관한 청자의 전화에 답신 전화를 한다(returning your phone call about organizing your company's staff training program.)고 했으므로 정답은 (D)이다.
>
> 정답 (D)

90 Why does the speaker say, "You can visit our Web site to find out more about it"?
(A) To leave some comments
(B) To give an example
(C) To advertise a new service
(D) To provide an alternative

화자는 왜 "저희 웹사이트를 방문하시어 그것에 관해 더 알아보실 수 있습니다"라고 말하는가?
(A) 의견을 남기기 위해
(B) 예시를 보여 주기 위해
(C) 새로운 서비스를 광고하기 위해
(D) 대안을 제시하기 위해

> **신유형 – 화자의 의도 파악**
>
> **문제 키워드** | Why / speaker / say / "You can visit our Web site to find out more about it"
>
> 화자의 의도 파악 문제는 해당 문장과 앞뒤 문맥을 종합하여 답을 찾아야 한다. 우선 제시된 문장에 포함된 대명사 it이 나타내는 것이 무엇인지 파악해야 한다. 전반부에 화자가 근무하고 있는 기업에서 제공하는 서비스의 특징을 언급하였고, 그 이후에 Jesse 컴퓨터 공학이 자사의 서비스가 고객사들에게 어떻게 도움을 줄 수 있는지에 대한 좋은 사례(Jesse Computer Engineering can be a good example of how our service can help our clients.)라고 한 뒤에 해당 문장을 언급하였다. 즉, 웹사이트에서 화자가 근무하는 기업이 제공하는 서비스에 대한 또 다른 사례를 확인할 수 있다는 것이므로 정답은 (B)이다.
>
> **어휘** comment 의견   advertise 광고하다   alternative 대안
>
> 정답 (B)

91 What does the speaker say she will do this week?
(A) Go on holiday
(B) Meet with coordinators
(C) Attend a conference
(D) Update a contract

화자는 이번 주에 무엇을 할 것이라고 말하는가?
(A) 휴가 가기
(B) 진행자들 만나기
(C) 학회 참석하기
(D) 계약 갱신하기

구체적인 정보 파악 - 미래

문제 키워드 | What / speaker / will / this week

화자가 이번 주에 할 일이 무엇인지를 묻는 문제로, 핵심 키워드인 this week에 집중한다. 화자가 후반부에 이번 주에 휴가를 갈 예정(I'm schedule to be away for my vacation this week.)이라고 했으므로 정답은 (A)이다.

패러프레이징 be away for my vacation 휴가를 가다 → **Go on holiday** 휴가 가기

어휘 coordinator 진행자, 코디네이터   contract 계약

정답 (A)

Questions 92-94 refer to the following news report. 92-94는 다음 뉴스 보도에 관한 문제입니다.

M   Good evening, welcome back! This is James Cohen and you're listening to Channel 9 Local News. **92** Two years ago today, we reported that the Karlson University's library started a project to digitalize their entire collection of books, journals, and documents. **94** It took almost two years to convert everything into electronic copies. **93** Janet Moore, director of the library, says that she is pleased that now people can easily access them anytime anywhere. Actually, it was not an easy task. As you remember, **94** the project was expected to be finished within a year. But there were many things happened unexpectedly.

남: 안녕하세요, 돌아온 것을 환영합니다! 저는 James Cohen이고 여러분은 채널 9 지역 뉴스를 청취하고 계십니다. **92** 2년 전 오늘, 저희는 Karlson 대학의 도서관이 책, 논문, 서류 등 그곳의 모든 소장품을 디지털화하는 프로젝트를 시작했다고 보도했습니다. **94** 모든 자료를 전자 사본으로 바꾸는 데 거의 2년이 걸렸습니다. **93** 도서관장인 Janet Moore 씨는 이제 사람들이 언제 어디서든 쉽게 이용할 수 있게 되어서 기쁘다고 말했습니다. 사실, 이것은 쉬운 일이 아니었습니다. 여러분께서 기억하시겠지만, **94** 이 프로젝트는 1년 안에 완성되리라 예상되었습니다. 하지만 예상치 못한 많은 일들이 일어났었습니다.

어휘   report 보고하다, 보도하다   digitalize 디지털화하다   entire 전체의   collection 수집품, 소장품   journal 논문   document 서류   convert A into B A를 B로 전환시키다, 바꾸다   electronic 전자의   access 접근하다, 이용하다   expect 예상하다   within ~ 이내에   unexpectedly 예상치 못하게

92 What is the speaker discussing?
(A) Moving some artworks
(B) Filming a documentary
(C) Converting data
(D) Learning at a university

화자는 무엇에 대해 이야기하고 있는가?
(A) 예술 작품 옮기기
(B) 다큐멘터리 촬영하기
(C) 자료 전환하기
(D) 대학에서 학습하기

─○ 기본 정보 파악 – 주제 ────

문제 키워드 | What / discussing

담화의 주제나 목적은 주로 담화의 전반부에 언급된다. 2년 전 오늘, Karlson 대학의 도서관이 책, 논문, 서류 등 그곳의 모든 소장품을 디지털화하는 프로젝트를 시작했다는 것을 알렸었다(Two years ago today, we reported that the Karlson University's library started a project to digitalize their entire collection of books, journals, and documents.)고 하며 자료의 디지털 전환과 관련된 이야기를 이어가고 있으므로 (C)가 정답이다.

정답 (C)

93 What does the speaker say Ms. Moore is pleased about?
(A) Adding new artworks
(B) Providing easy access to materials
(C) Increasing job opportunities
(D) Offering better working conditions

화자는 Moore 씨가 무엇에 대해 기쁘다고 말하는가?
(A) 새로운 예술 작품을 추가하는 것
(B) 자료에 대한 접근이 쉬워지도록 하는 것
(C) 취업 기회를 늘리는 것
(D) 더 나은 작업 환경을 제공하는 것

─○ 구체적인 정보 파악 – 특정 사항 ────

문제 키워드 | What / Ms. Moore / pleased

핵심 키워드인 Ms. Moore가 언급되는 곳에서 정답의 단서를 확인하자. 도서관장인 Janet Moore 씨는 이제 사람들이 언제 어디서든 쉽게 이용할 수 있게 되어서 기쁘다고 말했다(Janet Moore, director of the library, says that she is pleased that now people can easily access them anytime anywhere.)고 했으므로 정답은 (B)이다.

어휘   add 추가하다   provide 제공하다   material 자료   opportunity 기회   working condition 근무 환경, 사용 조건

정답 (B)

94 What does the speaker imply when he says, "it was not an easy task"?
(A) Special care was needed.
(B) Some residents were against it.
(C) It was difficult to persuade the investors.
(D) It took longer than expected.

화자가 "이것은 쉬운 일이 아니었습니다"라고 말할 때 암시하는 것은 무엇인가?
(A) 특별한 관리가 필요했다.
(B) 몇몇 주민들이 그것에 반대했다.
(C) 투자자들을 설득하는 것이 어려웠다.
(D) 예상보다 오래 걸렸다.

○ 신유형 - 화자의 의도 파악

문제 키워드 | What / speaker / imply / "it was not an easy task"

화자의 의도 파악 문제는 주어진 문장의 앞뒤의 문맥을 먼저 파악해야 한다. 앞 문장에서 작업하는 데 거의 2년이 걸렸다(It took almost two years to convert everything into electronic copies.)고 했고, 주어진 문장 뒤에서 원래는 1년 안에 완성될 예정이었다(the project was expected to be finished within a year.)고 하였다. 예상보다 작업 기간이 오래 걸렸기 때문에 "쉬운 일이 아니었다"고 말한 것임을 알 수 있으므로 정답은 (D)이다. 주어진 문장의 easy에서 연상할 수 있는 difficult나 against 같은 반대를 나타내는 단어를 사용한 오답에 주의하자.

어휘 care 돌봄, 관리 resident 주민 persuade 설득하다 investor 투자자

정답 (D)

Questions 95-97 refer to the following excerpt from a workshop and table of contents.

95-97은 다음 워크숍 발췌록과 목차에 관한 문제입니다.

M Hello, everyone. **95** Thank you for attending the last day of our training on fitted wardrobe installation. Before we start, I should say thank you for completing the questionnaire following the first day of training. I'm so grateful for giving us useful information on what other issues we should talk about. And we'll try to address all of them at today's training session. OK, **96** now please look at your handbook, and if you turn to page 16, you'll see the section C. First, we will have a lecture here, but some hands-on practice is required for this section. So, **97** following our lunch break, we'll move to the training area, and today's training will end there.

남: 안녕하세요, 여러분. **95** 붙박이 옷장 설치에 관한 교육의 마지막 날에 참석해 주셔서 감사합니다. 시작하기 전에 첫날 교육 뒤에 작성해 주신 설문지에 대해 감사의 말씀드립니다. 저희가 이야기해야 하는 다른 주제들에 관해 유용한 정보를 주셔서 감사합니다. 그리고 저희는 오늘 교육에서 그것들을 모두 다루려고 합니다. 자, **96** 이제 여러분의 안내서를 봐 주시기 바랍니다. 그리고 16페이지로 넘기시면, C 섹션이 보이실 겁니다. 우선은 지금 여기서 강의를 듣지만, 이 섹션에는 실습이 필요합니다. 그래서 **97** 점심시간 이후에 저희는 교육장으로 이동할 것이며 오늘의 교육은 그곳에서 마치게 됩니다.

Fitted Wardrobe Installation Handbook
Contents

Brief Intro.	5
Standard Procedures	8
96 Personalized Designs	16
Solutions for Problems	55

붙박이 옷장 설치 안내서
목차

간략한 소개	5
표준 절차	8
96 맞춤형 디자인	16
문제 해결 방법	55

어휘 fitted 붙박이인 wardrobe 옷장 installation 설치 complete 작성하다 questionnaire 설문지 following ~ 후에 grateful 고마워하는 useful 유용한 issue 주제, 문제 address 다루다 session (특정한 활동을 위한) 시간, 기간 turn (책장을) 넘기다 lecture 강의 hands-on practice 실습 require 필요하다 brief 간략한 standard 표준 procedure 절차 personalized 맞춤형 solution 해결(책)

95 What type of business do the listeners most likely work for?
(A) An appliance supplier
(B) A furniture manufacturer
(C) A local newspaper
(D) A printing shop

청자들은 어떤 업종에서 일하는 것 같은가?
(A) 가전제품 공급 회사
(B) 가구 제조 회사
(C) 지역 신문사
(D) 인쇄소

─○ 기본 정보 파악 - 직업/업종 ─

문제 키워드 | What / business / listeners / work

직업/업종을 묻는 문제의 단서는 주로 담화 초반에 언급된다. 담화 초반부에서 붙박이 옷장 설치에 관한 교육의 마지막 날에 참석해 줘서 고맙다(Thank you for attending the last day of our training on fitted wardrobe installation.)고 한 것으로 보아 청자들은 가구 업체에서 일할 것임을 유추할 수 있다. 따라서 (B)가 정답이다.

정답 (B)

96 Look at the graphic. Which topic will be covered today?
(A) Brief Intro.
(B) Standard Procedures
(C) Personalized Designs
(D) Solutions for Problems

시각 자료를 보시오. 어떤 주제가 오늘 다루어질 것인가?
(A) 간략한 소개
(B) 표준 절차
(C) 맞춤형 디자인
(D) 문제 해결 방법

○ 신유형 – 시각 자료 연계

문제 키워드 | graphic / Which topic / will / covered / today

보기와 시각 자료의 관계를 먼저 파악해야 한다. 문제의 보기에 목차의 내용이 나와 있으므로, 담화에서는 페이지 수에 대한 정보가 언급될 것임을 예상하고 들어야 한다. 중반부에 이제 안내서를 보라(now please look at your handbook,)고 한 뒤, 16페이지로 넘기면, C 섹션이 보일 것(if you turn to page 16, you'll see the section C.)이라고 했으므로 시각 자료에서 16페이지에 해당하는 것을 찾으면 정답은 (C)이다.

정답 (C)

97 What does the speaker indicate about the session after lunch?
(A) New uniforms will be provided.
(B) It will be a little bit delayed.
(C) It will be held in a different area.
(D) ID cards will be issued.

화자는 점심 이후 교육에 대해 말하는 것은 무엇인가?
(A) 새로운 유니폼이 제공될 것이다.
(B) 조금 지연될 것이다.
(C) 다른 장소에서 열릴 것이다.
(D) 신분증이 발급될 것이다.

○ 구체적인 정보 파악 – 특정 사항

문제 키워드 | What / indicate / session / after lunch

점심 식사 이후 세션에 대해 언급한 것이 무엇인지 묻는 문제로, 핵심 키워드인 lunch가 언급되는 곳 앞뒤 문장에서 정답의 단서를 찾을 수 있다. 담화의 후반부에서 점심시간 이후에 교육장으로 이동할 것(following our lunch break, we'll move to the training area,)이라고 했으므로 정답은 (C)이다.

패러프레이징 move to the training area 교육장으로 이동하다 → be held in a different area 다른 곳에서 열리다

어휘 provide 제공하다   delay 지연시키다   issue 발급하다

정답 (C)

Questions 98-100 refer to the following excerpt from a meeting and diagram. 98-100은 다음 회의 발췌록과 표에 관한 문제입니다.

W Hi, everyone. **98** Thank you for agreeing to volunteer to arrange this year's IT conference. **99** This conference will be led by many of the top professionals in the IT field. They will share the findings from their latest studies. So, the pre-registration has already been finished, and many more people are expected to sign up on the day of the event. Lowell Doyle, renowned researcher and IT expert will be one of our presenters. His presentation will be in room 303-A. **100** The seating needs to be set up in a way that has all the audience members face the front, instead of making people sit across from each other. A podium for the presenter will be placed in front and several lines of chairs will be arranged. OK, let's get started.

여: 안녕하세요, 여러분. **98** 올해 IT 학회 준비에 자원해 주셔서 감사합니다. **99** 이번 학회는 IT 분야의 여러 최고 전문가들과 함께 진행될 예정입니다. 그들이 최근 연구 결과를 공유할 예정입니다. 그래서 사전 등록은 이미 마감되었으며, 행사 당일에 더 많은 사람들이 등록할 것으로 예상됩니다. 유명 연구가이며 IT 전문가인 Lowell Doyle 씨가 발표자 중 한 명이 될 것입니다. 그의 발표는 303-A호에서 진행될 예정입니다. 좌석은 청중이 마주 앉는 것이 아니라, **100** 모두 앞쪽을 향하는 방식으로 준비되어야 합니다. 발표자를 위한 연단은 앞에 배치될 것이며, 의자가 여러 줄로 배치될 것입니다. 그러면 시작합시다.

Layout 1	Layout 2
100 Layout 3	100 Layout 4

1번 배치	2번 배치
100 3번 배치	4번 배치

어휘 agree 동의하다 volunteer to V 자진해서 ~하다 arrange 준비하다, 배치하다 conference 학회 lead 이끌다, 안내하다 professional 전문가 field 분야 share 공유하다 findings 결과 latest 최신의 pre-registration 사전 등록 many more 더욱 많은 expect 예상하다, 기대하다 sign up 등록하다 renowned 유명한 researcher 연구가 expert 전문가 presenter 발표자 seating 좌석, 자리 set up 설치하다 audience 청중 face 향하다 sit across from each other 마주 보고 앉다 podium 연단

98 What type of event is the speaker most likely talking about?
(A) A board meeting
(B) An annual conference
(C) An orientation for new employees
(D) A preview of a film

화자는 어떤 종류의 행사에 대해서 이야기하고 있는 것 같은가?
(A) 이사회
(B) 연례 학회
(C) 신입 직원 오리엔테이션
(D) 영화 시사회

─○ 기본 정보 파악 - 주제

문제 키워드 | What / event / speaker / talking

화자가 이야기하고 있는 행사의 종류를 묻는 문제로, 담화 전반부에서 정답을 확인할 수 있다. 화자는 올해 IT 학회 준비에 자원해 주셔서 감사하다(Thank you for agreeing to volunteer to arrange this year's IT conference.)고 했으므로 정답은 (B)이다.

패러프레이징 this year's IT conference 올해 IT 학회 → **An annual conference** 연례 학회

어휘 board meeting 이사회 annual 연례의, 매년의 preview 시사회

정답 (B)

99 Why are many more people expected to come to the event?
(A) The venue is much larger than the previous one.
(B) New software is scheduled to be released.
(C) Some top professionals will make presentations.
(D) Free gifts will be given away to attendees.

왜 더 많은 사람들이 행사장에 올 것이라 예상되는가?
(A) 장소가 이전보다 훨씬 더 크다.
(B) 신규 소프트웨어가 공개될 예정이다.
(C) 최고 전문가들이 발표를 할 예정이다.
(D) 참석자들에게 사은품이 제공될 예정이다.

구체적인 정보 파악 – 이유/원인

문제 키워드 | Why / many more people / expected / come / event

더 많은 사람들이 행사에 참가할 것이라 예상하는 이유를 묻는 문제로, 핵심 키워드인 many more people이 언급되는 곳에 집중한다. 화자는 이번 학회에서는 IT 분야의 여러 최고 전문가들이 최근 연구 결과를 공유할 예정(This conference will be led by many of the top professionals in the IT field.)이라서 사전 등록은 이미 마감되었으며, 행사 당일에 더 많은 사람들이 등록할 것으로 예상된다(So, the pre-registration has already been finished, and many more people are expected to sign up on the day of the event.)고 하였다. 따라서 정답은 (C)이다.

어휘 venue 장소   previous 이전의   release 공개하다   attendee 참석자

정답 (C)

---

100 Look at the graphic. Which layout will be used in room 303-A?
(A) Layout 1
(B) Layout 2
(C) Layout 3
(D) Layout 4

시각 자료를 보시오. 303-A호에는 어떤 배치가 사용될 예정인가?
(A) 1번 배치
(B) 2번 배치
(C) 3번 배치
(D) 4번 배치

신유형 – 시각 자료 연계

문제 키워드 | graphic / Which layout / used / room 303-A

303-A호에서 사용되는 좌석 배치를 묻는 시각 자료 연계 문제로, 보기에는 각 배치의 이름이 언급되어 있으므로, 배치의 세부 모양에 집중하여 담화를 듣는다. 화자는 Lowell Doyle 씨의 발표가 303-A호에서 진행되며, 좌석은 청중들이 모두가 모두 앞쪽을 향하는 방식으로 준비되어야 한다(The seating needs to be set up in a way that has all the audience members face the front.)고 언급하였다. 따라서 시각 자료에서 이와 같은 배치를 찾으면 (C)가 정답이다. 해당 부분을 못 들었더라도 발표자를 위한 연단은 앞에 배치될 것이며, 의자가 여러 줄로 배치될 것(A podium for the presenter will be placed in front and several lines of chairs will be arranged.)이라는 언급에서도 정답의 단서를 찾을 수 있다.

정답 (C)

Test03.mp3

MP3 다운로드
eng.conects.com

QR 코드로 바로가기

PART 1
PART 2
PART 3
PART 4

ANSWER KEYS

PART 1 1 (C) 2 (B) 3 (A) 4 (C) 5 (D) 6 (D)

PART 2 7 (A) 8 (B) 9 (B) 10 (B) 11 (C) 12 (C) 13 (A) 14 (C) 15 (C) 16 (A)
17 (A) 18 (A) 19 (C) 20 (B) 21 (B) 22 (B) 23 (C) 24 (A) 25 (B) 26 (C)
27 (B) 28 (C) 29 (A) 30 (A) 31 (A)

PART 3 32 (B) 33 (C) 34 (D) 35 (C) 36 (B) 37 (C) 38 (B) 39 (D) 40 (C) 41 (B)
42 (D) 43 (A) 44 (C) 45 (C) 46 (B) 47 (D) 48 (C) 49 (A) 50 (C) 51 (D)
52 (C) 53 (B) 54 (A) 55 (D) 56 (D) 57 (C) 58 (B) 59 (A) 60 (B) 61 (C)
62 (B) 63 (C) 64 (B) 65 (D) 66 (B) 67 (D) 68 (A) 69 (D) 70 (A)

PART 4 71 (C) 72 (B) 73 (B) 74 (B) 75 (C) 76 (B) 77 (B) 78 (A) 79 (C) 80 (A)
81 (B) 82 (C) 83 (B) 84 (B) 85 (A) 86 (B) 87 (B) 88 (D) 89 (C) 90 (D)
91 (A) 92 (C) 93 (D) 94 (D) 95 (D) 96 (C) 97 (A) 98 (B) 99 (C) 100 (C)

PART 1

1 BR

(A) He's removing the label.
(B) He's carrying a shopping cart.
(C) He's holding a basket.
(D) He's moving a display rack.

(A) 그는 상표를 제거하고 있다.
(B) 그는 쇼핑 카트를 옮기고 있다.
(C) 그는 바구니를 들고 있다.
(D) 그는 진열대를 옮기고 있다.

> **● 1인 사진 ●**
>
> 한 남자가 마트에서 장을 보는 모습으로, 인물의 동작이나 상태를 잘 살펴야 한다.
> (A) 남자가 상표를 제거하는(removing) 모습이 아니므로 오답이다.
> (B) 사진에서 쇼핑 카트(shopping cart)는 보이지 않으므로 오답이다.
> (C) 남자가 바구니를 들고 있는 모습을 정확히 묘사한 정답이다.
> (D) 사진에서 진열대는 보이지만 남자가 진열대를 옮기고 있는(moving) 모습이 아니므로 오답이다.
>
> **어휘** remove 제거하다   label 라벨, 상표   carry 옮기다   move 옮기다   display rack 진열대   정답 (C)

2 US

(A) He's repairing a door.
(B) He's working under a sink.
(C) He's opening a toolbox.
(D) He's lying on the grass.

(A) 그는 문을 수리하고 있다.
(B) 그는 싱크대 아래에서 작업하고 있다.
(C) 그는 공구 상자를 열고 있다.
(D) 그는 잔디밭에 누워 있다.

> **● 1인 사진 ●**
>
> 한 남자가 누워서 작업 중인 모습으로, 인물의 동작이나 상태를 잘 살펴야 한다.
> (A) 남자가 수리 중인 것은 맞지만 수리하는 것이 문(door)이 아니므로 오답이다.
> (B) 남자가 싱크대 아래에서 작업 중인 모습을 정확히 묘사한 정답이다.
> (C) 사진에서 공구 상자는 보이지만 남자가 공구 상자를 열고 있는(opening) 모습은 아니므로 오답이다.
> (D) 남자가 누워 있는 것은 맞지만 잔디밭(grass)에 누워 있는 것이 아니므로 오답이다.
>
> **어휘** repair 수리하다   sink 싱크대   toolbox 공구 상자   lie 누워 있다   grass 잔디   정답 (B)

3 AU

(A) A woman is pointing toward a monitor.
(B) A man is taking a note.
(C) Some computers are located on a desk.
(D) Some people are sitting opposite each other.

(A) 여자가 화면을 가리키고 있다.
(B) 남자가 메모하고 있다.
(C) 컴퓨터 몇 대가 책상 위에 있다.
(D) 몇몇 사람들이 맞은편에 앉아 있다.

> **● 2인 사진 ●**
>
> 남녀가 모니터를 보고 있는 모습으로, 두 사람의 공통 동작뿐 아니라 각자의 개별 동작 및 상태도 잘 살펴야 한다.
> (A) 여자가 화면을 가리키고 있는 모습을 정확히 묘사한 정답이다.
> (B) 남자가 메모하고 있는(taking a note) 모습이 아니므로 오답이다.
> (C) 책상 위에 컴퓨터가 여러 대(Some computers) 있는 것이 아니므로 오답이다.
> (D) 사람들이 앉아 있는 것은 맞지만 맞은편에(opposite) 앉아 있는 것이 아니므로 오답이다.
>
> **어휘** point 가리키다   locate 위치시키다, 두다   opposite 맞은편에   정답 (A)

4
US

(A) Some people are fixing a road sign.
(B) A person is hiking through a path.
(C) A person is sitting by the side of a road.
(D) Some people are resting on the grass.

(A) 몇몇 사람들이 도로 표지판을 수리하고 있다.
(B) 한 사람이 길을 따라 도보 여행을 하고 있다.
(C) 한 사람이 도로 옆에 앉아 있다.
(D) 몇몇 사람들이 잔디밭에서 쉬고 있다.

 1인 사진

한 여자가 야외에 앉아 있는 모습으로, 여자의 동작 및 상태를 잘 살펴야 한다.
(A) 사진에 여러 명(Some people)이 등장하지 않으므로 오답이다.
(B) 사진에서 도보 여행을 하는(hiking) 사람은 보이지 않으므로 오답이다.
(C) 한 사람이 도로 옆에 앉아 있는 모습을 정확히 묘사한 정답이다.
(D) 사진에서 쉬고 있는 사람은 여러 명(Some people)이 아니므로 오답이다.

어휘 fix 수리하다　road sign 도로 표지(판)　hike 보도 여행을 하다　path 길　rest 쉬다　　　　　　　정답 (C)

5
AU

(A) People are leaving the office.
(B) A woman is reading over a man's shoulder.
(C) People are sitting around a conference table.
(D) Some people are facing away from each other.

(A) 사람들이 사무실을 떠나고 있다.
(B) 여자가 남자의 어깨 너머로 무언가를 읽고 있다.
(C) 사람들이 회의 테이블에 둘러앉아 있다.
(D) 일부 사람들이 서로 등을 돌리고 있다.

 3인 이상 사진

다수의 사람들이 실내에서 각자 자리에 앉아 있는 모습으로, 여러 인물의 동작 및 상태를 잘 살펴야 한다.
(A) 사람들이 사무실을 떠나고 있는(leaving) 모습이 아니므로 오답이다.
(B) 남자의 어깨 너머로(over a man's shoulder) 무언가를 읽고 있는 여자는 사진에서 볼 수 없으므로 오답이다.
(C) 사람들이 앉아 있는 것은 맞지만 회의 테이블(conference table)에 둘러앉아 있는 것이 아니므로 오답이다.
(D) 일부 사람들이 서로 등을 돌리고 있는 모습을 정확히 묘사한 정답이다.

어휘 leave 떠나다　over one's shoulder ~의 어깨 너머로　conference table 회의실 테이블　face away from (방향이) ~에서 빗나가다
　　　정답 (D)

6
BR

(A) There are lamps mounted on both sides of each window.
(B) A house is surrounded by a fence.
(C) A staircase is being swept.
(D) Some potted plants have been placed outside a building.

(A) 각 창문의 양쪽에 램프가 장착되어 있다.
(B) 집이 울타리로 둘러싸여 있다.
(C) 계단을 쓸고 있다.
(D) 화분 몇 개가 건물 밖에 놓여 있다.

 사물/풍경 사진

사람이 등장하지 않는 사물/풍경 사진으로, 각 사물의 배치에 주의하며 들어야 한다.
(A) 램프가 장착되어 있는 것은 맞지만 각 창문의 양쪽(both sides)에 있는 것이 아니므로 오답이다.
(B) 사진에서 울타리(fence)는 보이지 않으므로 오답이다.
(C) 사람이 없는 사진에서 사물을 주어로 하는 수동태 진행형(is being swept)은 오답이다.
(D) 화분 몇 개가 건물 밖에 놓여 있는 모습을 정확히 묘사한 정답이다.

어휘 mount 고정시키다　surround 둘러싸다　fence 울타리　staircase 계단　sweep 쓸다, 청소하다　potted plant 화분　　정답 (D)

PART 2

7
US US

Is your new place comfortable?
(A) Yes, fairly comfortable.
(B) It's a different place.
(C) Moving to a new apartment.

당신의 새 집은 편하신가요?
(A) 네, 상당히 편해요.
(B) 다른 곳이에요.
(C) 새 아파트로 이사하는 것이요.

> **○ Be동사 의문문**
>
> **문제 키워드 | Is / place / comfortable**
> 새 집이 편한지를 묻는 Be동사 의문문이다.
> (A) 새 집이 편한지 묻는 질문에 긍정(Yes)으로 답한 뒤 상당히 편하다고 부가적으로 설명하였으므로 정답이다.
> (B) 질문의 place를 반복 사용한 오답이다.
> (C) 질문의 new place에서 연상할 수 있는 new apartment를 사용하여 혼동을 유도한 오답이다.
>
> **어휘** place 장소, 집 comfortable 쾌적한, 편안한 fairly 상당히, 꽤 apartment 아파트
>
> 정답 (A)

8
BR US

How often do we have a regular meeting?
(A) 30 minutes in the afternoon.
(B) Usually once a week.
(C) How many customers?

우리는 얼마나 자주 정기 회의를 하나요?
(A) 오후에 30분간요.
(B) 보통 일주일에 한 번이요.
(C) 얼마나 많은 고객들이요?

> **○ How 의문문**
>
> **문제 키워드 | How often / we / have / meeting**
> 정기 회의가 열리는 빈도를 묻는 How often 의문문이다.
> (A) 기간을 묻는 How long 의문문에 적합한 답변이므로 오답이다.
> (B) 정기 회의를 얼마나 자주 하는지 묻는 질문에 '일주일에 한 번'이라고 구체적인 빈도로 답변하고 있으므로 정답이다.
> (C) 질문과 상관없는 내용의 반문 답변이므로 오답이다.
>
> **어휘** have a meeting 회의를 개최하다 regular 정기적인 usually 보통 customer 고객
>
> 정답 (B)

9
AU US

Do you work in this building?
(A) Yes, it works well.
(B) No, I'm here to meet my friend.
(C) A marketing agency.

당신은 이 건물에서 일하시나요?
(A) 네, 그건 잘 작동합니다.
(B) 아니요, 제 친구를 만나러 왔어요.
(C) 마케팅 회사요.

> **○ 조동사 의문문**
>
> **문제 키워드 | Do / you / work / this building**
> 상대방에게 이 건물에서 일하는지 묻는 조동사 의문문이다.
> (A) 질문의 work를 반복 이용한 오답이다. 긍정의 Yes로 답변하였지만, 질문과 무관한 내용이 이어지고 있으므로 오답이다.
> (B) 이 건물에서 일하냐고 묻는 질문에 부정의 No로 응답한 후 친구를 만나러 왔다고 부연하고 있으므로 정답이다.
> (C) 질문의 work에서 연상할 수 있는 marketing agency를 사용하여 혼동을 유도하고 있는 오답이다. 회사의 업종 등을 묻는 What 의문문에 대한 답변으로 적절하다.
>
> **어휘** work 일하다, 작동하다 agency 대행 회사
>
> 정답 (B)

10
AU
BR

When are we supposed to relocate our headquarters?
(A) Due to the delay.
(B) By the end of this month.
(C) A change of address.

우리는 언제 본사를 이전하기로 되어 있나요?
(A) 지연 때문이요.
(B) 이달 말까지요.
(C) 주소 변경이요.

○ When 의문문

문제 키워드 | When / supposed / relocate

본사를 언제 이전하기로 되어 있는지 시점을 묻는 When 의문문이다.
(A) 이유를 묻는 Why 의문문에 적절한 답변이므로 오답이다.
(B) 시점을 묻는 질문에 '이달 말'까지라고 구체적인 시점을 알려 주고 있으므로 정답이다.
(C) 질문의 relocate에서 연상할 수 있는 address를 사용하여 혼동을 유도하는 오답이다.

어휘 be supposed to V ~하기로 되어 있다   relocate 이전하다   headquarters 본사   delay 지연, 지체

정답 (B)

11
US
US

How long did it take to build the Empire State Building?
(A) About 400 meters.
(B) In Midtown Manhattan.
(C) Nearly a year.

엠파이어 스테이트 빌딩을 짓는데 얼마나 걸렸나요?
(A) 약 400미터요.
(B) 미드타운 맨해튼이요.
(C) 거의 1년이요.

○ How 의문문

문제 키워드 | How long / take / build

특정 건물을 짓는 데 얼마나 걸렸는지 기간을 묻는 How long 의문문이다.
(A) 거리를 묻는 How far 의문문에 어울리는 답변이므로 오답이다.
(B) 장소를 묻는 Where 의문문에 어울리는 답변이므로 오답이다.
(C) 건설 기간을 묻는 질문에 '거의 1년'이라고 구체적인 기간으로 답변했으므로 정답이다.

어휘 nearly 거의

정답 (C)

12
US
AU

What did the director say about our proposed budget?
(A) The accounting director.
(B) No, that's not what I heard.
(C) I'm meeting with him tomorrow.

이사는 우리가 제안한 예산안에 대해 뭐라고 했나요?
(A) 회계 이사요.
(B) 아니요, 그건 제가 들은 것과 달라요.
(C) 저는 그와 내일 만날 거예요.

○ What 의문문

문제 키워드 | What / director / say / budget

제출한 예산안에 대해 뭐라고 했는지 묻는 What 의문문이다.
(A) 질문의 director를 반복 사용한 오답이다.
(B) What 의문문에 Yes/No로 답변할 수 없으므로 오답이다.
(C) 이사가 예산안에 대해 뭐라고 했는지 묻는 질문에 그와 내일 만난다는 답변은 '(아직은) 모른다'는 것을 우회적으로 표현한 것이므로 정답이다.

어휘 director 이사   proposed 제안된   budget 예산(안)

정답 (C)

13 When do you usually receive the bank statement?
(A) At the end of the month.
(B) The local bank branch.
(C) Just this morning.

당신은 보통 은행 입출금 내역서를 언제 받나요?
(A) 월말에요.
(B) 지역 은행 지점이요.
(C) 바로 오늘 아침에요.

When 의문문

문제 키워드 | When / you / receive

보통 언제 입출금 내역서를 받는지 묻는 When 의문문이다.
(A) 은행 입출금 내역서를 보통 언제 받는지 묻는 질문에 '월말'이라고 구체적인 시점으로 답변했으므로 정답이다.
(B) 질문의 bank를 반복 사용한 오답이다.
(C) this morning은 When 의문문의 답변이 될 수 있지만, When did you ~?와 같이 과거 시점을 묻는 질문에 적절한 답변이므로 주의해야 한다. 은행 입출금 내역서를 보통 언제 받는지 현재의 일반적인 상황에 대해 물었으므로 오답이다.

어휘 receive 받다 bank statement (은행 계좌의) 입출금 내역서 local 지역의 branch 지점, 지사   정답 (A)

---

14 Isn't the personnel manager available this afternoon?
(A) I am not on duty today.
(B) They met at the conference.
(C) No, but he can see you early tomorrow.

인사 부장은 오늘 오후에 시간이 안 되나요?
(A) 저는 오늘 비번입니다.
(B) 그들은 학회에서 만났습니다.
(C) 안 돼요, 그렇지만 그는 내일 일찍 당신을 볼 수 있어요.

부정 의문문

문제 키워드 | Isn't / manager / available / this afternoon

인사 부장은 오늘 오후에 시간이 안 되냐고 확인하는 부정 의문문이다.
(A) 질문의 available에서 연상할 수 있는 on duty를 사용하여 혼동을 유도한 오답이다.
(B) 질문의 내용과 무관한 답변이며, 질문의 시제는 현재(Isn't)이고, 보기의 시제는 과거(met)이므로 시제 불일치 오답이다.
(C) 오후에 시간이 안 되냐고 묻는 질문에 부정의 No로 응답한 후, 그렇지만 그가 내일 일찍 당신을 볼 수 있다고 부연 설명을 하고 있으므로 정답이다.

어휘 personnel 인사부 available 시간이 있는 on duty 근무 중인   정답 (C)

---

15 This storage lease will be automatically renewed, right?
(A) I had them for a while.
(B) These items are for sale.
(C) Did you check the contract?

창고 임대 계약은 자동으로 갱신되죠, 그렇죠?
(A) 제가 그것들을 잠깐 가지고 있었어요.
(B) 이 상품들은 판매용입니다.
(C) 계약서를 확인하셨나요?

부가 의문문

문제 키워드 | lease / automatically / renewed / right?

계약이 자동으로 갱신되는지를 확인하는 부가 의문문이다.
(A) 복수 대명사 them으로 지칭할 수 있는 복수 명사가 질문에 없기 때문에 대명사 오류 오답이다.
(B) 질문의 storage에서 연상할 수 있는 items(물품, 품목)를 사용하여 혼동을 유도한 오답이다.
(C) 계약이 자동으로 갱신되는지를 묻는 질문에 계약서를 확인했냐고 반문하는 답변으로 본인도 '모른다'는 의미를 우회적으로 표현한 정답이다.

어휘 storage 창고 lease 임대차 계약 automatically 자동적으로 renew 갱신하다 contract 계약서   정답 (C)

16 US BR

Would you like to discuss the final sales report today or early tomorrow?
(A) How about tomorrow morning?
(B) We should fix this watch.
(C) This promotion plan looks good.

최종 매출 보고서에 대해 오늘 논의하고 싶으신가요, 아니면 내일 일찍 논의하고 싶으신가요?
(A) 내일 아침 어때요?
(B) 저희는 이 시계를 수리해야 합니다.
(C) 이 홍보 계획은 좋아 보입니다.

─○ 선택 의문문 ─

문제 키워드 | discuss / today / or / early tomorrow

오늘과 내일 중 언제 논의를 할 원하는지 묻는 선택 의문문이다.
(A) 오늘과 내일 중 원하는 시간을 묻는 질문에 내일 아침은 어떠냐며 원하는 시간을 제안하고 있으므로 정답이다.
(B) 질문과 상관없는 답변이므로 오답이다.
(C) 질문의 sales report에서 연상할 수 있는 promotion plan을 사용하여 혼동을 유도한 오답이다.

어휘 discuss 논의하다 fix 수리하다 promotion 홍보

정답 (A)

17 AU US

Make sure you lock the door when you leave the warehouse.
(A) Okay, I'll remember to do that.
(B) It won't take long.
(C) Martin already checked the inventory.

창고를 떠나실 때 문을 꼭 잠그셔야 합니다.
(A) 알겠어요, 잠그는 걸 명심할게요.
(B) 오래 걸리지는 않을 거예요.
(C) Martin 씨가 이미 재고를 확인했어요.

─○ 평서문 ─

문제 키워드 | you / lock / door

창고를 나갈 때 문을 잠가야 한다는 내용의 평서문이다.
(A) 창고를 나갈 때 문을 잠가야 한다는 말에 알겠다며 기억하겠다고 답변했으므로 정답이다.
(B) 소요 시간을 묻는 How long 의문문에 어울리는 답변이므로 오답이다.
(C) 제시된 평서문의 warehouse에서 연상할 수 있는 inventory를 사용하여 혼동을 유도한 오답이다.

어휘 make sure 반드시 ~하다 lock 잠그다 leave 떠나다 warehouse 창고 remember 기억하다 check 확인하다 inventory 재고

정답 (A)

18 AU BR

Is it all right if I call the manager at home this late?
(A) I think so.
(B) His desk is on your left.
(C) That's not his phone number.

제가 이렇게 늦게 집에 있는 관리자에게 전화해도 괜찮을까요?
(A) 그럴 것 같아요.
(B) 그의 책상은 당신 왼쪽에 있습니다.
(C) 그건 그의 전화번호가 아닙니다.

─○ Be동사 의문문 ─

문제 키워드 | Is / all right / call / manager / this late

늦은 시간에 관리자에게 전화해도 괜찮은지를 묻는 Be동사 의문문이다. "괜찮아?"라고 묻는 질문에는 "괜찮다"라는 의미의 동의, 맞장구 답변이 일반적이다.
(A) 늦게 전화해도 괜찮을지 묻는 질문에 그럴 것 같다는 말로 괜찮다는 의미의 답변을 했으므로 정답이다. 동의는 가장 보편적인 정답이다.
(B) 질문의 right의 다른 뜻인 '오른쪽'에서 연상할 수 있는 left를 사용하여 혼동을 유도한 오답이다.
(C) 질문의 call에서 연상할 수 있는 phone number를 사용하여 혼동을 유도한 오답이다.

어휘 late 늦게

정답 (A)

19
US
US

Who can help me set up the projector in the seminar room?
(A) What project are you working on?
(B) I met her earlier today.
(C) I will go with you.

세미나실에 프로젝터를 설치하는 것을 누가 도와줄 수 있나요?
(A) 어떤 프로젝트를 하고 계시죠?
(B) 저는 오늘 일찍 그녀를 만났어요.
(C) 제가 당신과 함께 갈게요.

> **─○ Who 의문문 ─**
>
> **문제 키워드 | Who / help / me / set up**
>
> 프로젝터 설치를 누가 도와줄 수 있는지 묻는 Who 의문문이다.
> (A) 질문의 projector와 발음이 비슷한 project를 사용하여 혼동을 유도한 오답이다.
> (B) 대명사 her로 지칭할 만한 사람이 질문에 등장하지 않았으므로 오답이다.
> (C) 프로젝터 설치를 도와줄 사람을 묻는 질문에 '제가 당신과 함께 갈게요'라며 본인이 도와주겠다고 우회적으로 답변하고 있으므로 정답이다.
>
> **어휘** set up ~을 설치하다 projector 프로젝터, 영사기
>
> 정답 (C)

20
AU
US

Where is the National Museum?
(A) Five tickets, please.
(B) Turn right at the intersection.
(C) It closes at 7.

국립 박물관은 어디에 있나요?
(A) 티켓 5장 주세요.
(B) 교차로에서 우회전하세요.
(C) 7시에 문을 닫습니다.

> **─○ Where 의문문 ─**
>
> **문제 키워드 | Where / Museum**
>
> 박물관이 어디에 있는지 묻는 Where 의문문이다.
> (A) museum에서 연상할 수 있는 tickets를 사용하여 혼동을 유도한 오답으로, 수량을 묻는 How many 의문문에 어울리는 답변이다.
> (B) 박물관이 어디에 있는지 묻는 질문에 교차로에서 우회전하라고 박물관의 위치를 구체적으로 설명해 주고 있으므로 정답이다.
> (C) 영업시간 등을 묻는 질문에 적절한 답변으로, 질문의 museum에서 연상할 수 있는 '박물관 폐장 시간'을 이용하여 혼동을 유도하였다.
>
> **어휘** intersection 교차로
>
> 정답 (B)

21
BR
US

Why should we relocate the factory?
(A) The factory is located within ten miles.
(B) The rent has become unaffordable.
(C) Sometime next year.

왜 우리는 공장을 이전해야 하나요?
(A) 공장은 10마일 이내에 위치해 있습니다.
(B) 임대료가 감당할 수 없게 비싸졌습니다.
(C) 내년 중에요.

> **─○ Why 의문문 ─**
>
> **문제 키워드 | Why / we / relocate / factory**
>
> 공장을 이전해야 하는 이유를 묻는 Why 의문문이다.
> (A) 질문의 factory를 반복 사용하여 혼동을 주고 있으나, 질문의 내용과 무관한 답변이므로 오답이다.
> (B) 공장을 이전해야 하는 이유를 묻는 질문에 임대료가 감당할 수 없게 비싸졌다며 이유를 구체적으로 설명하고 있으므로 정답이다.
> (C) 시점을 언급하는 것은 When 의문문에 적절한 답변이므로 오답이다.
>
> **어휘** relocate 이전시키다 unaffordable 감당할 수 없게 비싼
>
> 정답 (B)

22
BR
AU

All the safety facilities in this factory were inspected recently, weren't they?
(A) Our customers are top priority.
(B) No, but it's scheduled for tomorrow.
(C) Only some of the potted plants.

이 공장의 모든 안전 설비는 최근에 점검을 받았어요, 그렇지 않나요?
(A) 우리의 고객들이 최우선입니다.
(B) 아니요, 하지만 내일로 예정되어 있어요.
(C) 일부 화분만요.

○ 부가 의문문

문제 키워드 | **facilities / inspected / weren't they**

공장의 설비가 점검을 받았는지 묻는 부가 의문문이다.
(A) 질문의 safety에서 연상할 수 있는 priority를 사용하여 혼동을 유도한 오답이다.
(B) 공장의 설비가 점검을 받았는지를 묻는 질문에 부정의 No로 답한 뒤, 점검이 내일로 예정되어 있다고 부연 설명한 정답이다.
(C) 질문의 factory에서 연상 가능한 plant를 사용하여 혼동을 유도한 오답이다. plant는 '공장'과 '식물'이라는 의미가 있다.

어휘 safety 안전 facility 시설, 설비 inspect 점검하다 recently 최근에 priority 우선 사항 plant 식물, 공장

정답 (B)

23
US
US

Why don't you join us for a coffee break downstairs?
(A) It was broken already.
(B) Thanks, I enjoyed it a lot.
(C) I have a meeting soon.

저희와 함께 아래층에서 커피를 마시는 게 어때요?
(A) 그것은 이미 망가졌습니다.
(B) 고맙습니다, 매우 즐거웠습니다.
(C) 저는 곧 회의가 있습니다.

○ 권유/제안 의문문

문제 키워드 | **Why don't you / join / coffee break**

함께 휴식을 취할 것을 제안하는 권유/제안 의문문이다.
(A) 질문의 break와 발음이 비슷한 broken을 사용하여 혼동을 유도한 오답이다.
(B) 미래 시제의 질문에 과거 시제로 답변할 수 없으므로 시제 불일치 오답이다.
(C) 함께 커피 마실 것을 제안하는 말에 회의가 있다는 말로 우회적으로 상대방의 제안을 거절하고 있으므로 정답이다.

어휘 join 함께하다 coffee break 휴식 시간 downstairs 아래층에서

정답 (C)

24
US
BR

Isn't our company intranet supposed to be upgraded tonight?
(A) Yes, the manager said to save all important files.
(B) A local Internet provider.
(C) It's 25 dollars per computer.

오늘 밤에 우리 회사 내부 전산망을 업그레이드하기로 하지 않았나요?
(A) 네, 관리자가 모든 중요 파일들을 저장하라고 말했어요.
(B) 지역 인터넷 제공 업체요.
(C) 컴퓨터 한 대당 25달러입니다.

○ 부정 의문문

문제 키워드 | **Isn't / intranet / supposed / upgraded**

내부 전산망을 업그레이드하기로 하지 않았는지를 확인하는 부정 의문문이다.
(A) 내부 전산망을 업그레이드하기로 하지 않았는지 묻는 질문에 긍정의 Yes로 답한 뒤, 관리자가 파일을 저장하라고 했다고 부연 설명한 정답이다.
(B) 질문의 intranet과 발음이 비슷한 Internet을 이용하여 혼동을 유도한 오답이다. 명사 답변은 What 의문문에 어울리는 답변임에 유의하자.
(C) 가격을 제시하는 답변으로 How much 의문문에 어울리는 답변이다.

어휘 intranet 내부 전산망, 인트라넷 be supposed to V ~하기로 되어 있다 save 저장하다 say to V ~하라고 명령하다 important 중요한 local 지역의 provider 제공 업체

정답 (A)

25 Which company do we use to cater for the company events?
(A) It is not working now.
(B) Check the latest invoice.
(C) I have not been there.

우리는 회사 행사에 음식을 공급하기 위해 어떤 회사를 이용하나요?
(A) 그것은 지금 작동하지 않습니다.
(B) 가장 최신 청구서를 확인해 보세요.
(C) 저는 그곳에 가본 적이 없습니다.

Which 의문문

문제 키워드 | Which company / use / cater

음식 공급을 위해 어떤 회사를 이용하는지 묻는 Which 의문문이다.
(A) 질문의 company에서 연상할 수 있는 working을 사용하여 혼동을 유도한 오답이다.
(B) 어떤 회사를 이용하는지 묻는 질문에 최신 청구서를 확인해 보라는 말로 '모르겠다'는 의미를 우회적으로 전달한 정답이다.
(C) 질문의 events에서 연상할 수 있는 상황(그 행사에 가본 적이 없다)을 이용하여 혼동을 유도한 오답이다.

어휘 cater 음식을 공급하다 invoice 청구서

정답 (B)

---

26 Where should I take our investors for dinner next week?
(A) Around 6 will be good for me.
(B) I can show you our investment plan.
(C) You know, most of us hardly ever eat out.

다음 주 저녁 식사에 우리 투자자들을 어디로 데리고 가야 하나요?
(A) 저는 6시쯤이 좋아요.
(B) 당신에게 저희 투자 계획을 보여 드릴 수 있어요.
(C) 그게, 저희 대부분은 거의 외식을 하지 않아요.

Where 의문문

문제 키워드 | Where / take / investors / dinner

저녁 식사를 위해 투자자들을 어디로 데려가야 하는지 묻는 Where 의문문이다.
(A) Around 6라는 시점 표현이 있으므로 시점을 묻는 When 의문문에 어울리는 답변이다.
(B) 질문의 investors에서 연상할 수 있는 investment를 사용하여 혼동을 유도한 오답이다.
(C) 저녁 식사를 위해 투자자들을 어디로 데려가야 하는지 묻는 질문에 외식을 하지 않는다는 말로 '모른다'는 의미를 우회적으로 전달한 정답이다.

어휘 investor 투자자 investment 투자 eat out 외식하다

정답 (C)

---

27 This promotional campaign poster is attractive?
(A) He's been promoted.
(B) Yes, the design looks professional.
(C) He is not so interested.

이 홍보 캠페인 포스터가 매력적이죠?
(A) 그는 승진했습니다.
(B) 네, 디자인이 전문적으로 보입니다.
(C) 그는 관심이 많지 않습니다.

평서문

문제 키워드 | poster / attractive

평서문이지만 끝부분 억양을 올려 홍보 캠페인 포스터가 매력적인지를 묻는 평서문 형태의 의문문이다.
(A) 질문의 promotional과 발음이 비슷한 promoted를 사용한 오답이다. 더불어, 대명사 he로 가리킬 만한 구체적인 대상이 질문에 언급되지 않았으므로 오답이다.
(B) 홍보 포스터가 매력적인지를 묻는 말에 동의한다는 의미의 Yes와 함께 디자인이 전문적으로 보인다고 추가 의견을 덧붙이고 있으므로 정답이다.
(C) 대명사 he로 가리킬 만한 구체적인 대상이 질문에 언급되지 않았으므로 오답이다.

어휘 promotional 홍보의 attractive 매력적인 promote 홍보하다, 승진하다 professional 전문적인

정답 (B)

28 US AU
Would you like to sign up for the gym only or also the pool?
(A) A gym next to the clinic.
(B) About 100 dollars a month.
(C) I don't like to swim.

헬스장만 신청하시겠어요, 아니면 수영장도 같이 신청하시겠어요?
(A) 병원 옆에 있는 헬스장이요.
(B) 한 달에 약 100달러입니다.
(C) 저는 수영하는 것을 좋아하지 않습니다.

─○ 선택 의문문 ─

문제 키워드 | sign up for / gym / or / pool

헬스장만 신청할지 수영장도 같이 신청할지 묻는 선택 의문문이다.
(A) 질문의 gym을 반복 사용하여 혼동을 유도한 오답이다.
(B) 비용을 묻는 How much 의문문에 어울리는 답변이므로 오답이다.
(C) 헬스장만 신청할지 수영장도 신청할지 묻는 질문에 수영을 좋아하지 않는다는 말로 수영장을 신청하지 않을 것임을 우회적으로 표현하였으므로 정답이다.

어휘 sign up for ~을 신청하다   gym 헬스장   pool 수영장   clinic 병원   정답 (C)

---

29 BR US
I reserved your meeting room for 2 o'clock today.
(A) But our seminar is supposed to start at 1.
(B) A reservation is not required.
(C) Could you let me know today's meeting agenda?

저는 당신의 회의실을 오늘 2시로 예약했습니다.
(A) 그렇지만 우리의 세미나는 1시에 시작하기로 되어 있습니다.
(B) 예약은 필요하지 않습니다.
(C) 오늘 회의의 안건을 알려 주시겠어요?

─○ 평서문 ─

문제 키워드 | I / reserved / meeting room / 2 o'clock

회의실을 2시로 예약했다는 내용의 평서문이다.
(A) 2시에 회의실을 예약했다는 말에 세미나가 1시에 시작한다는 말로 예약 시간이 잘못되었음을 알리고 있으므로 정답이다.
(B) 제시된 평서문의 reserved와 발음이 유사한 reservation을 사용하여 혼동을 유도한 오답이다.
(C) 제시된 평서문의 meeting을 반복 사용하여 혼동을 유도한 오답이다.

어휘 reserve 예약하다   meeting room 회의실   be supposed to V ~하기로 되어 있다   reservation 예약   require 필요하다   정답 (A)

---

30 BR AU
Were you able to change the meeting time with the director?
(A) There was no answer.
(B) At the convention hall.
(C) No, we accept only cash.

관리자와의 회의 시간을 바꿀 수 있으셨나요?
(A) 응답이 없었습니다.
(B) 회의장에서요.
(C) 아니요, 저희는 현금만 받습니다.

─○ Be동사 의문문 ─

문제 키워드 | Were / you / able / change / meeting time

관리자와의 회의 시간을 바꿀 수 있었는지 묻는 Be동사 의문문이다.
(A) 관리자와의 회의 시간을 바꿀 수 있었는지 묻는 질문에 응답이 없었다는 말로 연락이 안 되어 바꿀 수 없었음을 우회적으로 표현한 정답이다.
(B) 질문의 meeting에서 연상할 수 있는 회의 장소인 convention hall을 사용하여 혼동을 유도한 오답이다. Where 의문문에 어울리는 장소 답변이다.
(C) 부정의 No로 답변하고 있지만, 현금만 받는다는 질문과 무관한 내용이 이어지므로 오답이다.

어휘 director 관리자, 책임자   convention hall 회의장   accept 받아들이다   cash 현금   정답 (A)

31
AU
BR

Where do you recommend we should go when we visit London?
(A) To Buckingham Palace.
(B) This July.
(C) Summer is better.

저희가 런던을 방문할 때 어디를 가야 하는지 추천해 주시겠습니까?
(A) 버킹엄 궁전으로요.
(B) 올해 7월에요.
(C) 여름이 더 좋습니다.

◦ Where 의문문

문제 키워드 | **Where / recommend / visit / London**

런던에서 갈 만한 곳의 추천을 부탁하는 Where 의문문이다.
(A) 장소 추천을 부탁하는 질문에 전치사 to와 함께 구체적인 장소를 언급하고 있으므로 정답이다.
(B) 구체적인 시간을 언급하고 있으므로 When 의문문에 어울리는 답변이다.
(C) 장소 추천을 묻는 질문과 상관없는 답변이므로 오답이다.

어휘 recommend 추천하다

정답 (A)

PART 3

Questions 32-34 refer to the following conversation. 32-34는 다음 대화에 관한 문제입니다.

M Hello, Annie. **32** I've found that one of the box making machines has stopped today. Did you call a repairperson to come to examine it?

W Yeah, I already did. **33** She came by the plant this afternoon and mentioned that we need to replace the equipment's motor. She can fix it by tomorrow morning.

M Excellent! By the way, we have to check if there are enough boxes to fill this week's orders. **34** Could you check our current inventory? If there aren't, I need to get in touch with our clients.

남: 안녕하세요, Annie 씨. **32** 상자를 만드는 기계 중 하나가 멈춘 것을 오늘 발견했어요. 점검하러 와 달라고 수리공에게 전화했나요?

여: 네, 이미 했어요. **33** 그녀가 오늘 오후에 공장에 왔었고 장비의 모터를 교체해야 한다고 했어요. 내일 오전까지 그것을 고칠 수 있어요.

남: 잘됐습니다! 그런데 우린 이번 주 주문을 처리할 상자가 충분히 있는지 확인해야 해요. **34** 당신이 현재 재고를 확인해 주겠어요? 만약 충분하지 않다면, 제가 우리 고객들에게 연락해야만 해요.

어휘 examine 점검하다, 조사하다 mention 언급하다 replace 교체하다 equipment 장비 fix 고치다 check if ~ 여부를 확인하다 fill an order 주문을 맞추다[처리하다] current 현재의 inventory 재고 get in touch with ~와 연락하다 client 고객

32 What issue are the speakers talking about?
(A) Many current clients are unsatisfied.
(B) Some equipment is malfunctioning.
(C) Several products are not available.
(D) A few staff members often come to work late.

화자들은 어떤 문제에 관해 이야기하고 있는가?
(A) 많은 현 고객들이 불만족스러워한다.
(B) 일부 장비가 고장이다.
(C) 여러 제품들을 이용할 수 없다.
(D) 몇몇 직원들이 가끔 늦게 출근한다.

> **기본 정보 파악 - 주제**
>
> **문제 키워드** | What issue / speakers / talking
>
> 대화의 주제를 묻는 문제는 대화의 처음을 잘 들어야 한다. 남자의 첫 번째 대사에서 기계의 고장(I've found that one of the box making machines has stopped today.)에 대해 언급하고 있으므로 (B)가 정답이다.
>
> **패러프레이징** has stopped 멈췄다 → is malfunctioning 고장이다
>
> **어휘** unsatisfied 만족하지 않은 malfunction 제대로 작동하지 않다 available 이용할 수 있는
>
> 정답 (B)

33 Where are the speakers most likely working?
(A) At an appliance store
(B) At a service center
(C) At a factory
(D) At a supermarket

화자들은 어디에서 일하는 것 같은가?
(A) 전자제품 매장에서
(B) 서비스 센터에서
(C) 공장에서
(D) 슈퍼마켓에서

> **기본 정보 파악 - 직업/업종**
>
> **문제 키워드** | Where / speakers / working
>
> 화자들의 근무처나 업종을 묻는 문제의 단서는 대화의 전반부에서 언급된다. 남자가 장비에 문제가 있음을 언급하고 수리공을 불렀는지 묻자 여자가 수리공이 오늘 오후에 공장에 왔었고 장비의 모터를 교체해야 한다고 했다(She came by the plant this afternoon and mentioned that we need to replace the equipment's motor.)고 했으므로 화자들의 근무하는 곳은 공장임을 알 수 있다. 따라서 정답은 (C)이다.
>
> 정답 (C)

34 What does the man ask the woman to do?
(A) Work additional hours
(B) Rearrange some products
(C) Relocate machines to another plant
(D) Check the availability of products

남자는 여자에게 무엇을 할 것을 요청하는가?
(A) 추가 근무를 하는 것
(B) 일부 제품을 다시 정리하는 것
(C) 기계들을 다른 공장으로 옮기는 것
(D) 제품의 재고를 확인하는 것

> **구체적인 정보 파악 - 제안/요청**
>
> **문제 키워드** | What / man / ask / woman
>
> 남자의 마지막 대사 중 권유 및 제안 표현을 찾아야 한다. 현재 재고를 확인해 줄 수 있는지(Could you check our current inventory?) 묻고 있으므로 정답은 (D)이다.
>
> **패러프레이징** current inventory 현재 재고 → availability 이용 가능성
>
> **어휘** additional 추가의 rearrange 재배열하다, 다시 정리하다 relocate 이동시키다 availability 이용 가능성
>
> 정답 (D)

Questions 35-37 refer to the following conversation. 35-37은 다음 대화에 관한 문제입니다.

AU
BR

M   Andrea, **35 are you planning to come to the office on Saturday morning to participate in the accounting seminar?** Could you tell me where I should go to attend it?
W   It'll be held in conference room A on the third floor. And **36 its start time has been rescheduled.** It will start at 10:30 A.M. instead of 11:00 A.M. An expert, Connie Ray, has been invited to lead the seminar.
M   Oh, that'd be great. I can't wait! Actually, Connie and I already know each other. **37 I used to work with her at another company before.**

남: Andrea 씨, **35** 토요일 오전에 회계 세미나에 참석하기 위해 사무실에 올 계획인가요? 세미나에 참석하려면 어디로 가야 하는지를 말씀해 주실 수 있나요?
여: 3층 A 회의장에서 진행될 예정입니다. 그리고 **36** 시작 시간이 변경되었어요. 오전 11시가 아니라 10시 30분에 시작할 거예요. 세미나 진행을 위해 전문가인 Connie Ray 씨가 초청되었어요.
남: 오, 좋을 것 같네요. 무척 기대돼요! 사실, Connie 씨와 저는 이미 서로를 알고 있어요. **37** 저는 과거에 다른 회사에서 그녀와 함께 근무했었어요.

어휘 participate in ~에 참가하다 accounting 회계 attend 참석하다 conference room 회의실 third 세 번째의 reschedule 일정을 변경하다 expert 전문가 invite 초대하다, 요청하다 lead 이끌다 used to V ~하곤 했다

35 What are the speakers mainly talking about?
(A) An annual conference
(B) A job interview
(C) An employee seminar
(D) A new competitor

화자들은 무엇에 대해서 이야기하고 있는가?
(A) 연례 학회
(B) 구직 면접
(C) 직원 세미나
(D) 새로운 경쟁사

─○ 기본 정보 파악 – 주제 ─

문제 키워드 | What / speakers / talking

대화의 주제를 묻는 문제로, 초반부에서 정답의 근거를 찾는다. 남자가 초반부에 토요일 오전에 회계 세미나에 참석하기 위해 사무실에 올 계획인지(are you planning to come to the office on Saturday morning to participate in the accounting seminar?) 묻고 있다. 즉, 직장에서 세미나가 진행되는 것이므로 정답은 (C)이다.

어휘 annual 연례의, 매년의 competitor 경쟁자, 경쟁사

정답 (C)

36 What does the woman say has been changed?
(A) The location of a conference
(B) The time of an event
(C) The list of visitors
(D) The budget for an annual banquet

여자는 무엇이 변경되었다고 말하는가?
(A) 학회 장소
(B) 행사 시간
(C) 방문자 명단
(D) 연례 연회 예산

─○ 구체적인 정보 파악 – 특정 사항 ─

문제 키워드 | What / woman / say / changed

여자가 변경됐다고 말한 것이 무엇인지를 묻는 문제이므로, 여자의 대사에서 정답의 근거를 찾는다. 세미나 장소를 묻는 남자의 말에 여자가 특정 장소를 가르쳐 주며 시작 시간이 변경됐다(its start time has been rescheduled.)고 덧붙였으므로 정답은 (B)이다.

패러프레이징 start time has been rescheduled 시작 시간이 변경됐다 → The time of an event 행사 시간

어휘 location 장소 visitor 방문자 budget 예산 banquet 연회

정답 (B)

37 What does the man say about Connie Ray?
(A) He is a fan of her books.
(B) She will retire soon.
(C) He once worked with her.
(D) She has her own company.

남자가 Connie Ray 씨에 대해 말한 것은 무엇인가?
(A) 그는 그녀가 쓴 책의 팬이다.
(B) 그녀는 곧 은퇴할 예정이다.
(C) 그는 한때 그녀와 함께 일을 했다.
(D) 그녀는 본인 소유의 회사를 갖고 있다.

─○ 구체적인 정보 파악 – 특정 사항 ─

문제 키워드 | What / man / say / Connie Ray

남자가 Connie Ray 씨에 대해 말한 것이 무엇인지를 묻는 문제이므로, 남자의 대사에서 핵심 키워드인 Connie Ray가 언급되는 곳에 집중한다. 후반부에 남자가 Connie 씨를 알고 있다며 다른 회사에서 그녀와 함께 근무했었다(I used to work with her at another company before.)고 했으므로 정답은 (C)이다.

어휘 retire 은퇴하다 once 한때

정답 (C)

Questions 38-40 refer to the following conversation. 38-40은 다음 대화에 관한 문제입니다.

M	Hello, my name is Dean Evans. **38** I have a job interview with Carlton Association.
W	Good afternoon. **39** Could you show me some form of identification? It's required to issue you a visitor's badge.
M	Of course. Here it is. And, my car is parked in the parking lot behind the building. They said it's a dollar for every 10 minutes. **40** Is it possible to get a discount on it?
W	Well, **40** you can get a stamp on the ticket for that. Just be sure to take it to the office where you'll have the interview. **40** Without the stamp, you'll need to pay on your way out.

남	안녕하세요, 저는 Dean Evans입니다. **38** 저는 Carlton 협회와 취업 면접이 있습니다.
여	안녕하세요. **39** 신분증을 보여 주시겠어요? 방문증을 발급해 드리기 위해 필요합니다.
남	물론이죠. 여기 있습니다. 그리고 건물 뒤 주차장에 제 차를 주차했습니다. 10분당 1달러라고 하던데요. **40** 할인을 받을 수 있을까요?
여	음, **40** 그러시려면 티켓에 도장을 받으면 됩니다. 면접을 볼 사무실로 그것을 꼭 가져가세요. **40** 도장이 없으면, 나가시는 길에 돈을 지불해야 할 것입니다.

어휘 association 협회 identification 신분 증명(서) require 필요하다 issue A B A에게 B를 발행해 주다 parking lot 주차장 get a discount 할인을 받다

38 What is the purpose of the man's visit?
(A) To make a delivery
(B) To have an interview
(C) To inspect a building
(D) To see his acquaintance

남자의 방문 목적은 무엇인가?
(A) 배달하기 위해
(B) 면접을 보기 위해
(C) 건물을 점검하기 위해
(D) 그의 지인을 만나기 위해

○ 기본 정보 파악 – 방문 목적

문제 키워드 | man / what / purpose / his visit

대화의 목적이 아니라 남자가 방문한 목적임에 주의해야 하며, 남자의 대사에 집중한다. 남자가 자신이 Dean Evans라는 사실을 알리면서, 취업 면접이 있다(I have a job interview)고 했으므로 정답은 (B)이다.

어휘 inspect 점검하다 acquaintance 지인

정답 (B)

39 What does the man need to do to get a visitor's badge?
(A) Provide contact information
(B) Fill out an application form
(C) Proceed to another office
(D) Present some identification

남자는 방문증을 받기 위해 무엇을 해야 하는가?
(A) 연락처 제공하기
(B) 신청서 작성하기
(C) 다른 사무실로 이동하기
(D) 신분증 보여 주기

○ 구체적인 정보 파악 – 특정 사항

문제 키워드 | What / man / need / get / visitor's badge

남자가 방문증을 받기 위해 해야 할 일을 묻는 문제로, 여자가 요청하는 부분에서 정답을 파악할 수 있다. 여자는 신분증을 보여 달라는 요청과 함께, 그것은 방문증 발급을 위해 필요하다(Could you show me some form of identification? It's required to issue you a visitor's badge.)고 했으므로 정답은 (D)이다.

어휘 contact information 연락처 fill out ~을 작성하다 application form 신청서 proceed to ~로 가다 present 제시하다

정답 (D)

40 How can the man be exempt from the parking fee?
(A) By contacting an office
(B) By leaving the building early
(C) By having a stamp on a ticket
(D) By parking his car in a different location

남자는 어떻게 주차 요금을 면제받을 수 있는가?
(A) 사무실에 연락함으로써
(B) 건물을 일찍 떠남으로써
(C) 티켓에 도장을 받음으로써
(D) 다른 장소에 그의 차를 주차함으로써

○ 구체적인 정보 파악 – 특정 사항

문제 키워드 | How / man / exempt / parking fee

주차 관련 대화가 이어지는 후반부에 집중한다. 차를 주차장에 주차했다는 언급과 함께, 주차 요금 할인을 받을 수 있는지(Is it possible to get a discount on it?) 묻는 남자의 말에 여자는 티켓에 도장을 받으면 된다(you can get a stamp on the ticket for that.)고 언급한 뒤, 도장이 없으면 돈을 지불해야 할 것이다(Without the stamp, you'll need to pay)고 했으므로, 남자는 티켓에 도장을 받음으로써 주차 요금을 면제받을 수 있다는 것을 알 수 있다. 따라서 정답은 (C)이다.

어휘 be exempt from ~에서 면제되다

정답 (C)

Questions 41-43 refer to the following conversation. 41-43은 다음 대화에 관한 문제입니다.

W   Ben, **41** why don't you come with us to the welcoming party for the new employees tomorrow night?
M   Well, I have to get ready for a presentation.
W   Alright. You will make a presentation on Wednesday, right?
M   Exactly, and **42** I'm searching for a print shop to have several visual materials printed, which need to be ready a day before the presentation.
W   **43** I think you should talk with the hotel reception for some recommendations.

여: Ben 씨, **41** 내일 밤에 신입 직원을 위한 환영 파티에 우리와 함께 가는 게 어때요?
남: 음, 전 발표 준비를 해야 해요.
여: 괜찮아요. 수요일에 발표를 할 예정이죠, 그렇죠?
남: 맞습니다. 그리고 **42** 저는 여러 시각 자료를 인쇄할 인쇄소를 찾고 있는데 그것들은 발표 하루 전까지 준비되어야 해요.
여: **43** 제 생각에는 호텔 접수처와 얘기해서 추천을 좀 받으면 될 것 같아요.

어휘 welcoming party 환영 파티   get ready for ~할 준비가 되다   search for ~을 찾다   visual 시각적인   material 자료   reception 접수처, 연회

41 Why does the man say, "I have to get ready for a presentation"?
(A) To extend a deadline
(B) To turn down an invitation
(C) To recommend an alternative
(D) To reschedule an appointment

남자는 왜 "전 발표 준비를 해야 해요"라고 말하는가?
(A) 마감을 연장하기 위해
(B) 초대를 거절하기 위해
(C) 대안을 제안하기 위해
(D) 약속을 다시 잡기 위해

─○ 신유형 - 화자의 의도 파악

문제 키워드 | Why / man / say / "I have to get ready for a presentation"

화자의 의도 파악 문제는 주어진 문장 앞뒤의 문맥 파악이 중요하다. 내일 밤에 신입 직원을 위한 환영 파티에 함께 가자(why don't you come with us to the welcoming party for the new employees tomorrow night?)는 여자의 제안에 '발표 준비를 해야 한다'고 답한 것은 초대를 거절하기 위해 한 말임을 알 수 있으므로 정답은 (B)이다.

어휘 extend 연장하다   deadline 마감(일)   turn down 거절하다   invitation 초대(장)   alternative 대안   appointment 약속   정답 (B)

42 According to the man, what needs to be done for his presentation?
(A) Reviewing some documents
(B) Arranging transportation
(C) Printing an itinerary
(D) Finding a shop to prepare materials

남자에 따르면, 그의 발표를 위해 무엇이 되어야 하는가?
(A) 서류를 검토하는 것
(B) 교통수단을 준비하는 것
(C) 여행 일정표를 인쇄하는 것
(D) 자료를 준비할 가게를 찾는 것

─○ 구체적인 정보 파악 - 특정 사항

문제 키워드 | man / what / needs / done / presentation

핵심 키워드인 presentation이 언급되는 곳에 집중하자. 남자가 자료를 인쇄할 인쇄소를 찾고 있는데 그것들은 발표 하루 전까지 준비되어야 한다(I'm searching for a print shop to have several visual materials printed, which need to be ready a day before the presentation.)고 했으므로 남자는 발표 전에 인쇄할 가게를 찾아야 함을 알 수 있다. 따라서 정답은 (D)이다.

[패러프레이징] searching for a print shop 인쇄소를 찾다
→ Finding a shop to prepare materials 자료를 준비할 가게를 찾는 것

어휘 review 검토하다   arrange 준비하다, 마련하다   transportation 교통수단   itinerary 여행 일정표   정답 (D)

43 What does the woman suggest the man do?
(A) Consult with a hotel staff member
(B) Hold a regular meeting
(C) Reserve a room in advance
(D) Sign up for a training session

여자는 남자에게 무엇을 하는 것을 제안하는가?
(A) 호텔 직원에게 문의하기
(B) 정기적인 회의 열기
(C) 미리 방을 예약하기
(D) 교육을 신청하기

─○ 구체적인 정보 파악 - 제안/요청

문제 키워드 | What / woman / suggest / man

제안/요청 문제는 대화의 후반부에서 단서가 언급된다. 여자의 마지막 말에서 호텔 접수처와 얘기해서 추천을 받으면 될 것 같다(I think you should talk with the hotel reception for some recommendations.)고 제안했으므로 정답은 (A)이다.

[패러프레이징] talk with the hotel reception 호텔 접수처와 얘기하다
→ Consult with a hotel staff member 호텔 직원에게 문의하기   정답 (A)

Questions 44-46 refer to the following conversation with three speakers. 44-46은 다음 세 명의 대화에 관한 문제입니다.

AU
US
BR

M: Hello, Leticia and Lucy. Before we start today's new employee training, **44** let me give you a tour of our factory where our car parts are produced. Is there any question before we start?
W1: Yes, I have one. Do we need to put on company uniforms or is it OK with our regular clothes?
M: Well, for now you don't need to. **45** After the tour, you can change into your uniforms. Lucy, do you have any questions?
W2: Oh, I do. I was told that many complex machines are operating here. Could you tell me how often they are inspected?
M: **46** We conduct regular inspections on a monthly basis, and also we hired mechanics to take care of maintenance and minor repairs.

남: 안녕하세요, Leticia 씨, Lucy 씨. 오늘의 신입 직원 교육을 시작하기 전에 **44** 여러분에게 자동차 부품이 생산되는 우리 공장을 견학시켜 드리겠습니다. 시작하기 전에 질문 있으신가요?
여1: 네, 있습니다. 저희는 회사 유니폼을 입어야 하나요, 아니면 평상복을 입고 있어도 괜찮을까요?
남: 음, 당분간은 그럴 필요는 없습니다. **45** 견학 이후에 여러분은 유니폼으로 갈아입으실 수 있습니다. Lucy 씨, 질문 있으신가요?
여2: 오, 네, 그렇습니다. 많은 복잡한 기계들이 이곳에서 작동되고 있다고 들었어요. 기계들이 얼마나 자주 검사를 받는지 말씀해 주실 수 있을까요?
남: **46** 저희는 매달 정기 점검을 실시하고 또한 유지 보수와 사소한 수리를 위해 정비사를 고용했습니다.

[어휘] give a tour of ~을 견학시켜 주다 regular clothes 평상복 complex 복잡한 operate 작동되다 inspect 검사하다 conduct 실시하다 regular inspection 정기 점검 on a monthly basis 매월 mechanic 정비사 take care of ~을 돌보다, 처리하다 maintenance 유지, 보수 minor 사소한

44 Where most likely are the speakers?
(A) At a service center
(B) At a local clothing shop
(C) At a manufacturing plant
(D) At a car dealership

화자들은 어디에 있는 것 같은가?
(A) 서비스 센터에
(B) 지역 옷가게에
(C) 생산 공장에
(D) 자동차 판매점에

○ 기본 정보 파악 – 장소

문제 키워드 | Where / speakers

화자들의 근무처나 대화 장소는 주로 대화의 전반부에 언급된다. 전반부에 남자가 자동차 부품이 생산되는 우리 공장을 견학시켜 주겠다(let me give you a tour of our factory where our car parts are produced.)고 했으므로 정답은 (C)이다.

[패러프레이징] factory where our car parts are produced 자동차 부품이 생산되는 공장 → **manufacturing plant** 생산 공장

정답 (C)

45 According to the man, what can the women do after the tour?
(A) Go to other facilities
(B) Watch an instructional video
(C) Put on work uniforms
(D) Hear from a manager

남자에 따르면, 여자들은 견학 후에 무엇을 할 수 있는가?
(A) 다른 시설 가기
(B) 교육 비디오 보기
(C) 작업 유니폼 착용하기
(D) 매니저에게서 연락받기

○ 구체적인 정보 파악 – 특정 사항

문제 키워드 | man / what / women / after the tour

견학 후에(after the tour) 여자들이 할 수 있는 일을 남자가 제시하는 상황이므로, 남자의 말 중 제안 또는 미래의 표현에 주의하자. 견학 이후에 유니폼으로 갈아입을 수 있다(you can change into your uniforms.)고 했으므로 정답은 (C)이다.

정답 (C)

46 What does the man say happens on a regular basis?
(A) New uniforms are provided.
(B) Inspections are carried out.
(C) Finished goods are shipped out.
(D) Work shifts are changed.

남자는 정기적으로 무슨 일이 있다고 말하는가?
(A) 새 유니폼이 지급된다.
(B) 점검이 수행된다.
(C) 완성품이 발송된다.
(D) 교대 근무가 변경된다.

○ 구체적인 정보 파악 – 특정 사항

문제 키워드 | What / man / happen / on a regular basis

남자의 말 중 핵심 키워드인 on a regular basis가 언급되는 곳에서 답을 찾자. 후반부에 남자가 매달 정기 점검을 실시한다(We conduct regular inspections on a monthly basis)고 했으므로 정답은 (B)이다.

[패러프레이징] conduct regular inspections 정기 점검을 실시한다 → **Inspections are carried out.** 점검이 수행된다.

[어휘] carry out ~을 수행하다 work shift 근무 교대(제)

정답 (B)

Questions 47-49 refer to the following conversation. 47-49는 다음 대화에 관한 문제입니다.

US
AU

W Hello, Sam. It seems our business has been going quite well since 47 we started our retail shop last February.
M Yeah, 48 our customers have shown a positive response as they were trying to find a furniture store which offers quality products at very reasonable prices. I think our prices are unbeatable.
W That's right. Well, it may be a great time to consider how our business can be more profitable in the upcoming season.
M Do you have any particular idea in mind?
W I'm thinking about carrying brand new house-furnishing goods. I've found Ealing Furnishing is getting popular nowadays.
M That can be a great idea. 49 Should I go ahead and contact them to see if they can provide some more information about their products?

여: 안녕하세요, Sam 씨. 47 우리가 지난 2월에 소매점을 시작한 뒤로 장사가 매우 잘 되는 것 같아요.
남: 네, 48 우리 고객들은 매우 적당한 가격에 고품질의 상품을 판매하는 가구점을 찾고 있었기 때문에 긍정적인 반응을 보여 주고 있어요. 우리 가격보다 더 괜찮은 곳은 없다고 생각해요.
여: 맞습니다. 음, 우리 사업이 어떻게 다음 시즌에 더 많은 수익을 낼 수 있을지에 대해 고려해 볼 좋은 시기인 것 같아요.
남: 특별히 생각해 놓은 아이디어가 있나요?
여: 새로운 실내 장식품을 취급하는 것을 생각하고 있어요. 요즘 Ealing 가구가 점점 더 인기를 얻고 있다는 것을 알게 됐어요.
남: 좋은 아이디어인 것 같아요. 49 그들에게 연락해서 그들이 판매하고 있는 제품에 대한 더 많은 자료를 제공해 줄 수 있는지 알아볼까요?

어휘 retail 소매 positive 긍정적인 response 반응 reasonable 합리적인 unbeatable 더 이상 좋을 수 없는 profitable 수익성이 있는 upcoming 곧 있을, 다가오는 particular 특정한 carry 취급하다 house-furnishing goods 실내 장식품

47 What did the speakers do in February?
(A) They revised a policy.
(B) They conducted a customer survey.
(C) They finished renovating their store.
(D) They started their own business.

화자들은 2월에 무엇을 했는가?
(A) 정책을 수정했다.
(B) 고객 설문 조사를 실시했다.
(C) 매장 보수를 마쳤다.
(D) 그들 소유의 사업을 시작했다.

─ 구체적인 정보 파악 – 특정 사항 ─

문제 키워드 | What / did / speakers / February
February를 핵심 키워드로 잡고 대화의 전반부를 집중해서 들어야 한다. 여자의 첫 대사에서 지난 2월 소매점을 시작했다(we started our retail shop last February.)고 했으므로 정답은 (D)이다.

정답 (D)

48 According to the man, what aspect of the business appeals to customers?
(A) The high quality service
(B) The various items
(C) The affordable prices
(D) The business hours

남자의 말에 따르면, 사업의 어떤 측면이 고객들에게 호감을 주는가?
(A) 고품질 서비스
(B) 다양한 상품
(C) 적당한 가격
(D) 영업시간

─ 구체적인 정보 파악 – 특정 사항 ─

문제 키워드 | man / what aspect / business / appeals / customers
남자의 대사에서 고객이 언급되는 곳에 집중해야 한다. 남자가 고객들은 매우 적당한 가격에 더 좋은 상품을 판매하는 가구점을 찾고 있었기(they were trying to find a furniture store which offers quality products at very reasonable prices.) 때문에 긍정적인 반응을 보여 주고 있다고 했으므로, 고객들의 호감을 얻은 요인은 적당한 가격임을 알 수 있다. 따라서 정답은 (C)이다.

패러프레이징 reasonable prices 적당한 가격 → affordable prices 적당한 가격

어휘 quality 품질 various 다양한 affordable 가격이 알맞은

정답 (C)

49 What does the man offer to do?
(A) Call a supplier
(B) Put up a new sign
(C) Rearrange products
(D) Contact a coworker

남자는 무엇을 하겠다고 제안하는가?
(A) 공급업체에 전화하기
(B) 새로운 간판 설치하기
(C) 상품 재배열하기
(D) 동료에게 연락하기

─ 구체적인 정보 파악 – 제안/요청 ─

문제 키워드 | What / man / offer
제안 문제이므로 대화의 후반부에서 정답을 찾는다. 여자가 요즘 Ealing 가구가 인기가 있다고 하자, 남자가 본인이 그들에게 연락해서 제품에 대한 더 많은 자료를 제공해 줄 수 있는지 알아보는 것(Should I go ahead and contact them to see if they can provide ~?)을 제안하고 있으므로 정답은 (A)이다.

어휘 supplier 공급업체 put up ~을 설치하다 rearrange 재배열하다

정답 (A)

Questions 50-52 refer to the following conversation. 50-52는 다음 대화에 관한 문제입니다.

US
US

W Todd, do you have a minute? I have something to talk over with you.
M Yes, are there any problems?
W Hmm... I have to go on a business trip, but ⁵⁰ I haven't submitted a travel expense request form yet. ⁵¹ I should have handed in the form yesterday.
M Oh, that's not a big issue. ⁵¹ Just send me the form no later than today, and I'll have the approval process expedited.
W That's great! Thank you. And ⁵² I need to learn more about how to keep track of my expenses since it is my first trip.
M ⁵² We have expense-recording software for employees. I can give you the link to the program.

여: Todd 씨, 잠시 시간 있나요? 당신과 할 얘기가 있어요.
남: 네, 무슨 문제라도 있나요?
여: 음, 제가 출장을 가야 하는데, ⁵⁰ 출장 경비 요청서를 아직 제출하지 않았어요. ⁵¹ 어제 그 양식을 제출해야 했어요.
남: 오, 그건 큰 문제가 아닙니다. ⁵¹ 늦어도 오늘까지 제게 그 양식을 보내 주시면 제가 승인 처리를 신속하게 하겠습니다.
여: 잘됐군요! 고맙습니다. 그리고 이번이 제 첫 출장이라서 ⁵² 비용을 기록하는 방법에 관해 좀 더 알아봐야 할 필요가 있습니다.
남: ⁵² 직원용 지출 기록 소프트웨어가 있어요. 제가 그 프로그램의 링크를 당신에게 드리겠습니다.

어휘 submit 제출하다   travel expense request form 여행 경비 요청서   hand in ~을 제출하다   no later than 늦어도 ~까지   approval 승인   process 과정, 절차   expedite 신속히 하다   keep track of ~을 기록하다

50 What has the woman not done yet?
(A) Made a reservation
(B) Met with clients
(C) Handed in a form
(D) Replied to an e-mail

여자가 아직 하지 않은 것은 무엇인가?
(A) 예약하는 것
(B) 고객과 만나는 것
(C) 양식을 제출하는 것
(D) 이메일에 답장하는 것

┌─○ 구체적인 정보 파악 – 특정 사항 ─────────────────────────
│ 문제 키워드 │ What / woman / not / done / yet
│ 여자가 전반부에서 출장 경비 요청서를 아직 제출하지 않았다(I haven't submitted a travel expense request form yet.)고 했으므로 정답은 (C)이다. but/however 뒤에 문제점이 자주 언급됨을 유의하자.   정답 (C)
└──

51 What does the man mean when he says, "Oh, that's not a big issue"?
(A) He thinks the job is not important.
(B) He is willing to put off a trip.
(C) He is aware of what went wrong.
(D) He can take care of a problem.

남자가 "오, 그건 큰 문제가 아닙니다"라고 말할 때 의미하는 것은 무엇인가?
(A) 그 일이 중요하지 않다고 생각한다.
(B) 여행을 기꺼이 연기할 것이다.
(C) 무엇이 잘못되었는지 알고 있다.
(D) 문제를 처리할 수 있다.

┌─○ 신유형 – 화자의 의도 파악 ──────────────────────────────
│ 문제 키워드 │ What / man / mean / "Oh, that's not a big issue"
│ 화자의 의도 파악 문제는 주어진 문장 앞뒤의 문맥을 파악하는 것이 필수이다. 주어진 문장에 앞서 여자가 출장 경비 요청서를 아직 제출하지 않았다며 그것은 어제 제출해야 했다(I should have handed in the form yesterday.)고 했는데 이에 대해 그건 큰 문제가 아니라며 오늘까지 그 양식을 보내면 승인 처리를 신속하게 하겠다(Just send me the form no later than today, and I'll have the approval process expedited.)고 하는 것은 남자가 문제를 해결해 줄 수 있다는 뜻이다. 따라서 정답은 (D)이다.   정답 (D)
└──

52 Why does the woman need to know a link to a software?
(A) To manage her schedules
(B) To report her work hours
(C) To record expenses
(D) To keep track of inventory

왜 여자는 소프트웨어의 링크를 알아야 하는가?
(A) 본인의 일정을 관리하기 위해
(B) 본인의 근무 시간을 보고하기 위해
(C) 지출을 기록하기 위해
(D) 재고를 기록하기 위해

┌─○ 구체적인 정보 파악 – 이유/원인 ──────────────────────────
│ 문제 키워드 │ Why / woman / know / link / software
│ 문제의 핵심 키워드 a link to a software는 남자의 마지막 말에 언급되지만, 앞선 여자의 말에 단서가 있다. 비용 기록 방법(how to keep track of my expenses)에 관해 알아볼 필요가 있다는 말에 대한 응답으로 남자가 직원용 지출 기록 소프트웨어를 갖고 있다(We have expense-recording software for employees.)고 한 것이므로 (C)가 정답이다.
│
│ 어휘 manage 관리하다   inventory 재고   정답 (C)
└──

Questions 53-55 refer to the following conversation with three speakers. 53-55는 다음 세 명의 대화에 관한 문제입니다.

AU
BR
US

M: Julia, what are you doing here in the lobby?
W1: Hello, Ivan. **53** I'm expecting a new staff member who will start working with our advertising firm today.
M: That's good for us. We definitely need more hands since **54** we were awarded a contract with Fulham Appliances last week.
W1: Exactly, that will be a great chance for our company. Oh, here she is now. Erma Snyder, I would like to introduce one of our sales managers, Ivan Steele.
W2: Glad to meet you. It's great to work at such a leading advertising agency.
M: Yeah, we're pleased to work with you.
W1: And Erma, please follow me. **55** Let me give you a tour of our office before starting your work today.

남: Julia 씨, 이곳 로비에서 무엇을 하고 계신가요?
여1: 안녕하세요, Ivan 씨. **53** 오늘 우리 광고 회사에서 근무를 시작할 신입 사원을 기다리고 있어요.
남: 잘됐군요. 확실히 우리 **54** 지난주에 Fulham 가전과의 계약을 따내서 더 많은 일손이 필요해요.
여1: 틀림없이 그것은 우리 회사에 좋은 기회가 될 것입니다. 오, 그녀가 지금 여기 왔네요. Erma Snyder 씨. 우리의 영업 관리자 중 한 명인 Ivan Steele 씨를 소개해 드릴게요.
여2: 만나게 되어 기쁩니다. 제가 이런 일류 광고 회사에서 근무하게 되어서 매우 기쁩니다.
남: 네, 우리는 당신과 함께 일하게 되어 기쁩니다.
여: 그리고 Erma 씨, 저를 따라와 주세요. 오늘 당신의 업무를 시작하기 전에 **55** 사무실을 안내해 드리겠습니다.

어휘 firm 회사　definitely 분명히, 틀림없이　hand 일손, 인력　be awarded a contract 계약을 따내다　introduce 소개하다　leading 일류의, 선두적인　give a tour of ~에 대해 안내하다

53 What kind of business do the speakers work for?
(A) A history museum
(B) An advertising firm
(C) A local newspaper
(D) An appliance dealership

화자들은 어떤 업종에서 근무하고 있는가?
(A) 역사박물관
(B) 광고 회사
(C) 지역 신문사
(D) 가전제품 판매점

○ 기본 정보 파악 – 직업/업종

문제 키워드 | What / business / speakers / work

화자들의 근무처나 대화 장소는 주로 대화의 전반부에서 our/here/this 등의 단어와 함께 언급된다. 여자1의 첫 대사에서 우리 광고 회사에서(our advertising firm) 근무를 시작할 신입 사원을 기다리고 있다고 했으므로 정답은 (B)이다. **정답 (B)**

54 What does the man say happened last week?
(A) A deal was closed.
(B) A branch office was reopened.
(C) A facility was acquired.
(D) A new product was released.

남자는 지난주에 무슨 일이 있었다고 말하고 있는가?
(A) 계약이 체결되었다.
(B) 지사가 다시 문을 열었다.
(C) 시설이 인수되었다.
(D) 신제품이 출시되었다.

○ 구체적인 정보 파악 – 특정 사항

문제 키워드 | What / man / happened / last week

남자의 말에서 핵심 키워드인 last week이 언급되는 곳에 집중한다. 특히 키워드가 과거이므로, 과거의 사건에 대한 언급에 주의하자. 지난주에 계약을 따냈다(we were awarded a contract with Fulham Appliances last week.)고 했으므로 정답은 (A)이다.

패러프레이징 were awarded a contract 계약을 따냈다 → **A deal was closed.** 계약이 체결되었다.

어휘 close a deal 계약을 체결하다　branch 지사, 지점　acquire 인수하다, 습득하다　release 출시하다, 공개하다　**정답 (A)**

55 What will Erma do next?
(A) Complete some forms
(B) Attend a training session
(C) Meet with other managers
(D) Look around the office

Erma 씨는 다음에 무엇을 할 것인가?
(A) 양식 작성하기
(B) 교육에 참석하기
(C) 다른 매니저와 만나기
(D) 사무실 둘러보기

○ 구체적인 정보 파악 – 미래

문제 키워드 | What / will / Erma / next

여자1이 마지막 대사에서 Erma 씨에게 따라오라며 사무실을 안내해 주겠다(Let me give you a tour of our office)고 했으므로 Erma 씨가 사무실을 둘러볼 것임을 알 수 있다. 따라서 정답은 (D)이다.

패러프레이징 give you a tour of our office 사무실을 안내해 주다 → **Look around the office** 사무실 둘러보기　**정답 (D)**

Questions 56-58 refer to the following conversation. 56-58은 다음 대화에 관한 문제입니다.

[BR] [US]

W Sally, I have some good news to tell you! **56 Do you know the Web site we designed for the Plus Mate Office?** They said it was so impressive that they have introduced some potential clients to us.
M That's great! I think our business has been growing rapidly. We were awarded three more contracts last week alone.
W Well, in order to keep up with our fast growing business needs, **57 I believe an accountant should be hired to take care of our bookkeeping.**
M Well, **58 I was told that Hicks Accounting is really good. Let me schedule a meeting with them.** Are you available on Tuesday?
W Yes, in the morning.

여: Sally 씨, 당신에게 말씀드릴 좋은 소식이 있어요! 56 우리가 디자인했던 Plus Mate Office의 웹사이트를 아시죠? 그들이 웹사이트가 너무나도 인상적이어서 잠재 고객들에게 우리를 소개했다고 했어요.
남: 잘됐네요! 우리 회사가 빠르게 성장하고 있는 것 같아요. 지난주에만 3개의 추가 계약을 체결했어요.
여: 음, 빠르게 성장하고 있는 회사의 필요에 맞추기 위해, 57 회계 장부 기록을 담당할 회계사를 고용해야 한다고 생각해요.
남: 58 Hicks 회계 사무소가 매우 훌륭하다고 들었어요. 그들과 회의 일정을 잡아 볼게요. 화요일에 시간이 괜찮으신가요?
여: 네, 오전에요.

어휘 impressive 인상적인 potential client 잠재 고객 rapidly 빨리, 급속히 be awarded a contract 계약을 따내다 keep up with ~에 맞추다, 뒤처지지 않다 accountant 회계사 bookkeeping 부기 accounting 회계 available 시간이 있는

56 What type of industry do the speakers most likely work in?
(A) Real estate
(B) Architecture
(C) Accounting
(D) Web design

화자들은 어떤 종류의 업계에서 근무하고 있는 것 같은가?
(A) 부동산 중개업
(B) 건축
(C) 회계
(D) 웹 디자인

─○ 기본 정보 파악 - 직업/업종 ─

문제 키워드 | What / industry / speakers / work

대화 전반부에 여자가 남자에게 과거에 타사를 위해 디자인했던 웹사이트를 아는지(Do you know the Web site we designed ~?) 물었으므로 화자들은 웹사이트를 제작하는 기업에서 근무하고 있음을 알 수 있다. 따라서 정답은 (D)이다.

패러프레이징 Web site we designed 우리가 디자인했던 웹사이트 → Web design 웹 디자인   정답 (D)

57 What suggestion does the woman make?
(A) Relocating to a larger office
(B) Rescheduling a meeting
(C) Employing an accountant
(D) Working overtime

여자는 무엇을 제안하는가?
(A) 더 큰 사무실로 이전
(B) 회의 일정 조정
(C) 회계사 고용
(D) 야근

─○ 구체적인 정보 파악 - 제안/요청 ─

문제 키워드 | What / suggestion / woman / make

여자가 제안한 것을 묻는 문제로, 여자의 대사 중 권유/제안 표현에 집중한다. 여자가 회계 장부 기록을 담당할 회계사를 고용해야 한다(I believe an accountant should be hired to take care of our bookkeeping.)고 했으므로 정답은 (C)이다.

패러프레이징 an accountant should be hired 회계사가 고용되어야 한다 → Employing an accountant 회계사 고용

어휘 relocate 이전하다 reschedule 일정을 조정하다 employ 고용하다   정답 (C)

58 What does the man mention he will do?
(A) Make a list of businesses
(B) Set up a meeting
(C) Hand in a document
(D) Pick up a coworker

남자는 무엇을 할 예정이라고 말하는가?
(A) 기업 목록 작성하기
(B) 회의 일정 잡기
(C) 서류 제출하기
(D) 동료 데리러 가기

─○ 구체적인 정보 파악 - 미래 ─

문제 키워드 | What / man / mention / will

후반부 남자의 대사에서, 남자의 미래 일정을 확인할 수 있다. 회계사를 채용하자는 여자의 요구에 남자는 Hicks 회계 사무소가 훌륭하다고 들었다며 그들과 회의 일정을 잡겠다(Let me schedule a meeting with them.)고 했으므로 정답은 (B)이다.

패러프레이징 Let me schedule a meeting 회의 일정 잡기 → Set up a meeting 회의 일정 잡기   정답 (B)

Questions 59-61 refer to the following conversation. 59-61은 다음 대화에 관한 문제입니다.

W Hello, Kevin. **59** Could you inform all staff members of the maintenance work our IT team will conduct on the network server during the first weekend of June?
M Certainly. Is the whole network system going to be affected?
W Yes. So, **60** please make sure that everyone knows starting Friday evening through Sunday afternoon on that weekend, they won't be able to access the system.
M Sure, **61** I'll highlight that in the e-mail and forward it to every employee right now.

여: 안녕하세요, Kevin 씨. **59** 6월 첫째 주 주말 동안 IT 팀에서 네트워크 서버 점검 작업을 실시할 예정임을 모든 직원들에게 알려 주실 수 있나요?
남: 물론이죠. 전체 네트워크 시스템이 영향을 받는 건가요?
여: 네. 그러니 **60** 그 주 금요일 저녁부터 일요일 오후까지 시스템에 접속할 수 없을 것임을 모두가 꼭 숙지하도록 해 주세요.
남: 물론이죠. **61** 이메일에서 그 부분을 강조하여 지금 모든 직원들에게 전달하겠습니다.

어휘 inform 알리다, 통지하다   maintenance 유지, 보수   conduct 실시하다   weekend 주말   whole 전체의   affect 영향을 미치다   access 접속하다   highlight 강조하다   forward 전달하다

59 What is scheduled to take place during the first weekend of June?
(A) System maintenance
(B) An executive visit
(C) Building renovation
(D) A job interview

6월 첫째 주 주말 동안 무엇이 진행될 예정인가?
(A) 시스템 점검
(B) 경영진 방문
(C) 건물 개조
(D) 구직 면접

○ 구체적인 정보 파악 – 특정 사항

문제 키워드 | What / scheduled / take place / first weekend of June
핵심 키워드인 first weekend of June이 언급되는 곳 앞뒤에서 정답의 단서를 찾는다. 전반부에 여자가 남자에게 6월 첫째 주 주말 동안 IT 팀에서 네트워크 서버 점검 작업을 실시할 예정임을 모든 직원들에게 알려 줄 수 있는지(Could you inform all staff members of the maintenance work our IT team will conduct on the network server during the first weekend of June?) 물었으므로 정답은 (A)이다.

패러프레이징 the maintenance work our IT team will conduct on the network server
　　　　　　IT 팀에서 네트워크 서버에 실시할 점검 작업
　　　→ **System maintenance** 시스템 점검

어휘 executive 경영진   renovation 개조   　　　　　　　　　　　　　　　　　정답 (A)

60 According to the woman, what will all employees not be able to do?
(A) Enter an office building
(B) Access a network system
(C) Leave work early
(D) Park their cars

여자의 말에 따르면, 모든 직원들은 무엇을 할 수 없는가?
(A) 사무실 건물 입장
(B) 네트워크 시스템 접속
(C) 조기 퇴근
(D) 본인 차량 주차

○ 구체적인 정보 파악 – 특정 사항

문제 키워드 | woman / what / all employees / not / able
여자가 모든 직원들이 할 수 없다고 말한 일이 무엇인지를 묻는 문제이므로, 여자의 대사에 집중한다. 여자는 그 주 금요일 저녁부터 일요일 오후까지 시스템에 접속할 수 없을 것임을 모두가 꼭 알게 해 달라(please make sure that everyone knows starting Friday evening through Sunday afternoon on that weekend, they won't be able to access the system.)고 했으므로 정답은 (B)이다.
　　　　　　　　　　　　　　　　　　　　　　　　　　　　　　　　　　정답 (B)

61. What will the man most likely do next?
(A) Shut off a computer
(B) Make a reservation
(C) Send an e-mail
(D) Revise a document

남자는 다음에 무엇을 할 것 같은가?
(A) 컴퓨터 종료
(B) 예약
(C) 이메일 발송
(D) 서류 수정

구체적인 정보 파악 – 미래

문제 키워드 | What / will / man / next

남자의 미래 일정을 묻는 문제로, 후반부에서 정답의 근거를 확인할 수 있다. 후반부에 남자가 이메일에 여자가 말한 부분을 강조하여 지금 모든 직원들에게 전달하겠다(I'll highlight that in the e-mail and forward it to every employee right now.)고 했으므로 정답은 (C)이다.

[패러프레이징] highlight that in the e-mail and forward it 이메일에서 그 부분을 강조하여 전달하겠다
→ **Send an e-mail** 이메일 발송

어휘 shut off ~을 끄다 revise 수정하다

정답 (C)

Questions 62-64 refer to the following conversation and error code list. 62-64는 다음 대화와 에러 코드 목록에 관한 문제입니다.

M **62** Valdez Tech Security. How may I help you?
W Hello, umm... Yeah. My name is Patsy Walsh, one of the new laboratory employees. Well, you issued me the access card early today. **63** But when I try to open the lab's secure door with the card, I can see the error code ER3 on the screen.
M ER3? Give me a second and I'll check that code on my computer. Oh, I see what the problem is. I believe you need a new card.
W **64** Is it possible to issue the new card soon? I have an urgent project to complete by tomorrow morning.
M It won't take long to issue one. I will take care of it right away. Just stop by the security desk now.

남: **62** Valdez Tech의 보안 부서입니다. 무엇을 도와 드릴까요?
여: 안녕하세요, 음… 네, 제 이름은 Patsy Walsh이고 신입 연구원 중 한 명입니다. 음, 오늘 오전에 제게 출입 카드를 발급해 주셨는데요. **63** 그런데 그 카드로 연구실 보안 문을 열려고 하면, 화면에 에러 코드 ER3이 보입니다.
남: ER3요? 잠시만요, 제가 컴퓨터로 그 코드를 확인해 보겠습니다. 오, 문제가 뭔지 알겠네요. 당신은 새 카드가 필요할 것 같습니다.
여: **64** 새 카드를 빨리 발급받을 수 있을까요? 제가 내일 오전까지 완료해야 할 긴급한 프로젝트가 있어요.
남: 발급하는 데 오래 걸리지는 않습니다. 제가 바로 처리해 드리겠습니다. 지금 보안 데스크에 들러 주시기 바랍니다.

Frequent Error Code with Access Card	
ER1-----	Limited Access to Database
ER2-----	System Failure
63 ER3-----	Damaged Access Card
ER4-----	Defect of Network

빈도 높은 출입 카드 에러 코드	
ER1-----	데이터베이스 접근 제한
ER2-----	시스템 장애
63 ER3-----	손상된 출입 카드
ER4-----	네트워크 결함

어휘 security 보안 laboratory 실험실, 연구실 issue A B A에게 B를 발급하다 access card 출입 카드 secure 안전한, 보안이 철저한 possible 가능한 urgent 긴급한 take long 오래 걸리다 take care of ~을 처리하다 stop by ~에 들르다 frequent 빈번한 limited 제한된 failure 실패, 장애 damaged 손상된 defect 결함

62 What department does the man most likely work in?
(A) The facility maintenance
(B) The security team
(C) The research and development
(D) The sales division

남자는 어떤 부서에서 일할 것 같은가?
(A) 시설 관리
(B) 보안팀
(C) 연구 개발
(D) 영업부

─○ 기본 정보 파악 – 직업/업종

문제 키워드 | What department / man / work

남자의 부서는 전반부 남자의 말에서 확인할 수 있으며, 특히 전화를 받는 상황에는 처음에 자신의 부서를 언급하는 경우가 많다. 남자가 처음에 'Valdez Tech의 보안 부서(Valdez Tech Security.)'라고 자기 부서를 말하고 있으므로 정답은 (B)이다. **정답 (B)**

63 Look at the graphic. Which error code does the woman notice?
(A) Limited Access to Database
(B) System Failure
(C) Damaged Access Card
(D) Defect of Network

시각 자료를 보시오. 여자는 어떤 에러 코드를 보았는가?
(A) 데이터베이스 접근 제한
(B) 시스템 장애
(C) 손상된 출입 카드
(D) 네트워크 결함

─○ 신유형 – 시각 자료 연계 ─

문제 키워드 | graphic / Which / error code / woman notice

보통 시각 자료 연계 문제의 보기는 대화에서 언급되지 않는다. 따라서 대화에서는 보기에 언급되어 있는 구체적인 에러 내용이 아닌 에러 코드가 언급될 것임을 예상하도록 하자. 발급받은 출입 카드로 연구실 보안 문을 열려고 하면, 화면에 에러 코드 ER3이 보인다(But when I try to open the lab's secure door with the card, I can see the error code ER3 on the screen.)고 했으므로 시각 자료에서 ER3에 해당하는 내용을 찾으면 (C)가 정답이다.

정답 (C)

64 Why does the woman need a new card as soon as possible?
(A) She is leaving for a business trip.
(B) She is trying to meet a deadline.
(C) She needs to pick up a client from the airport.
(D) She doesn't want to be late for a meeting.

왜 여자는 가능한 한 빨리 새 카드가 필요한가?
(A) 출장을 갈 것이다.
(B) 마감 기한을 맞추려고 노력하고 있다.
(C) 공항에서 고객을 데려와야 한다.
(D) 회의에 늦지 않으려고 한다.

─○ 구체적인 정보 파악 – 이유/원인 ─

문제 키워드 | Why / woman / need / new card / soon

이유/원인 문제는 대화에서 문제의 키워드가 언급되고, 그 뒤로 이유/원인이 언급되는 것이 일반적이다. 후반부에 여자가 새 카드를 빨리 발급받을 수 있는지(Is it possible to issue the new card soon?) 묻고 내일 오전까지 완료해야 할 긴급한 프로젝트가 있다(I have an urgent project to complete by tomorrow morning.)고 그 이유를 설명하고 있으므로 정답은 (B)이다.

어휘 meet a deadline 마감 기한을 맞추다

정답 (B)

Questions 65-67 refer to the following conversation and train schedule. 65-67은 다음 대화와 열차 시간표에 관한 문제입니다.

AU
US

M Excuse me, madam. Can you help me? Here's my ticket. **65** I wonder if I am on the right train. I have to go to Westchester.
W Let me see, hmm... This is the 201 train. I am sorry but **65** it doesn't go to the station you want.
M Oh, no, what should I do now?
W **66** We just left Glendale station, but you can change trains at the next stop.
M Do you happen to know how long I will need to wait for another train? **67** I don't have much time because I have to make a presentation at a seminar that starts in an hour.
W No worries, your train will be less than ten minutes. You will get to your seminar on time.

남: 실례지만, 선생님. 저 좀 도와주시겠어요? 여기 제 티켓이 있어요. **65** 제가 맞는 기차를 탔는지 궁금해요. 저는 웨스트체스터로 가야 해요.
여: 어디 보죠, 음… 이건 201편 열차예요. 유감이지만 **65** 이건 원하시는 역에 가지 않아요.
남: 오, 안 돼죠, 저는 이제 어떻게 해야 하죠?
여: **66** 방금 글렌데일 역을 출발했지만 당신은 다음 역에서 열차를 갈아탈 수 있어요.
남: 얼마나 기다려야 다음 열차를 탈 수 있는지 알고 계시나요? **67** 저는 한 시간 후에 시작하는 세미나에서 발표를 해야 해서 시간이 별로 없어요.
여: 걱정 마세요, 당신이 탈 열차가 10분 이내로 올 거예요. 당신은 제시간에 세미나에 도착할 거예요.

Train Schedule				
66	Glendale	Englewood	Westchester	St. Louis
Train 201	7:50	8:10		8:30
Train 202	8:00	8:20	8:40	

열차 시간표				
66	글렌데일	잉글우드	웨스트체스터	세인트루이스
201편 열차	7:50	8:10		8:30
202편 열차	8:00	8:20	8:40	

어휘 wonder 궁금하다 make a presentation 발표하다 get to ~에 도착하다 on time 제시간에

65 What problem is the man having?
(A) A train has been delayed.
(B) He has an invalid train ticket.
(C) He lost a train ticket.
(D) He is on the wrong train.

남자에게 어떤 문제가 있는가?
(A) 열차가 지연되었다.
(B) 잘못된 기차표를 가지고 있다.
(C) 기차표를 잃어버렸다.
(D) 기차를 잘못 탔다.

○ 구체적인 정보 파악 - 문제점

문제 키워드 | What problem / man / having

남자가 맞는 기차를 탔는지 궁금하다(I wonder if I am on the right train.)는 말에 여자는 이것은 당신이 원하는 역에 안 간다(it doesn't go to the station you want.)고 말하고 있다. 따라서 남자가 기차를 잘못 탄 것임을 알 수 있으므로 정답은 (D)이다.

어휘 delay 지연시키다 invalid 효력 없는, 무효한 lose 잃어버리다

정답 (D)

66 Look at the graphic. At which station should the man change trains?
(A) Glendale
(B) Englewood
(C) Westchester
(D) St. Louis

시각 자료를 보시오. 남자는 어느 역에서 열차를 갈아타야 하는가?
(A) 글렌데일
(B) 잉글우드
(C) 웨스트체스터
(D) 세인트루이스

○ 신유형 - 시각 자료 연계

문제 키워드 | graphic / At which station / man / change

시각 자료의 내용이 '열차 번호, 시간표, 정거장 이름'인 것을 먼저 확인한 뒤, 대화에서 정답 단서가 열차 번호, 시간표, 정거장 이름을 통해 제시될 수 있음을 예상하고 들어야 한다. 대화 중반에 여자가 우리는 방금 글렌데일 역을 떠났지만 다음 역에서 열차를 갈아탈 수 있다(We just left Glendale station, but you can change trains at the next stop.)고 알려 주고 있다. 시각 자료에서 글렌데일 역의 다음 역은 잉글우드 역인 것을 알 수 있다. 따라서 정답은 (B)이다.

정답 (B)

67 What is the man concerned about?
(A) He will be late for lunch.
(B) He has to catch a flight.
(C) He needs to get to work earlier than usual.
(D) He has to give a talk at a seminar.

남자가 걱정하는 것은 무엇인가?
(A) 점심 식사에 늦을 것이다.
(B) 비행기에 탑승해야 한다.
(C) 평소보다 더 일찍 출근해야 한다.
(D) 세미나에서 강연해야 한다.

─○ 구체적인 정보 파악 – 문제점 ─

문제 키워드 | What / man / concerned

남자의 대사에 주목해야 한다. 후반부 남자의 대사에서 한 시간 후에 시작하는 세미나에서 발표를 해야 하기 때문에 시간이 별로 없다(I don't have much time because I have to make a presentation at a seminar that starts in an hour.)고 말하는 것으로 보아 남자가 발표를 해야 하는 세미나에 가기에 시간이 촉박한 상황이라는 것을 알 수 있다. 따라서 남자가 걱정하는 것은 세미나 발표임을 알 수 있으므로 정답은 (D)이다.

패러프레이징 make a presentation 발표를 하다 → give a talk 강연하다

어휘 catch a flight 비행기에 탑승하다   get to work 일하러 가다

정답 (D)

Questions 68-70 refer to the following conversation and warranty information. 68-70은 다음 대화와 보증 정보에 관한 문제입니다.

AU
US

M Adams Electronics Store. How may I help you?
W Hello, **68** I purchased one of your tablet PCs a few weeks ago, and I accidentally broke it. I believe it comes with a two-year warranty, so is it possible to exchange it?
M Well, most of our products do, but there are some limitations of our warranty. It doesn't cover some problems, so you might not be able to exchange your device. Could you tell me what happened?
W **69** Its screen cracked because I accidentally dropped it on the floor.
M Oh, that's too bad, but **69** I'm sorry to tell you that it's not covered under warranty.
W Is that so? What should I do then?
M I suggest you take it to one of our service centers and get the screen replaced. It will be the cheapest option for you.
W OK. Then, **70** is it possible to know how much I will pay for the repair service?
M **70** No problem.

남: Adams 전자제품 매장입니다. 무엇을 도와 드릴까요?
여: 안녕하세요, **68** 제가 몇 주 전에 그곳에서 태블릿 PC 한 대를 구입했는데 뜻하지 않게 그것을 고장 냈습니다. 태블릿 PC가 2년간 보증이 된다고 알고 있는데 그러면 교환할 수 있을까요?
남: 음, 저희 제품 대부분은 그러하지만 보증에는 일부 제한이 있습니다. 일부 문제는 보장이 되지 않으니 귀하의 장비를 교환하실 수 없을 수도 있습니다. 어떻게 된 건지 알려 주시겠어요?
여: **69** 제가 실수로 바닥에 떨어뜨려서 화면이 깨졌습니다.
남: 오, 정말 유감입니다만 안타깝게도 **69** 그 경우는 보증이 적용되지 않는다고 말씀드려야겠네요.
여: 그래요? 그럼 저는 어떻게 해야 하죠?
남: 저희 서비스 센터에 가져가셔서 화면을 교체하시는 것을 추천드립니다. 그게 가장 저렴한 방법일 겁니다.
여: 네. 그러면 **70** 제가 수리비로 얼마를 지불하게 될지 알 수 있을까요?
남: **70** 그럼요.

Terms of Warranty
-Limitations-

The following cases won't be covered :
1. Items purchased over two years ago
2. Non-Adams components
3. Missing items
69 4. Damaged items by accident

보증 조건
- 제한 사항-

다음과 같은 경우는 보장되지 않습니다:
1. 구입한지 2년이 넘은 상품
2. Adams 부품이 아닌 것
3. 분실 상품
69 4. 실수로 손상된 상품

어휘 accidentally 우연히, 뜻하지 않게 break 고장 내다 come with ~이 딸려 있다 warranty 보증 possible 가능한 exchange 교환하다 limitation 제한 cover 포함하다, 보장하다 crack 부서지다, 깨지다 replace 교체하다 terms (합의·계약 등의) 조건 component 부품 missing 분실한

68 What kind of product are the speakers discussing?
(A) A mobile device
(B) A copy machine
(C) A projector
(D) A television set

화자들은 어떤 제품에 대해 이야기하고 있는가?
(A) 휴대용 기기
(B) 복사기
(C) 영사기
(D) 텔레비전 수신기

┌─○ 기본 정보 파악 - 주제 ─────
│
│ **문제 키워드** | What / product / speakers / discussing
│
│ 화자들이 이야기하고 있는 제품이 무엇인지 묻는 문제로 대화 초반부에 집중한다. 대화 초반에 여자가 태블릿 PC를 구입했는데 고장 냈다(I purchased one of your tablet PCs a few weeks ago, and I accidently broke it)고 언급하고 있으므로 정답은 (A)이다.
│
│ **패러프레이징** tablet PC 태블릿 PC → **A mobile device** 휴대용 기기   정답 (A)

69 Look at the graphic. Which case does the man refer to?
(A) Case 1
(B) Case 2
(C) Case 3
(D) Case 4

시각 자료를 보시오. 남자는 어떤 사례를 거론하는가?
(A) 1번 사례
(B) 2번 사례
(C) 3번 사례
(D) 4번 사례

> **신유형 – 시각 자료 연계**
>
> **문제 키워드** | graphic / Which case / man / refer to
>
> 시각 자료 연계 문제로, 보기에 사례 번호가 제시되어 있으므로 대화에서 이 중의 한 사례가 제시될 것임을 예측하고 들어야 한다. 실수로 바닥에 떨어뜨려 화면이 깨졌다(Its screen cracked because I accidentally dropped it on the floor.)는 여자의 말에 남자가 그 경우는 보증이 적용되지 않는다(it's not covered under warranty.)고 언급하고 있다. 즉, 사용자가 바닥에 떨어뜨려 화면이 깨진 것은 실수로 제품을 손상시킨 경우에 해당하기 때문에 보증을 받지 못하는 것이므로 정답은 (D)이다.   정답 (D)

70 What will the man most likely do next?
(A) Show a cost estimate
(B) Order some new products
(C) Fill out a request form
(D) Provide a brochure

남자는 다음에 무엇을 할 것 같은가?
(A) 비용 견적 알려 주기
(B) 신제품 주문하기
(C) 신청서 작성하기
(D) 안내 책자 제공하기

> **구체적인 정보 파악 – 미래**
>
> **문제 키워드** | What / will / man / next
>
> 미래 정보 문제이므로 대화의 후반부에서 정답을 찾을 수 있다. 수리비가 얼마인지 알 수 있을지(is it possible to know how much I will pay for the repair service?) 묻는 여자의 말에 남자가 그렇다(No problem.)고 응답했으므로 남자가 여자에게 수리비, 즉 예상 비용을 알려줄 것임을 알 수 있다. 따라서 정답은 (A)이다.
>
> **어휘** estimate 견적   fill out ~을 작성하다   request from 신청서   정답 (A)

PART 4

Questions 71-73 refer to the following talk. 71-73은 다음 담화에 관한 문제입니다.

W Before starting today's shift, I'd like to make a brief announcement. The demand for our personalized furniture is increasing significantly, but **71 there have been some customer complaints about our service.** Four months can be too long for our customers to wait for an order. So, **72 we've hired several additional woodworkers, skilled and experienced. 72** They're scheduled to start later this week, which will make our work process faster for our customers. In addition, some of our equipment is too old, so the outdated machines will be replaced one by one. Actually, **73** a new power saw will be purchased today. So, I need someone to help me load it into our vehicle at the shop.

여: 오늘 근무를 시작하기 전에 간략한 발표를 하려고 합니다. 우리 맞춤형 가구의 수요가 상당히 증가하고 있지만, **71** 우리의 서비스에 대한 고객들의 불만이 있습니다. 4개월은 고객들이 주문한 물건을 기다리기에는 너무 긴 시간일 수 있습니다. 그래서 우리는 숙련되고 경험 있는 **72** 목수 몇 분을 추가로 고용했습니다. 그들은 이번 주 후반에 작업을 시작할 예정이고, 이로써 고객들을 위한 작업 과정이 더욱 빨라질 것입니다. 또한, 우리 장비 중 일부는 너무 오래돼서 그 구식 기계들은 하나씩 차례대로 교체될 것입니다. 실은, **73** 오늘 새로운 전기톱을 구입할 것입니다. 그래서 저는 상점에서 우리 차량에 그것을 싣는 것을 도와줄 사람이 필요합니다.

어휘 shift 교대 근무 (시간)　brief 간단한　announcement 발표　demand 수요　personalized 개인이 원하는 대로 만들어진, 맞춤형　increase 증가하다, 늘다　significantly 상당히　complaint 불만, 항의　woodworker 목공, 나무 세공사　skilled 숙련된, 노련한　experienced 경험 있는　be scheduled to V ~할 예정이다　equipment 장비　outdated 구식인　replace 교체하다　one by one 하나하나씩, 차례대로　power saw 전기 톱　load 싣다

71 Why does the speaker say, "Four months can be too long for our customers to wait for an order"?
(A) To cancel an order
(B) To compensate customers for inconvenience
(C) To acknowledge some complaints
(D) To blame current workers

화자는 왜 "4개월은 고객들이 주문한 물건을 기다리기에는 너무 긴 시간일 수 있습니다"라고 말하는가?
(A) 주문을 취소하기 위해
(B) 고객 불편에 보상하기 위해
(C) 일부 불평을 인정하기 위해
(D) 현 직원들에게 책임을 전가하기 위해

> **○ 신유형 – 화자의 의도 파악**
>
> **문제 키워드** | Why / speaker / say / "Four months can be too long for our customers to wait for an order"
>
> 문제에 제시된 문장 및 앞뒤 문맥을 종합하여 화자의 의도를 파악해야 한다. 서비스에 대한 고객들의 불만이 있다(there have been some customer complaints about our service.)고 언급한 뒤, "4개월은 고객들이 주문한 물건을 기다리기에는 너무 긴 시간일 수 있습니다(Four months can be too long for our customers to wait for an order)"라고 주어진 문장을 언급하였다. 따라서 화자는 고객들의 불만 사항을 인정하는 것을 알 수 있으므로 정답은 (C)이다.
>
> **어휘** compensate 보상하다　inconvenience 불편　acknowledge 인정하다　blame 탓하다, 책임 지우다　current 현재의　　정답 (C)

72 According to the speaker, what will happen later this week?
(A) An employee will be transferred to another branch.
(B) New work crews will join the company.
(C) Some products are going to be discontinued.
(D) A store will hold a promotional event.

화자의 말에 따르면, 이번 주 후반에 무슨 일이 일어날 것인가?
(A) 한 직원이 다른 지점으로 전근 갈 것이다.
(B) 새로운 직원들이 회사에 입사할 것이다.
(C) 일부 제품의 생산이 중단될 것이다.
(D) 상점이 판촉 행사를 열 것이다.

> **○ 구체적인 정보 파악 – 미래**
>
> **문제 키워드** | what / will / happen / later this week
>
> 미래 정보를 묻는 문제로, 핵심 키워드인 later this week이 언급되는 곳에 집중해야 한다. 화자가 중반부에 목수를 추가로 고용했다(we've hired several additional woodworkers)며 그들은 이번 주 후반에 근무를 시작할 예정(They're scheduled to start later this week)이라고 했으므로, 새로운 직원이 입사할 것임을 알 수 있다. 따라서 정답은 (B)이다.
>
> **패러프레이징** woodworkers 목수들 → work crews 직원들
>
> **어휘** transfer 이전하다, 옮기다　branch 지점, 지사　work crew 작업반, 직원　discontinue 중단하다　promotional event 판촉 행사
>
> 정답 (B)

73 Why does the speaker ask for some help?
(A) To prepare a presentation
(B) To pick up a new machine
(C) To fix some broken equipment
(D) To reorganize some products

화자는 왜 도움을 요청하는가?
(A) 발표를 준비하기 위해
(B) 새로운 기계를 가져오기 위해
(C) 고장 난 장비를 고치기 위해
(D) 일부 제품을 개편하기 위해

―○ 구체적인 정보 파악 – 이유/원인 ―

문제 키워드 | **Why / speaker / ask / help**

화자가 도움을 요청하는 이유를 묻는 문제로 도움을 구하는 표현에 집중한다. 담화의 후반부에 오늘 새로운 전기톱을 구입할 것이라서 상점에서 차량에 그것을 싣는 것을 도와줄 사람이 필요하다(a new power saw will be purchased today. So, I need someone to help me load it into our vehicle at the shop.)고 했으므로 정답은 (B)이다.

어휘 reorganize 재편성하다, 재조직하다

정답 (B)

Questions 74-76 refer to the following excerpt from a meeting. 74-76은 다음 회의 발췌록에 관한 문제입니다.

[US]

M **74** Now for an update on our travel agency's business plan. 'Beauty & Cuisines in China', which started out last summer, was very successful. I believe building up various local restaurants and beauty shops has been the most contributing factor for a great year. **75** Now it's time we should enter into a bigger market. We're in talks with Moline hotel chains about combining and developing our new program with them. But their sales director wants to make sure that customers will buy this tour program exclusively on their Web site. So **76** we're going to conduct some customer surveys about a luxury tour program combining with a five star hotel.

남: **74** 우리 여행사의 사업 계획에 대해서 이야기할 시간입니다. 작년 여름에 시작한 '중국의 뷰티와 요리' 상품이 매우 성공적이었습니다. 다양한 지역 식당과 뷰티 숍들을 개척한 것이 우리가 대단한 한 해를 보내도록 가장 크게 기여를 했다고 생각합니다. **75** 이제, 더 큰 시장에 진입해야 할 시간입니다. 우리는 Moline 호텔 체인과 함께 우리의 새로운 프로그램을 결합하고 개발하는 것에 관해 얘기 중입니다. 하지만 그들의 영업 부장은 고객들이 이 관광 프로그램을 그들의 웹사이트에서만 구입하도록 하는 것을 원하고 있습니다. 따라서 5성급 호텔과 결합된 럭셔리 관광 프로그램에 관한 **76** 고객 설문 조사를 실시할 예정입니다.

어휘 cuisine 요리   build up 개발하다, 개척하다   various 다양한   local 지역의   contributing factor 기여 요인   enter into ~에 진입하다, 들어가다   combine 결합하다, 갖추다   develop 개발하다   make sure 확실히 하다   exclusively 오로지 ~만   conduct a survey 설문 조사를 하다

74 What type of business does the speaker work for?
(A) A food manufacturer
(B) A tour agency
(C) A restaurant
(D) A hotel chain

화자는 어떤 유형의 업체에서 근무하는가?
(A) 식품 제조 회사
(B) 여행사
(C) 식당
(D) 호텔 체인

○ 기본 정보 파악 – 직업/업종

문제 키워드 | What / business / speaker / work

화자의 근무처나 직업은 담화의 전반부에서 our/here/this 등의 표현과 함께 주로 언급된다. '우리 여행사의 사업 계획에 대해서 이야기할 시간(Now for an update on our travel agency's business plan)'이라는 말에서 (B)가 정답임을 알 수 있다.

정답 (B)

75 What project is the speaker discussing?
(A) Merging companies
(B) Updating technology
(C) Expanding a market
(D) Purchasing a building

화자는 어떤 프로젝트를 논의하고 있는가?
(A) 회사 합병하기
(B) 기술 업데이트하기
(C) 시장 확장하기
(D) 건물 구입하기

○ 기본 정보 파악 – 주제

문제 키워드 | What project / discussing

화자가 논의하고 있는 프로젝트에 대해 묻는 문제이다. 문제 순서와 담화의 순서는 일치하므로 키워드인 project를 듣는 데 집중하는 것보다는 첫 번째 문제의 답 이후에 언급되는 내용과 일치하는 보기를 찾도록 하자. 작년에 있었던 일에 대해 언급한 후에 이제, 더 큰 시장에 진입해야 할 시간(Now it's time we should enter into a bigger market.)이라고 말한 것에서 (C)가 정답임을 알 수 있다. 담화의 순서는 주로 '과거 → 현재'로 진행된다.

패러프레이징 enter into a bigger market 더 큰 시장에 진입하다 → **Expanding a market** 시장 확장하기

어휘 merge 합병하다   technology 기술   expand 확장하다, 확대하다

정답 (C)

76 What does the business decide to do?
(A) Research other hotels
(B) Carry out a survey
(C) Change a plan
(D) Design a program

업체는 무엇을 하기로 결정했는가?
(A) 다른 호텔 조사하기
(B) 설문 조사 실시하기
(C) 계획 변경하기
(D) 프로그램 설계하기

○ 구체적인 정보 파악 – 특정 사항

문제 키워드 | What / business / decide

업체가 결정한 일이 무엇인지를 묻는 마지막 문제로, 후반부에서 정답의 근거를 찾는다. 담화 후반부에 고객 설문 조사를 실시할 예정(we're going to conduct some customer surveys)이라고 한 것에서 (B)가 정답임을 알 수 있다.

정답 (B)

Questions 77-79 refer to the following talk. 77-79는 다음 담화에 관한 문제입니다.

W Good morning. **77** Thank you for visiting Harriet Gallery of Modern Art. I'll be guiding you through our special exhibit hall, showing artworks by painter Kenneth Martin. **78** The most interesting thing about Mr. Martin's paintings is that they're very tiny. They are even as small as a grain of rice. This tour takes about one hour and a half. So, **79** please leave your bags and jackets behind before we start. Lockers by the entrance are available to store them.

여: 안녕하세요. **77** Harriet 현대 미술관에 방문해 주셔서 감사합니다. 제가 오늘 여러분께 화가 Kenneth Martin 씨의 작품을 전시하는 특별 전시관을 안내해 드릴 것입니다. **78** Martin 씨의 그림에서 가장 흥미로운 점은 크기가 매우 작다는 점입니다. 심지어 쌀 한 톨만큼 작습니다. 이 견학은 약 1시간 30분 동안 진행됩니다. 그러니 **79** 시작하기 전에 귀하의 가방과 재킷을 뒤쪽에 두시기 바랍니다. 입구 옆에 있는 보관함에 그것들을 보관하실 수 있습니다.

어휘 Gallery of Modern Art 현대 미술관 guide 안내하다 exhibit hall 전시관 artwork 예술 작품 interesting 흥미로운 tiny 아주 작은 grain 곡물, 낟알 rice 쌀 locker 보관함 entrance 입구 available 이용할 수 있는 store 저장하다, 보관하다

77 Where most likely are the listeners?
(A) In a theater
(B) In an art museum
(C) In a clothing store
(D) In a company headquarters

청자들은 어디에 있을 것 같은가?
(A) 극장에
(B) 미술관에
(C) 의류 매장에
(D) 회사 본사에

┌─ **기본 정보 파악 - 장소** ─────────────────────────
│ **문제 키워드** | Where / listeners
│ 청자가 있는 곳을 묻는 문제로, 전반부에서 정답의 근거를 찾는다. 전반부에 화자가 청자들에게 Harriet 현대 미술관에 방문해 주셔서 감사하다(Thank you for visiting Harriet Gallery of Modern Art.)고 했으므로 정답은 (B)이다.
│ **패러프레이징** Harriet Gallery of Modern Art Harriet 현대 미술관 → **an art museum** 미술관   정답 (B)

78 What is mentioned about the paintings?
(A) Their sizes are so small.
(B) One of them won an award.
(C) Their materials are very unique.
(D) One of them is for sale.

그림에 관하여 언급된 것은 무엇인가?
(A) 크기가 매우 작다.
(B) 그것들 중 하나는 상을 받았다.
(C) 재료가 매우 독특하다.
(D) 그것들 중 하나는 판매 중이다.

┌─ **구체적인 정보 파악 - 특정 사항** ─────────────────
│ **문제 키워드** | What / mentioned / paintings
│ 그림에 관하여 언급된 것을 묻는 문제로 핵심 키워드인 paintings에 집중해야 한다. 화자는 Martin 씨의 그림에서 가장 흥미로운 점은 크기가 매우 작다는 점(The most interesting thing about Mr. Martin's paintings is that they're very tiny.)이라고 했으므로 정답은 (A)이다.
│ **패러프레이징** very tiny 매우 작은 → **so small** 매우 작은
│ **어휘** win an award 상을 받다   material 재료   unique 독특한   정답 (A)

79 What are the listeners advised to do before they start?
(A) Obtain an information packet
(B) Register for a seminar
(C) Store their personal items
(D) Apply for membership

청자들은 시작 전에 무엇 하기를 요청받는가?
(A) 자료집 입수
(B) 세미나 등록
(C) 개인 물품 보관
(D) 회원 가입 신청

┌─ **구체적인 정보 파악 - 제안/요청** ─────────────────
│ **문제 키워드** | What / listeners / advised / before they start
│ 청자들이 요청받은 것이 무엇인지를 묻는 문제로, 후반부 화자의 권유/제안 표현에서 정답을 파악한다. 화자는 견학을 시작하기 전에 가방과 재킷을 뒤쪽에 두기 바란다(please leave your bags and jackets behind before we start.)고 했으므로 정답은 (C)이다.
│ **패러프레이징** your bags and jackets 가방과 재킷 → **their personal items** 개인 물품
│ **어휘** obtain 얻다, 입수하다   information packet 자료집   register for ~에 등록하다   personal 개인의   apply for ~을 신청하다   정답 (C)

Questions 80-82 refer to the following instructions. 80-82는 다음 설명에 관한 문제입니다.

M   Good morning, everyone. ⁸⁰ Welcome to your first day at Gross Tech Inc. The first thing we need to do today is to walk around our premises including the employee cafeteria. ⁸¹ It seems you are all wearing your badges. Excellent! All the areas in the building are equipped with a security system. And after the tour, I will show you your workstation and help you set up your computer. The layout has recently been rearranged, which means ⁸² the floor plans you received with the employee handbook are no longer accurate, but revised ones will be distributed to each of you soon.

남: 안녕하세요, 여러분. ⁸⁰ Gross Tech 사 첫 출근을 환영합니다. 우리가 오늘 첫 번째로 해야 할 것은 직원 식당을 포함해서 구내를 둘러보는 것입니다. ⁸¹ 모두 사원증을 착용하신 것으로 보이네요. 좋습니다! 건물의 모든 구역에는 보안 시스템이 설치되어 있습니다. 투어 이후에 저는 여러분들의 자리를 알려 드리고 컴퓨터 설치를 도와 드릴 것입니다. 배치가 최근에 바뀌어서 여러분들이 ⁸² 직원 안내서와 함께 받은 평면도가 더 이상 정확하지 않지만 곧 여러분들께 수정된 것이 배부될 것입니다.

어휘 premises 부지, 건물   including ~을 포함해서   cafeteria 구내식당   be equipped with ~을 갖추고 있다   security 보안   workstation 일하는 장소   set up ~을 설치하다   layout 배치   recently 최근에   rearrange 재배치하다   floor plan 평면도   accurate 정확한   revised 개정된, 수정된   distribute 배부하다, 나누어 주다

80 Who most likely are the listeners?
(A) New staff members
(B) Some tourists
(C) Company executives
(D) Volunteer workers

청자들은 누구일 것 같은가?
(A) 신입 사원들
(B) 관광객들
(C) 회사 임원들
(D) 자원봉사자들

○ 기본 정보 파악 – 직업/업종

문제 키워드 | Who / listeners
청자의 신분을 묻는 문제에서 정답의 단서는 주로 담화 초반부에 나온다. 화자가 청자들에게 첫 출근을 환영한다(Welcome to your first day at Gross Tech Inc.)고 했으므로 청자들은 신입 사원들임을 알 수 있다. 따라서 정답은 (A)이다.   정답 (A)

81 Why does the speaker say, "All the areas in the building are equipped with a security system"?
(A) A facility has recently been renovated.
(B) Employees need to carry their badges.
(C) Employees should come to work on time.
(D) A building requires regular maintenance.

화자는 왜 "건물의 모든 구역에는 보안 시스템이 설치되어 있습니다"라고 말하는가?
(A) 시설이 최근에 보수되었다.
(B) 직원들은 사원증을 휴대해야 한다.
(C) 직원들은 제시간에 출근해야 한다.
(D) 건물은 정기적인 관리가 필요하다.

○ 신유형 – 화자의 의도 파악

문제 키워드 | Why / speaker / say / "All the areas in the building are equipped with a security system"
문제에 제시된 문장을 주변 문맥과 함께 종합하여 화자의 의도를 파악해야 한다. 화자가 청자들에게 모두 사원증을 착용한 것으로 보인다(It seems you are all wearing your badges.)며 잘했다(Excellent!)고 한 후에 건물의 모든 구역에는 보안 시스템이 설치되어 있다(All the areas in the building are equipped with a security system)고 말했다. 따라서 모든 구역에 보안 시스템이 설치되어 있기 때문에 직원들이 사원증을 휴대해야 하는 것임을 알 수 있으므로 정답은 (B)이다.

어휘 facility 시설   renovate 보수하다   require 필요하다   regular 정기적인   maintenance 점검   정답 (B)

82 According to the speaker, what information is incorrect?
(A) Some items in a menu
(B) A list of clients
(C) A floor plan
(D) Working hours

화자의 말에 따르면, 어떤 정보가 부정확한가?
(A) 메뉴 품목
(B) 고객 명단
(C) 평면도
(D) 근무 시간

○ 구체적인 정보 파악 – 특정 사항

문제 키워드 | what information / incorrect
부정확한 정보가 무엇인지 묻는 문제로, 핵심 키워드인 incorrect나 유사 어휘가 언급되는 곳에서 단서를 찾아야 한다. 담화 후반부에 배치가 바뀌어서 평면도가 더 이상 정확하지 않다(the floor plans you received with the employee handbook are no longer accurate,)고 했으므로 정답은 (C)이다.   정답 (C)

Questions 83-85 refer to the following excerpt from a meeting. 83-85는 다음 회의 발췌록에 관한 문제입니다.

US

W Up until now, 83 our firm has been focusing on producing footwear for sports and outdoor activities. 84 Today's meeting has been called to announce our new plan to branch out into a new line of formal shoes for men. If the expansion is successful, we'll expand into formal footwear for women. I'm of course aware that our marketing approach will need to be changed. I brought some prototypes of the new line and let's pass it around. 85 Ms. Hanson will share the direction which her marketing team intends to take with the new advertising campaign they'll be conducting.

여: 지금까지, 83 우리 회사는 스포츠 및 야외 활동용 신발을 생산하는 것에 주력해 왔습니다. 84 오늘의 회의는 남성용 정장 구두 영역으로 신규 라인을 확장하려는 새로운 계획을 발표하기 위해 소집되었습니다. 이 확장이 성공한다면, 여성용 정장 구두로 확대할 것입니다. 물론 우리의 마케팅 접근 방법이 변경되어야 한다는 것을 알고 있습니다. 제가 신제품의 견본을 가져왔으니 돌려 봅시다. 85 Hanson 씨가 그녀의 마케팅 팀이 진행할 새로운 광고 캠페인을 가지고 앞으로 나아가고자 하는 방향에 대해서 공유할 것입니다.

어휘 firm 회사 focus on ~에 주력하다 produce 생산하다 outdoor 야외의 activity 활동 announce 발표하다 branch out to ~로 확장하다 formal 공식적인, 격식을 차린 expansion 확장 successful 성공적인 expand 확대하다 approach 접근 prototype 견본 share 공유하다 direction 방향 conduct 실시하다

83 Where do the listeners most likely work?
(A) At an international travel agency
(B) At a shoe manufacturing company
(C) At a marketing firm
(D) At a sports center

청자들은 어디에서 일하는 것 같은가?
(A) 국제 여행사에서
(B) 신발 제조 회사에서
(C) 마케팅 회사에서
(D) 스포츠 센터에서

○ 기본 정보 파악 - 직업/업종

문제 키워드 | Where / listeners / work

청자들의 직업/업종에 대한 정보는 담화 초반부에 제시됨을 기억하자. 담화 초반부에서 우리 회사는 스포츠 및 야외 활동용 신발을 생산하는 것에 주력해 왔다(our firm has been focusing on producing footwear for sports and outdoor activities.)고 했으므로, 청자들은 신발 제조 회사에서 근무한다는 것을 알 수 있다. 따라서 정답은 (B)이다.

정답 (B)

84 What is the speaker mainly talking about?
(A) A revised dress code
(B) A new product line
(C) An upcoming seminar
(D) A new hire

화자는 주로 무엇에 관해 이야기하고 있는가?
(A) 개정된 복장 규정
(B) 신제품
(C) 곧 있을 세미나
(D) 신입 사원

○ 기본 정보 파악 - 주제

문제 키워드 | What / speaker / talking

담화 주제를 묻는 질문이므로 초반부에 단서가 있다. 오늘의 회의는 남성용 정장 구두 영역으로 신규 라인을 확장하려는 계획(our new plan to branch out into a new line of formal shoes for men)을 발표하기 위해 소집되었다고 했으므로 정답은 (B)이다.

어휘 revised 변경된, 개정된 dress code 복장 규정 upcoming 다가오는, 곧 있을 hire (회사의) 신입사원

정답 (B)

85 What will most likely happen next?
(A) A presenter will talk about a marketing plan.
(B) Some directions to an office will be described.
(C) New product designs will be introduced.
(D) An advertisement will be filmed.

다음에 무슨 일이 일어날 것 같은가?
(A) 발표자가 마케팅 계획에 대해 이야기할 것이다.
(B) 사무실로 가는 길 안내가 있을 것이다.
(C) 신제품 디자인이 소개될 것이다.
(D) 광고가 촬영될 것이다.

○ 구체적인 정보 파악 - 미래

문제 키워드 | What / will / happen / next

미래 정보 문제이므로 담화 후반부에서 정답의 단서를 찾을 수 있다. 담화 후반부에 Hanson 씨가 그녀의 마케팅 팀이 진행할 새로운 광고 캠페인으로 앞으로 나아갈 방향에 대해서 공유할 것(Ms. Hanson will share the direction which her marketing team intends to take with the new advertising campaign they'll be conducting.)이라고 했다. 따라서 마케팅 계획에 대한 발표가 있을 것임을 알 수 있으므로 정답은 (A)이다.

어휘 presenter 발표자 describe 설명하다, 묘사하다 introduce 소개하다, 도입하다 film 촬영하다

정답 (A)

Questions 86-88 refer to the following telephone message. 86-88은 다음 전화 메시지에 관한 문제입니다.

M: Hello, Mr. Hardy. My name is Jared Harper. I hope you still remember me working as a temporary worker on your team last winter. **86** I'm calling regarding the payment for the last month of work that I've not received yet. **87** After I left the job, I went back to London to stay with my family. So, **87** I believe the check you sent me probably went to the place I used to stay in Brighton. **88** I don't work now, but I need to pay some bills. You can reach me at 4401-8832. Thanks.

남: 안녕하세요, Hardy 씨. 저는 Jared Harper입니다. 제가 지난겨울에 당신의 팀에서 임시 직원으로 일했던 것을 아직 기억하고 계시길 바랍니다. **86** 제가 아직 받지 못한 마지막 달 보수와 관련해서 전화드립니다. **87** 그 일을 그만둔 후에 저는 가족과 지내기 위해 **87** 런던으로 돌아왔습니다. 그래서 **87** 당신이 저에게 보내신 수표가 아마도 제가 브라이튼에서 지냈던 곳으로 간 것 같습니다. **88** 저는 지금 일을 하고 있지 않는데 납부해야 할 요금이 좀 있습니다. 저에게 4401-8832로 전화 주시기 바랍니다. 감사합니다.

어휘 temporary worker 임시 직원 regarding ~에 관하여 payment 지급, 보수 check 수표 probably 아마 bill 청구서, 계산서

86 What is the main purpose of the man's call?
(A) To apply for an open position
(B) To inquire about his paycheck
(C) To ask for a loan
(D) To submit an order

남자가 전화한 목적은 무엇인가?
(A) 공석에 지원하는 것
(B) 본인의 급여에 대해 문의하는 것
(C) 대출을 신청하는 것
(D) 주문서를 제출하는 것

○ 기본 정보 파악 – 전화 목적

문제 키워드 | What / purpose / man's call

전화의 목적을 묻는 문제의 단서는 전반부에 나온다. 아직 받지 못한 마지막 달 보수와 관련해서 전화한다(I'm calling regarding the payment for the last month of work that I've not received yet.)고 했으므로 정답은 (B)이다.

패러프레이징 payment 보수 → paycheck 급여

어휘 apply for ~에 지원하다 inquire 문의하다 paycheck 급여 loan 대출 submit 제출하다

정답 (B)

87 What information does the speaker mention has been changed?
(A) A meeting schedule
(B) A current mailing address
(C) An office location
(D) A phone number

화자는 어떤 정보가 변경됐다고 말하는가?
(A) 회의 일정
(B) 현재 우편 주소
(C) 사무실 위치
(D) 전화번호

○ 구체적인 정보 파악 – 특정 사항

문제 키워드 | What information / mention / changed

화자가 언급한 변경된 정보가 무엇인지 묻는 문제이다. 중반부에 화자가 그 일을 그만둔 후에 런던으로 돌아왔다(After I left the job, I went back to London)고 언급하였고, 뒤이어 아마도 수표가 브라이튼에서 지냈던 곳으로 간 것 같다(I believe the check you sent me probably went to the place I used to stay in Brighton.)고 하였다. 이를 통해 화자의 주소가 브라이튼에서 런던으로 변경됐음을 알 수 있으므로 정답은 (B)이다.

어휘 current 현재의

정답 (B)

88 What does the speaker imply when he says, "but I need to pay some bills"?
(A) He is still looking for a job.
(B) He is reluctant to make a change.
(C) He wants to correct wrong information.
(D) He expects a quick response.

화자가 "하지만 납부해야 할 요금이 있습니다"라고 말할 때 의미하는 것은 무엇인가?
(A) 아직 직장을 구하고 있다.
(B) 변경하는 것을 꺼린다.
(C) 잘못된 정보를 정정하길 원한다.
(D) 신속한 답변을 기대하고 있다.

○ 신유형 – 화자의 의도 파악

문제 키워드 | What / speaker / imply / "but I need to pay some bills"

제시된 문장과 그 주변 문맥을 종합하여 문제를 풀어야 한다. 화자가 지금 일을 하고 있지 않다(I don't work now)고 말한 뒤 "하지만 납부해야 할 요금이 있다(but I need to pay some bills)"고 말했다. 이를 통해 일을 하고 있지 않지만 요금을 납부해야 하는 상황이므로 화자는 청자의 신속한 답변을 기대한다는 것을 알 수 있다. 따라서 정답은 (D)이다.

어휘 be reluctant to V ~하는 것을 꺼린다 correct 수정하다, 정정하다 response 응답, 답변

정답 (D)

Questions 89-91 refer to the following talk. 89-91은 다음 담화에 관한 문제입니다.

W Thank you for joining the information course on Lyons Writers Project. I'm Harriet Lopez, the organizer. As you may already know, 89 Lyons Writers Project offers the most promising new authors year-long financial support. In return for the support, 90 the participants are asked to engage in our community by arranging various activities like lecture series in local schools and writing seminars. We have invited two previous recipients here with us today, who have now become well-known authors with this project. 91 They will speak about how the project helped them. Please give them a big round of applause.

여: 리용 작가 프로젝트의 설명회에 참석해 주셔서 감사합니다. 저는 기획을 담당하고 있는 Harriet Lopez입니다. 여러분들이 이미 알고 계시겠지만, 89 리용 작가 프로젝트는 가장 전도유망한 신규 작가들에게 1년간 재정적인 지원을 제공합니다. 지원에 대한 대가로, 90 참가자분들은 지역 학교에서의 강연과 작문 세미나와 같은 다양한 활동을 마련하여 지역 사회에 참여할 것이 요구됩니다. 저희는 오늘 이곳에 2명의 이전 수혜자를 초청하였으며, 그들은 이 프로젝트로 현재 유명 작가가 되었습니다. 91 그들은 이 프로젝트가 어떻게 도움이 되었는지 말해 줄 것입니다. 따뜻한 박수로 맞이해 주세요!

어휘 information course 설명회 organizer 기획자 promising 전도유망한 financial 재정적인 support 지원, 원조 in return for ~의 답례로 engage in ~에 참여하다 arrange 주선하다, 마련하다 previous 이전의 recipient 수령인, 수혜자 well-known 유명한 applause 박수갈채

89 What is the talk mainly about?
(A) A movie release
(B) A book publishing firm
(C) A project for new writers
(D) A new educational course

담화는 주로 무엇에 관한 것인가?
(A) 영화 개봉
(B) 출판 회사
(C) 신규 작가를 위한 프로젝트
(D) 신규 교육 과정

─○ 기본 정보 파악 - 주제 ─
문제 키워드 | What / talk / about
주제를 묻는 문제의 단서는 주로 담화 전반부에 언급된다. 전반부에 프로젝트 설명회에 참석해 주어 감사하다고 한 후, 리용 작가 프로젝트는 가장 전도유망한 신규 작가들에게 1년간 재정적인 지원을 제공한다(Lyons Writers Project offers the most promising new authors year-long financial support)고 프로젝트에 대해 설명하고 있으므로 정답은 (C)이다.
어휘 release 개봉 educational 교육의   정답 (C)

90 What are the participants in the project asked to do?
(A) Write regular columns
(B) Go on a book tour
(C) Make a donation to charity
(D) Arrange educational programs

프로젝트의 참가자들은 무엇 하기를 요청받는가?
(A) 정기 칼럼 작성하기
(B) 북투어 가기
(C) 자선 단체에 기부하기
(D) 교육 프로그램 마련하기

─○ 구체적인 정보 파악 - 제안/요청 ─
문제 키워드 | What / participants / project / asked
프로젝트 참가자들이 요청받은 내용을 묻는 문제로, 화자의 권유/제안 표현에서 정답을 찾는다. 참가자에게는 지역 학교에서의 강연과 작문 세미나 같은 다양한 활동을 마련하여 지역 사회에 참여할 것(to engage in our community by arranging various activities like lecture series in local schools and writing seminars.)이 요구된다고 했으므로 정답은 (D)이다.
패러프레이징 various activities like lecture series 강연과 같은 다양한 활동 → educational programs 교육 프로그램
어휘 regular 정기적인 column 칼럼, 정기 기고란 make a donation 기부하다 charity 자선 단체   정답 (D)

91 What will most likely happen next?
(A) Some writers will give a speech.
(B) An award will be given to a winner.
(C) Several films will be screened.
(D) An annual banquet will start.

다음에 무슨 일이 있을 것 같은가?
(A) 일부 작가들이 연설할 것이다.
(B) 상이 승자에게 수여될 것이다.
(C) 여러 영화가 상영될 것이다.
(D) 연례 만찬이 시작될 것이다.

─○ 구체적인 정보 파악 - 미래 ─
문제 키워드 | What / will / happen / next
미래 일정을 묻는 문제로, 후반부 미래 표현에서 정답을 찾는다. 후반부에 화자가 이전 참가자들이 이 프로젝트가 그들에게 어떻게 도움이 되었는지 말해 줄 것(They will speak about how the project helped them.)이라고 했으므로 정답은 (A)이다.
어휘 give a speech 연설하다 film 영화 screen 상영하다 annual 연례의 banquet 만찬   정답 (A)

Questions 92-94 refer to the following instructions. 92-94는 다음 설명에 관한 문제입니다.

W Good afternoon! I'm Kristin, the head of the maintenance team. 92 We installed a new paper cutting machine at the plant early today. The equipment is capable of cutting up to 25 layers of paper at once, and it will make our overall working process faster and even easier. 93 At the beginning of every shift, all the gears of every machine are required to be cleaned for optimal conditions. So, please don't forget to do this. 94 Now, I'd like to show you all how to use the equipment before you operate the machine. Please hand me a roll of paper.

여: 안녕하세요! 저는 관리팀의 책임자인 Kristin입니다. 92 저희가 오늘 일찍 공장에 신형 종이 절단기를 설치했습니다. 그 기계는 한 번에 최대 25장의 종이를 자를 수 있으며, 이로써 전체 작업 과정이 더 빠르고 원활해질 것입니다. 93 모든 교대 근무를 시작할 때마다, 최상의 상태를 위해서 모든 기계의 기어가 세척되어야 합니다. 그러니 이 일을 하는 것을 잊지 마시기 바랍니다. 94 이제 저는 여러분들이 기계를 작동시키기 전에 해당 장비의 사용 방법을 보여 드리려 합니다. 저에게 종이 뭉치를 주세요.

어휘 head 책임자 maintenance 유지, 관리 install 설치하다 cutting machine 절단기 plant 공장 equipment 장비, 기계 be capable of ~할 수 있다 layer 겹, 층 at once 한 번에 overall 전체적인 process 과정, 절차 shift 교대 근무 gear 기어, 장비 be required to V ~하도록 요구되다 optimal 최상의 condition 상태, 조건 operate 작동시키다 hand 건네주다

92 Where most likely are the listeners?
(A) At a conference
(B) At an electronics store
(C) At a manufacturing facility
(D) At an office supply shop

청자들은 어디에 있을 것 같은가?
(A) 학회에
(B) 전자기기 판매점에
(C) 제조 시설에
(D) 사무용품 가게에

┌─ 기본 정보 파악 – 장소 ─────────────
│ **문제 키워드 | Where / listeners**
│ 청자들이 있는 곳을 묻는 문제로, 담화의 전반부에 집중한다. 전반부에서 화자가 오늘 일찍 공장에 신형 절단기를 설치했다 (We installed a new paper cutting machine at the plant early today.)고 했으므로 정답은 (C)이다.
│ **[패러프레이징]** plant 공장 → **manufacturing facility** 제조 시설   정답 (C)

93 What does the speaker ask the listeners to do at the beginning of every shift?
(A) Keep track of inventory
(B) Wear protective gear
(C) Report their work hours
(D) Clean some machines

화자는 청자들이 모든 교대 근무를 시작할 때 무엇을 할 것을 요청하는가?
(A) 재고 기록
(B) 보호 장비 착용
(C) 근무 시간 보고
(D) 기계 세척

┌─ 구체적인 정보 파악 – 제안/요청 ─────────────
│ **문제 키워드 | What / speaker / ask / listeners / at the beginning of every shift**
│ 화자의 요청 사항이 무엇인지를 묻는 문제로, 핵심 키워드인 at the beginning of every shift에 집중한다. 화자는 모든 교대 근무를 시작할 때, 최상의 상태를 위해서는 모든 기계의 기어가 세척되어야 한다(At the beginning of every shift, all the gears of every machine are required to be cleaned for optimal conditions.)고 했으므로 정답은 (D)이다.
│ **[패러프레이징]** all the gears of every machine are required to be cleaned 모든 기계의 기어가 청소되어야 한다
│   → **clean some machines** 기계 세척
│ **어휘** keep track of ~을 기록하다 inventory 재고 protective gear 보호 장비   정답 (D)

94 According to the speaker, what will be done next?
(A) A lunch break will start.
(B) Some samples will be distributed.
(C) Questionnaires will be filled out.
(D) A demonstration will be given.

화자의 말에 따르면, 다음에 무엇이 진행될 예정인가?
(A) 점심시간이 시작될 것이다.
(B) 샘플이 배부될 것이다.
(C) 설문지가 작성될 것이다.
(D) 시연이 있을 것이다.

○ 구체적인 정보 파악 – 미래

문제 키워드 | what / will / next

미래 일정을 묻는 문제로, 후반부의 미래 표현에 집중한다. 화자는 청자들이 그 기계를 작동시키기 전에 해당 장비의 사용 방법을 보여 주겠다(Now, I'd like to show you all how to use the equipment before you operate the machine.)고 했으므로 정답은 (D)이다.

[패러프레이징] **show you all how to use the equipment** 장비의 사용 방법을 보여 주다
→ **A demonstration will be given.** 시연이 있을 것이다.

[어휘] distribute 배부하다, 나누어 주다   questionnaire 설문지   fill out ~을 작성하다   demonstration 시연, 설명   정답 (D)

Questions 95-97 refer to the following telephone message and schedule. 95-97은 다음 전화 메시지와 일정표에 관한 문제입니다.

M Hi, Julia. This is Paul from Dallas Sports Agency. **95** I just received your message regarding the upcoming sporting goods trade show scheduled for this May. I was wondering if we could discuss it on Friday afternoon for about an hour. **96** One of my afternoon meetings was just cancelled, so we could talk at two. And **97** I'd like to see some samples you want to display at the trade show, so don't forget to bring them. Please let me know if that's convenient for you. Thanks.

남 안녕하세요, Julia 씨. 저는 Dallas 스포츠 회사에서 근무하고 있는 Paul입니다. **95** 올 5월에 예정되어 있는 운동용품 무역 박람회에 대한 당신의 메시지를 막 받았습니다. 금요일 오후에 대략 1시간 정도 이것에 대해서 이야기를 나눌 수 있는지 궁금합니다. **96** 제 오후 회의 중 하나가 취소되어 2시에 이야기를 나눌 수 있습니다. 또한, **97** 그 무역 박람회에서 당신이 전시하고 싶은 샘플들을 보고 싶으니, 그것들을 꼭 가져오십시오. 그 시간이 괜찮으신지 알려 주십시오. 감사합니다.

Friday schedule	
10:00 A.M.	Staff Meeting
Noon	Lunch with Clients
13:00 P.M.	Interview
96 14:00 P.M.	Meeting with RF Recreation
15:30 P.M.	Seminar at Headquarters

금요일 일정	
오전 10:00	직원 회의
정오	고객과의 점심 식사
오후 13:00	면접
96 오후 14:00	RF Recreation 사와의 회의
오후 15:30	본사 세미나

어휘 regarding ~에 관하여 upcoming 다가오는, 곧 있을 goods 상품 trade show 무역 박람회 wonder 궁금하다, 궁금해하다 cancel 취소하다 display 전시하다 convenient 편리한

95 What does the speaker want to discuss?
(A) A sales policy
(B) An annual sports event
(C) A messenger service
(D) A trade show

화자는 무엇에 대해서 논의하고 싶은가?
(A) 판매 전략
(B) 연례 스포츠 행사
(C) 메신저 서비스
(D) 무역 박람회

┌─○ 기본 정보 파악 - 주제 ─────────────────────────────
│ 문제 키워드 | What / speaker / discuss
│ 전화 메시지의 주제를 묻는 문제로, 전반부를 잘 들어야 한다. 전반부에 화자는 올 5월에 예정되어 있는 운동용품 무역 박람회에 대한 메시지를 막 받았다(I just received your message regarding the upcoming sporting goods trade show scheduled for this May.)고 하였고, 이어서 무역 박람회와 관련된 내용이 이어지고 있으므로 정답은 (D)이다.   정답 (D)

96 Look at the graphic. Which of the speaker's appointments was canceled?
(A) Staff meeting
(B) Interview
(C) Meeting with RF Recreation
(D) Seminar at Headquarters

시각 자료를 보시오. 화자의 일정 중 어느 것이 취소되었는가?
(A) 직원 회의
(B) 면접
(C) RF Recreation 사와의 회의
(D) 본사 세미나

┌─○ 신유형 - 시각 자료 연계 ─────────────────────────────
│ 문제 키워드 | graphic / Which / speaker's appointments / canceled
│ 담화에 언급된 정보와 제시된 시각 자료를 종합하여 정답을 찾아야 한다. 담화 중반부에 화자는 오후 회의 중 2시 일정이 취소되었음(One of my afternoon meetings was just cancelled, so we could talk at two.)을 언급하였다. 따라서 시각 자료에서 오후 2시 일정을 확인하면 'RF Recreation 사와의 회의'이므로 정답은 (C)이다.   정답 (C)

97 What is the listener asked to do?
    (A) Bring some samples
    (B) Calculate an estimate
    (C) Set up an interview time
    (D) Send an updated résumé

청자는 무엇을 하도록 요청받는가?
(A) 샘플을 가져오는 것
(B) 예상 금액을 계산하는 것
(C) 면접 시간을 잡는 것
(D) 업데이트한 이력서를 발송하는 것

구체적인 정보 파악 - 제안/요청

문제 키워드 | What / listeners / asked

청자에게 요청한 것이 무엇인지를 묻는 문제로, 대화의 후반부에 정답의 단서가 있다. 화자는 청자가 전시하고 싶은 샘플을 가져올 것(I'd like to see some samples you want to display at the trade show, so don't forget to bring them.)을 요청하고 있으므로 정답은 (A)이다.

어휘 calculate 계산하다   estimate 추정(치)

정답 (A)

Questions 98-100 refer to the following announcement and directory. 98-100은 다음 안내 방송과 층별 안내도에 관한 문제입니다.

W Thank you for shopping at Pinner Department Store. As of next month, 98 to celebrate our 15th anniversary, there will be a lot of special deals each week for a month. 99 Next week, all the sportswear will be on sale. So, don't miss this great opportunity to get great savings. From jogging suits to running shoes, to exercise equipment, customers will be surprised by our discounted prices. And come by our newly refurbished restaurant and café on the fourth floor for a great dining experience or even for light refreshments. For more information about the upcoming sales, 100 take a brochure at the entrance when you leave. Enjoy your shopping. Thank you.

여: Pinner 백화점을 이용해 주셔서 감사합니다. 다음 달부터, 98 15주년을 기념하기 위해서, 한 달 동안 매주 다양한 특별 할인이 있을 것입니다. 99 다음 주에는 모든 스포츠 의류가 할인될 것입니다. 그러니 크게 절약할 수 있는 좋은 기회를 놓치지 마세요. 조깅복에서 러닝화, 운동 기구까지 고객 여러분들은 할인 가격에 놀라실 겁니다. 그리고 멋진 식사 경험과 가벼운 다과를 위해 4층에 있는 새롭게 단장한 식당과 카페에 방문하세요. 다가오는 할인에 관한 더 많은 정보를 위해, 떠나실 때 100 입구에 있는 안내 책자를 가져가세요. 즐거운 쇼핑 하세요. 감사합니다.

Shop Information	
Fourth floor:	Furniture, Household Appliances, Restaurant & Café
Third Floor:	Women's Clothing
99 Second Floor:	Men's Clothing & 99 Sportswear
First Floor:	Cosmetics & Accessories

상점 정보	
4층:	가구, 가전제품, 식당 & 카페
3층:	여성 의류
99 2층:	남성 의류 & 99 스포츠 의류
1층:	화장품 & 액세서리

어휘 department store 백화점 celebrate 축하하다 anniversary 기념일 deal 거래 opportunity 기회 saving 절약 exercise 운동 equipment 장비 be surprised by ~에 의해 놀라다 refurbished 재단장한 light 가벼운 refreshments 다과 upcoming 다가오는 entrance 입구

98 What is the main reason for holding a sales event?
(A) To make room for new products
(B) To celebrate an anniversary
(C) To promote a new store
(D) To express appreciation to customers

할인 행사가 열리는 주된 이유는 무엇인가?
(A) 신상품을 위한 공간을 만들기 위해
(B) 기념일을 축하하기 위해
(C) 새로운 상점을 홍보하기 위해
(D) 고객에게 감사를 표하기 위해

─○ 구체적인 정보 파악 - 이유/원인 ─

문제 키워드 | What / reason / holding / sales event

할인 행사가 열리는 이유를 묻는 문제이다. 초반부에 15주년을 기념하기 위해서, 한 달 동안 매주 다양한 특별 할인이 있을 것(to celebrate our 15th anniversary, there will be a lot of special deals each week for a month.)이라고 했으므로 정답은 (B)이다.

어휘 promote 홍보하다 express 표현하다 appreciation 감사

정답 (B)

99 Look at the graphic. On which floor will the prices be lowered next week?
(A) The fourth floor
(B) The third floor
(C) The second floor
(D) The first floor

시각 자료를 보시오. 다음 주에 몇 층에서 가격이 인하되는가?
(A) 4층
(B) 3층
(C) 2층
(D) 1층

┌─○ 신유형 – 시각 자료 연계 ───
│ **문제 키워드** | graphic / which floor / prices / lowered
│ 다음 주에 몇 층에서 가격이 인하되는지 묻는 시각 자료 연계 문제로, 보기와 시각 자료의 관계부터 파악해야 한다. 보기에 층수가 제시되어 있으므로 담화 속 정답의 단서는 각 층의 상점 정보로 언급될 것임을 예상할 수 있다. 다음 주에는 모든 스포츠 의류가 할인될 것(Next week, all the sportswear will be on sale.)이라고 했으므로, 시각 자료에서 스포츠 의류에 해당하는 층을 찾으면 (C)가 정답이다.
│ 정답 (C)
└───

100 What does the speaker say the customers can obtain at the entrance?
(A) A list of local businesses
(B) Some free samples
(C) A brochure
(D) Transportation information

화자는 고객들이 입구에서 무엇을 입수할 수 있다고 말하는가?
(A) 현지 업체 목록
(B) 무료 샘플
(C) 안내 책자
(D) 교통 정보

┌─○ 구체적인 정보 파악 – 특정 사항 ──────────────────────────────────
│ **문제 키워드** | What / customers / obtain / entrance
│ 고객들이 입구에서 무엇을 입수할 수 있는지 묻는 문제로, 후반부에서 핵심 키워드인 entrance가 언급되는 곳에서 정답을 파악한다. 후반부에 화자가 입구에 있는 안내 책자를 가져가라(take a brochure at the entrance)고 했으므로 정답은 (C)이다.
│ 정답 (C)
└───

Test04.mp3

MP3 다운로드
eng.conects.com

QR 코드로 바로가기

PART 1
PART 2
PART 3
PART 4

ANSWER KEYS

PART 1   1 (B)   2 (D)   3 (B)   4 (B)   5 (D)   6 (A)

PART 2   7 (C)   8 (A)   9 (A)   10 (B)   11 (B)   12 (C)   13 (C)   14 (B)   15 (B)   16 (B)
17 (A)   18 (B)   19 (B)   20 (B)   21 (C)   22 (B)   23 (A)   24 (B)   25 (B)   26 (A)
27 (C)   28 (C)   29 (C)   30 (A)   31 (B)

PART 3   32 (C)   33 (B)   34 (D)   35 (C)   36 (A)   37 (D)   38 (B)   39 (A)   40 (D)   41 (C)
42 (D)   43 (C)   44 (B)   45 (A)   46 (D)   47 (C)   48 (D)   49 (C)   50 (C)   51 (C)
52 (B)   53 (B)   54 (C)   55 (D)   56 (D)   57 (D)   58 (C)   59 (D)   60 (C)   61 (A)
62 (A)   63 (B)   64 (B)   65 (B)   66 (B)   67 (D)   68 (A)   69 (B)   70 (C)

PART 4   71 (C)   72 (D)   73 (A)   74 (B)   75 (D)   76 (A)   77 (C)   78 (A)   79 (B)   80 (C)
81 (A)   82 (B)   83 (B)   84 (B)   85 (C)   86 (D)   87 (B)   88 (A)   89 (A)   90 (B)
91 (A)   92 (C)   93 (D)   94 (C)   95 (C)   96 (A)   97 (B)   98 (D)   99 (C)   100 (B)

PART 1

1
US
(A) He's moving some wooden panels.
(B) He's standing near a wall.
(C) He's repairing some equipment.
(D) He's taking off his hat.

(A) 그는 나무판자를 옮기고 있다.
(B) 그는 벽 근처에 서 있다.
(C) 그는 장비를 수리하고 있다.
(D) 그는 모자를 벗고 있다.

1인 사진
한 사람이 서서 목공 작업을 하는 모습으로, 인물의 동작과 상태를 잘 살펴야 한다.
(A) 사진에서 나무판자는 보이지만 남자가 나무판자를 옮기고 있는(moving) 모습이 아니므로 오답이다.
(B) 벽 근처에 서 있는 남자의 모습을 정확히 묘사한 정답이다.
(C) 사진에서 장비는 보이지만 남자가 장비를 수리하고 있는지는(repairing) 알 수 없으므로 오답이다.
(D) 남자는 모자를 착용하고 있으며 벗고 있는(taking off) 중이 아니므로 오답이다.

어휘 wooden 목재의 panel 판 wall 벽 repair 수리하다 equipment 장비 take off ~을 벗다

정답 (B)

2
US
(A) They're assembling a box.
(B) They're arranging some furniture.
(C) They're seated at a table.
(D) They're facing each other.

(A) 그들은 상자를 조립하고 있다.
(B) 그들은 가구를 배치하고 있다.
(C) 그들은 테이블에 앉아 있다.
(D) 그들은 서로 마주 보고 있다.

2인 사진
상점으로 보이는 곳에서 두 남자가 마주 보고 서 있는 모습으로, 두 사람의 공통 동작 및 상태를 잘 살펴야 한다.
(A) 사람들이 상자를 조립하고 있는(assembling) 모습이 아니므로 오답이다.
(B) 사람들이 가구를 배치하고 있는(arranging) 모습이 아니므로 오답이다.
(C) 사진에서 테이블은 보이지만 사람들이 앉아 있는(seated) 모습이 아니므로 오답이다.
(D) 두 사람이 서로 마주 보고 있는 모습을 정확히 묘사한 정답이다.

어휘 assemble 조립하다 arrange 배열하다 face 향하다

정답 (D)

3
AU
(A) A woman is hiking on a hill.
(B) A woman is resting on a bench.
(C) Some boats are lined up along the harbor.
(D) A travel bag is being unpacked.

(A) 여자가 언덕을 걷고 있다.
(B) 여자가 벤치에서 쉬고 있다.
(C) 배들이 항구를 따라 일렬로 세워져 있다.
(D) 여행 가방을 풀고 있다.

1인 사진 속 사물/배경
사물/배경을 위주로 한 1인 사진으로, 사진 속 사물의 위치 및 상태와 함께 인물의 동작과 상태도 잘 살펴야 한다.
(A) 언덕을 걷고 있는(hiking) 사람은 보이지 않으므로 오답이다.
(B) 벤치에 앉아서 쉬고 있는 여자의 모습을 정확히 묘사한 정답이다.
(C) 사진에서 배들은 보이지만 항구를 따라 일렬로 세워져 있는(lined up) 모습이 아니므로 오답이다.
(D) 사진에서 여행 가방을 풀고 있는(being unpacked) 사람은 보이지 않으므로 오답이다.

어휘 hike 걷다 hill 언덕 rest 쉬다 boat 배 line up 줄을 서다, 줄을 이루다 harbor 항구 unpack (짐을) 풀다

정답 (B)

4

(A) The man is leaning against shelves.
(B) The man is talking to the woman.
(C) A rug is being unrolled on the floor.
(D) The woman is drinking from a cup.

(A) 남자가 선반에 기대고 있다.
(B) 남자가 여자에게 이야기하고 있다.
(C) 러그를 바닥에 깔고 있다.
(D) 여자가 컵에 든 것을 마시고 있다.

○ 2인 사진
두 사람이 각자 의자에 앉아 있는 모습으로, 각 사람의 개별 동작과 두 사람의 공통 동작을 모두 잘 살펴야 한다.
(A) 사진에서 선반은 보이지만 남자가 기대고 있는(leaning against) 모습이 아니므로 오답이다.
(B) 남자와 여자가 이야기하는 모습을 정확히 묘사한 정답이다.
(C) 러그는 이미 바닥에 깔려 있는 상태로 사진에서 러그를 깔고 있는(being unrolled) 사람은 보이지 않으므로 오답이다.
(D) 여자가 컵을 들고 있지만 마시고 있는(drinking) 모습은 아니므로 오답이다.
어휘 lean against ~에 기대다 shelf 선반 rug 깔개, 양탄자, 카펫 unroll 펼치다
정답 (B)

5

(A) Some chairs are stacked in a corner.
(B) Menus are placed on some tables.
(C) Some pedestrians are walking beside an outdoor café.
(D) Some canopies are mounted on the wall.

(A) 의자들이 구석에 쌓여 있다.
(B) 메뉴판이 몇몇 테이블 위에 놓여 있다.
(C) 보행자들이 노천카페 옆을 걸어가고 있다.
(D) 덮개가 벽에 고정되어 있다.

○ 사물/풍경 사진
사람이 등장하지 않는 야외의 사물/풍경 사진으로, 사진 속 모든 사물의 위치나 상태에 주목해야 한다.
(A) 사진에서 쌓여 있는(stacked) 의자들은 보이지 않으므로 오답이다.
(B) 사진에서 테이블 위에 놓인 메뉴판(menus)은 보이지 않으므로 오답이다.
(C) 사람이 등장하지 않는 사진이므로 사람(some pedestrians)이 언급된 보기는 오답이다.
(D) 천막 덮개가 벽에 고정되어 있는 모습을 정확히 묘사한 정답이다.
어휘 stack 쌓다 corner 구석 place 놓다 pedestrian 보행자 beside ~ 옆에 outdoor 야외의 canopy 덮개 mount 고정시키다
정답 (D)

6

(A) Trees have been planted along the street.
(B) An outdoor market is crowded with shoppers.
(C) Leaves have covered a walkway.
(D) Some people are stopped at the side of a truck.

(A) 나무들이 길을 따라 심어져 있다.
(B) 노천 시장이 쇼핑객들로 붐빈다.
(C) 나뭇잎들이 보도를 덮고 있다.
(D) 사람들이 트럭 옆에 멈춰 서 있다.

○ 다인 사진 속 사물/배경
길거리 시장의 모습으로, 다양한 요소가 사진에 포함되어 있으므로 지나치기 쉬운 사물 요소까지 꼼꼼하게 살펴야 한다.
(A) 나무들이 양옆으로 길을 따라 심어져 있는 모습을 정확히 묘사한 정답이다.
(B) 사진에서 일부 쇼핑객들은 보이지만 사람들로 붐비는(crowded) 모습이 아니므로 오답이다.
(C) 사진에서 바닥에 떨어진 나뭇잎(leaves)은 보이지 않으므로 오답이다.
(D) 사진에서 트럭은 보이지만 트럭 옆에(at the side of a truck) 서 있는 사람들은 보이지 않으므로 오답이다.
어휘 plant 심다 outdoor 야외의 be crowded with ~로 붐비다 leaf 나뭇잎 cover 가리다, 덮다 walkway 보도, 통로
정답 (A)

PART 2

7
BR
US

Who conducted the survey of focus groups?
(A) There are more in my office.
(B) A newly launched model.
(C) I think Jeff is in charge of that.

누가 포커스 그룹의 조사를 실시했나요?
(A) 제 사무실에 더 있습니다.
(B) 새로 출시된 모델이요.
(C) Jeff 씨가 그것을 담당하고 있는 것 같아요.

┌─ **Who 의문문**

문제 키워드 | Who / conducted / survey

누가 조사를 실시했는지 묻는 Who 의문문이다.
(A) 질문과 상관없는 답변이므로 오답이다.
(B) 무엇인지 묻는 What 의문문에 어울리는 답변이므로 오답이다.
(C) 누가 설문 조사를 실시했는지 묻는 질문에 담당자라고 생각하는 인물(Jeff)을 구체적으로 언급하며 답변했으므로 정답이다.

어휘 survey (설문) 조사 focus group 포커스 그룹(특정 주제에 대한 시장 조사나 여론 조사의 대상으로 선정된 소수의 사람들) newly 새로 launch 출시하다, 시작하다 in charge of ~을 담당하는

정답 (C)

8
US
US

How can I get to the city center from here?
(A) Turn right at the next intersection.
(B) One hour.
(C) A central city.

여기서 시내 중심가로 어떻게 가나요?
(A) 다음 교차로에서 우회전하세요.
(B) 한 시간이요.
(C) 중심 도시요.

┌─ **How 의문문**

문제 키워드 | How / get / city center

시내 중심가로 가는 방법을 묻는 How 의문문이다.
(A) 시내 중심가로 가는 방법을 묻는 질문에 다음 교차로에서 우회전하라고 구체적인 방법을 알려 주고 있으므로 정답이다.
(B) 소요 시간을 묻는 How long 의문문에 적절한 답변이므로 오답이다.
(C) 질문의 city를 반복 사용한 오답이다.

어휘 intersection 교차로

정답 (A)

9
US
BR

When will the seminar in the conference hall begin?
(A) In about ten minutes.
(B) They will arrive soon.
(C) We'll be there in time.

회의장에서 세미나가 언제 시작되나요?
(A) 약 10분 후에요.
(B) 그들은 곧 도착할 거예요.
(C) 저희는 제시간에 도착할 거예요.

┌─ **When 의문문**

문제 키워드 | When / seminar / begin

세미나가 언제 시작하는지 묻는 When 의문문이다.
(A) 시작 시간을 묻는 질문에 '약 10분 후'라고 적절히 답변했으므로 정답이다.
(B) They가 가리키는 대상이 명확하지 않으므로 오답이다.
(C) '제시간에'라는 뜻의 in time을 사용하여 혼동을 유도한 오답이다. 언제 시작하는지를 물었기 때문에 정확한 시점을 언급해야 한다.

어휘 conference hall 회의장 arrive 도착하다 in time 제시간에

정답 (A)

10 Is there a vending machine at this station?
(A) Drinks and snacks.
(B) Actually, it's out of service.
(C) We only have a few more seats available.

이 역에 자동판매기가 있나요?
(A) 음료수와 과자요.
(B) 사실, 그것은 작동이 되지 않습니다.
(C) 이용할 수 있는 좌석이 단지 몇 자리 더 있습니다.

> **Be동사 의문문**
>
> **문제 키워드 | Is there / vending machine**
> 자동판매기가 있는지 묻는 Be동사 의문문이다.
> (A) 질문의 vending machine에서 연상할 수 있는 drinks, snacks를 사용하여 혼동을 유도한 오답이다.
> (B) 자동판매기가 있는지 묻는 질문에 작동이 되지 않는다는 말로 자동판매기는 있지만 현재 사용할 수 없는 상태임을 우회적으로 알려 주고 있으므로 정답이다.
> (C) '우리는 가지고 있다(We only have)'라고 답하고 있지만, 자동판매기가 아닌 좌석(seats)을 가지고 있다고 언급하고 있으므로 오답이다.
>
> **어휘** vending machine 자동판매기 | out of service 사용할 수 없는 | available 이용할 수 있는
> 정답 (B)

11 This office is a little hot, isn't it?
(A) She found that, too.
(B) I'll open the window.
(C) Yes, it was not the office.

여기 사무실은 약간 덥네요, 그렇지 않나요?
(A) 그녀도 그것을 찾았어요.
(B) 제가 창문을 열게요.
(C) 네, 그곳은 사무실이 아니었어요.

> **부가 의문문**
>
> **문제 키워드 | office / hot / isn't it**
> 상대방에게 사무실이 더운지 확인하는 부가 의문문이다.
> (A) 대명사 she로 지칭할 만한 사람이 질문에 등장하지 않았으므로 오답이다.
> (B) 사무실이 덥다는 말에 창문을 열겠다고 다음 행동을 제시하고 있으므로 정답이다.
> (C) 질문의 office를 반복 사용한 오답이다. 또한 현재 시제의 질문에 과거 시제로 답변하고 있으므로 시제 불일치 오답이다.
>
> 정답 (B)

12 How much do you think this new jacket costs?
(A) Could you show me another?
(B) A larger size.
(C) Let's ask the clerk.

당신은 이 새 재킷이 얼마라고 생각하나요?
(A) 다른 것을 보여 주시겠어요?
(B) 더 큰 사이즈요.
(C) 직원에게 물어봅시다.

> **How 의문문**
>
> **문제 키워드 | How much / jacket / costs**
> 재킷의 가격을 묻는 How much 의문문이다.
> (A) 질문의 jacket과 costs로 보아 옷가게에서 이루어지는 대화임을 알 수 있는데, 상점에서 흔히 쓰이는 표현인 show, another를 사용하여 혼동을 유도한 오답이다.
> (B) 질문의 jacket에서 연상할 수 있는 size를 사용하여 혼동을 유도한 오답이다.
> (C) 가격을 묻는 질문에 구체적인 가격을 제시하진 않았지만 가격을 알 만한 사람인 직원을 언급하며 직원에게 물어보자고 제안하였으므로 정답이다.
>
> **어휘** cost (비용이) ~이다 | clerk 직원
> 정답 (C)

13 Could you tell me which suitcase you want?
(A) You need it just in case.
(B) An air express service.
(C) The brown one with a yellow tag.

어떤 여행 가방을 원하시는지 말씀해 주시겠어요?
(A) 만약을 위해서 당신은 그것이 필요합니다.
(B) 항공 속달 운송 서비스요.
(C) 노란색 꼬리표가 있는 갈색이요.

> **○ 간접 의문문**
>
> **문제 키워드 | Could / tell / which / suitcase / want**
>
> 의문사 which가 포함된 간접 의문문으로 어떤 여행 가방을 원하는지 묻고 있다.
> (A) 질문의 suitcase와 발음이 유사한 case를 사용하여 혼동을 유도한 오답이다.
> (B) 질문의 suitcase에서 연상할 수 있는 air express(항공 수송)를 사용하여 혼동을 유도한 오답이다.
> (C) 어떤 가방을 원하는지 묻는 질문에 노란색 꼬리표가 있는 갈색 가방이라고 원하는 가방을 구체적으로 밝혔으므로 정답이다.
>
> **어휘** suitcase 여행 가방 just in case 만약을 위해서
>
> 정답 (C)

14 Would you like more coffee?
(A) In the menu.
(B) No, I have had enough.
(C) We liked it, too.

커피 더 드릴까요?
(A) 메뉴예요.
(B) 아니요, 저는 충분히 마셨어요.
(C) 저희도 그것이 좋았어요.

> **○ 권유/제안 의문문**
>
> **문제 키워드 | Would you like / coffee**
>
> 커피를 더 마실지 묻는 권유/제안 의문문이다.
> (A) 질문의 coffee에서 연상할 수 있는 menu를 사용하여 혼동을 유도한 오답으로, 장소를 묻는 Where 의문문에 적절한 답변이다.
> (B) 커피를 더 마실지 묻는 질문에 No라고 거절하며 충분히 마셨다고 답변하였으므로 정답이다.
> (C) 질문의 like와 발음이 유사한 liked를 이용하여 혼동을 유도한 오답이다.
>
> **어휘** enough 충분히, 충분한
>
> 정답 (B)

15 Didn't you sign up for the monthly magazine subscription?
(A) The editor's review.
(B) Actually, I decided not to.
(C) What was it about?

당신은 월간지 정기 구독을 신청하지 않았나요?
(A) 편집자의 비평이요.
(B) 사실, 그러지 않기로 결정했어요.
(C) 무슨 내용이었나요?

> **○ 부정 의문문**
>
> **문제 키워드 | Didn't you / sign up for**
>
> 월간지 정기 구독을 신청하지 않았는지 확인하는 부정 의문문이다.
> (A) 질문의 magazine에서 연상할 수 있는 editor를 사용하여 혼동을 유도한 오답이다. 명사 답변은 What 의문문에 어울리는 답변임에 유의하자.
> (B) 월간지 정기 구독을 신청하지 않았냐고 묻는 질문에 직접적으로 No라고 대답하는 대신 부정적인 얘기를 시작할 때 쓰는 부사인 Actually로 답변한 뒤, 그러지 않기로 결정했다고 부연 설명한 정답이다.
> (C) 무슨 내용이었는지 되묻는 것은 정기 구독을 신청하지 않았는지 확인하는 질문에 대한 답변으로 적절하지 않으므로 오답이다.
>
> **어휘** sign up for ~을 신청하다 monthly 매달의, 한 달에 한 번의 subscription 구독 editor 편집자 decide 결정하다
>
> 정답 (B)

16 Where did you store our printing paper?
US
BR
(A) A stationery store across the street.
(B) There should be some next to the cabinet.
(C) Sure, you can use mine.

우리의 인쇄용지를 어디에 보관하셨나요?
(A) 길 건너 문구점이요.
(B) 캐비닛 옆에 있을 거예요.
(C) 물론이죠, 당신은 제 것을 사용하실 수 있어요.

> **Where 의문문**
>
> **문제 키워드 | Where / did / store / printing paper**
> 인쇄용지를 어디에 보관했는지 묻는 Where 의문문이다.
> (A) 질문의 printing paper에서 연상할 수 있는 stationery store를 사용하여 혼동을 유도한 오답이다. 장소로 답하고 있어 정답으로 착각하기 쉽지만, 화자들이 쓰는 인쇄용지를 '길 건너 문구점'에 보관했다는 답변은 어색하다.
> (B) 인쇄용지의 보관 장소를 묻는 질문에 캐비닛 옆에 있을 거라고 구체적인 보관 장소로 답변하고 있으므로 정답이다.
> (C) 사용해도 되는지 따위를 묻는 요청에 대해 수락하는 답변으로, 장소를 묻는 질문에는 적절하지 않으므로 오답이다.
>
> **어휘** store 보관하다 printing paper 인쇄용지 stationery store 문구점 cabinet 캐비닛, 보관장
>
> 정답 (B)

17 Would you rather eat out or order delivery tonight?
AU
US
(A) I prefer to dine out.
(B) Yes, I cook every night.
(C) It was about 9 o'clock.

오늘 밤 외식하는 게 좋으세요, 아니면 배달 음식을 주문하는 게 좋으세요?
(A) 저는 외식하는 게 더 좋아요.
(B) 네, 저는 매일 밤 요리해요.
(C) 9시경이었어요.

> **선택 의문문**
>
> **문제 키워드 | Would / eat out / or / deliver / food**
> 외식을 할 것인지 배달을 시킬 것인지 묻는 선택 의문문이다.
> (A) 외식을 할 것인지 배달을 시킬 것인지 묻는 질문에 외식하는 것을 선택한 답변이므로 정답이다.
> (B) 질문의 tonight과 발음이 유사한 night을 사용하여 혼동을 유도한 오답이다.
> (C) 특정 과거 시간을 언급하는 것은 When 의문문에 어울리는 답변이다.
>
> **어휘** eat out 외식하다 dine out 외식하다
>
> 정답 (A)

18 Will there be heavy traffic on the highway this weekend?
AU
BR
(A) Okay, I'll make a detour.
(B) Yes, the snow will cause a delay.
(C) They used public transportation.

이번 주말에 고속도로에 교통량이 많을까요?
(A) 알겠습니다, 저는 우회하겠습니다.
(B) 네, 눈 때문에 지체될 거예요.
(C) 그들은 대중교통을 이용했습니다.

> **조동사 의문문**
>
> **문제 키워드 | Will / heavy traffic / highway / weekend**
> 이번 주말에 고속도로에 교통량이 많을지를 묻는 조동사 의문문이다.
> (A) 질문의 heavy traffic에서 연상할 수 있는 detour를 사용하여 혼동을 유도한 오답이다.
> (B) 주말에 교통량이 많을지 묻는 질문에 긍정의 Yes로 응답하며, 눈이 와서 지체가 될 것이라고 부연하고 있으므로 정답이다.
> (C) 질문의 traffic에서 연상할 수 있는 transportation을 사용하여 혼동을 주고 있는 오답으로, 미래에 대한 질문에 과거로 답변하고 있으므로 시제 불일치 오답이다.
>
> **어휘** traffic 교통량 make a detour 우회하다 cause 야기하다, 초래하다 delay 지체, 지연
>
> 정답 (B)

19 Can you tell me how to turn this printer on?
BR / AU
(A) The most advanced model.
(B) Just press the button on the back.
(C) No, it was on Friday.

이 프린터를 어떻게 켜는지 알려 주시겠어요?
(A) 가장 최신 모델이요.
(B) 뒤에 있는 버튼을 누르시면 됩니다.
(C) 아니요, 금요일이었어요.

───○ 요청/부탁 의문문 ───

문제 키워드 | Can you / tell / how / turn / printer / on

프린트 켜는 방법을 알려 달라고 요청하는 요청/부탁 의문문이다.
(A) 질문의 printer에서 연상할 수 있는 model을 사용하여 혼동을 유도한 오답이다.
(B) 프린트 켜는 방법을 묻는 질문에 뒤에 있는 버튼을 누르라고 켜는 방법을 구체적으로 알려 주었으므로 정답이다.
(C) 요청하는 질문에 '아니요'라는 응답은 적절하지 않고, '금요일이었어요'라고 부연 설명 역시 질문과 무관한 내용이므로 오답이다. 요청 의문문에 대해서는 동의나 거절(Sure/I'm sorry)로 답변한다는 점을 알아 두자.

어휘 turn on ~을 켜다   advanced 진보한, 발달한   press 누르다

정답 (B)

---

20 The promotional campaign was canceled, wasn't it?
US / AU
(A) It is our new logo.
(B) It was, unfortunately.
(C) No, I don't like it.

홍보 캠페인은 취소되었어요, 그렇지 않나요?
(A) 그것은 우리의 새 로고입니다.
(B) 유감스럽게도 그랬어요.
(C) 아니요, 저는 마음에 들지 않아요.

───○ 부가 의문문 ───

문제 키워드 | campaign / canceled / wasn't it

홍보 캠페인이 취소되었다는 것을 확인하는 부가 의문문이다.
(A) 질문의 campaign에서 연상 가능한 logo를 사용하여 혼동을 주고 있으나, 질문에 어울리지 않는 답변이므로 오답이다.
(B) 홍보 캠페인이 취소되었는지 확인하는 질문에 취소되었다는 사실을 확인해 주는 답변이므로 정답이다.
(C) 부정의 No로 응답하였지만, 질문의 내용과 무관한 답변이므로 오답이다.

어휘 promotional 홍보의   cancel 취소하다   unfortunately 유감스럽게도

정답 (B)

---

21 Shouldn't we purchase new office furniture now?
US / BR
(A) Please deliver them to our office.
(B) Some pens and note pads.
(C) There will be a clearance sale in January.

우리가 이제 새로운 사무용 가구를 구입해야 하지 않을까요?
(A) 우리 사무실로 그것들을 배달해 주세요.
(B) 펜과 메모장 몇 개요.
(C) 1월에 재고 정리 세일이 있을 거예요.

───○ 권유/제안 의문문 ───

문제 키워드 | Shouldn't we / purchase / furniture

사무용 가구를 구입할 것을 제안하는 권유/제안 의문문이다.
(A) 질문의 office를 반복 사용하여 혼동을 유도한 오답이다.
(B) 질문의 office에서 연상 가능한 pens, note pads를 사용하여 혼동을 유도한 오답이다.
(C) 사무용 가구를 지금 구입하자는 제안에 1월에 재고 정리 세일이 있을 것이라는 말로 부정의 No를 우회적으로 표현한 정답이다.

어휘 purchase 구입하다   note pad 노트 패드, 메모장   clearance sale 재고 정리 세일

정답 (C)

22
BR
AU

Thomas, why are you working so late this week?
(A) Sure, we'll finish the proposal tomorrow.
(B) What time is it?
(C) Thanks, but we already ate.

Thomas, 이번 주에 왜 이렇게 늦게까지 일하나요?
(A) 물론이죠, 저희는 내일 제안서를 마무리할 거예요.
(B) 몇 시죠?
(C) 고마워요, 하지만 저희는 이미 먹었어요.

> **○ Why 의문문**
>
> **문제 키워드 | why / working / late**
>
> 늦게까지 일하는 이유를 묻는 Why 의문문이다.
> (A) Sure는 수락의 표현으로 권유/제안 의문문에 적절한 답변이므로 오답이다.
> (B) 늦게까지 일하는 이유를 묻는 질문에 몇 시인지 반문하여 이렇게 늦은지 몰랐다는 의미를 우회적으로 전달한 정답이다.
> (C) 질문의 late와 발음이 비슷한 ate를 사용하여 혼동을 유도한 오답이다.
>
> **어휘** late 늦은 proposal 제안(서), 제의
>
> 정답 (B)

23
US
US

Could you fill me in on the details of what happened at the seminar yesterday?
(A) I will have Peter tell you about that.
(B) How much time do you need?
(C) We're meeting in Seminar Room C.

어제 세미나에서 일어난 일의 세부 사항을 저에게 설명해 주시겠습니까?
(A) 그것에 대해 Peter 씨가 당신께 설명을 드리도록 하겠습니다.
(B) 당신은 얼마나 시간이 필요하십니까?
(C) 저희는 세미나 룸 C에서 만날 것입니다.

> **○ 요청/부탁 의문문**
>
> **문제 키워드 | Could you / fill me in on / details**
>
> 어제 세미나에서 있었던 일을 설명해 줄 수 있는지를 묻는 요청/부탁 의문문이다.
> (A) 세미나에서 있었던 일의 설명을 요청하는 말에 본인이 설명하는 것이 아니라 Peter 씨에게 설명하게 시키겠다는 것으로, I don't know 계열의 우회적인 답변이므로 정답이다.
> (B) 질문과 상관없이 필요한 시간을 묻고 있으므로 오답이다.
> (C) 질문의 seminar를 반복 사용하여 혼동을 유도한 오답이다. 또한 구체적인 장소를 언급하고 있으므로 Where 의문문에 어울리는 답변이다.
>
> **어휘** fill in on ~을 설명하다 details 세부 사항
>
> 정답 (A)

24
US
AU

Where should we hold the International Auto Show?
(A) I thought it was August.
(B) It was in Canberra last year.
(C) More than 100 vendors.

우리는 국제 자동차 전시회를 어디에서 개최해야 할까요?
(A) 저는 8월인 줄 알았어요.
(B) 작년에는 캔버라였어요.
(C) 100명 이상의 노점상이요.

> **○ Where 의문문**
>
> **문제 키워드 | Where / we / hold / Auto Show**
>
> 자동차 전시회를 어디에서 개최해야 하는지 묻는 Where 의문문이다.
> (A) 시간을 묻는 When 의문문에 적절한 답변이므로 오답이다. I thought은 '~인 줄 알았는데 아니다'라는 의미로 최근에 자주 출제되는 표현이므로 알아 두자.
> (B) 전시회를 어디서 개최해야 하는지 묻는 질문에 작년에는 캔버라에서 열렸다며 이전에 개최되었던 장소에 대해 추가 정보를 주고 있으므로 정답이다.
> (C) 수를 묻는 How many 의문문에 적절한 답변이므로 오답이다.
>
> **어휘** hold 개최하다 vendor 노점상, 판매 회사
>
> 정답 (B)

25
BR
US

We need to order some letterhead stationery.
(A) Is that the stationery store on the corner?
(B) I have a list of things we need to buy as well.
(C) For official written correspondence.

우리는 회사 편지지를 주문해야 합니다.
(A) 코너에 있는 문구점이요?
(B) 저도 우리가 사야 할 것들의 목록을 갖고 있어요.
(C) 공식 문서 서신용이요.

> **◦ 평서문**
>
> **문제 키워드 | We / need / order**
> 편지지를 주문해야 한다고 알리는 평서문이다. 평서문에 대한 답변으로 동의나 맞장구 혹은 다음 행동에 관한 제안 등이 자주 등장한다.
> (A) 제시된 평서문의 stationery를 반복 사용한 오답이다.
> (B) 편지지를 주문해야 한다는 말에 본인도 사야 할 것들이 있다고 맞장구치는 답변을 하였으므로 정답이다.
> (C) 제시된 평서문의 letterhead stationery에서 연상할 수 있는 correspondence를 사용하여 혼동을 유도한 오답이다.
>
> 어휘 letterhead stationery 회사 편지지   stationery store 문구점   official 공식적인   correspondence 서신, 편지   정답 (B)

26
AU
BR

Won't we leave early on the day before the holiday?
(A) Yes, we only work in the morning.
(B) A vacation in Hawaii.
(C) Its business hours are from 9 A.M. to 5 P.M.

우리는 휴일 전날에 일찍 퇴근하지 않나요?
(A) 네, 우리는 오전에만 일해요.
(B) 하와이에서의 휴가요.
(C) 그곳의 영업시간은 오전 9시에서 오후 5시까지입니다.

> **◦ 부정 의문문**
>
> **문제 키워드 | Won't we / leave / early**
> 휴일 전날에 일찍 퇴근하지 않는지 묻는 부정 의문문이다.
> (A) 휴일 전날에 일찍 퇴근하지 않는지 묻는 질문에 긍정의 Yes로 응답하며, 오전에만 일한다고 부연하고 있으므로 정답이다.
> (B) 질문의 holiday에서 연상 가능한 vacation을 사용하여 혼동을 유도한 오답이다.
> (C) 특정한 업체의 영업시간이 어떻게 되는지 묻는 질문에 대한 답변이므로 오답이다.
>
> 어휘 on the day 그날에는   business hours 영업시간   정답 (A)

27
US
US

How is it possible to prepare all the reports at once?
(A) Sorry, I am not able to go with you.
(B) More or less.
(C) Actually, all of us are worried about that too.

한 번에 모든 보고서를 준비하는 게 어떻게 가능한가요?
(A) 미안해요, 저는 당신과 함께 갈 수 없어요.
(B) 거의요.
(C) 사실 저희도 모두 그것에 대해 걱정하고 있어요.

> **◦ How 의문문**
>
> **문제 키워드 | How / possible / prepare / reports**
> 한 번에 모든 보고서를 준비하는 게 어떻게 가능한지 묻는 How 의문문이다.
> (A) 질문의 possible에서 연상할 수 있는 able을 사용하여 혼동을 유도한 오답이다.
> (B) 질문의 all에서 연상 가능한 more or less를 사용하여 혼동을 유도한 오답이다.
> (C) 한 번에 모든 보고서를 준비하는 게 어떻게 가능한지 묻는 질문에 모두 마찬가지로 그것에 대해 걱정하고 있다고 질문에 동의하는 답변이므로 정답이다. actually은 구체적인 설명을 추가로 언급할 때 쓰이는 부사로, actually로 시작하는 답변은 정답이 될 확률이 높다는 것을 알아 두자.
>
> 어휘 possible 가능한   prepare 준비하다   at once 한 번에   be worried about ~에 대해 걱정하다   정답 (C)

28
US AU

Why haven't you sent the package by express mail?
(A) From Perth.
(B) Yes, it was fast enough.
(C) Didn't it arrive yet?

당신은 왜 소포를 빠른 우편으로 보내지 않았나요?
(A) 퍼스에서요.
(B) 네, 그건 충분히 빨랐습니다.
(C) 그것이 아직 도착하지 않았나요?

○─ Why 의문문 ─

문제 키워드 | Why / haven't / you / sent / express mail

소포를 빠른 우편으로 보내지 않은 이유를 묻는 Why 의문문이다.
(A) express mail에서 연상할 수 있는 오답으로 소포가 어디서 왔는지 등을 묻는 Where 의문문에 어울리는 답변이다.
(B) Why 의문문에 Yes/No로 대답할 수 없으므로 오답이다. 질문의 express에서 연상할 수 있는 fast를 사용하여 혼동을 주고 있다.
(C) 소포를 빠른 우편으로 보내지 않은 이유를 묻는 질문에 그것이 아직 도착하지 않았냐고 반문하는 자연스러운 응답이므로 정답이다.

어휘 send 보내다, 발송하다 express mail 빠른 우편 arrive 도착하다

정답 (C)

29
BR US

If you want to open an account, let me show you some options.
(A) The show was too predictable.
(B) Our new accountant will be here soon.
(C) Thanks, that would be great.

계좌를 개설하고자 하시면, 몇 가지 옵션을 보여 드리겠습니다.
(A) 그 쇼는 너무 뻔했어요.
(B) 저희 새 회계사가 곧 올 거예요.
(C) 감사합니다, 그러면 아주 좋겠군요.

○─ 평서문 ─

문제 키워드 | let me show you / options

계좌를 개설하고 싶다면 몇 가지 옵션을 보여 주겠다는 의미로, 평서문 형태의 권유/제안문이다.
(A) show를 반복 사용한 오답이다.
(B) account와 발음이 유사한 accountant를 이용하여 혼동을 유도한 오답이다.
(C) 몇 가지 옵션을 보여 주겠다는 권유/제안에 고맙다며 긍정의 의미를 전달한 정답이다.

어휘 account 계좌, 계정 predictable 예측할 수 있는 accountant 회계사

정답 (C)

30
AU BR

Why did you schedule the client meeting so early in the morning?
(A) I can move it to late in the afternoon.
(B) Yes, she set up the meeting.
(C) I will get there as soon as possible.

당신은 왜 그렇게 아침 일찍 고객 회의를 잡았나요?
(A) 오후 늦은 시간으로 그것을 옮길 수 있습니다.
(B) 네, 그녀가 회의를 잡았습니다.
(C) 가능한 한 빨리 그곳으로 가겠습니다.

○─ Why 의문문 ─

문제 키워드 | Why / schedule / meeting / so early / morning

왜 그렇게 아침 일찍 고객 회의를 잡았는지 이유를 묻는 Why 의문문이다.
(A) 회의를 왜 그렇게 일찍 잡았는지 묻는 질문에 늦은 오후로 회의 일정을 변경할 수 있다고 적절히 답변했으므로 정답이다.
(B) Why 의문문에 Yes/No로 답변할 수 없으므로 오답이다.
(C) 질문의 early에서 연상할 수 있는 as soon as possible을 사용하여 혼동을 유도한 오답이다.

어휘 schedule 일정을 잡다 move 옮기다 set up ~을 마련하다

정답 (A)

31 Our sales team will have a meeting today to discuss the customer feedback.
(A) It was going well.
(B) Rachel is still on vacation, though.
(C) Of course, but I'll need it back by today.

저희 영업 팀은 고객 피드백에 대해 논의하기 위해 오늘 회의를 할 예정입니다.
(A) 그것은 잘 진행되었습니다.
(B) 하지만 Rachel 씨는 아직도 휴가 중입니다.
(C) 물론이죠. 하지만 오늘까지 되돌려주셔야 합니다.

> **─o 평서문**
>
> **문제 키워드 | sales team / have / meeting**
>
> 영업 팀의 오늘 일정을 설명하는 내용의 평서문이다.
> (A) 미래 시제의 내용에 과거 시제로 응답하고 있으므로 시제 불일치 오답이다.
> (B) 회의를 할 예정이라는 말에 Rachel 씨가 휴가 중이라며 간접적으로 회의를 할 수 없는 이유를 설명하고 있으므로 정답이다.
> (C) feedback에서 연상할 수 있는 back을 사용하여 혼동을 유도한 오답이다.
>
> **어휘** have a meeting 회의를 하다   discuss 논의하다   customer feedback 고객 피드백   on vacation 휴가로, 휴가 중인
>
> 정답 (B)

PART 3

Questions 32-34 refer to the following conversation. 32-34는 다음 대화에 관한 문제입니다.

US
US

M Hi, my name is Robin Myers. 32 I'm supposed to see Dr. Munoz at 10 A.M. W Hello, Mr. Myers. 32 Dr. Munoz is now examining a patient, so could you wait? This is your first time to visit here, right? M Yes, 33 I made an appointment over the phone yesterday. W Oh, I see. 33 Can I have your medical history form that I requested yesterday? M Here's the form. I've downloaded it from your Web site and completed it. W Thank you. Also, since you're a new patient, 34 can I see your photo identification?	남 안녕하세요, 제 이름은 Robin Myers입니다. 32 저는 오전 10시에 Munoz 박사님에게 진료를 받기로 되어 있습니다. 여 안녕하세요, Myers 씨. 32 Munoz 박사님은 지금 환자를 진찰하고 계세요, 그러니 기다려 주시겠어요? 이곳을 처음 방문하시는 거죠, 그렇죠? 남 네, 33 저는 어제 전화로 예약을 했습니다. 여 오, 알겠습니다. 33 제가 어제 요청한 병력 서류를 볼 수 있을까요? 남 그 서류는 여기 있습니다. 웹사이트에서 그 서류를 다운받아 작성하였습니다. 여 감사합니다. 또한 신규 환자시기 때문에 34 신분증을 확인할 수 있을까요?

어휘 be supposed to V ~하기로 되어 있다 examine 진찰하다 patient 환자 visit 방문하다 make an appointment 약속을 하다 medical history 병력 form 서류 request 요청하다 complete 완료하다, 작성하다 photo identification 사진이 있는 신분증

32 Where is the conversation taking place?
(A) At a bank
(B) At a supermarket
(C) At a clinic
(D) In a restaurant

대화는 어디에서 진행되고 있는가?
(A) 은행에서
(B) 슈퍼마켓에서
(C) 병원에서
(D) 식당에서

○ 기본 정보 파악 - 장소

문제 키워드 | Where / conversation / taking place

대화 장소를 묻는 문제는 주로 전반부에 단서가 제시된다. 전반부에 남자가 Munoz 박사에게 진료를 받기로 되어 있다(I'm supposed to see Dr. Munoz at 10 A.M.)고 했고, 여자는 그가 지금 환자를 진찰하고 있다(Dr. Munoz is now examining a patient)고 했으므로 병원에서 대화를 나누고 있음을 알 수 있다. 따라서 정답은 (C)이다.   정답 (C)

33 What did the woman tell the man to do on the phone?
(A) Send an invoice
(B) Bring a form
(C) Visit a warehouse
(D) Complete a proposal

여자는 전화로 남자에게 무엇을 하라고 이야기했었는가?
(A) 청구서 발송
(B) 서류 지참
(C) 창고 방문
(D) 제안서 작성

○ 구체적인 정보 파악 - 특정 사항

문제 키워드 | What / woman / tell / man / on the phone

핵심 키워드는 on the phone으로 여자가 전화로 남자에게 요청한 것을 묻는 문제이다. 남자가 어제 전화로 예약했다(I made an appointment over the phone yesterday.)고 하자, 여자가 알겠다며 어제 요청한 병력 서류를 볼 수 있는지(Can I have your medical history form that I requested yesterday?) 묻고 있다. 따라서 여자가 전화로 남자에게 요청했던 것은 의료 관련 서류를 가져오는 것임을 알 수 있으므로 정답은 (B)이다.

어휘 invoice 청구서 warehouse 창고 proposal 제안(서)   정답 (B)

34 What does the woman ask for?
(A) A ticket
(B) A coupon
(C) Contact information
(D) Identification

여자가 요청한 것은 무엇인가?
(A) 입장권
(B) 쿠폰
(C) 연락처
(D) 신분증

○ 구체적인 정보 파악 - 제안/요청

문제 키워드 | What / woman / ask for

여자가 요청한 것이 무엇인지를 묻는 문제로, 여자의 대사에 집중하여 들어야 한다. 후반부 여자의 대사에서 남자에게 신분증을 확인할 수 있을지(can I see your photo identification?) 묻고 있으므로 정답은 (D)이다.   정답 (D)

TEST 04 163

Questions 35-37 refer to the following conversation. 35-37은 다음 대화에 관한 문제입니다.

M: Hi, Pauline. I would like to check if you looked at the work request I forwarded you earlier today for the meeting room downstairs. 35 The lights have not been working properly for several days.
W: Yes, I did. But, 36 I need to set up some computers for the new employees in marketing at the moment. Right after finishing the work, I will check the meeting room.
M: Alright, thank you. Could you inform me when you repair them? 37 I have to prepare my presentation for today's meeting with my client. Without lights, we won't be able to have a meeting there.

남: 안녕하세요, Pauline 씨. 오늘 일찍 보내 드린 아래층 회의실의 작업 요청서를 보셨는지 확인하고 싶습니다. 35 조명이 며칠 동안 제대로 작동하고 있지 않습니다.
여: 네, 봤습니다. 그런데 36 저는 지금 마케팅 부서의 신입 사원들을 위해 컴퓨터를 설치해야 합니다. 작업이 완료되는 대로 회의실을 확인하겠습니다.
남: 네, 감사합니다. 회의실 조명을 수리하실 때 제게 알려 주시겠어요? 37 저는 오늘 고객과의 회의를 위한 발표를 준비해야 합니다. 조명이 없으면 그곳에서 어떤 회의도 진행할 수 없을 것입니다.

어휘 work request 작업 요청서 forward 보내다, 전달하다 downstairs 아래층 properly 제대로 at the moment 지금 inform 알리다 repair 수리하다 prepare 준비하다

35 What does the man ask the woman to do?
(A) Review presentation materials
(B) Order new computers
(C) Fix some light fixtures
(D) Reschedule a meeting

남자가 여자에게 요청한 것은 무엇인가?
(A) 발표 자료 검토
(B) 새 컴퓨터 주문
(C) 일부 조명 기구 수리
(D) 회의 일정 변경

구체적인 정보 파악 – 제안/요청

문제 키워드 | What / man / ask / woman

남자가 요청한 것을 묻는 문제이므로 남자의 대사에 집중하여 정답의 근거를 찾는다. 남자의 첫 대사에서 작업 요청서를 보았는지 확인하고 싶다고 한 뒤 조명이 며칠 동안 제대로 작동하고 있지 않다(The lights have not been working properly for several days.)고 했으므로, 남자가 요청한 것은 조명 수리인 것을 알 수 있다. 따라서 정답은 (C)이다.

어휘 review 검토하다 material 자료 fix 고치다, 수리하다 light fixture 조명 기구

정답 (C)

36 Why is the woman not able to go to the meeting room right now?
(A) She has to do other work.
(B) She is having a break.
(C) She is not feeling well.
(D) She cannot find some data.

여자는 왜 지금 당장 회의실에 갈 수 없는가?
(A) 다른 일을 해야 한다.
(B) 휴식을 취하고 있다.
(C) 몸 상태가 좋지 않다.
(D) 일부 자료를 찾을 수 없다.

구체적인 정보 파악 – 이유/원인

문제 키워드 | Why / woman / not able / go / meeting room / right now

여자가 회의실에 지금 바로 갈 수 없는 이유를 묻는 문제이다. 회의실 조명이 제대로 작동하지 않는다는 남자의 말에 여자는 지금은 마케팅 부서의 신입 사원을 위해 컴퓨터를 설치해야 한다(I need to set up some computers for the new employees in marketing at the moment.)고 했으므로 정답은 (A)이다.

패러프레이징 set up some computers 컴퓨터를 설치하다 → do other work 다른 일을 하다

정답 (A)

37 What will the man most likely do today?
(A) Go on a business trip
(B) Revise some information
(C) Complete a request form
(D) Make a presentation

남자는 오늘 무엇을 할 것 같은가?
(A) 출장 가기
(B) 일부 정보 수정하기
(C) 신청서 작성하기
(D) 발표하기

구체적인 정보 파악 – 미래

문제 키워드 | What / will / man / today

미래 정보 문제이므로 대화 후반부에서 정답의 단서를 찾을 수 있다. 남자의 마지막 대사에서 오늘 고객과의 회의를 위한 발표를 준비해야 한다(I have to prepare my presentation for today's meeting with my client.)고 했으므로 정답은 (D)이다.

어휘 revise 수정하다 information 정보 complete 작성하다, 완료하다

정답 (D)

Questions 38-40 refer to the following conversation. 38-40은 다음 대화에 관한 문제입니다.

W Good morning, thanks for calling Austin Publishing. How can I help you today?
M Hello, **38** my current subscription to *Financial Report Monthly* will expire soon, so is it possible to renew it now? I heard that 40% off an annual subscription is currently being offered.
W Well, **39** we're very sorry to tell you that the discount is only for new subscribers. If you order a subscription for another magazine, you can receive the discount.
M Well... Actually, I can't afford to subscribe to another one. I'd just like to renew it, please.
W Certainly. Also, **40** I'll send you a brochure listing all of our publications in case you change your mind.

여: 안녕하세요, Austin 출판사에 전화 주셔서 감사합니다. 무엇을 도와 드릴까요?
남: 안녕하세요, **38** 제가 현재 구독 중인 〈월간 금융 보고서〉의 정기 구독이 곧 만료될 예정인데, 지금 갱신해 주실 수 있나요? 현재 연간 구독료를 40% 할인하고 있다고 들었어요.
여: 음, **39** 말씀드리기 유감스럽지만 신규 구독자들에게만 할인이 적용됩니다. 다른 잡지를 구독하시면, 할인을 받으실 수 있습니다.
남: 음… 사실 추가로 구독할 여유는 없습니다. 그냥 갱신만 부탁드립니다.
여: 알겠습니다. 또한 **40** 혹시 마음이 바뀌실 경우를 대비해, 저희 출판사의 모든 간행물을 명시해 놓은 책자를 보내 드리겠습니다.

어휘 publishing 출판 current 현재의 subscription 정기 구독 financial 금융의, 재정의 monthly 월간지 expire 만료되다 renew 갱신하다, 연장하다 annual 연례의 currently 현재 subscriber 구독자 afford 여유가 되다 publication 출판물, 간행물 in case ~할 경우를 대비해서

38 What is the purpose of the man's call?
(A) To make comments
(B) To resubscribe to a publication
(C) To update personal information
(D) To request a repair service

남자가 전화를 건 목적은 무엇인가?
(A) 의견을 말하기 위해
(B) 출판물을 다시 구독하기 위해
(C) 개인 정보를 업데이트하기 위해
(D) 수리 서비스를 요청하기 위해

○ 기본 정보 파악 – 전화 목적

문제 키워드 | What / purpose / man's call

주제나 목적을 묻는 문제는 대화의 전반부에 정답의 단서가 있다. 남자가 현재 구독 중인 월간지를 지금 갱신할 수 있는지(is it possible to renew it now?) 물으며 전화를 건 목적을 말하고 있으므로 정답은 (B)이다.

어휘 make a comment 의견을 말하다 resubscribe 다시 구독하다 personal information 개인 정보   정답 (B)

39 What does the woman apologize for?
(A) A discount is not applicable.
(B) Operating hours have changed.
(C) A magazine will be discontinued.
(D) No employee is available.

여자는 무엇 때문에 사과하는가?
(A) 할인이 적용되지 않는다.
(B) 영업시간이 변경되었다.
(C) 잡지 발간이 중단될 예정이다.
(D) 응대가 가능한 직원이 없다.

○ 구체적인 정보 파악 – 이유/원인

문제 키워드 | What / woman / apologize

여자는 신규 구독자들에게만 할인이 적용된다(the discount is only for new subscribers)고 말하게 되어 유감이라고 하였으므로, 현재 잡지를 구독 중인 남자에게는 할인이 적용되지 않기 때문에 사과한 것임을 알 수 있다. 따라서 정답은 (A)이다.

패러프레이징 the discount is only for new subscribers 신규 구독자들에게만 할인이 적용된다
→ **A discount is not applicable.** 할인이 적용되지 않는다.

어휘 applicable 해당되는, 적용되는 operating hours 영업시간 discontinue (생산을) 중단하다 available 시간이 있는   정답 (A)

40 What will the woman most likely do next?
(A) Change a venue
(B) Meet with a client
(C) Have a break
(D) Forward a booklet

여자는 다음에 무엇을 할 것 같은가?
(A) 장소 변경하기
(B) 고객과 만나기
(C) 휴식을 취하기
(D) 책자 전달하기

○ 구체적인 정보 파악 – 미래

문제 키워드 | What / will / woman / next

여자의 마지막 대사 중 I'll ~ 표현에 집중한다. 남자의 마음이 바뀔 경우를 대비해, 출판사의 모든 간행물을 명시해 놓은 책자를 보내겠다(I'll send you a brochure listing all of our publications ~)고 했으므로 정답은 (D)이다.

패러프레이징 send you a brochure 책자를 보내다 → **Forward a booklet** 책자 전달하기

어휘 venue (행사) 장소 have a break 휴식을 취하다 forward 보내다, 전달하다 booklet 책자   정답 (D)

Questions 41-43 refer to the following conversation. 41-43은 다음 대화에 관한 문제입니다.

W Hello, Alvin. Have you had a chance to look at the report on our theater's ticket sales for last month? **41 The sales tend to keep falling.**

M Yes, I have. **41 We definitely need to do something about it.** What do you think we should do?

W We should consider finding a new approach to reach the public. Probably, **42 expanding our overall advertising effort** can be the answer.

M Absolutely! **43 We have a management meeting this week to talk about the budget.** Let's address your idea in more detail at the meeting.

여: 안녕하세요, Alvin 씨. 지난달 우리 극장의 티켓 판매에 관한 보고서를 볼 기회가 있으셨나요? 41 판매가 계속 감소하고 있는 것 같습니다.
남: 네, 보았습니다. 41 우리는 확실히 그것과 관련하여 무언가를 해야 합니다. 우리가 어떻게 해야 할까요?
여: 우리는 대중들에게 다가갈 수 있는 새로운 방법을 찾는 것을 고려해야 합니다. 아마도, 42 전반적인 광고 노력을 확대하는 것이 답이 될 수 있다고 생각합니다.
남: 맞아요! 43 예산에 대해서 이야기할 수 있는 경영진 회의가 이번 주에 있습니다. 그 회의에서 당신의 아이디어를 더 상세하게 다뤄 봅시다.

어휘 have a chance to V ~할 기회가 있다 tend to V ~하는 경향이 있다 definitely 분명히, 틀림없이 consider 고려하다 approach 방법, 접근 reach 도달하다 expand 확대하다 overall 종합적인 effort 노력 budget 예산 address 다루다 in detail 상세하게

41 What problem are the speakers talking about?
(A) An outdated facility
(B) A shortage of skilled staff
(C) Decreasing ticket sales
(D) Customer complaints

화자들이 이야기하고 있는 문제점은 무엇인가?
(A) 구식 시설
(B) 숙련된 직원의 부족
(C) 티켓 판매 감소
(D) 고객 불만

> **○ 구체적인 정보 파악 – 문제점**
>
> **문제 키워드 | What problem / speakers / talking**
> 문제점을 묻는 문제가 첫 번째로 등장할 경우, 주제를 묻는 문제처럼 전반부에 단서가 제시될 확률이 높다. 여자의 첫 대사에서 극장의 티켓 판매가 계속 감소하고 있다(The sales tend to keep falling.)고 하였고, 남자가 이에 대해 뭔가를 해야 한다(We definitely need to do something about it.)고 했다. 따라서 (C)가 정답이다.
>
> **패러프레이징 The sales tend to keep falling.** 판매가 계속 감소하고 있는 것 같다.
> → **Decreasing tickets sales** 티켓 판매 감소
>
> **어휘** outdated 구식인 facility 시설 shortage 부족 skilled 숙련된 decrease 감소하다 complaint 불만, 불평
>
> 정답 (C)

42 According to the woman, what should be considered?
(A) Organizing various shows
(B) Expanding a facility
(C) Hiring new performers
(D) Putting in more advertising effort

여자의 말에 따르면, 무엇이 고려되어야 하는가?
(A) 다양한 방송 편성
(B) 시설 확장
(C) 신입 연주자 채용
(D) 광고에 더 많은 노력 투입

> **○ 구체적인 정보 파악 – 특정 사항**
>
> **문제 키워드 | woman / what / considered**
> 여자가 고려해야 한다고 말한 것이 무엇인지를 묻는 문제로, 여자의 대사에 집중해야 한다. 여자는 새로운 방법을 찾아야 한다며 전반적인 광고 노력을 확대하는 것(expanding our overall advertising effort)이 답이 될 수 있다고 했으므로 정답은 (D)이다.
>
> **패러프레이징 expanding overall advertising effort** 전반적인 광고 노력을 확대하는 것
> → **Putting in more advertising effort** 광고에 더 많은 노력 투입
>
> 정답 (D)

43 What will be held this week?
(A) An interview
(B) A new product release
(C) A budget meeting
(D) An anniversary party

이번 주에 무슨 일이 있을 것인가?
(A) 인터뷰
(B) 신제품 출시
(C) 예산 회의
(D) 기념일 파티

> **○ 구체적인 정보 파악 – 미래**
>
> **문제 키워드 | What / will / held / this week**
> 대화의 후반부에서 핵심 키워드인 this week에 집중한다. 남자는 예산에 대해서 이야기할 수 있는 경영진 회의가 이번 주에 있다(We have a management meeting this week to talk about the budget.)고 했으므로 정답은 (C)이다.
>
> 정답 (C)

Questions 44-46 refer to the following conversation. 44-46은 다음 대화에 관한 문제입니다.

W: Milton, you told me that you are taking a day off on Friday, but we need some more help. **44 We will be providing our catering service for a banquet at the city center.** We were just informed that the attendance will be much bigger than originally scheduled.

M: Hmm... **45 A repair person is scheduled to visit my apartment on Friday to inspect my heater.** <u>She'll be there early in the afternoon.</u>

W: **45 I don't think that's going to work out.** The event will be held at noon.

M: I'm sorry. However, **46 I think Janet will be free, and she wants to work extra hours.**

여: Milton 씨, 금요일에 하루 쉬실 거라고 제게 말씀하셨는데, 우리가 일손이 더 필요해요. **44** 도심에서 열리는 만찬에 우리 출장 연회 서비스를 제공할 거예요. 참석자가 원래 예정되었던 것보다 훨씬 더 많을 것이라는 소식을 막 들었어요.

남: 흠... **45** 금요일에 수리 기사가 제 난방기를 점검하러 아파트를 방문할 예정이에요. <u>그녀는 오후 일찍 방문할 거예요.</u>

여: **45** 그러면 안 되겠네요. 그 행사는 12시에 진행될 거예요.

남: 죄송합니다. 하지만 **46** 제 생각에는 Janet 씨가 시간이 있을 것이고 추가 근무를 하길 원해요.

어휘 catering service 출장 연회 서비스 | banquet 연회 | attendance 참석(자 수) | originally 본래 | inspect 점검하다 | work out 잘 풀리다

44 Where do the speakers work?
(A) At a utility company
(B) At a food service business
(C) At an educational institution
(D) At a health care center

화자들은 어디에서 근무하는가?
(A) 공익 기업에서
(B) 음식 서비스 회사에서
(C) 교육 기관에서
(D) 건강 관리 센터에서

> **기본 정보 파악 - 직업/업종**
>
> **문제 키워드** | Where / speakers / work
>
> 화자들의 직업과 신분에 대한 정보는 대화의 전반부에서 찾을 수 있다. 여자의 첫 대사에서 도심에서 열리는 만찬에 출장 연회 서비스를 제공할 것(We will be providing our catering service for a banquet at the city center.)이라고 했으므로 정답은 (B)이다.
>
> **패러프레이징** catering service 출장 연회 서비스 → **food service business** 음식 서비스 회사
>
> 정답 (B)

45 What does the man mean when he says, "She'll be there early in the afternoon"?
(A) He may encounter a scheduling conflict.
(B) He needs to leave in the middle of the day.
(C) He has already met a repair person before.
(D) He can change his schedule.

남자가 "그녀는 오후 일찍 방문할 거예요"라고 말할 때 의미하는 것은 무엇인가?
(A) 일정이 겹칠 수도 있다.
(B) 대낮에 떠나야 한다.
(C) 이전에 수리 기사를 만난 적이 있다.
(D) 일정을 변경할 수 있다.

> **신유형 - 화자의 의도 파악**
>
> **문제 키워드** | What / man / mean / "She'll be there early in the afternoon"
>
> 해당 표현에 앞서 남자는 금요일에 수리 기사가 난방기를 점검하러 아파트를 방문할 예정(A repair person is scheduled to visit my apartment on Friday ~.)이라고 했고, 해당 표현 뒤에는 여자가 그러면 안 될 것 같다(I don't think that's going to work out.)고 하였다. 즉, 수리 기사 방문 시간과 연회 시간이 겹칠 수 있음을 알리는 것이므로 정답은 (A)이다.
>
> **어휘** encounter 직면하다, 맞닥뜨리다 | scheduling conflict 일정 충돌
>
> 정답 (A)

46 What does the man mention about Janet?
(A) She has recently participated in a training course.
(B) She is more skilled than any other employees.
(C) She just came back from her holiday.
(D) She is willing to work additional hours.

남자가 Janet 씨에 대해서 언급한 것은 무엇인가?
(A) 최근에 교육 과정에 참가했었다.
(B) 다른 직원들보다 더 숙련됐다.
(C) 휴가에서 방금 돌아왔다.
(D) 기꺼이 추가 근무를 한다.

> **구체적인 정보 파악 - 특정 사항**
>
> **문제 키워드** | What / man / mention / Janet
>
> 후반부 남자가 Janet을 언급하는 곳에서 정답의 단서를 찾아야 한다. 아마도 Janet 씨가 시간이 있을 것이고 그녀는 추가 근무를 하길 원한다(I think Janet will be free, and she wants to work extra hours.)고 했으므로 정답은 (D)이다.
>
> **패러프레이징 wants to work extra hours** 추가 근무를 하길 원한다
> → **is willing to work additional hours** 기꺼이 추가 근무를 한다
>
> 정답 (D)

Questions 47-49 refer to the following conversation with three speakers. 47-49는 다음 세 명의 대화에 관한 문제입니다.

BR
US
AU

W: Hey, Eric. This is Rubin Williams. It's his first day here at Hampstead Hotels Corporation. **47** He is the new chief designer in Web site development.
M1: Hi, Rubin. I'm Eric Shelton. Welcome to the company.
M2: Nice to meet you, Eric. **48** I heard that you will be giving a presentation at the staff seminar tomorrow.
M1: Yeah, I'll be discussing how to improve our online service.
M2: That sounds wonderful. I look forward to it.
W: I'm just about to give Rubin a tour. **49** I thought we'd start at the reception area on the main floor.
M1: Okay. Rubin, I guess I'll see you at the meeting tomorrow.

여: 안녕하세요, Eric 씨. 이분은 Rubin Williams 씨입니다. 오늘이 이곳 Hampstead 호텔 기업에서의 그의 첫날입니다. **47** 그는 웹사이트 개발 부서의 새 수석 디자이너입니다.
남1: 안녕하세요, Rubin 씨. 저는 Eric Shelton입니다. 회사에 오신 것을 환영합니다.
남2: 만나서 반갑습니다, Eric 씨. **48** 당신이 내일 있을 직원 세미나에서 발표를 할 것이라고 들었습니다.
남1: 네, 저는 우리의 온라인 서비스 개선 방법에 관해 말할 것입니다.
남2: 훌륭합니다. 그것을 기대하고 있습니다.
여: Rubin 씨에게 회사 구경을 시켜 드리려던 참이었어요. **49** 1층의 접수 구역에서 시작하려고 해요.
남1: 알겠습니다. Rubin 씨, 내일 회의에서 뵙겠네요.

어휘 corporation 기업, 회사   chief 수석의   development 개발   give a presentation 발표하다   improve 향상시키다   look forward to ~을 기대하다   be about to V 막 ~하려던 참이다   give a tour 견학을 시켜 주다   reception 접수처, 프런트

47 Who is Rubin Williams?
(A) A hotel manager
(B) A product designer
(C) A Web design specialist
(D) A magazine editor

Rubin Williams 씨는 누구인가?
(A) 호텔 매니저
(B) 제품 디자이너
(C) 웹 디자인 전문가
(D) 잡지 편집자

○ 구체적인 정보 파악 - 직업/업종

문제 키워드 | Who / Rubin Williams

특정인의 직업은 이름이 언급되는 곳 앞뒤에서 파악할 수 있다. 또한 특정인의 이름을 언급한 후에 그 사람을 지칭할 때는 3인칭 대명사를 이용한다는 것을 알아 두자. 전반부에 Rubin Williams를 소개하며 웹사이트 개발 부서의 새 수석 디자이너(He is a new chief designer in Web site development.)라고 하였으므로, 웹사이트 디자인을 하는 사람임을 알 수 있다. 따라서 정답은 (C)이다.

정답 (C)

48 What will take place tomorrow?
(A) An orientation session
(B) A site inspection
(C) A company banquet
(D) A staff seminar

내일 무슨 일이 있을 것인가?
(A) 오리엔테이션 세션
(B) 현장 점검
(C) 회사 연회
(D) 직원 세미나

○ 구체적인 정보 파악 - 미래

문제 키워드 | What / will / take place / tomorrow

핵심 키워드인 tomorrow가 언급된 문장에서 정답을 파악하자. 남자2가 내일 있을 직원 세미나에서 남자1이 발표를 할 것이라고 들었다(I heard that you will be giving a presentation at the staff seminar tomorrow.)고 하였으므로 정답은 (D)이다.

어휘 site 현장   inspection 점검, 검사   banquet 연회

정답 (D)

49 What will the woman and Rubin Williams do next?
(A) Conduct an interview
(B) Welcome some guests
(C) Go to the reception area
(D) Attend a meeting

여자와 Rubin Williams 씨는 다음에 무엇을 할 예정인가?
(A) 면접 실시하기
(B) 손님들 맞이하기
(C) 접수 구역으로 가기
(D) 회의 참석하기

○ 구체적인 정보 파악 - 미래

문제 키워드 | What / will / woman / Rubin / next

미래 정보는 주로 대화의 후반부에 언급된다. 여자의 마지막 대사에서 Rubin 씨에게 회사 구경시켜 줄 참이었다며 접수 구역에서 시작하려고 한다(I thought we'd start at the reception area on the main floor.)고 하였으므로 (C)가 정답이다.

어휘 conduct 실시하다

정답 (C)

Questions 50-52 refer to the following conversation. 50-52는 다음 대화에 관한 문제입니다.

US
AU

W: Thank you for preparing the press release about our company's winter internship program, Lowell. But, the deadline for application is approaching, and 50 only three candidates have applied so far. Do you have any ideas to make more people interested in the program?

M: Well... 51 Why don't we contact the business administration department at the local college and ask them to encourage their students to participate?

W: That sounds like a great idea. Then 52 I believe we can push back the application deadline for the students who would be interested.

여: 우리 회사의 겨울 인턴쉽 프로그램에 대한 보도 자료를 준비해 주셔서 감사합니다. Lowell 씨. 그런데 지원 마감일이 다가오고 있는데 50 지금까지 단지 3명의 지원자만 지원했습니다. 프로그램에 더 많은 사람들이 관심을 가지게 하기 위한 좋은 방안이 있으신가요?

남: 음… 51 지역 대학의 경영학과에 연락해서 학생들의 참여를 권장해 달라고 요청하는 게 어때요?

여: 좋은 생각인 것 같네요. 그러면 관심이 있을 학생들을 위해 52 지원 마감일을 연장하면 되겠네요.

어휘 prepare 준비하다 press release 보도 자료 deadline 마감(일) application 신청(서), 지원(서) approach 다가오다 candidate 후보자, 지원자 apply 신청하다, 지원하다 business administration department 경영학과 local 지역의, 현지의 encourage 권장하다, 장려하다 participate 참여하다 push back 미루다

50 What are the speakers mainly talking about?
(A) Whom to invite to a seminar
(B) Where to hold an annual event
(C) How to draw more applicants
(D) When to leave for an interview

화자들은 주로 무엇에 대해 이야기하고 있는가?
(A) 세미나에 누구를 초대할지
(B) 연례 행사를 어디에서 개최할지
(C) 더 많은 지원자를 어떻게 모을지
(D) 인터뷰를 위해 언제 출발할지

─○ 기본 정보 파악 – 주제

문제 키워드 | What / speakers / talking

대화의 주제는 주로 대화의 전반부에서 알 수 있다. 여자가 인턴쉽 지원 마감이 다가오고 있다며 지금까지 지원자가 단지 3명(only three candidates have applied so far)이라고 언급한 뒤, 프로그램에 더 많은 사람들의 관심을 끌기 위한 좋은 방안이 있는지(Do you have any ideas to make more people interested in the program?) 묻고 있으므로 정답은 (C)이다.

어휘 invite 초대하다 draw 끌다 applicant 지원자   정답 (C)

51 What suggestion does the man make?
(A) Hiring an advertising company
(B) Shortening the interview process
(C) Contacting a local college
(D) Lowering an enrollment fee

남자는 무엇을 제안하는가?
(A) 광고 회사 고용하기
(B) 면접 과정 줄이기
(C) 지역 대학에 연락하기
(D) 등록비 낮추기

─○ 구체적인 정보 파악 – 제안/요청

문제 키워드 | What suggestion / man / make

남자가 제안한 것이 무엇인지 묻는 문제로 남자의 대사 중 권유/제안 표현에 집중한다. 남자가 지역 대학에 연락하는 것(Why don't we contact the business administration department at the local college)을 제안하고 있으므로 정답은 (C)이다.

어휘 shorten 단축하다, 줄이다 process 과정 lower 줄이다, 낮추다 enrollment 등록 fee 수수료, 요금   정답 (C)

52 What does the woman suggest doing?
(A) Arranging a conference room
(B) Delaying a deadline
(C) Consulting with a coworker
(D) Searching for other information sources

여자는 무엇을 하자고 제안하는가?
(A) 회의실 준비하기
(B) 마감일 연장하기
(C) 동료와 상담하기
(D) 다른 정보원 찾아보기

─○ 구체적인 정보 파악 – 제안/요청

문제 키워드 | What / woman / suggest

여자가 제안한 것을 묻는 문제이므로 여자의 대사에 집중한다. 여자가 마지막에 지원 마감일을 연장할 수 있겠다(I believe we can push back the application deadline)고 했으므로 여자가 제안한 것은 마감일 연장임을 알 수 있다. 따라서 정답은 (B)이다.

패러프레이징 push back 미루다 → Delaying 미루기

어휘 arrange 준비하다, 마련하다 delay 연기하다 consult with ~와 상담하다, 참고하다 source 출처, 원천   정답 (B)

Questions 53-55 refer to the following conversation. 53-55는 다음 대화에 관한 문제입니다.

AU
BR

M   Hi, Lillie. **53 Could you look over the slides** for the presentation we are scheduled to do at the conference?
W   Yeah, I already reviewed them early in the morning. They seem to have no errors and all the information is very well organized.
M   Perfect. Then, we're all set for the conference. **54 I think I should go ahead and book my flight this afternoon.** Would you like me to reserve yours as well?
W   Well, **55** I should've told you earlier that you probably need to make a presentation on your own. I won't be able to leave for the conference because one of the important clients is coming to see me.
M   **55 I heard this presentation is really important, but I've only recently started my new job.**
W   You prepared most of the presentation, so there won't be any problem. I'm sure you will make it without me.

남: 안녕하세요, Lillie 씨. 회의에서 발표할 53 슬라이드를 살펴봐 주시겠어요?
여: 네, 이미 아침 일찍 그것들을 검토했어요. 오류는 없는 것 같고 모든 정보가 잘 정리되어 있네요.
남: 완벽하네요. 그러면 우리는 회의를 위한 준비가 다 되었네요. 54 저는 오늘 오후에 미리 가서 제 항공권을 예약해야 할 것 같아요. 당신 것도 예약해 드릴까요?
여: 글쎄요, 55 당신 혼자서 발표를 해야 할 거라고 미리 말해 줬어야 했는데요. 중요한 고객이 저를 만나러 오고 있어서 저는 회의에 갈 수 없을 거예요.
남: 55 이번 발표가 정말 중요하다고 들었는데 저는 최근에야 새로운 일을 시작했잖아요.
여: 당신이 발표의 대부분을 준비했으니 아무 문제도 없을 거예요. 저 없이도 잘 해낼 거라고 믿어요.

어휘 look over ~을 살펴보다   be scheduled to V ~할 예정이다   conference 회의, 학회   review 검토하다   well organized 정리가 잘 된   be all set 준비가 되어 있다   book 예약하다   reserve 예약하다   on your own 혼자   leave for ~로 떠나다   recently 최근에

53 What is the woman asked to do?
(A) Solve a problem
(B) Go over some slides
(C) Send out invitations
(D) Postpone an event

여자가 요청받은 것은 무엇인가?
(A) 문제 해결하기
(B) 슬라이드 검토하기
(C) 초대장 발송하기
(D) 행사 연기하기

─○ 구체적인 정보 파악 – 제안/요청 ─

문제 키워드 | What / woman / asked

여자가 요청받은 것을 묻는 문제이므로 남자의 대사에서 요청 표현이 언급되는 곳에 집중한다. 초반에 남자가 여자에게 슬라이드를 살펴봐 줄 것(Could you look over the slides ~)을 요청했으므로 정답은 (B)이다.

패러프레이징 look over the slides 슬라이드를 살펴보다 → **Go over some slides** 슬라이드 검토하기

어휘 solve 해결하다   go over ~을 검토하다   invitation 초대(장)   postpone 연기하다, 미루다

정답 (B)

54 What is the man going to do this afternoon?
(A) Request some help
(B) Arrange important materials
(C) Reserve a flight ticket
(D) Book a hotel room

남자는 오늘 오후에 무엇을 할 것인가?
(A) 도움 요청하기
(B) 중요 자료 준비하기
(C) 항공권 예약하기
(D) 호텔 객실 예약하기

─○ 구체적인 정보 파악 – 미래 ─

문제 키워드 | What / man / going to do / this afternoon

남자가 오늘 오후에 할 일을 묻는 문제이므로 남자의 대사에서 오늘 오후가 언급되는 곳에 집중한다. 중반부 남자의 대사에서 오늘 오후에 미리 가서 항공권을 예약해야 할 것 같다(I think I should go ahead and book my flight this afternoon.)고 했으므로 정답은 (C)이다.

패러프레이징 book my flight 항공권을 예약하다 → **Reserve a flight ticket** 항공권 예약하기

어휘 arrange 준비하다, 마련하다   material 자료

정답 (C)

55 What does the man imply when he says, "I've only recently started my new job"?
(A) He is unwilling to transfer to another department.
(B) He wants to express his appreciation for a promotion.
(C) He is trying to make an excuse for some mistakes.
(D) He is worried about doing an important task by himself.

남자가 "저는 최근에야 새로운 일을 시작했잖아요"라고 말할 때 의미하는 것은 무엇인가?
(A) 다른 부서로 이동하는 것을 꺼린다.
(B) 승진에 대한 감사를 표하길 원한다.
(C) 실수에 대해 변명하려고 한다.
(D) 중요한 업무를 혼자서 하는 것에 대해 걱정하고 있다.

○ 신유형 – 화자의 의도 파악

문제 키워드 | What / man / imply / "I've only recently started my new job"

화자의 의도 파악 문제는 해당 문장과 앞뒤 문맥을 종합하여 답을 찾아야 한다. 해당 표현 앞에서 여자가 남자에게 혼자서 발표를 해야 할 것(I should've told you earlier that you probably need to make a presentation on your own.)이라고 말하자 남자가 이번 발표가 정말 중요하다고 들었다(I heard this presentation is really important,)며 본인은 최근에야 일을 시작했다(I've only recently started my new job)고 말했다. 이를 통해 남자가 중요한 업무를 혼자서 하는 것에 대해 걱정하고 있음을 알 수 있으므로 정답은 (D)이다.

어휘 be unwilling to V ~하는 것을 꺼리다   transfer 이동하다   express 표현하다   appreciation 감사   promotion 승진   excuse 변명   mistake 실수   be worried about ~에 대해 걱정하다   task 업무

정답 (D)

Questions 56-58 refer to the following conversation. 56-58은 다음 대화에 관한 문제입니다.

US / US

M   Hi, Ms. William, **56** have you seen the report on the clinical tests for the new herbal medicines for digestion our company's getting ready to put on the market?
W   Oh, were there any issues?
M   Actually, there was one. **57** We found some side effects of the medicine. Some people seem to have difficulties breathing and although they are not serious symptoms, we need to take care of the issue.
W   Hmm... that was not expected at all. You are right. We definitely need more time.
M   But the product release date is coming up soon. **58** Why don't we adjust our timeline? So we can clarify the cause and be ready to launch it by then.

남: 안녕하세요, William 씨. **56** 우리 회사에서 시장에 내놓기 위해 준비하고 있는 새로운 생약 소화제의 임상 실험에 관한 보고서를 보았나요?
여: 오, 문제가 있었나요?
남: 사실, 하나 있었어요. **57** 그 약의 몇 가지 부작용을 발견했어요. 몇몇 사람들에게 호흡 곤란이 있는 것 같고 그것이 심각한 증상은 아닐지라도 우리는 그 문제를 신경 써야 합니다.
여: 흠… 전혀 예상치 못했던 일이네요. 당신 말이 맞아요. 우리는 확실히 시간이 좀 더 필요해요.
남: 하지만 제품 출시일이 곧 다가와요. **58** 일정을 조정하는 건 어떨까요? 그러면 그때까지 우리는 원인을 규명할 수 있고 출시를 준비할 수 있을 거예요.

어휘 clinical 임상의   herbal 약초의   medicine 약, 의학   digestion 소화   get ready to V ~할 준비가 되다   put A on the market A를 시장에 내놓다
issue 문제, 쟁점   side effect 부작용   have difficulty -ing ~하는 데 어려움이 있다   breathe 호흡하다   serious 심각한   symptom 증상
definitely 확실히   release 출시   adjust 조정하다   timeline 시간표, 연대표   clarify 명확하게 하다

56 Where do the speakers most likely work?
(A) At a hospital
(B) At a pharmaceutical company
(C) At an advertising agency
(D) At a department store

화자들은 어디에서 일할 것 같은가?
(A) 병원에서
(B) 제약 회사에서
(C) 광고 회사에서
(D) 백화점에서

─○ 기본 정보 파악 – 직업 ─

문제 키워드 | Where / speakers / work

화자들의 근무지를 묻는 문제이므로 대화의 첫 부분을 집중해서 들어야 한다. 대화 첫 문장에서 우리 회사에서 준비하고 있는 새로운 생약 소화제의 임상 실험에 관한 보고서를 보았냐(have you seen the report on the clinical tests for the new herbal medicines for digestion our company's getting ready to put on the market?)고 묻고 있으므로 화자들은 제약 회사에서 일하고 있음을 알 수 있다. 따라서 정답은 (B)이다.

정답 (B)

57 What problem does the man report?
(A) A product is not attractive to some people.
(B) A company's sales are declining.
(C) A work team needs more members.
(D) A product has a problem.

남자는 어떤 문제를 보고하는가?
(A) 제품이 일부 사람들에게 매력적이지 않다.
(B) 회사의 매출이 감소하고 있다.
(C) 작업 팀이 더 많은 직원을 필요로 한다.
(D) 제품에 문제가 있다.

─○ 구체적인 정보 파악 – 문제점 ─

문제 키워드 | What problem / man / report

남자가 보고하는 문제를 묻고 있으므로 남자의 말에 집중하자. 약의 몇 가지 부작용을 발견했다(We found some side effects of the medicine.)고 했으므로 (D)가 정답이다.

정답 (D)

58 What will the speakers most likely do next?
(A) Develop a new medicine
(B) Launch another product
(C) Change a project timeline
(D) Take some work home

화자들은 앞으로 무엇을 할 것 같은가?
(A) 신약 개발하기
(B) 다른 제품 출시하기
(C) 프로젝트 일정 변경하기
(D) 일을 집으로 가지고 가기

─○ 구체적인 정보 파악 – 미래 ─

문제 키워드 | What / will / speakers / next

미래에 대한 정보는 대화의 후반부에 언급되며 미래 시제 표현인 조동사 will이나 권유/제안 표현에서 단서를 찾을 수 있다. 남자의 마지막 대사에서 일정을 조정하는 것(Why don't we adjust our timeline?)을 권유하고 있으므로 (C)가 정답이다.

어휘 launch 출시하다, 시작하다

정답 (C)

Questions 59-61 refer to the following conversation. 59-61은 다음 대화에 관한 문제입니다.

US
AU

W Hello, this is Holly Perez from accounting and ⁵⁹ I'd like to reach Carl Porter in personnel, please.
M Yeah, this is Carl speaking.
W Hi, a new hire is supposed to start in our division next Monday. And, ⁶⁰ I'd like to check how many days of vacation new employees have.
M Twenty days a year. Actually, we will talk about that at the orientation session next week. It's scheduled for Tuesday at 1 o'clock.
W Thank you. We'll make sure Mr. Nelson will attend the session. Does he have to register in advance?
M That's right. But ⁶¹ I can put his name on the list right now. Just give me his full name, please.

여: 안녕하세요, 저는 회계부의 Holly Perez이고, ⁵⁹ 인사부의 Carl Porter 씨와 연락을 하고 싶습니다.
남: 네, 제가 Carl입니다.
여: 안녕하세요, 신입 직원이 다음 주 월요일에 저희 부서에서 근무를 시작할 예정입니다. 그리고 ⁶⁰ 저는 신입 직원들에게 지급되는 휴가 일수를 확인하고 싶습니다.
남: 일 년에 20일입니다. 사실 다음 주 오리엔테이션에서 이것과 관련하여 이야기를 나눌 예정입니다. 화요일 1시에 진행될 예정입니다.
여: 감사합니다. Nelson 씨가 반드시 그 교육에 참석하게 하겠습니다. 그가 사전에 등록을 해야 하나요?
남: 맞습니다. 하지만 ⁶¹ 제가 지금 그의 이름을 명단에 넣어 드릴 수 있습니다. 전체 이름을 불러 주세요.

어휘 accounting 회계 (업무)   personnel 인사과   be supposed to V ~하기로 되어 있다   division 부서   be scheduled for ~로 예정되어 있다
make sure 반드시 ~하도록 하다   register 등록하다   in advance 사전에, 미리

59 What division does the woman want to reach?
(A) Archives
(B) Accounting
(C) Customer service
(D) Personnel

여자는 어떤 부서에 연락하길 원하는가?
(A) 기록 보관부
(B) 회계부
(C) 고객 서비스부
(D) 인사부

○ 기본 정보 파악 - 직업/업종

문제 키워드 | What division / woman / reach

여자가 연락한 부서를 묻는 문제로, 여자의 대사에 집중한다. 여자가 초반부에 자신을 소개하고 인사부의 Carl Porter 씨와 연락을 하고 싶다(I'd like to reach Carl Porter in personnel,)고 했으므로 정답은 (D)이다.   정답 (D)

60 What is the main reason of the woman's call?
(A) To arrange a meeting
(B) To request technical support
(C) To ask about a vacation policy
(D) To order office supplies

여자가 전화를 건 주된 이유는 무엇인가?
(A) 회의를 준비하기 위해
(B) 기술 지원을 요청하기 위해
(C) 휴가 정책을 문의하기 위해
(D) 사무용품을 주문하기 위해

○ 기본 정보 파악 - 전화 목적

문제 키워드 | What / reason / woman's call

여자의 전화 목적을 묻는 문제로, 여자의 대사에 집중한다. 여자는 신입 직원에게 제공되는 휴가 일수를 확인하고 싶다(I'd like to check how many days of vacation new employees have.)고 했으므로 정답은 (C)이다.

패러프레이징 check how many days of vacation 휴가 일수를 확인하다
→ ask about a vacation policy 휴가 정책을 문의하다

어휘 arrange 준비하다, 마련하다   request 요청하다   technical support 기술 지원   policy 정책   정답 (C)

61 What does the man offer to do for the woman?
(A) Sign up for an event   (B) Give contact information
(C) Hand in a receipt   (D) Book a meeting room

남자는 여자를 위해서 무엇을 해 주겠다고 제안하는가?
(A) 행사 등록   (B) 연락처 제공
(C) 영수증 제출   (D) 회의실 예약

○ 구체적인 정보 파악 - 제안/요청

문제 키워드 | What / man / offer / woman

남자가 제안한 일이 무엇인지를 묻는 문제로, 후반부 남자의 대사에서 정답의 근거를 찾는다. 남자는 다음 주에 진행되는 오리엔테이션 참석 명단에 Nelson 씨를 넣어 줄 수 있다(I can put his name on the list right now.)고 했으므로 정답은 (A)이다.

패러프레이징 put his name on the list 명단에 그의 이름을 넣다 → Sign up for an event 행사 등록   정답 (A)

Questions 62-64 refer to the following conversation and report. 62-64는 다음 대화와 보고서에 관한 문제입니다.

M **62** I have done the evaluation of our footwear company's expenses, and all reports have been compiled. Here, could you take a look?
W Hmm... **63** It seems like our overall expenditure has increased during the last month. **64** We should consider cutting some shipping costs.
M Well, the current shipping service from our contractor seems too expensive. Maybe, it's time to find a new contractor for the service.
W Yes, let's search for possible contractors and make a list.

Monthly Report	
Equipment Maintenance	£9,500
64 Shipping Service	£11,000
Facility Rental	£10,000
Supplies	£20,000

남: **62** 제가 우리 신발 회사의 지출을 평가해서 모든 보고서가 취합됐어요. 여기요, 한번 보시겠습니까?
여: 음… 지난달에 **63** 전체 지출이 증가한 것으로 보이네요. **64** 배송 비용을 좀 삭감하는 것을 고려해야겠네요.
남: 흠, 계약업체의 현재 배송 서비스가 너무 비싼 것 같아요. 아마도 배송 서비스를 담당할 새로운 계약업체를 찾아야 할 때인 것 같아요.
여: 네, 가능한 업체를 찾아 명단을 만들어 봅시다.

월간 보고서	
장비 관리	9,500파운드
64 배송 서비스	11,000파운드
시설 임대	10,000파운드
물품	20,000파운드

어휘 evaluation 평가 footwear 신발 expense 비용, 지출 compile 수집하다, 편집하다 take a look (한번) 보다 overall 전체적인 expenditure 지출 increase 증가하다 consider 고려하다 cost 비용 current 현재의 contractor 계약업체 make a list 명단을 작성하다 equipment 장비 maintenance 관리 facility 시설 rental 임대(료)

62 What type of merchandise does the company produce?
(A) Shoes
(B) Shipping trucks
(C) Appliances
(D) Office equipment

회사는 어떤 종류의 상품을 생산하는가?
(A) 신발
(B) 배송 트럭
(C) 전자 기기
(D) 사무 기기

─○ 기본 정보 파악 – 직업/업종 ─
문제 키워드 | What / merchandise / company / produce
무엇을 생산하는 회사인지 묻는 문제이다. 남자의 첫 대사에서 우리 신발 회사의 지출을 평가했다(I have done the evaluation of our footwear company's expenses)고 했으므로 정답은 (A)이다.
패러프레이징 footwear 신발 → Shoes 신발
정답 (A)

63 What does the woman mention about the report?
(A) The company did not meet their goal.
(B) Some figures are wrong.
(C) The company's expenses have gone up.
(D) A report is not prepared.

여자가 보고서에 대해서 언급한 것은 무엇인가?
(A) 회사가 목표를 달성하지 못했다.
(B) 일부 수치가 잘못되었다.
(C) 회사의 지출이 증가했다.
(D) 보고서가 준비되지 않았다.

─○ 구체적인 정보 파악 – 특정 사항 ─
문제 키워드 | What / woman / mention / report
report를 핵심 키워드로 잡고 문제를 풀어야 한다. 담화 초반에 남자가 여자에게 보고서를 보겠냐고 물었고, 이에 대해 여자가 전체 지출이 증가한 것으로 보인다(It seems like our overall expenditure has increased)고 했으므로 정답은 (C)이다.
패러프레이징 our overall expenditure has increased 전체 지출이 증가했다 → expenses have gone up 지출이 상승했다
어휘 meet a goal 목표를 달성하다 figure 수치 wrong 잘못된
정답 (C)

64 Look at the graphic. Which amount does the woman say needs to be changed?
(A) ￡9,500
(B) ￡11,000
(C) ￡10,000
(D) ￡20,000

시각 자료를 보시오. 여자는 어떤 금액이 변경되어야 한다고 말하는가?
(A) 9,500파운드
(B) 11,000파운드
(C) 10,000파운드
(D) 20,000파운드

신유형 – 시각 자료 연계

문제 키워드 | graphic / Which amount / woman / changed

가장 먼저 보기와 시각 자료의 관계를 파악해야 한다. 보기에 금액이 제시되어 있으므로, 대화에서는 특정 금액에 해당하는 항목의 세부 내용이 언급될 것임을 예상할 수 있다. 여자가 대화 중반부에 배송 비용을 좀 삭감하는 것을 고려해야겠다(We should consider cutting some shipping costs.)고 했으므로 배송 비용에 해당하는 금액인 (B)가 정답이다.

정답 (B)

Questions 65-67 refer to the following conversation and elevator panel. 65-67은 다음 대화와 엘리베이터 패널에 관한 문제입니다.

W Hi, Jason. I'm so happy you got in the elevator just now.
M Hello, Silvia. I did not expect to see you here. I am working at the reception of this building. What made you come here?
W ⁶⁵ I'm here to see my lawyer, Mr. Jennings and I think I'm lost. Could you tell me where his office is?
M Oh, you're on the wrong floor. ⁶⁶ This floor only has cafés and bakeries. All of the lawyers' offices are one floor down.
W Thanks a lot. You know I was expecting to find lawyers' names on the elevator panel.
M I was just going to that office to deliver this memo. ⁶⁷ If you want, I'll go there with you.

여: 안녕하세요, Jason 씨. 당신이 지금 엘리베이터에 타서 너무 기뻐요.
남: 안녕하세요, Silvia 씨. 여기서 당신을 볼 거라 생각하지 못했어요. 저는 이 건물의 접수처에서 근무하고 있어요. 어떤 일로 여기에 오셨나요?
여: ⁶⁵ 제 변호사인 Jennings 씨를 보러 왔는데 길을 잃어버린 것 같아요. 그의 사무실이 어디인지 알려 주시겠어요?
남: 오, 층을 잘못 찾아 오신 것 같습니다. ⁶⁶ 이 층에는 카페와 빵집만 있어요. 변호사 사무실들은 모두 한 층 아래에 있어요.
여: 고마워요. 엘리베이터 패널에서 변호사의 이름을 찾을 수 있을 거라 생각했어요.
남: 저는 이 메모를 전달하러 그 사무실에 가고 있었어요. ⁶⁷ 원하신다면, 같이 가드릴게요.

④	Fitness Center
⁶⁶ ③	Food Court
②	Law Offices
①	Lobby

④	피트니스 센터
⁶⁶ ③	푸드 코트
②	법률 사무실
①	로비

어휘 just now 지금 당장 expect 예상하다, 기대하다 reception 접수처 lawyer 변호사 wrong 잘못된, 틀린 floor 층, 바닥

65 What problem does the woman mention?
(A) The elevator is out of order.
(B) She cannot find an office.
(C) Some documents have been misplaced.
(D) Some equipment is malfunctioning.

여자가 언급하는 문제점은 무엇인가?
(A) 엘리베이터가 고장 났다.
(B) 사무실을 찾을 수 없다.
(C) 서류가 제자리에 있지 않다.
(D) 장비가 오작동하고 있다.

○ 구체적인 정보 파악 - 문제점

문제 키워드 | What problem / woman / mention

여자가 언급한 문제점을 묻는 문제이므로 여자의 대사에 집중한다. 여자가 두 번째 대사에서 변호사인 Jennings 씨를 보러 왔는데 길을 잃어버린 것 같다(I'm here to see my lawyer, Mr. Jennings and I think I'm lost.)고 하였으므로 정답은 (B)이다.

어휘 out of order 고장 난 misplace 잘못 두다 equipment 장비, 설비 malfunction 오작동하다

정답 (B)

66 Look at the graphic. On which floor does the conversation take place?
(A) Floor 4
(B) Floor 3
(C) Floor 2
(D) Floor 1

시각 자료를 보시오. 몇 층에서 대화가 이루어지고 있는가?
(A) 4층
(B) 3층
(C) 2층
(D) 1층

○ 신유형 - 시각 자료 연계

문제 키워드 | graphic / On which floor / conversation / take place

신유형인 시각 자료 연계 문제로, 보기에 층수가 제시되어 있으므로 대화에서는 각 층에 있는 것들과 관련된 정보가 제시될 것임을 예상하고 대화를 들어야 한다. 여자가 이 층에는 카페와 빵집만 있다(This floor only has cafés and bakeries.)며, 변호사 사무실들은 모두 한 층 아래에 있다(All of the lawyers' offices are one floor down.)고 하였다. 이 정보를 토대로 시각 자료를 확인하면 변호사 사무실의 위층이자 푸드 코트가 있는 3층에서 대화가 진행되고 있음을 알 수 있으므로 정답은 (B)이다.

정답 (B)

67 What does the man say he will do for the woman?
(A) Deliver a memo
(B) Notify a lawyer of a delay
(C) Help the woman fill out some paperwork
(D) Take the woman to a location

남자는 여자를 위해 무엇을 할 것이라고 말하는가?
(A) 메모 전달하기
(B) 변호사에게 지연 알리기
(C) 여자가 서류 작성하는 것을 도와주기
(D) 여자를 한 장소로 데려다주기

구체적인 정보 파악 − 미래

문제 키워드 | What / man / say / will / for / woman

남자가 하겠다고 말한 것이 무엇인지 묻는 미래 문제이므로, 후반부 남자의 말에 주목해야 한다. 남자가 마지막 대사에서 여자가 찾는 사무실에 가고 있었다며 원한다면 그곳에 함께 가겠다(If you want, I'll go there with you.)고 하였으므로 정답은 (D)이다. 메모를 전달하는 일은 여자를 위해 하는 일이 아니므로 (A)를 정답으로 고르지 않도록 주의해야 한다.

패러프레이징 I'll go there with you 그곳에 함께 갈게요 → **Take the woman to a location** 여자를 한 장소로 데려다주기

어휘 notify A of B A에게 B를 알리다   delay 지연   fill out ~을 작성하다   location 장소

정답 (D)

Questions 68-70 refer to the following conversation and schedule. 68-70은 다음 대화와 일정표에 관한 문제입니다.

W Peggy Airline. How may I help you?
M Hi, I'd like to fly from Beijing to Vancouver tomorrow. **68** I tried to book a ticket online, but I couldn't do it.
W **68** We're sorry for the inconvenience. We accept any ticket reservation less than 24 hours before departure only over the phone. But I'm glad to help reserve tickets for you. What time do you prefer to leave?
M **69** I don't mind any departure time as long as I can reach Vancouver before 2:00 P.M. **70** I have an important meeting with prospective investors.

여: Peggy 항공사입니다. 무엇을 도와 드릴까요?
남: 안녕하세요, 내일 베이징에서 밴쿠버로 가고 싶습니다. **68** 온라인에서 티켓을 예약하려고 했는데 할 수가 없었어요.
여: **68** 불편을 드려서 죄송합니다. 저희는 출발 전 24시간 이내의 티켓은 전화로만 예약을 받습니다. 제가 티켓 예약을 도와 드리겠습니다. 몇 시에 출발하고 싶으세요?
남: **69** 오후 2시 전에 밴쿠버에 도착할 수 있으면 출발 시간은 아무 때나 괜찮아요. **70** 예비 투자자와의 중요한 회의가 있어요.

Beijing to Vancouver		
Flight No.	Departure	Arrival
203	8:25 AM	2:00 PM
69 205	9:25 AM	**69** 1:10 PM
312	3:05 PM	7:25 PM
405	4:35 PM	8:35 PM

베이징 발 밴쿠버 행		
항공편	출발	도착
203	오전 8:25	오후 2:00
69 205	오전 9:25	**69** 오후 1:10
312	오후 3:05	오후 7:25
405	오후 4:35	오후 8:35

어휘 fly (비행기) 타고 가다   book 예약하다   inconvenience 불편   accept 받아들이다   reservation 예약   departure 출발   prefer 선호하다   as long as ~하는 한   reach 도달하다   prospective 장래의, 유망한   investor 투자자

68 What does the woman apologize for?
(A) A reservation cannot be made online.
(B) A service is temporarily not available.
(C) A ticket is no longer valid.
(D) A flight has been fully booked.

여자는 무엇에 대해 사과하는가?
(A) 온라인에서 예약할 수 없다.
(B) 서비스를 일시적으로 이용할 수 없다.
(C) 티켓이 더 이상 유효하지 않다.
(D) 항공편이 모두 예약되었다.

○ 구체적인 정보 파악 - 특정 사항

문제 키워드 | What / woman / apologize

여자가 사과하는 것을 묻는 문제로 여자의 사과의 말이나 남자의 불만의 말에서 단서를 찾을 수 있다. 온라인에서 티켓을 예약할 수 없었다(I tried to book a ticket online, but I couldn't do it.)는 남자의 말에 여자는 죄송하다(We're sorry for the inconvenience.)며 출발 전 24시간 이내의 티켓은 전화로만 예약을 받는다(We accept any ticket reservation less than 24 hours before departure only over the phone.)고 했으므로 여자는 온라인에서 티켓 예약을 할 수 없는 것에 대해 사과하고 있음을 알 수 있다. 따라서 정답은 (A)이다.

어휘 temporarily 일시적으로   available 이용 가능한   valid 유효한   fully 완전히

정답 (A)

69 Look at the graphic. Which flight ticket will the man most likely book?
(A) Flight No. 203
(B) Flight No. 205
(C) Flight No. 312
(D) Flight No. 405

시각 자료를 보시오. 남자는 어떤 항공권을 예약할 것 같은가?
(A) 203 항공편
(B) 205 항공편
(C) 312 항공편
(D) 405 항공편

─○ 신유형 - 시각 자료 연계

문제 키워드 | graphic / Which flight ticket / will / man / book

시각 자료 연계 문제는 대화를 듣기 전에 시각 자료와 보기 사이의 관계를 먼저 파악한 후 단서가 어떤 식으로 대화 속에서 제시될지 예측한 다음에 들어야 한다. 문제의 보기가 항공편이므로 대화에서 출발 시간이나 도착 시간이 언급될 것임을 예측할 수 있다. 후반부 남자의 대사에서 오후 2시 전에 밴쿠버에 도착할 수 있으면 출발 시간은 아무 때나 괜찮다(I don't mind any departure time as long as I can reach Vancouver before 2:00 P.M.)고 했으므로, 남자는 오후 2시 전에 밴쿠버에 도착하는 항공편을 예약할 것임을 알 수 있다. 시각 자료에서 오후 2시 전에 도착하는 항공편은 205 항공편이므로 정답은 (B)이다.

정답 (B)

70 What does the man say he is planning to do in Vancouver?
(A) Meet his relatives
(B) Demonstrate some products
(C) Attend an important meeting
(D) Start his new job

남자는 밴쿠버에서 무엇을 할 계획이라고 말하는가?
(A) 친척 만나기
(B) 제품 시연하기
(C) 중요한 회의 참석하기
(D) 새로운 일 시작하기

─○ 구체적인 정보 파악 - 특정 사항

문제 키워드 | What / man / planning / Vancouver

남자의 계획을 묻는 문제이므로 남자의 대사에 집중한다. 후반부에 남자가 오후 2시 전에 밴쿠버에 도착하면 된다고 하면서 예비 투자자와의 중요한 회의가 있다(I have an important meeting with prospective investors.)고 했으므로 정답은 (C)이다.

어휘 relative 친척   demonstrate 설명하다, 시연하다

정답 (C)

PART 4

Questions 71-73 refer to the following telephone message. 71-73은 다음 전화 메시지에 관한 문제입니다.

W Hello, Gordon. **71 This is Lydia, the restaurant supervisor.** I'm calling to ask you a favor. **72 Could you come to work a bit early today?** I was scheduled to be there when the shipment of our food supplies arrives, but I think I won't be able to make it in time for the delivery. I need to pick up my husband from the hospital. **73 If you get to work early for me, you'll be allowed to have Friday evening off.** Please get back to me as soon as you hear this message. Thank you.

여: 안녕하세요, Gordon 씨. **71 식당 책임자인 Lydia입니다.** 부탁을 드리고자 전화드려요. **72 혹시 오늘 조금 일찍 출근하실 수 있으세요?** 식자재가 도착하는 시간에 제가 식당에 가 있을 예정이었는데 배달 시간에 맞춰 도착하지 못할 것 같아요. 병원에서 남편을 데려 와야 해요. **73 저를 대신해 일찍 출근해 주시면, 금요일 저녁 근무를 빼 드리겠습니다.** 이 메시지를 듣자마자 저에게 바로 연락주세요. 감사합니다.

어휘 supervisor 감독관, 관리자 a bit 조금, 다소 be scheduled to V ~할 예정이다 shipment 수송 food supplies 식자재 make it 도착하다 in time for ~에 알맞은 때에 delivery 배달 pick up ~을 태우러 가다 allow 허락하다, 허용하다 get back to ~에게 나중에 다시 연락하다

71 Where does the speaker most likely work?
(A) At a delivery company
(B) At a hospital
(C) At a restaurant
(D) At a food mart

화자는 어디에서 근무하고 있는 것 같은가?
(A) 택배 회사에서
(B) 병원에서
(C) 식당에서
(D) 식료품점에서

─○ 기본 정보 파악 – 직업/업종 ─

문제 키워드 | Where / speaker / work

화자의 직장을 묻는 문제로, 전반부에서 정답의 근거가 언급될 것임을 예상하고 담화를 듣는다. 전반부에 화자가 식당 책임자인 Lydia(This is Lydia, the restaurant supervisor.)라고 본인을 소개하고 있으므로 정답은 (C)이다.   **정답 (C)**

72 Why is the listener asked to get to work early today?
(A) To remove some equipment
(B) To receive a phone call
(C) To arrange for an event
(D) To take care of a shipment

청자는 왜 오늘 일찍 출근하기를 요청받는가?
(A) 장비를 제거하기 위해서
(B) 전화를 받기 위해서
(C) 행사를 준비하기 위해서
(D) 배송품을 처리하기 위해서

─○ 구체적인 정보 파악 – 이유/원인 ─

문제 키워드 | Why / listener / asked / get / work / early today

청자가 일찍 출근하도록 요청받은 이유를 묻는 문제로, 핵심 키워드인 early today가 언급되는 곳 앞뒤에서 정답의 근거를 찾는다. 화자가 청자에게 조금 일찍 출근해 줄 수 있냐(Could you come to work a bit early today?)며 본래 식자재가 도착하는 시간에 식당에 가 있을 예정이었지만 배달 시간에 맞추어 갈 수 없을 것 같다(I was scheduled to be there when the shipment of our food supplies arrives, but I think I won't be able to make it in time for the delivery.)고 했다. 따라서 식자재 배달을 대신 받아 달라는 것이므로 정답은 (D)이다.

어휘 remove 제거하다, 치우다 equipment 장비 arrange for ~을 준비하다 take care of ~을 처리하다   **정답 (D)**

73 What most likely will the listener be allowed to do?
(A) Take some time off
(B) Get a bonus
(C) Transfer to another branch
(D) Attend a training session

청자는 무엇을 하는 것이 허용될 것 같은가?
(A) 휴가를 내기
(B) 보너스 받기
(C) 다른 지점으로 전근 가기
(D) 연수회 참석하기

─○ 구체적인 정보 파악 – 특정 사항 ─

문제 키워드 | What / listener / allowed

청자가 무엇을 하는 것이 허용될지 묻는 문제로, 후반부에 단서가 있다. 화자는 본인을 대신하여 일찍 출근하면, 금요일 저녁 근무를 빼 주겠다(If you get to work early for me, you'll be allowed to have Friday evening off.)고 했으므로 정답은 (A)이다.

패러프레이징 have Friday evening off 금요일 저녁 근무를 빼다 → **Take some time off** 휴가를 내기

어휘 transfer 이동하다, 전근 가다   **정답 (A)**

Questions 74-76 refer to the following instruction. 74-76은 다음 설명에 관한 문제입니다.

> M Good morning, everyone. My name is Jim Hopkins from the personnel department. I congratulate you all on joining Pinner Publishing. **74** We have some paperwork to complete. Oh, let me tell you this form is the most important one since it will be used to put you on the payroll. **75** The form needs to be handed in by Thursday. Otherwise, your first paycheck will be delayed. Please go ahead and take your time to go through the rest of the papers in the information packet. **76** Feel free to ask if you have any questions while you're filling them out.

> 남 안녕하세요, 여러분. 저는 인사과에서 근무하고 있는 Jim Hopkins입니다. Pinner 출판사에 입사하신 여러분 모두 축하드립니다. **74** 작성해야 하는 서류가 있습니다. 오, 이 서류는 여러분들을 급여 지급 명단에 올리기 위해 사용되는 것이기 때문에 가장 중요한 것임을 말씀드립니다. **75** 그 서류는 목요일까지 제출되어야 합니다. 그렇지 않으면, 첫 급여 지급이 지체될 것입니다. 자료집에서 나머지 서류를 천천히 살펴보시기 바랍니다. **76** 여러분들이 서류를 작성하시는 동안, 궁금한 점이 있으면 자유롭게 질문해 주세요.

어휘 personnel department 인사과 congratulate 축하하다 join 입사하다 publishing 출판 paperwork 서류 작업 complete 완료하다, 작성하다 important 중요한 be used to V ~하기 위해 사용되다 payroll 급여 대상자 명단 hand in ~을 제출하다 otherwise 그렇지 않으면 paycheck 급여 delay 미루다, 연기하다 take time 천천히 하다 rest 나머지 feel free to V 마음대로 ~하다 fill out ~을 작성하다

74 What is the instruction mainly about?
(A) Applying for an ID badge
(B) Completing paperwork
(C) Registering for a training session
(D) Updating a computer system

설명은 주로 무엇에 관한 것인가?
(A) 신분증 신청
(B) 서류 작성
(C) 연수회 등록
(D) 컴퓨터 시스템 업데이트

○ 기본 정보 파악 - 주제

문제 키워드 | What / instruction / about
주제를 묻는 문제로, 담화 전반부에 집중한다. 담화 전반부에 입사 축하 인사를 전하며 작성해야 할 서류가 있다(We have some paperwork to complete.)고 한 후, 서류 작성과 관련된 내용이 이어지므로 정답은 (B)이다.

패러프레이징 some paperwork to complete 작성해야 하는 서류 → **Completing paperwork** 서류 작성

정답 (B)

75 What does the speaker say would happen if the listeners miss a deadline?
(A) Some shipments will be delayed.
(B) A project will not be approved.
(C) Some employees will work overtime.
(D) A payment will not be provided on time.

청자들이 마감일을 놓친다면, 어떤 일이 일어날 것이라고 화자가 말하는가?
(A) 일부 배송이 지체될 것이다.
(B) 프로젝트가 승인되지 않을 것이다.
(C) 일부 직원들이 야근을 할 것이다.
(D) 급여가 제때 지급되지 않을 것이다.

○ 구체적인 정보 파악 - 특정 사항

문제 키워드 | What / speaker / say / happen / if / listeners / miss / deadline
화자는 서류가 목요일까지 제출되어야 하며, 그렇지 않으면 첫 급여 지급이 지체될 것(The form needs to be handed in by Thursday. Otherwise, your first paycheck would be delayed.)이라고 하였다. 따라서 정답은 (D)이다.

패러프레이징 paycheck would be delayed 급여 지급이 연기될 것이다
→ **A payment will not be provided on time.** 급여가 제때 지급되지 않을 것이다.

어휘 shipment 배송 approve 승인하다 on time 제시간에

정답 (D)

76 What will the speaker most likely do next?
(A) Receive questions
(B) Print out some documents
(C) Go to another office
(D) Conduct an interview

화자는 다음에 무엇을 할 것 같은가?
(A) 질문을 받기
(B) 서류 인쇄하기
(C) 다른 사무실 방문하기
(D) 인터뷰 실시하기

○ 구체적인 정보 파악 - 미래

문제 키워드 | What / will / speaker / next
담화 후반부에서 미래 표현이 언급되는 곳에 단서가 있다. 화자는 청자들이 서류를 작성하는 동안 궁금한 점이 있으면 자유롭게 질문하라(Feel free to ask if you have any questions ~.)고 했다. 즉, 화자는 청자들의 질문을 받을 것이므로 정답은 (A)이다.

패러프레이징 Feel free to ask if you have any question 궁금한 점이 있으면 자유롭게 질문하라
→ **Receive questions** 질문을 받기

정답 (A)

Questions 77-79 refer to the following announcement. 77-79는 다음 발표에 관한 문제입니다.

M Good afternoon, everyone. Although 77 we need to pack up so many shipments and send them out today, I still need to make this brief but important announcement 77 before we start our work in the warehouse. A new system for handling suggestions and complaints from our employees will be introduced. We're well aware that our employees' feedback is invaluable. But, 78 most of the employees had difficulty in giving theirs. It was uneasy and uncomfortable to talk directly to management. Starting next week, a box will be placed in the staff lounge. 79 Every Monday morning, the management team will summarize the comments from the box to share in the weekly meeting.

남: 안녕하세요, 여러분. 77 오늘 굉장히 많은 물건들을 포장해 발송해야 하지만, 우리가 창고에서 근무를 시작하기 전에 간단하지만 중요한 발표를 해야 합니다. 직원들의 제안과 불만을 처리할 수 있는 신규 시스템이 도입될 예정입니다. 직원들의 피드백이 매우 귀중하다는 것을 잘 알고 있습니다. 하지만 78 대부분의 직원들이 자신의 피드백을 전달하는 것을 어려워했습니다. 경영진에게 직접 이야기하는 것은 우려스럽고 불편했습니다. 다음 주부터 직원 휴게실에 상자가 설치될 예정입니다. 79 매주 월요일 아침에 경영팀은 상자에 있는 의견들을 요약하여 주간 회의에서 공유할 예정입니다.

어휘 pack up 포장하다 shipment 수송품 send out ~을 발송하다 make an announcement 발표를 하다 brief 간략한 important 중요한 warehouse 창고 handle 처리하다, 다루다 suggestion 제안, 제의 complaint 불평 employee 직원 introduce 도입하다, 소개하다 aware 알고 있는 invaluable 매우 귀중한 have difficulty in ~에 곤란을 느끼다, ~가 어렵다 uneasy 불편한, 걱정되는 uncomfortable 불편한 directly 직접적으로 management 경영진 place 두다, 설치하다 staff lounge 직원 휴게실 summarize 요약하다 comment 언급, 의견 share 공유하다

77 What department do the listeners most likely work in?
(A) Accounting and auditing
(B) Recruiting and training
(C) Warehousing and shipping
(D) Sales and marketing

청자들은 어떤 부서에서 일하는 것 같은가?
(A) 회계 및 감사
(B) 채용 및 교육
(C) 창고 관리 및 배송
(D) 영업 및 마케팅

> **기본 정보 파악 - 직업/업종**
>
> **문제 키워드 |** What department / listeners / work
>
> 청자가 일하는 부서를 묻는 문제로, 담화 전반부에 집중한다. 담화 초반부에 화자가 오늘 굉장히 많은 물건들을 포장해 발송해야 한다(we need to pack up so many shipments and send them out today,)고 했고, 창고에서 일을 시작하기 전에(before we start our work in the warehouse.) 발표를 해야 한다고 했으므로, 청자들은 창고에서 물건을 포장하여 배달하는 일을 하고 있음을 알 수 있다. 따라서 정답은 (C)이다.
>
> **패러프레이징** pack up so many shipments and send them out 물건들을 포장해 발송하다 / in the warehouse 창고에서
> → **Warehousing and shipping** 창고 관리 및 배송   정답 **(C)**

78 What does the speaker mean when he says, "a box will be placed in the staff lounge"?
(A) A solution will apply to a problem.
(B) An additional supply is arriving soon.
(C) A project needs to be delayed.
(D) Some space is going to be expanded.

화자가 "직원 휴게실에 상자가 설치될 예정입니다"라고 말할 때 의미하는 것은 무엇인가?
(A) 해결책이 문제에 적용될 것이다.
(B) 추가 물품이 곧 도착할 것이다.
(C) 프로젝트는 연기되어야 한다.
(D) 일부 공간이 확장될 것이다.

> **신유형 - 화자의 의도 파악**
>
> **문제 키워드 |** What / speaker / mean / "a box will be placed in the staff lounge"
>
> 화자의 의도 파악 문제는 앞뒤 상황을 포괄적으로 설명한 보기가 정답이다. 화자는 대부분의 직원들이 피드백을 전달하는 것을 어려워했고, 경영진에게 직접 이야기하는 것은 우려스럽고 불편했다(most of the employees had difficulty in giving theirs. It was uneasy and uncomfortable to talk directly to management.)는 이유를 언급한 뒤 '다음 주부터(Starting next week)'라는 시간 부사구와 함께 해당 문장이 언급된다. 즉, 직원들로부터 많은 피드백을 받지 못한 문제에 대한 해결책으로 상자가 설치되는 것이므로 정답은 (A)이다.
>
> **어휘** solution 해법, 해결책 apply to ~에 적용되다 additional 추가의 delay 연기하다, 지연하다 expand 확장하다   정답 **(A)**

79 What will happen every Monday morning?
(A) A meeting will take place.
(B) Feedback will be summarized.
(C) Facilities will be inspected.
(D) A shipment will be sent.

매주 월요일 아침에 무슨 일이 생길 예정인가?
(A) 회의가 진행될 예정이다.
(B) 피드백이 요약될 예정이다.
(C) 시설들이 점검될 예정이다.
(D) 물건이 배송될 예정이다.

> **구체적인 정보 파악 – 미래**
>
> **문제 키워드** | What / will / happen / every Monday morning
>
> 미래 정보를 묻는 문제이므로 후반부에서 핵심 키워드인 every Monday morning이 언급되는 곳 앞뒤에 집중한다. 화자는 매주 월요일 아침에 경영팀이 상자에 있는 의견들을 요약하여 주간 회의에서 공유할 예정(Every Monday morning, the management team will summarize the comments from the box to share in the weekly meeting.)이라고 했으므로 정답은 (B)이다.
>
> **패러프레이징** will summarize the comments 의견들을 요약할 것이다
> → **Feedback will be summarized.** 피드백이 요약될 예정이다.
>
> **어휘** take place 개최되다, 일어나다 facility 시설 inspect 점검하다
>
> 정답 (B)

Questions 80-82 refer to the following excerpt from a meeting. 80-82는 다음 회의 발췌록에 관한 문제입니다.

W All right, let's start this month's staff meeting. As staff members of Town Park Recreation Division, we are responsible for arranging various services to promote residents' health and safety with our informative events and classes. So, **80 first, let's discuss how the programs we talked about for this winter are coming along. 81 We've already proposed providing discounts on bus tickets during winter months. The director of the town's transportation authority will soon give us their decision.** We still have a lot of things to do before December. So, **82 why don't we share updates on the progress each team has made since last month?** I would like to start with Clara, please.

여: 좋아요, 이번 달 직원회의를 시작합시다. 시 공원 휴양 부서의 직원으로서, 우리는 유익한 행사와 수업으로 주민의 건강과 안전을 증진시킬 수 있는 다양한 서비스를 준비할 책임이 있습니다. 그래서 80 우선 우리가 얘기했던 이번 겨울 프로그램들이 어떻게 진행되고 있는지에 대해서 이야기를 나눠 봅시다. 81 우리는 이미 겨울 동안 버스 티켓 할인을 제공할 것을 제안했습니다. 시의 교통 당국의 책임자가 곧 그들의 결정을 우리에게 알려줄 것입니다. 우리는 12월 전에 할 일이 여전히 많습니다. 그러니 82 지난달 이후 각 팀의 진행 상황에 대한 최신 정보를 공유하는 것이 어떨까요? Clara 씨부터 시작하는 게 좋겠네요.

어휘 recreation 휴양, 오락   division 부서   be responsible for ~에 대한 책임이 있다   arrange 준비하다, 마련하다   promote 증진하다   safety 안전   informative 유익한   come along 되어 가다   propose 제안하다   transportation 교통   authority 당국, 권위   decision 결정   share 공유하다   progress 진행, 진전

80 What is the speaker mainly talking about?
(A) An annual town festival
(B) A road construction plan
(C) A town's seasonal programs
(D) An educational course

화자는 주로 무엇에 대해 이야기하고 있는가?
(A) 연례 도시 축제
(B) 도로 공사 계획
(C) 시의 계절 프로그램들
(D) 교육 과정

○ 기본 정보 파악 - 주제

문제 키워드 | What / speaker / talking
주제를 묻는 문제는 주로 전반부에서 단서를 찾을 수 있지만 전체적인 내용을 파악해야 하는 문제도 있다. 중반부에 화자가 우선 이번 겨울 프로그램들이 어떻게 진행되고 있는지에 대해서 이야기를 나눠 보자(first, let's discuss how the programs we talked about for this winter are coming along.)고 했고 이후에 관련된 진행 상황을 이야기하고 있으므로 정답은 (C)이다.

패러프레이징 **programs we talked about for this winter** 우리가 얘기했던 이번 겨울 프로그램들
→ **seasonal programs** 계절 프로그램들

어휘 annual 연례의   construction 공사, 건설   seasonal 계절의   educational 교육의

정답 (C)

81 What will most likely be changed soon?
(A) The transportation fee
(B) The location of a town center
(C) The tax rates for local businesses
(D) The director of a local authority

곧 무엇이 변경될 것 같은가?
(A) 교통 요금
(B) 마을 회관의 위치
(C) 현지 기업의 세율
(D) 지역 당국의 책임자

○ 구체적인 정보 파악 - 특정 사항

문제 키워드 | What / changed / soon
곧 변경될 것이 무엇인지를 묻는 문제로, 핵심 키워드 soon에 집중한다. 중반부에 겨울 동안 버스 티켓 할인을 제공할 것을 제안했다(We've already proposed providing discounts on bus tickets during winter months.)며 시의 교통 당국의 책임자가 곧 그들의 결정을 알려줄 것(The director of the town's transportation authority will soon give us their decision.)이라고 했으므로, 버스 티켓 가격이 달라질 것임을 알 수 있다. 따라서 (A)가 정답이다.

패러프레이징 **bus tickets** 버스 티켓 → **transportation fee** 교통비

어휘 fee 비용, 수수료   location 위치   tax rate 세율

정답 (A)

82 What will the listeners probably do next?
(A) Organize a training event
(B) Share the latest news
(C) Order office supplies
(D) Meet with a new colleague

청자들은 다음에 무엇을 할 것인가?
(A) 교육 행사 준비
(B) 최신 소식 공유
(C) 사무용품 주문
(D) 새로운 동료와의 만남

구체적인 정보 파악 - 미래

문제 키워드 | What / will / listeners / next

청자들이 앞으로 할 일을 묻는 문제로, 후반부 권유/제안 표현에서 단서를 찾는다. 후반부에 화자가 지난달 이후 각 팀의 진행 상황에 대한 최신 정보를 공유할 것(why don't we share updates on the progress each team has made since last month?)을 제안했으므로 정답은 (B)이다.

패러프레이징 updates on the progress 진행 상황에 대한 최신 정보 → **the latest news** 최신 소식

어휘 organize 준비하다, 조직하다   colleague 동료

정답 (B)

Questions 83-85 refer to the following telephone message. 83-85는 다음 전화 메시지에 관한 문제입니다.

M: Hi, Betty. It's Harris. I'm on the way to the conference hall. **83** But due to an unusual traffic jam, it looks like it will take another thirty minutes to get there. Traffic is really backed up now. **83** I don't think I can make it on time. Please do me a favor. **84** I'll e-mail the updated agenda to you now so that you can get the meeting started without me. Oh, don't forget we need at least twenty copies of the agenda for the conference. And as I know, **85** Timmy, the assistant manager, is supposed to distribute all the promotional materials to guests at the entrance. I'll call Timmy and ask him to do that. If you need anything else, please text me.

남: 안녕하세요, Betty 씨. Harris입니다. 지금 콘퍼런스 홀로 가는 길인데요. **83** 그런데 이례적인 교통 정체 때문에 그곳에 도착하는 데 30분 정도 시간이 더 걸릴 것 같아요. 지금 정말로 차들이 전혀 움직이지 못하고 있어요. **83** 시간에 맞춰 갈 수 없을 것 같습니다. 부탁 좀 할게요. 당신이 저 없이 회의를 시작할 수 있도록, **84** 제가 업데이트된 안건을 지금 이메일로 보낼게요. 오, 콘퍼런스를 위해 안건 사본이 최소한 20부는 필요하다는 것을 잊지 마세요. 그리고 제가 알기로는 **85** 부매니저인 Timmy 씨가 입구에서 손님들에게 모든 홍보 책자를 나눠 주기로 되어 있어요. 제가 Timmy 씨에게 전화해서 그렇게 하라고 요청할게요. 더 필요한 것이 있으면 문자 주세요.

어휘 on the way to ~로 가는 길에 | unusual 드문, 이례적인 | traffic jam 교통 정체 | back up (차량들이) 움직이지 못하다, 후진시키다 | make it 해내다, 시간 맞춰 가다 | on time 제시간에 | do me a favor 부탁 하나 할게요 | agenda 안건 | at least 적어도 | be supposed to V ~하기로 되어 있다 | distribute 배포하다, 나눠 주다 | promotional material 홍보 자료 | entrance 입구 | text 문자하다

83 Why does the speaker say, "Traffic is really backed up now"?
(A) To advise the listener to take a detour
(B) To give an excuse
(C) To ask the listener to leave early
(D) To postpone a schedule

화자는 왜 "지금 정말로 차들이 전혀 움직이지 못하고 있어요"라고 말하는가?
(A) 청자에게 우회로를 이용하라고 조언하기 위해
(B) 변명을 하기 위해
(C) 청자에게 일찍 떠나라고 요청하기 위해
(D) 일정을 연기하기 위해

○ 신유형 – 화자의 의도 파악

문제 키워드 | Why / speaker / say / "Traffic is really backed up now"

화자의 의도 파악 문제는 주어진 문장 앞뒤의 문맥을 먼저 파악해야 한다. 바로 앞 문장에서 교통 정체(But due to an unusual traffic jam)를 언급하고, 주어진 문장 뒤에 제시간에 못 갈 것 같다(I don't think I can make it on time.)고 언급한 것으로 보아 변명을 하고 있음을 알 수 있다. 따라서 정답은 (B)이다.

어휘 detour 우회로 | excuse 변명, 이유 | postpone 연기하다

정답 (B)

84 What will the speaker e-mail to the listener?
(A) Promotional materials
(B) An agenda
(C) Some guest files
(D) Some driving directions

화자는 청자에게 무엇을 이메일로 보낼 것인가?
(A) 홍보 자료
(B) 안건
(C) 손님 파일
(D) 운전 약도

○ 구체적인 정보 파악 – 특정 사항

문제 키워드 | What / e-mail

키워드인 e-mail이 미래 시제로 언급되는 문장을 확인하자. 업데이트된 안건을 지금 이메일로 보내겠다(I'll e-mail the updated agenda to you now)고 했으므로 (B)가 정답이다.

정답 (B)

85 What will the speaker ask Timmy to do?
(A) Set up a conference call
(B) Text a message
(C) Circulate some materials
(D) Conduct some research

화자는 Timmy 씨에게 무엇을 할 것을 요청할 것인가?
(A) 전화 회담 준비하기
(B) 문자 메시지 보내기
(C) 자료 배부하기
(D) 연구 실시하기

○ 구체적인 정보 파악 – 제안/요청

문제 키워드 | What / ask / Timmy

담화 후반부 Timmy가 언급되는 문장에서 단서를 찾자. Timmy 씨가 홍보 자료를 나눠 주기로 되어 있다(Timmy, assistant manager is supposed to distribute all the promotional materials to guests at the entrance.)면서 Timmy 씨에게 전화해서 그것을 하도록 요청하겠다(I'll call Timmy and ask him to do that.)고 했으므로 정답은 (C)가 된다.

패러프레이징 distribute 나눠 주다 → Circulate 배포하다

정답 (C)

Questions 86-88 refer to the following broadcast. 86-88은 다음 방송에 관한 문제입니다.

W Good morning, listeners. My name is Celia Sharp, host of this radio show, *Tech, Today*. **86** We have Devin Stone, a manager working for a local software company, with us at our studio to talk about the latest software system. Mr. Stone is working on developing commercial programs. **87** Recently, he has introduced a new software program that helps avoid scheduling conflicts when organizing a meeting. Well, before starting today's interview, **88** I'd like to remind you that we are always happy to welcome any ideas for new program topics from our listeners. And, if you have any questions about today's topic, please send us a text message at 3322-4431.

여 안녕하세요, 청취자 여러분. 저는 라디오 쇼 〈테크, 투데이〉의 진행자인 Celia Sharp입니다. 저희는 최신 소프트웨어 시스템에 대해 이야기하기 위해, **86** 지역 소프트웨어 회사의 매니저인 Devin Stone 씨를 스튜디오로 모셨습니다. Stone 씨는 상업 프로그램들을 개발하는 일을 하고 있습니다. **87** 최근에 그는 회의를 준비할 때 일정이 겹치지 않도록 도움을 주는 새로운 소프트웨어 프로그램을 선보였습니다. 음, 오늘의 인터뷰를 시작하기 전에 **88** 저희는 새로운 프로그램 주제에 대한 청취자들의 다양한 아이디어를 언제나 환영한다는 것을 상기시켜 드리고 싶습니다. 그리고 만약 오늘의 주제에 대해 질문이 있으시면, 3322-4431로 문자 메시지를 보내 주시기 바랍니다.

어휘 host 진행자, 주최측   local 지역의, 현지의   latest 최근의, 최신의   develop 개발하다   commercial 상업의   recently 최근에   introduce 선보이다, 소개하다   avoid 피하다   scheduling conflict 일정 충돌, 일정의 겹침   organize 준비하다   remind 상기시키다

86 What type of business does Mr. Stone work for?
(A) A computer manufacturing firm
(B) A broadcasting station
(C) A construction company
(D) A software developer

Stone 씨는 어떤 종류의 회사에서 일하는가?
(A) 컴퓨터 제조 회사
(B) 방송국
(C) 건설 회사
(D) 소프트웨어 개발 회사

─○ 기본 정보 파악 - 직업/업종 ─

문제 키워드 | What / business / Stone / work

Stone 씨가 근무하는 회사의 종류를 묻는 문제로, 핵심 키워드인 Stone에 집중한다. 화자는 Devin Stone 씨가 지역 소프트웨어 회사의 매니저(a manager working for a local software company)라고 소개하고 있으며, Stone 씨는 상업 프로그램을 개발하는 일을 하고 있다고 했으므로 정답은 (D)이다.   정답 (D)

87 What is the purpose of the software system Mr. Stone developed?
(A) To handle accounting work quickly
(B) To help schedule a meeting
(C) To take care of client information
(D) To keep track of inventory

Stone 씨가 개발한 소프트웨어 시스템의 목적은 무엇인가?
(A) 회계 업무를 빠르게 처리하는 것
(B) 회의 일정을 잡는 데 도움을 주는 것
(C) 고객 정보를 관리하는 것
(D) 재고 목록을 파악하는 것

─○ 구체적인 정보 파악 - 특정 사항 ─

문제 키워드 | What / purpose / software system / Stone / developed

담화 중반부에 Stone 씨가 회의를 준비할 때 일정이 겹치지 않도록 도움을 주는 새로운 소프트웨어 프로그램을 선보였다(Recently, he has introduced a new software program ~ when organizing a meeting.)고 했으므로 정답은 (B)이다.

패러프레이징 helps avoid scheduling conflicts when organizing a meeting 회의를 준비할 때 일정이 겹치지 않도록 도움을 주다 → help schedule a meeting 회의 일정을 잡는 데 도움을 주다

어휘 handle 처리하다   accounting 회계   keep track of ~을 파악하다, 기록하다   inventory 재고   정답 (B)

88 What does the speaker ask the listeners to do?
(A) Provide new topic ideas
(B) Make a phone call to ask questions
(C) Try the latest product
(D) Sign up for an event

화자가 청자들에게 요청하는 것은 무엇인가?
(A) 새로운 주제에 대한 아이디어 제공하기
(B) 질문을 위해 전화하기
(C) 최신 제품 사용해 보기
(D) 행사 참가 신청을 하기

─○ 구체적인 정보 파악 - 제안/요청 ─

문제 키워드 | What / speaker / ask / listeners

화자가 청자들에게 요청한 일이 무엇인지를 묻는 문제로, 권유/제안 표현에 집중한다. 화자가 후반부에 새로운 프로그램 주제에 대한 청취자들의 다양한 아이디어를 언제나 환영한다는 것을 상기시켜 주고 싶다(I'd like to remind you that we are always happy to welcome any ideas for new program topics from our listeners.)고 했으므로 정답은 (A)이다.   정답 (A)

Questions 89-91 refer to the following telephone message. 89-91은 다음 전화 메시지에 관한 문제입니다.

M Hi, Thomas. It's Douglas. **89** Thank you for leading a training session today while I was preparing for my trip to Osaka. **90** I just received a call from Mr. Jennings, a manager at Pearson Warehouse. He wanted us to send an invoice for his order. I'm just about to board a flight. **90** Could you send it to him? Also I have something to remind you about. As you know, **91** Mr. Park and his team will be visiting us tomorrow. Please be sure to make all arrangements for the meeting. You know **91** they are one of our major clients. Just call me if anything happens. Thanks.

남: 안녕하세요, Thomas 씨. 저는 Douglas입니다. 제가 오사카 출장을 준비하는 동안 **89** 오늘 교육을 이끌어 주셔서 감사합니다. **90** 저는 Pearson 창고의 관리자인 Jennings 씨에게 방금 전화를 받았습니다. 그의 주문에 대한 청구서를 보내 주기를 원했습니다. 저는 막 비행기를 타려던 참이었습니다. **90** 그것을 그에게 보내 주실 수 있나요? 또한 당신에게 상기시켜 드릴 것이 있습니다. 아시겠지만 **91** Park 씨와 그의 부서 직원들이 내일 우리 회사를 방문할 예정입니다. 반드시 회의를 위한 모든 준비를 해 주십시오. 당신도 아시다시피 **91** 그들은 우리의 주요 고객사 중 하나입니다. 만약 무슨 일이 생기면 저에게 연락주세요. 감사합니다.

어휘 lead 이끌다 training session 교육 while ~하는 동안, 반면에 prepare for ~을 준비하다 receive a call 전화를 받다 warehouse 창고 invoice 청구서 be about to V 막 ~하려는 참이다 board 탑승하다 remind 상기시키다 be sure to V 꼭 ~을 하다 make arrangements for ~을 준비하다 major 주요한 client 의뢰인, 고객

89 What does the speaker thank the listener for?
(A) Providing training
(B) Reserving a flight
(C) Contacting a business
(D) Placing an order

화자는 청자에게 무엇 때문에 감사하는가?
(A) 교육을 제공한 것
(B) 비행기를 예약한 것
(C) 업체와 연락한 것
(D) 주문한 것

─○ 구체적인 정보 파악 – 이유/원인

문제 키워드 | What / speaker / thank / listener

이유를 묻는 구체적인 정보 파악 문제로, 담화 초반에 오늘 교육을 이끌어 줘서 고맙다(Thank you for leading a training session today)고 했으므로 정답은 (A)이다.

패러프레이징 leading a training session 교육을 이끌다 → **Providing training** 교육을 제공한 것

어휘 reserve 예약하다 contact 연락하다 place an order 주문하다

정답 (A)

90 What does the speaker imply when he says, "I'm just about to board a flight"?
(A) He will not arrive on time.
(B) He cannot respond immediately.
(C) He does not need a ride.
(D) He forgot to bring an itinerary.

화자가 "저는 막 비행기를 타려던 참이었습니다"라고 말할 때 암시하는 것은 무엇인가?
(A) 제시간에 도착하지 못할 것이다.
(B) 즉시 대응할 수 없다.
(C) 차량이 필요 없다.
(D) 여행 일정표를 가져오는 것을 잊었다.

─○ 신유형 – 화자의 의도 파악

문제 키워드 | What / speaker / imply / "I'm just about to board a flight"

주변 문맥을 참고하여 화자의 말의 의도를 파악하는 문제이다. 질문에 제시된 문장은 Pearson 창고 관리자로부터 청구서를 요청하는 연락을 받았다(I just received a call from Mr. Jennings, a manager at Pearson Warehouse. He wanted us to send an invoice for his order.)는 언급 뒤에 한 말로 이어서 청자에게 청구서 발송을 부탁(Could you send it to him?)하고 있다. 즉, 화자는 비행기에 탑승하려던 참이어서 Jennings 씨의 요청에 즉시 응대할 수 없으니 청자에게 부탁을 하는 것이므로 정답은 (B)이다.

어휘 on time 제시간에 respond 대응하다, 응답하다 immediately 즉시, 즉각적으로 itinerary 여행 일정표

정답 (B)

91. According to the speaker, what will take place tomorrow?
(A) Some clients will visit.
(B) A new shipment will arrive.
(C) A dinner reception will be held.
(D) New employees will start the job.

화자의 말에 따르면, 내일 무슨 일이 발생할 것인가?
(A) 몇몇 고객들이 방문할 것이다.
(B) 새로운 수송품이 도착할 것이다.
(C) 저녁 만찬이 개최될 것이다.
(D) 신입 직원들이 업무를 시작할 것이다.

○ 구체적인 정보 파악 – 미래

문제 키워드 | what / will / take place / tomorrow

미래 정보를 묻는 문제로, 담화의 후반부에서 tomorrow를 핵심 키워드로 하여 정답의 근거를 찾는다. 내일 Park 씨와 그의 부서 직원들이 방문한다(Mr. Park and his team will be visiting us tomorrow.)고 했고 그들은 주요 고객 중 하나(they are one of our major clients.)라고 했으므로 정답은 (A)이다.

어휘 shipment 수송, 수송품   reception 연회

정답 (A)

Questions 92-94 refer to the following news report. 92-94는 다음 뉴스 보도에 관한 문제입니다.

US

W Welcome to *Kingsbury Town News*! **92** Yesterday, the town council announced that it's planning to change the current recycling system to a multiple stream system. So, recyclable waste would need to be separated by the type of material. Residents would not be permitted to put all recyclable materials into the same recycling bin. **93** Prior to the final decision, a research firm and an accounting agency have been hired to examine how much this recycling system would cost the town. It is expected to take a month to complete the examination. Once the result comes out, the council members will discuss the implementation of the new system in more detail. Channel 4 *Kingsbury Town News* would like to know our listeners' opinions. **94** Feel free to visit our Web site and leave your comments about the change.

여: 〈킹스베리 타운 뉴스〉에 오신 것을 환영합니다! **92** 어제 시 의회는 기존의 재활용 시스템을 다중 시스템으로 변경할 계획이라고 발표했습니다. 따라서 재활용 쓰레기는 각 종류별로 분리되어야 합니다. 거주자들은 모든 재활용품을 같은 재활용 통에 넣는 것이 허용되지 않을 것입니다. **93** 최종 결정에 앞서, 이 재활용 시스템에 시가 얼마만큼의 비용을 부담해야 하는지 조사하기 조사 기관과 회계 기관을 고용하였습니다. 조사를 완료하는 데 한 달이 걸릴 것으로 예상됩니다. 결과가 나오면, 시 위원들은 더 상세히 새로운 시스템의 시행을 논의할 것입니다. 4번 채널의 〈킹스베리 타운 뉴스〉는 청취자의 의견을 알고 싶습니다. **94** 언제든지 저희 웹사이트를 방문하셔서 이 변화에 대한 의견을 남겨 주시기 바랍니다.

어휘 council 의회 announce 발표하다 recycling 재활용 multiple 많은, 다양한 stream 줄기, 시내 recyclable 재활용할 수 있는 waste 쓰레기 separate 분리하다 material 물질, 재료 resident 거주자 permit 허용하다 bin 통 prior to ~에 앞서 decision 결정 hire 고용하다 examine 조사하다 examination 조사 come out 나오다 implementation 이행, 실행 opinion 의견

92 What is mainly discussed in the news report?
(A) A company acquisition
(B) A new transportation system
(C) A new recycling policy
(D) A town election

뉴스 보도에서 주로 논의되는 것은 무엇인가?
(A) 회사 인수
(B) 새로운 교통 시스템
(C) 새로운 재활용 정책
(D) 시 선거

○ 기본 정보 파악 – 주제

문제 키워드 | What / discussed / news report

뉴스 보도의 주제를 묻는 문제로, 주제는 주로 전반부에 언급된다. 화자가 전반부에 어제 시 의회가 다중 재활용 시스템으로 변경할 계획이라고 발표했다(Yesterday, the town council announced that it's planning to change the current recycling system to a multiple stream recycling system.)고 하였고, 이어서 재활용 시스템 변경과 관련된 내용을 말하고 있으므로 정답은 (C)이다.

패러프레이징 change the current recycling system to a multiple-stream system
기존의 재활용 시스템을 다중 시스템으로 변경하다
→ **new recycling policy** 새로운 재활용 정책

어휘 acquisition 인수 transportation 교통 election 선거

정답 (C)

93 According to the news report, why is the new system not implemented immediately?
(A) To take a public-opinion poll
(B) To renovate an old facility
(C) To create a news release
(D) To conduct an investigation

뉴스 보도에 따르면, 새로운 시스템은 왜 바로 시행되지 않는가?
(A) 여론 조사를 하기 위해
(B) 오래된 시설을 보수하기 위해
(C) 보도 자료를 만들기 위해
(D) 조사를 하기 위해

○ 구체적인 정보 파악 - 이유/원인

문제 키워드 | why / new system / not / implemented / immediately

새로운 재활용 시스템이 바로 시행되지 않는 이유를 묻는 문제로, 시행 전에 남은 과정이 무엇인지 파악해야 한다. 최종 결정에 앞서, 이 재활용 시스템이 얼마만큼의 비용이 드는지를 조사하기 위해 조사 기관과 회계 기관을 고용했다(Prior to the final decision, a research firm and an accounting agency have been hired to examine how much this recycling system would cost the town.)며, 조사를 완료하는 데 한 달이 걸릴 것으로 예상한다(It is expected to take a month to complete the examination.)고 했으므로, 조사 과정이 남아 있음을 알 수 있다. 따라서 (D)가 정답이다.

[패러프레이징] complete the examination 조사를 완료하다 → conduct an investigation 조사를 하다

[어휘] immediately 즉시 public-opinion poll 여론 조사 renovate 보수하다 facility 시설 create 만들다 news release 보도 자료 investigation 조사

정답 (D)

94 What does the speaker encourage listeners to do?
(A) Submit an entry
(B) Register for a contest
(C) Express their opinions
(D) Attend a council meeting

화자가 청자들에게 권하는 것은 무엇인가?
(A) 출품작 제출하기
(B) 대회에 등록하기
(C) 의견 제시하기
(D) 의회 회의 참석하기

○ 구체적인 정보 파악 - 제안/요청

문제 키워드 | What / speaker / encourage / listeners

화자가 청자들에게 요청한 것이 무엇인지를 묻는 문제로, 후반부 제안/요청 표현에 집중한다. 후반부에서 화자는 언제든지 웹사이트를 방문하여 이 변화에 대한 의견을 남겨 달라(Feel free to visit our Web site and leave your comments about the change.)고 부탁했으므로 정답은 (C)이다.

[패러프레이징] leave your comments about the change 이 변화에 대한 의견을 남기다
→ express their opinions 의견 제시하기

[어휘] submit 제출하다 entry 출품작 register for ~에 등록하다 contest 대회 express 나타내다, 표현하다

정답 (C)

Questions 95-97 refer to the following telephone message and schedule. 95-97은 다음 전화 메시지와 일정표에 관한 문제입니다.

W Hello. **95** This is Donna Martin from Wapping Real Estate and I'm calling to talk about the house on Bermondsey Rd. **96** I'd just like to inform you that before moving in this week, please stop by my office so that you can pick up the keys. Also, **97** you told me that you will need to commute to work on Devons St. every morning. The Bermondsey Rd. train station is near your new house. I had my assistant print out a copy of the morning schedule for you. So, you can take it with you when you visit our office. See you then. Thank you.

여: 안녕하세요, **95** 저는 Wapping 부동산에서 근무하는 Donna Martin이고, 버몬지 거리에 있는 주택 때문에 연락드립니다. **96** 이번 주에 이사를 오시기 전에 제 사무실에 들러서 열쇠를 가져가시라고 알려 드리고자 합니다. 또한 **97** 당신께서는 매일 아침 데번 거리로 출근해야 한다고 말씀하셨습니다. 버몬지 거리 전철역은 당신의 새 집 근처에 있습니다. 제 비서에게 시켜 오전 시간 열차 시간표를 인쇄했습니다. 따라서 저희 사무실에 방문하실 때 이것을 가져가시면 됩니다. 그때 뵙겠습니다. 감사합니다.

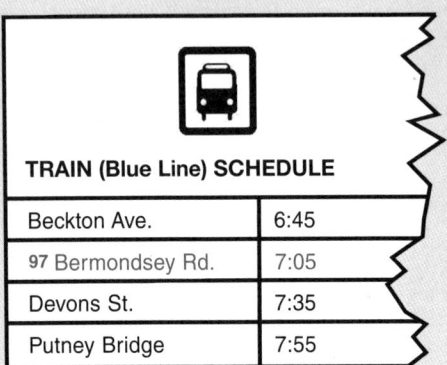

TRAIN (Blue Line) SCHEDULE	
Beckton Ave.	6:45
97 Bermondsey Rd.	7:05
Devons St.	7:35
Putney Bridge	7:55

열차(블루 라인) 시간표	
백턴 거리	6:45
97 버몬지 거리	7:05
데번 거리	7:35
퍼트니 다리	7:55

어휘 inform 알리다   move in 이사를 오다   stop by ~에 잠깐 들르다   so that ~할 수 있도록   pick up ~을 가져가다   commute 통근하다   assistant 조수, 비서   print out 인쇄하다

95 What type of business does the speaker most likely work for?
(A) A local hotel
(B) An employment agency
(C) A real estate office
(D) A moving company

화자는 어떤 업종에서 근무할 것 같은가?
(A) 지역 호텔
(B) 직업소개소
(C) 부동산
(D) 이사 회사

○ 기본 파악 - 직업/업종

문제 키워드 | **What / business / speaker / work**

화자가 근무하는 회사의 업종을 묻는 문제로, 담화 전반부에서 정답의 근거를 찾는다. 화자는 Wapping 부동산에서 근무하는 Donna Martin(This is Donna Martin from Wapping Real Estate)이라고 본인을 소개하고 있으므로 정답은 (C)이다.

정답 (C)

96 According to the speaker, what does the listener need to do before moving in?
(A) Obtain some keys
(B) Sign a contract
(C) Make payments
(D) Pick up a vehicle

화자의 말에 따르면, 청자는 이사를 오기 전에 무엇을 해야 하는가?
(A) 열쇠 받기
(B) 계약서에 서명하기
(C) 결제하기
(D) 차량 가져오기

구체적인 정보 파악 - 특정 사항

문제 키워드 | what / listener / need / before moving in

청자가 이사를 오기 전에 해야 할 일이 무엇인지를 묻는 문제로, 핵심 키워드인 before moving in 앞뒤에서 정답을 파악한다. 화자는 청자에게 이번 주에 이사를 오기 전에 자신의 사무실에 들러서 열쇠를 가져가라(I'd just like to inform you that before moving in this week, please stop by my office so that you can pick up the keys.)고 했으므로 정답은 (A)이다.

패러프레이징 pick up the keys 열쇠를 가져가다 → Obtain some keys 열쇠 받기

어휘 obtain 얻다, 획득하다　contract 계약(서)　make payments 결제하다, 지불하다　vehicle 차량

정답 (A)

---

97 Look at the graphic. Which train should the listener take?
(A) Train 6:45
(B) Train 7:05
(C) Train 7:35
(D) Train 7:55

시각 자료를 보시오. 청자는 어떤 열차에 탑승할 것 같은가?
(A) 6:45 열차
(B) 7:05 열차
(C) 7:35 열차
(D) 7:55 열차

신유형 - 시각 자료 연계

문제 키워드 | graphic / Which train / listener / take

청자가 탑승할 열차를 묻는 시각 자료 연계 문제로, 보기에는 열차 정차 시간이 언급되어 있으므로, 담화 중 역 이름이 언급되는 곳을 집중해서 듣는다. 화자는 청자가 매일 아침 데번 거리로 출근해야 한다고 했다(you told me that you will need to commute to work on Devons St. every morning.)며 버몬지 거리 역은 새 집 근처에 있다(The Bermondsey Rd. train station is near your new house.)고 하였다. 즉, 청자는 버몬지 거리 역에서 열차를 타서 데번 거리로 출근하는 것이므로 시각 자료에서 버먼지 거리 역을 찾으면 정답은 (B)이다.

정답 (B)

Questions 98-100 refer to the following excerpt from a meeting and graph. 98-100은 다음 회의 발췌록과 그래프에 관한 문제입니다.

M **98** Welcome to this month's board meeting for Loughton Apparel. As discussed, we are planning to acquire a clothing manufacturing firm in South America. Four manufacturers have been narrowed down and we're about to choose which one of them to purchase. But, a few factors need to be considered before making the final decision. First, the cost of acquiring Imelda Wear tends to be too high and after much debate, at this time we decided to give up expanding into the kids' clothing market. Thus, **99** we can clearly see a very desirable option with its 28 million dollars within our budget. Now, **100** let's hear from our president, Wendy West, about what changes this acquisition will bring to our company, especially to its leadership. Thank you.

남: **98** Loughton 의류의 이번 달 이사회에 오신 것을 환영합니다. 논의했던 것처럼, 우리는 남미에 있는 의류 제조 회사를 인수할 계획입니다. 4개의 제조사로 좁혀졌고 그들 중 한 곳을 선택해 매입하려고 합니다. 하지만 최종 결정을 내리기 전에 몇 가지 요소들을 고려해야 합니다. 첫째로, Imelda 의류의 인수 비용이 너무 높은 경향이 있고, 많은 논의 끝에 이번에는 아동복 시장으로 확장하는 것을 포기하기로 결정했습니다. 그러므로 **99** 우리의 예산 내에 있는 2천 8백만 달러의 가치가 있는 아주 알맞은 회사를 확인할 수 있을 겁니다. 이제 **100** 우리 회사의 대표이신 Wendy West 씨에게 이번 인수가 우리 회사에 가져올 변화, 특히 경영진에 대한 변화에 대해 들어 보겠습니다. 감사합니다.

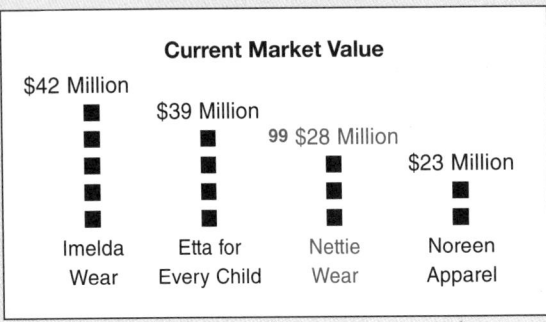

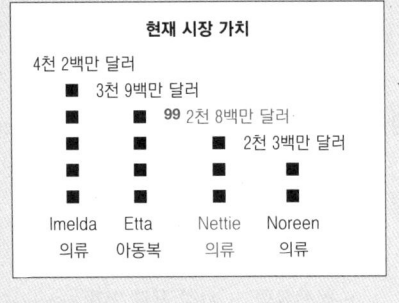

어휘 board meeting 이사회 apparel 의류 acquire 인수하다 manufacturing firm 제조 회사 narrow down 좁히다 choose 선택하다 factor 요소 consider 고려하다 decision 결정 tend to V ~하는 경향이 있다 debate 토론 decide 결정하다 give up 포기하다 expand 확장시키다 clearly 분명히 desirable 바람직한 budget 예산 acquisition 인수

98 Who is the talk most likely intended for?
(A) New employees
(B) Sales representatives
(C) Business owners
(D) Members of the board

담화는 누구를 대상으로 하겠는가?
(A) 신입 사원
(B) 영업 사원
(C) 사업주
(D) 이사회 구성원

○ 기본 정보 파악 - 직업/업종

문제 키워드 | Who / talk / intended

청자가 누구인지를 묻는 문제로, 담화 전반부에서 정답의 근거를 찾는다. 화자가 처음에 Loughton 의류의 이번 달 이사회에 온 것을 환영한다(Welcome to this month's board meeting for Loughton Apparel.)고 했으므로 정답은 (D)이다. 정답 (D)

99 Look at the graphic. Which company will most likely be acquired?
(A) Imelda Wear
(B) Etta for Every Child
(C) Nettie Wear
(D) Noreen Apparel

시각 자료를 보시오. 어떤 회사가 인수될 것 같은가?
(A) Imelda 의류
(B) Etta 아동복
(C) Nettie 의류
(D) Noreen 의류

─○ 신유형 – 시각 자료 연계 ─

문제 키워드 | graphic / Which company / acquired

가장 먼저 보기와 시각 자료의 관계를 파악해야 한다. 보기에 회사 이름이 언급되어 있으므로, 담화에서 회사의 현재 시장 가치에 대해 언급하는 부분을 집중해서 들어야 한다. 화자는 예산 내에 있는 2천 8백만 달러의 가치가 있는 아주 알맞은 회사를 확인할 수 있을 것(we can clearly see a very desirable option with its 28 million dollars within our budget.)이라고 했으므로 정답은 (C)이다.

정답 (C)

100 What will Wendy West talk about next?
(A) A project deadline
(B) Changes to some leadership
(C) A promotion budget
(D) Career development opportunities

Wendy West 씨는 다음에 무엇에 대해 이야기할 것인가?
(A) 프로젝트 마감일
(B) 일부 경영진의 변화
(C) 홍보 예산
(D) 경력 개발 기회

─○ 구체적인 정보 파악 – 미래 ─

문제 키워드 | What / will / Wendy West / talk / next

Wendy West 씨의 미래 일정을 묻는 문제로, 후반부에서 핵심 키워드인 Wendy West가 언급되는 곳에 집중한다. 화자는 회사의 대표인 Wendy West 씨에게 이번 인수가 회사에 가져올 변화, 특히 경영진에 대한 변화에 대해 들어 보자(let's hear from our president, Wendy West, about what changes this acquisition will bring to our company, especially to its leadership.)고 했으므로 정답은 (B)이다.

어휘 deadline 마감(일) opportunity 기회

정답 (B)

Test05.mp3

MP3 다운로드
eng.conects.com

QR 코드로 바로가기

PART 1
PART 2
PART 3
PART 4

ANSWER KEYS

PART 1	1 (B)	2 (A)	3 (D)	4 (B)	5 (B)	6 (C)				
PART 2	7 (C)	8 (B)	9 (C)	10 (B)	11 (A)	12 (A)	13 (A)	14 (C)	15 (B)	16 (C)
	17 (C)	18 (C)	19 (A)	20 (C)	21 (C)	22 (C)	23 (B)	24 (C)	25 (B)	26 (B)
	27 (C)	28 (C)	29 (A)	30 (B)	31 (A)					
PART 3	32 (D)	33 (C)	34 (A)	35 (B)	36 (B)	37 (C)	38 (A)	39 (C)	40 (B)	41 (B)
	42 (C)	43 (B)	44 (B)	45 (A)	46 (D)	47 (D)	48 (B)	49 (C)	50 (B)	51 (D)
	52 (C)	53 (C)	54 (A)	55 (A)	56 (D)	57 (D)	58 (C)	59 (C)	60 (B)	61 (B)
	62 (C)	63 (C)	64 (A)	65 (B)	66 (B)	67 (C)	68 (B)	69 (D)	70 (C)	
PART 4	71 (B)	72 (B)	73 (C)	74 (C)	75 (A)	76 (D)	77 (C)	78 (B)	79 (A)	80 (D)
	81 (C)	82 (A)	83 (B)	84 (C)	85 (B)	86 (C)	87 (B)	88 (D)	89 (A)	90 (C)
	91 (B)	92 (D)	93 (B)	94 (B)	95 (D)	96 (D)	97 (A)	98 (C)	99 (B)	100 (D)

PART 1

1
AU

(A) She's putting a box into her bag.
(B) She's choosing an item.
(C) She's bending over to pick up a bottle.
(D) She's taking some medicine.

(A) 그녀는 가방에 상자를 넣고 있다.
(B) 그녀는 상품을 고르고 있다.
(C) 그녀는 병을 집어 들기 위해 몸을 숙이고 있다.
(D) 그녀는 약을 복용하고 있다.

> **1인 사진**
> 한 여자가 몸을 숙여서 상품을 고르는 모습으로, 인물의 동작이나 상태에 주목해서 들어야 한다.
> (A) 가방은 보이지만 여자가 상자를 가방에 넣고 있는(putting into) 모습이 아니므로 오답이다.
> (B) 여자가 상품을 고르고 있는 모습을 정확히 묘사한 정답이다.
> (C) 여자가 몸을 숙이고 있는 것은 맞지만 병을 집으려는(pick up a bottle) 모습이 아니므로 오답이다.
> (D) 약은 보이지만 여자가 약을 복용하고 있는(taking) 모습이 아니므로 오답이다.
>
> **어휘** put into ~에 넣다 choose 선택하다 bend 굽히다 pick up ~을 집어 들다 bottle 병 medicine 약
>
> 정답 (B)

2
US

(A) They're reviewing some materials.
(B) They're looking for documents in a cabinet.
(C) They're replacing the label of a folder.
(D) They're adjusting book shelves.

(A) 그들은 자료를 검토하고 있다.
(B) 그들은 캐비닛에서 서류를 찾고 있다.
(C) 그들은 폴더의 라벨을 교체하고 있다.
(D) 그들은 책꽂이를 조절하고 있다.

> **2인 사진**
> 두 사람이 함께 파일을 열어 서류를 보고 있는 모습으로, 두 사람의 공통 동작을 잘 살펴야 한다.
> (A) 두 사람이 함께 서류를 보고 있는 모습을 자료를 검토하고 있다고 묘사한 정답이다.
> (B) 캐비닛은 보이지만 사람들이 캐비닛 안의 서류를 찾고 있는(looking for) 모습이 아니므로 오답이다.
> (C) 폴더의 라벨을 교체하는(replacing) 사람은 보이지 않으므로 오답이다.
> (D) 책꽂이를 조절하는(adjusting) 사람은 보이지 않으므로 오답이다.
>
> **어휘** review 검토하다 material 자료 look for ~을 찾다 cabinet 캐비닛, 보관장 replace 교체하다, 바꾸다 adjust 조정하다, 조절하다 book shelf 책꽂이
>
> 정답 (A)

3
BR

(A) A man is replacing a broken door.
(B) A man is holding some clothes.
(C) A washing machine is being loaded into a truck.
(D) A basket has been filled with items.

(A) 남자가 고장 난 문을 교체하고 있다.
(B) 남자가 옷을 들고 있다.
(C) 세탁기를 트럭에 싣고 있다.
(D) 바구니가 물품들로 채워져 있다.

> **1인 사진 속 사물/배경**
> 한 남자가 세탁기 문을 잡고 있는 모습으로, 남자와 주변 사물의 관계에 집중해서 들어야 한다.
> (A) 남자가 문을 교체하고 있는(replacing) 모습이 아니므로 오답이다.
> (B) 남자가 옷을 들고 있는(holding) 모습이 아니므로 오답이다.
> (C) 사진에서 트럭(truck)은 보이지 않으므로 오답이다.
> (D) 바구니에 무언가가 가득 담겨 있는 모습을 정확히 묘사한 정답이다.
>
> **어휘** replace 교체하다 broken 고장 난 hold 들다 clothes 옷 washing machine 세탁기 load 싣다 basket 바구니 be filled with ~로 가득차다
>
> 정답 (D)

4 US

(A) Menus have been provided for the diners.
(B) One of the men is serving a meal to customers.
(C) One of the women is pouring some water into a glass.
(D) A table is covered with a tablecloth.

(A) 식사하는 사람들에게 메뉴판이 제공되었다.
(B) 남자들 중 한 명이 손님들에게 식사를 제공하고 있다.
(C) 여자들 중 한 명이 컵에 물을 따르고 있다.
(D) 테이블이 테이블보로 덮여 있다.

○ 다인 사진 속 사물/배경

다수의 인물과 사물/배경이 혼재된 사진으로, 식당 안의 사람들의 동작이나 주변 사물에 두루 초점을 맞춰 들어야 한다.
(A) 사진에서 메뉴판(menus)은 보이지 않으므로 오답이다.
(B) 한 남자가 손님들에게 식사를 제공하고 있는 모습을 정확히 묘사한 정답이다.
(C) 사진에서 컵에 물을 따르고 있는(pouring) 여자는 보이지 않으므로 오답이다.
(D) 사진에서 테이블보(tablecloth)는 보이지 않으므로 오답이다.

어휘 provide 제공하다 meal 식사 customer 손님 pour 붓다, 따르다 cover 덮다 tablecloth 식탁보, 테이블보

정답 (B)

---

5 AU

(A) The carpet has a circular pattern.
(B) Pillows are positioned on chairs.
(C) A light fixture is on the table.
(D) The floor is being cleaned.

(A) 카펫에는 원형 무늬가 있다.
(B) 쿠션들이 의자들 위에 놓여 있다.
(C) 조명 기구가 테이블 위에 놓여 있다.
(D) 바닥을 청소하고 있다.

○ 사물/풍경 사진

사람이 등장하지 않는 사물/풍경 사진으로, 사진 속 사물의 위치나 상태에 주목해야 한다.
(A) 사진 속 카펫의 무늬는 원형(circular)이 아니므로 오답이다.
(B) 쿠션들이 의자들 위에 놓여 있는 모습을 정확히 묘사한 정답이다.
(C) 조명 기구가 테이블 위에(on the table) 있는 것은 아니므로 오답이다.
(D) 사람이 등장하지 않는 사진에서 사물을 주어로 하는 수동태 진행형(is being cleaned)은 오답이다.

어휘 circular 둥근, 원형의 pillow 베개, 쿠션 position 배치하다 light fixture 조명 기구 floor 바닥

정답 (B)

---

6 BR

(A) Some vehicles are parked near the curbs.
(B) People are all walking in one direction.
(C) Some pedestrians are crossing a street.
(D) Some people are waiting in line to board a bus.

(A) 일부 차량들이 연석 가까이에 주차되어 있다.
(B) 사람들이 모두 한 방향으로 걸어가고 있다.
(C) 몇몇 보행자들이 길을 건너고 있다.
(D) 몇몇 사람들이 버스에 탑승하기 위해 줄을 서서 기다리고 있다.

○ 다인 사진 속 사물/배경

사람들과 사물/배경이 혼재되어 있는 사진으로, 인물 묘사와 사물/배경 묘사 중 어떤 것이든 보기로 나올 수 있으므로 사진의 모든 요소를 잘 관찰해야 한다.
(A) 사진에서 연석 가까이에 주차되어 있는(parked) 차량들은 보이지 않으므로 오답이다.
(B) 사람들이 모두 같은 방향으로(in one direction) 걷고 있는 것이 아니므로 오답이다.
(C) 보행자들이 길을 건너고 있는 모습을 정확히 묘사한 정답이다.
(D) 사진에서 줄을 서서 기다리는(waiting in line) 사람들은 보이지 않으므로 오답이다.

어휘 vehicle 차량 curb 연석(인도와 차도를 구분하는 경계석) direction 방향 pedestrian 보행자 cross 건너다, 가로지르다 wait in line 줄 서서 기다리다 board 탑승하다

정답 (C)

PART 2

7
US AU

When did you start working for Carlson bank?
(A) I am a branch manager.
(B) The banking industry.
(C) About 20 years ago.

당신은 언제 Carlson 은행에서 일하기 시작했나요?
(A) 저는 지점 매니저예요.
(B) 금융 업계요.
(C) 약 20년 전이에요.

When 의문문

문제 키워드 | When / did / start / working

언제 일을 시작했는지 묻는 When 의문문이다.
(A) 상대방에게 누구인지 묻는 Who 의문문에 어울리는 답변이므로 오답이다.
(B) 질문의 bank와 발음이 비슷한 banking을 사용하여 혼동을 유도한 오답이다.
(C) 일을 시작한 시점을 묻는 질문에 '20년 전'이라고 구체적인 시점으로 답하고 있으므로 정답이다.

어휘 branch 지점, 지사 banking industry 금융 업계

정답 (C)

8
US BR

What kind of books do you like to read?
(A) She worked for a publishing company.
(B) I enjoy reading novels.
(C) Yes, from the community library.

어떤 종류의 책을 즐겨 읽으세요?
(A) 그녀는 출판사에서 일했어요.
(B) 저는 소설을 즐겨 읽어요.
(C) 네, 지역 주민을 위한 도서관에서요.

What 의문문

문제 키워드 | What / books / you / like / read

어떤 책을 즐겨 읽는지 묻는 What 의문문이다.
(A) 질문의 book에서 연상할 수 있는 publishing company를 사용하여 혼동을 유도한 오답이다. 질문에서 구체적인 사람을 언급하는 경우에만 he나 she로 답변할 수 있다는 점에 유의하자.
(B) 어떤 책을 즐겨 읽는지 묻는 질문에 소설을 즐겨 읽는다고 구체적인 장르를 가리켜 답변하고 있으므로 정답이다.
(C) What 의문문은 Yes/No로 답변할 수 없으므로 오답이다. 질문의 book에서 연상할 수 있는 library를 사용하여 혼동을 유도하고 있다.

어휘 publishing company 출판사 novel 소설 community 지역 사회 library 도서관

정답 (B)

9
US US

Would you like to order today's special?
(A) A discount coupon.
(B) At the counter.
(C) I was planning on a Greek salad.

오늘의 특별 요리를 주문하시겠어요?
(A) 할인 쿠폰이요.
(B) 카운터에서요.
(C) 저는 그리스 샐러드를 생각하고 있었어요.

권유/제안 의문문

문제 키워드 | Would you like / order / special

오늘의 특별 요리를 주문하길 원하는지 묻는 권유/제안 의문문이다.
(A) 식당에서 주문을 받는 상황에서 연상할 수 있는 discount를 사용하여 혼동을 유도한 오답이다.
(B) 장소를 묻는 Where 의문문에 어울리는 답변이므로 오답이다.
(C) 오늘의 특별 요리를 주문하겠냐는 질문에 그리스 샐러드를 생각하고 있었다며 상대방의 메뉴 제안을 거절한 정답이다.

정답 (C)

10 How did you miss your flight?
(A) My credit card.
(B) By working too late last night.
(C) At the lost and found.

어쩌다가 항공편을 놓쳤나요?
(A) 제 신용카드요.
(B) 어젯밤에 너무 늦게까지 일하다가요.
(C) 분실물 취급소예요.

How 의문문

문제 키워드 | How / miss / flight

어쩌다가 항공편을 놓쳤는지 묻는 How 의문문이다.
(A) 명사 답변은 What 의문문에 어울리는 답변임을 유의하자.
(B) 어쩌다 항공편을 놓쳤는지 묻는 질문에 어젯밤에 너무 늦게까지 일했기 때문이라고 늦은 이유를 제시했으므로 정답이다.
(C) Where 의문문에 어울리는 장소 답변이다.

어휘 miss 놓치다   flight 항공편   lost and found 분실물 취급소

정답 (B)

---

11 Do you know how to install the safety alarm?
(A) Yes, let me show you.
(B) It is not safe for children.
(C) Yes, I heard that.

안전 경보 장치를 어떻게 설치하는지 아시나요?
(A) 네, 제가 알려 드릴게요.
(B) 그건 아이들에게 안전하지 않아요.
(C) 네, 들었어요.

간접 의문문

문제 키워드 | Do you know / how / install / safety alarm

경보 장치의 설치 방법을 묻는 질문으로, 의문사 how가 포함된 간접 의문문이다.
(A) 설치 방법을 아는지 묻는 질문에 방법을 안다는 의미로 Yes로 답변한 후 (방법을) 알려 주겠다고 덧붙였으므로 적절한 답변이다.
(B) 질문의 safety와 발음이 비슷한 safe를 사용하여 혼동을 유도한 오답이다.
(C) 질문의 Do you know만을 듣고 고를 수 있는 오답으로, 긍정의 Yes로 답하고 있지만 뒤의 내용이 질문과 무관하므로 오답이다.

어휘 install 설치하다   safety 안전   alarm 경보 장치   safe 안전한

정답 (A)

---

12 Where is the international trade show next week?
(A) It's in Dallas, I think.
(B) Sure, I'm a mechanic.
(C) In early February.

다음 주에 국제 무역 박람회가 어디에서 열리나요?
(A) 댈러스에서 열리는 것 같아요.
(B) 네, 저는 정비공입니다.
(C) 2월 초예요.

Where 의문문

문제 키워드 | Where / trade show

무역 박람회가 어디에서 열리는지 장소를 묻는 Where 의문문이다.
(A) 장소를 묻는 질문에 구체적인 지역 이름으로 답변하였으므로 정답이다.
(B) 권유/제안/부탁에 대한 승낙의 표현인 Sure는 장소를 묻는 Where 의문문에 대한 응답으로 적절하지 않으므로 오답이다.
(C) 시기를 묻는 When 의문문에 어울리는 답변이므로 오답이다.

어휘 international 국제적인   trade show 무역 박람회   mechanic 정비공

정답 (A)

13 US AU

Please forward any calls and e-mails to my assistant while I am away.
(A) Sure, no problem.
(B) Yes, to my address.
(C) We need your password.

제가 없는 동안 모든 전화나 이메일은 제 조수에게 전달해 주세요.
(A) 그럼요, 문제없습니다.
(B) 네, 제 주소로요.
(C) 저희는 당신의 비밀번호가 필요합니다.

> **평서문**
>
> **문제 키워드 | Please / forward / calls / e-mails**
> 전화나 이메일을 조수에게 전달해 달라고 요청하는 내용의 평서문이다.
> (A) 전화나 이메일을 전달해 달라는 말에 그렇게 하겠다고 승낙하고 있으므로 정답이다.
> (B) 요청하는 말에 대해 긍정의 Yes로 응답하여 정답이 될 것 같지만, 관련 없는 내용이 이어지고 있으므로 오답이다. 질문의 my assistant와 발음이 유사한 my address를 사용하여 혼동을 유도하고 있다.
> (C) forward와 발음이 유사한 password를 사용하여 혼동을 유도한 오답이다.
>
> **어휘** forward 전달하다 assistant 조수, 보조원
>
> 정답 (A)

14 BR US

Who was nominated for the Employee of the Year Award?
(A) That's mine.
(B) It was just a normal day.
(C) It still hasn't been announced.

올해의 직원상 후보로 누가 지명되었나요?
(A) 그것은 제 것입니다.
(B) 그냥 평범한 하루였습니다.
(C) 아직 발표되지 않았습니다.

> **Who 의문문**
>
> **문제 키워드 | Who / nominated / Award**
> 올해의 직원상의 후보를 묻는 Who 의문문이다.
> (A) 소유 대명사 mine은 내가 소유하고 있는 물건을 언급할 때 사용하므로 오답이다.
> (B) 오늘 하루가 어땠는지를 묻는 How 의문문에 대한 답변이며, 질문의 year에서 연상할 수 있는 day를 사용하여 혼동을 유도한 오답이다.
> (C) 올해의 직원상의 후보를 묻는 질문에 '아직 발표되지 않았다'고 I don't know 유형의 답변을 하였으므로 정답이다.
>
> **어휘** nominate 지명하다, 추천하다 normal 평범한 announce 발표하다
>
> 정답 (C)

15 BR AU

I heard you've been working in London for a year, haven't you?
(A) It is not going well.
(B) Yes, it's been great.
(C) My one-week vacation.

당신이 런던에서 1년째 일하고 있다고 들었어요, 그렇지 않나요?
(A) 잘 안 되고 있어요.
(B) 네, 정말 좋았어요.
(C) 저의 일주일 휴가요.

> **부가 의문문**
>
> **문제 키워드 | you / working / London / haven't you**
> 상대방이 런던에서 1년째 일하고 있다고 들었는데 맞는지 확인하는 부가 의문문이다.
> (A) 질문의 working을 일의 진행 상황을 나타내는 표현으로 이해했을 때 연상할 수 있는 going well을 사용하여 혼동을 유도한 오답이다.
> (B) 런던에서 1년째 일하고 있다고 들었다며 확인하는 질문에 그렇다는 의미로 긍정의 Yes로 답한 뒤, 정말 좋았다고 부연 설명한 정답이다.
> (C) 질문의 working에서 연상할 수 있는 vacation을 사용한 오답이며, 명사 답변은 What 의문문에 어울리는 답변임을 유의하자.
>
> **어휘** go well 잘 되어 가다 vacation 휴가
>
> 정답 (B)

16 Should I prepare ten or twenty chairs for the meeting?
(A) It was yesterday.
(B) A few hours.
(C) I think ten will be enough.

회의에 10개의 의자를 준비해야 할까요, 아니면 20개의 의자를 준비해야 할까요?
(A) 어제였어요.
(B) 몇 시간이요.
(C) 10개면 충분할 것 같아요.

○ 선택 의문문

문제 키워드 | prepare / ten / or / twenty / chairs

필요한 의자 개수를 묻는 선택 의문문으로, ten과 twenty 두 가지 선택 사항이 제시되고 있다.
(A) 시기를 묻는 When 의문문에 어울리는 답변이므로 오답이다.
(B) 기간을 묻는 How long 의문문에 어울리는 답변이므로 오답이다.
(C) 10개와 20개 두 가지 선택 사항 중에 전자를 선택하여 10개면 충분할 것 같다고 답변했으므로 정답이다.

어휘 prepare 준비하다　meeting 회의　enough 충분한

정답 (C)

---

17 How long will the summer jazz concert last?
(A) During the last weekend.
(B) It's about thirty meters.
(C) Let's check the leaflet.

여름 재즈 콘서트는 얼마 동안 계속되나요?
(A) 지난 주말 동안에요.
(B) 약 30미터에요.
(C) 전단을 확인해 봅시다.

○ How 의문문

문제 키워드 | How long / concert / last

콘서트가 열리는 기간을 묻는 How long 의문문이다.
(A) 미래 일정을 묻는 질문에 과거 시점으로 답변하고 있으므로 시제 불일치 오답이다.
(B) 얼마나 먼지를 묻는 How far 의문문에 어울리는 답변이므로 오답이다.
(C) 콘서트가 얼마 동안 열리는지 묻는 질문에 전단을 확인해 보자며 '나도 모른다'라는 의미를 우회적으로 전달한 정답이다.

어휘 last 지속되다, 계속되다　leaflet 전단

정답 (C)

---

18 I'd like to exchange this microwave oven.
(A) Let me check the exchange rate first.
(B) Thanks, but I had some bread.
(C) Sure, I can help you with that.

저는 이 전자레인지를 교환하고 싶습니다.
(A) 환율을 먼저 확인해 보겠습니다.
(B) 감사합니다, 그렇지만 저는 빵을 좀 먹었습니다.
(C) 물론이죠, 제가 도와 드리겠습니다.

○ 평서문

문제 키워드 | I'd like / exchange / microwave oven

전자레인지를 교환하고 싶다고 말하는 요청하는 성격의 평서문이다.
(A) exchange를 반복 사용한 오답이다.
(B) oven에서 연상할 수 있는 bread를 사용하여 혼동을 유도한 오답이다.
(C) 교환을 원한다는 말에 본인이 도와주겠다고 적절히 답변했으므로 정답이다.

어휘 exchange 교환하다　microwave oven 전자레인지　exchange rate 환율

정답 (C)

19
AU
BR

Why did all the supervisors come to work early?
(A) I have no idea.
(B) You don't need to come in.
(C) They're working now.

왜 모든 관리자들이 일찍 출근했나요?
(A) 모르겠어요.
(B) 당신은 들어오지 않으셔도 돼요.
(C) 그들은 지금 일하고 있어요.

> **Why 의문문**
>
> **문제 키워드 | Why / did / supervisors / come / early**
>
> 관리자들이 왜 일찍 출근했는지 이유를 묻는 Why 의문문이다.
> (A) 관리자들이 일찍 출근한 이유를 묻는 질문에 '모른다'고 답변하였으므로 정답이다.
> (B) 질문의 come을 반복 사용한 오답이다.
> (C) 질문의 work와 발음이 비슷한 working을 사용하여 혼동을 유도한 오답이다.
>
> **어휘** supervisor 관리자   come in 들어오다
>
> 정답 (A)

20
US
US

Town Bank decided to merge with JR Investment, didn't it?
(A) It is an emerging company.
(B) I decided against him.
(C) I'm not working at the bank anymore.

Town 은행이 JR 투자 회사와 합병하기로 결정했지요, 그렇지 않나요?
(A) 그것은 신흥 회사입니다.
(B) 저는 그의 의견에 반대하기로 결정했습니다.
(C) 저는 그 은행에서 더 이상 근무하지 않습니다.

> **부가 의문문**
>
> **문제 키워드 | Bank / merge / Investment / didn't it**
>
> Town 은행이 JR 투자 회사와 합병하기로 결정했는지 확인하는 부가 의문문이다.
> (A) 질문의 merge와 발음이 비슷한 emerging을 사용하여 혼동을 유도한 오답이다.
> (B) 질문의 decided를 반복 사용하여 혼동을 유도한 오답이다.
> (C) 합병 결정 사실을 확인하는 질문에 더 이상 그 은행에서 근무하지 않는다는 말로 '모른다'는 답변을 우회적으로 하고 있으므로 정답이다.
>
> **어휘** decide 결정하다   merge with ~와 합병하다   investment 투자   emerging 최근 생겨난   against ~에 반대하여
>
> 정답 (C)

21
US
AU

Will the training seminar end before 4 P.M.?
(A) No, the late departure.
(B) I saw the advertisement.
(C) Today's schedule is in your e-mail.

교육 세미나가 오후 4시 전에 끝날 예정인가요?
(A) 아니요, 늦은 출발입니다.
(B) 저는 그 광고를 봤습니다.
(C) 오늘 일정은 당신의 이메일에 있습니다.

> **조동사 의문문**
>
> **문제 키워드 | Will / seminar / end / before 4 P.M.**
>
> 교육 세미나가 오후 4시 전에 끝나는지를 묻는 조동사 의문문이다.
> (A) 조동사 의문문은 Yes/No 답변으로 시작하는 것이 일반적이지만, 그 후의 답변이 질문의 내용과 무관하므로 오답이다.
> (B) 미래 시제의 질문에 과거 시제의 답변이 불가능하므로 시제 불일치 오답이다.
> (C) 교육 세미나가 오후 4시 전에 끝나는지를 묻는 질문에 이메일로 오늘 일정, 즉 세미나의 종료 예정 시간을 확인할 수 있다고 우회적으로 답변하고 있으므로 정답이다.
>
> **어휘** training seminar 교육 세미나   end 끝나다   departure 출발   advertisement 광고   schedule 일정(표)
>
> 정답 (C)

22 Are there any wireless keyboards available?
[BR/US]
(A) These computers look expensive.
(B) Sure, we have 10 seats left.
(C) I can order them for you.

이용할 수 있는 무선 키보드가 있나요?
(A) 이 컴퓨터들은 비싸 보여요.
(B) 물론이죠, 저희는 10개의 좌석이 남아 있습니다.
(C) 제가 당신을 위해 그것들을 주문할 수 있습니다.

○ Be동사 의문문

문제 키워드 | Are there / wireless keyboards / available

이용할 수 있는 무선 키보드가 있는지 묻는 Be동사 의문문이다.
(A) 질문의 keyboards에서 연상할 수 있는 computers를 사용하여 혼동을 유도한 오답이다.
(B) Sure, we have만 듣고 정답으로 고르지 않아야 한다. 이용할 수 있는 키보드가 있는지 묻는 질문에 '좌석이 남아 있다'는 답변은 적절하지 않으므로 오답이다.
(C) 이용할 수 있는 무선 키보드가 있는지 묻는 질문에 주문해 주겠다는 말로 현재는 무선 키보드가 없다는 것을 우회적으로 말하고 있으므로 정답이다.

어휘 wireless 무선의   available 구할 수 있는, 이용할 수 있는   seat 좌석   정답 (C)

23 Should we arrive at the Peterson station at 1 o'clock or 2 o'clock?
[BR/AU]
(A) No, that's not necessary.
(B) Our train is at 3.
(C) Take the next left.

우리는 피터슨역에 1시에 도착하나요, 아니면 2시에 도착하나요?
(A) 아니요, 그럴 필요 없어요.
(B) 저희 기차는 3시입니다.
(C) 다음에서 왼쪽으로 가세요.

○ 선택 의문문

문제 키워드 | Should / we / arrive / 1 o'clock / or / 2 o'clock

역에 1시와 2시 중 몇 시에 도착할 것 같은지 묻는 선택 의문문이다.
(A) 권유/제안에 대한 거절의 표현으로, 질문의 Should we ~?만 듣고 선택하기 쉬운 오답이다. 선택 의문문은 Yes/No로 답변할 수 없다.
(B) 역에 1시와 2시 중 몇 시에 도착할 것인지 묻는 질문에 3시 기차라고 제3의 답변을 한 정답이다. 3시에 도착한다는 의미를 우회적으로 전달하였다.
(C) 가는 방법을 묻는 How 의문문에 어울리는 답변이므로 오답이다.

어휘 arrive 도착하다   necessary 필요한   정답 (B)

24 Haven't you reviewed the proposed budget report?
[US/US]
(A) There are lots of good reviews online.
(B) You must report to the main office tomorrow.
(C) No, I just got back from Sydney last night.

당신은 제안된 예산 보고서를 검토하지 않았나요?
(A) 온라인에 좋은 후기가 많이 있습니다.
(B) 당신은 내일 본사에 가야 합니다.
(C) 아니요, 저는 어제 밤에 막 시드니에서 돌아왔습니다.

○ 부정 의문문

문제 키워드 | Haven't / you / reviewed / report

보고서를 검토했는지 확인하는 부정 의문문이다.
(A) 질문의 reviewed와 발음이 비슷한 reviews를 사용하여 혼동을 유도한 오답이다.
(B) 질문의 report를 반복 사용한 오답이다.
(C) 보고서를 검토했는지 확인하는 질문에 부정의 No와 함께 어제 밤에 막 시드니에서 돌아왔다고 못 본 이유를 덧붙여 설명하고 있으므로 정답이다.

어휘 review 검토하다; 후기   proposed 제안된   budget 예산   report to ~에 가다, 출두하다   main office 본사   get back 돌아오다
                                                                                                                                            정답 (C)

25 This color printer is out of order again.
US (A) Should we order more?
BR (B) This is the third time this month.
(C) There's another color upstairs.

이 컬러 프린터가 또 고장 났어요.
(A) 우리는 더 주문해야 하나요?
(B) 이번 달 들어서 세 번째예요.
(C) 위층에 다른 색상이 있어요.

○ 평서문

문제 키워드 | printer / out of order / again
프린터가 또 고장 났다고 말하는 평서문이다.
(A) order를 반복 사용하여 혼동을 주고 있는 오답으로, 주문할 대상을 알 수 있는 'This printer is out of paper(이 프린터는 용지가 다 떨어졌다)'와 같은 평서문에 어울리는 답변이다.
(B) 프린터가 또 고장 났다는 말에 이번 달 들어서 세 번째라고 프린터의 잦은 고장에 관해 부연 설명하고 있으므로 정답이다.
(C) 위층에 있다고 응답하고 있지만, 프린터에 관한 것이 아닌 color(색상)가 있다고 응답하고 있으므로 질문에 어울리지 않는 답변이다.

어휘 out of order 고장 난 upstairs 위층에   정답 (B)

26 Can you find anyone to cover my shift tonight?
AU (A) The shipping is free.
US (B) All of us are already working overtime.
(C) He is too busy right now.

오늘 밤 저 대신 근무해 줄 사람을 알아봐 주실 수 있나요?
(A) 배송은 무료입니다.
(B) 이미 저희 모두 초과 근무를 하고 있어요.
(C) 그는 지금 너무 바빠요.

○ 요청/부탁 의문문

문제 키워드 | Can you / find / anyone / cover / my shift
오늘 밤 대신 근무해 줄 사람을 알아봐 달라고 요청하는 요청/부탁 의문문이다.
(A) 질문의 shift와 발음이 유사한 shipping을 사용하여 혼동을 유도한 오답이다.
(B) 대신 근무할 사람을 알아봐 달라는 요청에 이미 모두 초과 근무를 하고 있다는 말로 대신 근무해 줄 사람이 없을 것임을 우회적으로 전달한 정답이다.
(C) 질문에 구체적인 사람이 언급된 경우에만 he나 she로 답변할 수 있는데, he로 지칭할 만한 대상이 없으므로 오답이다.

어휘 cover 대신하다 shift 근무 work overtime 초과 근무를 하다   정답 (B)

27 Who do I need to ask about assembling these shelves?
AU (A) No, he doesn't know.
BR (B) Kelly agrees on it.
(C) I have the information on my desk.

이 선반 조립에 관해 누구에게 물어봐야 하나요?
(A) 아니요, 그는 모릅니다.
(B) Kelly 씨는 그것에 동의합니다.
(C) 제 책상에 그 정보가 있습니다.

○ Who 의문문

문제 키워드 | Who / I / ask about / assembling
선반 조립을 누구에게 물어봐야 하는지 묻는 Who 의문문이다.
(A) Who 의문문에 Yes/No로 대답할 수 없으므로 오답이다.
(B) 사람 이름인 Kelly만 듣고 고를 수 있는 오답 함정이다. 누구에게 물어봐야 하는지 묻는 질문에 Kelly 씨가 동의한다는 답변은 적절하지 않으므로 오답이다.
(C) I don't know 유형의 답변으로, 누구에게 물어봐야 하는지에 대한 정보가 본인 자리에 있다는 의미의 정답이다.

어휘 ask about ~에 대해 묻다 assemble 조립하다 shelf 선반 agree on ~에 동의하다 information 정보   정답 (C)

28 How's the Mexican food at Kay's restaurant?
(A) Yes, it was very big.
(B) Do you think so?
(C) I would go somewhere else.

Kay 씨가 운영하는 식당의 멕시코 음식 어때요?
(A) 네, 그건 매우 컸어요.
(B) 그렇게 생각하세요?
(C) 저는 다른 곳으로 갈 거예요.

How 의문문

문제 키워드 | How's / food / restaurant

Kay 씨가 운영하는 식당의 멕시코 음식이 어떤지 의견을 묻는 How 의문문이다.
(A) 의문사 의문문에는 Yes/No로 답변할 수 없으므로 오답이다.
(B) 음식이 어떤지 의견을 묻는 질문에 '그렇게 생각하세요?'라고 되묻는 것은 부자연스러우므로 오답이다.
(C) Kay 씨가 운영하는 식당의 음식이 어떤지 의견을 묻는 질문에 다른 곳으로 갈 거라고 말하며 그곳의 음식이 마음에 들지 않다는 것을 우회적으로 드러내고 있으므로 정답이다.

어휘 somewhere 어딘가로 else 다른

정답 (C)

---

29 Would you like to join the pilot project team next month?
(A) I will be busy developing a new product.
(B) It was very helpful.
(C) The sales projections.

다음 달 시범 프로젝트 팀에 합류하시겠어요?
(A) 저는 신제품 개발로 바쁠 거예요.
(B) 많은 도움이 됐어요.
(C) 예상 매출액이요.

권유/제안 의문문

문제 키워드 | Would you like / join / team

프로젝트 팀에 참여할 것을 권유하는 권유/제안 의문문이다.
(A) 프로젝트 팀에 참여하겠냐고 권유하는 질문에 신상품 개발로 바쁠 거라는 말로 우회적으로 거절하고 있으므로 정답이다.
(B) 프로젝트 팀 참여를 권유하는 말에 많은 도움이 되었다고 과거로 답하고 있으므로 오답이다.
(C) 질문의 project와 발음이 비슷한 projections를 사용하여 혼동을 유도한 오답이다.

어휘 join 함께하다 pilot 시험하는, 실험하는 develop 개발하다 sales projection 예상 매출(액)

정답 (A)

---

30 Where did you have your mobile phone fixed?
(A) I updated it last month.
(B) If I were you, I wouldn't go there.
(C) That'll be $50.

어디에서 휴대폰을 수리하셨나요?
(A) 저는 그것을 지난달에 업데이트했어요.
(B) 제가 당신이라면, 거기는 가지 않을 거예요.
(C) 50달러가 되겠습니다.

Where 의문문

문제 키워드 | Where / did / fixed

어디에서 휴대폰을 수리했는지 묻는 Where 의문문이다.
(A) last month라는 시점 표현이 있으므로 시점을 묻는 When 의문문에 어울리는 답변이다.
(B) 휴대폰을 어디에서 수리했는지 묻는 질문에 내가 당신이라면 거기는 가지 않겠다는 말로 추천할 만한 곳이 못 됨을 우회적으로 전달한 정답이다.
(C) 질문의 fixed에서 연상할 수 있는 비용을 제시한 오답으로, How much 의문문에 어울리는 답변이다.

어휘 fix 수리하다 update 갱신하다

정답 (B)

31 Is your computer also unable to connect to the Internet?
BR AU
(A) I just called a tech support.
(B) A local Internet provider.
(C) By fixing the problem.

당신의 컴퓨터도 인터넷 연결이 안 되나요?
(A) 제가 방금 기술 지원팀에 연락했어요.
(B) 지역 인터넷 서비스 제공업체요.
(C) 문제를 해결해서요.

┌─○ Be동사 의문문 ─────────────────────────────────────
│
│ **문제 키워드 | Is / your computer / unable / connect / Internet**
│
│ 컴퓨터가 인터넷 연결이 안 되는지 묻는 Be동사 의문문이다.
│ (A) 인터넷 연결이 안 되냐는 질문에 방금 기술 지원팀에게 연락했다는 말로 자신의 컴퓨터도 인터넷 연결이 안 된다는 것을 우회
│   적으로 답변한 정답이다.
│ (B) 질문의 Internet을 반복 사용한 오답이다.
│ (C) 질문의 not, connect에서 연상할 수 있는 fix를 사용하여 혼동을 유도한 오답이다.
│
│ **어휘** connect 연결하다 tech support 기술 지원 local 지역의, 현지의 provider 제공자 fix 수리하다, 바로잡다   정답 (A)
└───

PART 3

Questions 32-34 refer to the following conversation. 32-34는 다음 대화에 관한 문제입니다.

W   Hello, Louis. Have you taken your lunch break, yet? **32** I wanted to eat my lunch at the company cafeteria, but there are so few menu options available. Some of them are not really good.

M   **33** How about trying the order-in service at the Web site mealforyou.com? You can use their pickup and delivery service for almost all restaurants in the city for a nominal fee. I often use it.

W   Hmm... **34** I don't think I would pay more for pickup and delivery service. I should bring my own lunch box from home.

여: 안녕하세요, Louis 씨. 점심 식사를 하셨나요? **32** 저는 회사 구내식당에서 점심을 먹고 싶었지만 고를 수 있는 메뉴가 너무 적어요. 그중 일부는 정말 별로예요.

남: 웹사이트 mealforyou.com에서 **33** 주문 서비스를 이용해 보는 게 어떨까요? 적은 수수료로 시내에 있는 거의 모든 식당의 픽업과 배달 서비스를 이용할 수 있어요. 저는 그 서비스를 자주 이용해요.

여: 음... **34** 저는 픽업과 배달 서비스를 위해 비용을 더 지불하진 않을 거예요. 집에서 제 도시락을 싸와야겠네요.

어휘 option 선택(할 수 있는 것)   available 이용 가능한   order in (전화로) 주문하다   nominal 얼마 되지 않는, 명목상의   fee 수수료, 요금

32 What does the woman comment on about the company cafeteria?
(A) Its low number of diners
(B) Its skilled servers
(C) Its opening hours
(D) Its limited menu items

여자가 회사 구내식당에 대해 언급한 것은 무엇인가?
(A) 식사하는 사람의 수가 적음
(B) 숙련된 종업원들
(C) 영업시간
(D) 한정된 메뉴

구체적인 정보 파악 – 특정 사항

문제 키워드 | What / woman / mention / company cafeteria

대화의 전반부에서 정답의 근거를 찾을 수 있다. 여자의 첫 번째 대사에서 회사 구내식당에서 점심을 먹고 싶었지만 고를 수 있는 메뉴가 너무 적다(~ there are so few menu options available.)고 했으므로 정답은 (D)이다.

패러프레이징 there are so few menu options available 고를 수 있는 메뉴가 너무 적다
→ **limited menu items** 한정된 메뉴

어휘 skilled 숙련된   limited 한정된, 제한된   정답 (D)

---

33 What does the man suggest the woman do?
(A) Leave work early
(B) Skip a meal
(C) Order some food
(D) Hand in a request

남자가 여자에게 제안한 것은 무엇인가?
(A) 일찍 퇴근하기
(B) 식사 거르기
(C) 음식 주문하기
(D) 요청서 제출하기

구체적인 정보 파악 – 제안/요청

문제 키워드 | What / man / suggest / woman

남자가 제안하는 것을 묻는 문제로, 남자의 대사를 잘 들어야 한다. 회사 구내식당에 대해 불평하는 여자의 말에 남자는 주문 서비스를 이용해 보는 게 어떤지(How about trying the order-in service) 제안하고 있으므로 정답은 (C)이다.   정답 (C)

---

34 Why does the woman not want to accept the man's recommendation?
(A) She is reluctant to spend extra money.
(B) She does not know how to drive.
(C) She does not have any free time.
(D) She has no contact information.

여자는 왜 남자의 추천을 받아들이길 원치 않는가?
(A) 돈을 추가로 쓰고 싶지 않다.
(B) 운전하는 방법을 모른다.
(C) 자유 시간이 없다.
(D) 연락처를 가지고 있지 않다.

구체적인 정보 파악 – 이유/원인

문제 키워드 | Why / woman / not / accept / recommendation

남자의 추천 다음에 나오는 여자의 대사에 집중해야 한다. 주문 서비스를 추천하는 남자에게 여자가 픽업과 배달 서비스를 위해 비용을 더 지불하진 않을 것(I don't think I would pay more for pickup and delivery service.)이라고 했으므로 정답은 (A)이다.

패러프레이징 I don't think I would pay more 비용을 더 지불하진 않을 것이다
→ **is reluctant to spend extra money** 돈을 추가로 쓰고 싶지 않다

어휘 be reluctant to V ~하는 것을 꺼리다   extra 추가의, 가외의   contact information 연락처   정답 (A)

TEST 05 209

Questions 35-37 refer to the following conversation. 35-37은 다음 대화에 관한 문제입니다.

US
BR

M Hello, I'm calling to ask you about the Dallas IT Conference scheduled for July. **35 Do you have any hotel accommodation near the conference center that you recommend?**

W Of course. For our attendees, **36 we offer a discount coupon that can be used at the hotels**, just two blocks away from the center. **36 And you will receive a 20% discount.**

M Sounds good. However, I'm planning to stay a few more days after the conference. Is that okay?

W I'm sorry. **37 They offer the discount only during the conference.** After the event, you will need to pay the regular price.

남 안녕하세요, 7월에 예정되어 있는 댈러스 IT 학회에 대해 문의하고자 전화하였습니다. 35 학회장 근처에 당신께서 추천할 만한 호텔 숙박 시설이 있나요?
여 물론이죠. 참석자들을 위해서, 저희는 센터에서 단지 2블록 정도 떨어져 있는 곳에 있는 36 여러 호텔에서 사용할 수 있는 할인권을 제공하고 있어요. 그래서 20퍼센트 할인을 받으실 것입니다.
남 좋네요. 하지만 저는 학회가 끝난 뒤에 며칠 더 머무를 계획입니다. 그래도 괜찮을까요?
여 죄송합니다. 37 학회 기간만 할인을 제공해요. 행사가 끝난 뒤에는 정가를 지불하셔야 해요.

어휘 scheduled for ~에 일정이 잡혀 있는   hotel accommodation 호텔 숙박 시설   attendee 참석자   regular price 정가

35 What is the purpose of the man's call?
(A) To sign up for an event
(B) To ask about accommodation
(C) To confirm a hotel reservation
(D) To check the location

남자가 전화를 건 목적은 무엇인가?
(A) 행사에 신청하는 것
(B) 숙박 시설에 대해서 문의하는 것
(C) 호텔 예약을 확인하는 것
(D) 장소를 확인하는 것

─○ 기본 정보 파악 - 전화 목적 ─

문제 키워드 | What / purpose / man's call

대화 초반에 남자는 학회에 대해 문의하고자 전화했다며 회의장 근처에 추천할 만한 호텔 숙박 시설이 있는지(Do you have any hotel accommodation near the conference center that you recommend?) 묻고 있으므로 정답은 (B)이다.

어휘 sign up for ~을 신청하다   confirm 확인하다   reservation 예약   location 장소, 위치   정답 (B)

36 What does the woman say will be offered?
(A) Complimentary meals during an event
(B) A discount on some hotels
(C) A free shuttle bus service
(D) Maps for an area

여자는 무엇이 제공될 것이라고 말하는가?
(A) 행사가 진행되는 동안 무료 식사
(B) 일부 호텔 할인권
(C) 무료 셔틀버스 서비스
(D) 지역 지도

─○ 구체적인 정보 파악 - 특정 사항 ─

문제 키워드 | What / woman / say / will / offered

여자의 대사에서 미래 시제 표현이 언급되는 곳에 집중한다. 여자가 숙박 시설에 대해 문의하는 남자에게 여러 호텔에서 사용할 수 있는 할인권을 제공하고 있다(we offer a discount coupon that can be used at the hotels,)고 한 뒤, 그래서 20퍼센트 할인을 받을 수 있다(And you will receive a 20% discount.)고 하였으므로 정답은 (B)이다.

어휘 complimentary 무료의   area 지역   정답 (B)

37 Why does the woman apologize?
(A) Tickets are sold out.
(B) She has incorrect information.
(C) Some benefits are limited.
(D) Accommodation is unavailable.

여자는 왜 사과하는가?
(A) 티켓이 매진되었다.
(B) 그녀는 부정확한 정보를 갖고 있다.
(C) 일부 혜택이 제한적이다.
(D) 숙박 시설은 사용이 불가능하다.

─○ 구체적인 정보 파악 - 이유/원인 ─

문제 키워드 | Why / woman / apologize

여자가 사과한 이유를 묻는 문제로, 후반부 여자의 대사에서 정답을 파악하자. 남자가 학회가 끝난 뒤에 며칠 더 머무는 게 괜찮은지 묻자, 여자가 사과(I'm sorry.)하며 학회 기간만 할인을 제공한다(They offer the discount only during the conference.)고 하였다. 즉, 할인이 한정된 기간에만 제공되는 것에 대해 사과하는 것이므로 정답은 (C)이다.

패러프레이징 discount only during the conference 학회 기간만 할인 → **benefits are limited** 혜택이 제한적이다

어휘 incorrect 부정확한, 틀린   information 정보   benefit 혜택, 이득   limited 제한된   unavailable 이용할 수 없는   정답 (C)

Questions 38-40 refer to the following conversation with three speakers. 38-40은 다음 세 명의 대화에 관한 문제입니다.

US
BR
AU

W1 Hello, Nora. **38** You've already checked the note for arranging our weekly video conference, right? How's it going?
W2 **38** It's difficult to hook up the camera. **39** I think we should call the office manager to get some help.
W1 OK, **39** I'll call him right now. Rudy? Nora and I are in meeting room 5. We're having difficulty installing some video equipment. We definitely need some help.
M Oh, not again! The cables in the room seem to have some problems. **40** You should move to another room.
W1 Hmm... but the other rooms are already booked up for today.
M Well, there was a cancellation of a conference in room 3. Let's meet there and I'll help you install the equipment.

여1: 안녕하세요, Nora 씨. **38** 우리의 주간 화상 회의 준비에 대한 메모를 이미 확인하셨죠, 그렇죠? 어떻게 진행되고 있나요?
여2: **38** 카메라를 연결하는 게 어렵네요. **39** 사무실 매니저에게 연락해 도움을 받아야 할 것 같아요.
여1: 네, **39** 제가 그에게 지금 바로 전화할게요. Rudy 씨? Nora 씨와 저는 5번 회의실에 있습니다. 저희는 비디오 장비를 설치하는 데 어려움을 겪고 있어요. 도움이 꼭 필요해요.
남: 오, 또 그러네요! 그 회의실에 있는 케이블에 문제가 있는 것 같아요. **40** 다른 회의실로 이동해야 해요.
여1: 음… 그렇지만 다른 회의실들은 오늘 이미 예약이 되어 있어요.
남: 음, 3번 회의실의 회의가 취소되었어요. 거기에서 봐요. 장비를 설치하는 것을 도와 드릴게요.

어휘 arrange 준비하다 weekly 매주의 video conference 화상 회의 hook up 연결하다 install 설치하다 equipment 장비 definitely 분명히 cable 케이블, 전선 move 옮기다, 이동하다 book 예약하다 cancellation 취소

38 What do the women intend to do?
(A) Arrange for a video conference
(B) Request some extra equipment
(C) Prepare a business trip
(D) Apply for financial support

여자들은 무엇을 하려고 하는가?
(A) 화상 회의 준비하기
(B) 추가 장비 요청하기
(C) 출장 준비하기
(D) 재정 지원 신청하기

○ 구체적인 정보 파악 – 특정 사항

문제 키워드 | What / women / intend

전반부 여자들의 대화에 집중한다. 여자1이 첫 대사에서 주간 화상 회의 준비에 대한 메모(the note for arranging our weekly video conference)를 이미 확인했냐며 어떻게 진행되고 있는지(How's it going?) 물었고, 여자2가 카메라를 연결하는 게 어렵다(It's difficult to hook up the camera.)고 했으므로 화상 회의를 준비하고 있는 것임을 알 수 있다. 따라서 정답은 (A)이다.

어휘 request 요청하다 extra 추가의 apply for ~을 신청하다 financial 재정의 support 지원

정답 (A)

39 According to the women, who is the man?
(A) An event organizer
(B) A maintenance worker
(C) An office manager
(D) A security guard

여자들의 말에 따르면, 남자는 누구인가?
(A) 행사 주최자
(B) 정비 직원
(C) 사무실 매니저
(D) 경비원

○ 기본 정보 파악 – 직업/업종

문제 키워드 | who / man

'여자들의 말에 따르면'이라는 조건이 붙어 있으므로 여자들의 대사에 주목한다. 여자2가 사무실 매니저에게 연락해야 할 것 같다(I think we should call the office manager to get some help.)고 하자, 여자1이 그에게 바로 전화하겠다(I'll call him right now.)고 하였고, 그 후 남자와의 대화가 이어지므로 남자는 사무실 매니저이다. 따라서 정답은 (C)이다.

정답 (C)

40 What does the man suggest the women do?
(A) Consult a note
(B) Use another room
(C) Leave some comments
(D) Purchase new equipment

남자가 여자들에게 제안하는 것은 무엇인가?
(A) 노트 참고하기
(B) 다른 회의실 이용하기
(C) 의견 남기기
(D) 새 장비 구입하기

○ 구체적인 정보 파악 – 제안/요청

문제 키워드 | What / man / suggest / women

남자가 제안한 것을 묻는 문제이므로 후반부 남자의 대사에 집중한다. 후반부 남자가 여자들에게 다른 회의실로 이동해야 한다(You should move to another room.)고 했으므로 정답은 (B)이다.

패러프레이징 move to another room 다른 회의실로 이동하다 → Use another room 다른 회의실 이용하기

정답 (B)

Questions 41-43 refer to the following conversation. 41-43은 다음 대화에 관한 문제입니다.

US / US

M Thank you for showing your interest in renting an office space in our complex. I'm sure you will be very happy with it.
W I believe so. Since most of our clients are quite close to this complex, our management is interested in renting an office in this area. **41** Renting an office here would save some travel costs when meeting them. Which office is available?
M Well, right here. Let's have a look at this space. It has a nice city view from the balcony even though it is not so big.
W The size is just right for us. **42** There are only four employees in our firm.
M Then, it seems a perfect one for you. And also, **43** you can see on the rental agreement – it includes the shared meeting room and kitchen.

남 저희 복합 건물의 사무 공간 임대에 관심을 보여 주셔서 감사합니다. 매우 만족하시리라 확신합니다.
여 저도 그렇게 생각해요. 저희 고객 대부분이 이 복합 건물과 매우 가까이에 있기 때문에 경영진은 이 지역에 있는 사무실을 임대하는 것에 관심이 있습니다. **41** 여기 사무실을 임대하면 고객들과 만날 때 발생하는 출장비를 절약할 수 있을 거예요. 임대 가능한 사무실은 어떤 건가요?
남 네, 바로 여기입니다. 이곳을 한번 보세요. 그렇게 크지는 않지만 발코니에서의 도시 전망이 멋집니다.
여 크기가 저희에게 아주 적당하네요. **42** 저희 회사 직원은 네 명뿐입니다.
남 그러면, 당신에게 딱 맞는 것 같군요. 그리고 또한 **43** 임대 계약서에서 이곳은 공용 회의실과 부엌이 포함되어 있음을 확인할 수 있습니다.

어휘 interest 관심, 흥미 rent 임대하다 complex 복합 건물 client 고객 management 경영진 be interested in ~에 관심이 있다 save 절약하다 available 이용할 수 있는 space 공간 firm 회사 rental agreement 임대 계약서 shared 공유의

41 Why does the woman like the complex's location?
(A) The rental fee is not so high.
(B) Travel costs can be reduced.
(C) It has a great view of the area.
(D) It is close to public transportation.

여자는 왜 복합 건물의 위치를 좋아하는가?
(A) 임대료가 그렇게 높진 않다.
(B) 출장비가 줄어들 수 있다.
(C) 지역의 멋진 경치를 볼 수 있다.
(D) 대중교통과 가깝다.

구체적인 정보 파악 – 이유/원인

문제 키워드 | Why / woman / like / complex's location

전반부에서 여자가 여기 사무실을 임대하면 고객들과 만날 때 발생하는 출장비가 절약된다(Renting an office here would save some travel costs when meeting them.)고 했으므로 정답은 (B)이다. 정답 (B)

42 What is mentioned about the woman's company?
(A) It was recently established.
(B) It is growing rapidly.
(C) It doesn't have many staff members.
(D) It will merge with another company.

여자의 회사에 대해 언급된 것은 무엇인가?
(A) 최근에 설립되었다.
(B) 빠르게 성장하고 있다.
(C) 직원이 많지 않다.
(D) 다른 회사와 합병할 것이다.

구체적인 정보 파악 – 특정 사항

문제 키워드 | What / mentioned / woman's company

여자가 본인의 회사 직원은 네 명뿐(There are only four employees in our firm.)이라고 했으므로 직원이 많지 않다는 것을 알 수 있다. 따라서 정답은 (C)이다.

패러프레이징 only four employees 직원이 네 명뿐 → doesn't have many staff members 직원이 많지 않다

어휘 recently 최근에 establish 설립하다 rapidly 빠르게 merge with ~와 합병하다 정답 (C)

43 What does the man indicate about the lease contract?
(A) A deposit must be paid in advance.
(B) Tenants can access some shared spaces.
(C) The contract needs to be renewed every year.
(D) A space will be renovated soon.

남자가 임대 계약서에 대해 언급하는 것은 무엇인가?
(A) 보증금을 사전에 지불해야 한다.
(B) 세입자는 일부 공용 공간을 이용할 수 있다.
(C) 계약을 매년 갱신해야 한다.
(D) 공간은 곧 보수될 것이다.

구체적인 정보 파악 – 특정 사항

문제 키워드 | What / man / indicate / lease contract

후반부 남자가 임대 계약서를 언급하는 부분에 집중해야 한다. 임대 계약서 상에 공용 회의실과 부엌이 포함되어 있다(you can see on the rental agreement – it includes the shared meeting room and kitchen.)고 했으므로 정답은 (B)이다.

패러프레이징 shared meeting room and kitchen 공용 회의실과 부엌 → shared spaces 공용 공간

어휘 lease contract 임대 계약서 deposit 보증금 tenant 세입자 access 이용하다 renew 갱신하다 renovate 보수하다 정답 (B)

Questions 44-46 refer to the following conversation. 44-46은 다음 대화에 관한 문제입니다.

W: Hello, would you mind me sitting here? I'm so interested in this presentation on the current market trends.
M: Not at all! So am I. I'm expecting some useful information for the organization I work for. 44 This year's conference has been really informative.
W: Absolutely! What kind of work do you do at your organization?
M: I'm in sales and marketing at Osterley Tech. 45 We mainly carry products like computers, printers, and copiers.
W: Oh, I work in the purchasing division at Bermondsey Accounting. Actually, we are currently considering buying new computers for our new branch office.
M: Well, 46 I'd be glad to tell you more about our computers and other products. Let me give you my business card. 46 Please call me sometime this week at your earliest convenience.

여: 안녕하세요, 제가 여기에 앉아도 될까요? 저는 현재의 시장 추세에 관한 이 발표에 매우 관심이 있어요.
남: 그럼요! 저도 관심이 있어요. 제가 근무하는 기관에서 사용할 수 있는 유용한 정보를 기대하고 있어요. 44 올해 학회는 매우 유익해요.
여: 맞아요! 당신의 기관에서 어떤 일을 하시나요?
남: 저는 Osterley 기술의 영업 마케팅부에 있어요. 45 저희는 주로 컴퓨터, 프린터와 복사기와 같은 제품을 취급해요.
여: 오, 저는 Bermondsey 회계의 구매 부서에서 근무해요. 사실 저희는 현재 신규 지점 사무실에서 사용할 새로운 컴퓨터의 구매를 고려하고 있어요.
남: 그러면 46 저희의 컴퓨터 및 기타 제품들에 대해서 더 자세히 이야기해 드리고 싶네요. 제 명함을 드릴게요. 46 이번 주 중 편하실 때 연락주세요.

어휘 be interested in ~에 관심이 있다 current 현재의 trend 추세, 트렌드 organization 조직, 단체 conference 학회 informative 유익한 carry 취급하다 division 부서 consider 고려하다 branch 지사, 지점 business card 명함 convenience 편리

44 Where most likely are the speakers?
(A) At a job interview
(B) At an annual conference
(C) At a business luncheon
(D) At an award banquet

화자들이 어디에 있을 것 같은가?
(A) 면접장에
(B) 연례 학회에
(C) 업무상 오찬에
(D) 시상식 연회에

○ 기본 정보 파악 – 장소

문제 키워드 | Where / speakers

장소를 묻는 문제는 대화 초반에 집중해야 한다. 대화 초반에 남자가 올해의 학회는 매우 유익하다(This year's conference has been really informative.)고 했으므로 화자들은 매년 열리는 학회에 참석 중이라는 것을 알 수 있다. 따라서 정답은 (B)이다.

패러프레이징 This year's conference 올해의 학회 → an annual conference 연례 학회   정답 (B)

45 What does the man's organization carry?
(A) Office equipment
(B) Home appliances
(C) Potted plants
(D) Delivery vehicles

남자가 근무하고 있는 기관은 무엇을 취급하는가?
(A) 사무 장비
(B) 가정용 전자기기
(C) 화분
(D) 배달 차량

○ 구체적인 정보 파악 – 특정 사항

문제 키워드 | What / man's organization / carry

핵심 키워드인 carry가 언급되는 대화 중반부 남자의 대사에 집중한다. 영업 마케팅부에서 근무한다며 주로 컴퓨터, 프린터와 복사기와 같은 제품을 취급한다(We mainly carry products like computers, printers, and copiers.)고 했으므로 정답은 (A)이다.

패러프레이징 computers, printers, and copiers 컴퓨터, 프린터, 복사기 → Office equipment 사무 장비   정답 (A)

46 What will the woman most likely do this week?
(A) Visit a client's office
(B) Attend another event
(C) Go on a business trip abroad
(D) Contact the man for more information

여자는 이번 주에 무엇을 할 것 같은가?
(A) 고객의 사무실 방문하기
(B) 다른 행사 참가하기
(C) 해외로 출장 가기
(D) 더 자세한 정보를 얻기 위해 남자에게 연락하기

○ 구체적인 정보 파악 – 미래

문제 키워드 | What / will / woman / this week

대화 후반부에 정답의 단서가 있다. 남자의 마지막 대사에서 자사의 제품들에 대해 더 자세히 이야기하고 싶다(I'd be glad to tell you more about our computers and other products.)며, 이번 주 중 연락 달라(Please call me sometime this week ~)고 했다. 따라서 여자는 이번 주 중에 정보를 얻기 위해 남자에게 연락할 것임을 알 수 있으므로 정답은 (D)이다.   정답 (D)

Questions 47-49 refer to the following conversation. 47-49는 다음 대화에 관한 문제입니다.

US
AU

W We're happy to be working with you, Alan. **47** Have you finished settling into your new apartment since you relocated to our branch?
M Yeah, thank you. Almost, but I'm still looking for some furniture, and I want to buy something affordable.
W Do you know the furniture store on Charing Avenue? You can find various used items such as furniture sets and appliances. Even though some of them have minor scratches and dents, **48** their prices are reasonable.
M That sounds interesting. I wonder if they offer free delivery. My car is not big enough to carry much.
W Well, unfortunately, they don't. However, Curtis working in our office has a large van. He might be able to help you. **49** Let me speak with him after work.

여: 당신과 함께 일하게 되어서 기쁩니다, Alan 씨. **47** 우리 지사로 옮긴 이후로 새 아파트 짐 정리는 마치셨나요?
남: 예, 감사합니다. 거의 했지만 여전히 몇 가지 가구를 찾고 있는 중이고 가격이 적당한 것을 사고 싶어요.
여: 채링 거리에 있는 가구점을 아시나요? 가구 세트와 가전제품 같은 다양한 중고 물품을 찾을 수 있어요. 그것들 중 일부는 약간 긁히거나 찍힌 곳이 있긴 하지만 **48** 가격이 저렴해요.
남: 괜찮네요. 무료 배송을 제공하는지 궁금하네요. 제 차가 물건을 많이 싣기에는 그리 크지 않아서요.
여: 음, 유감스럽게도, 그렇지는 않아요. 하지만 우리 사무실에서 근무하는 Curtis 씨가 큰 밴을 갖고 있어요. 그가 당신을 도와줄 수 있을 거예요. **49** 퇴근 후에 제가 그에게 말해 줄게요.

어휘 settle into ~에 정착하다, 정리하다　relocate 이동하다　branch 지사, 지점　affordable 가격이 적당한　various 다양한　used 중고의　appliance 가전제품　minor 사소한, 작은　dent 움푹 들어간 곳　reasonable 합리적인　carry 운반하다

47 What has the man done recently?
(A) He has opened his own store.
(B) He has come back from his business trip.
(C) He has designed some new furniture.
(D) He has transferred to a new branch.

남자는 최근에 무엇을 했는가?
(A) 자신의 가게를 열었다.
(B) 출장에서 돌아왔다.
(C) 새로운 가구를 디자인했다.
(D) 새 지사로 전근했다.

○ 구체적인 정보 파악 – 특정 사항

문제 키워드 | What / man / recently

대화의 내용은 주로 '과거 → 미래' 순으로 전개되므로 과거에 대해 묻는 문제는 대화의 전반부에서 확인해야 한다. 여자의 첫 번째 대사에서 지사로 이동한 후 아파트 정리가 끝났냐(Have you finished settling into your new apartment since you relocated to our branch?)고 묻고 있으므로 남자가 최근 새로운 근무지로 옮겼음을 알 수 있다. 따라서 정답은 (D)이다.

패러프레이징 relocated to our branch 우리 지사로 옮겼다 → transferred to a new branch 새 지사로 전근했다　정답 (D)

48 Why does the woman mention a particular store?
(A) It offers a free guide.
(B) Its prices are inexpensive.
(C) It is near her office.
(D) Its workers are well trained.

왜 여자는 특정 상점을 언급하는가?
(A) 무료 안내를 제공한다.
(B) 가격이 비싸지 않다.
(C) 그녀의 사무실 근처에 있다.
(D) 직원들이 잘 훈련되어 있다.

○ 구체적인 정보 파악 – 이유/원인

문제 키워드 | Why / woman / mention / particular store

여자의 말 중 store에 대해 언급한 곳 주변에서 답을 찾자. 채링 거리에 있는 가구점을 언급하며 가격이 정말 저렴하다(their prices are reasonable.)고 했으므로 (B)가 정답이다.

패러프레이징 reasonable 비싸지 않은 → inexpensive 비싸지 않은　정답 (B)

49 What does the woman offer to do?
(A) E-mail a client
(B) Share her vehicle
(C) Talk with a colleague
(D) Search for other stores

여자는 무엇을 해주겠다고 제안하고 있는가?
(A) 고객에게 이메일 보내기
(B) 그녀의 차량을 공유하기
(C) 동료에게 말하기
(D) 다른 상점을 찾아보기

○ 구체적인 정보 파악 – 제안/요청

문제 키워드 | What / woman / offer

제안/요청 문제의 단서는 주로 can/could you ~? 혹은 I will ~, Let's ~등과 같은 표현을 통해 제시된다는 것을 알아 두자. 남자가 배송에 대한 걱정을 이야기하자 여자가 같이 일하는 Curtis 씨를 언급하며 본인이 그에게 말하겠다(Let me speak with him after work.)고 했으므로 (C)가 정답이다. 차량에 대해 언급하긴 했지만 여자 본인의 차량이 아니므로 (B)는 오답이다.　정답 (C)

Questions 50-52 refer to the following conversation. 50-52는 다음 대화에 관한 문제입니다.

M Hello, my name is Rogers, the operational manager. Thanks for coming today. 50 Let me show you the staff lounge that we will ask your company to renovate.
W Well, you told me on the phone that you'd like to give the lounge a totally different look, right? So, we need to remove all the things in here before we install a new carpet and walls.
M Hmm... 51 there will be a welcoming party for our new staff members sometime in the first week of March, and the party is supposed to be held in the lounge. Is it possible to complete the work by then?
W If we start work as soon as possible, there shouldn't be a problem with that. 52 I will send you an estimate today after I go back to my office. Let me know if you want us to work on the project.
M Sure, I will decide after reviewing it.

남 안녕하세요, 제 이름은 Rogers이고 운영 관리자입니다. 오늘 와 주셔서 감사합니다. 50 귀사에 보수 작업을 요청할 휴게실을 보여 드리겠습니다.
여 흠, 휴게실이 완전히 달라 보이길 원하신다고 전화로 이야기하셨죠, 그렇죠? 그래서 저희는 새로운 카펫과 벽지를 설치하기 전에 이곳에 있는 모든 것을 치워야 해요.
남 음... 51 3월 첫째 주 중에 저희 신입 사원들을 위한 환영회가 있을 것이고, 이곳 휴게실에서 진행될 예정이에요. 그때까지 작업을 마무리할 수 있을까요?
여 저희가 가능한 한 빨리 작업을 시작하면, 그것은 문제가 되지 않을 거예요. 52 오늘 제가 사무실로 돌아가서 견적서를 보내 드릴게요. 저희에게 이 작업을 맡기실지 여부를 알려 주세요.
남 네, 검토한 후에 결정할게요.

어휘 operational manager 운영 관리자　staff lounge 직원 휴게실　renovate 개조하다, 보수하다　totally 완전히　install 설치하다　welcoming party 환영회　be supposed to V ~하기로 되어 있다　possible 가능한　complete 완료하다, 끝내다　by then 그때까지　estimate 견적서

50 What are the speakers talking about?
(A) Arranging a party
(B) Refurbishing a lounge
(C) Developing new products
(D) Buying office equipment

화자들은 무엇에 대해서 이야기를 하고 있는가?
(A) 파티 준비
(B) 휴게실 재단장
(C) 신제품 개발
(D) 사무 장비 구매

○ 기본 정보 파악 - 주제

문제 키워드 | What / speakers / talking

남자의 첫 대사에서 여자의 회사에 보수 작업을 요청할 휴게실을 보여 주겠다(Let me show you the staff lounge that we will ask your company to renovate.)고 하였고, 휴게실 보수와 관련된 대화를 이어 가고 있으므로 정답은 (B)이다.

어휘 arrange 준비하다, 마련하다　refurbish 재단장하다　develop 개발하다　equipment 장비

정답 (B)

51 What will most likely happen in the first week of March?
(A) A company will be closed.
(B) Some employees will be retiring.
(C) Several workshops for staff will take place.
(D) An event for new employees will be held.

3월 첫째 주에 무슨 일이 있을 것 같은가?
(A) 회사가 폐업할 것이다.
(B) 일부 직원들이 은퇴할 것이다.
(C) 직원들을 위한 여러 워크숍이 진행될 것이다.
(D) 신입 직원들을 위한 행사가 진행될 것이다.

○ 구체적인 정보 파악 - 미래

문제 키워드 | What / will / happen / the first week of March

the first week of march가 핵심 키워드이다. 남자가 3월 첫째 주에 신입 사원들을 위한 환영회가 있을 것(there will be a welcoming party for our new staff members sometime in the first week of March)이라고 했으므로 정답은 (D)이다.

패러프레이징 a welcoming party for our new staff members 신입 사원들을 위한 환영회
→ an event for new employees 신입 직원들을 위한 행사

정답 (D)

52 What does the woman say she will send today?
(A) A blueprint
(B) A copy of a brochure
(C) An estimate
(D) A list of local vendors

여자는 오늘 무엇을 보낼 것이라고 말하는가?
(A) 설계도
(B) 책자 한 부
(C) 견적서
(D) 현지 상인 목록

○ 구체적인 정보 파악 - 미래

문제 키워드 | What / woman / say / will / send / today

여자가 발송할 물건이 무엇인지 묻는 문제로, today가 핵심 키워드이다. 후반부 여자의 대사에서 오늘 사무실로 돌아가서 견적서를 보내겠다(I will send you an estimate today after I go back to my office.)고 했으므로 정답은 (C)이다.

정답 (C)

Questions 53-55 refer to the following conversation. 53-55는 다음 대화에 관한 문제입니다.

M Hello, 53 I want to order a special cake for my son for his birthday next Monday. His name is Gerry Dennis.
W Oh, yes. 54 I remember you called this morning. Did you see the pictures of our cakes?
M 54 Yes, as you suggested, I had a look at your Web site. According to your Web site, 54 you can top the cake with a toy motorcycle or other items, right?
W That's right. How would you like your cake?
M Hum. I wanna order a cake with a toy train set on the top of the cake.
W Alright. Do you have any more requests? 55 Your cake will go out for delivery early Monday morning.
M Well, just make sure it arrives before noon when the birthday party begins.
W Of course. We'll have it there around 9 o'clock.

남: 안녕하세요, 53 저는 다음 주 월요일 제 아들의 생일을 위한 특별 케이크를 주문하고 싶어요. 아들의 이름은 Gerry Dennis입니다.
여: 오, 네. 54 오늘 아침에 전화하셨던 것을 기억합니다. 저희 케이크의 사진들을 보셨나요?
남: 54 네, 제안해 주신 대로 당신의 웹사이트를 봤습니다. 당신의 웹사이트에 따르면, 54 케이크 위에 장난감 오토바이나 다른 아이템을 올릴 수 있다고 하는데요, 맞나요?
여: 맞아요. 케이크를 어떻게 해 드릴까요?
남: 흠. 저는 케이크 위에 장난감 기차 세트가 있는 케이크를 주문하고 싶습니다.
여: 알겠습니다. 다른 요청이 더 있으신가요? 55 귀하의 케이크는 월요일 아침 일찍 배송될 것입니다.
남: 흠, 생일 파티가 시작하는 정오 전에만 확실히 도착하게 해 주세요.
여: 물론이죠. 9시 경에 도착하게 할 것입니다.

어휘 order 주문하다 top ~ 위에 놓다 motorcycle 오토바이 request 요청 delivery 배송 make sure 반드시 ~하게 하다

53 What type of business does the woman work for?
(A) A toy store
(B) A flower store
(C) A bakery
(D) A restaurant

여자는 어떤 종류의 업체에서 일하고 있는가?
(A) 장난감 가게
(B) 꽃집
(C) 빵집
(D) 식당

> **기본 정보 파악 - 직업/업종**
>
> **문제 키워드** | What / business / woman / work
>
> 화자의 직업/업종을 묻는 문제는 대화의 첫 번째 대사에서 단서를 찾자. 첫 번째 대사에서 남자가 아들의 생일을 위한 특별 케이크를 주문하고 싶다(I want to order a special cake for my son for his birthday next Monday.)고 하였으므로 여자가 빵집에서 일하고 있음을 알 수 있다. 따라서 (C)가 정답이다.
>
> 정답 (C)

54 Why does the woman say, "Did you see the pictures of our cakes"?
(A) She wanted the man to see their product decorations.
(B) She would like to change a birthday cake.
(C) She is offering a special price.
(D) She forgot to tell the man the delivery time.

여자는 왜 "저희 케이크의 사진들을 보셨나요?"라고 말하는가?
(A) 남자가 제품 장식을 보기를 원했다.
(B) 생일 케이크를 바꾸길 원한다.
(C) 특별 가격을 제공하고 있다.
(D) 남자에게 배송 시간을 말하는 것을 잊었다.

> **신유형 - 화자의 의도 파악**
>
> **문제 키워드** | Why / woman / say / "Did you see the pictures of our cakes"
>
> 화자의 의도 파악 문제는 해당 문장과 앞뒤 문맥을 종합하여 답을 찾아야 한다. 여자가 남자에게 아침에 전화했던 것을 기억한다(I remember you called this morning.)며 "저희 케이크의 사진들을 보셨나요(Did you see the pictures of our cakes?)"라고 물었고, 이에 남자는 여자가 제안한 대로 웹사이트를 봤다(Yes, as you suggested, I had a look at your Web site.)며 케이크 위에 장난감을 올려줄 수 있는지(you can top the cake with a toy motorcycle or other items, right?) 확인하고 있다. 이를 통해 두 사람이 대화 전에 통화를 했고 그 통화에서 여자가 남자에게 인터넷으로 장식이 올라간 케이크 사진들을 보라고 했음을 유추할 수 있으므로 (A)가 정답이다. (D)의 경우는 이후에 남자에게 언급하는 것이므로 해당 문장을 말한 이유와는 관계가 없다.
>
> 정답 (A)
>
> **어휘** decoration 장식 forget 잊다

55 What does the woman say she will do on Monday?
(A) Deliver an order in the morning
(B) Bring an item back to her home
(C) Attend an event
(D) Purchase some toys

여자는 월요일에 무엇을 할 것이라고 말하는가?
(A) 주문한 물건을 아침에 배송하는 것
(B) 물건을 그녀의 집으로 다시 가져가는 것
(C) 행사에 참석하는 것
(D) 장난감을 구입하는 것

○ 구체적인 정보 파악 - 미래

문제 키워드 | What / woman / say / will / Monday

여자의 대사에서 키워드인 Monday가 언급되는 곳을 잘 들어야 한다. 중반부에 여자가 케이크가 월요일 아침 일찍 배송될 것(Your cake will go out for delivery early Monday morning.)이라고 했으므로 정답은 (A)이다.

어휘 purchase 구입하다

정답 (A)

Questions 56-58 refer to the following conversation with three speakers. 56-58은 다음 세 명의 대화에 관한 문제입니다.

W	**56** Are there any more questions before we leave for Seoul for an annual conference?
M1	Actually, I have one. **57** I remember that we could get reimbursed for all business-related transportation fees last quarter. Is that still applicable?
W	Well... unfortunately, not this time. **57** It resulted in making the travel expenses too high, so the company will only compensate for flight tickets.
M2	Hmm... I heard about a firm called Benny Travel that provides various package deals for transportation at no additional charge including all ground transportation. Since we make a lot of overseas trips, we should switch to them.
W	Right. **58** Lewis, you're responsible for purchasing, right? Why don't you learn more about Benny Travel?
M1	**58** OK, I'll contact them right away to check their price range.

여	**56** 연례 학회를 위해 서울로 떠나기 전에 질문이 더 있으신가요?
남1	사실, 질문이 있습니다. **57** 지난 분기에는 업무상의 모든 교통비를 환급받을 수 있었던 것으로 기억합니다. 그것이 여전히 적용되나요?
여	음... 유감스럽게도 이번에는 아닙니다. **57** 그로 인해 경비가 너무 많이 소요되어서 회사에서는 항공권 비용만 보상할 겁니다.
남2	음... 저는 Benny 여행사라는 회사에 대해서 들었는데, 그들은 추가 요금 없이 모든 지상 교통수단을 포함한 다양한 교통수단 패키지 상품을 제공합니다. 우리는 해외로 자주 출장 가기 때문에 그 회사로 바꿔야 합니다.
여	맞아요. **58** Lewis 씨, 당신이 구매 담당이죠, 그렇죠? 당신이 Benny 여행사에 대해 더 알아보는 게 어때요?
남1	**58** 알겠습니다, 제가 그들에게 바로 연락하여 가격대를 알아보겠습니다.

어휘 annual 연례의, 매년의 reimburse 배상하다, 변제하다 business-related 업무상의 fee 수수료, 비용 last 지난 quarter 분기 applicable 해당되는, 적용되는 unfortunately 불행히도, 안타깝게도 result in ~한 결과를 초래하다 travel expense 출장비 compensate for ~에 대해 보상하다 called ~라는 이름의 additional 추가의 charge 요금 including ~을 포함하여 overseas 해외의 switch 바꾸다 be responsible for ~에 책임이 있다 purchasing 구매 price range 가격대

56 What kind of event are the speakers talking about?
(A) A training seminar
(B) A job interview
(C) A retirement party
(D) A business trip

화자들은 어떤 일에 대해서 이야기하고 있는가?
(A) 교육 세미나
(B) 취업 면접
(C) 은퇴 파티
(D) 출장

---o 기본 정보 파악 – 주제 ---

문제 키워드 | What event / speakers / talking

화자들이 어떤 일에 대해 이야기하고 있는지 묻는 문제로 대화의 초반에 집중하자. 여자의 첫 대사에서 연례 학회를 위해 서울로 떠나기 전에 질문이 더 있는지(Are there any more questions before we leave for Seoul for the annual conference?) 묻고 있으므로 화자들이 이야기하고 있는 일은 서울로 떠나는 출장임을 알 수 있다. 따라서 정답은 (D)이다.

패러프레이징 leave for Seoul for the annual conference 연례 학회를 위해 서울로 떠나다 → **A business trip** 출장

정답 (D)

57 What problem does the woman mention occurred last quarter?
(A) A travel document was misplaced.
(B) Some flights were canceled.
(C) No room was available.
(D) Travel costs were too high.

여자는 지난 분기에 어떤 문제가 발생했다고 언급하는가?
(A) 출장 문서를 잃어버렸다.
(B) 일부 항공편이 취소되었다.
(C) 이용할 수 있는 방이 없었다.
(D) 출장 비용이 너무 높았다.

---o 구체적인 정보 파악 – 문제점 ---

문제 키워드 | What problem / woman / mention / occurred / last quarter

여자가 언급한 지난 분기에 발생한 문제점을 묻는 문제로, 여자의 대사에 집중한다. 남자1이 지난 분기에 업무상 모든 교통비는 환급받을 수 있었다는 점을 기억한다(I remember that we could get reimbursed for all business-related transportation fees last quarter.)고 한 뒤, 그것이 여전히 적용되는지(Is that still applicable?) 묻자, 여자가 그것이 출장비를 너무 높이는 결과를 초래했다(It resulted in making the travel expenses too high)고 언급했다. 이를 통해 지난 분기에 발생한 문제는 출장비가 너무 많이 발생한 것임을 알 수 있으므로 정답은 (D)이다.

어휘 occur 발생하다 misplace 잘못 두다 available 이용할 수 있는 cost 비용

정답 (D)

58 What will Lewis most likely do next?
(A) Book flight tickets
(B) Complete an itinerary
(C) Call a company
(D) Request full payment

Lewis 씨는 다음에 무엇을 할 것 같은가?
(A) 항공권 예약하기
(B) 여행 일정표 작성하기
(C) 회사에 전화하기
(D) 전액 지불 요청하기

구체적인 정보 파악 – 미래

문제 키워드 | What / will / Lewis / next

미래 정보 문제이므로 대화의 후반부에서 정답을 찾을 수 있다. 후반부에서 여자가 Lewis에게 Benny 여행사에 대해 더 알아보는 게 어떠냐(Why don't you learn more about Benny Travel?)고 하였고, 이에 대해 남자1이 알겠다며 바로 연락하겠다(OK, I'll contact them right away)고 했으므로 남자1인 Lewis 씨는 Benny 여행사에 연락할 것임을 알 수 있다. 따라서 정답은 (C)이다.

패러프레이징 contact 연락하다 → Call 전화하다

어휘 book 예약하다 complete 작성하다, 완성하다 itinerary 여행 일정표

정답 (C)

Questions 59-61 refer to the following conversation. 59-61은 다음 대화에 관한 문제입니다.

BR
AU

W   Hello, Leon. 59 Have you completed the drawings for Soto Telecommunication's office complex building project?
M   Well, I talked with them over the phone earlier today, and 60 they said they wanted to make a change to their plan. They are considering adding a wing to use as their research lab on the side of the main building.
W   Is that so? Do we still have to complete the drawings by the beginning of next week?
M   Yes, that's right. 61 I will cancel my other appointments including a team meeting to make the drawing ready for your review by Wednesday.

여: 안녕하세요, Leon 씨. 59 Soto 통신의 복합 사무실 단지 건설 프로젝트의 도면을 마무리하셨나요?
남: 음, 제가 오늘 일찍 그들과 전화로 얘기를 나누었는데, 60 그들이 계획을 수정하고 싶다고 했어요. 그들은 본관 옆에 연구소로 사용할 부속 건물을 추가하는 것을 고려하고 있어요.
여: 그래요? 그래도 다음 주 초까지 도면을 완성해야 하나요?
남: 네, 그렇습니다. 저는 수요일까지 당신이 검토할 수 있도록 도면을 준비하기 위해 팀 회의를 포함한 61 다른 일정을 취소할 것입니다.

어휘 complete 완료하다, 끝마치다   drawing 도면, 도안   office complex 사무실 단지   make a change 변경하다   consider 고려하다   add 추가하다   wing 부속 건물   research lab 연구소   by the beginning of ~의 초까지   cancel 취소하다   including ~을 포함하여   review 검토

59 What are the speakers mainly talking about?
(A) A regular meeting
(B) A tour to a research lab
(C) A construction project
(D) A job interview

화자들은 주로 무엇에 대해 이야기하고 있는가?
(A) 정기 회의
(B) 연구소 견학
(C) 건설 프로젝트
(D) 면접

─○ 기본 정보 파악 - 주제 ─────────────

문제 키워드 | What / speakers / talking

대화의 주제를 묻는 질문이므로 전반부에 단서가 있다. 전반부에 여자가 복합 사무실 단지 건설 프로젝트의 도면을 마무리했는지(Have you completed the drawings for Soto Telecommunication's office complex building project?) 물으며 대화를 시작하였고, 이와 관련된 대화를 이어 가고 있으므로 정답은 (C)이다.

패러프레이징 building project 건설 프로젝트 → construction project 건설 프로젝트

어휘 regular 정기적인, 규칙적인   construction 건설

정답 (C)

60 Why does the woman say, "Do we still have to complete the drawings by the beginning of next week"?
(A) She does not want to work overtime.
(B) She is not happy with a situation.
(C) She did not know an exact schedule.
(D) She was planning to go on a holiday.

여자는 왜 "그래도 다음 주 초까지 도면을 완성해야 하나요?"라고 말하는가?
(A) 초과 근무를 원치 않는다.
(B) 상황이 불만족스럽다.
(C) 정확한 일정을 몰랐다.
(D) 휴가를 갈 계획이었다.

─○ 신유형 - 화자의 의도 파악 ─────────────

문제 키워드 | Why / woman / say / "Do we still have to complete the drawings by the beginning of next week"

화자의 의도 파악 문제는 해당 표현과 주변 문맥을 종합하여 답을 찾아야 한다. 도안을 마무리했냐고 묻는 여자의 질문에 남자가 고객들이 계획을 수정하고 싶다고 했다(they said they wanted to make a change to their plan.)고 답하자, 이에 대해 여자가 그래도 다음 주 초까지 도면을 완성해야 하는지(Do we still have to complete the drawings by the beginning of next week?) 물은 것이다. 이는 막바지에 계획을 변경했는데 일정은 그대로 유지되는 상황이 불만스러워서 하는 말임을 유추할 수 있으므로 정답은 (B)이다.

어휘 overtime 초과 근무   situation 상황   exact 정확한

정답 (B)

61 What does the man say he will do next?
(A) Inspect a research facility
(B) Change his schedule
(C) Meet with a client
(D) Arrange a meeting

남자는 다음에 무엇을 할 것이라고 말하는가?
(A) 연구 시설 점검
(B) 일정 변경
(C) 고객과의 만남
(D) 회의 준비

─○ 구체적인 정보 파악 – 미래 ─

문제 키워드 | What / man / say / will / next

남자가 다음에 하겠다고 말한 일을 묻는 문제로, 후반부 남자의 대사에 집중해야 한다. 남자의 마지막 말에서 다른 일정을 취소할 것(I will cancel my other appointments)이라고 했으므로 정답은 (B)이다.

패러프레이징 cancel my other appointments 다른 일정을 취소하다 → **Change his schedule** 일정 변경

어휘 inspect 점검하다 facility 시설 arrange 준비하다, 주선하다

정답 (B)

Questions 62-64 refer to the following conversation and invitation. 62-64는 다음 대화와 초대장에 관한 문제입니다.

US
AU

W Hi, can I talk to Paul Taylor? This is Alison Torres. **62** He sent me an invitation for a charity fundraising banquet he is organizing. **62** I would like to confirm that I'll be able to join the event.
M Hello, Alison. It's great to hear that you'll be attending. Well, could you tell me which meal option you prefer?
W Oh, that's right. Actually, **63** I can't eat any meat.
M **63** We have a couple of vegetarian options – a mushroom soup noodle and a tofu steak with honey sauce.
W Hmm... **63** I'd like the noodle, please.
M Alright! And, don't forget there will be live entertainment at the event. **64** I think you may be able to take a seat closer to the front stage if you arrive a bit earlier.

여: 안녕하세요, Paul Taylor 씨와 이야기할 수 있을까요? 저는 Alison Torres입니다. 그가 준비하고 있는 **62** 자선 모금 만찬의 초대장을 저에게 보냈어요. 제가 그 행사에 참가할 수 있다고 알려 드리려고요.
남: 안녕하세요, Alison 씨. 당신께서 참가하실 거라니 기뻐요. 음, 어떤 음식을 선호하시는지 알려 주시겠어요?
여: 오, 맞아요. 사실 **63** 저는 고기를 못 먹어요.
남: **63** 두 가지 채식 메뉴가 있어요. 버섯 국수과 꿀 소스를 곁들인 두부 스테이크요.
여: 음... **63** 국수가 좋겠네요.
남: 알겠습니다! 그리고 행사에서 라이브 공연이 진행된다는 것을 잊지 마세요. **64** 조금 더 일찍 도착하시면 무대와 가까운 좌석에 앉을 수 있을 것입니다.

We invite you to a Special Banquet!
Friday, June 19, 6:30 P.M.
Please Reply to Paul Taylor 332-3429

Meal Choices:
A. Beef Steak
B. Chicken Pasta
63 C. Mushroom Soup Noodle
D. Tofu Steak with Honey Sauce

특별한 만찬으로 여러분들을 초대합니다.
6월 19일 금요일, 오후 6시 30분
332-3429로 Paul Taylor 씨에게 답신 부탁드립니다.

식사 메뉴:
A. 쇠고기 스테이크
B. 치킨 파스타
63 C. 버섯 국수
D. 꿀 소스를 곁들인 두부 스테이크

어휘 invitation 초대장 charity fundraising 자선 모금 행사 banquet 만찬, 연회 organize 준비하다, 조직하다 confirm 확정하다, 확인하다 prefer 선호하다 meat 고기 a couple of 두세 개의 vegetarian 채식주의자(의) noodle 국수 tofu 두부 live entertainment 라이브 공연 take a seat 자리에 앉다 close 가까운

62 What type of event will the woman be attending?
(A) An awards banquet
(B) A farewell party
(C) A charity gala
(D) An opening ceremony

여자는 어떤 종류의 행사에 참석할 예정인가?
(A) 시상식 만찬
(B) 송별회
(C) 자선 행사
(D) 개업식

○ 구체적인 정보 파악 – 특정 사항

문제 키워드 | What event / will / woman / attending

여자가 참석할 행사가 무엇인지 묻는 문제로 전반부 여자의 대사에서 확인할 수 있다. 여자의 첫 대사에서 자선 모금 만찬의 초대장을 받았고(He sent me an invitation for a charity fundraising banquet), 그 행사에 참가할 수 있다는 것을 알리고 싶다(I would like to confirm that I'll be able to join the event.)고 했으므로, 여자는 자선 행사에 참석할 예정임을 알 수 있다. 따라서 정답은 (C)이다.

패러프레이징 a charity fundraising banquet 자선 모금 만찬 → **A charity gala** 자선 행사   정답 (C)

63 Look at the graphic. Which meal choice will the woman have?
(A) Option A
(B) Option B
(C) Option C
(D) Option D

시각 자료를 보시오. 여자는 어떤 음식을 선택할 것인가?
(A) A 옵션
(B) B 옵션
(C) C 옵션
(D) D 옵션

신유형 - 시각 자료 연계

문제 키워드 | graphic / Which meal / will / woman / have

시각 자료 연계 문제로, 보기와 시각 자료의 관계를 먼저 파악해야 한다. 보기에 A~D 옵션이 제시되어 있으므로 대화에서 정답의 단서로 각 옵션에 해당하는 식사 메뉴가 언급될 수 있음을 염두에 두고 들어야 한다. 고기를 먹을 수 없다(I can't eat any meat.) 는 여자의 말에 남자는 두 가지 채식 메뉴가 있다(We have a couple of vegetarian options)며 버섯 국수과 꿀 소스를 곁들인 두부 스테이크(a mushroom soup noodle and a tofu steak with honey sauce.)를 언급하였다. 이에 여자는 국수가 좋겠다(I'd like the noodle, please.)고 했으므로, 시각 자료에서 버섯 국수를 찾으면 (C)가 정답이다.   정답 (C)

---

64 What does the man suggest the woman do?
(A) Arrive in advance
(B) Bring a present
(C) Take a free parking ticket
(D) Dress formally

남자는 여자에게 무엇을 할 것을 제안하는가?
(A) 미리 도착하기
(B) 선물 가져오기
(C) 무료 주차권 가지고 가기
(D) 정장 착용하기

구체적인 정보 파악 - 제안/요청

문제 키워드 | What / man / suggest / woman

남자가 제안한 것을 묻는 문제이므로 후반부 남자의 대사에 집중한다. 남자의 마지막 대사에서 조금 더 일찍 도착하면 무대와 가까운 좌석에 앉을 수 있을 것(I think you may be able to take a seat closer to the front stage if you arrive a bit earlier.)이라고 했으므로 정답은 (A)이다.

패러프레이징 arrive a bit earlier 조금 더 일찍 도착하기 → **Arrive in advance** 미리 도착하기

어휘 in advance 미리 dress formally 정장을 차려입다   정답 (A)

Questions 65-67 refer to the following conversation and shelving unit. 65-67은 다음 대화와 선반에 관한 문제입니다.

US
BR

M   Lynda, can you take a look at the stockroom? ⁶⁵ A shipment of our summer clothing line is coming this afternoon, so we have to make some space for them.

W   OK, I'll work on it after I put these jackets away. Well, ⁶⁶ these three boxes of jackets seem nearly empty. I think I should pack them together in a box so that some more room can be made for the shipment.

M   That's a very good idea. And once you've done that, ⁶⁷ please take an additional display shelf to the entrance of the shop.

남: Lynda 씨, 창고를 살펴봐 주실 수 있나요? ⁶⁵ 우리 여름 의류 배송품이 오늘 오후에 도착할 것이라서 그것들을 위한 공간을 만들고 나서 그 작업을 할게요. 음,

여: 네, 이 재킷들을 치우고 나서 그 작업을 할게요. 음, ⁶⁶ 여기 재킷이 들어 있는 3개의 상자가 거의 비어 있는 것 같아요. 배송품을 위한 공간을 만들 수 있게 이 것들을 한 상자에 함께 담아야 할 것 같아요.

남: 좋은 생각이에요. 그 일을 마치시면, ⁶⁷ 추가 진열 선반을 가게 입구로 가져와 주세요.

Shelf 4	Accessories		T-shirts
⁶⁶ Shelf 3	Jackets	Jackets	Jackets
Shelf 2	Coats	Coats	Coats
Shelf 1	Trousers		Shirts

선반 4	액세서리		티셔츠
⁶⁶ 선반 3	재킷	재킷	재킷
선반 2	코트	코트	코트
선반 1	바지		셔츠

어휘 stockroom 물품 보관소, 창고   shipment 배송품   space 공간   work on ~을 작업하다, 착수하다   nearly 거의   empty 빈   pack 짐을 꾸리다   so that ~하도록   once 일단 ~하면   additional 추가의   display shelf 진열 선반   entrance 입구

65 According to the man, what needs to be done?
(A) Delivering some items
(B) Making room for new products
(C) Decorating a store
(D) Designing a new sign

남자의 말에 따르면, 무엇을 해야 하는가?
(A) 상품 배달하기
(B) 신규 상품을 위한 공간 만들기
(C) 가게 장식하기
(D) 신규 간판 디자인하기

─○ 구체적인 정보 파악 – 특정 사항 ─

문제 키워드 | man / what / needs / done

남자가 말한 해야 할 일을 묻는 문제로, 남자의 대사에서 정답의 단서를 찾는다. 남자는 여름 의류 배송품이 오늘 오후에 도착할 것이라서 그것들을 위한 공간을 만들어야 한다(A shipment of our summer clothing line is coming this afternoon, so we have to make some space for them.)고 했으므로 정답은 (B)이다.

패러프레이징 make some space for them(= a shipment of our summer clothing line)
   그것들(= 여름 의류 배송품)을 위한 공간을 만들다
   → **Making room for new products** 신규 상품을 위한 공간 만들기

어휘 decorate 장식하다

정답 (B)

66 Look at the graphic. Which shelf will be rearranged by the woman today?
(A) Shelf 4
(B) Shelf 3
(C) Shelf 2
(D) Shelf 1

시각 자료를 보시오. 여자는 오늘 어떤 선반을 재정리할 것인가?
(A) 선반 4
(B) 선반 3
(C) 선반 2
(D) 선반 1

─○ 신유형 – 시각 자료 연계 ─

문제 키워드 | graphic / Which shelf / rearranged / woman / today

여자가 재정리할 선반을 묻는 시각 자료 연계 문제로, 대화에서 언급되는 각 선반의 상품에 집중한다. 여자는 재킷이 들어 있는 3개의 상자가 거의 비어 있는 것 같다며, 배송품을 위한 공간을 만들 수 있게 이것들을 한 상자에 함께 담아야 할 것 같다(these three boxes of jackets seem nearly empty. I think I should pack them together in a box so that some more room can be made for the shipment.)고 하였다. 따라서 시각 자료에서 재킷이 있는 선반을 확인하면 (B)가 정답이다.

정답 (B)

67 What does the man ask the woman to do?
(A) Put up some signs
(B) Clean the staff lounge
(C) Bring a display shelf
(D) Contact an employee

남자는 여자에게 무엇 하기를 요청하는가?
(A) 간판 설치하기
(B) 직원 휴게실 청소하기
(C) 진열 선반 가져오기
(D) 직원과 연락하기

구체적인 정보 파악 - 제안/요청

문제 키워드 | What / man / ask / woman

남자가 여자에게 요청하는 일이 무엇인지를 묻는 문제로, 남자의 마지막 대사 중 권유/제안 표현에서 정답을 찾는다. 후반부에 남자가 여자에게 앞에서 얘기한 일을 마치면, 추가 진열 선반을 가게 입구로 가져와 달라(please take an additional display shelf to the entrance of the shop.)고 요청했으므로 정답은 (C)이다.

패러프레이징 take an additional display shelf to the entrance of the shop 추가 진열 선반을 가게 입구로 가져오다
→ **Bring a display shelf** 진열 선반 가져오기

어휘 put up ~을 설치하다   staff lounge 직원 휴게실   contact 연락하다   정답 (C)

Questions 68-70 refer to the following conversation and sign. 68-70은 다음 대화와 표지판에 관한 문제입니다.

AU
BR

M Cindy, don't forget the concert is this evening after work.
W Oh, right. It begins at 7:00, doesn't it? And do we need to get there a bit early?
M That's right. To secure a good seat, **68** we should arrive when they open. People like this concert very much, but they don't provide assigned seats.
W **69** I was told that this concert is performed by a local band. I believe that's why people like it so much.
M Yeah. I heard some of the band members live in our town.
W **70** Would you like to have dinner before the concert?
M I know a good Chinese restaurant near the concert hall. Why don't we go there?

남: Cindy 씨, 콘서트가 오늘 저녁 퇴근 후에 있다는 것을 잊지 마세요.
여: 오, 맞아요. 콘서트는 7시에 시작하는 거죠, 그렇지 않나요? 우리가 조금 일찍 가야 하나요?
남: 그렇습니다. 좋은 좌석을 맡기 위해서 **68** 문을 열 때 도착해야 해요. 사람들이 이 콘서트를 정말 좋아하지만, 지정 좌석을 제공하지는 않거든요.
여: **69** 저는 지역 밴드가 이 콘서트에서 공연한다고 들었어요. 그것이 사람들이 이 콘서트를 그렇게 좋아하는 이유라고 생각해요.
남: 네. 그 밴드 멤버들 중 몇 명이 우리 시에 산다고 들었어요.
여: **70** 콘서트 전에 저녁을 먹을까요?
남: 제가 콘서트홀 근처에 있는 좋은 중식당을 알고 있어요. 거기로 가는 게 어때요?

Town Concert Hall Introduces A Summer Performance	
Ticket Office Hours	2:00 P.M.-7:00 P.M.
68 Open Doors	6:00 P.M.
Concert Starts	7:00 P.M.
Limit Entrance	After 7:15 P.M.

시 콘서트홀에서 여름 공연을 소개합니다.	
매표소 시간	오후 2시 – 오후 7시
68 개장	오후 6시
콘서트 시작	오후 7시
입장 제한	오후 7시 15분 이후

어휘 forget 잊다   secure 확보하다, 얻다   provide 제공하다   assigned 지정된, 할당된   perform 공연하다   local 지역의   limit 제한; 제한하다

68 Look at the graphic. What time will the speakers most likely get to the concert hall?
(A) At 2:00 P.M.
(B) At 6:00 P.M.
(C) At 7:00 P.M.
(D) At 7:15 P.M.

시각 자료를 보시오. 화자들은 몇 시에 콘서트홀에 도착할 것 같은가?
(A) 오후 2시에
(B) 오후 6시에
(C) 오후 7시에
(D) 오후 7시 15분에

─○ 신유형 – 시각 자료 연계 ─

문제 키워드 | graphic / What time / get to / concert hall

보통 시각 자료 연계 문제의 보기는 대화에서 직접적으로 언급되지 않는다. 따라서 시각 자료에서 시간을 제외한 나머지 정보가 대화에서 언급될 것임을 미리 예상하고 들어야 한다. 남자가 콘서트홀이 문을 열 때 도착해야 한다(we should arrive when they open.)고 했으므로 시각 자료에서 문을 여는 시간을 찾으면 오후 6시임을 알 수 있다. 따라서 정답은 (B)이다.   정답 (B)

69 Why does the woman mention people like the concert?
(A) It has been praised by critics.
(B) It is held in a historic venue.
(C) It is very popular around the world.
(D) It is played by a local band.

여자는 사람들이 왜 그 콘서트를 좋아한다고 언급하는가?
(A) 비평가들에게 호평을 받았다.
(B) 역사적인 장소에서 개최된다.
(C) 세계적으로 매우 유명하다.
(D) 지역 밴드가 연주한다.

> **구체적인 정보 파악 – 이유/원인**
>
> **문제 키워드 | Why / woman / people / like / concert**
>
> 여자가 언급한 이유를 묻고 있으므로 여자의 대사에 집중하자. 여자가 지역 밴드가 이 콘서트에서 공연한다고 들었다(I was told that this concert is performed by a local band.)며 그것이 사람들이 이 콘서트를 그렇게 좋아하는 이유라고 생각한다(I believe that's why people like it so much.)고 했으므로 (D)가 정답이다.
>
> **패러프레이징** is performed by a local band 지역 밴드가 공연한다 → is played by a local band 지역 밴드가 연주한다
>
> **어휘** praise 칭찬하다 critic 비평가, 평론가 historic 역사적인 venue 장소
>
> 정답 (D)

70 What does the woman suggest they do before the concert?
(A) Obtain a pamphlet
(B) Meet with friends
(C) Eat a meal
(D) Finish a report

여자는 콘서트 전에 무엇을 하자고 제안하는가?
(A) 팸플릿 얻기
(B) 친구들 만나기
(C) 식사하기
(D) 보고서 끝내기

> **구체적인 정보 파악 – 제안/요청**
>
> **문제 키워드 | What / woman / suggest / before the concert**
>
> 여자가 제안한 것을 묻고 있으므로 여자의 말에 집중하자. 후반부에 여자가 콘서트 전에 저녁을 먹을지(Would you like to have dinner before the concert?) 묻고 있으므로 (C)가 정답이다.
>
> **패러프레이징** have dinner 저녁을 먹다 → Eat a meal 식사하기
>
> **어휘** obtain 얻다
>
> 정답 (C)

PART 4

Questions 71-73 refer to the following announcement. 71-73은 다음 안내에 관한 문제입니다.

W   Okay. Before we end today's meeting, I have an important announcement to make for all our staff members here at our factory. **71** As one of our employee benefits, our company gives every employee a free physical check-up every year. So, this year, **72** health professionals from Dearborn General Hospital will be visiting our factory next Thursday and Friday. And, after check-ups, participants will be given a free meal voucher that can be used at our cafeteria. **73** If you're interested, you can fill out a form at the end of the meeting.

여   알겠습니다. 오늘 회의를 마치기 전에 이곳 공장에서 근무하고 있는 전 직원들에게 알려 드려야 하는 중요한 공지가 있었습니다. **71** 직원 복지 혜택 중 하나로, 우리 회사는 매년 전 직원들에게 무료로 건강 검진을 제공합니다. 그래서 올해는 **72** Dearbon 종합병원의 전문 의료진이 다음 주 목요일과 금요일에 우리 공장을 방문할 예정입니다. 그리고 검진 이후에 참가자들은 우리 구내식당에서 사용할 수 있는 무료 식사권을 받게 됩니다. **73** 관심이 있으시다면, 회의가 끝날 때 서류를 작성해 주십시오.

어휘   end 끝내다   announcement 발표   factory 공장   employee benefit 사원 복리 후생   physical check-up 건강 검진   health professional 의료 종사자   general hospital 종합병원   participant 참가자   voucher 쿠폰, 상품권   cafeteria 구내식당   fill out ~을 작성하다

71 What is the announcement mainly about?
(A) Safety regulations
(B) A health exam
(C) Factory equipment
(D) A training session

안내는 주로 무엇에 관한 것인가?
(A) 안전 규정
(B) 건강 검진
(C) 공장 장비
(D) 연수회

○ 기본 정보 파악 – 주제

문제 키워드 | What / announcement / about

주제 문제의 단서는 주로 초반에 나온다. 전반부에 중요한 공지가 있다며 직원 복지 혜택 중 하나인 건강 검진(As one of our employee benefits, our company gives every employee a free physical check-up every year.)에 대해 이야기하고 있으므로 (B)가 정답이다.

패러프레이징 physical check-up 건강 검진 → **health exam** 건강 검진

어휘 regulation 규정   equipment 장비
정답 (B)

72 According to the speaker, who will visit the factory?
(A) Inspectors
(B) Health professionals
(C) Mechanics
(D) Overseas clients

화자의 말에 따르면, 누가 공장을 방문할 예정인가?
(A) 조사관들
(B) 의료 종사자들
(C) 정비공들
(D) 해외 고객들

○ 구체적인 정보 파악 – 특정 사항

문제 키워드 | who / visit / factory

공장을 방문할 예정인 사람을 묻는 문제로 미래 표현에 집중해야 한다. 화자는 Dearbon 종합병원의 의료 종사자들이 다음 주 목요일과 금요일에 공장을 방문할 예정(health professionals from Dearborn General Hospital will be visiting our factory next Thursday and Friday.)이라고 하였으므로 정답은 (B)이다.
정답 (B)

73 What will listeners do at the end of the meeting?
(A) Provide feedback
(B) Speak to a manager
(C) Complete a form
(D) Check their e-mails

청자들은 회의가 끝날 때 무엇을 할 예정인가?
(A) 피드백 제공하기
(B) 관리자와 대화하기
(C) 서류 작성하기
(D) 이메일 확인하기

○ 구체적인 정보 파악 – 미래

문제 키워드 | What / will / listeners / at the end of the meeting

미래 정보를 묻는 문제로, 때를 나타내는 부사구 at the end of the meeting을 키워드로 하여 이 표현이 등장하는 부분에서 정답의 단서를 찾아야 한다. 후반부에 건강 검진에 관심이 있다면, 회의가 끝날 때 서류를 작성해 달라(If you're interested, you can fill out a form at the end of the meeting.)고 요청하고 있으므로 정답은 (C)이다.

패러프레이징 fill out 작성하다 → **Complete** 작성하다
정답 (C)

Questions 74-76 refer to the following broadcast. 74-76은 다음 방송에 관한 문제입니다.

M Now, it's time for the local news. Today, **74 the ownership of the well-known 150-year-old structure in the town center, Perivale Hotel, was officially changed.** This old building has been loved by everyone. The new owner is planning to turn it into a new museum with the architectural company Megan Construction. **75 They were chosen since they have extensive experience in renovating historic structures,** and the owner is confident that they can complete this challenging project successfully. **76 The town is expecting that the new addition will attract more tourists once the project is done.**

남 이제, 지역 뉴스 시간입니다. 오늘 74 도심에 위치한 150년 된 유명한 건축물인 Perivale 호텔의 소유권이 공식적으로 변경되었습니다. 이 오래된 건물은 모두에게 사랑받았습니다. 새 소유주는 건축 회사인 Megan 건설과 함께 해당 건물을 박물관으로 새롭게 변모시킬 계획을 갖고 있습니다. 75 이 회사는 역사적인 건축물을 개조한 경험이 풍부하기 때문에 선정되었으며, 소유주는 그들이 이 까다로운 프로젝트를 성공적으로 마무리할 수 있을 거라고 확신합니다. 76 시는 이 프로젝트가 마무리되면 이 새로운 시설에 더 많은 관광객들이 모여들 것이라고 예상하고 있습니다.

어휘 ownership 소유(권)   well-known 많이 알려진, 유명한   structure 건축물   officially 공식적으로   turn A into B A를 B로 바꾸다   architectural company 건축 회사   construction 건설   extensive 방대한   experience 경험   renovate 개조하다, 보수하다   historic 역사적인   confident 확신하는   complete 완료하다, 끝마치다   challenging 도전적인   addition 추가된 것, 부가물   attract 끌다, 유치하다

74 What is the broadcast mainly about?
(A) A museum's opening celebration
(B) A town's election result
(C) A change in the ownership of a building
(D) A new hotel construction project

방송은 주로 무엇에 관한 것인가?
(A) 박물관 개관 기념식
(B) 마을 선거 결과
(C) 건물 소유권 변경
(D) 신규 호텔 건축 프로젝트

○ 기본 정보 파악 - 주제

문제 키워드 | What / broadcast / about
전반부에서 150년 된 Perivale 호텔의 소유권이 공식적으로 변경되었다(the ownership of the well-known 150-year-old structure in the town center, Perivale Hotel, was officially changed.)며 관련 소식을 전하고 있으므로 정답은 (C)이다.

[패러프레이징] the ownership of the well-known 150-year-old structure ~ officially changed 150년 된 유명 건축물의 소유권이 공식적으로 변경되었다 → **A change in the ownership of a building** 건물 소유권 변경   **정답 (C)**

75 According to the speaker, why was Megan Construction chosen?
(A) Because of its experience
(B) Because of its location
(C) Because of its estimate
(D) Because of its licence

화자의 말에 따르면, Megan 건설이 선정된 이유는 무엇인가?
(A) 경험 때문에
(B) 위치 때문에
(C) 견적 때문에
(D) 면허 때문에

○ 구체적인 정보 파악 - 이유/원인

문제 키워드 | why / Megan Construction / chosen
Megan 건설이 선정된 이유를 묻는 문제로, 핵심 키워드인 Megan Construction이 언급되는 부분에 집중한다. 새 소유주가 Megan 건설과 함께 해당 건물을 개조할 계획이라며, 그 회사는 역사적인 건축물을 개조한 경험이 풍부하기 때문에 선정되었다(They were chosen since they have extensive experience in renovating historic structures,)고 했으므로 정답은 (A)이다.

어휘 estimate 견적(서)   licence 면허   **정답 (A)**

76 What is the town expecting once the renovation is complete?
(A) A new transportation system
(B) More employment opportunities
(C) Modernization of the town
(D) An increase in tourism

개조 작업을 마치면 마을에서 기대하고 있는 것은 무엇인가?
(A) 신규 교통 시스템
(B) 추가 고용 기회
(C) 마을 현대화
(D) 관광업 증가

○ 구체적인 정보 파악 - 특정 사항

문제 키워드 | What / town / expecting / once / renovation / complete
개조 작업이 마무리되었을 때, 마을에서 기대하는 것이 무엇인지 묻는 문제로, 질문의 once the renovation is complete는 담화에서 once the project is done으로 언급되었다. 시는 이 프로젝트가 마무리되면, 이 새로운 시설로 더 많은 관광객들을 유치할 수 있을 것(the new addition will attract more tourists)이라고 예상하고 있다고 했으므로 정답은 (D)이다.

[패러프레이징] new addition will attract more tourists 이 새로운 시설로 더 많은 관광객들을 유치할 수 있을 것이다
→ **An increase in tourism** 관광업 증가

어휘 transportation 교통   opportunity 기회   modernization 현대화   increase 증가, 상승   tourism 관광업   **정답 (D)**

Questions 77-79 refer to the following telephone message. 77-79는 다음 전화 메시지에 관한 문제입니다.

W Hello, this is Dora. **77** I'm calling regarding Pam's farewell party. I'm so happy to help you arrange the party. **78** You wanted me to book the Indian restaurant downtown, but <u>you know about fifty people will be attending.</u> **78** So, why don't we try Golden House – the one with the large private hall? Anyway, I think we should meet up this week to talk about all the details. Planning this event won't be as simple as we originally thought. **79** Let me put our meeting on the schedule for Thursday. Thank you.

여: 안녕하세요, 저는 Dora입니다. **77** Pam 씨의 송별회 때문에 전화드렸습니다. 당신을 도와 파티를 준비하게 되어 매우 기쁩니다. **78** 제가 시내에 위치한 인도 식당을 예약하길 원하셨지만, <u>아시다시피 대략 50명이 참석할 예정이잖아요.</u> **78** 그래서 넓은 개별 홀을 갖춘 Golden House로 하는 건 어떨까요? 어쨌든, 이번 주에 만나서 모든 세부 사항을 이야기해야 할 것 같아요. 행사 계획이 우리가 본래 생각했던 것만큼 간단하지 않을 것 같아요. **79** 제가 목요일로 회의 일정을 잡아 놓을게요. 감사합니다.

어휘 regarding ~에 관하여 farewell party 송별회 arrange 준비하다, 마련하다 book 예약하다 in downtown 시내에 attend 참석하다 private hall 개별 홀 meet up 만나다 details 세부 사항 originally 원래, 본래

77 What event is being organized?
(A) An opening ceremony
(B) A trade fair
(C) A farewell party
(D) A training session

어떤 행사를 준비하고 있는가?
(A) 개막식
(B) 무역 박람회
(C) 송별회
(D) 연수회

○ 구체적인 정보 파악 – 특정 사항

문제 키워드 | What event / organized

준비되고 있는 행사가 무엇인지를 묻는 문제로, 첫 번째 문제의 정답은 담화 전반부에서 언급된다. 담화 전반부에 화자는 Pam 씨의 송별회 때문에 전화를 걸었다(I'm calling regarding Pam's farewell party.)고 했으므로 정답은 (C)이다. 정답 (C)

78 What does the speaker mean when she says, "you know about fifty people will be attending"?
(A) More people than expected will come to an event.
(B) A suggested place is not large enough.
(C) The budget for an event is limited.
(D) A venue is too far away.

화자가 "아시다시피 대략 50명이 참석할 예정이잖아요"라고 말할 때 의미하는 것은 무엇인가?
(A) 예상보다 더 많은 사람들이 행사에 참석할 예정이다.
(B) 추천받은 장소는 충분히 넓지 않다.
(C) 행사 예산이 제한적이다.
(D) 행사 장소가 너무 멀다.

○ 신유형 – 화자의 의도 파악

문제 키워드 | What / speaker / mean / "you know about fifty people will be attending"

화자의 의도 파악 문제는 앞뒤 상황을 포괄적으로 설명한 보기가 정답이다. 시내에 위치한 인도 식당을 예약하기를 청자가 원했다(You wanted me to book the Indian restaurant downtown,)고 한 후, 역접 접속사 but과 함께 해당 문장이 언급되었고, 이어서 그러니 넓은 개별 홀을 갖춘 Golden House로 하는 건 어떠냐(So, why don't we try Golden House – the one with the large private hall?)며 넓은 곳을 추천하고 있다. 즉, 청자가 제안한 인도 식당이 충분히 넓지 않다는 의미이므로 정답은 (B)이다.

어휘 budget 예산 limited 제한된, 한정된 venue (행사) 장소 정답 (B)

79 What will the speaker most likely do on Thursday?
(A) Have a meeting
(B) Book a restaurant
(C) Tour a city
(D) Complete a form

화자는 목요일에 무엇을 할 것 같은가?
(A) 회의
(B) 식당 예약
(C) 도시 관광
(D) 서류 작성

○ 구체적인 정보 파악 – 미래

문제 키워드 | What / will / speaker / Thursday

화자의 목요일 계획을 묻는 문제로, 핵심 키워드인 Thursday가 언급되는 곳에서 정답의 단서가 언급된다. 후반부에 화자가 목요일로 회의 일정을 잡아 놓겠다(Let me put our meeting on the schedule for Thursday.)고 했으므로 정답은 (A)이다.

패러프레이징 put our meeting on the schedule 회의 일정을 잡아 놓다 → **Have a meeting** 회의 정답 (A)

Questions 80-82 refer to the following excerpt from a meeting. 80-82는 다음 회의 발췌록에 관한 문제입니다.

M Hi, everyone. Thank you for attending today's staff meeting. As some of you already know, 80 I'd like to announce that Phyllis Russell will win the "Employee of the Year" award. Phyllis has been the head Web designer for six years. Her most recent design made our company's Web site more attractive. In fact, since our Web site was newly renovated by her, 81 the overall traffic to access to our Web site has increased significantly, by 20% compared to last year. Also, 82 starting next month, Phyllis will hold a training course for our employees on creating innovative visual materials. Please give a big hand to Phyllis Russell, the employee of the year.

남 여러분, 안녕하세요. 오늘의 직원회의에 참석해 주셔서 감사합니다. 여러분 중 일부가 이미 알고 계시듯, 80 Phyllis Russell 씨가 올해의 직원 상을 받을 예정임을 알려 드립니다. Phyllis 씨는 6년 동안 수석 웹 디자이너로 근무하고 있습니다. 그녀의 가장 최근 디자인은 우리 회사의 웹사이트를 더욱 매력적으로 만들었습니다. 사실, 그녀가 우리의 웹사이트를 새롭게 개편한 후로, 81 웹사이트의 전체 접속량이 작년과 비교해서 20퍼센트나 크게 상승하였습니다. 또한, 82 다음 달부터 Phyllis 씨는 직원들을 대상으로 혁신적인 시각 자료 제작에 관한 교육을 진행할 예정입니다. 올해의 직원인 Phyllis Russell 씨에게 따뜻한 박수 부탁드립니다.

어휘 staff meeting 직원회의 | announce 알리다, 발표하다 | award 상 | head 수석 | recent 최근의 | attractive 매력적인 | newly 새롭게 | renovate 개조하다, 보수하다 | overall 전체적인, 전반적인 | traffic 교통(량) | access 접근하다 | increase 증가하다 | significantly 상당히 | compared to ~와 비교해서 | create 만들다, 창작하다 | innovative 혁신적인 | visual material 시각 자료 | give a big hand to ~에게 큰 박수를 보내다

80 Why is the talk being given?
(A) To announce a change to a policy
(B) To celebrate an anniversary
(C) To introduce a new staff member
(D) To inform employees of an award winner

담화의 목적은 무엇인가?
(A) 정책 변화를 발표하기 위해서
(B) 기념일을 축하하기 위해서
(C) 신입 직원을 소개하기 위해서
(D) 직원들에게 수상자를 알리기 위해서

○ 기본 정보 파악 – 목적

문제 키워드 | Why / talk / given

화자는 담화의 전반부에 Phyllis Russell 씨가 올해의 직원 상을 받을 예정임을 알리고 싶다(I'd like to announce that Phyllis Russell will win the "Employee of the Year" award.)고 목적을 밝혔으므로 정답은 (D)이다.

패러프레이징 win the "Employee of the Year" award 올해의 직원 상을 받다 → **an award winner** 수상자   정답 (D)

81 According to the speaker, what has gone up significantly?
(A) The number of employees
(B) Yearly production rate
(C) The volume of traffic on a Web site
(D) Annual total expenditures

화자의 말에 따르면, 무엇이 상당히 증가했는가?
(A) 직원 수
(B) 연간 생산율
(C) 웹사이트 접속량
(D) 연간 총 지출

○ 구체적인 정보 파악 – 특정 사항

문제 키워드 | what / gone up / significantly

핵심 키워드 gone up significantly가 담화에서는 increased significantly로 언급되었다. 화자는 Phyllis Russell 씨가 웹사이트를 개편한 후로, 웹사이트의 전체 접속량이 작년과 비교해서 20퍼센트 크게 상승하였다(the overall traffic to access to our Web site has increased significantly, by 20% compared to last year.)고 했으므로 정답은 (C)이다.

패러프레이징 the overall traffic to access to our Web site 웹사이트의 전체 접속량
→ **The volume of traffic on a Web site** 웹사이트 접속량   정답 (C)

82 What will Phyllis Russell be doing next month?
(A) Leading a course
(B) Interviewing job applicants
(C) Introducing a new software program
(D) Arranging an award banquet

Phyllis Russell 씨는 다음 달에 무엇을 할 것인가?
(A) 강의 진행
(B) 구직자 면접
(C) 신규 소프트웨어 프로그램 출시
(D) 시상식 연회 준비

○ 구체적인 정보 파악 – 미래

문제 키워드 | What / will / Phyllis Russell / next month

후반부에 다음 달부터 Phyllis 씨가 직원들을 대상으로 시각 자료 제작에 관한 교육을 진행할 예정(starting next month, Phyllis will hold a training course for our employees on creating innovative visual materials.)이라고 했으므로 정답은 (A)이다.

패러프레이징 hold a training course 교육을 진행하다 → **Leading a course** 강의 진행   정답 (A)

Questions 83-85 refer to the following speech. 83-85는 다음 연설에 관한 문제입니다.

> W 83 I'm honored to welcome you all to the 12th annual Southern Region Real Estate conference. 84 This year's venue is much larger than before and there are various events taking place across the site during the week-long course. I hope everyone is wearing comfortable shoes. Well... I feel bittersweet with this year. As some of you are probably aware, I myself began this event twelve years ago with the clear objective of not only selling more properties, but also inviting people to our annual event to let them share their own ideas. And fortunately, it's been very successful. 85 That's what made it very difficult for me to decide to resign as the host of this event after over a decade of work. But, I'm sure Lynne Mann, my successor, will make the event even more successful.

> 여: 83 제12회 연례 남부 지역 부동산 학회에 오신 여러분 모두 진심으로 환영합니다. 84 올해의 행사 장소는 전보다 훨씬 넓고, 일주일간 현장 곳곳에서 다양한 행사가 진행됩니다. 모두들 편안한 신발을 착용하시기를 바랍니다. 음… 저는 올해 시원섭섭한 감정이 듭니다. 여러분 중 일부는 알고 계시겠지만, 저 스스로는 더 많은 부동산을 판매하는 것뿐 아니라 연례행사에 많은 사람들을 초대하여 각자의 아이디어를 공유하고자 하는 분명한 목표를 가지고 12년 전에 이 행사를 시작했습니다. 그리고 다행히도 그것은 상당히 성공적이었습니다. 그것이 제가 10년 이상 일한 후에 85 이 행사의 주최자 자리에서 물러나는 결정을 내리기가 매우 어려웠던 이유입니다. 하지만 제 후임자인 Lynne Mann 씨가 이 행사를 심지어 더 성공적으로 만들어 줄 것을 확신합니다.

어휘 honored 영광스러운 annual 연례의 southern 남쪽의 region 지역 real estate 부동산 venue (행사) 장소 various 다양한 take place 개최되다 comfortable 편안한 bittersweet 씁쓸하면서 달콤한, 시원섭섭한 probably 아마 aware 알고 있는, 인식하고 있는 objective 목표 property 재산, 부동산 share 공유하다 fortunately 다행히 resign 사임하다, 물러나다 decade 10년 successor 후임자

83 What field do the listeners most likely work in?
(A) Online marketing
(B) Real estate
(C) Lodging industry
(D) Food and beverage

청자들은 어떤 분야에서 일할 것 같은가?
(A) 온라인 마케팅
(B) 부동산
(C) 숙박업
(D) 식음료

─○ 기본 정보 파악 – 직업/업종 ─
문제 키워드 | What field / listeners / work
담화 전반부에서 화자는 청자들에게 제12회 연례 남부 지역 부동산 학회에 오신 것을 진심으로 환영한다(welcome you all to the 12th annual Southern Region Real Estate conference)고 했으므로 정답은 (B)이다.
정답 (B)

84 What does the speaker imply when she says, "I hope everyone is wearing comfortable shoes"?
(A) Participants need to move quickly.
(B) Some tasks will be harder than expected.
(C) An event tends to involve a lot of walking.
(D) Some items are already sold out.

화자가 "모두들 편안한 신발을 착용하시기를 바랍니다"라고 말할 때 의미하는 것은 무엇인가?
(A) 참가자들은 빠르게 이동해야 한다.
(B) 일부 업무는 예상보다 어려울 것이다.
(C) 행사에서 많이 걸어야 할 수 있다.
(D) 일부 제품은 이미 매진되었다.

─○ 신유형 – 화자의 의도 파악 ─
문제 키워드 | What / speaker / imply / "I hope everyone is wearing comfortable shoes"
질문에 언급된 문장과 주변 문맥을 종합하여 화자가 한 말의 의도를 파악해야 한다. 화자는 올해의 행사 장소는 전보다 훨씬 넓고, 일주일간 현장 곳곳에서 다양한 행사가 진행된다고 말한 뒤에 "모두들 편안한 신발을 착용하시기를 바랍니다"라고 덧붙인 것이다. 즉, 행사장이 넓기 때문에 많이 걸을 수 있으니 편한 신발을 착용하라는 의미이므로 정답은 (C)이다.
어휘 participant 참가자 quickly 빠르게 task 일, 업무 tend to V ~하는 경향이 있다 involve 포함하다
정답 (C)

85 According to the speaker, what is difficult for her?
(A) Obtaining good products
(B) Stepping down from a position
(C) Reserving a venue
(D) Inviting some presenters

화자의 말에 따르면, 그녀에게 어려운 것은 무엇인가?
(A) 좋은 제품 확보
(B) 직책에서 물러남
(C) 장소 예약
(D) 발표자 초청

─○ 구체적인 정보 파악 – 특정 사항 ─
문제 키워드 | what / difficult / her
화자는 이 행사의 주최자 자리에서 물러나는 결정을 내리는 일이 너무 어렵다(That's what made it very difficult for me to decide to resign as the host of this event)고 했으므로 정답은 (B)이다.
패러프레이징 resign as the host 주최자 자리에서 물러나다 → **Stepping down from a position** 직책에서 물러남
어휘 obtain 얻다, 입수하다 step down from ~에 물러나다 reserve 예약하다 presenter 발표자
정답 (B)

Questions 86-88 refer to the following announcement. 86-88은 다음 안내에 관한 문제입니다.

M Hello, passengers. 86 Welcome aboard Flight GA47 to Berlin. Before we take off, I'd like to inform you of a new service you can enjoy. On top of music and films, 87 we provide digital versions of a wide range of publications through the entertainment monitor on the seat back in front of you. With the touchscreen monitor, not only current but also previous issues of various magazines can be accessed. 88 If you are interested in this new service, please just put your credit card into the slot. Thank you.

남 안녕하세요, 승객 여러분. 86 베를린행 GA47 항공편 탑승을 환영합니다. 이륙하기 전에 여러분들이 즐기실 수 있는 새로운 서비스에 대해 알려 드리려 합니다. 음악과 영화 이외에도, 87 여러분들의 앞 의자 뒷부분에 있는 엔터테인먼트 모니터로 디지털 버전의 다양한 출판물들을 제공합니다. 터치스크린 모니터로, 다양한 잡지의 최근 호뿐만 아니라 이전 호까지도 이용하실 수 있습니다. 88 이러한 새로운 서비스에 관심이 있으시다면, 투입구에 신용카드를 넣어 주십시오. 감사합니다.

어휘 passenger 승객 aboard 탄, 탑승한 take off 이륙하다 inform A of B A에게 B를 알리다 on top of ~외에 a wide range of 다양한 publication 출판물 seat back 의자의 뒷부분 current 현재의 previous 이전의 various 다양한 access 이용하다 slot 구멍, 투입구

86 Where most likely are the listeners?
(A) On a train
(B) At a local bookstore
(C) On an aircraft
(D) At a cinema

청자들은 어디에 있을 것 같은가?
(A) 기차에
(B) 지역 서점에
(C) 항공기에
(D) 극장에

○ 기본 정보 파악 - 장소

문제 키워드 | Where / listeners

청자들의 위치를 묻는 문제로, 담화의 전반부에서 정답을 찾는다. 화자는 베를린행 GA47 항공편 탑승을 환영한다(Welcome aboard Flight GA47 to Berlin.)고 했으므로 정답은 (C)이다.

패러프레이징 flight 항공편 → aircraft 항공기   정답 (C)

87 What kind of service is mainly explained by the speaker?
(A) Meal options
(B) Entertainment
(C) Membership
(D) Rental cars

화자에 의해 어떤 종류의 서비스가 주로 설명되는가?
(A) 식사 선택
(B) 엔터테인먼트
(C) 회원제
(D) 렌터카

○ 기본 정보 파악 - 주제

문제 키워드 | What / service / explained

화자가 주로 설명하고 있는 서비스를 묻는 문제로, 중심 내용을 파악한다. 화자는 즐길 수 있는 새로운 서비스를 알려 준다며 앞 의자 뒷부분에 있는 엔터테인먼트 모니터로 디지털 버전의 다양한 출판물들을 제공한다(we provide digital versions of a wide range of publications through the entertainment monitor on the seat back in front of you.)는 말로 엔터테인먼트 모니터로 볼 수 있는 서비스를 소개하고 있다. 따라서 정답은 (B)이다.   정답 (B)

88 According to the speaker, what needs to be done to use a new service?
(A) Filling out a request form
(B) Registering in advance
(C) Calling an attendant
(D) Using a credit card

화자의 말에 따르면, 새로운 서비스를 사용하려면 무엇을 해야 하는가?
(A) 요청서 작성
(B) 사전 신청
(C) 승무원과의 연락
(D) 신용카드 사용

○ 구체적인 정보 파악 - 특정 사항

문제 키워드 | what / needs / use / new service

신규 서비스를 사용하기 위해 필요한 것을 묻는 문제로, 후반부에서 정답의 근거를 찾는다. 화자는 새로운 서비스에 관심이 있으면 투입구에 신용카드를 넣으라(If you are interested in this new service, please just put your credit card into the slot.)고 했으므로 정답은 (D)이다.

패러프레이징 put your credit card into the slot 투입구에 신용카드를 넣다 → Using a credit card 신용카드 사용

어휘 fill out ~을 작성하다 request form 요청서 register 등록하다 in advance 미리, 사전에 attendant 승무원   정답 (D)

Questions 89-91 refer to the following excerpt from a meeting. 89-91은 다음 회의 발췌록에 관한 문제입니다.

M As most of you are aware, **89** our firm's been encountering stiff competition over the last few months. As the competitors' presence in the market has been stronger than ours, it's essential for us to improve our marketing skills that help us to gain a competitive advantage. Thus, a professional development workshop is scheduled next Thursday at 3 o'clock. **90** Although some of you may need to attend other meetings or have other work to do at that time, <u>this is very important to our firm's success</u>. **91** After the workshop, detailed feedback should be submitted, so a form will be sent to each of you. Please make sure to fill it out properly and forward it to me within a day. Thank you.

남: 여러분 대다수가 알고 계시듯, **89** 우리 회사는 지난 몇 달 동안 치열한 경쟁에 맞닥뜨리고 있습니다. 시장에서 경쟁 업체의 입지가 우리보다 더 강력해지고 있기 때문에 우리 회사가 경쟁 우위를 확보할 수 있도록 도와줄 마케팅 기술을 개선시키는 것이 반드시 필요합니다. 그래서 전문 인력 개발 워크숍이 다음 주 목요일 3시에 예정되어 있습니다. **90** 여러분 중 일부는 다른 회의에 참석해야 하거나 그때 해야 할 다른 업무가 있겠지만, 이것은 우리 회사의 성공에 매우 중요합니다. **91** 워크숍 이후에 자세한 피드백이 제출되어야 하므로 여러분들 각자에게 양식이 배부될 것입니다. 이것을 적절히 작성하여 하루 안에 저에게 전달해 주십시오. 감사합니다.

[어휘] firm 회사   encounter 맞닥뜨리다, 직면하다   stiff 치열한   competition 경쟁   competitor 경쟁 업체   presence 존재   essential 필수적인   improve 개선하다   competitive 경쟁력 있는   advantage 유리한 점   professional 전문적인   success 성공   detailed 세부적인   submit 제출하다   form 서류   properly 제대로, 적절히   forward 전달하다   within ~ 이내로

89 What is the main issue the company has been encountering over the last few months?
(A) They have been facing intensive competition.
(B) They have been understaffed.
(C) They have not been able to meet their manufacturing goals.
(D) They have failed to launch a new product.

지난 몇 달 동안 회사가 겪고 있는 주된 문제점은 무엇인가?
(A) 강한 경쟁에 직면하고 있다.
(B) 직원이 부족하다.
(C) 생산 목표를 충족시킬 수 없었다.
(D) 신제품을 출시하지 못했다.

○ 구체적인 정보 파악 - 문제점

문제 키워드 | What / main issue / company / encountering / over the last few months

화자가 근무하고 있는 회사의 문제점이 무엇인지를 묻는 문제로, 핵심 키워드인 over the last few months에 집중한다. 초반에 회사가 지난 몇 달 동안 치열한 경쟁을 치르고 있다(our firm's been encountering stiff competition over the last few months.)고 했으므로 (A)가 정답이다.

패러프레이징 encountering stiff competition 치열한 경쟁에 맞닥뜨리다
→ facing intensive competition 강한 경쟁에 직면하다

[어휘] face 직면하다   intensive 강한   understaffed 직원이 부족한   manufacturing goal 생산 목표   fail to V ~하지 못하다   launch 출시하다

정답 (A)

90 What does the speaker imply when he says, "this is very important to our firm's success"?
(A) He is trying to recognize the listeners' hard work.
(B) He is looking for an alternative method.
(C) He wants employees to attend an event.
(D) He is willing to fill a client's order.

화자가 "이것은 우리 회사의 성공에 매우 중요합니다"라고 말할 때 의미하는 것은 무엇인가?
(A) 청자들의 노고를 인정하려고 노력하고 있다.
(B) 대안을 찾고 있다.
(C) 직원들이 행사에 참석하기를 바란다.
(D) 고객의 주문을 기꺼이 처리하려 한다.

○ 신유형 - 화자의 의도 파악

문제 키워드 | What / speaker / imply / "this is very important to our firm's success"

전체 내용 속에서 특정 표현에 대한 화자의 의도를 파악하는 문제로, 전후 맥락을 파악하여 문제를 풀어야 한다. 앞서 마케팅 기술을 개선시키기 위해 전문 인력 개발 워크숍이 예정되어 있다고 하였고, 역접의 접속사 although와 함께 다른 회의나 업무가 있더라도(Although some of you may need to attend other meetings or have other work to do at that time,) "이것은 우리 회사의 성공에 매우 중요하다(this is very important to our firm's success)"고 말한 것은 청자들에게 워크숍에 참석할 것을 강력히 요청하려는 의도임을 알 수 있다. 따라서 (C)가 정답이다.

[어휘] recognize 인정하다   alternative 대안이 되는   method 방법

정답 (C)

91 What will the listeners receive after the workshop?
(A) A list of local businesses
(B) A survey sheet
(C) A revised schedule
(D) An order form

청자들은 워크숍 이후에 무엇을 받을 것인가?
(A) 현지 업체 명단
(B) 설문 조사지
(C) 수정된 일정
(D) 주문서

─○ 구체적인 정보 파악 - 미래 ─

문제 키워드 | What / will / listeners / receive / after the workshop

워크숍이 끝난 뒤에 청자들이 받는 것이 무엇인지를 묻는 문제로, 핵심 키워드인 after the workshop이 언급되는 곳에서 정답을 찾는다. 화자는 워크숍 이후에 자세한 피드백이 제출되어야 하므로 청자들에게 양식이 배부될 것(After the workshop, detailed feedback should be submitted, so a form will be sent to each of you.)이라고 했으므로 정답은 (B)이다.

패러프레이징 feedback 피드백 / form 양식 → **A survey sheet** 설문 조사지

어휘 local 현지의, 지역의 revised 수정된

정답 (B)

Questions 92-94 refer to the following telephone message. 92-94는 다음 전화 메시지에 관한 문제입니다.

W Hello, Chris. This is Katie, floor manager. **92** I'm calling to find out if you can work both the lunch and the dinner shifts today. **93** Unexpectedly, two of the other dinner servers called in sick, so we need someone who can cover their shifts. If you are OK, can you come in at 10:30 A.M.? Since you'll be doing a double shift today, **94** I'll make sure you are able to leave before 11 P.M. when the other dinner staff start to prepare closing. If you can make it, please call me and let me know as soon as possible. Thank you.

여: 안녕하세요, Chris 씨. 매장 매니저인 Katie입니다. **92** 오늘 점심과 저녁 근무를 모두 할 수 있으신지 알아보기 위해 전화드려요. **93** 갑자기 다른 저녁 근무 종업원 두 명이 병가를 내서 그들의 근무를 대신할 사람이 필요해요. 괜찮으시다면, 오전 10시 30분에 와 주실 수 있나요? 당신은 오늘 두 타임을 근무하게 되기 때문에 **94** 다른 저녁 근무 직원들이 마감 준비를 시작하는 오후 11시 전에 반드시 퇴근할 수 있도록 해 드리겠습니다. 그렇게 하실 수 있다면, 가능한 한 빨리 전화로 알려 주세요. 감사합니다.

어휘 floor manager 무대 감독, 매장 매니저 find out ~을 알아내다 shift 교대 근무 (시간) unexpectedly 예기치 못하게 server 종업원 call in sick 전화로 병가를 알리다 cover 대신하다 double shift 2교대제 prepare 준비하다 closing 마감

92 What type of business does the listener most likely work for?
(A) A hotel
(B) A plant
(C) A grocery store
(D) A restaurant

청자는 어떤 업종에서 일할 것 같은가?
(A) 호텔
(B) 공장
(C) 식료품점
(D) 식당

○ 기본 정보 파악 – 직업/업종

문제 키워드 What / business / listener / work

청자가 일하는 업체의 종류는 주로 담화 초반부에서 알 수 있다. 초반부에 오늘 점심과 저녁 근무를 모두 할 수 있는지 알아보기 위해 전화한다(I'm calling to find out if you can work both the lunch and the dinner shifts today.)고 하였고, server(식당에서 서빙하는 사람)라는 표현을 통해 청자가 식당에서 일한다는 것을 알 수 있다. 따라서 정답은 (D)이다.

정답 (D)

93 What is the problem the speaker mentions?
(A) A decrease in sales
(B) A staff shortage
(C) A defective product
(D) A road closure

화자가 언급하는 문제는 무엇인가?
(A) 매출 감소
(B) 직원 부족
(C) 불량품
(D) 도로 폐쇄

○ 구체적인 정보 파악 – 문제점

문제 키워드 What / problem / speaker / mentions

화자가 언급한 문제점을 묻는 문제로, 문제점은 주로 부정적인 느낌의 어휘와 함께 언급된다. 예기치 못하게 저녁 근무 종업원 두 명이 병가를 내서 그들의 근무를 대신할 사람이 필요하다(Unexpectedly, two of the other dinner servers called in sick, so we need someone who can cover their shifts.)고 했으므로, 화자가 언급한 문제는 직원 부족인 것을 알 수 있다. 따라서 정답은 (B)이다.

어휘 decrease 감소, 하락 shortage 부족 defective 결함이 있는 closure 폐쇄

정답 (B)

94 What will the speaker make sure the listener does?
(A) Take additional days off
(B) Leave work earlier than other staff
(C) Receive compensation for extra work
(D) Participate in an event

화자는 청자가 무엇을 반드시 하도록 할 것인가?
(A) 며칠 더 쉬기
(B) 다른 직원보다 먼저 퇴근하기
(C) 추가 근무에 대한 보상 받기
(D) 행사에 참가하기

─○ 구체적인 정보 파악 – 특정 사항 ─

문제 키워드 | **What / will / speaker / make sure / listener**

make sure를 핵심 키워드로 잡고 문제를 풀어야 한다. 지문의 후반부에서 다른 저녁 근무 직원들이 마감 준비를 시작하는 오후 11시 전에 반드시 퇴근할 수 있도록 해 주겠다(I'll make sure you are able to leave before 11 P.M. when the other dinner staff start to prepare closing.)고 했으므로 정답은 (B)이다.

어휘 additional 추가의 compensation 보상 participate in ~에 참가하다

정답 (B)

Questions 95-97 refer to the following excerpt from a meeting and product information page.

95-97은 다음 회의 발췌록과 제품 정보 페이지에 관한 문제입니다.

M Thanks for coming all of you. **95** Let me start today's meeting with reviewing the progress on the development of options of our new wearable device, K-10 Smart Watch. We've just finished all the final tests and now we're ready to introduce this year's new model with surprisingly innovative options. People can customize their own devices by selecting an option from each of the four components: cover, size, band, color. According to the recent survey, **96** most of our customers prefer a larger selection of colors, so we've decided to offer two more color options next month. **97** Next is something I'm very excited about. As you know, we participated in the Expo in New York last week and **97** I heard we got several calls for orders from India and Europe.

남: 여러분 모두 와 주셔서 감사합니다. **95** 우리의 새로운 웨어러블 기기인 K-10 스마트 와치의 옵션 개발에 대한 진척 사항을 검토함으로써, 오늘의 회의를 시작하려고 합니다. 우리는 모든 최종 테스트를 막 완료했고 이제 놀라울 정도로 혁신적인 옵션과 함께 올해의 새로운 모델을 출시할 준비가 되었습니다. 사람들은 커버, 크기, 밴드, 색상 4가지 각 요소에서 옵션을 선택함으로써 자신만의 기기를 만들 수 있습니다. 최근의 조사에 따르면, **96** 우리 고객들의 대부분은 더 다양한 색깔을 선호하고 있어서 다음 달에는 2가지 색을 더 제공하기로 결정했습니다. **97** 다음은 제가 정말 신이 난 내용입니다. 여러분도 아시다시피 우리는 지난주 뉴욕에서 엑스포에 참가했었는데, **97** 인도와 유럽에서 많은 주문 전화를 받았다고 들었습니다.

Wearable Device Components	
Covers : 2 Options	**Sizes : 3 Options**
Classic Modern	43 mm (for men) 39 mm (for women) 33 mm (for kids)
Bands : 4 Options	**96 Colors : 5 Options**
Leather Cloth Metal Rubber	Blue Red Yellow Green Striped Navy Striped

웨어러블 기기 요소	
커버 : 2가지 옵션	크기 : 3가지 옵션
클래식 모던	43 mm (남성용) 39 mm (여성용) 33 mm (어린이용)
밴드 : 4가지 옵션	**96** 색 : 5가지 옵션
가죽 천 금속 고무	파란색 빨간색 노란색 녹색 줄무늬 남색 줄무늬

어휘 progress 진행 development 개발 wearable 착용할 수 있는, 웨어러블의 device 장치, 장비 ready to V ~할 준비가 되어 있는 introduce 소개하다, 출시하다 surprisingly 놀랍게도 innovative 혁신적인 customize 맞춤화하다 select 선택하다 component 부품, 요소 excited 신이 난 participate in ~에 참가하다

95 What is the talk mainly about?
(A) A database for target customers
(B) A marketing campaign
(C) A launching event
(D) Progress on a product development

담화는 주로 무엇에 관한 것인가?
(A) 목표 고객에 대한 데이터베이스
(B) 마케팅 캠페인
(C) 출시 행사
(D) 상품 개발의 진척 사항

기본 정보 파악 - 주제

문제 키워드 | What / talk / about

담화의 주제/목적은 전반부, 특히 처음 2~3문장 안에 언급됨을 유의하자. 새로운 웨어러블 기기인 K-10 스마트 와치의 옵션 개발에 대한 진척 사항을 검토함으로써, 오늘 회의를 시작하려고 한다(Let me start today's meeting with reviewing the progress on the development of options of our new wearable device, K-10 Smart Watch.)고 했으므로 (D)가 정답이다.

어휘 target 목표, 대상

정답 (D)

96 Look at the graphic. Which option quantity will increase next month?
(A) 2
(B) 3
(C) 4
(D) 5

시각 자료를 보시오. 옵션이 몇 개인 항목이 다음 달에 그 수가 더 늘 것인가?
(A) 2
(B) 3
(C) 4
(D) 5

┌─○ 신유형 – 시각 자료 연계 ─────────────────────────────────
│ **문제 키워드** | graphic / Which option quantity / increase / next month
│ 시각 자료 문제의 보기는 담화에서 언급되지 않으므로 각 옵션의 수가 아닌 옵션의 이름을 통해 단서가 언급할 것임을 예상하자. 키워드인 option을 언급하는 부분을 확인하면, 우리 고객들의 대부분은 더 다양한 색깔을 선호하고 있어서 다음 달에는 2가지 색을 더 제공하기로 결정했다(most of our customers prefer a larger selection of colors, so we've decided to offer two more color options next month.)고 했으므로 시각 자료에서 색상 관련 항목을 살펴보면 5가지 옵션이 있으므로 (D)가 정답이다.
│   정답 (D)
└───

97 What is the speaker excited about?
(A) Contracts from other countries
(B) An opportunity to attend an event
(C) Newly opened branches
(D) An increased market share

화자는 무엇에 신이 나 있는가?
(A) 다른 나라에서의 계약
(B) 행사 참석 기회
(C) 새롭게 문을 연 지점들
(D) 증가된 시장 점유율

┌─○ 구체적인 정보 파악 – 특정 사항 ─────────────────────────────
│ **문제 키워드** | What / excited
│ 핵심 키워드인 excited가 언급되는 곳에서 정답을 찾을 수 있다. 다음은 정말 신이 난 내용(Next is something I'm very excited about.)이라고 한 뒤에 인도와 유럽에서 많은 주문 전화를 받았다고 들었다(I heard we got several calls for orders from India and Europe.)고 했으므로 다른 나라와 계약을 많이 해서 기쁜 것임을 알 수 있다. 따라서 정답은 (A)이다.
│ 패러프레이징 **orders from India and Europe** 인도와 유럽에서의 주문
│   · **Contracts from other countries** 다른 나라에서의 계약
│ 어휘 contract 계약 opportunity 기회 branch 지점, 지사 market share 시장 점유율
│   정답 (A)
└───

Questions 98-100 refer to the following excerpt from a meeting and form.

W Good afternoon, everyone. I'm Emily Barnes. **98** As membership coordinator at the National History Gallery, **99** I sincerely appreciate employees from most of our departments volunteering to help with our membership campaign next month. More than half of our gallery's operating costs were covered from membership fees. So, next month's campaign is very important to us. You will be mostly responsible for greeting visitors as they enter the entrance and encouraging them to join our membership. If they'd like to, ask them to complete this form. There are four types of membership listed in the form. As some of you may notice, **100** this season we have increased the fee for platinum level.

Membership Application Form

£20 Basic _____   £80 Standard _____
£40 Premier _____   **100** £160 Platinum _____
Full Name: _____
Mailing address: _____
Credit Card Detail [Number and Expiration Date]
_____ (___ / ___)

어휘 coordinator 진행자   national 국가의, 국립   gallery 미술관   sincerely 진심으로   appreciate 감사하다   employee 직원   department 부서   volunteer 자원[자진]하다   operating cost 운영 비용   cover (자금을) 대다, 포함하다   membership fee 회비   important 중요한   be responsible for ~에 책임이 있다   greet 맞다, 환영하다   visitor 방문객   enter 입장하다, 들어오다   entrance 입구   encourage 격려하다   join 가입하다   complete 작성하다   form 양식, 서식   list 열거하다   increase 증가하다, 인상하다   expiration 만료, 만기

98 Where do the listeners work?
(A) At a theater
(B) At a sports center
(C) At a gallery
(D) At a city park

○ 기본 정보 파악 – 직업/업종

문제 키워드 | Where / listeners / work

청자의 근무지를 묻는 문제로, 담화 전반부에서 정답을 찾는다. 화자는 국립 역사 미술관의 회원권 담당자로, 다음 달 회원권 캠페인에 도움을 줄 대부분 부서의 직원들에게 진심으로 감사를 전한다(As membership coordinator at the National History Gallery, I sincerely appreciate employees from most of our departments volunteering to help with our membership campaign next month.)고 하였으므로, 청자들은 국립 미술관에서 근무하고 있는 직원들임을 알 수 있다. 따라서 정답은 (C)이다.

정답 (C)

99 Why does the speaker thank some employees?
(A) For registering for a training session
(B) For giving assistance with a project
(C) For creating a new application form
(D) For purchasing a membership

화자가 직원들에게 고마워하는 이유는 무엇인가?
(A) 연수를 신청했기 때문에
(B) 프로젝트에 도움을 주었기 때문에
(C) 신규 신청서를 제작했기 때문에
(D) 회원권을 구입했기 때문에

─○ 구체적인 정보 파악 - 이유/원인 ─────────────────────

문제 키워드 | **Why / speaker / thank / employees**

화자가 직원들, 즉 청자들에게 고마워하는 이유를 묻는 문제이다. 화자가 다음 달 회원권 캠페인에 도움을 주고자 자원한 대부분 부서의 직원들께 진심으로 감사를 전한다(I sincerely appreciate employees from most of our departments volunteering to help with our membership campaign next month.)고 이유를 설명하고 있으므로 정답은 (B)이다.

[패러프레이징] **help with our membership campaign** 회원권 캠페인에 도움을 주다
→ **giving assistance with a project** 프로젝트에 도움을 주다

[어휘] register for ~을 신청하다, ~에 등록하다   give assistance 도움을 주다   create 만들다   application form 신청서   정답 (B)

100 Look at the graphic. Which amount has been changed this season?
(A) £20
(B) £40
(C) £80
(D) £160

시각 자료를 보시오. 이번 시즌에 어떤 금액이 변경되었는가?
(A) 20파운드
(B) 40파운드
(C) 80파운드
(D) 160파운드

─○ 신유형 - 시각 자료 연계 ─────────────────────

문제 키워드 | **graphic / Which amount / changed / this season**

이번 시즌에 변경된 금액이 무엇인지를 묻는 시각 자료 연계 문제로, 담화를 들을 때 보기에 언급된 금액에 해당되는 회원권 이름에 집중해 들어야 한다. 화자는 이번 시즌에 플래티넘 회비가 인상되었다(this season we have increased the fee for platinum level.)고 했으므로 시각 자료에서 플래티넘 회비를 확인하면 정답은 (D)이다.   정답 (D)

Test06.mp3

MP3 다운로드
eng.conects.com

PART 1
PART 2
PART 3
PART 4

ANSWER KEYS

PART 1	1 (D)	2 (C)	3 (B)	4 (B)	5 (D)	6 (C)				
PART 2	7 (C)	8 (A)	9 (C)	10 (C)	11 (A)	12 (B)	13 (C)	14 (C)	15 (B)	16 (B)
	17 (B)	18 (C)	19 (C)	20 (C)	21 (A)	22 (C)	23 (C)	24 (C)	25 (B)	26 (B)
	27 (A)	28 (C)	29 (B)	30 (A)	31 (A)					
PART 3	32 (A)	33 (B)	34 (C)	35 (C)	36 (B)	37 (D)	38 (B)	39 (C)	40 (D)	41 (B)
	42 (A)	43 (D)	44 (A)	45 (A)	46 (D)	47 (C)	48 (C)	49 (A)	50 (D)	51 (C)
	52 (B)	53 (C)	54 (B)	55 (B)	56 (D)	57 (A)	58 (B)	59 (C)	60 (C)	61 (D)
	62 (C)	63 (D)	64 (A)	65 (B)	66 (C)	67 (B)	68 (D)	69 (D)	70 (B)	
PART 4	71 (A)	72 (C)	73 (B)	74 (C)	75 (D)	76 (C)	77 (B)	78 (A)	79 (C)	80 (D)
	81 (D)	82 (A)	83 (A)	84 (B)	85 (B)	86 (D)	87 (C)	88 (A)	89 (C)	90 (D)
	91 (D)	92 (C)	93 (C)	94 (D)	95 (C)	96 (B)	97 (B)	98 (B)	99 (C)	100 (B)

PART 1

1 US

(A) They're cooking some food.
(B) They're exiting the building.
(C) They're walking under the umbrellas.
(D) They're seated outdoors.

(A) 그들은 음식을 요리하고 있다.
(B) 그들은 건물을 나가고 있다.
(C) 그들은 우산을 쓰고 걷고 있다.
(D) 그들은 야외에 앉아 있다.

○ 3인 이상 사진

야외를 배경으로 한 다인 사진으로, 사람들의 공통 동작을 잘 살펴야 한다.
(A) 사람들이 요리하고 있는(cooking) 모습이 아니므로 오답이다.
(B) 사람들이 건물을 나가고 있는(exiting) 모습이 아니므로 오답이다.
(C) 사람들이 우산을 쓰고 걷고 있는(walking under the umbrellas) 모습이 아니므로 오답이다.
(D) 사람들이 야외에 앉아 있는 모습을 정확히 묘사한 정답이다.

어휘 exit 나가다   umbrella 우산, 파라솔   outdoors 야외에

정답 (D)

---

2 US

(A) Some tables are being assembled.
(B) Some paper is scattered on the floor.
(C) A man is sipping from a cup.
(D) A man is holding the back of a chair.

(A) 테이블들을 조립하고 있다.
(B) 종이가 바닥에 흩어져 있다.
(C) 남자가 컵으로 무언가를 마시고 있다.
(D) 남자가 의자 등받이를 잡고 있다.

○ 1인 사진 속 사물/배경

한 남자가 무언가를 마시는 모습으로, 사람의 동작 및 상태를 잘 살펴야 한다. 최근에는 사람의 주변 사물에 대한 묘사가 정답이 되는 경우도 간혹 있으니 주변 사물도 확인해야 한다.
(A) 사진에서 테이블은 보이지만 테이블을 조립하고 있는(being assembled) 사람은 보이지 않으므로 오답이다.
(B) 종이는 바닥에(on the floor) 있는 것이 아니라 테이블 위에 있으므로 오답이다.
(C) 남자가 컵으로 무언가를 마시고 있는 모습을 정확히 묘사한 정답이다.
(D) 남자는 의자 등받이(the back of a chair)를 잡고 있지 않으므로 오답이다.

어휘 assemble 조립하다   scatter 흩뿌리다   floor 바닥   sip 홀짝이다, 마시다

정답 (C)

---

3 AU

(A) They're putting some dirt onto a truck.
(B) They're wearing work vests.
(C) They're sweeping the road.
(D) They're using shovels to dig a hole.

(A) 그들은 흙을 트럭에 담고 있다.
(B) 그들은 작업 조끼를 입고 있다.
(C) 그들은 도로를 쓸고 있다.
(D) 그들은 삽을 사용하여 구멍을 파고 있다.

○ 2인 사진

두 사람이 삽을 들고 작업을 하는 모습으로, 두 사람의 공통 동작을 잘 살펴야 한다.
(A) 사람들이 트럭에(onto a truck) 흙을 담고 있는 모습이 아니므로 오답이다.
(B) 사람들이 작업 조끼를 입고 있는 모습을 정확히 묘사한 정답이다.
(C) 사람들이 도로를 쓸고 있는(sweeping) 모습이 아니므로 오답이다.
(D) 사람들이 삽을 사용하고 있는 것은 맞지만, 삽으로 구멍을 파고 있는(dig a hole) 모습이 아니므로 오답이다.

어휘 dirt 흙   vest 조끼   sweep 쓸다   shovel 삽   dig a hole 구멍을 파다

정답 (B)

4
BR

(A) Some plants are being grown in a garden.
(B) Some vegetables are on display in the store.
(C) One of the women is opening her bag.
(D) One of the women is removing items from shelves.

(A) 식물이 정원에서 재배되고 있다.
(B) 채소가 상점에 진열되어 있다.
(C) 여자들 중 한 명이 자신의 가방을 열고 있다.
(D) 여자들 중 한 명이 선반에서 상품을 꺼내고 있다.

○ 다인 사진 속 사물/배경

사람들과 사물/배경이 혼재되어 있는 사진 유형은 인물 묘사와 사물/배경 묘사 중 어떤 것이든 보기로 나올 수 있으므로 사진의 모든 요소를 잘 관찰해야 한다.
(A) 사진에서 정원(garden)을 찾아볼 수 없고, 식물이 재배되고 있는(being grown) 모습도 아니므로 오답이다.
(B) 채소가 상점에 진열되어 있는 모습을 정확히 묘사한 정답이다.
(C) 사진에서 가방을 열고 있는(opening) 여자는 보이지 않으므로 오답이다.
(D) 사진에서 상품을 선반에서 꺼내고 있는(removing) 여자는 보이지 않으므로 오답이다.

어휘 plant 식물 garden 정원 vegetable 채소 on display 진열 중인 remove 제거하다, 꺼내다 shelf 선반

정답 (B)

5
US

(A) She's walking down the aisle.
(B) She's transporting some items on a cart.
(C) She's paying for some merchandise.
(D) She's carrying her bag on her shoulder.

(A) 그녀는 통로를 따라 걷고 있다.
(B) 그녀는 카트로 물품을 나르고 있다.
(C) 그녀는 상품 값을 지불하고 있다.
(D) 그녀는 어깨에 가방을 메고 있다.

○ 1인 사진

한 여자가 쇼핑을 하는 모습으로, 사진 속 인물의 동작과 상태에 주목해야 한다.
(A) 여자가 통로를 따라 걷고 있는(walking down the aisle) 모습이 아니므로 오답이다.
(B) 카트는 비어 있으므로 카트로 물품을 나르고 있다는(transporting) 묘사는 오답이다.
(C) 여자가 상품 값을 지불하고 있는(paying) 모습이 아니므로 오답이다.
(D) 가방을 어깨에 메고 있는 여자의 모습을 정확히 묘사한 정답이다.

어휘 aisle 통로, 복도 transport 나르다, 옮기다 merchandise 상품

정답 (D)

6
BR

(A) Trees in the garden are being trimmed.
(B) A stairway is divided by a railing.
(C) Some stairs lead up to an entrance.
(D) A stone archway is being built.

(A) 정원에 있는 나무를 손질하고 있다.
(B) 계단이 난간으로 나누어져 있다.
(C) 계단이 입구로 이어져 있다.
(D) 석조 아치형 입구를 짓고 있다.

○ 사물/풍경 사진

사람이 등장하지 않는 야외의 사물/풍경 사진으로, 사진 속 모든 사물의 위치나 상태에 주목해야 한다.
(A) 사람이 없는 사진에서 사물을 주로 하는 수동태 진행형(are being trimmed)은 오답이다.
(B) 계단은 나누어져(divided) 있지 않으므로 오답이다.
(C) 계단이 입구로 이어져 있는 모습을 정확히 묘사한 정답이다.
(D) 사람이 없는 사진에서 사물을 주로 하는 수동태 진행형(is being built)은 오답이다.

어휘 garden 정원 trim 다듬다, 손질하다 stairway 계단 divide 나누다 railing 난간 stair 계단 entrance 입구 archway 아치 길, 아치형 입구

정답 (C)

PART 2

7
US
US

What time does the seminar begin?
(A) International Education.
(B) Yes, it's been delayed.
(C) In about 30 minutes.

세미나는 몇 시에 시작하나요?
(A) 국제 교육이요.
(B) 네, 그건 연기되었어요.
(C) 30분 정도 후에요.

> **○ What 의문문**
>
> **문제 키워드 | What time / seminar / begin**
> 세미나가 언제 시작하는지 묻는 What time 의문문이다.
> (A) 질문의 seminar의 제목이나 주제로 연상할 수 있는 International Education을 사용하여 혼동을 유도한 오답으로, 주제를 묻는 What 의문문에 어울리는 응답이다.
> (B) What 의문문에 Yes/No로 답변할 수 없으므로 오답이다.
> (C) 세미나가 언제 시작하는지 묻는 질문에 '30분 정도 후'라고 답변하고 있으므로 정답이다.
>
> **어휘** international 국제적인 education 교육 delay 미루다, 연기하다
>
> 정답 (C)

8
US
BR

Which conference room has been reserved?
(A) The largest one on the fourth floor.
(B) The online booking system.
(C) The last week of this month.

어느 회의실이 예약되어 있나요?
(A) 4층에 있는 가장 넓은 곳이요.
(B) 온라인 예약 시스템이요.
(C) 이번 달 마지막 주요.

> **○ Which 의문문**
>
> **문제 키워드 | Which conference room / reserved**
> 어느 회의실이 예약되어 있는지 묻는 Which 의문문이다.
> (A) 예약된 회의실을 묻는 질문에 '4층에 있는 가장 넓은 곳'이라고 conference room을 one으로 받아 구체적으로 답변하였으므로 정답이다.
> (B) 질문의 reserved와 유사 어휘인 booking을 사용하여 혼동을 유도한 오답이다.
> (C) 시기를 묻는 When 의문문에 어울리는 답변이므로 오답이다.
>
> **어휘** conference room 회의실 reserve 예약하다 booking 예약
>
> 정답 (A)

9
AU
US

Where did you get the mug?
(A) I haven't been there yet.
(B) It's good to see you again.
(C) The gift shop next to the post office.

그 머그잔을 어디서 구하셨어요?
(A) 저는 아직 거기에 가본 적이 없어요.
(B) 다시 만나게 되어 기뻐요.
(C) 우체국 옆에 있는 선물 가게요.

> **○ Where 의문문**
>
> **문제 키워드 | Where / get / mug**
> 머그잔을 구입한 장소를 묻는 Where 의문문이다.
> (A) 장소를 묻는 질문에서 연상할 수 있는 표현인 I haven't been there(거기에 가본 적이 없어요)를 이용한 오답으로, 머그잔 구입 장소를 묻는 질문의 답변으로 적절하지 않으므로 오답이다.
> (B) 장소를 묻는 질문에 만나서 반갑다는 응답은 적절하지 않으므로 오답이다.
> (C) 머그잔을 구입한 장소를 묻는 질문에 '우체국 옆에 있는 선물 가게'라고 구체적인 장소로 답변하고 있으므로 정답이다.
>
> **어휘** post office 우체국
>
> 정답 (C)

10 Did anyone talk to the technical department?
(A) Please take the technology class.
(B) The printer is out of order.
(C) Yes, they will send someone in an hour.

기술부와 얘기한 사람이 있나요?
(A) 기술 수업을 들으세요.
(B) 프린터가 고장 났습니다.
(C) 네, 그들이 한 시간 후에 사람을 보낼 거예요.

○ 조동사 의문문

문제 키워드 | Did / anyone / talk / technical department

기술부와 연락한 사람이 있는지 여부를 묻는 조동사 의문문이다.
(A) 질문의 technical과 발음이 비슷한 technology를 사용하여 혼동을 유도한 오답이다.
(B) 질문의 technical department에서 연상할 수 있는 어휘인 printer와 out of order를 사용하여 혼동을 유도한 오답이다.
(C) 누가 연락을 했는지 묻는 질문에 Yes로 긍정의 응답을 하면서, 기술부에서 한 시간 후에 누군가를 보낼 거라고 부연 설명하고 있으므로 정답이다.

어휘 technical 기술의, 기술적인 technology 기술 out of order 고장 난

정답 (C)

---

11 I will pay for your dinner today.
(A) Thank you, I'd appreciate that.
(B) Today's special please.
(C) Yes, every other day.

제가 오늘 저녁 살게요.
(A) 감사합니다, 그래 주시면 고맙죠.
(B) 오늘의 특별 요리로 주세요.
(C) 네, 격일로요.

○ 평서문

문제 키워드 | I / will / pay / your dinner

상대방에게 오늘 저녁을 사겠다고 말하는 평서문이다.
(A) 저녁을 사겠다는 말에 감사하다고 응답했으므로 정답이다.
(B) today를 반복하여 혼동을 유도한 오답이다.
(C) today와 발음이 유사한 day를 사용하여 혼동을 유도한 오답이다.

어휘 pay for ~에 대해 값을 치르다 special 특별 상품, 특별 요리; 특별한

정답 (A)

---

12 Could you help me move these chairs to the basement?
(A) The desk has a heavy base.
(B) Sure, but let me finish this report first.
(C) We have already moved to the city.

제가 이 의자들을 지하실로 옮기는 것을 도와주시겠어요?
(A) 이 책상은 아래가 무겁습니다.
(B) 물론이죠, 그렇지만 먼저 이 보고서를 끝낼게요.
(C) 우리는 이미 도시로 이사했습니다.

○ 요청/부탁 의문문

문제 키워드 | Could you / help / me / move / chairs

의자를 옮기는 것을 부탁하는 요청/부탁 의문문이다.
(A) 질문의 chairs에서 연상할 수 있는 desk를 사용하여 혼동을 유도한 오답이다.
(B) 도움을 부탁하는 말에 긍정의 Sure라고 답한 뒤, 그렇지만 먼저 보고서를 끝내겠다고 덧붙여 설명하고 있으므로 정답이다.
(C) 질문의 move(옮기다)와 발음이 유사한 moved(이사했다)를 사용한 오답이다.

어휘 basement 지하층 base (사물의) 맨 아래 부분

정답 (B)

13 This is the latest model in the store, isn't it?
(A) They ordered more storage devices.
(B) It's not far from here.
(C) Yes, it just arrived a few days ago.

이것이 상점에서 가장 최신 모델이죠, 그렇지 않나요?
(A) 그들은 더 많은 저장 장치를 주문했어요.
(B) 여기서 멀지 않습니다.
(C) 네, 그건 바로 며칠 전에 도착했어요.

> **부가 의문문**
>
> **문제 키워드 | This / latest model / isn't it**
>
> 제품이 최신 모델인지 여부를 묻는 부가 의문문이다.
> (A) 질문의 model에서 연상할 수 있는 devices를 사용하여 혼동을 유도한 오답이다.
> (B) 질문에서 store만 듣고 특정 상점의 위치나 거리를 묻는 질문으로 착각했을 경우에 정답으로 고를 만한 '멀지 않다(It's not far from here)'는 표현을 사용하여 혼동을 유도한 오답이다. 얼마나 먼지, 거리를 묻는 How far 의문문에 적절한 응답이다.
> (C) 최신 모델인지 확인하는 질문에 긍정의 Yes와 함께 그것이 바로 며칠 전에 도착했다고 부연하고 있으므로 정답이다.
>
> **어휘** latest 최신의 storage device 저장 장치, 기억 장치 arrive 도착하다
>
> 정답 (C)

14 Why was this year's exports exhibition canceled?
(A) We invited some experts in this field.
(B) At the convention hall.
(C) Because not enough companies wanted to attend.

올해 수출품 전시회는 왜 취소되었나요?
(A) 저희는 이 분야의 여러 전문가들을 초대했어요.
(B) 회의장에서요.
(C) 참석하려는 기업이 충분하지 않았기 때문입니다.

> **Why 의문문**
>
> **문제 키워드 | Why / exhibition / canceled**
>
> 수출품 전시회가 취소된 이유를 묻는 Why 의문문이다.
> (A) 질문의 exports와 발음이 비슷한 experts를 사용한 오답이다.
> (B) 장소를 묻는 Where 의문문에 어울리는 답변이므로 오답이다.
> (C) 전시회가 취소된 이유를 묻는 질문에 이유의 접속사인 Because를 사용하여 취소 이유를 설명하고 있으므로 정답이다.
>
> **어휘** exports exhibition 수출품 전시회 cancel 취소하다 invite 초대하다 expert 전문가 field 분야 convention hall 회의장
>
> 정답 (C)

15 When will our framed pictures be delivered?
(A) At my office.
(B) Talk to Julia.
(C) I'll show you how to make it.

저희 그림 액자는 언제 배달되나요?
(A) 제 사무실이에요.
(B) Julia 씨에게 이야기하세요.
(C) 어떻게 만드는지 보여 드릴게요.

> **When 의문문**
>
> **문제 키워드 | When / will / delivered**
>
> 그림 액자가 언제 배달되는지 묻는 When 의문문이다.
> (A) 장소를 묻는 Where 의문문에 어울리는 답변이므로 오답이다.
> (B) 액자가 언제 배달되는지를 묻는 질문에 다른 사람에게 물어보라는 말로 '모른다'고 우회적으로 말한 정답이다. I don't know 유형의 전형적인 답변이다.
> (C) 질문의 pictures에서 연상할 수 있는 show를 사용하여 혼동을 유도한 오답이다.
>
> **어휘** framed 틀에 끼운 deliver 배달하다
>
> 정답 (B)

16 Where's the price tag for this laptop computer?
(A) The price will drop down soon.
(B) It's on the back of the product label.
(C) It is rather overpriced.

이 노트북 컴퓨터의 가격표는 어디에 있나요?
(A) 가격이 곧 떨어질 거예요.
(B) 제품 라벨 뒷면에 있습니다.
(C) 약간 비쌉니다.

Where 의문문

문제 키워드 | Where / price tag / computer

노트북 컴퓨터의 가격표가 어디에 있는지 묻는 Where 의문문이다.
(A) 질문의 price를 반복 사용하여 혼동을 유도한 오답이다.
(B) 가격표가 어디에 있는지 묻는 질문에 '제품 라벨 뒷면'이라고 구체적인 위치로 답변하였으므로 정답이다.
(C) 질문의 price와 발음이 유사한 overpriced를 사용하여 혼동을 유도한 오답이다.

어휘 laptop computer 노트북 컴퓨터 rather 약간 overpriced 너무 비싼

정답 (B)

17 Who has been appointed as the new chief financial officer?
(A) Our chef is not working today.
(B) That would be Mr. Cohen.
(C) Yes, I have an appointment at 2.

누가 새로운 최고 재무 책임자로 임명되었나요?
(A) 저희 주방장은 오늘 근무하지 않습니다.
(B) Cohen 씨일 겁니다.
(C) 네, 저는 2시에 약속이 있습니다.

Who 의문문

문제 키워드 | Who / appointed / new chief financial officer

새로운 최고 재무 책임자가 누구인지를 묻는 Who 의문문이다.
(A) 질문의 chief와 발음이 비슷한 chef를 사용하여 혼동을 유도한 오답이다.
(B) 새로운 최고 재무 책임자가 누구인지 묻는 질문에 Cohen 씨일 것이라고 특정인의 이름으로 답변했으므로 정답이다.
(C) 의문사 의문문은 Yes/No 답변이 불가능하므로 오답이다.

어휘 appoint 임명하다 chief financial officer 최고 재무 책임자 chef 주방장 appointment 약속

정답 (B)

18 Should we hire a new delivery company for next year or not?
(A) It arrives at 2 P.M.
(B) At this year's inspection.
(C) Yes, we need the one with more trucks.

우리는 내년을 위해 새로운 배송 업체를 고용해야 할까요, 아니면 고용하지 않아도 될까요?
(A) 그건 오후 2시에 도착합니다.
(B) 올해 검사에서요.
(C) 네, 저희는 트럭을 더 많이 가진 곳이 필요해요.

선택 의문문

문제 키워드 | hire / new delivery company / or / not

새로운 배송 업체를 고용해야 하는지 여부를 묻는 선택 의문문이다.
(A) 질문의 delivery에서 연상할 수 있는 arrives를 사용하여 혼동을 유도한 오답이다.
(B) 질문의 year를 반복 사용한 오답이다.
(C) 새로운 배송 업체를 고용해야 하는지 여부를 묻는 질문에 트럭을 더 많이 보유하고 있는 곳(배송 업체)이 필요하다며, 새로운 배송 업체를 고용해야 한다고 우회적으로 답변하고 있으므로 정답이다.

어휘 hire 고용하다 inspection 점검, 검사

정답 (C)

19

This vacuum cleaner is so popular in Europe.
(A) When are you leaving?
(B) That's a nice place.
(C) I know it's selling well.

이 진공청소기는 유럽에서 매우 인기가 있어요.
(A) 당신은 언제 떠나세요?
(B) 그곳은 멋진 곳이에요.
(C) 그것이 잘 팔리고 있다는 걸 알아요.

> **평서문**
>
> **문제 키워드** | vacuum cleaner / popular / Europe
>
> 진공청소기가 유럽에서 인기 있다고 말하는 평서문이다.
> (A) Europe에서 연상할 수 있는 표현인 leaving을 사용하여 혼동을 유도한 오답이다.
> (B) Europe에서 연상할 수 있는 nice place를 사용하여 혼동을 유도한 오답이다.
> (C) 진공청소기가 인기 있다는 말에 그것(진공청소기)이 잘 팔리고 있다는 걸 안다고 맞장구치고 있으므로 정답이다.
>
> **어휘** vacuum cleaner 진공청소기 leave 떠나다
>
> 정답 (C)

20

This dining table comes with four chairs, doesn't it?
(A) A one-year warranty.
(B) I can't come with you.
(C) Actually, they're not included in the price.

이 식탁은 의자 4개가 포함되어 있어요, 그렇지 않나요?
(A) 1년간의 품질 보증이요.
(B) 저는 당신과 함께 갈 수 없어요.
(C) 사실, 그건 가격에 포함되어 있지 않아요.

> **부가 의문문**
>
> **문제 키워드** | dining table / comes with / chairs / doesn't it
>
> 식탁에 의자가 포함되어 있는지 확인하는 부가 의문문이다.
> (A) 질문과 같은 상품 구매 상황에서 연상할 수 있는 warranty를 사용하여 혼동을 유도한 오답이다.
> (B) 질문의 comes를 반복 사용하여 혼동을 유도한 오답이다.
> (C) Actually(사실은)는 구체적인 설명을 추가할 때 쓰이는 부사로, Actually와 함께 그건 가격에 포함되어 있지 않다고 부정의 의미를 우회적으로 전달하였으므로 정답이다.
>
> **어휘** dining table 식탁 come with ~이 딸려 있다, 포함되다 warranty 품질 보증(서) include 포함하다
>
> 정답 (C)

21

Where will the annual conference take place?
(A) I will check my calendar.
(B) His speech was very impressive.
(C) The weeklong conference.

연례 학회가 어디에서 개최되나요?
(A) 제 일정표를 확인해 볼게요.
(B) 그의 연설이 매우 인상적이었어요.
(C) 일주일에 걸친 학회요.

> **Where 의문문**
>
> **문제 키워드** | Where / conference / take place
>
> 학회가 어디에서 열리는지 묻는 Where 의문문이다.
> (A) 학회 장소를 묻는 질문에 일정표를 확인해 보겠다며 '나도 모른다'라는 의미를 우회적으로 표현한 정답이다.
> (B) 질문의 conference에서 연상할 수 있는 speech를 사용하여 혼동을 유도한 오답으로, 미래의 사실을 묻는 질문에 과거로 답변하고 있으므로 시제 불일치 오답이다.
> (C) 질문의 conference를 반복 사용하여 혼동을 유도한 오답이다.
>
> **어휘** annual 연례의 take place 개최되다 calendar 달력, 일정표 speech 연설 impressive 인상적인 weeklong 일주일에 걸친
>
> 정답 (A)

22 Are we supposed to visit the factory with the regional director?
(A) He is one of the visitors.
(B) The assembly line has been removed.
(C) It's still being renovated.

우리는 지사장과 함께 공장에 방문하기로 되어 있죠?
(A) 그는 방문객 중 한 명입니다.
(B) 조립 라인은 제거됐습니다.
(C) 그곳은 여전히 보수 중이에요.

> **Be동사 의문문**
>
> **문제 키워드 | Are we supposed to / visit / factory**
>
> 공장에 방문하기로 되어 있는지 확인하는 Be동사 의문문이다.
> (A) 질문의 visit과 발음이 비슷한 visitors를 사용하여 혼동을 유도한 오답이다.
> (B) 질문의 factory에서 연상할 수 있는 assembly line을 사용하여 혼동을 유도한 오답이다.
> (C) 공장을 방문하기로 되어 있는지 확인하는 질문에 그곳이 여전히 보수 중이라고 답변함으로써 공장을 방문하지 않을 것임을 우회적으로 표현한 정답이다.
>
> **어휘** be supposed to V ~하기로 되어 있다 regional 지역의, 지방의 visitor 방문객 assembly line 조립 라인 remove 제거하다 renovate 보수하다
>
> 정답 (C)

23 Who should I ask for the sales report?
(A) Three copies please.
(B) It was a helpful offer for me.
(C) I have an extra copy.

판매 보고서를 누구에게 요청해야 하나요?
(A) 3부 주세요.
(B) 그건 제게 도움이 되는 제안이었어요.
(C) 저에게 여분이 있어요.

> **Who 의문문**
>
> **문제 키워드 | Who / I / ask / sales report**
>
> 누구에게 판매 보고서를 요청해야 하는지 묻는 Who 의문문이다.
> (A) 질문의 report에서 연상할 수 있는 copies를 사용하여 혼동을 유도한 오답이다.
> (B) 질문의 sales에서 연상할 수 있는, 금액 등을 제안할 때 많이 쓰는 offer를 사용하여 혼동을 유도한 오답이다.
> (C) 보고서를 누구에게 요청해야 하는지 묻는 질문에 본인에게 여분이 있다고 답변하였으므로 정답이다.
>
> **어휘** ask for ~을 요청하다 sales report 판매 보고서 offer 제안 extra 추가의, 여분의
>
> 정답 (C)

24 Hasn't the board of directors approved the final budget yet?
(A) Isn't it too expensive?
(B) A proposed one.
(C) The manager received it this morning.

이사회가 아직 최종 예산안을 승인하지 않았나요?
(A) 그건 너무 비싸지 않나요?
(B) 제안된 거요.
(C) 관리자가 오늘 아침에 그것을 받았어요.

> **부정 의문문**
>
> **문제 키워드 | Hasn't / board of directors / approved / budget**
>
> 이사회가 예산안을 아직 승인 안 했는지 확인하는 부정 의문문이다.
> (A) 질문의 budget에서 연상할 수 있는 expensive를 사용하여 혼동을 유도한 오답이다.
> (B) 질문의 approved와 발음이 비슷한 proposed를 사용하여 혼동을 유도한 오답이다.
> (C) 아직 예산 승인을 안 했냐고 묻는 질문에 관리자가 오늘 아침에 그것(the final budget)을 받았다는 말로 승인을 받았다는 긍정의 Yes를 우회적으로 답변한 정답이다.
>
> **어휘** the board of directors 이사회 approve 승인하다 budget 예산(안) proposed 제안된 receive 받다
>
> 정답 (C)

25 Do you think the client's flight will arrive on schedule?
(A) I will pick it up by myself.
(B) It left on time from Hong Kong.
(C) For factory tours.

고객의 항공편이 예정대로 도착할 것 같나요?
(A) 제가 직접 가지러 갈게요.
(B) 그건 홍콩에서 제시간에 출발했어요.
(C) 공장 견학을 위해서요.

> **조동사 의문문**
>
> **문제 키워드 | Do / you / think / flight / arrive / on schedule**
> 고객의 항공편이 예정대로 도착할 거라고 생각하는지 묻는 조동사 의문문이다.
> (A) 질문의 arrive에서 연상할 수 있는 pick ~ up(~을 데리러 가다)을 사용하여 혼동을 유도한 오답이다.
> (B) 항공편이 예정대로 도착할 것 같은지 묻는 질문에 홍콩에서 제시간에 출발했다는 답변은 예정대로 도착할 것 같다고 우회적으로 답변하는 것이므로 정답이다.
> (C) 이유나 목적을 묻는 Why 의문문에 적절한 답변이므로 오답이다.
>
> **어휘** flight 항공편 on schedule 예정대로 pick up ~을 찾아오다, ~를 데리러 가다
>
> 정답 (B)

26 Would you like to take a taxi or a bus to the conference?
(A) It's about the marketing strategies.
(B) Julia will be here to pick us up.
(C) I prefer blue.

학회에 택시를 타고 가시겠어요, 아니면 버스를 타고 가시겠어요?
(A) 그건 마케팅 전략에 관한 것이에요.
(B) Julia 씨가 우리를 데리러 여기로 올 거예요.
(C) 저는 파란색이 좋아요.

> **선택 의문문**
>
> **문제 키워드 | Would you like / taxi / or / bus**
> 택시를 탈 건지, 버스를 탈 건지 묻는 선택 의문문이다.
> (A) 질문의 conference의 주제로 연상할 수 있는 marketing strategies를 사용하여 혼동을 유도한 오답이다.
> (B) 택시를 탈 건지, 버스를 탈 건지 묻는 질문에 두 가지 선택 사항이 아닌, Julia 씨가 차로 데려다줄 거라고 제3의 방법으로 답변하고 있으므로 정답이다.
> (C) prefer만 듣고 정답으로 고르지 않도록 해야 한다. 택시를 탈 것인지 버스를 탈 것인지 묻는 질문에 '파란색이 좋다'는 답변은 적절하지 않으므로 오답이다.
>
> **어휘** conference 학회 strategy 전략 pick up ~을 태워주다, ~을 데리러 가다
>
> 정답 (B)

27 Shouldn't we order more refreshments for the press preview?
(A) We have enough already.
(B) A problem with the screen.
(C) No, he will review it.

언론 시사회를 위해 더 많은 다과를 주문해야 하지 않을까요?
(A) 우리는 이미 충분히 갖고 있습니다.
(B) 화면 관련 문제요.
(C) 아니요, 그가 그것을 검토할 예정입니다.

> **권유/제안 의문문**
>
> **문제 키워드 | Shouldn't / we / order / more refreshments**
> 언론 시사회를 위해 다과를 더 주문할 것을 제안하고 있는 권유/제안 의문문이다.
> (A) 다과를 더 주문할 것을 제안하는 말에 이미 충분히 갖고 있다는 말로 주문할 필요가 없음을 우회적으로 말하고 있으므로 정답이다.
> (B) 질문의 press preview에서 연상 가능한 screen을 사용하여 혼동을 유도한 오답이다.
> (C) 부정의 No로 답변하였지만, 뒤에 이어지는 내용이 질문과 무관하므로 오답이다.
>
> **어휘** order 주문하다 refreshments 다과 press preview 언론 시사회 review 검토하다
>
> 정답 (A)

28
US
AU

Why didn't Mr. Hale return to his office yet?
(A) We'll book your flight today.
(B) Thirty miles from here.
(C) He is attending an urgent client meeting.

왜 Hale 씨는 아직 그의 사무실로 돌아오지 않았나요?
(A) 우리는 오늘 당신의 항공편을 예약할 거예요.
(B) 여기서 30마일이요.
(C) 그는 긴급 고객 회의에 참석 중입니다.

▶ Why 의문문

문제 키워드 | Why / didn't / Hale / return

특정 인물이 아직 사무실로 돌아오지 않은 이유를 묻고 있는 Why 의문문이다.
(A) 질문의 return에서 연상할 수 있는 flight를 사용하여 혼동을 유도한 오답으로 질문과 전혀 무관한 답변이다.
(B) 거리가 얼마나 먼지를 묻는 How far 의문문에 어울리는 답변이므로 오답이다.
(C) Hale 씨가 사무실로 돌아오지 않은 이유를 묻는 질문에 고객 회의에 참석 중이라고 구체적인 이유로 답변하였으므로 정답이다.

어휘 return 돌아오다   book 예약하다   attend 참석하다   urgent 급한

정답 (C)

29
BR
US

Most customers seem to buy their clothes online.
(A) By credit card.
(B) But some still prefer trying them on in the store.
(C) All lines are busy.

대부분의 고객들은 온라인으로 의류를 구입하는 것 같습니다.
(A) 신용카드로요.
(B) 하지만 일부는 여전히 가게에서 입어보는 것을 좋아합니다.
(C) 모두 통화 중입니다.

▶ 평서문

문제 키워드 | customers / seem / buy / clothes / online

대부분의 고객들이 온라인으로 의류를 구매하는 것 같다고 말하는 평서문이다.
(A) buy에서 연상할 수 있는 credit card를 사용하여 혼동을 유도한 오답이며, 전치사 by로 수단이나 방법을 나타내고 있으므로 How 의문문에 어울리는 답변이다.
(B) 대부분의 고객들이 옷을 온라인으로 산다는 말에 일부 고객들은 여전히 가게에서 옷을 입어보는 것을 선호한다는 말로 상대방의 의견에 반론을 제시하고 있으므로 정답이다.
(C) online과 발음이 유사한 All lines를 사용한 오답이다.

어휘 customer 소비자   seem to V ~하는 것 같다   clothes 의류   credit card 신용카드   prefer 선호하다   try on ~을 입어 보다

정답 (B)

30
BR
AU

I can't get the storage room to open.
(A) The lock has been changed.
(B) It's close to my office.
(C) No, we need to order more.

창고를 열 수 없습니다.
(A) 자물쇠가 변경되었습니다.
(B) 제 사무실과 가깝습니다.
(C) 아니요, 저희는 더 주문해야 합니다.

▶ 평서문

문제 키워드 | I / can't / storage room / open

창고를 열 수 없다고 말하는 평서문이다.
(A) 창고를 열 수 없다는 말에 자물쇠가 변경되었다고 이유를 설명하고 있으므로 정답이다.
(B) open에서 연상할 수 있는 close를 사용하여 혼동을 유도한 오답이다.
(C) storage와 발음이 유사한 store에서 연상할 수 있는 order를 사용하여 혼동을 유도한 오답이다.

어휘 storage room 창고   lock 자물쇠

정답 (A)

31 Has anyone booked a meeting room for this afternoon?
(A) The meeting is next Monday.
(B) Did you bring the equipment?
(C) I need a family room.

누군가 오늘 오후에 회의실을 예약하셨나요?
(A) 회의는 다음 주 월요일에 있습니다.
(B) 장비를 가지고 오셨나요?
(C) 저는 패밀리 룸이 필요합니다.

○ 조동사 의문문

문제 키워드 | Has / anyone / booked / meeting room / this afternoon

오늘 오후에 회의실을 예약했는지 확인하는 조동사 의문문이다.
(A) 오늘 오후에 회의실을 예약했는지 묻는 질문에 회의는 오늘 오후가 아닌 다음 주 월요일이라며 상대방이 잘못 알고 있는 정보를 정정해 주고 있으므로 정답이다.
(B) 질문의 meeting room에서 연상할 수 있는 equipment를 사용한 오답이다.
(C) 질문의 room를 반복 사용한 오답이다.

어휘 book 예약하다 bring 가져오다 equipment 장비   정답 (A)

PART 3

Questions 32-34 refer to the following conversation. 32-34는 다음 대화에 관한 문제입니다.

US
AU

W   Hi, excuse me. 32 Could you give me some directions to the closest subway station?
M   OK. Well, 32 can you see that five-story glass building over there? When you get to the building, turn left, and then go straight about two blocks. That's where you can find the Turnham subway station.
W   Does the subway head to the town center? 33 I'm going to see a play that begins in half an hour at the King Theater.
M   Yeah, but I heard the subway line is being delayed due to some railroad work. 34 I think you should take a taxi if you are in a hurry. They are usually waiting just around the corner.

여: 안녕하세요, 실례합니다. 32 가장 가까운 지하철역으로 어떻게 가는지 알려 주실 수 있나요?
남: 네, 음, 32 저쪽에 5층짜리 유리 건물 보이세요? 저 건물에 도착하시면, 좌회전 하셔서 두 블록 정도 직진하세요. 거기 가면 턴햄 지하철역을 찾으실 수 있을 거예요.
여: 그 지하철이 도심으로 가나요? 33 저는 King 극장에서 30분 후에 시작하는 연극을 볼 거예요.
남: 네, 그렇지만 지하철이 철도 공사로 인해 지연되고 있다고 들었어요. 34 급하시면 택시를 타셔야 할 것 같네요. 보통 코너를 돌면 바로 택시가 기다리고 있어요.

어휘 directions 길 안내   five-story 5층의   head 가다, 향하다   play 연극   theater 극장   delay 지연시키다   railroad work 철도 공사

32 What does the man give to the woman?
(A) The location of a facility
(B) A clear deadline
(C) An invitation to an event
(D) A subway map

남자가 여자에게 제공하는 것은 무엇인가?
(A) 시설의 위치
(B) 정확한 마감 일자
(C) 행사 초대장
(D) 지하철 노선도

○ 구체적인 정보 파악 – 특정 사항

문제 키워드 | What / man / give / woman
남자가 여자에게 제공하는 것을 묻는 문제로, 전반부 대사에 집중하여 정답을 찾는다. 여자가 첫 대사에서 가장 가까운 지하철역으로 가는 길(some directions to the closest subway station)을 물었고, 남자가 턴햄 지하철역으로 가는 길(can you see that five-story glass building over there? When you get to the building, turn left, and then go straight about two blocks. That's where you can find the Turnham subway station.)을 구체적으로 알려 주고 있으므로 정답은 (A)이다.

어휘 facility 시설   location 위치   deadline 마감(일)   invitation 초대장

정답 (A)

33 What type of event is the woman going to attend?
(A) A trade fair
(B) A performance
(C) An opening ceremony
(D) A meeting with a client

여자는 어떤 행사에 참석할 것인가?
(A) 무역 박람회
(B) 공연
(C) 개업식
(D) 고객과의 회의

○ 구체적인 정보 파악 – 특정 사항

문제 키워드 | What / event / woman / going / attend
여자가 참석할 행사의 종류를 묻는 문제로, 여자의 대사에 집중한다. 중반부 여자의 대사에서 King 극장에서 30분 후에 시작하는 연극을 볼 것(I'm going to see a play that begins in half an hour at the King Theater.)이라고 했으므로 정답은 (B)이다.

패러프레이징 a play 연극 → **A performance** 공연

정답 (B)

34 What does the man suggest the woman do?
(A) Postpone her appointment
(B) Purchase a map
(C) Use a different type of transportation
(D) Book a ticket

남자가 여자에게 제안하는 것은 무엇인가?
(A) 그녀의 약속 연기하기
(B) 지도 구입하기
(C) 다른 교통수단 이용하기
(D) 티켓 예약하기

○ 구체적인 정보 파악 – 제안/요청

문제 키워드 | What / man / suggest / woman
남자가 여자에게 제안하는 것을 묻는 문제로 남자의 대사에 집중한다. 남자가 후반부에 급하면 택시를 타야 할 것 같다(I think you should take a taxi if you are in a hurry.)며, 여자에게 지하철이 아닌 택시를 탈 것을 제안했으므로 정답은 (C)이다.

패러프레이징 take a taxi 택시를 타다 → **Use a different type of transportation** 다른 교통수단 이용하기

정답 (C)

Questions 35-37 refer to the following conversation. 35-37은 다음 대화에 관한 문제입니다.

W Ian, I heard you were not able to make it to this morning's meeting, so I'd like to let you know what we discussed. **35 We're considering opening a new massage shop**, and the location would be in Wembley. M Oh, that's great news! Well, but the location seems too close to our current shop, right? It's just a 15 minute walk from us. Do you think there will be plenty of business for both locations? W Yeah, I also worried about that initially, but **36 the Wembley area is rapidly growing. Many people keep moving into the area.** In addition, we have found a very affordable space. **37 I'm going there tomorrow to check it again and to see if we made the right decision.**	여: Ian 씨, 오늘 오전 회의에 참석할 수 없었다고 들어서, 우리가 논의한 내용을 알려 드리고 싶어요. **35 우리는 신규 마사지숍의 개업을 고려하고 있으며, 그 장소는 웸블리가 될 것 같아요.** 남: 오, 좋은 소식이네요! 음, 하지만 그 장소는 현재 운영 중인 가게와 너무 가까운 것 같은데요, 맞죠? 이곳에서 도보로 단지 15분 거리예요. 두 지점 모두에서 일이 많을 것이라고 생각하시나요? 여: 네, 처음에는 저도 그것 때문에 걱정이 많았지만, **36 웸블리 지역이 급속히 성장하고 있어요. 많은 사람들이 그 지역으로 이사를 오고 있어요.** 게다가 우리는 매우 저렴한 가격의 자리를 발견하였습니다. **37 저는 내일 그곳에 가서 다시 점검하고 올바른 결정을 한 것인지 알아볼 거예요.**

어휘 make it 가다, 참석하다 discuss 논의하다 consider 고려하다, 생각하다 location 위치, 장소 close 인접한 current 현재의 plenty of 많은 doubt 의심하다 initially 처음에 rapidly 빨리, 급속히 affordable 가격이 알맞은 decision 결정

35 What is mainly being discussed by the speakers?
(A) Taking a winter break
(B) Upgrading some equipment
(C) Establishing a new branch
(D) Holding a farewell party for a coworker

화자들은 무엇에 대해 이야기하고 있는가?
(A) 동계 휴가를 가는 것
(B) 장비를 업그레이드하는 것
(C) 신규 지점을 설립하는 것
(D) 동료의 송별회를 개최하는 것

○ 기본 정보 파악 - 주제

문제 키워드 | What / discussed / speakers

대화의 주제를 묻는 문제로, 대화 초반부에 집중한다. 초반부에 여자가 남자에게 신규 마사지숍의 개업을 고려하고 있다(We're considering opening a new massage shop)고 말하고 있으므로 정답은 (C)이다.

패러프레이징 opening a new massage shop 신규 마사지숍의 개업
→ **Establishing a new branch** 신규 지점을 설립하는 것   정답 (C)

36 What does the woman say about the Wembley area?
(A) Its public transportation is very convenient.
(B) The number of its residents is increasing.
(C) A new shopping center has been built.
(D) Its residents have relatively strong spending power.

여자가 웸블리 지역에 대해 말하는 것은 무엇인가?
(A) 대중교통이 매우 편리하다.
(B) 주민의 수가 증가하고 있다.
(C) 신규 쇼핑센터가 건설되어 있다.
(D) 주민들의 구매력이 상대적으로 높다.

○ 구체적인 정보 파악 - 특정 사항

문제 키워드 | What / woman / say / Wembley area

여자는 웸블리 지역이 급속히 성장하고 있다(the Wembley area is rapidly growing.)며, 많은 사람들이 그 지역으로 이사를 오고 있다(Many people keep moving into the area.)고 했으므로 정답은 (B)이다.

패러프레이징 Many people keep moving into the area. 많은 사람들이 그 지역으로 이사를 오고 있다.
→ **The number of its residents is increasing.** 주민의 수가 증가하고 있다.   정답 (B)

37 What will the woman most likely do tomorrow?
(A) Create a new sign
(B) Arrange another meeting
(C) Purchase extra office supplies
(D) Look around a property

여자는 내일 무엇을 할 것 같은가?
(A) 신규 간판 제작하기
(B) 다른 회의 준비하기
(C) 추가 사무용품 구입하기
(D) 부지 둘러보기

○ 구체적인 정보 파악 - 미래

문제 키워드 | What / will / woman / tomorrow

여자는 내일 웸블리의 신규 마사지숍을 개업할 자리에 가서 그곳을 다시 점검하고 결정이 옳았는지 알아볼 것(I'm going there tomorrow to check it again and to see if we made the right decision.)이라고 했으므로 정답은 (D)이다.   정답 (D)

Questions 38-40 refer to the following conversation with three speakers. 38-40은 다음 세 명의 대화에 관한 문제입니다.

AU
US
BR

M Hi, my name is Neal Wolfe calling from WG Consulting. The conference I was supposed to attend in Singapore has been canceled, so **38** I would like to reschedule the hotel and flight reservations that your travel agency arranged for me.
W1 Certainly, but **39** that requires additional charge.
M Hmm... **39** That's strange. I've never paid any fee for changing my travel arrangements before.
W1 My manager is with me right here. Hold a moment please, and I will check with her. Ms. Torres, a client from WG Consulting would like to rearrange his travel reservations. Is there any charge for that?
W2 WG Consulting has a contract enabling them to make changes with no additional fee as far as a sufficient notice is given. **40** Can you check the original reservation dates?
W1 No problem. **40** He is on the line. I will check with him.

남 안녕하세요, 저는 WG 컨설팅에서 전화드리는 Neal Wolfe입니다. 싱가포르에서 참석하기로 되어 있던 학회가 취소되어서 **38** 당신의 여행사를 통해 예약한 호텔과 항공편 일정을 변경하고 싶습니다.
여1 알겠습니다, 그런데 **39** 추가 요금이 발생합니다.
남 음... **39** 이상하네요. 전에는 여행 일정을 변경할 때 어떤 수수료도 지불한 적이 없습니다.
여1 매니저가 여기에 저와 함께 있습니다. 잠시만 기다려 주시면 그녀에게 확인해 보겠습니다. Torres 씨, WG 컨설팅의 고객이 여행 예약을 재조정하고 싶어 합니다. 그 경우에 요금이 발생하나요?
여2 WG 컨설팅은 여유 있게 통보를 하면 추가 요금 없이 예약을 변경할 수 있는 계약을 맺고 있습니다. **40** 기존 예약 날짜를 확인해 주시겠어요?
여1 그럼요. **40** 그와 통화 중입니다. 그에게 확인해 보겠습니다.

어휘 be supposed to V ~하기로 되어 있다   reschedule 일정을 변경하다   arrange 처리하다   certainly 그럼요, 물론이죠   require 요구하다   additional 추가의   charge 요금   fee 수수료, 요금   rearrange 재조정하다   enable 가능하게 하다   as far as ~하는 한   sufficient 충분한

38 What kind of business do the women work for?
(A) A movie theater
(B) A travel agency
(C) A hotel
(D) An airline

여자들은 어떤 종류의 회사에서 근무하는가?
(A) 영화관
(B) 여행사
(C) 호텔
(D) 항공사

─○ 기본 정보 파악 – 직업/업종 ─

문제 키워드 | What / business / women / work

대화 전반부에 남자가 여자의 여행사(your travel agency)를 통해 예약한 호텔과 항공편 일정을 변경하고 싶다고 했으므로 여자들은 여행사에서 근무한다는 것을 알 수 있다. 따라서 정답은 (B)이다.   정답 (B)

39 What does the man say is strange?
(A) A flight ticket has been misplaced.
(B) An employee does not know about a new policy.
(C) An additional fee is required for a certain service.
(D) A hotel reservation has not been confirmed yet.

남자는 무엇이 이상하다고 말하는가?
(A) 항공권을 잃어버렸다.
(B) 직원이 새로운 정책을 모른다.
(C) 특정 서비스에 추가 요금이 필요하다.
(D) 호텔 예약이 아직 확정되지 않았다.

─○ 구체적인 정보 파악 – 특정 사항 ─

문제 키워드 | What / man / say / strange

추가 요금이 발생한다는 여자1의 말에 남자가 전에는 일정 변경 시 수수료를 지불한 적이 없다(I've never paid any fee ~)고 했다. 따라서 전과 다르게 추가 요금이 발생하는 것이 이상하다는 것이므로 정답은 (C)이다.

어휘 misplace 제자리에 두지 않다   certain 특정한   confirm 확인하다   정답 (C)

40 What type of information will the man need to provide?
(A) The confirmation code
(B) The number of group members
(C) The current address
(D) The reservation dates

남자는 어떤 종류의 정보를 제공해야 할 것인가?
(A) 확인 번호
(B) 그룹 구성원의 수
(C) 현재 주소
(D) 예약 날짜

─○ 구체적인 정보 파악 – 특정 사항 ─

문제 키워드 | What / information / will / man / provide

후반부에 기존 예약 날짜를 확인해 달라(Can you check the original reservation dates?)는 여자2의 말에 그와 통화 중이니 그에게 확인해 보겠다(He is on the line. I will check with him.)고 여자1이 응답하고 있다. 따라서 남자가 제공할 정보는 기존 예약 날짜인 것을 알 수 있으므로 정답은 (D)이다.   정답 (D)

Questions 41-43 refer to the following conversation. 41-43은 다음 대화에 관한 문제입니다.

AU
BR

M **41 Thank you for calling the Warwick Sports Club. How can I help you?**
W Hello, I registered for the everyday morning fitness class that starts next week and I have some questions.
M Sure.
W **42 I wonder if you offer a personal class.** I do not want to participate in competitive team activities, so even if I have to pay more, I want to work out on my own or with my own group of friends. Is there such a personal class that I can take for about an hour?
M There are several private classes on demand. **43 Let me have a look in our computer scheduling system.** I can tell you which classes and instructors are available and at what time.

남: **41** Warwick 스포츠 클럽에 전화 주셔서 감사합니다. 무엇을 도와 드릴까요?
여: 안녕하세요, 저는 다음 주에 시작하는 매일 오전 피트니스 수업을 등록했는데요, 몇 가지 질문이 있어요.
남: 네.
여: **42** 개인 수업을 제공하는지 궁금해요. 저는 경쟁적인 팀 활동에 참여하고 싶지 않아요. 그래서 돈을 더 지불해야 하더라도 혼자서 운동하거나 제 친구들과 그룹으로 운동하고 싶어요. 제가 한 시간 정도 들을 수 있는 이런 개인 수업이 있나요?
남: 맞춤식의 개별 수업이 여러 개 있습니다. **43** 저희 컴퓨터 일정 관리 시스템을 확인해 보겠습니다. 어느 수업과 강사가 언제 가능한지 말씀드릴 수 있습니다.

어휘 register for ~에 등록하다 personal 개인적인 participate in ~에 참여하다 competitive 경쟁적인 work out 운동하다 on my own 혼자서 private 개별적인, 사적인 on demand 요구가 있으면 instructor 강사 available 이용 가능한, 시간이 되는

41 Where does the man most likely work?
(A) At a hotel
(B) At a gym center
(C) At a school
(D) At a travel agency

남자는 어디서 일할 것 같은가?
(A) 호텔에서
(B) 피트니스센터에서
(C) 학교에서
(D) 여행사에서

┌─ 기본 정보 파악 – 직업/업종 ─────────────────────────
│ **문제 키워드 | Where / man / work**
│
│ 전반부 남자의 인사말(Thank you for calling the Warwick Sports Club.)에서 남자가 피트니스센터에서 일하고 있음을 알 수 있으므로 정답은 (B)이다. Thank you for ~ / Welcome to ~ 같은 인사말에서 화자가 일하는 장소나 화자의 직업을 알 수 있다.
│   정답 (B)
└──

42 What is the purpose of the woman's call?
(A) To look for a specific program
(B) To update an itinerary
(C) To make a reservation
(D) To confirm a payment

여자가 전화한 목적은 무엇인가?
(A) 특정 프로그램을 찾기 위해
(B) 여행 일정을 업데이트하기 위해
(C) 예약하기 위해
(D) 납부를 확인하기 위해

┌─ 기본 정보 파악 – 전화 목적 ─────────────────────────
│ **문제 키워드 | What / purpose / woman's call**
│
│ 여자가 전화한 목적을 묻는 문제이다. 전화의 목적은 주로 I'm calling과 같은 표현과 함께 제시되지만, 이 문제의 경우 궁금증을 나타내는 표현인 I wonder if로 언급되었음에 주의하자. 여자가 개인 수업을 제공하는지 궁금하다(I wonder if you offer a personal class.)며 특정 형태의 개인 수업이 있는지 묻고 있으므로 정답은 (A)이다.
│ **어휘** specific 특정한, 구체적인 itinerary 여행 일정표 confirm 확인하다 payment 납부, 지불   정답 (A)
└──

43 What will the man most likely do next?
(A) Speak to an instructor
(B) Transfer a call
(C) Change the time
(D) Check a schedule

남자는 앞으로 무엇을 할 것 같은가?
(A) 강사와 얘기하기
(B) 전화 돌리기
(C) 시간 변경하기
(D) 일정 확인하기

┌─ 구체적인 정보 파악 – 미래 ─────────────────────────
│ **문제 키워드 | What / will / man / next**
│
│ 남자가 다음에 할 일은 후반부 남자의 대사의 미래 표현에서 파악할 수 있다. 후반부에서 남자가 여자의 문의에 대해 컴퓨터 일정 관리 시스템을 확인해 보겠다(Let me have a look in our computer scheduling system.)고 하였으므로 (D)가 정답이다.
│ **패러프레이징** have a look 보다 → check 확인하다   정답 (D)
└──

Questions 44-46 refer to the following conversation. 44-46은 다음 대화에 관한 문제입니다.

M	Hello, my name is Omar Garza from Goodwin Bistro. **44** I'm calling regarding my order for potatoes.
W	OK, sir. How may I help you?
M	The order has just arrived. And **45** I only received 3 boxes of big potatoes, but actually I ordered 8.
W	Hmm... One moment, please. I'll check your invoice on the computer. Oh, that's right. We're very sorry about that.
M	Can I get those other 5 boxes as soon as possible? I really need them today.
W	Well, we can deliver them to you by 4 P.M. today by express shipping. Is that OK, sir?
M	That's perfect. Thank you so much.
W	And, as a token of our apology for the mistake, **46** we'll send you some free boxes of our new sweet potatoes for you to try.

남: 안녕하세요, 저는 Goodwin 식당에서 근무하고 있는 Omar Garza입니다. **44** 제가 주문한 감자 때문에 전화드립니다.
여: 네, 고객님. 무엇을 도와 드릴까요?
남: 주문한 것이 막 도착했습니다. **45** 사실 저는 굵은 감자를 8상자 주문했는데 3상자만 받았습니다.
여: 음… 잠시만요. 컴퓨터로 청구서를 확인해 보겠습니다. 아, 그러네요. 정말로 죄송합니다.
남: 나머지 5상자를 가능한 한 빨리 받을 수 있을까요? 저는 오늘 그것들이 정말로 필요합니다.
여: 음, 빠른 배송으로 오늘 오후 4시까지 배달해 드릴 수 있습니다. 괜찮으신가요, 고객님?
남: 완벽해요. 대단히 감사합니다.
여: 또한, 실수에 대한 사과의 표시로, **46** 시식할 햇고구마를 무료로 몇 상자 보내 드리겠습니다.

어휘 bistro 식당   regarding ~에 관하여   invoice 청구서   express 급행의, 고속의   as a token of ~의 표시로   apology 사과   sweet potato 고구마

44 What type of business is the man calling?
(A) A food supplier
(B) A delivery service
(C) A restaurant
(D) A travel agency

남자는 어떤 종류의 업체에 전화하고 있는가?
(A) 식자재 공급 업체
(B) 배송 업체
(C) 식당
(D) 여행사

○ 기본 정보 파악 - 직업/업종

문제 키워드 | What / business / man / calling

남자가 전화를 건 업체, 즉 여자의 직종을 묻는 문제다. 대화 전반부에서 남자는 주문한 감자 때문에(regarding my order for potatoes) 연락했다고 했으므로 여자는 식자재를 납품하는 업체에서 근무함을 알 수 있다. 따라서 정답은 (A)이다.   정답 (A)

45 According to the man, what is the problem?
(A) An order is filled incompletely.
(B) Some items went to a wrong place.
(C) No delivery truck is available.
(D) Some products are sold out.

남자의 말에 따르면, 무엇이 문제인가?
(A) 주문이 불완전하게 처리되었다.
(B) 일부 상품이 잘못된 장소로 배송되었다.
(C) 배달 트럭의 사용이 불가능하다.
(D) 일부 제품이 매진되었다.

○ 구체적인 정보 파악 - 문제점

문제 키워드 | man / what / problem

남자가 말한 문제점을 묻는 문제이다. 남자가 굵은 감자를 8상자 주문했는데 3상자만 받았다(I only received 3 boxes of big potatoes, but actually I ordered 8.)고 했으므로 주문한 것이 제대로 오지 않았음을 알 수 있다. 따라서 정답은 (A)이다.

패러프레이징 only received 3 boxes ~ but actually I ordered 8 8상자 주문했는데 3상자만 받았다
→ An order is filled incompletely. 주문이 불완전하게 처리되었다.

어휘 fill (주문대로) 이행하다   incompletely 불완전하게   wrong 잘못된, 틀린   available 이용할 수 있는   sold out 매진된   정답 (A)

46 What does the woman say she will offer for free?
(A) A delivery service
(B) A recipe book
(C) Advice on diet and nutrition
(D) Food samples

여자는 무엇을 무료로 제공할 것이라고 말하는가?
(A) 배달 서비스
(B) 요리책
(C) 식습관과 영양에 대한 조언
(D) 식품 샘플

○ 구체적인 정보 파악 - 특정 사항

문제 키워드 | What / woman / say / offer / free

후반부 여자의 대사 중 핵심 키워드인 free가 언급되는 곳에 집중한다. 여자가 남자에게 사과의 표시로 시식할 햇고구마를 무료로 몇 상자(some free boxes of our new sweet potatoes for you to try) 보내 주겠다고 했으므로 정답은 (D)이다.

패러프레이징 new sweet potatoes ~ to try 시식할 햇고구마 → Food samples 식품 샘플

어휘 recipe 요리법   advice 조언   diet 식사, 식습관   nutrition 영양   정답 (D)

Questions 47-49 refer to the following conversation. 47-49는 다음 대화에 관한 문제입니다.

AU
BR

M   Darlene Jones, **47 I phoned you to talk about the report on the sales of our firm's new fruit juice drinks.**
W   Hello, Lonnie. I hope you have some good news.
M   Well, **48 I'm afraid that you might be disappointed with the figures.** The sports celebrity endorsement for the drinks didn't increase the sales.
W   Hmm... I believe it's time to talk about other ways of advertising.
M   **49 Shouldn't we consider putting more effort into social media advertising?** For instance, we could reward customers who post photos of themselves drinking our products at various places.
W   Yeah, that's a good idea. That will surely work for us as most people nowadays use social media very often.

남: Darlene Jones 씨, 47 우리 회사의 새 과일 주스의 매출 보고서에 관해 이야기하기 위해 전화했습니다.
여: 안녕하세요, Lonnie 씨. 당신이 좋은 소식을 가지고 있길 바랍니다.
남: 음, 48 유감이지만 수치에 실망하실 것 같습니다. 유명 운동선수의 주스 홍보가 매출을 증가시키지 못했습니다.
여: 음… 다른 광고 방법에 대해 이야기할 시간인 것 같습니다.
남: 49 소셜 미디어 광고에 더 많은 노력을 쏟아야 하지 않을까요? 예를 들어, 우리는 다양한 곳에서 우리 제품을 마시는 사진을 게시한 고객들에게 보상하는 겁니다.
여: 네, 좋은 생각이네요. 대부분의 사람들이 요즘 소셜 미디어를 굉장히 자주 사용하기 때문에 그건 분명히 효과가 있을 거예요.

[어휘] firm 회사   be disappointed with ~에 실망하다   figure 수치, 숫자   celebrity 유명 인사   endorsement 홍보, 지지   increase 증가시키다   advertising 광고   consider 고려하다   reward 보상하다   post 게시하다   various 다양한   surely 확실히   nowadays 요즘

47 What type of product is being discussed?
(A) Household appliances
(B) Office supplies
(C) Soft drinks
(D) Sports wear

어떤 종류의 제품이 논의되고 있는가?
(A) 가전제품
(B) 사무용품
(C) 음료
(D) 운동복

─○ 기본 정보 파악 – 주제 ─

문제 키워드 | What / products / discussed

대화 주제를 묻는 문제이므로 전반부에 집중한다. 남자의 첫 대사에서 새 과일 주스의 매출 보고서에 관해 이야기하기 위해 전화했다(I phoned you to talk about the report on the sales of our firm's new fruit juice drinks.)고 했으므로 정답은 (C)이다.

[패러프레이징] fruit juice drinks 과일 주스 → **Soft drinks** 음료

정답 (C)

48 According to the man, what information probably makes the woman disappointed?
(A) A sports celebrity will retire.
(B) An event was canceled.
(C) Some figures are lower than expected.
(D) Advertising costs went up significantly.

남자의 말에 따르면, 어떤 정보가 여자를 실망시키는가?
(A) 유명한 운동선수가 은퇴할 것이다.
(B) 행사가 취소되었다.
(C) 수치가 예상보다 낮다.
(D) 광고비가 크게 올랐다.

─○ 구체적인 정보 파악 – 특정 사항 ─

문제 키워드 | man / what information / makes / woman / disappointed

새 과일 주스의 매출과 관련하여 좋은 소식을 기대하는 여자에게 남자가 유감이지만 수치에 실망할 것 같다(I'm afraid that you might be disappointed with the figures.)고 했으므로 정답은 (C)이다.

[어휘] retire 은퇴하다   cost 비용   go up 오르다   significantly 상당히

정답 (C)

49 What does the man suggest the company do?
(A) Use social media for advertising
(B) Increase the marketing budget
(C) Search for a new contractor
(D) Conduct a customer survey

남자가 회사에서 하도록 제안한 것은 무엇인가?
(A) 광고를 위해 소셜 미디어 이용하기
(B) 마케팅 예산 늘리기
(C) 새로운 계약자 찾기
(D) 고객 설문 조사 실시하기

─○ 구체적인 정보 파악 – 제안/요청 ─

문제 키워드 | What / man / suggest / company

후반부 남자의 대사에서 소셜 미디어 광고에 더 많은 노력을 쏟아야 하지 않냐(Shouldn't we consider putting more effort into social media advertising?)고 말하며, 광고를 위해 소셜 미디어를 이용할 것을 제안하고 있으므로 정답은 (A)이다.

[패러프레이징] putting more effort into social media advertising 소셜 미디어 광고에 더 많은 노력을 쏟다
→ **Use social media for advertising** 광고를 위해 소셜 미디어 이용하기

정답 (A)

Questions 50-52 refer to the following conversation. 50-52는 다음 대화에 관한 문제입니다.

US
US

M Sarah, **50/51** do you have a minute to talk about some complaints we received recently from our customers? They are not pleased with the long wait time to be connected to one of our representatives to inquire about their credit card.

W Alright. Since we started our new ad campaign, **51** our customer service representatives have been receiving much higher volumes of calls from customers than before. So, the wait time's getting even worse.

M I see. Should we hire more staff to solve this issue?

W Yeah, I think we should. And also, processing payments tends to take too much time. **52** Should we install a system that allows customers to make payments over the phone? Customers' payment information can be automatically processed by the system, and it would enable our representatives to handle other work.

남: Sarah 씨, **50/51** 최근 고객들에게 받은 불만 사항들에 대해서 이야기를 나눌 시간이 있으신가요? 신용카드에 대해 문의하기 위해 상담원에게 연결되는 데 걸리는 대기 시간이 길어서 불만족스러워하고 있어요.

여: 맞아요. 우리가 새로운 광고 캠페인을 시작한 이래로, **51** 우리 고객 서비스 상담원들은 이전보다 훨씬 더 많은 양의 고객 전화를 받고 있어요. 그래서 대기 시간이 점점 길어지고 있어요.

남: 알겠어요. 이러한 문제를 해결하기 위해 직원들을 추가로 고용해야 할까요?

여: 네, 그래야 한다고 생각합니다. 또한 결제를 처리하는 데도 많은 시간이 걸리는 것 같아요. **52** 소비자들이 전화로 결제를 할 수 있는 시스템을 설치해야 할까요? 시스템으로 고객의 결제 정보가 자동으로 처리될 수 있고, 그럼 저희 직원들은 다른 업무를 처리할 수 있을 거예요.

어휘 complaint 불만, 항의 recently 최근에 be pleased with ~에 만족하다, 기뻐하다 connect 연결하다 representative 직원 inquire about ~에 관하여 묻다 a high volume of 많은 get worse 악화되다 solve 해결하다 issue 문제 process 처리하다 payment 지불 allow 가능하게 하다, 허용하다 automatically 자동적으로 enable 할 수 있게 하다 handle 처리하다

50 What are the speakers mainly talking about?
(A) A presentation to make
(B) New phone service plans
(C) Findings from a survey
(D) Some recent customer complaints

화자들은 주로 무엇에 대해서 이야기를 나누고 있는가?
(A) 해야 할 발표
(B) 새로운 전화 요금제
(C) 설문 조사 결과
(D) 고객들의 최근 불만 사항

○ 기본 정보 파악 - 주제

문제 키워드 | What / speakers / talking

남자가 첫 대사에서 최근 고객들에게 받은 불만 사항들(some complaints we received recently from our customers)에 대해서 이야기를 나눌 시간이 있는지 물었고, 계속해서 고객 불만 사항과 관련된 대화가 이어지고 있으므로 정답은 (D)이다. 정답 (D)

51 What department do the speakers most likely work in?
(A) Maintenance   (B) Personnel
(C) Customer service   (D) Product development

화자들은 어떤 부서에서 근무하고 있을 것 같은가?
(A) 관리   (B) 인사
(C) 고객 서비스   (D) 제품 개발

○ 기본 정보 파악 - 직업/업종

문제 키워드 | What department / speakers / work

화자들의 직업/업종과 관련된 단서는 주로 전반부에 언급된다. 남자가 최근 고객에게 받은 불만 사항에 대해 이야기를 나눌 시간이 있냐고 물었고, 여자는 우리 고객 서비스 상담원들은 고객들에게 이전보다 훨씬 더 많은 양의 전화를 받고 있다(our customer service representatives have been receiving much higher volumes of calls ~.)고 했다. 이를 통해 화자들은 고객 서비스 관련 부서에서 근무하고 있음을 유추할 수 있으므로 정답은 (C)이다. 정답 (C)

52 What does the woman suggest?
(A) Extending work hours
(B) Using an automated system
(C) Rewarding some employees
(D) Purchasing more telephones

여자가 제안한 것은 무엇인가?
(A) 근무 시간을 연장하는 것
(B) 자동화된 시스템을 사용하는 것
(C) 몇몇 직원들에게 보상하는 것
(D) 전화기를 더 구매하는 것

○ 구체적인 정보 파악 - 제안/요청

문제 키워드 | What / woman / suggest

후반부에서 여자가 전화로 결제를 할 수 있는 시스템을 설치하는 것에 대해 물으며, 그 시스템으로 고객의 결제 정보가 자동으로 처리될 수 있다(Customers' payment information can be automatically processed by the system,)고 했으므로, 여자는 자동화된 시스템 사용을 제안하고 있음을 알 수 있다. 따라서 정답은 (B)이다. 정답 (B)

Questions 53-55 refer to the following conversation. 53-55는 다음 대화에 관한 문제입니다.

AU / US

M OK, Ms. Foster. 53 Here's the key for your room. It's 318 – just to the left after getting off the elevator. 53 I hope you enjoy your stay at Ferguson Inn.
W Thank you. 54 I'm here in the city for a convention, but it seems I can have a little free time. It's my first time visiting this city.
M Alright, 54 I would recommend you go to the Royal History Gallery. It's well known for its large collection of 18th-century sculptures and paintings.
W That sounds interesting. I love to see historical art pieces.
M 55 If you purchase your ticket on the Internet, you'll be able to get a 20% discount.
W That's nice. Thank you for the great information.

남: 네, Foster 씨. 53 여기 귀하의 객실 열쇠가 있습니다. 318호입니다. 엘리베이터에서 내리자마자 바로 왼쪽에 있습니다. 53 Ferguson 호텔에서 즐거운 시간 보내시기를 바랍니다.
여: 감사합니다. 54 저는 회의 때문에 이 도시를 방문했는데 자유 시간이 좀 있을 것 같아요. 이 도시를 처음 방문했어요.
남: 알겠습니다. 54 왕립 역사 미술관을 방문하는 것을 추천 드립니다. 18세기의 조각과 그림을 많이 소장한 것으로 유명합니다.
여: 재미있겠네요. 저는 역사적인 예술 작품을 감상하는 것을 매우 좋아합니다.
남: 55 인터넷으로 입장권을 구매하시면 20퍼센트 할인을 받으실 수 있습니다.
여: 좋네요. 좋은 정보를 주셔서 감사합니다.

어휘 get off 내리다 | convention 총회, 협의회 | recommend 추천하다 | royal 국왕의, 왕실의 | well known for ~로 잘 알려진 | collection 수집품, 소장품 | sculpture 조각 | painting 그림 | historical 역사적인 | art piece 예술 작품 | purchase 구매하다 | information 정보

53 Where most likely are the speakers?
(A) In an art supply store
(B) In a museum
(C) In a hotel
(D) In a cinema

화자들은 어디에 있을 것 같은가?
(A) 화방에
(B) 박물관에
(C) 호텔에
(D) 극장에

─○ 기본 정보 파악 – 장소 ─
문제 키워드 | Where / speaker
대화 전반부에 남자가 상대방에게 객실 열쇠를 주면서(Here's the key for your room.) Ferguson 호텔에서 즐거운 시간 보내기를 바란다(I hope you enjoy your stay at Ferguson Inn.)고 했으므로 정답은 (C)이다.

[패러프레이징] Ferguson Inn Ferguson 호텔 → a hotel 호텔

정답 (C)

54 Why does the woman say, "It's my first time visiting this city"?
(A) To excuse a mistake
(B) To ask for a recommendation
(C) To express her excitement
(D) To delay an appointment

여자는 왜 "이 도시를 처음 방문했어요"라고 말하는가?
(A) 실수에 대해 변명하기 위해
(B) 추천을 요청하기 위해
(C) 그녀의 기쁨을 표현하기 위해
(D) 약속을 미루기 위해

─○ 신유형 – 화자의 의도 파악 ─
문제 키워드 | Why / woman / say / "It's the first time I visit this city"
여자는 회의 때문에 이 도시를 방문했는데 약간의 자유 시간이 있을 것 같다(it seems I can have a little free time.)면서 해당 문장을 언급하였고, 이에 대해 남자는 왕립 역사 미술관을 추천한다(I would recommend you go to the Royal History Gallery.)고 하였다. 즉, 여자는 시간을 보낼 만한 장소의 추천을 간접적으로 요청한 것이므로 정답은 (B)이다.

어휘 excuse 용서하다 | recommendation 추천 | express 표현하다 | excitement 기쁨 | delay 미루다 | appointment 약속

정답 (B)

55 Why does the man suggest purchasing a ticket online?
(A) It is much quicker.
(B) It is cheaper.
(C) It is accessible 24 hours.
(D) It is easy to use.

남자는 왜 입장권을 온라인에서 구매하는 것을 추천하는가?
(A) 훨씬 더 빠르다.
(B) 더 저렴하다.
(C) 24시간 접속이 가능하다.
(D) 사용하기 쉽다.

─○ 구체적인 정보 파악 – 이유/원인 ─
문제 키워드 | Why / man / suggest / purchasing / ticket / online
남자는 인터넷으로 입장권을 구매하면 20퍼센트 할인을 받을 수 있다(If you purchase your ticket on the Internet, you'll be able to get a 20% discount.)는 장점을 언급하였으므로 정답은 (B)이다.

[패러프레이징] get a 20% discount 20퍼센트 할인받다 → cheaper 더 저렴한

어휘 accessible 접근 가능한, 이용 가능한

정답 (B)

Questions 56-58 refer to the following conversation with three speakers. 56-58은 다음 세 명의 대화에 관한 문제입니다.

US
BR
US

M   Hello, Stella and Jodi. **56** It's good to see you all again at this management seminar.
W1 Nice to see you, Julian. I think we haven't seen you since the last company-wide conference, right? How have you been?
M   I've been quite busy recently. **57** I heard your division is working on our company's new Web site. How is it going?
W2 Well, it's almost done. **57** We are in the final stage of the project. The new one will be a lot faster than the current one.
M   That'd be nice. **58** I was in charge of reviewing the comments from the users this quarter. Many of them who participated in the survey indicated it tends to be too slow.

남: 안녕하세요, Stella 씨, Jodi 씨. **56** 이번 경영 세미나에서 여러분들을 다시 만나 뵙게 되어 기쁩니다.
여1: 반갑습니다, Julian 씨. 지난번 전사 회의 이후로 당신을 못 뵌 것 같아요, 그렇죠? 어떻게 지내셨어요?
남: 저는 최근에 정말 바빴어요. **57** 저는 당신들의 부서가 회사의 새로운 웹사이트 작업을 하고 있다고 들었어요. 어떻게 진행되고 있나요?
여2: 음, 거의 다 됐어요. **57** 저희는 프로젝트의 최종 단계에 있어요. 새로운 웹사이트는 지금의 웹사이트보다 속도가 훨씬 더 빠를 거예요.
남: 좋을 것 같네요. 저는 이번 분기에 **58** 사용자 의견 검토를 담당했었어요. 설문 조사에 참여한 많은 분들이 웹사이트가 너무 느린 경향이 있다고 했어요.

어휘 management 경영 company-wide 회사 전반의 conference 회의, 학회 division 부서 current 현재의 be in charge of ~을 담당하다 review 검토하다 comment 의견 quarter 분기 participate in ~에 참가하다 indicate 나타내다, 보여 주다 tend to V ~하는 경향이 있다

56 Where most likely are the speakers?
(A) At a company-wide conference
(B) At a management seminar
(C) At an art exposition
(D) At a new employee orientation

화자들은 어디에 있는 것 같은가?
(A) 전사 회의에
(B) 경영 세미나에
(C) 예술 전시회에
(D) 신입 사원 오리엔테이션에

기본 정보 파악 – 장소

문제 키워드 | Where / speakers
대화 장소를 묻는 문제이므로 대화 전반부에 집중한다. 대화 전반부에 남자가 두 여자에게 이번 경영 세미나에서 다시 만나게 되어 기쁘다(It's good to see you all again at this management seminar.)고 했으므로 정답은 (B)이다.   정답 (B)

57 What project are the speakers discussing?
(A) A Web site improvement
(B) A work hour reporting system
(C) A new marketing campaign
(D) An office expansion

화자들은 어떤 프로젝트에 대해 논의하고 있는가?
(A) 웹사이트 개선
(B) 근무 시간 보고 시스템
(C) 새로운 마케팅 캠페인
(D) 사무실 확장

기본 정보 파악 – 주제

문제 키워드 | What project / discussing
남자가 여자들에게 당신들의 부서가 회사의 새로운 웹사이트 작업을 하고 있다(working on our company's new Web site)고 들었다며 진행 상황을 묻자, 여자2가 프로젝트의 최종 단계에 있다(We are in the final stage of the project.)며 전보다 속도가 훨씬 더 빨라질 거라고 했으므로 웹사이트 개선에 관한 프로젝트임을 알 수 있다. 따라서 정답은 (A)이다.

어휘 improvement 개선, 향상 expansion 확장   정답 (A)

58 What does the man say he was responsible for?
(A) Arranging quarterly seminars
(B) Analyzing user comments
(C) Redesigning a customer survey
(D) Holding job interviews

남자는 무엇을 담당했다고 말하는가?
(A) 분기별 세미나 준비
(B) 사용자 의견 분석
(C) 고객 설문 조사 재설계
(D) 취업 면접 진행

구체적인 정보 파악 – 특정 사항

문제 키워드 | What / man / responsible
남자가 말한 것을 묻는 문제이므로 남자의 대사에 집중한다. 후반부 남자의 대사에서 사용자 의견 검토를 담당했었다(I was in charge of reviewing the comments from the users)고 했으므로 정답은 (B)이다.

패러프레이징 reviewing the comments from the users 사용자 의견 검토 → Analyzing user comments 사용자 의견 분석

어휘 be responsible for ~에 책임이 있다 quarterly 분기별 analyze 분석하다 redesign 재설계하다   정답 (B)

Questions 59-61 refer to the following conversation. 59-61은 다음 대화에 관한 문제입니다.

M: Hi, Brandy. Mr. Horton phoned this afternoon. He stopped by the construction site this morning to check how our project is going, and 59 he said everything is okay except for the exterior wall. He'd like to have the wall painted in white rather than gray.
W: Did he? That is the paint he picked out in our office last week.
M: Well, he was not happy with how it looks, so he decided to choose a new one. 60 I placed an order, but I don't think it will be here until next week.
W: But, according to the contract, the project has to be completed no later than this week.
M: Yeah, that's right. 61 I'm going to call him right now to extend the deadline.

남: 안녕하세요, Brandy 씨. Horton 씨가 오늘 오후에 전화했어요. 그는 우리 프로젝트가 어떻게 진행되고 있는지 확인하기 위해 오늘 아침에 공사 현장에 잠시 들렀는데, 59 외벽을 제외하고 모든 것이 괜찮다고 했습니다. 그는 외벽을 회색 대신 흰색으로 페인트칠하고 싶어 해요.
여: 그가 그랬어요? 그건 지난주에 우리 사무실에서 그가 고른 페인트예요.
남: 음, 그는 색상이 마음에 들지 않아서 새로운 색상으로 하기로 결정했어요. 60 제가 주문을 했는데, 이번 주 안에 도착할 것 같지 않아요.
여: 그렇지만 계약서에 따르면, 프로젝트는 늦어도 이번 주까지는 완료되어야 해요.
남: 네, 맞아요. 61 제가 지금 그에게 전화해서 기한을 연장할 거예요.

어휘 | phone 전화하다 stop by ~에 잠시 들르다 construction 건설, 공사 site 현장 check 확인하다 except for ~을 제외하고는 exterior 외부의 paint 페인트; 페인트칠하다 pick out ~을 선택하다 decide to V ~하기로 결정하다 choose 선택하다 place an order 주문하다 contract 계약(서) complete 완성하다 no later than 늦어도 ~까지는 extend 연장하다, 늘리다 deadline 기한, 마감일

59 What was a client unhappy with about the exterior wall?
(A) Its size
(B) Its material
(C) Its color
(D) Its cost

고객이 외벽에 대해서 불만이었던 것은 무엇인가?
(A) 크기
(B) 자재
(C) 색상
(D) 가격

━━○ 구체적인 정보 파악 – 특정 사항 ━━━

문제 키워드 | What / client / unhappy / exterior wall

exterior wall을 핵심 키워드로 잡고 문제를 풀어야 한다. Horton 씨가 진행 상황을 확인하기 위해 공사 현장에 들렀는데 외벽을 회색 대신 흰색으로 페인트칠하고 싶어 한다(He'd like to have the wall painted in white rather than gray.)고 했으므로, 고객이 외벽 색상에 불만이 있다는 것을 알 수 있다. 따라서 정답은 (C)이다.

정답 (C)

60 What does the woman imply when she says, "the project has to be completed no later than this week"?
(A) She will need additional construction materials.
(B) She has to ask workers to put in overtime.
(C) She is concerned about meeting a deadline.
(D) She believes some information is wrong.

여자가 "프로젝트는 늦어도 이번 주까지는 완료되어야 해요"라고 말할 때 의미하는 것은 무엇인가?
(A) 추가 건설 자재가 필요할 것이다.
(B) 직원들에게 추가 근무를 요청해야 한다.
(C) 마감일을 맞추는 것에 대해 걱정한다.
(D) 일부 정보가 잘못되었다고 생각한다.

━━○ 신유형 – 화자의 의도 파악 ━━━

문제 키워드 | What / woman / imply / "the project has to be completed no later than this week"

화자의 의도 파악 문제는 해당 문장과 앞뒤 문맥을 종합하여 답을 찾아야 한다. 앞서 남자가 새로운 색상의 페인트를 주문했는데, 이번 주 안에 도착할 것 같지 않다(I placed an order, but I don't think it will be here until next week.)고 하자, 여자가 프로젝트는 늦어도 이번 주까지는 완료되어야 한다(the project has to be completed no later than this week)고 말한 것이다. 이번 주 안에 주문한 페인트가 오지 않으면 마감일을 못 맞추게 되므로 여자는 마감일을 걱정하고 있음을 알 수 있다. 따라서 정답은 (C)이다.

어휘 | additional 추가의 material 재료, 자재 overtime 초과 근무, 야근 be concerned about ~에 대해서 걱정하다

정답 (C)

61 What does the man say he is going to do?
(A) Close a deal
(B) Revise a contract
(C) Place an order
(D) Get in touch with a client

남자는 무엇을 할 것이라고 말하는가?
(A) 계약 체결하기
(B) 계약서 수정하기
(C) 주문하기
(D) 고객과 연락하기

─○ 구체적인 정보 파악 - 미래 ──────────────

문제 키워드 | What / man / say / going to do

남자가 말한 미래 정보를 묻는 문제이므로 대화의 후반부 남자의 말에서 정답을 찾는다. 남자의 마지막 대사에서 지금 그에게 전화할 것(I'm going to call him right now)이라고 했는데, 여기서 him은 프로젝트 의뢰인인 Horton 씨이므로 정답은 (D)이다.

패러프레이징 call 전화하다 → **Get in touch** 연락하다

어휘 close a deal 계약을 체결하다   revise 수정하다   get in touch with ~와 연락하다

정답 (D)

Questions 62-64 refer to the following conversation and seating chart. 62-64는 다음 대화와 좌석 배치도에 관한 문제입니다.

W Hello, Bryant. **62** I'm trying to book our tickets for the opera now. Do you have any seating preference?
M Well, I normally book a seat close to the front, near the stage so I can see the performance better.
W Yeah, **63** there are still a few seats left in the front row, on the left side, far from the exit.
M Perfect. Why don't we leave early to park our car?
W Hmm, **64** how about taking the subway? That way, we won't need to worry about finding a parking space.

여: 안녕하세요, Bryant 씨. **62** 제가 지금 우리 오페라 티켓을 예매하려고 해요. 원하시는 좌석이 있나요?
남: 음, 저는 보통 무대 근처의 앞쪽 좌석을 예매해요. 그러면 공연이 더 잘 보이거든요.
여: 네, **63** 출구에서 멀리 떨어진 왼쪽 앞줄에 좌석이 몇 개 남아 있네요.
남: 완벽해요. 주차를 위해 빨리 출발하는 게 어때요?
여: 음, **64** 지하철을 타는 것은 어떨까요? 그러면 주차 공간을 찾으려고 걱정하지 않아도 되잖아요.

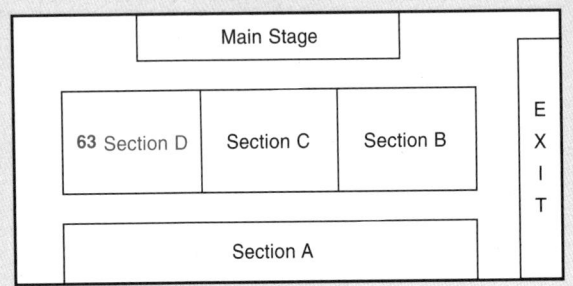

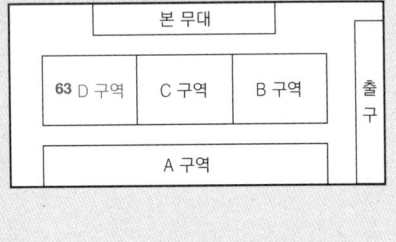

어휘 book 예약하다　seating 좌석　preference 선호　normally 일반적으로　close to ~에 가까운　stage 무대　performance 공연　row 열　far from ~에서 멀리　exit 출구　worry 걱정하다　parking space 주차 공간

62 What is the woman trying to do?
(A) Register for a trade fair
(B) Book a flight for a business trip
(C) Purchase tickets for a concert
(D) Make a room reservation

여자는 무엇을 하려고 하고 있는가?
(A) 무역 박람회 신청
(B) 출장 항공편 예약
(C) 콘서트 티켓 구매
(D) 객실 예약

─○ 구체적인 정보 파악 – 특정 사항 ─

문제 키워드 | **What / woman / trying**

여자가 하려는 일을 묻는 문제로, 여자의 대사에 집중한다. 대화 전반부에 여자가 오페라 티켓을 예매하려고 한다(I'm trying to book our tickets for the opera now.)고 했으므로 정답은 (C)이다.

패러프레이징 **book our tickets for the opera** 오페라 티켓을 예매하다
→ **Purchase tickets for a concert** 콘서트 티켓 구매

어휘 register for ~에 등록하다, 신청하다　make a reservation 예약하다

정답 (C)

63 Look at the graphic. Which seat will the speakers reserve?
(A) Section A
(B) Section B
(C) Section C
(D) Section D

─○ 신유형 – 시각 자료 연계 ─────────────────────────

문제 키워드 | graphic / Which seat / speakers / reserve

먼저 보기와 시각 자료의 관계를 파악해야 한다. 시각 자료는 좌석 배치도로, 보기에는 구역 명이 제시되어 있는 것으로 보아 담화에서는 화자들이 원하는 구역의 위치에 대한 정보가 언급될 것이 예상된다. 남자가 보통 앞쪽 좌석을 예매한다고 하자, 여자는 출구에서 멀리 떨어진 왼쪽 앞줄에 좌석이 몇 개 남아 있다(there are still a few seats left side, in the front row, on the left far from the exit.)고 하였다. 따라서 시각 자료에서 출구와 멀리 떨어진 왼쪽 앞줄을 찾으면 (D)가 정답이다.

정답 (D)

---

64 What suggestion does the woman make?
(A) Use public transportation
(B) Arrive early at a venue
(C) Share a car from the office
(D) Check a location in advance

─○ 구체적인 정보 파악 – 제안/요청 ─────────────────────

문제 키워드 | What suggestion / woman / make

여자가 제안한 것이 무엇인지를 묻는 문제로, 후반부 여자의 제안 표현에서 정답을 찾는다. 주차를 위해 일찍 출발하자는 남자의 말에 여자는 지하철을 타는 것이 어떠냐(how about taking the subway?)며 대중교통을 이용하는 것을 제안하고 있다. 따라서 정답은 (A)이다.

패러프레이징 taking the subway 지하철을 타는 것 → **Use public transportation** 대중교통 이용하기

어휘 public transportation 대중교통 venue (행사) 장소 share 공유하다 in advance 사전에, 미리

정답 (A)

Questions 65-67 refer to the following conversation and bill. 65-67은 다음 대화와 계산서에 관한 문제입니다.

W Hi, Mr. Kim. The pictures you asked us to frame are ready for pickup. You're here for them, right?
M Oh, thanks. I knew it was such short notice, but **65** I wanted to donate them to a charity auction this Saturday.
W That sounds great. I hope the framed pictures help raise enough funds for the charity. Let me give you the bill.
M Thank you. Hmm... I think it seems to have an error. I didn't have four pictures framed, only three. **66** The charge for a 9 inch by 9 inch frame doesn't seem to be one of them.
W Oh, sorry. There seems to be a mistake. **66** I'll remove that and print a new bill for you. In the meantime, **67** let one of my coworkers take the pictures out to your vehicle.
M That'd be nice. Thank you.

여: 안녕하세요, Kim 씨. 저희에게 액자 제작을 요청하신 그림들이 준비되었습니다. 그것 때문에 오셨죠, 그렇죠?
남: 오, 감사합니다. 급하게 말씀드렸다는 것을 알았지만 저는 이번 주 토요일 **65** 자선 경매에 그 그림들을 기부하고 싶었어요.
여: 멋지네요. 액자들이 자선 경매에서 충분한 기금을 모으는 데 도움이 되기를 바랍니다. 계산서를 드릴게요.
남: 감사합니다. 음… 오류가 있는 것 같아요. 저는 그림 4장이 아닌 3장의 액자 제작을 요청했습니다. **66** 9X9인치 액자의 요금은 아닌 것 같아요.
여: 오, 죄송합니다. 착오가 있는 것 같습니다. **66** 그것을 제외하고 새 계산서를 인쇄해 드리겠습니다. 그동안 **67** 제 동료가 액자들을 당신의 차로 옮겨 드리게 하겠습니다.
남: 좋습니다. 감사합니다.

Service Bill	
Size of Frame	Charge
22 X 19 inch	$63
13 X 35 inch	$45
66 9 X 9 inch	$37
5 X 8 inch	$25
Total	$170

서비스 계산서	
액자 크기	요금
22X19인치	63달러
13X35인치	45달러
66 9 X 9인치	37달러
5 X 8인치	25달러
총액	170달러

어휘 frame 액자; 액자에 넣다 short notice 촉박한 통보 donate 기부하다 charity auction 자선 경매 raise (자금을) 모으다 enough 충분한 fund 기금, 자금 charge 요금 remove 제거하다 coworker 동료 vehicle 차량

65 What does the man say he will do with the framed pictures?
(A) Decorate his house
(B) Donate them to an event
(C) Give them to a friend as a gift
(D) Display them in a store

남자는 액자에 넣은 그림으로 무엇을 할 것이라고 말하는가?
(A) 그의 집 장식하기
(B) 행사에 기부하기
(C) 친구에게 선물로 주기
(D) 상점에 진열하기

> **구체적인 정보 파악 - 특정 사항**
>
> **문제 키워드** | What / man / say / will / framed pictures
>
> 남자가 말한 것을 묻는 문제이므로 남자의 말에 집중한다. 요청한 액자 제작이 완료되었다는 여자의 말에 남자는 자선 경매에 그 그림들을 기부하고 싶었다(I wanted to donate them to a charity auction)고 했으므로 정답은 (B)이다.
>
> **패러프레이징** a charity auction 자선 경매 → an event 행사
>
> **어휘** decorate 장식하다 display 진열하다
>
> 정답 (B)

66 Look at the graphic. Which amount will be taken out from the bill? 시각 자료를 보시오. 계산서에서 얼마가 빠질 것인가?

(A) $63 (A) 63달러
(B) $45 (B) 45달러
(C) $37 (C) 37달러
(D) $25 (D) 25달러

○ 신유형 - 시각 자료 연계

문제 키워드 | graphic / Which amount / taken out / bill

시각 자료 연계 문제는 대화를 듣기 전에 시각 자료와 보기 사이의 관계를 먼저 파악한 후 단서가 어떤 식으로 대화 속에서 제시될지 예측해야 한다. 보기에 요금이 제시되어 있으므로 대화 속에서 액자 크기가 제시될 것임을 예측할 수 있다. 대화의 중반부에서 남자가 착오가 있는 것 같다며 9X9인치 액자 요금은 아닌 것 같다(The charge for a 9 inch by 9 inch frame doesn't seem to be one of them.)고 했고, 여자가 그것을 제외하고 새 계산서를 인쇄해 주겠다(I'll remove that and print a new bill for you.)고 했으므로, 9X9인치 액자 요금이 계산서에서 제외될 것임을 알 수 있다. 시각 자료에서 9X9인치 액자의 요금은 37달러이므로 정답은 (C)이다.

정답 (C)

---

67 What does the woman say her coworker will do? 여자는 그녀의 동료가 무엇을 할 거라고 말하는가?

(A) Print out some information (A) 정보 출력하기
(B) Move some items to a car   (B) 물품을 차로 옮기기
(C) Give the man a survey sheet (C) 남자에게 설문지 주기
(D) Put the man's name on a list (D) 남자의 이름을 목록에 올리기

○ 구체적인 정보 파악 - 미래

문제 키워드 | What / woman / say / coworker / will

여자가 한 말을 묻는 문제이므로 여자의 대사에 집중한다. 후반부 여자의 대사에서 동료가 액자들을 차로 옮겨 주도록 하겠다(let one of my coworkers take the pictures out to your vehicle.)고 했으므로 정답은 (B)이다.

[패러프레이징] take the pictures out to your vehicle 액자들을 차로 옮기다
→ Move some items to a car 물품을 차로 옮기기

정답 (B)

Questions 68-70 refer to the following conversation and schedule. 68-70은 다음 대화와 일정표에 관한 문제입니다.

W It was great to speak with our company president at the staff meeting.
M Yes, it was. **68** Our company is growing rapidly, so the expansion plan has to be well organized for everyone.
W Oh! I almost forgot to tell you that I reviewed your e-mail about the opening schedules for our new branch offices. **69** The office in South Park is behind schedule, so it has to be revised.
M Alright. What's the reason?
W **70** The construction work has been delayed by several storms and heavy snow. They asked us to change the schedule to sometime in late September.
M That shouldn't be a problem, and we can have extra time to search for new employees.

To	Sutton, Kristi
From	Torres, Roger
Office location	**Opening schedule**
Kenton City	March 9
Devon	April 14
Wanstead	June 21
69 South Park	July 10

여: 직원회의에서 회사의 대표와 이야기하여 매우 좋았어요.
남: 네, 맞아요. **68** 우리 회사는 빠르게 성장하고 있어서 모두를 위해 확장 계획을 잘 준비해야 해요.
여: 오! 우리 신규 지점 사무실들의 개점 일정에 관한 당신의 이메일을 검토했다고 말하는 것을 잊을 뻔했네요. **69** 사우스 파크의 사무실은 일정이 늦어지고 있어서 그것이 수정되어야 해요.
남: 알겠어요. 이유가 무엇인가요?
여: **70** 건설 작업이 여러 차례의 폭풍과 폭설로 지연됐어요. 그들은 9월 말쯤으로 일정을 변경할 것을 요청했어요.
남: 그건 문제가 없을 것이고, 신입 직원들을 찾기 위한 시간이 추가로 생기겠네요.

수신	Sutton, Kristi
발신	Torres, Roger
사무실 위치	**개점 일정**
켄톤 시티	3월 9일
데본	4월 14일
원스테드	6월 21일
69 사우스 파크	7월 10일

어휘 president 대표 rapidly 빨리, 급속히 expansion 확대, 확장 organized 조직화된, 정리된 review 검토하다 branch 지점 behind schedule 예정보다 늦게 revise 수정하다 construction 건설 delay 지연시키다 heavy snow 폭설 extra 추가의

68 What are the speakers discussing?
(A) A renovation plan
(B) An equipment inspection
(C) A business meeting
(D) An expansion plan

화자들은 무엇에 대해서 논의하고 있는가?
(A) 보수 계획
(B) 장비 점검
(C) 업무 회의
(D) 확장 계획

기본 정보 파악 - 주제

문제 키워드 | What / speakers / discussing

대화의 주제를 묻는 문제이므로 대화 전반부에 집중한다. 남자가 첫 대사에서 회사가 빠르게 성장하고 있어서 모두를 위해 확장 계획이 잘 준비되어야 한다(Our company is growing rapidly, so the expansion plan has to be well organized for everyone.)고 했고, 이어서 확장과 관련된 대화가 이어지고 있으므로 정답은 (D)이다.

어휘 renovation 보수, 수리 equipment 장비 inspection 점검

정답 (D)

69 Look at the graphic. Which schedule must be revised?
 (A) March 9
 (B) April 14
 (C) June 21
 (D) July 10

시각 자료를 보시오. 어떤 일정이 수정되어야 하는가?
 (A) 3월 9일
 (B) 4월 14일
 (C) 6월 21일
 (D) 7월 10일

─o 신유형 - 시각 자료 연계 ─

문제 키워드 | graphic / Which schedule / revised

가장 먼저 보기와 시각 자료의 관계를 파악해야 한다. 보기에 날짜가 제시되어 있으므로 대화에서 사무실 위치가 정답의 단서로 언급될 것임을 예상하고 들어야 한다. 여자가 사우스 파크에 있는 사무실은 일정보다 늦어지고 있어서 그것이 수정되어야 한다(The office in South Park is behind schedule, so it has to be revised.)고 했으므로 시각 자료에서 사우스 파크의 날짜를 확인하면 (D)가 정답이다. 　　　　　　　　　　　　　　　　　　　　　　정답 (D)

70 Why has the construction work been delayed?
 (A) Because of defective equipment
 (B) Because of heavy weather conditions
 (C) Because of a limited budget
 (D) Because of a shortage of labor

건설 작업은 왜 지연되었는가?
 (A) 결함 있는 장비 때문에
 (B) 악천후 때문에
 (C) 제한된 예산 때문에
 (D) 노동력 부족 때문에

─o 구체적인 정보 파악 - 이유/원인 ─

문제 키워드 | Why / construction work / delayed

construction work를 핵심 키워드로 잡고 문제를 풀어야 한다. 후반부에서 여자는 건설 작업이 여러 차례의 폭풍과 폭설로 지연됐다(The construction work has been delayed by several storms and heavy snow.)고 했으므로 정답은 (B)이다.

패러프레이징 several storms and heavy snow 여러 폭풍과 폭설 → **heavy weather conditions** 악천후

어휘 defective 결함이 있는　heavy weather 악천후　limited 제한된　budget 예산　shortage 부족　labor 노동력　　　　정답 (B)

PART 4

Questions 71-73 refer to the following broadcast. 71-73은 다음 방송에 관한 문제입니다.

W Good morning everyone. You are listening to ABC radio. **71** Today's first topic of the world business news show is about outdoor advertising. **72** Most of us are questioning the efficiency of traditional marketing tools such as television, radio, print advertising, billboards and so on. 'Isn't that just a lot of wasting of money?' In fact, most companies are spending increasingly more of their marketing budget on online promotion. But recently, some marketing research papers found that outdoor advertising has more potential than you might imagine. Today, **73** I'll be talking with four renowned marketing specialists to find out how your business can benefit from increased outdoor advertising.

여: 안녕하세요, 여러분. 여러분들은 ABC 라디오를 듣고 계십니다. **71** 세계 경제 뉴스쇼의 오늘 첫 번째 주제는 옥외 광고에 관한 것입니다. **72** 우리 대부분은 텔레비전, 라디오, 인쇄 광고, 옥외 광고판 등과 같은 전통적인 마케팅 수단의 효율성에 대해 의문을 가지고 있습니다. '많은 돈을 그냥 낭비하는 것 아닌가?' 실제로 대다수의 기업은 점점 더 많은 마케팅 예산을 온라인 홍보에 투자하고 있습니다. 하지만 최근에 일부 마케팅 연구 조사 자료에서 옥외 광고가 여러분들이 상상하는 것보다 더 많은 잠재력을 가지고 있음을 밝혀냈습니다. 오늘 **73** 옥외 광고에 더 많은 비용을 투자함으로써 여러분의 기업이 어떻게 이익을 얻을 수 있는지 알아보기 위해 네 분의 저명한 마케팅 전문가들과 이야기를 나누겠습니다.

어휘 outdoor advertising 야외 광고 efficiency 효율성 traditional 전통적인 billboard (옥외의 커다란) 광고판 wasting 낭비 increasingly 점점 더 budget 예산 promotion 홍보 potential 가능성, 잠재력 renowned 유명한 specialist 전문가 benefit 이익을 얻다

71 What is the speaker discussing?
(A) Outdoor advertising
(B) Consumer spending
(C) Radio advertising
(D) Online promotion

화자는 무엇에 대해서 이야기하고 있는가?
(A) 옥외 광고
(B) 소비자 지출
(C) 라디오 광고
(D) 온라인 홍보

> **기본 정보 파악 - 주제**
>
> **문제 키워드 | What / speaker / discussing**
>
> 담화의 주제는 주로 담화 전반부에서 확인할 수 있다. 전반부에 오늘 첫 번째 주제는 옥외 광고에 관한 것(Today's first topic of the world business news show is about outdoor advertising.)이라고 하였으므로 정답은 (A)이다.   정답 (A)

72 According to the speaker, what might the listeners be concerned about?
(A) Location
(B) Compatibility
(C) Cost
(D) Time

화자의 말에 따르면, 청자들은 무엇을 걱정하고 있겠는가?
(A) 장소
(B) 호환성
(C) 비용
(D) 시간

> **구체적인 정보 파악 - 문제점**
>
> **문제 키워드 | What / listeners / concerned**
>
> 걱정하는 것을 묻는 문제의 단서는 부정적인 뜻의 어휘와 함께 제시될 확률이 높다. 화자는 대부분 전통적인 마케팅이 비용 낭비가 아닌지 의문을 가지고 있다(Most of us are questioning the efficiency of traditional marketing tools ~. Isn't that just a lot of wasting of money?)고 하였으므로 (C)가 정답이다.   정답 (C)

73 What does the speaker say she will do during the program?
(A) Listen to commercials
(B) Interview experts
(C) Receive calls from listeners
(D) Evaluate a report

화자는 프로그램에서 무엇을 할 것이라고 이야기하는가?
(A) 광고 듣기
(B) 전문가들과 인터뷰하기
(C) 청취자들로부터 전화 받기
(D) 보고서 평가하기

> **구체적인 정보 파악 - 미래**
>
> **문제 키워드 | What / speaker / will / during / program**
>
> 담화 후반부에 옥외 광고에 더 많은 비용을 투자해서 기업이 어떻게 이익을 얻을 수 있는지 알아보기 위해 마케팅 전문가들과 이야기를 나누겠다(I'll be talking with four renowned marketing specialists ~.)고 했으므로 (B)가 정답이다.
>
> **패러프레이징** talking with four renowned marketing specialists 4명의 유명한 마케팅 전문가들과 이야기를 나누다
> → Interview experts 전문가들과 인터뷰하기
>
> **어휘** commercial 광고 evaluate 평가하다   정답 (B)

Questions 74-76 refer to the following telephone message. 74-76은 다음 전화 메시지에 관한 문제입니다.

AU

M Hi, **74** I'm calling from Lewis Modern Furniture. I'd like to update you on the order that you placed a few days ago. The office cabinets you requested have arrived. **75** We planned to deliver them to your office tomorrow. But, according to our delivery schedule, it seems like none of our trucks will be available for a week. Also, we didn't receive the chairs you ordered yet. The manufacturing plant will complete them in a few days. As a token of our apology for these delays, **76** we will give you 20% off your next order with us.

남: 안녕하세요, **74** Lewis 모던 가구점에서 전화드립니다. 귀하께서 며칠 전 주문하신 상품과 관련하여 최신 소식을 전해 드립니다. 귀하께서 요청하신 사무용 캐비닛이 도착했습니다. **75** 저희는 내일 귀하의 사무실로 캐비닛을 배달하려고 계획했었습니다. 하지만 저희 배송 일정에 따르면, 1주일간 모든 트럭의 사용이 불가능한 것으로 보입니다. 또한 주문하신 의자는 아직 입고되지 않았습니다. 해당 제조 공장에서 며칠 내로 의자의 제작을 마무리할 예정입니다. 이러한 지연에 대한 사과의 표시로, **76** 다음 주문 시에 20퍼센트 할인을 제공해 드릴 것입니다.

어휘 update 가장 최근의 정보를 알려 주다 cabinet 캐비닛, 보관장 seem like ~인 것 같다 available 이용할 수 있는 manufacturing plant 제조 공장 complete 완료하다, 끝마치다 as a token of ~의 표시로 apology 사과 delay 지연

74 What type of business is the speaker working for?
(A) A local restaurant
(B) A car dealership
(C) A furniture shop
(D) A service center

화자는 어떤 업종에서 근무하고 있는가?
(A) 현지 음식점
(B) 자동차 대리점
(C) 가구점
(D) 서비스 센터

┌─ 기본 정보 파악 – 직업/업종 ─────────────────────────
│ 문제 키워드 | What / business / speaker / working
│
│ 화자의 업종을 묻는 문제로, 주로 담화 전반부에 정답의 근거가 언급된다. 화자가 초반에 Lewis 모던 가구점에서 전화한다(I'm calling from Lewis Modern Furniture.)고 했으므로 정답은 (C)이다.
│
│ 패러프레이징 Lewis Modern Furniture Lewis 모던 가구점 → **A furniture shop** 가구점   정답 (C)
└──

75 What does the speaker mean when he says, "it seems like none of our trucks will be available for a week"?
(A) A company is growing rapidly.
(B) Some cars are being repaired.
(C) A vehicle is unavailable for rental service.
(D) Some products can not be delivered.

화자가 "1주일간 모든 트럭의 사용이 불가능한 것으로 보입니다"라고 말할 때 의미하는 것은 무엇인가?
(A) 회사가 빠르게 성장하고 있다.
(B) 몇몇 자동차가 수리 중이다.
(C) 대여 서비스를 이용할 수 있는 차량이 없다.
(D) 제품을 배달할 수 없다.

┌─ 신유형 – 화자의 의도 파악 ─────────────────────────
│ 문제 키워드 | What / speaker / mean / "it seems like none of our trucks will be available for a week"
│
│ 해당 문장 전후 맥락을 파악하여 문제를 풀어야 한다. 화자는 청자가 주문한 사무용 캐비닛을 내일 사무실로 배달하려고 계획했으나 배송 일정에 따르면(We planned to deliver them to your office tomorrow. But, according to our delivery schedule,) "1주일간 모든 트럭의 사용이 불가능한 것으로 보인다(it seems like none of our trucks will be available for a week.)"고 언급한 것이다. 즉, 청자가 주문한 제품의 배달이 현재 불가능하다는 의미이므로 정답은 (D)이다.
│
│ 어휘 rapidly 빠르게, 급속도로 repair 수리하다 vehicle 차량 unavailable 이용할 수 없는 rental 임대, 대여   정답 (D)
└──

76 What is offered to the listener by the speaker?
(A) A free delivery
(B) A replacement item
(C) A price reduction
(D) A product sample

청자는 화자에게 무엇을 제공받는가?
(A) 무료 배달
(B) 대체품
(C) 가격 할인
(D) 제품 샘플

┌─ 구체적인 정보 파악 – 제안/요청 ─────────────────────
│ 문제 키워드 | What / offered / listener
│
│ 화자가 청자에게 제공한 것이 무엇인지를 묻는 문제로, 후반부에서 정답을 찾는다. 화자는 배송 지연에 대한 사과의 표시로, 다음 주문 시에 20퍼센트 할인을 제공할 것(we will give you 20% off your next order with us.)이라고 했으므로 정답은 (C)이다.
│
│ 패러프레이징 20% off your next order 다음 주문 시 20퍼센트 할인 → **A price reduction** 가격 할인
│
│ 어휘 replacement 교체, 대체 reduction 할인, 축소   정답 (C)
└──

Questions 77-79 refer to the following telephone message. 77-79는 다음 전화 메시지에 관한 문제입니다.

W Hi, Ms. Hicks. **77** My name is Lynda calling from Pat Law Firm, regarding the construction project your company is planning to do in Croxley. **78** I'm going to draw up the agreement today. But, **79** I need detailed information on the budget for the project since the contract should include a schedule for when the payment will be made by your client during the project. **79** Please send me the information as soon as possible. If you have any questions, please feel free to contact me. Thank you.

여: 안녕하세요, Hicks 씨. 제 이름은 Lynda이고, 귀사가 크록슬리에서 계획하고 있는 건설 프로젝트와 관련하여 **77** Pat 법률 사무소에서 전화드립니다. **78** 저는 오늘 계약서를 작성하려고 합니다. 그런데 계약서에 프로젝트 진행 동안 의뢰인의 대금 지급 일정이 포함되어야 하기 때문에 프로젝트 **79** 예산에 관한 상세한 정보가 필요합니다. 가능한 한 빨리 **79** 저에게 그 정보를 보내 주시기 바랍니다. 질문이 있으시면, 언제든지 연락 주시기 바랍니다. 감사합니다.

어휘 law firm 법률 사무소   regarding ~에 관하여   construction 건설   draw up ~을 작성하다   agreement 계약서, 합의   detailed 상세한   information 정보   budget 예산   contract 계약(서)   include 포함하다   payment 지불, 결제   contact 연락하다

77 What type of business does the speaker work for?
(A) A real estate agency
(B) A legal service provider
(C) A printing shop
(D) A shipping firm

화자는 어떤 업종에서 근무하는가?
(A) 부동산
(B) 법률 서비스 제공업체
(C) 인쇄소
(D) 배송 회사

─○ 기본 정보 파악 – 직업/업종 ─

문제 키워드 | What / business / speaker / work

화자가 일하는 회사의 종류를 묻는 문제로, 담화의 초반부에 집중한다. 초반부에 화자가 자기 소개를 하면서 법률 사무소(My name is Lynda calling from Pat Law Firm,)라고 언급하고 있으므로 정답은 (B)이다.

패러프레이징 Law Firm 법률 사무소 → **A legal service provider** 법률 서비스 제공업체

정답 (B)

78 What is the speaker mainly talking about?
(A) Writing up a contract
(B) Scheduling a meeting
(C) Placing an order
(D) Developing a new product line

화자는 주로 무엇에 대해 이야기하고 있는가?
(A) 계약서 작성하기
(B) 회의 일정 잡기
(C) 주문하기
(D) 신제품 개발하기

─○ 기본 정보 파악 – 주제 ─

문제 키워드 | What / speaker / talking

담화의 주제를 묻는 문제로, 담화의 주제는 주로 초반부에 등장한다. 화자가 자기소개를 한 뒤에 오늘 계약서를 작성하려고 한다 (I'm going to draw up the agreement today.)며, 관련 정보를 요청하는 등 계약서 작성과 관련된 이야기를 하고 있으므로 정답은 (A)이다.

패러프레이징 **draw up the agreement** 계약서를 작성하다 → **Writing up a contract** 계약서 작성하기

어휘 place an order 주문하다   develop 개발하다

정답 (A)

79 What will the listener most likely provide to the speaker?
(A) A service request form
(B) A copy of an agreement
(C) Some information on a budget
(D) Directions to a construction site

청자는 화자에게 무엇을 제공할 것 같은가?
(A) 서비스 요청서
(B) 계약서 사본
(C) 예산 정보
(D) 공사 현장으로 가는 길 안내

─○ 구체적인 정보 파악 – 특정 사항 ─

문제 키워드 | What / will / listener / provide / speaker

청자가 제공할 것이 무엇인지 묻는 문제로, 화자의 요청 표현에서 단서를 찾는다. 화자가 예산에 관한 상세한 정보가 필요하다(I need detailed information on the budget)며, 그 정보를 보내 달라(Please send me the information)고 했으므로, 청자가 화자에게 예산에 관한 정보를 제공할 것임을 알 수 있다. 따라서 정답은 (C)이다.

정답 (C)

Questions 80-82 refer to the following talk. 80-82는 다음 담화에 관한 문제입니다.

US

M Welcome to the International Trade Fair for Innovation, and also thank you for coming by our company's booth. 80 If you are searching for the most effective way to create unique and attractive packaging materials for your goods, we can give you the answer. 81 Our new machines will allow you to stop spending so much money purchasing customized packaging materials from outside vendors. You can produce your own materials with our new machines. It is not only efficient but also very user-friendly. OK, 82 now let me show you how it works.

남: 혁신을 위한 국제 무역 박람회에 오신 것을 환영하며, 또한 저희 회사의 부스를 방문해 주셔서 감사드립니다. 80 여러분의 제품을 위한 독특하면서도 매력적인 포장재를 제작할 수 있는 가장 효과적인 방법을 찾고 있다면, 저희가 해답을 드릴 수 있습니다. 81 저희의 신형 장비는 여러분들이 외부 업체에서 맞춤형 포장재를 구매하느라 너무 많은 돈을 쓰지 않게 해 줄 것입니다. 저희의 신형 장비로 여러분들 회사 고유의 포장재를 생산하실 수 있습니다. 이 기계는 효율적일 뿐만 아니라 매우 사용하기 쉽습니다. 자, 82 이 기계가 어떻게 작동하는지 보여 드리겠습니다.

어휘 international 국제적인 trade fair 무역 박람회 innovation 혁신 effective 효과적인 unique 독특한 attractive 매력적인 packaging material 포장 재료 customized 맞춤형의 outside vendor 외부 업체 efficient 효율적인 user-friendly 사용하기 쉬운

80 What kind of product is the speaker talking about?
(A) Delivery vans
(B) An accounting program
(C) Furnishing materials
(D) Packaging machinery

화자는 어떤 제품에 대해 이야기하고 있는가?
(A) 배달 차량
(B) 회계 프로그램
(C) 가구 자재
(D) 포장 기계

○ 기본 정보 파악 – 주제

문제 키워드 | What / product / speaker / talking

독특하고 매력적인 포장재를 제작하는 효과적인 방법(the most effective way to create unique and attractive packaging materials)에 대한 해답을 줄 수 있다며, 포장재를 생산하는 기계에 대해서 이야기하고 있으므로 정답은 (D)이다.   정답 (D)

81 According to the speaker, what will the product help avoid?
(A) Increasing the number of defective products
(B) Ordering from an outside supplier
(C) Growing customer complaints
(D) Damaging some items

화자에 따르면, 제품으로 청자들은 무엇을 방지할 수 있는가?
(A) 불량품의 수량이 증가하는 것
(B) 외부 업체에서 주문하는 것
(C) 고객 불만이 증가하는 것
(D) 제품을 파손하는 것

○ 구체적인 정보 파악 – 특정 사항

문제 키워드 | what / product / help / avoid

방지할 수 있는 것이 무엇인지를 문제로, 제품의 효용을 언급하는 부품에 집중한다. 화자는 신형 장비는 외부 업체에서 맞춤형 포장재를 구매하느라 너무 많은 돈을 쓰지 않게 해 줄 것(Our new machines will allow you to stop spending so much money purchasing customized packaging materials from outside vendors.)이라고 했으므로 정답은 (B)이다.

패러프레이징 purchasing customized packaging materials from outside vendors 외부 업체에서 맞춤형 포장재를 구매하는 것 → Ordering from an outside supplier 외부 업체에서 주문하는 것

어휘 defective 결함이 있는 complaint 불만, 항의   정답 (B)

82 What will the listeners most likely do next?
(A) Watch a demonstration
(B) Read a brochure
(C) Sign a contract
(D) Create their own design

청자들은 다음에 무엇을 할 것 같은가?
(A) 시연 보기
(B) 책자 읽기
(C) 계약서에 서명하기
(D) 본인만의 디자인 제작하기

○ 구체적인 정보 파악 – 미래

문제 키워드 | What / will / listeners / next

청자들의 미래 일정을 묻는 문제로, 후반부에서 단서를 찾는다. 화자는 신규 제품의 특징을 언급한 후에 기계가 어떻게 작동하는지 보여 주겠다(now let me show you how it works.)고 했다. 즉, 청자들은 화자가 진행하는 시연을 볼 것이므로 정답은 (A)이다.

패러프레이징 let me show you how it works 기계가 어떻게 작동하는지 보여 주다 → Watch a demonstration 시연 보기

어휘 demonstration 시연, 시범 설명 contract 계약(서)   정답 (A)

Questions 83-85 refer to the following tour information. 83-85는 다음 견학 안내에 관한 문제입니다.

W Ladies and gentlemen, welcome to the National History Museum. Our museum is hosting a special exhibition to celebrate the 100th anniversary from Feb. 2 to Feb. 12. **83** We'll be starting our tour of the new exhibit on the history of the modern city. So if you want to join us, please come to the east wing right now. It will be a great opportunity for you and your children to learn about how cities are planned, and who does the planning. **84** During the tour, you can ask me any questions. That's why I'm here. **85** Before we start, please turn off your mobile phones.

여: 여러분, 국립 역사박물관에 오신 것을 환영합니다. 저희 박물관은 100주년을 기념하여 2월 2일부터 12일까지 특별 전시회를 주최하고 있습니다. **83** 저희는 현대 도시의 역사와 관련한 새로운 전시의 견학을 시작할 것입니다. 그러니 참가를 원하신다면, 지금 바로 동관으로 와 주십시오. 여러분과 자녀들이 도시가 어떻게 설계되며 누가 설계하는지에 대해 배울 수 있는 좋은 기회가 될 것입니다. **84** 견학하시는 동안, 어떤 질문이라도 저에게 하시면 됩니다. 그게 바로 제가 여기에 있는 이유입니다. **85** 시작하기 전에 휴대폰의 전원을 꺼주십시오.

어휘 host 주최하다, 개최하다 exhibition 전시(회) celebrate 기념하다 anniversary 기념일 join 함께하다, 합류하다 opportunity 기회

83 What is the museum exhibit about?
(A) Cities
(B) Celebrities
(C) Tourism
(D) Museum history

박물관 전시는 무엇에 관한 것인가?
(A) 도시들
(B) 유명인사들
(C) 관광업
(D) 박물관 역사

○ 구체적인 정보 파악 – 주제

문제 키워드 | What / museum exhibit / about
전시의 주제를 묻는 문제이다. 담화의 전반부에 현대 도시의 역사와 관련한 새로운 전시의 견학을 시작할 것(We'll be starting our tour of the new exhibit on the history of the modern city.)이라고 하였으므로 정답은 (A)이다.   정답 (A)

84 Why does the speaker say, "That's why I'm here"?
(A) To hand out a museum map
(B) To provide assistance for a tour
(C) To apply for a position
(D) To collect mobile phones

화자는 왜 "그게 바로 제가 여기에 있는 이유입니다"라고 말하는가?
(A) 박물관 지도를 배부하기 위해
(B) 견학하는 동안 도움을 제공하기 위해
(C) 직책에 지원하기 위해
(D) 휴대폰을 수거하기 위해

○ 신유형 – 화자의 의도 파악

문제 키워드 | Why / speaker / say / "That's why I'm here"
해당 표현의 앞뒤 문맥을 종합하여 화자의 의도를 파악해야 한다. 담화 중반부에, 견학하는 동안 어떤 질문이라도 본인에게 하면 된다(During the tour, you can ask me any questions.)고 한 후에 그게 바로 본인이 여기에 있는 이유(That's why I'm here.)라고 한 것이므로 본인에게 편히 도움을 요청하라는 말임을 알 수 있다. 따라서 (B)가 정답이다.

어휘 hand out ~을 배부하다 assistance 도움 apply for ~에 지원하다 collect 수집하다, 수거하다   정답 (B)

85 What does the speaker ask the listeners to do?
(A) Ask questions after a tour ends
(B) Turn off an electronic device
(C) Touch some artifacts
(D) Take a picture

화자가 청자들에게 하도록 요청하는 것은 무엇인가?
(A) 견학이 끝난 뒤에 질문하는 것
(B) 전자 기기의 전원을 끄는 것
(C) 예술 작품을 만지는 것
(D) 사진을 찍는 것

○ 구체적인 정보 파악 – 제안/요청

문제 키워드 | What / speaker / ask / listeners
화자가 청자에게 요청한 것이 무엇인지를 묻는 문제이다. 담화 후반부에서 시작하기 전에 휴대폰의 전원을 꺼 달라(Before we start, please turn off your mobile phones.)고 요청했으므로 (B)가 정답이다.

패러프레이징 mobile phone 휴대폰 → electronic device 전자 기기

어휘 electronic device 전자 기기 artifact 예술 작품   정답 (B)

Questions 86-88 refer to the following news report. 86-88은 다음 뉴스 보도에 관한 문제입니다.

[US]

M   Welcome to the Wood Green local news. This afternoon, 86 the city council approved the renovation plans for the whole office complex buildings on Arnos Avenue. The project is scheduled to start in June and should be finished by the beginning of next year. 87 What makes this location great is its proximity to the main subway station and bus stops in the city. Commuters won't need to walk a long distance to catch the subway and buses. If you need more information about the complex, 88 you can see the new floor plan of the newly renovated complex buildings on the city's Web site. The spaces in the buildings can be leased in the short and long term.

남: 우드 그린 지역 뉴스입니다. 오늘 오후에 86 시의회는 아르노 거리에 있는 모든 사무 단지 건물의 개조 계획을 승인했습니다. 이 프로젝트는 6월에 시작될 예정이며 내년 초까지는 마무리될 것입니다. 87 이 장소의 장점은 도시 내 주요 지하철역 및 버스 정류장과의 인접성입니다. 통근자들이 지하철과 버스를 타기 위해 먼 거리를 걸을 필요가 없습니다. 그 복합 건물에 대한 추가 정보가 필요하시면, 88 시의 웹사이트에서 새롭게 개조될 복합 건물의 신규 도면을 확인하실 수 있습니다. 건물 내 공간의 장단기 임대가 가능합니다.

[어휘] local 지역의, 현지의   city council 시의회   approve 승인하다   renovation 개조, 보수   office complex 사무 단지   location 위치, 장소   proximity 가까움, 근접   commuter 통근자   floor plan 평면도, 도면   renovated 개조된, 보수된   lease 임대하다   short and long term 장단기

86 According to the speaker, what did the city council approve?
(A) The expansion of a subway station
(B) The construction of some houses
(C) The relocation of a city hall
(D) The renovation of some office buildings

화자의 말에 따르면, 시의회가 승인한 것은 무엇인가?
(A) 지하철역 확장
(B) 주택 건설
(C) 시청 이전
(D) 사무 건물 개조

─○ 구체적인 정보 파악 – 특정 사항 ─

문제 키워드 | what / city council / approve

핵심 키워드는 city council이다. 화자는 시의회가 아르노 거리의 사무 단지 건물의 개조 계획을 승인했다(the city council approved the renovation plans for the whole office complex buildings on Arnos Avenue.)고 했으므로 정답은 (D)이다.

[패러프레이징] renovation plans for the whole office complex buildings 모든 사무 단지 건물의 개조 계획
→ renovation of some office buildings 사무 건물 개조

[어휘] expansion 확장   construction 건설   relocation 이전   정답 (D)

87 What is mentioned about the location of the complex?
(A) Street parking is accessible.
(B) There are many cafés and restaurants.
(C) Public transportation is located nearby.
(D) It is the busiest area in the city.

복합 건물의 위치에 관하여 언급된 것은 무엇인가?
(A) 노상 주차가 가능하다.
(B) 카페와 식당이 많다.
(C) 인근에 대중교통이 위치해 있다.
(D) 도시에서 가장 분주한 장소이다.

─○ 구체적인 정보 파악 – 특정 사항 ─

문제 키워드 | What / mentioned / location / complex

복합 건물의 위치에 관한 문제로, 핵심 키워드인 location에 집중한다. 화자는 이 장소의 장점으로 도시 내 주요 지하철역과 버스 정류장과의 인접성(its proximity to the main subway station and bus stops in the city)을 언급했으므로 정답은 (C)이다.

[패러프레이징] proximity to the main subway station and bus stops 주요 지하철역과 버스 정류장과의 인접성
→ Public transportation is located nearby. 인근에 대중교통이 위치해 있다.

[어휘] accessible 이용 가능한, 접근 가능한   public transportation 대중교통   nearby 인근에, 근처에   정답 (C)

88 What is available on a Web site for the listeners?
(A) Some floor plans
(B) A discount coupon
(C) Some comments
(D) A list of council members

청자들은 웹사이트에서 무엇을 이용할 수 있는가?
(A) 도면
(B) 할인 쿠폰
(C) 의견
(D) 의원 명단

─○ 구체적인 정보 파악 – 특정 사항 ─

문제 키워드 | What / available / Web site / listeners

후반부에 시의 웹사이트에서 새롭게 개조될 복합 건물의 신규 도면을 확인할 수 있다(You can see the new floor plan of the newly renovated complex buildings on the city's Web site.)고 했으므로 정답은 (A)이다.

정답 (A)

Questions 89-91 refer to the following advertisement. 89-91은 다음 광고에 관한 문제입니다.

M 89 Do you need an extra battery for your mobile phone? Dalon X-20000 will meet your needs. Dalon X is easy to carry because 90 it is small enough to easily fit into a small bag or any of your pockets. It also comes with a universal charger that works with various cell phones and other mobile devices. You should keep in mind that the extra battery can be used at any time and anywhere. 91 Just visit our Web site and you'll find hundreds of reviews from satisfied customers.

남: 89 여러분의 휴대폰을 위한 추가 배터리가 필요하십니까? Dalon X-20000은 여러분의 필요에 딱 맞을 것입니다. Dalon X는 90 여러분의 어떤 주머니나 작은 가방에라도 쉽게 들어갈 수 있을 정도로 작기 때문에 휴대가 쉽습니다. 또한 다양한 휴대폰과 다른 휴대용 장치에도 쓸 수 있는 범용 충전기와 함께 제공됩니다. 추가 배터리는 언제 어디서든 사용할 수 있다는 점을 명심하셔야 합니다. 91 저희 웹사이트를 방문하시면 만족한 고객들의 많은 후기를 보실 수 있습니다.

어휘 extra 여분의, 추가의 carry 휴대하다 easily 쉽게 fit 들어맞다 universal 보편적인, 일반적인 charger 충전기 work 작동되다, 효과가 있다 consider 고려하다 satisfied 만족한

89 What is being advertised?
(A) An electric cleaner
(B) A mobile phone
(C) A battery
(D) Portable furniture

무엇이 광고되고 있는가?
(A) 전기 청소기
(B) 휴대폰
(C) 배터리
(D) 휴대용 가구

○ 기본 정보 파악 - 주제

문제 키워드 | What / advertised

광고는 주로 문제를 제기하는 질문으로 시작하는데, 광고의 대상을 바로 이 질문에서 파악할 수 있다. 휴대폰을 위한 추가 배터리가 필요한지(Do you need an extra battery for your mobile phone?) 묻는 첫 문장을 통해 배터리를 광고하고 있음을 알 수 있다. 따라서 정답은 (C)이다. 또한 광고는 〈문제 제기 → 대안 제시 → 서비스/상품 소개 → 특징, 장점 → 연락 방법〉의 순서로 주로 진행됨을 알아 두자.   정답 (C)

90 What feature does the speaker say is good about the product?
(A) Its durability
(B) Its color
(C) Its price
(D) Its size

화자는 제품에 대해 어떤 점이 좋다고 말하는가?
(A) 내구성
(B) 색깔
(C) 가격
(D) 크기

○ 구체적인 정보 파악 - 특정 사항

문제 키워드 | What feature / product

광고되는 것의 기능이나 특징은 주로 different, famous, special, 비교급, 최상급 등의 다양한 형용사로 언급된다. 어떤 주머니나 작은 가방에라도 쉽게 들어갈 수 있을 정도로 작다(it is small enough to easily fit into a small bag or any of your pockets.)고 했으므로 (D)가 정답이다.   정답 (D)

91 What does the speaker say is available on a Web site?
(A) A list of stores
(B) A discount coupon
(C) Payment information
(D) Customer comments

화자는 웹사이트에서 무엇이 이용 가능하다고 말하는가?
(A) 상점 목록
(B) 할인 쿠폰
(C) 지불 정보
(D) 고객 의견

○ 체적인 정보 파악 - 특정 사항

문제 키워드 | What / available / Web site

광고에서 Web site에 관한 내용은 앞서 언급한 광고의 순서 중 주로 〈연락 방법〉에 해당하므로 후반부에 위치함을 알아 두자. 또한 여기서는 웹사이트에서 확인할 수 있는 것들을 고객들에게 알리는 상황이므로 명령문이나 미래 시제가 사용된다. 후반부에 웹사이트를 방문하면 고객들의 많은 후기를 확인할 수 있다(Just visit our Web-site and you'll find hundreds of reviews from satisfied customers.)고 했으므로 (D)가 정답이다.

패러프레이징 reviews from satisfied customers 만족한 고객들의 후기 → **Customer comments** 고객 의견   정답 (D)

Questions 92-94 refer to the following excerpt from a meeting. 92-94는 다음 회의 발췌록에 관한 문제입니다.

M OK, everyone. **92** Since we've discussed how to present a cost estimate for the installation of an air conditioner, now let's learn about good communication skills with our potential clients. **93** When talking about the energy efficiency of our products, don't forget: many people have a limited understanding of the subject. **93** Particularly, we should explain how much they can save by using our products compared to other companies' products. You can refer to a chart in your training packet. It should be very informative when you convince clients. **94** Please remember each of you has a goal that is to meet a sales quota of at least 2 units per week.

남: 네, 여러분. **92** 에어컨 설치에 대한 비용 견적을 제시하는 방법에 대해서 논의했기 때문에 이제 잠재 고객과의 원활한 의사소통 기술을 배워 봅시다. **93** 우리 제품의 에너지 효율성을 이야기할 때에는 많은 사람들이 그 주제에 지식이 그리 많지 않다는 것을 잊지 마시기 바랍니다. 특히 다른 기업의 제품에 비교해 우리 제품을 사용하면 얼마만큼의 비용을 절약할 수 있는지를 설명해 주셔야만 합니다. 교육용 자료집의 차트를 참고할 수 있습니다. 그것은 고객들을 설득시킬 때 매우 효과적일 것입니다. **94** 매주 최소 2개의 판매 할당을 채우는 것이 목표임을 기억하시기 바랍니다.

어휘 present 제시하다 cost estimate 비용 견적 installation 설치 potential 잠재적인 energy efficiency 에너지 효율 limited 제한적인 understanding 이해 subject 주제, 대상 particularly 특히 compared to ~와 비교해서 refer to ~을 참고하다 training packet 교육용 자료집 informative 유용한 정보를 주는 convince 납득시키다 sales quota 판매 할당량

92 What is the talk intended for?
(A) Product developers
(B) Personnel managers
(C) Salespeople
(D) Bank tellers

이 담화는 누구를 대상으로 하고 있는가?
(A) 제품 개발자
(B) 인사 담당자
(C) 영업 직원
(D) 은행 직원

○ 기본 정보 파악 – 직업/업종

문제 키워드 | What / talk / intended for

청자의 신원은 전반부에 드러난다. 화자는 에어컨 설치 비용 견적을 제시하는 방법을 논의했으니 이제 잠재 고객과의 의사소통 기술을 배워 보자(Since we've discussed how to present a cost estimate for the installation of an air conditioner, ~.)고 제안했다. 이를 통해 청자들은 에어컨 설치를 장려하는 영업 직원임을 알 수 있으므로 정답은 (C)이다.   정답 (C)

93 What does the speaker mean when he says, "many people have a limited understanding of the subject"?
(A) Some equipment has to be updated.
(B) A project is more difficult than expected.
(C) Something should be described in detail.
(D) An employee is available for customer inquiries.

화자가 "많은 사람들이 그 주제에 지식이 그리 많지 않다"라고 말할 때 의미하는 것은 무엇인가?
(A) 일부 장비는 업데이트되어야 한다.
(B) 프로젝트는 예상보다 어렵다.
(C) 무언가를 자세히 설명해야 한다.
(D) 고객의 문의에 답변할 수 있는 직원이 있다.

○ 신유형 – 화자의 의도 파악

문제 키워드 | What / speaker / mean / "many people have a limited understanding of the subject"

화자는 제품의 에너지 효율성을 이야기할 때(When talking about the energy efficiency of our products) 잊지 말라며 해당 문장을 언급하였다. 또한 특히 다른 기업의 제품에 비해 우리 제품을 사용하면 얼마만큼의 비용을 절약할 수 있는지를 설명해야 한다(Particularly, we should explain how much they can save by using our products ~.)고 덧붙인 것으로 보아 소비자들이 에너지 효율성에 대한 지식이 부족하니 자세히 설명해 줘야 한다는 의미임을 알 수 있다. 따라서 정답은 (C)이다.   정답 (C)

94 What does the speaker say is the listeners' goal?
(A) To get along with coworkers
(B) To have more meetings with clients
(C) To communicate efficiently
(D) To fulfill a sales quota

화자는 청자들의 목표가 무엇이라고 이야기하는가?
(A) 동료와 잘 어울리기
(B) 고객과 더 많이 회의하기
(C) 효율적으로 의사소통하기
(D) 판매 할당 채우기

○ 구체적인 정보 파악 – 특정 사항

문제 키워드 | What / listeners' goal

핵심 키워드인 goal에 집중한다. 화자는 청자들이 매주 최소 2개의 판매 할당을 채워야 하는 목표를 기억하라(Please remember each of you has a goal that is to meet a sales quota of at least 2 units per week.)고 했으므로 정답은 (D)이다.

패러프레이징 meet a sales quota 판매 할당을 채우다 → **fulfill a sales quota** 판매 할당 채우기   정답 (D)

Questions 95-97 refer to the following announcement and weather report. 95-97은 다음 안내 방송과 일기 예보에 관한 문제입니다.

W Everyone, may I have your attention, please? Now, **95** our coach is about to stop in front of the Ruislip Hotel where we're scheduled to stay tonight. We're going to be here until tomorrow afternoon and **95** I'd like to remind you that everyone can enjoy free time until we start our group tour tomorrow. If you have a plan to go out and look around the town, **96** please keep in mind that a 90% chance of rain is forecast today. If you need a raincoat or an umbrella, you can borrow them from the hotel at no cost. If you don't have any special plan, **97** why don't you visit Sudbury Furniture? This famous store is located just a few blocks away.

여: 여러분, 주목해 주세요! 이제 오늘 밤에 숙박하기로 예정되어 있는 **95** Ruislip 호텔 앞에 저희 버스를 세우려 합니다. 내일 오후까지 이곳에 머무를 예정이며 **95** 내일 단체 관광을 시작하기 전까지 자유 시간을 즐기시기 바랍니다. 만약 외출해 마을을 둘러볼 계획이 있으시다면 **96** 오늘 강수 확률이 90%로 예보되었음을 명심하세요. 혹시 비옷이나 우산이 필요하시다면 호텔에서 무료로 대여하실 수 있습니다. 특별한 계획이 없으시다면, **97** Sudbury 가구점을 방문하시는 것은 어떤가요? 이 유명한 가게는 단지 몇 블록 떨어진 곳에 위치해 있습니다.

Possibility of Rain				
Wednesday 20%	Thursday 50%	**96** Friday 90%	Saturday 0%	Sunday 100%

강수 확률				
수요일 20%	목요일 50%	**96** 금요일 90%	토요일 0%	일요일 100%

어휘 coach (장거리용 대형) 버스 be about to V 막 ~하려고 하다 in front of ~ 앞에 be scheduled to V ~할 예정이다 remind 상기시키다 group tour 단체 관광 go out 외출하다 look around 둘러보다 keep in mind that ~을 명심하다 chance of rain 강수 확률 forecast 예보하다 raincoat 우비 borrow 빌리다 at no cost 무료로 famous 유명한

95 For whom most likely is the announcement intended?
(A) Hotel employees
(B) Coach drivers
(C) Tourists
(D) Shop assistants

안내 방송은 누구를 대상으로 하는 것 같은가?
(A) 호텔 직원
(B) 버스 운전기사
(C) 관광객
(D) 점원

○ 기본 정보 파악 - 직업/업종

문제 키워드 | For whom / announcement / intended
발표를 듣는 대상자, 즉 청자가 누구인지를 묻는 문제로, 담화 전반부에서 정답의 근거를 찾는다. 화자와 청자들이 탑승한 버스가 오늘 숙박할 Ruislip 호텔 앞에 곧 선다(our coach is about to stop in front of the Ruislip Hotel)고 한 것과, 내일 단체 여행 전까지 자유 시간을 즐기기 바란다(I'd like to remind you that everyone can enjoy free time until we start our group tour tomorrow.)고 한 것으로 보아 청자들이 관광객임을 알 수 있다. 따라서 정답은 (C)이다. 정답 (C)

96 Look at the graphic. On which day did the listeners visit the Ruislip Hotel?
(A) Thursday
(B) Friday
(C) Saturday
(D) Sunday

시각 자료를 보시오. 청자들은 Ruislip 호텔을 어느 요일에 방문했는가?
(A) 목요일
(B) 금요일
(C) 토요일
(D) 일요일

○ 신유형 - 시각 자료 연계

문제 키워드 | graphic / which day / listeners / visit / Ruislip Hotel
청자들이 Ruislip 호텔을 방문한 요일을 묻는 시각 자료 연계 문제로, 시각 자료에는 있으나 보기에는 제시되지 않은 강수 확률이 담화에서 언급될 것임을 예상하고 들어야 한다. 화자는 외출을 하여 마을을 둘러볼 청자들에게 오늘 강수 확률이 90%로 예보되었음을 명심하라(please keep in mind that a 90% chance of rain is forecast today.)고 하였으므로 시각 자료에서 강수 확률이 90%인 요일을 확인하면 (B)가 정답이다. 정답 (B)

97 What does the speaker encourage the listeners to do?
(A) Explore a museum
(B) Stop by a shop
(C) Reserve a ticket
(D) Purchase a gift

화자는 청자에게 무엇 하기를 권장하는가?
(A) 박물관 견학
(B) 상점 방문
(C) 티켓 예약
(D) 기념품 구매

구체적인 정보 파악 – 제안/요청

문제 키워드 | What / speaker / encourage / listeners

화자가 청자들에게 권유하고 있는 일이 무엇인지를 묻는 문제로, 후반부의 권유/제안 표현에 단서가 있다. 후반부에 화자는 특별한 계획이 없는 청자들에게 Sudbury 가구점을 방문하는 게 어떠냐(why don't you visit Sudbury Furniture?)며 상점 방문을 권유하고 있으므로 정답은 (B)이다.

패러프레이징 **visit Sudbury Furniture** Sudbury 가구점을 방문하다 → **Stop by a shop** 상점 방문

어휘 explore 답사하다, 탐험하다   museum 박물관   stop by ~에 잠시 들르다   reserve 예약하다

정답 (B)

Questions 98-100 refer to the following excerpt from a meeting and neighborhood map.

98-100은 다음 회의 발췌록과 주변 지역 안내도에 관한 문제입니다.

M **98** I'm pleased to announce that demand for recycling pick-up in the town has risen to the point we need to add more than one pick-up in some areas **thanks to the outreach and public education campaigns. The route that needs a change the most is the Wednesday one. 99** To accommodate all the increased demand for using our curbside recycling service, we'll go around the area not only on Wednesday but also on Thursday. Also, **100** with the rapid increase in business, extra vehicles will be purchased by the end of this quarter to do our work more effectively.

남: 원조 및 대중 교육 캠페인 덕분에 **98** 우리가 일부 지역에 한 번 이상 수거를 추가해야 할 정도로 시 내 재활용품 수거에 대한 요구가 증가했음을 발표하게 되어 기쁩니다. 가장 변화를 필요로 하는 곳은 수요일 경로입니다. **99** 우리의 도로 옆 재활용품 수거 서비스 이용에 대한 높아진 수요에 부응하기 위해, 우리는 수요일뿐 아니라 목요일에도 그 지역을 순회할 것입니다. 또한 **100** 사업이 급속도로 성장하고 있기 때문에 업무를 효과적으로 진행하기 위해, 이번 분기 말까지 추가 차량을 구입할 예정입니다.

Tuesday Ealing Common	**Monday** Kew Gardens
99 Wednesday Hounslow	**Friday** Gloucester

화요일 일링 커먼	월요일 큐 가든
99 수요일 하운즐로우	금요일 글로스터

어휘 announce 발표하다 demand 수요, 요구 recycling 재활용 pick-up 수거 to the point (that) ~할 정도로 add 추가하다 area 지역 thanks to ~덕분에 outreach 원조 활동 public 대중의, 공공의 education 교육 route 경로 accommodate 수용하다, 부응하다 increased 증가된 curbside 차도 가장자리 go around 돌다, 들르다 rapid 빠른 increase 증가 extra 추가의 vehicle 차량 quarter 분기 effectively 효과적으로

98 What is the speaker mainly talking about?
(A) A construction project
(B) A new work schedule
(C) An office expansion plan
(D) A brand new vehicle

화자는 무엇에 대해서 이야기하고 있는가?
(A) 건설 프로젝트
(B) 신규 업무 일정
(C) 사무실 확장 계획
(D) 신형 차량

> **기본 정보 파악 – 주제**
>
> **문제 키워드 | What / speaker / talking**
>
> 담화의 주제를 묻는 문제로, 전반부에서 정답을 파악한다. 화자는 시에서 재활용품 수거에 대한 요구가 증가했다(demand for recycling pick-up in the town has risen to the point we need to add more than one pick-up ~)고 한 후, 요구 증가에 따른 작업 일정 변경에 대한 이야기를 이어 가고 있으므로 정답은 (B)이다.
>
> **어휘** construction 건설 expansion 확장 brand new 아주 새로운, 신품의
>
> 정답 (B)

99 Look at the graphic. In which area will the service be provided more frequently?
(A) Ealing Common
(B) Kew Gardens
(C) Hounslow
(D) Gloucester

시각 자료를 보시오. 어느 지역에 서비스가 더 자주 제공될 예정인가?
(A) 일링 커먼
(B) 큐 가든
(C) 하운즐로우
(D) 글로스터

─○ 신유형 – 시각 자료 연계 ─

문제 키워드 | graphic / which area / service / provided / more frequently

재활용품 수거 서비스를 더 자주 제공할 지역을 묻는 시각 자료 연계 문제로, 보기에 지역이 언급되어 있으므로 요일에 집중하여 담화를 듣는다. 화자는 도로 옆 재활용품 수거 서비스를 이용하려는 수요가 높아진 데 부응하기 위해, 수요일뿐 아니라 목요일에도 그 지역을 순회할 것(To accommodate all the increased demand for using our curbside recycling service, we'll go around the area not only on Wednesday but also on Thursday.)이라고 했으므로, 수요일 수거 지역을 시각 자료에서 확인하면 정답은 (C)이다.

정답 (C)

100 According to the speaker, what will be purchased for business?
(A) Some office supplies
(B) More service vehicles
(C) A construction site
(D) Additional recycling bins

화자의 말에 따르면, 업무를 위해 무엇을 구매할 예정인가?
(A) 사무용품
(B) 더 많은 서비스 차량
(C) 건설 부지
(D) 추가 재활용통 수거함

─○ 구체적인 정보 파악 – 특정 사항 ─

문제 키워드 | what / will / purchased / business

업체에서 구매 예정인 물품이 무엇인지를 묻는 문제로, 후반부의 미래 표현에서 정답을 파악한다. 화자는 사업이 급속도로 성장하고 있기 때문에 업무를 효과적으로 진행하기 위해, 이번 분기 말까지 추가 차량을 구입할 예정(with the rapid increase in business, extra vehicles will be purchased by the end of this quarter to do our work more effectively.)이라고 했으므로 정답은 (B)이다.

어휘 site 현장, 부지 additional 추가의 bin 통

정답 (B)

Test07.mp3

MP3 다운로드
eng.conects.com

QR 코드로 바로가기

PART 1
PART 2
PART 3
PART 4

ANSWER KEYS

PART 1	1 (C)	2 (B)	3 (C)	4 (A)	5 (A)	6 (B)				
PART 2	7 (A)	8 (A)	9 (B)	10 (C)	11 (A)	12 (B)	13 (B)	14 (C)	15 (C)	16 (C)
	17 (A)	18 (C)	19 (B)	20 (B)	21 (C)	22 (C)	23 (B)	24 (B)	25 (C)	26 (C)
	27 (B)	28 (A)	29 (A)	30 (C)	31 (B)					
PART 3	32 (D)	33 (D)	34 (B)	35 (A)	36 (C)	37 (B)	38 (B)	39 (A)	40 (D)	41 (C)
	42 (D)	43 (C)	44 (C)	45 (D)	46 (D)	47 (C)	48 (C)	49 (C)	50 (A)	51 (A)
	52 (B)	53 (C)	54 (B)	55 (C)	56 (C)	57 (D)	58 (B)	59 (D)	60 (C)	61 (B)
	62 (C)	63 (A)	64 (C)	65 (B)	66 (D)	67 (A)	68 (C)	69 (D)	70 (C)	
PART 4	71 (C)	72 (B)	73 (C)	74 (B)	75 (C)	76 (A)	77 (B)	78 (A)	79 (A)	80 (A)
	81 (D)	82 (B)	83 (C)	84 (B)	85 (D)	86 (C)	87 (D)	88 (B)	89 (B)	90 (C)
	91 (D)	92 (C)	93 (B)	94 (A)	95 (B)	96 (D)	97 (D)	98 (B)	99 (D)	100 (D)

PART 1

1
BR

(A) They're looking at the computer monitor.
(B) They're cleaning the office.
(C) The man is pointing at a document.
(D) The woman is typing on a keyboard.

(A) 그들이 컴퓨터 모니터를 보고 있다.
(B) 그들이 사무실을 청소하고 있다.
(C) 남자가 서류를 가리키고 있다.
(D) 여자가 키보드를 두드리고 있다.

○ **3인 이상 사진**
다수의 사람들이 사무실에서 일을 하고 있는 모습으로, 각자의 개별 동작과 다수의 공통 동작을 모두 잘 살펴야 한다.
(A) 사람들이 컴퓨터 모니터를(at the computer monitor) 보고 있는 것이 아니라 서류를 보고 있으므로 오답이다.
(B) 사람들이 청소하고 있는(cleaning) 모습은 보이지 않으므로 오답이다.
(C) 서류를 가리키고 있는 남자의 모습을 정확히 묘사한 정답이다.
(D) 여자가 키보드를 두드리고 있는(typing) 모습이 아니므로 오답이다.

어휘 look at ~을 보다 point at ~을 겨누다, 가리키다 document 서류 type on a keyboard 키보드를 두드리다

정답 (C)

2
AU

(A) A man is getting into a taxi.
(B) A man is standing on the street.
(C) A tower is being built in the park.
(D) Some buses are stopped at the traffic light.

(A) 남자가 택시에 탑승하고 있다.
(B) 남자가 거리에 서 있다.
(C) 공원에 탑이 지어지고 있다.
(D) 몇몇 버스들이 신호등 앞에 멈춰 서 있다.

○ **1인 사진 속 사물/배경**
사람과 사물/배경이 혼재된 사진 유형으로, 사물/배경은 물론 사람 묘사도 보기로 나올 수 있으므로 사진 관찰에 각별히 신경을 써야 한다.
(A) 사진에서 택시는 보이지만, 남자가 택시를 타고 있는(getting into) 모습은 아니므로 오답이다.
(B) 거리에 서 있는 남자의 모습을 정확히 묘사한 정답이다.
(C) 사진에서 시계탑은 확인할 수 있지만 배경이 공원(park)이 아니며, 설치하고 있는(being built) 사람의 모습은 보이지 않으므로 오답이다.
(D) 사진에서 버스(buses)는 보이지 않으므로 오답이다.

어휘 get into ~에 들어가다, 타다 tower 탑 park 공원 traffic light 신호등

정답 (B)

3
US

(A) Some people are standing outdoors.
(B) Some workers are leaving a laboratory.
(C) They're working at counters.
(D) A woman is moving some furniture.

(A) 사람들이 야외에 서 있다.
(B) 직원들이 실험실을 나가고 있다.
(C) 그들은 카운터(실험대)에서 일을 하고 있다.
(D) 여자가 가구를 옮기고 있다.

○ **2인 사진**
두 사람이 실험실에서 일하고 있는 모습으로, 두 사람의 공통 동작 및 개별 동작을 잘 살펴야 한다.
(A) 사진의 배경이 야외(outdoors)가 아니므로 오답이다.
(B) 사람들이 실험실을 떠나고 있는(leaving) 모습이 아니므로 오답이다.
(C) 사람들이 실험대에서 일을 하고 있는 모습을 정확히 묘사한 정답이다.
(D) 가구를 옮기고 있는(moving) 여자는 보이지 않으므로 오답이다.

어휘 outdoors 야외에 worker 직원 leave 떠나다 laboratory 실험실 counter 카운터, 상판 move 옮기다 furniture 가구

정답 (C)

4
US

(A) Some merchandise has been displayed.
(B) Some signs are leaning against a wall.
(C) Some fruits are being harvested.
(D) Some shoppers are sheltered by an umbrella.

(A) 몇몇 상품들이 진열되어 있다.
(B) 몇몇 간판들이 벽에 기대어져 있다.
(C) 몇몇 과일들을 수확하고 있다.
(D) 몇몇 쇼핑객들이 우산 아래에 피해 있다.

┌─○ 사물/풍경 사진 ───
│ **사람이 등장하지 않는 야외의 사물/풍경 사진으로, 사진 속 모든 사물의 위치나 상태에 주목해야 한다.**
│ (A) 과일들이 진열되어 있는 모습을 정확히 묘사한 정답이다.
│ (B) 사진에서 간판이 벽에 기대어져 있지(leaning against a wall) 않으므로 오답이다.
│ (C) 사람이 등장하지 않는 사진에서 수동태 진행형(are being harvested)은 오답이다.
│ (D) 사진에서 사람(shoppers)의 모습은 보이지 않으므로 오답이다.
│ **어휘** merchandise 상품   display 전시하다, 진열하다   sign 간판   lean against ~에 기대어 있다   wall 벽   harvest 수확하다
│   shelter 피하다, 보호하다   **정답 (A)**
└──

5
AU

(A) A man is walking with his dogs.
(B) A man is resting on the deck.
(C) A man is holding a handrail.
(D) A man is taking off his hat.

(A) 남자가 개들과 함께 걷고 있다.
(B) 남자가 갑판에서 휴식을 취하고 있다.
(C) 남자가 난간을 잡고 있다.
(D) 남자가 모자를 벗고 있다.

┌─○ 1인 사진 ──
│ **남자가 개와 함께 걷고 있는 모습으로, 인물의 동작과 상태에 주목해야 한다.**
│ (A) 개와 함께 산책하고 있는 남자의 모습을 정확히 묘사한 정답이다.
│ (B) 사진의 배경은 갑판(deck)이 아닌 공원이며, 남자가 휴식을 취하고 있는(resting) 모습이 아니므로 오답이다.
│ (C) 남자가 난간(handrail)을 잡고 있는 모습이 아니므로 오답이다.
│ (D) 남자가 모자를 벗고 있는(taking off) 것이 아니라 모자를 쓴 상태이므로 오답이다.
│ **어휘** rest 쉬다   deck 갑판   hold 잡다   handrail 난간   take off ~을 벗다   **정답 (A)**
└──

6
BR

(A) Some vehicles are entering a garage.
(B) Tables have been placed next to the building.
(C) An outdoor café is deserted.
(D) People are crossing the street.

(A) 몇몇 차량들이 주차장으로 들어가고 있다.
(B) 테이블들이 건물 옆에 놓여 있다.
(C) 야외 카페에 사람이 없다.
(D) 사람들이 거리를 건너고 있다.

┌─○ 다인 사진 속 사물/배경 ─────────────────────────────────────
│ **카페 테이블이 놓인 건물과 거리의 모습으로, 사물을 묘사하는 표현에 집중한다.**
│ (A) 주차장으로 들어가는(entering) 차는 보이지 않으므로 오답이다.
│ (B) 건물 바로 옆에 카페 테이블이 놓여 있는 모습을 정확히 묘사한 정답이다.
│ (C) 야외 카페에 사람이 없는(deserted) 것이 아니라 많은 사람들이 있으므로 오답이다.
│ (D) 거리를 건너고 있는(crossing) 사람들은 보이지 않으므로 오답이다.
│ **어휘** vehicle 차량   enter 들어가다   garage 차고, 주차장   place 놓다, 두다   next to ~ 옆에   outdoor 야외의   deserted 사람이 없는
│   cross 건너다   **정답 (B)**
└──

PART 2

7 How long is the commute to downtown Seattle?
(A) An hour train ride.
(B) About 2:30.
(C) At the local branch.

시애틀 도심까지 통근하는 데 얼마나 걸리나요?
(A) 기차로 1시간이요.
(B) 약 2시 30분이요.
(C) 현지 지점예요.

> **How 의문문**
>
> 문제 키워드 | How long / commute
>
> 통근하는 데 걸리는 시간을 묻는 How long 의문문이다.
> (A) 통근 소요 시간을 묻는 질문에 '기차로 1시간'이라고 소요 시간을 구체적으로 제시했으므로 정답이다.
> (B) 소요 시간을 묻는 질문에 2시 30분이라는 시점으로 답하였으므로 오답이다.
> (C) 질문의 commute에서 연상 가능한 local branch로 혼동을 주고 있으나, 장소를 묻는 질문에 어울리는 응답이므로 오답이다.
>
> 어휘 commute 통근 (거리) branch 지점
>
> 정답 (A)

8 Which flavor of popcorn do you want?
(A) I'll take caramel, please.
(B) The store over there.
(C) Yes, at the corner.

어떤 맛의 팝콘을 원하시나요?
(A) 캐러멜 맛을 먹을게요.
(B) 저쪽에 있는 가게요.
(C) 네, 모퉁이에서요.

> **Which 의문문**
>
> 문제 키워드 | Which flavor / popcorn / want
>
> 먹고 싶은 팝콘의 맛을 묻는 Which 의문문이다.
> (A) 원하는 맛을 묻는 질문에 '캐러멜 맛'이라고 구체적인 맛을 제시하였으므로 정답이다.
> (B) 장소 부사구로 구체적인 가게의 위치를 언급하고 있으므로 Where 의문문의 답변이다.
> (C) 의문사 의문문은 Yes/No 답변이 불가능하므로 오답이다. 이어지는 내용도 질문과 무관하다.
>
> 어휘 flavor 맛 corner 모서리, 모퉁이
>
> 정답 (A)

9 Should we get delivery for dinner or do you prefer eating out?
(A) That sounds good.
(B) I like the new restaurant across the street.
(C) Chinese is my favorite.

저녁을 시켜 먹을까요, 아니면 외식하고 싶으세요?
(A) 그거 좋겠네요.
(B) 길 건너에 있는 새로 생긴 식당이 좋겠어요.
(C) 저는 중국 음식이 좋아요.

> **선택 의문문**
>
> 문제 키워드 | get delivery / or / eating out
>
> 저녁을 시켜 먹을 것인지 외식하고 싶은지 묻는 선택 의문문이다.
> (A) '그거 좋겠네요'라는 답변은 선택 의문문의 답변이 될 수 없으므로 오답이다.
> (B) 시켜 먹을 것인지 외식하고 싶은지 묻는 질문에 새로 생긴 식당이 좋겠다는 답변으로 외식하고 싶다는 것을 우회적으로 드러낸 정답이다.
> (C) 질문의 dinner를 음식 종류와 연관시킬 때 연상할 수 있는 Chinese를 사용하여 혼동을 유도한 오답이다.
>
> 어휘 get delivery 배달시키다, 인수받다 eat out 외식하다 favorite 가장 좋아하는
>
> 정답 (B)

10 What time is the president's speech on our 10th anniversary?
(A) On Tuesday.
(B) Front seats.
(C) Right before lunch.

10주년 기념일에 대표 연설은 몇 시인가요?
(A) 화요일이에요.
(B) 앞 좌석이요.
(C) 점심시간 바로 전에요.

What 의문문

문제 키워드 | What time / speech

대표가 연설을 하는 시각을 묻는 What time 의문문이다.
(A) 연설 시간을 묻는 질문에 요일로 답하고 있으므로 오답이다.
(B) 장소를 묻는 Where 의문문에 적합한 답변이므로 오답이다.
(C) 연설 시간을 묻는 질문에 '점심시간 바로 전'이라고 구체적인 시간을 알려 주고 있으므로 정답이다.

어휘 president 대표   speech 연설   anniversary 기념일

정답 (C)

---

11 Michael Foods Group is hiring, right?
(A) Too late, they already filled the position.
(B) I'd like to have a fish and salad.
(C) The restaurant is on the left side of this road.

Michael 식품 그룹이 채용 중이지요, 그렇죠?
(A) 너무 늦었어요, 그들은 이미 충원했어요.
(B) 저는 생선과 샐러드를 먹고 싶습니다.
(C) 그 식당은 이 도로의 왼편에 있습니다.

부가 의문문

문제 키워드 | Michael Foods Group / hiring / right

특정 회사가 채용 중인지 확인하는 부가 의문문이다.
(A) 채용 중인지 확인하는 질문에 그들은 이미 충원했다고 언급하며, 채용이 끝난다는 것을 우회적으로 말한 정답이다.
(B) 질문의 Foods에서 연상할 수 있는 fish, salad를 사용하여 혼동을 유도하는 오답이다.
(C) 식당이 어디에 있는지 장소를 묻는 질문에 적절한 답변이므로 오답이다. 회사 이름의 Foods에서 연상할 수 있는 restaurant를 사용하여 혼동을 유도하였다.

어휘 hire 고용하다   position (일)자리, 직위

정답 (A)

---

12 Where can I find more information about the refund policy?
(A) Your exchange policy.
(B) On our company Web site.
(C) Within 14 days.

환불 정책에 대한 더 많은 정보를 어디에서 찾을 수 있나요?
(A) 귀사의 교환 정책이요.
(B) 우리 회사 웹사이트에서요.
(C) 14일 이내에요.

Where 의문문

문제 키워드 | Where / can / find / information

정보를 어디에서 찾을 수 있는지를 묻는 Where 의문문이다.
(A) 질문의 policy를 반복 사용하여 혼동을 유도한 오답이다.
(B) 정보를 찾을 수 있는 곳을 묻는 질문에 회사 웹사이트에서 찾을 수 있다고 장소 부사구로 답하고 있으므로 정답이다.
(C) 질문의 refund policy에서 연상 가능한 Within 14 days를 이용한 오답이다.

어휘 refund 환불   policy 정책   exchange 교환

정답 (B)

13 How come Jordan left early today?
(A) Through our Web site.
(B) To pick up a client from the airport.
(C) He left it on your desk.

왜 Jordan 씨는 오늘 일찍 떠났나요?
(A) 저희 웹사이트를 통해서요.
(B) 공항에 고객을 데리러 가기 위해서요.
(C) 그는 그것을 당신의 책상에 두었어요.

○ How 의문문

문제 키워드 | **How come / Jordan / left / early**

Jordan 씨가 일찍 떠난 이유를 묻는 How come 의문문이다.
(A) 질문의 How만 듣고 정답으로 고르지 않도록 주의해야 한다. 수단이나 방법을 묻는 질문에 적절한 답변으로 이유를 묻는 질문에는 적절하지 않으므로 오답이다.
(B) Jordan 씨가 일찍 떠난 이유를 묻는 질문에 공항에 고객을 데리러 가기 위해서라고 구체적인 이유로 답변하고 있으므로 정답이다.
(C) 질문의 left를 다른 뜻으로 사용하여 혼동을 유도한 오답이다.

어휘 how come 왜, 어째서 leave 떠나다, 두고 가다 pick ~ up ~를 (차에) 태우다

정답 (B)

---

14 When will the renovation work be finished?
(A) Yeah, last night.
(B) The main lobby is fantastic.
(C) Sorry, I don't work here.

보수 작업은 언제 마무리될 예정인가요?
(A) 네, 어젯밤에요.
(B) 중앙 로비가 환상적이에요.
(C) 죄송하지만, 저는 이곳에서 근무하지 않아요.

○ When 의문문

문제 키워드 | **When / will / renovation work / finished**

보수 작업이 마무리되는 시기를 묻는 When 의문문이다.
(A) 미래 시제의 질문에 과거 시제를 나타내는 시간 부사구를 사용한 답변은 불가능하므로 오답이다.
(B) 형용사 fantastic으로 중앙 로비에 대한 개인의 의견을 제시하는 How 의문문에 어울리는 답변이므로 오답이다.
(C) 마무리 예정 시기를 묻는 질문에 이곳에서 근무하지 않는다는 말로 우회적으로 모른다는 것을 표현한 정답이다.

어휘 renovation 수선, 보수 main lobby 중앙 로비 fantastic 멋진

정답 (C)

---

15 Do you want me to transfer this call to you?
(A) He didn't answer the phone.
(B) Please call me, Linda.
(C) Sure, I'll take it in my office.

이 전화를 당신에게 돌려 드릴까요?
(A) 그는 전화를 받지 않았습니다.
(B) 저에게 전화 주세요, Linda 씨.
(C) 네, 제 사무실에서 받을게요.

○ 권유/제안 의문문

문제 키워드 | **Do you want me to / transfer / this call**

전화를 받기 원하는지 묻는 권유/제안 의문문이다.
(A) 질문의 주어가 You이므로 답변의 주어는 I로 시작해야 한다. 또한 질문의 call과 유사 어휘인 phone을 사용하여 혼동을 유도한 오답이다.
(B) 질문의 call를 반복 사용한 오답이다. 질문에서는 명사로 사용되었지만, 답변에서는 동사로 사용되었다.
(C) 전화를 받기 원하는지 묻는 질문에 긍정의 답변을 하며, 본인의 사무실에서 받겠다고 덧붙였으므로 정답이다.

어휘 transfer 이동하다, (전화를) 돌리다 answer the phone 전화를 받다

정답 (C)

16 Did you have a look at our refurbished offices in Tokyo?
US / US
(A) I already tried reviewing it.
(B) Okay, I will look at the file now.
(C) Yes, it's a nice change.

도쿄에 있는 새로 단장한 우리 사무실을 보셨나요?
(A) 제가 이미 그것을 검토해 봤어요.
(B) 알겠습니다, 제가 지금 파일을 살펴볼게요.
(C) 네, 좋은 변화입니다.

> **조동사 의문문**
>
> **문제 키워드 | Did you / have a look / offices**
>
> 새로 단장한 사무실을 봤는지 묻는 조동사 의문문이다.
> (A) 질문에서 언급한 offices를 단수 대명사 it으로 받을 수 없으므로 오답이다. 또한 질문의 look에서 연상할 수 있는 reviewing을 사용하여 혼동을 유도하였다.
> (B) 질문의 look at을 반복 사용하여 혼동을 유도한 오답이다.
> (C) 새로 단장한 사무실을 봤는지 묻는 질문에 긍정의 Yes로 응답하면서 '좋은 변화'라고 부연 설명을 하고 있으므로 정답이다.
>
> **어휘** have a look at ~을 보다   refurbish 재단장하다   review 검토하다
>
> 정답 (C)

17 Who's been appointed as marketing director?
US / AU
(A) Joan Carter just took that position.
(B) Sorry, I have an appointment tomorrow.
(C) It was a successful advertising campaign.

마케팅 부장으로 누가 임명되었나요?
(A) Joan Carter 씨가 막 그 직위를 맡았어요.
(B) 죄송합니다, 저는 내일 약속이 있습니다.
(C) 그건 성공적인 광고 캠페인이었어요.

> **Who 의문문**
>
> **문제 키워드 | Who / appointed / marketing director**
>
> 마케팅 부장으로 누가 임명되었는지를 묻는 Who 의문문이다.
> (A) 마케팅 관리자로 누가 임명되었는지 묻는 질문에 Joan Cater 씨가 그 직위를 맡았다며, 임명된 사람이 누구인지 구체적으로 밝혔으므로 정답이다.
> (B) 질문의 appointed와 발음이 비슷한 appointment를 사용하여 혼동을 유도한 오답이다.
> (C) 질문의 marketing에서 연상할 수 있는 advertising campaign을 사용하여 혼동을 유도한 오답이다.
>
> **어휘** appoint 임명하다   director 책임자, 관리자   position 직위   appointment 약속   successful 성공적인
>
> 정답 (A)

18 Where should we post this notice?
BR / US
(A) We need a boarding pass.
(B) As soon as we receive it.
(C) How about next to the main entrance?

이 공지를 어디에 게시해야 하나요?
(A) 저희는 탑승권이 필요합니다.
(B) 그것을 받자마자요.
(C) 정문 옆이 어떤가요?

> **Where 의문문**
>
> **문제 키워드 | Where / post / notice board**
>
> 공지를 게시할 장소를 묻는 Where 의문문이다.
> (A) 질문의 should에서 연상할 수 있는 need를 사용하여 혼동을 유도한 오답이다.
> (B) 시간 부사구 as soon as를 사용한 답변은 When 의문문에 어울리는 답변이므로 오답이다.
> (C) 공지를 게시할 장소를 묻는 질문에 '정문 옆'이 어떠냐며 게시할 장소를 제안하고 있으므로 정답이다.
>
> **어휘** post 게시하다   notice 공지   boarding pass 탑승권   as soon as ~하자마자   main entrance 정문
>
> 정답 (C)

19
BR
AU

Does your bus stop by the conference center downtown?
(A) Did you leave on Monday or Tuesday?
(B) Actually, we are going by train.
(C) A new convention hall.

당신이 탈 버스가 시내에 있는 콘퍼런스 센터를 경유하나요?
(A) 월요일에 떠나셨나요, 화요일에 떠나셨나요?
(B) 사실, 저희는 기차로 갈 예정입니다.
(C) 새로운 회의장이요.

> **조동사 의문문**
>
> **문제 키워드 | Does / bus / stop by / conference center**
>
> 상대방이 탈 버스가 콘퍼런스 센터를 경유하는지 묻는 조동사 의문문이다.
> (A) 상대방이 탈 버스의 경유지를 묻는 질문이므로 아직 버스에 타지 않은 상황이다. 그런데 과거 시제로 반문하고 있으므로 시제 불일치 오답이다. 또한 질문의 stop by에서 연상되는 어휘인 leave를 사용한 오답이다.
> (B) 버스가 콘퍼런스 센터를 경유하는지 묻는 질문에 사실은 다른 교통수단인 기차를 이용할 거라고 답변하고 있으므로 정답이다. 질문에 포함된 잘못된 정보를 정정하는 유형의 답변이다.
> (C) 질문의 conference center와 유사 어휘인 convention hall을 사용하여 혼동을 유도한 오답이다.
>
> **어휘** stop by ~에 잠시 들르다   downtown 시내에   convention hall 회의장
>
> 정답 **(B)**

20
US
US

Didn't Randi sign the contract with our new distributor?
(A) A great deal.
(B) No, not as far as I know.
(C) I haven't contacted her.

Randi 씨가 우리의 새로운 배급 업체와 계약하지 않았나요?
(A) 많습니다.
(B) 아니요, 제가 알기로는 그렇지 않습니다.
(C) 그녀에게 연락하지 않았습니다.

> **부정 의문문**
>
> **문제 키워드 | Didn't / Randi / sign / contract**
>
> Randi 씨가 계약서에 서명을 했는지를 확인하는 부정 의문문이다.
> (A) 질문의 contract에서 연상할 수 있는 deal을 사용하여 혼동을 유도한 오답이다. a great deal은 '다량, 상당량'을 뜻한다.
> (B) Randi 씨가 계약했는지를 확인하는 질문에 부정의 답변과 함께 자신이 알기로는 안 했다고 답변하고 있으므로 정답이다.
> (C) 질문의 contract와 발음이 비슷한 contacted를 사용한 오답이다.
>
> **어휘** sign the contract 계약하다   distributor 배급 업체   deal 거래   as far as ~하는 한   contact 연락하다
>
> 정답 **(B)**

21
US
BR

You'll be leaving for London this week, right?
(A) Yes, he will.
(B) At the headquarters.
(C) The conference was delayed.

당신은 이번 주에 런던으로 떠나실 거죠, 그렇죠?
(A) 네, 그는 그럴 거예요.
(B) 본사에서요.
(C) 학회가 연기되었어요.

> **부가 의문문**
>
> **문제 키워드 | You / leaving / London / this week / right**
>
> 상대방에게 이번 주에 런던으로 떠날 건지를 확인하는 부가 의문문이다.
> (A) 부가 의문문에 Yes/No로 응답할 수는 있으나, you로 묻는 질문에 제3자 he로 답하고 있으므로 주어 불일치 오답이다.
> (B) 장소를 묻는 Where 의문문에 어울리는 답변이므로 오답이다.
> (C) 이번 주에 런던으로 떠나는지 묻는 질문에 학회가 연기되었다는 말로 이번 주에 런던으로 떠나지 않는다는 것을 우회적으로 답변하고 있으므로 정답이다.
>
> **어휘** leave for ~로 떠나다   conference 학회   delay 미루다, 연기하다
>
> 정답 **(C)**

22
AU
US

I don't see any manual in this box.
(A) Some missing parts.
(B) I'll also have some.
(C) Maybe they forgot to include it.

이 상자 안에 설명서가 보이지 않아요.
(A) 누락된 부품들이요.
(B) 저도 조금 먹겠습니다.
(C) 아마도 그것을 넣는 것을 잊어버린 것 같습니다.

─○ 평서문

문제 키워드 | I / don't see / manual

상자에서 설명서를 찾을 수 없다는 내용의 평서문이다.
(A) 제시된 평서문 manual에서 연상할 수 있는 parts(부품)를 사용하여 혼동을 유도한 오답이다.
(B) 제시된 평서문과 관련 없는 답변이므로 오답이다.
(C) 설명서가 보이지 않는다는 말에 상자에 설명서 넣는 것을 잊어버린 것 같다는 구체적인 이유를 제시하고 있으므로 정답이다.

어휘 manual 설명서   missing 빠진, 분실된   forget to V ~할 것을 잊다   include 포함하다

정답 (C)

23
AU
BR

Do you want me to give you the samples and brochures today?
(A) At the staff meeting yesterday.
(B) I'll be in my office from noon onwards.
(C) He did not ask.

샘플과 책자를 오늘 드릴까요?
(A) 어제 직원회의에서요.
(B) 저는 정오부터는 계속 제 사무실에 있을 거예요.
(C) 그는 묻지 않았어요.

─○ 권유/제안 의문문

문제 키워드 | Do you want me to / give / samples and brochures

샘플과 책자를 오늘 받길 원하는지 묻는 권유/제안 의문문이다. Do you want me to V 표현은 '~해 줄까요?'라는 의미로, 주로 '괜찮다, 혼자 할 수 있다, 고맙다' 등의 답변이 정답으로 나온다는 것을 알아 두자.
(A) 과거 시점 표현이 포함된 답변으로 When 의문에 어울리는 답변이다.
(B) 샘플과 책자를 오늘 받길 원하는지 묻는 질문에 정오부터는 계속 사무실에 있을 것이라는 말로 우회적으로 Yes를 표현한 정답이다.
(C) he/she가 포함된 답변은 질문에 특정한 사람이 언급되어 있어야 가능하므로 주의하자.

어휘 brochure 책자   from ~ onwards (특정 시간부터) 계속   noon 정오

정답 (B)

24
US
US

How many of us are able to attend the conference this year?
(A) We had more participants than last year.
(B) The budget allows us to send ten representatives.
(C) I was told it will be in Boston.

우리들 중 몇 명이 올해 학회에 참석할 수 있나요?
(A) 저희는 작년보다 참석자가 더 많았습니다.
(B) 예산상 우리는 10명의 직원들을 보낼 수 있습니다.
(C) 그것은 보스턴에 있을 거라고 들었습니다.

─○ How 의문문

문제 키워드 | How many / us / attend / conference

올해 학회에 참석할 수 있는 인원수를 묻는 How many 의문문이다.
(A) 미래 시제의 질문에 과거 시제로 답변했으므로 시제 불일치 오답이다.
(B) 몇 명의 직원을 보낼 수 있는지 묻는 질문에 예산상 10명을 보낼 수 있다고 구체적인 숫자를 언급했으므로 정답이다.
(C) 미래 시제의 질문에 과거 시제로 답변했으므로 시제 불일치 오답이다. 또한 장소 부사구를 사용한 답변은 Where 의문문에 어울린다.

어휘 conference 학회   participant 참가자   budget 예산   allow 허락하다, 허용하다   representative 직원

정답 (B)

25
US
AU

Do you know where I can have my mobile phone charged?
(A) I bought a charger there.
(B) One battery, please.
(C) There is a shop on Peterson Drive.

어디서 휴대폰을 충전할 수 있는지 아시나요?
(A) 저는 거기에서 충전기를 구매했어요.
(B) 배터리 한 개요.
(C) 피터슨 드라이브에 가게가 있습니다.

○ 간접 의문문

문제 키워드 | where / mobile phone / charged

휴대폰 충전 장소를 알고 있는지를 묻는, 의문사 where이 포함된 간접 의문문이다.
(A) 질문의 charged와 발음이 유사한 charger를 사용하여 혼동을 유도한 오답이다.
(B) 질문의 charged에서 연상할 수 있는 battery를 사용하여 혼동을 유도한 오답이다.
(C) 휴대폰을 충전할 수 있는 장소를 묻는 질문에 그것이 가능한 가게의 위치를 알려 주고 있으므로 정답이다.

어휘 charge 충전하다 charger 충전기

정답 (C)

26
BR
US

Who should I speak with to open a savings account?
(A) Yes, you can save $50.
(B) When would you like to see me?
(C) I can help you with that.

통장을 개설하려면 누구와 얘기해야 하나요?
(A) 네, 당신은 50달러를 절약하실 수 있습니다.
(B) 저와 언제 만나고 싶으신가요?
(C) 제가 그것을 도와 드릴 수 있습니다.

○ Who 의문문

문제 키워드 | Who / I / speak with

이야기를 나누어야 하는 사람이 누구인지를 묻는 Who 의문문이다.
(A) 질문의 savings와 발음이 유사한 save를 사용해 혼동을 유도한 오답이다.
(B) 질문과 상관없는 답변이므로 오답이다.
(C) 누구와 얘기해야 하는지 묻는 질문에 본인이 도와주겠다고 한 것은 자신과 이야기하면 된다는 의미이므로 적절한 답변이다. 대명사 that은 to open a savings account를 가리킨다.

어휘 speak with ~와 이야기를 나누다 open a savings account 통장을 만들다 save 절약하다, 저축하다

정답 (C)

27
BR
AU

What is the name of the advertising award our company won?
(A) The ceremony was in Washington.
(B) Best Television Commercial Award.
(C) The list of nominations.

우리 회사가 받은 광고상의 이름이 무엇인가요?
(A) 기념식은 워싱턴에서 있었어요.
(B) 최고의 텔레비전 광고상이요.
(C) 후보 명단요.

○ What 의문문

문제 키워드 | What / name / advertising award

회사가 받은 상의 이름을 묻는 What 의문문이다.
(A) 현재 시제의 질문에 과거 시제로 답변할 수 없으므로 시제 불일치 오답이다. 또한 장소 부사구를 이용한 답변은 Where 의문문에 어울린다.
(B) 상 이름을 묻는 질문에 구체적인 상 이름을 언급하고 있으므로 정답이다.
(C) 질문의 award에서 연상할 수 있는 nomination을 사용하여 혼동을 유도한 오답이다.

어휘 advertising 광고 award 상 ceremony 의식 commercial 광고 nomination 지명, 임명

정답 (B)

28 Are we going to buy a new fax machine or lease one?
(A) The committee has not approved the budget yet.
(B) It comes with a printer.
(C) A larger size.

우리가 새로운 팩스를 살 건가요, 아니면 임대할 건가요?
(A) 위원회가 아직 예산을 승인하지 않았어요.
(B) 그건 프린터가 딸려 있어요.
(C) 더 큰 크기요.

─○ 선택 의문문 ─

문제 키워드 | buy / fax machine / or / lease

팩스를 살 것인지 임대할 것인지를 묻는 선택 의문문이다.
(A) 팩스를 살 것인지 임대할 것인지를 묻는 질문에 아직 예산이 승인되지 않았다는 말로 '아직 모른다'는 의미를 우회적으로 전달한 정답이다.
(B) 질문의 fax machine에서 연상할 수 있는 printer를 사용하여 혼동을 유도한 오답이다.
(C) 질문의 buy, 즉 구매 상황에서 연상할 수 있는 size를 사용한 오답이다.

어휘 lease 임대하다　committee 위원회　approve 승인하다　budget 예산　come with ~이 딸려 있다

정답 (A)

---

29 Maybe, I could extend the deadline for the project.
(A) Just one week would be enough.
(B) It's for Jason Insurance.
(C) At the end of this month.

아마도, 제가 프로젝트 마감일을 연장할 수 있을 겁니다.
(A) 일주일이면 충분할 겁니다.
(B) Jason 보험사를 위한 겁니다.
(C) 이번 달 말에요.

─○ 평서문 ─

문제 키워드 | I / could / extend / deadline

마감일을 연장할 수 있다고 말하는 평서문이다.
(A) 마감일을 연장할 수 있다는 말에 (연장 기한이) 일주일이면 충분하다고 맞장구치고 있으므로 정답이다.
(B) project만 듣고 연상할 수 있는 오답으로, 회사명 등을 묻는 Who 의문문에 어울리는 답변이다.
(C) 시점을 묻는 When 의문문에 어울리는 답변이므로 오답이다.

어휘 extend 연장하다　deadline 마감일　insurance 보험

정답 (A)

---

30 Mr. Howard asked all of our engineers to be here when he visits our factory.
(A) We haven't decided.
(B) Several pages long.
(C) I'm meeting a client then.

Howard 씨는 우리 엔지니어 모두에게 그가 우리 공장을 방문할 때 여기에 있어 줄 것을 요청했습니다.
(A) 저희는 결정하지 않았습니다.
(B) 몇 페이지 분량입니다.
(C) 저는 그때 고객을 만날 겁니다.

─○ 평서문 ─

문제 키워드 | Howard / asked / engineers / here / when / he / visits

Howard 씨가 엔지니어들에게 자신이 공장을 방문할 때 이곳에 있어 줄 것을 요청했다는 내용의 평서문이다.
(A) asked의 다른 뜻인 '물어보다'에서 연상할 수 있는 decided를 사용하여 혼동을 유도한 오답이다.
(B) 수에 대한 답변으로 How many 의문문에 어울리는 답변이므로 오답이다.
(C) Howard 씨가 공장을 방문할 때 모두 있을 것을 요청했다는 말에 그때 고객을 만날 것이라는 말로 Howard 씨가 공장을 방문할 때 자신은 공장에 없다는 것을 우회적으로 전달하는 답변이므로 정답이다.

어휘 engineer 엔지니어, 기술자　decide 결정하다

정답 (C)

31 We should finalize the contract before any more issues arise.
AU US
(A) I'll give you the contact number.
(B) Our legal team is still reviewing it.
(C) Issue an ID badge.

우리는 더 많은 문제가 발생하기 전에 계약을 마무리 지어야 합니다.
(A) 제가 당신에게 연락처를 드릴게요.
(B) 우리 법률팀이 아직 그것을 검토 중이에요.
(C) 신분증을 발급하세요.

○ 평서문

문제 키워드 | should / finalize / contract

계약을 마무리 짓자는 제안 성격의 평서문이다.
(A) 제시된 평서문의 contract와 발음이 유사한 contact를 사용하여 혼동을 유도한 오답이다.
(B) 계약을 마무리 짓자는 말에 법률팀이 아직 검토 중이라고 해당 계약의 진행 상황에 관해 부연 설명하고 있으므로 정답이다.
(C) 제시된 평서문의 issues(문제)의 동음이의어인 Issue(발행하다)를 사용하여 혼동을 유도하는 오답이다.

어휘 finalize 마무리 짓다   contract 계약   issue 문제; 발급하다   arise 발생하다   contact number 연락처   legal 법률과 관련된

정답 (B)

PART 3

Questions 32-34 refer to the following conversation. 32-34는 다음 대화에 관한 문제입니다.

W: Hey, Reed. You've lived in Cleveland, right? 32 I'm thinking to visit the Cleveland City Park tomorrow. And 33 I can't decide whether to drive or take a bus.
M: Well, you know the city park is one of the most popular places. If you drive, it will be almost impossible to find parking. Especially on a weekend like tomorrow, 33 I'd definitely take the bus to avoid the parking problems.
W: OK, thanks.
M: By the way, how long will you be in Cleveland?
W: A couple of days.
M: Well, if you need more information about hotels and public transportation, the Cleveland Tourist Site is very helpful. 34 If you need the Web site's address, I will let you know later.

여: 안녕하세요, Reed 씨. 당신은 클리블랜드에 살고 있죠, 그렇죠? 32 저는 내일 클리블랜드 시립 공원에 방문할 생각이에요. 33 운전을 해서 갈지, 버스를 타고 갈지 결정을 못하겠어요.
남: 음, 그 시립 공원이 가장 인기 있는 장소 중 한 곳이잖아요. 운전해서 간다면, 주차 장소를 찾는 게 거의 불가능할 거예요. 특히 내일 같은 주말에는 저라면 주차 문제를 피하기 위해 33 틀림없이 버스를 탈 거예요.
여: 알겠어요, 고마워요.
남: 그런데, 클리블랜드에서 얼마나 있을 예정인가요?
여: 이틀 정도요.
남: 음, 호텔이나 대중교통에 관한 더 많은 정보가 필요하시면 클리블랜드 관광 사이트가 매우 유용해요. 34 웹 사이트 주소가 필요하시면 제가 나중에 알려드릴게요.

어휘 decide whether ~할지 결정하다 popular 인기 있는 impossible 불가능한 especially 특별히 definitely 확실히, 틀림없이 avoid 피하다 information 정보 public transportation 대중교통 helpful 도움이 되는

32 Where in Cleveland is the woman planning to go?
(A) To a city hall
(B) To a theater
(C) To an art museum
(D) To a city park

여자는 클리블랜드에서 어디에 가려고 하는가?
(A) 시청에
(B) 극장에
(C) 미술관에
(D) 시립 공원에

○ 구체적인 정보 파악 - 특정 사항

문제 키워드 | Where / Cleveland / woman / go

첫 번째 문제는 주로 전반부 대사에 단서가 있다. 여자가 첫 번째 대사에서 내일 클리블랜드 시립 공원에 방문하려고 한다(I'm thinking to visit the Cleveland City Park tomorrow.)고 했으므로 정답은 (D)이다.

정답 (D)

33 What does the man suggest?
(A) Reserving a hotel in advance
(B) Reading online reviews
(C) Getting a city map
(D) Taking the bus

남자가 제안하는 것은 무엇인가?
(A) 사전에 호텔을 예약하는 것
(B) 온라인 후기를 읽는 것
(C) 시 지도를 구하는 것
(D) 버스를 타는 것

○ 구체적인 정보 파악 - 제안/요청

문제 키워드 | What / man / suggest

중간에 위치한 제안 문제는 일반적으로 상대방이 앞에서 언급한 문제에 대해 제시한 해결책이 정답이 된다. 여자가 운전을 해서 갈지, 버스를 타고 갈지 결정을 못하겠다(I can't decide whether to drive or take a bus.)고 하자, 남자가 자신이라면 틀림없이 버스를 탈 것(I'd definitely take the bus)이라고 말하며 버스를 타는 것을 제안하고 있다. 따라서 정답은 (D)이다.

정답 (D)

34 What will the man probably do next?
(A) Give a phone number
(B) Provide a site address
(C) Download an expense form
(D) Get an access code

남자는 아마 다음에 무엇을 할 것인가?
(A) 전화번호 주기
(B) 웹사이트 주소 제공하기
(C) 지출 양식 다운로드하기
(D) 접근 코드 받기

○ 구체적인 정보 파악 - 미래

문제 키워드 | What / will / man / next

미래에 관한 내용은 대화의 후반부에 언급된다. 남자가 웹사이트 주소가 필요하면 나중에 알려 주겠다(If you need the Web site's address, I will let you know later.)고 했으므로 정답은 (B)이다. I'll ~은 미래의 행위를 묻는 문제의 주요 정답 단서다.

어휘 expense form 지출 양식 access 접근

정답 (B)

Questions 35-37 refer to the following conversation. 35-37은 다음 대화에 관한 문제입니다.

W	Hi, Stevie. How's it going there?
M	We are doing fine. It seems we can finish everything this week.
W	Good to hear that. By the way, I'm calling to ask your crew to stop at the customer's house on Jackson Street, actually ah... Mr. Baker's house, and ³⁵ check if the paint on the wall has dried well.
M	I thought Mr. Baker was going to check the work by himself.
W	He found some cracks and some wet paint. And he wants someone to take care of it. ³⁶ Could you stop by his place when you finish installing carpets?
M	Our crew is going to be here all day.
W	If so, never mind. ³⁷ I'll check this week's schedules and see if another team can fit in a visit tomorrow.
M	OK, just call me back if you need anything else.

여:	안녕하세요, Stevie 씨. 잘 되고 있나요?
남:	잘 되고 있어요. 저희는 이번 주에 모든 것을 끝낼 수 있을 것 같아요.
여:	잘됐네요. 그런데 저는 당신 팀에게 잭슨 거리에 있는 고객의 집, 그러니까 음… Baker 씨의 집에 들러서 ³⁵ 벽에 페인트가 잘 말랐는지 확인해 달라고 요청하려고 전화했어요.
남:	저는 Baker 씨가 직접 그 작업을 확인할 거라고 생각했어요.
여:	그가 일부 균열과 아직 마르지 않은 페인트를 발견했어요. 그리고 누군가 그것을 처리해 주길 원해요. ³⁶ 카펫 설치가 끝나면 그의 집에 잠시 들를 수 있나요?
남:	저희 팀은 하루 종일 여기에 있을 거예요.
여:	그러면, 신경 쓰지 마세요. ³⁷ 제가 이번 주 일정을 확인하고 다른 팀이 내일 방문할 수 있는지 알아볼게요.
남:	알겠습니다, 다른 것이 필요하시면 제게 전화주세요.

어휘 dry 마르다 crack (무엇이 갈라져 생긴) 금 wet 아직 마르지 않은 take care of ~을 처리하다 stop by (~에) 잠시 들르다 install 설치하다

35 Where does the man most likely work?
(A) At a home improvement firm
(B) At a furniture store
(C) At a real estate agency
(D) At a housekeeping firm

남자는 어디에서 일할 것 같은가?
(A) 주택 개조 회사에서
(B) 가구 매장에서
(C) 부동산 중개업소에서
(D) 가사도우미 회사에서

○ **기본 정보 파악 – 장소**

문제 키워드 | Where / man / work

남자의 직장을 묻는 문제로 주로 대화의 전반부에서 정답의 근거를 찾을 수 있다. 여자가 남자에게 고객의 집에 방문하여 벽에 페인트가 잘 말랐는지 확인해 줄 것(check if the paint on the wall has dried well.)을 요청하려고 전화했다고 했으므로 남자는 주택을 보수하거나 개조하는 회사에서 일하고 있음을 알 수 있다. 따라서 정답은 (A)이다.

정답 (A)

36 Why does the man say, "Our crew is going to be here all day"?
(A) To ask for some help
(B) To offer assistance
(C) To decline a request
(D) To confirm his location

남자는 왜 "저희 팀은 하루 종일 여기에 있을 거예요"라고 말하는가?
(A) 도움을 요청하기 위해
(B) 도움을 주기 위해
(C) 요청을 거절하기 위해
(D) 그의 위치를 확인하기 위해

○ **신유형 – 화자의 의도 파악**

문제 키워드 | Why / man / say / "Our crew is going to be here all day"

화자의 의도 파악 유형은 해당 표현과 주변 문맥을 종합하여 답을 찾아야 한다. 카펫 설치가 끝나면 다른 고객의 집에 잠시 들를 수 있는지(Could you stop by his place when you finish installing carpets?) 묻는 여자의 질문에 "저희 팀은 하루 종일 여기에 있을 거예요"라고 답했으므로 남자가 요청을 거절하는 상황임을 알 수 있다. 따라서 정답은 (C)이다.

어휘 assistance 도움 decline 거절하다 confirm 확인하다

정답 (C)

37 What does the woman say she will do?
(A) Call a customer
(B) Check a schedule
(C) Place an order
(D) Visit a house

여자는 무엇을 할 것이라고 말하는가?
(A) 고객에게 전화하기
(B) 일정 확인하기
(C) 주문하기
(D) 주택 방문하기

○ **구체적인 정보 파악 – 미래**

문제 키워드 | What / woman / say / will

여자가 앞으로 할 일을 묻는 문제로, 이런 유형의 문제는 대화 후반에 단서가 나오는 경우가 많다. 여자의 마지막 대사에서 이번 주 일정을 확인하겠다(I'll check this week's schedules)고 했으므로 정답은 (B)이다.

정답 (B)

Questions 38-40 refer to the following conversation. 38-40은 다음 대화에 관한 문제입니다.

US
US

W Hello, **38 I saw your advertisement that your complex has apartments available for rent.** I'm calling to see if any of those are studio apartments.
M Yes, we do have a few available on the third floor.
W Good, but **39 I have a problem. I usually ride a bicycle, which is pretty heavy to carry.**
M Actually, **39 we are planning to install an elevator in the building next month because some tenants are having difficulties with the stairs.**
W That's good news for me. Then, **40 can I take a look at those apartments?**
M **40 Sure. When do you want to come by and see them?**

여: 안녕하세요, 38 저는 당신의 복합 건물에 임대 가능한 아파트가 있다는 광고를 봤어요. 원룸형 아파트가 있는지 알아보기 위해 전화드렸습니다.
남: 네, 3층에 몇 곳이 있어요.
여: 좋네요, 그런데 39 한 가지 문제가 있어요. 저는 보통 자전거를 타는데 그건 옮기기에 꽤 무거워요.
남: 사실, 39 저희는 몇몇 세입자들이 계단을 오르내리는 데 곤란을 겪고 있기 때문에 다음 달에 건물에 엘리베이터를 설치할 계획이에요.
여: 좋은 소식이네요. 그럼, 40 그 아파트들을 볼 수 있을까요?
남: 40 물론이죠. 언제 오셔서 그것들을 보시겠어요?

어휘 advertisement 광고 complex 복합 건물 a studio apartment 원룸형 아파트 available 이용 가능한 rent 임대 ride 타다 bicycle 자전거 install 설치하다 tenant 세입자 stairs 계단 take a look at ~을 보다 come by ~에 들르다

38 Where does the man most likely work?
(A) At a television studio
(B) At an apartment complex
(C) At an advertising company
(D) At a fitness center

남자는 어디에서 일할 것 같은가?
(A) TV 스튜디오에서
(B) 아파트 단지에서
(C) 광고 회사에서
(D) 피트니스 센터에서

○ 기본 정보 파악 - 직업/업종

문제 키워드 | Where / man / work

여자의 첫 대사에서 당신의 복합 건물에 임대 가능한 아파트가 있다는 광고를 봤다(I saw your advertisement that your complex has apartments available for rent.)고 했으므로 정답은 (B)이다. 정답 (B)

39 What is the woman concerned about?
(A) She has difficulties with stairs.
(B) She wants a short term lease.
(C) An elevator is too small.
(D) A work site is too far away.

여자는 무엇을 걱정하는가?
(A) 그녀는 계단을 오르내리는 데 어려움이 있다.
(B) 그녀는 단기 임대를 원한다.
(C) 엘리베이터가 너무 작다.
(D) 직장이 너무 멀다.

○ 구체적인 정보 파악 - 문제점

문제 키워드 | What / woman / concerned

한 가지 문제가 있다며 자전거를 타는데 자전거가 옮기기에 꽤 무겁다(I have a problem. I usually ride a bicycle, which is pretty heavy to carry.)는 여자의 말에, 남자가 세입자들이 당신과 같이 계단을 오르내리는 데 곤란을 겪고 있기 때문에(because some tenants are having difficulties with the stairs) 다음 달에 엘리베이터를 설치할 계획이라고 했다. 즉, 여자는 자전거가 무거워서 계단으로 옮기기 힘들까봐 걱정하고 있음을 알 수 있으므로 (A)가 정답이다.

어휘 short term 단기 lease 임대 정답 (A)

40 What will the woman most likely do next?
(A) Sign a contract
(B) Decorate a living space
(C) Discuss a rent fee
(D) Set up an appointment

여자는 다음에 무엇을 할 가능성이 큰가?
(A) 계약서에 서명하기
(B) 생활 공간 장식하기
(C) 임대료 의논하기
(D) 약속 정하기

○ 구체적인 정보 파악 - 미래

문제 키워드 | What / will / woman / next

미래 정보 문제이므로 대화 후반부에서 정답의 단서를 찾을 수 있다. 대화 후반부에서 아파트를 볼 수 있냐(can I take a look at those apartments?)는 여자의 질문에 남자가 물론(Sure.)이라며 언제 와서 아파트를 보길 원하는지(When do you want to come by and see them?) 묻고 있으므로 여자는 아파트를 볼 시간을 정할 것임을 알 수 있다. 따라서 정답은 (D)이다.

어휘 contract 계약(서) decorate 장식하다 fee 요금, 수수료 set up ~을 정하다 appointment 약속 정답 (D)

Questions 41-43 refer to the following conversation. 41-43은 다음 대화에 관한 문제입니다.

M Hi, Sondra. **41** This is Vance from accounting. I'm calling to find out if the meeting room schedule for this week has been completed.
W Yes, we already posted the monthly schedule on the Web site. What's up? Does your department need to add any more meetings?
M Yes, indeed. **42** I was just informed that one of our directors from the head office in Manchester will be here next Tuesday. She'll speak to employees about the company's new payroll system.
W Hum... I cannot say for sure but I will see what I can do for you. **43** If you send me an e-mail with a short description of the presentation, I'll let you know if I can add it to the schedule.

남: 안녕하세요, Sondra 씨. **41** 저는 회계 부서의 Vance 입니다. 이번 주 회의실 일정표가 완료됐는지 알아보기 위해 전화드렸습니다.
여: 네, 저희는 이미 웹사이트에 월간 일정표를 게시했습니다. 무슨 일이시죠? 귀하의 부서에서 회의를 더 추가해야 하나요?
남: 네, 확실히요. **42** 맨체스터에 있는 본사의 임원들 중 한 명이 다음 주 화요일에 여기로 올 거라고 방금 통보받았어요. 그녀는 회사의 새로운 급여 시스템에 관해 직원들에게 이야기할 것입니다.
여: 흠… 확실하게 말씀드릴 수는 없지만, 제가 무엇을 해 드릴 수 있는지 알아보겠습니다. **43** 발표에 대해 간략한 설명을 적어서 제게 이메일을 보내 주시면, 일정표에 추가할 수 있는지 알려 드리겠습니다.

어휘 accounting 회계   find out 알아보다   complete 완료하다   post 게시하다   head office 본사   payroll 급여   description 설명, 묘사

41 What department does the man work in?
(A) Engineering
(B) Marketing
(C) Accounting
(D) Personnel

남자는 어느 부서에서 근무하고 있는가?
(A) 공학 기술
(B) 마케팅
(C) 회계
(D) 인사

○ 기본 정보 파악 - 직업/업종

문제 키워드 | What department / man / work

화자의 소속 부서는 주로 대화 전반부에서 언급된다. 자기를 소개하는 표현인 this is ~에 집중하자. 전반부 남자의 말 This is Vance from accounting에서 남자가 회계 부서에서 일하고 있음을 알 수 있으므로 (C)가 정답이다.

정답 (C)

42 What does the man say will be discussed on Tuesday?
(A) A recruiting policy
(B) A company event
(C) An investment plan
(D) A newly installed program

남자는 화요일에 무엇을 논의하게 될 것이라고 말하는가?
(A) 고용 정책
(B) 회사 행사
(C) 투자 계획
(D) 새롭게 설치된 프로그램

○ 구체적인 정보 파악 - 미래

문제 키워드 | What / man / say / will / discussed / Tuesday

남자의 대사 중 키워드인 Tuesday가 언급되는 곳에서 정답을 찾자. 남자는 본사의 임원들 중 한 명이 다음 주 화요일에 이곳에 올 거라고 통보받았다(I was just informed that one of our directors ~ will be here next Tuesday.)며, 그녀가 회사의 새로운 급여 시스템(the company's new payroll system)에 관해 이야기할 것이라고 하였으므로, 새로운 프로그램에 관해서 이야기할 것임을 알 수 있다. 따라서 (D)가 정답이다.

패러프레이징 **new payroll system** 새로운 급여 시스템 → **newly installed program** 새롭게 설치된 프로그램

어휘 recruiting 채용, 구인   investment 투자

정답 (D)

43 What does the woman offer to do?
(A) Send an e-mail
(B) Prepare for a meeting
(C) Update a change
(D) Reserve a flight

여자는 무엇을 하겠다고 제안하는가?
(A) 이메일을 보내는 것
(B) 회의를 준비하는 것
(C) 변경 사항을 알려 주는 것
(D) 비행기를 예약하는 것

○ 구체적인 정보 파악 - 제안/요청

문제 키워드 | What / woman / offer

여자의 마지막 말에 단서가 있다. 앞서 언급된 남자의 요청에 여자가 발표에 대해 간략한 설명을 적어서 이메일로 보내면, 일정표에 추가할 수 있는지 알려 주겠다(I'll let you know if I can add it to the schedule.)고 하였다. 따라서 (C)가 정답이다.

패러프레이징 **I'll let you know** 알려 드릴게요 → **update** 알려 주다

정답 (C)

Questions 44-46 refer to the following conversation. 44-46은 다음 대화에 관한 문제입니다.

US
AU

W   Mr. Alton. **44** I've reviewed the findings from the staff opinion survey. They show that many of our employees are unhappy with the new open office layout.
M   Really? That's weird. I heard that employees working in an open space are more likely to be creative and have collaborative attitudes than those working in individual cubicles.
W   That's right. **45** But the findings indicate that distracting noise from work conversations in the office is the main problem.
M   **46** Why don't we post a memo about our policy? That way, people will be aware that they have to use a meeting room for their work-related conversations.
W   That sounds good.

여: Alton 씨. **44** 직원 여론조사 결과를 검토했어요. 많은 직원들이 새로운 개방형 사무실 배치에 불만이 있다는 것을 보여 주네요.
남: 정말요? 이상하네요. 개방형 공간에서 근무하는 직원들이 개인 칸막이 자리에서 근무하는 직원들보다 더 창의적이고 협조적인 태도를 가지는 경향이 있다고 들었어요.
여: 맞아요. **45** 그러나 조사 결과에 따르면 사무실 내 업무 대화로 발생하는 소음이 집중을 방해하는 것이 주요 문제예요.
남: **46** 우리의 정책에 대한 회람을 게시하는 게 어떨까요? 그러면 사람들이 업무와 관련된 대화를 나눌 때 회의실을 사용해야 한다는 것을 알게 될 거예요.
여: 좋은 생각입니다.

어휘 | findings (조사·연구) 결과, 결론   opinion survey 여론 조사   layout 배치   weird 이상한   creative 창의적인   collaborative 공동의   attitude 태도   individual 개인적인   cubicle 칸막이한 좁은 장소   indicate 나타내다, 보여 주다   distracting 집중을 방해하는   work-related 일과 관련된

44 What is the conversation mainly about?
(A) A company acquisition
(B) New employees
(C) Results of a survey
(D) Price estimates

대화의 주제는 무엇인가?
(A) 회사 인수
(B) 신입 직원
(C) 설문 조사 결과
(D) 견적서

○ 기본 정보 파악 – 주제

문제 키워드 | What / conversation / about

대화의 주제는 주로 전반부에서 파악할 수 있다. 대화 전반부에 여자가 직원 여론조사 결과를 검토했다(I've reviewed the findings from the staff opinion survey.)며 대화를 시작했고, 이어서 조사 결과에 관해 의견을 나누고 있으므로 정답은 (C)이다.

패러프레이징 the findings from the staff opinion survey 직원 여론조사 결과 → **Results of a survey** 설문 조사 결과

어휘 | acquisition 인수   estimate 견적(서)   정답 (C)

45 What does the man mention about the main problem?
(A) There seems to be a budget cut.
(B) A project is being delayed.
(C) More parking spaces are required.
(D) Noise distracts employees from their work.

남자가 주요 문제점에 대해서 언급한 것은 무엇인가?
(A) 예산 삭감이 있을 것으로 보인다.
(B) 프로젝트가 지연되고 있다.
(C) 더 많은 주차 공간이 필요하다.
(D) 소음이 직원들의 업무를 방해한다.

○ 구체적인 정보 파악 – 문제점

문제 키워드 | What / man / mention / problem

중반부에 남자가 조사 결과에 따르면 사무실 내 업무 대화로 발생하는 집중을 방해하는 소음(distracting noise from work conversations in the office)이 주요 문제라고 했으므로 정답은 (D)이다.

패러프레이징 distracting noise from work conversations 업무 대화로 발생하는 집중을 방해하는 소음
→ **Noise distracts employees from their work.** 소음이 직원들의 업무를 방해한다.   정답 (D)

46 What does the man suggest doing?
(A) Asking for a deadline extension
(B) Conducting a regular inspection
(C) Transferring to another branch
(D) Letting staff know about a policy

남자는 무엇 하기를 제안하는가?
(A) 마감 연장 요청하기
(B) 정기 점검 실시하기
(C) 다른 지점으로 전근 가기
(D) 직원들에게 정책 알리기

○ 구체적인 정보 파악 – 제안/요청

문제 키워드 | What / man / suggest

남자가 제안한 일이 무엇인지를 묻는 문제로, 후반부 남자의 대사 중 권유/제안 표현에 집중한다. 후반부에 남자가 정책에 대한 회람을 게시하는 것(Why don't we post a memo about our policy?)을 제안했으므로 정답은 (D)이다.

패러프레이징 post a memo 회람을 게시하다 → **Letting staff know** 직원들에게 알리다

어휘 | deadline 마감(일)   extension 연장   conduct 실시하다   regular 정기적인   inspection 점검   transfer 전근 가다   정답 (D)

Questions 47-49 refer to the following conversation. 47-49는 다음 대화에 관한 문제입니다.

M Wilma, ⁴⁷ how is the preparation for your relocation to the Tokyo office coming along?
W Well, I've never expected to live abroad. ⁴⁷ I will need an apartment and to find out how I should get around while I'm there.
M Isn't there some support from the company for you to get settled?
W That's right. But the thing is I have no friends in Tokyo other than our coworkers.
M Hmm... Have you heard about the mobile app called 'New City's Life'? ⁴⁸ I think it can help connect you to a network of people who are about to start living in the city. It could be a kind of social connection for you.
W That sounds great. I should check that out.
M And, ⁴⁹ I can give you a travel guide which has a lot of useful information. I'll bring it from home for you next week.

남: Wilma 씨, ⁴⁷ 도쿄 사무실로의 이전 준비는 잘 되고 있나요?
여: 글쎄요, 해외에서 사는 것은 생각도 못했어요. ⁴⁷ 아파트가 필요할 것이고, 그곳에 있는 동안 어떻게 다닐지 알아봐야 해요.
남: 당신의 정착을 돕기 위한 회사의 지원이 있지 않나요?
여: 맞아요. 하지만 문제는 도쿄에 직장 동료 외에 친구가 없다는 거예요.
남: 음… 'New City's Life'라는 모바일 앱에 대해서 들어보셨나요? ⁴⁸ 이 앱이 그 도시에 막 살기 시작한 사람들과 연결되는 데 도움이 될 거라고 생각해요. 그 앱은 당신을 위한 일종의 인맥 연결망이 될 것입니다.
여: 좋네요. 확인해 봐야겠어요.
남: 또한, ⁴⁹ 유용한 정보가 많이 담겨 있는 여행 안내서를 드릴 수 있어요. 다음 주에 집에서 가져올게요.

어휘 | preparation 준비 relocation 이전 expect 예상하다 abroad 해외에서 find out 알아보다 support 도움, 지원 settle 정착하다 connect 연결하다, 이어지다 be about to V 막 ~하려는 참이다 social connection 사회적 연줄, 친분 관계 useful 유용한 information 정보

47 What does the woman imply when she says, "I've never expected to live abroad"?
(A) She won't accept a job offer.
(B) She will be retiring soon.
(C) She is concerned about a change.
(D) She wants to advise a colleague.

여자가 "해외에서 사는 것은 생각도 못했어요"라고 말할 때 의미하는 것은 무엇인가?
(A) 일자리 제의를 수락하지 않을 것이다.
(B) 곧 은퇴할 것이다.
(C) 변화에 대해 염려하고 있다.
(D) 동료에게 조언하기를 원한다.

○ 신유형 - 화자의 의도 파악

문제 키워드 | What / woman / imply / "I've never expected to live abroad"

주변 문맥을 살펴서 화자의 의도를 파악해야 한다. 남자가 여자에게 도쿄 사무실로의 이전 준비는 잘 되고 있는지(how is the preparation for your relocation to the Tokyo office coming along?) 묻자, 여자는 "해외에서 사는 것은 생각도 못했어요(I've never expected to live abroad)"라고 답했다. 그리고 이어서 아파트도 필요할 것이고, 그곳에 있는 동안 어떻게 다닐지도 알아봐야 한다(I will need an apartment and to find out how I should get around while I'm there.)고 덧붙인 것으로 보아 해외로 근무지를 옮김에 따라 생기는 변화를 염려하고 있는 것임을 알 수 있으므로 정답은 (C)이다.

어휘 | accept 수락하다, 받아들이다 retire 은퇴하다 be concerned about ~을 염려하다 colleague 동료
정답 (C)

48 According to the man, what can a mobile app be used for?
(A) For securing personal information
(B) For obtaining appropriate accommodation
(C) For finding social networks
(D) For searching for legal assistance

남자의 말에 따르면, 모바일 앱은 무엇을 하는 데 사용될 수 있는가?
(A) 개인 정보를 안전하게 지키는 것
(B) 적당한 숙박 시설을 찾는 것
(C) 사회적 인맥을 알아보는 것
(D) 법적 도움을 구하는 것

○ 구체적인 정보 파악 - 특정 사항

문제 키워드 | man / what / mobile app / used

모바일 앱의 기능을 묻는 문제로, 남자의 대사에서 정답을 파악한다. 남자는 'New City's Life'라는 앱이 그 도시에 막 살기 시작한 사람들과 연결되는 데 도움이 될 거라고 생각한다(I think it can help connect you to a network of people who are about to start living in the city.)고 했으므로 정답은 (C)이다.

패러프레이징 connect you to a network of people 사람들과 연결되다
→ For finding social networks 사회적 인맥을 알아보는 것

어휘 | secure 안전하게 지키다 personal 개인의 obtain 얻다, 획득하다 appropriate 적당한 accommodation 숙박 시설 legal 법적인 assistance 도움
정답 (C)

49 What does the man offer to do?
(A) Update a staff directory
(B) Pick up a business card
(C) Bring a book
(D) Print out a form

남자는 무엇을 해 주겠다고 제안하는가?
(A) 직원 주소록 업데이트하기
(B) 명함 가져가기
(C) 도서 가져오기
(D) 양식 인쇄하기

―◦ 구체적인 정보 파악 - 제안/요청 ―

문제 키워드 | What / man / offer

남자가 제안한 일이 무엇인지를 묻는 문제로, 후반부 남자의 대사에서 정답을 파악한다. 남자가 후반부 대사에서 유용한 정보가 많이 담겨 있는 여행 안내서를 줄 수 있다(I can give you a travel guide which has a lot of useful information.)며 다음 주에 집에서 가져오겠다(I'll bring it from home for you next week.)고 했으므로 정답은 (C)이다.

[패러프레이징] **a travel guide** 여행 안내서 → **a book** 책

[어휘] directory 안내 책자, 주소록   form 양식

정답 (C)

Questions 50-52 refer to the following conversation. 50-52 다음 대화에 관한 문제입니다.

M Hello, **50 this is George Patterson calling from Boston Daily. I'm scheduled to come to interview the mayor next week.** Before then, our photographer will visit your office this afternoon. So I wanted to confirm today's appointment.
W Hello, Mr. Patterson. Actually, I was going to call you. I just found out that the mayor is currently attending a staff meeting. **51 But it seems to take longer than we expected.** Could we reschedule the photo shoot early tomorrow morning?
M No problem at all. Umm, how about 9 o'clock tomorrow?
W Okay. I will let the mayor know of the new schedule.
M Oh, and one more thing. **52 We'll need an official place such as a meeting room for the photos.**
W Of course. I'll have a conference hall ready for you.

남: 안녕하세요, 50 저는 〈보스턴 데일리〉에서 전화드리는 George Patterson입니다. 저는 다음 주에 시장님을 인터뷰하러 갈 예정입니다. 그 전에 저희 사진작가가 오늘 오후에 귀하의 사무실에 방문할 것입니다. 그래서 오늘 약속을 확인하고 싶습니다.
여: 안녕하세요, Patterson 씨. 사실 제가 당신께 전화를 드리려고 했습니다. 시장님이 현재 직원회의에 참석 중인 것을 제가 막 알았습니다. 51 그런데 회의가 예상보다 더 오래 걸릴 것 같습니다. 사진 촬영 일정을 내일 오전 일찍으로 바꿀 수 있을까요?
남: 전혀 문제없습니다. 음, 내일 9시는 어떨까요?
여: 좋습니다. 시장님께 새로운 일정을 알려 드릴게요.
남: 오, 그리고 하나 더요. 52 사진 촬영을 위해 회의실 같은 공식적인 장소가 필요합니다.
여: 물론입니다. 제가 콘퍼런스 홀을 준비시키겠습니다.

어휘 be scheduled to V ~할 예정이다   mayor 시장   confirm 확인하다   appointment 약속   currently 현재   expect 예상하다   official 공식적인

50 Who most likely is the man?
(A) A reporter
(B) A photographer
(C) A publisher
(D) A technician

남자는 누구일 것 같은가?
(A) 기자
(B) 사진작가
(C) 출판업자
(D) 기술자

○ 기본 정보 파악 - 직업/업종

문제 키워드 | Who / man

화자의 직업은 전반부 대화에서 파악하자. 남자의 첫 번째 대사에서 〈보스턴 데일리〉에서 전화하는 George Patterson(this is George Patterson calling from Boston Daily.)이라고 자신을 소개하며, 다음 주에 시장을 인터뷰할 예정(I'm scheduled to come to interview the mayor next week.)이라고 했으므로 남자는 기자임을 알 수 있다. 따라서 (A)가 정답이다.   정답 (A)

51 Why does the woman want to reschedule an appointment?
(A) A meeting is running behind schedule.
(B) Some equipment is being upgraded.
(C) Some facilities will be closed for repairs.
(D) Some employees will be unavailable.

여자는 왜 일정을 다시 잡기를 원하는가?
(A) 회의가 예정보다 늦어지고 있다.
(B) 일부 장비가 업그레이드되고 있다.
(C) 일부 시설들이 수리를 위해 폐쇄될 예정이다.
(D) 일부 직원들이 시간이 되지 않을 것이다.

○ 구체적 정보 파악 - 이유/원인

문제 키워드 | Why / woman / want / reschedule

여자가 일정을 다시 잡기를 원하는 이유를 묻는 문제이므로 여자의 말에서 단서를 찾는다. 이러한 문제의 경우 but이나 however와 같은 연결어와 함께 언급되는 내용이 정답이 될 확률이 높다. 여자가 시장이 현재 회의에 참석 중인데 회의가 예상보다 더 오래 걸릴 것 같다(But it seems to take longer than we expected.)며 일정을 바꿀 수 있을지 묻고 있으므로 (A)가 정답이다.

패러프레이징 take longer than we expected 예상보다 더 오래 걸리다 → **is running behind schedule** 예정보다 늦어지다

어휘 equipment 장비   facility 시설   unavailable 시간이 되지 않는   정답 (A)

52 What does the man say he needs?
(A) A conference hall
(B) An official place
(C) A copy of an invoice
(D) Some contact information

남자는 무엇이 필요하다고 말하는가?
(A) 콘퍼런스 홀
(B) 공식적인 장소
(C) 청구서 사본
(D) 연락처

○ 구체적 정보 파악 - 특정 사항

문제 키워드 | What / man / needs

후반부에 남자가 사진 촬영을 위해 회의실 같은 공식적인 장소가 필요하다(We'll need an official place such as a meeting room for the photos.)고 했으므로 정답은 (B)이다. (A) A conference hall은 여자가 언급한 장소이므로 오답이다.

어휘 invoice 청구서   정답 (B)

Questions 53-55 refer to the following conversation with three speakers. 53-55는 다음 세 명의 대화에 관한 문제입니다.

US
US
AU

M1 Hi, Graciela. Hi, Gail. **53** I've heard that you two finished preparing for Saturday's annual banquet for our investors. Thanks for your hard work and do you have a moment?
W Of course, Mr. Rodgers. Is there something else you'd like us to do?
M1 **54** I just spoke with Jarvis Taylor.
M2 **54** I know he's the financial director who is in charge of our investment, right?
M1 Yes, you are right. Well, he was originally going to be out of town this weekend, but he thinks it is a good opportunity to meet all of our investors and make a speech on behalf of our company. So he'll be coming after all.
W Sure. **55** I'll add his name to the speaker list right away.

남1: 안녕하세요, Graciela 씨. 안녕하세요, Gail 씨. **53** 두 분이 우리 투자자들을 위한 토요일 연례 만찬의 준비를 끝냈다고 들었어요. 노고에 감사드려요. 그리고 시간 좀 있으신가요?
여: 물론이죠, Rodgers 씨. 저희가 하길 원하시는 다른 일이 있나요?
남1: **54** 저는 방금 Jarvis Taylor 씨와 이야기했어요.
남2: 저는 그가 우리의 투자를 담당하고 있는 **54** 재무 이사라고 알고 있어요, 그렇죠?
남1: 네, 맞아요. 음, 그는 원래 이번 주말에 출장을 가려고 했는데, 이번이 우리 투자자 모두를 만나서 회사를 대표해 연설할 좋은 기회라고 생각하고 있어요. 그래서 어쨌든 그가 올 거예요.
여: 알겠어요. **55** 제가 바로 발표자 목록에 그의 이름을 추가할게요.

[어휘] prepare for ~를 준비하다　annual 연례의　banquet 연회, 만찬　investor 투자자　financial director 재무 이사　be in charge of ~을 담당하다　investment 투자　originally 원래　opportunity 기회　make a speech 연설하다　on behalf of ~을 대표하여　add 추가하다

53 What event are the speakers discussing?
(A) An investment presentation
(B) A press conference
(C) A yearly dinner
(D) A grand opening

화자들은 어떤 행사를 논의하고 있는가?
(A) 투자 설명회
(B) 기자 회견
(C) 연례 만찬
(D) 개점 축하 행사

> ○ 기본 정보 파악 – 주제
>
> 문제 키워드 | What event / speakers / discussing
>
> 대화의 주제를 묻는 문제이다. 남자1의 첫 대사에서 투자자들을 위한 토요일 연례 만찬의 준비를 끝냈다(finished preparing for Saturday's annual banquet for our investors)고 들었다고 했고, 만찬과 관련된 대화가 이어지고 있으므로 정답은 (C)이다.
>
> [패러프레이징] annual banquet 연례 만찬 → **A yearly dinner** 연례 만찬　　정답 (C)

54 How do the speakers know Jarvis Taylor?
(A) He recently made an investment contract.
(B) He is one of the executives.
(C) He is one of the loyal customers.
(D) He organized last year's event.

화자들은 Jarvis Taylor를 어떻게 아는가?
(A) 최근에 투자 계약을 했다.
(B) 임원 중 한 명이다.
(C) 단골 고객 중에 한 명이다.
(D) 작년 행사를 준비했다.

> ○ 구체적인 정보 파악 – 특정 사항
>
> 문제 키워드 | How / speakers / know / Jarvis Taylor
>
> 남자1이 방금 Jarvis Taylor 씨와 이야기했다(I just spoke with Jarvis Taylor.)며 Jarvis Taylor를 언급하자 남자2는 그를 재무이사로 알고 있다(I know he's the financial director)고 했으므로 (B)가 정답이다.
>
> [패러프레이징] financial director 재무 이사 → **one of the executives** 임원 중 한 명　　정답 (B)

55 What does the woman say she will do?
(A) Send a speaker list
(B) Delay some speeches
(C) Review a food order
(D) Update a list

여자는 무엇을 하겠다고 말하는가?
(A) 발표자 목록 발송하기
(B) 일부 연설 연기하기
(C) 음식 주문 검토하기
(D) 목록 갱신하기

> ○ 구체적인 정보 파악 – 미래
>
> 문제 키워드 | What / woman / say / will
>
> 여자의 대사에 주목해야 한다. 여자의 마지막 대사에서 바로 발표자 목록에 그의 이름을 추가하겠다(I'll add his name to the speaker list right away.)고 했으므로 정답은 (D)이다.
>
> [패러프레이징] **add his name to the speaker list** 발표자 목록에 그의 이름을 추가하다
> → **Update a list** 목록을 갱신하다　　정답 (D)

Questions 56-58 refer to the following conversation. 56-58은 다음 대화에 관한 문제입니다.

W Miguel, 56 did you find anything at last Friday's cooking fair that could be useful for our restaurant? M Yes, I did, Clara. At the fair, there was a demonstration showing an interesting way to steam various kinds of vegetables. I think that technique can be used to cook some of our dishes effectively. W That would be great. 57 A lot of customers have been suggesting adding more vegetarian dishes to our menu. I think that could work well. M Absolutely. I have some spare time now, so 58 let's prepare some vegetable dishes by using the technique. Then, we will see how we can work this out.	여: Miguel 씨. 56 지난주 금요일 요리 박람회에서 우리 식당에 도움이 될 만한 것을 발견하셨나요? 남: 네, 발견했어요. Clara 씨. 박람회에서 다양한 종류의 채소를 찌는 흥미로운 방식을 보여 주는 시연회가 있었어요. 그 기술이 일부 우리 음식을 효과적으로 요리하는 데 사용될 수 있을 것 같아요. 여: 그럼 좋겠네요. 57 많은 고객들이 메뉴에 더 많은 채식 요리를 추가할 것을 제안하고 있어요. 그게 효과가 있을 것 같네요. 남: 확실히요. 지금 저에게 약간의 시간 여유가 있으니 58 그 기술을 사용하여 채소 요리를 준비해 봅시다. 그러면 우리가 어떻게 하면 되는지를 알게 될 거예요.

어휘 fair 박람회   demonstration 시연, 설명   interesting 흥미로운   steam 찌다, 쪄지다   various 다양한   vegetable 채소   technique 기술   effectively 효과적으로   customer 고객   suggest 제안하다   vegetarian 채식주의자(의)   absolutely 전적으로, 틀림없이   spare time 여유 시간

56 What type of event did the man recently attend?
(A) A product launch
(B) A sports match
(C) A business fair
(D) An anniversary party

남자는 최근에 어떤 종류의 행사에 참석했는가?
(A) 제품 출시
(B) 스포츠 경기
(C) 사업 박람회
(D) 기념일 파티

> **○ 구체적인 정보 파악 – 특정 사항**
>
> **문제 키워드 |** What / event / man / recently / attend
>
> recently가 핵심 키워드이지만 지문에서는 last Friday로 언급되었다. 여자의 첫 대사에서 남자에게 지난주 금요일 요리 박람회(at last Friday's cooking fair)에서 우리 식당에 도움이 될 만한 것을 발견했는지 물었으므로 정답은 (C)이다.
>
> **패러프레이징** cooking fair 요리 박람회 → **A business fair** 사업 박람회   정답 (C)

57 According to the woman, what have customers been suggesting?
(A) Extending business hours
(B) Operating an online store
(C) Using different local suppliers
(D) Creating additional menu options

여자의 말에 따르면, 고객들이 제안하는 것은 무엇인가?
(A) 영업시간 연장
(B) 온라인 가게 운영
(C) 다른 현지 공급업체 사용
(D) 추가 메뉴 만들기

> **○ 구체적인 정보 파악 – 제안/요청**
>
> **문제 키워드 |** woman / what / customers / suggesting
>
> 여자의 대사에서 많은 고객들이 메뉴에 더 많은 채식 요리를 추가하는 것을 제안하고 있다(A lot of customers have been suggesting adding more vegetarian dishes to our menu.)고 했으므로 정답은 (D)이다.
>
> **패러프레이징** adding more vegetarian dishes to our menu 메뉴에 더 많은 채식 요리를 추가하는 것
>   → **Creating additional menu options** 추가 메뉴 만들기
>
> **어휘** extend 연장하다   operate 운영하다   local 현지의   supplier 공급업체   create 만들다, 창조하다   additional 추가의   정답 (D)

58 What does the man say he will do next?
(A) Meet with a manager
(B) Cook some food
(C) Set up tables
(D) Put up a new sign

남자는 다음에 무엇을 할 것이라고 말하는가?
(A) 관리자와의 만남
(B) 음식 요리
(C) 테이블 설치
(D) 새로운 간판 설치

> **○ 구체적인 정보 파악 – 미래**
>
> **문제 키워드 |** What / man / say / will / next
>
> 남자가 말한 남자의 미래 일정을 묻는 문제로, 후반부 남자 대사에 집중한다. 후반부에서 남자는 앞서 말한 기술을 사용하여 채소 요리를 준비해 보자(let's prepare some vegetable dishes by using the technique.)고 했으므로 정답은 (B)이다.
>
> **패러프레이징** prepare some vegetable dishes 채식 요리를 준비하다 → **Cook some food** 음식 요리   정답 (B)

Questions 59-61 refer to the following conversation with three speakers.   59-61은 다음 세 명의 대화에 관한 문제입니다.

BR
AU
US

W   Hi, Michael and Donald. **59** I wanted to show you my draft design for one of our main articles in the July Issue of *Hamilton Monthly*.
M1 Thanks, Jane. Hmm... This image is good. **60** But I can't read the writing at the bottom because the font size is too small.
M2 Yeah. **60** It looks like just a couple of thick lines rather than some phrases. I don't think we can have it printed like this.
M1 You'd better change the size. Remember we should start printing this Thursday.
W   Okay, Donald. Maybe I can enlarge the font and change the color. **61** You'll have a new design in about an hour.
M2 Sounds great!

여: 안녕하세요, Michael 씨, Donald 씨. **59** 〈월간 해밀턴〉 7월 호에 실릴 주요 기사 중 하나를 위한 제 디자인 초안을 보여 드리고 싶었어요.
남1: 감사합니다, Jane 씨. 음… 이 이미지는 좋네요. **60** 하지만 글씨 크기가 너무 작아서 하단에 있는 글을 읽을 수가 없군요.
남2: 네. **60** 글이라기보다는 단지 두세 개의 두꺼운 선처럼 보입니다. 이렇게 인쇄할 수는 없을 것 같아요.
남1: 크기를 변경하는 것이 나을 것 같습니다. 이번 주 목요일에 인쇄를 시작해야 한다는 것을 기억하세요.
여: 알겠습니다, Donald 씨. 글자 크기를 늘리고 색상을 바꾸면 될 겁니다. **61** 대략 한 시간 후에 새로운 디자인을 받아 보실 수 있을 것입니다.
남2: 좋습니다!

어휘 draft 초안   article 기사   a couple of 둘의, 두서너 개의   thick 두꺼운   phrase 구, 구절   enlarge 확대하다

59 What type of business do the speakers most likely work for?
(A) A graphic design agency
(B) A printing company
(C) An educational institution
(D) A magazine company

화자들은 어떤 업종에서 근무하고 있을 것 같은가?
(A) 그래픽 디자인 회사
(B) 인쇄 업체
(C) 교육 기관
(D) 잡지사

○ 기본 정보 파악 - 직업/업종

문제 키워드 | What / business / speakers / work

화자의 직업 관련 문제는 주로 전반부에서 단서가 제시된다. 여자의 첫 대사에서 Michael 씨와 Donald 씨에게 〈월간 해밀턴〉 7월 호에 실릴 기사의 디자인 초안을 보여 주고 싶었다(I wanted to show you my draft design for one of our main articles in the July Issue of *Hamilton Monthly*.)고 했으므로 화자들이 잡지사에서 근무하고 있는 것을 알 수 있다. 따라서 정답은 (D)이다.

패러프레이징 *Hamilton Monthly* 〈월간 해밀턴〉 → **A magazine company** 잡지사

정답 (D)

60 What problem do the speakers discuss?
(A) Images need to be replaced.
(B) A deadline has passed.
(C) Writing is not clearly legible.
(D) An article is too short.

화자들이 이야기하는 문제점은 무엇인가?
(A) 이미지가 교체되어야 한다.
(B) 마감일이 지났다.
(C) 글을 명확하게 알아볼 수가 없다.
(D) 기사가 너무 짧다.

○ 구체적인 정보 파악 - 문제점

문제 키워드 | What problem / speakers / discuss

여자가 디자인 시안을 보여 주며 조언을 구하자 남자1은 크기가 너무 작아서 하단에 있는 글을 읽을 수가 없다(But I can't read the writing at the bottom because the font size is too small.)고 했고, 남자2는 글이라기보다는 두세 개의 두꺼운 선처럼 보인다(It looks like just a couple of thick lines rather than some phrases.)고 했다. 따라서 정답은 (C)이다.

패러프레이징 can't read the writing 글을 읽을 수 없다 → **Writing is not clearly legible.** 글을 명확하게 알아볼 수 없다

어휘 replace 교체하다   deadline 마감(일)   legible 읽을 수 있는, 알아볼 수 있는

정답 (C)

61 What does the woman promise to do in an hour?
(A) Renew her subscription
(B) Have a new sample ready
(C) Speak to a technician
(D) Correct an estimate

여자는 한 시간 후에 무엇을 하겠다고 약속하는가?
(A) 구독 갱신하기
(B) 새로운 샘플 준비하기
(C) 기술자와 이야기하기
(D) 견적서 정정하기

○ 구체적인 정보 파악 - 미래

문제 키워드 | What / woman / promise / in an hour

in an hour가 언급되는 곳에서 단서를 찾는다. 여자의 마지막 대사에서 글자 크기와 색상을 수정하겠다며 한 시간 후에 새로운 디자인을 받아 볼 수 있을 것(You'll have a new design in about an hour.)이라고 했으므로 정답은 (B)이다.

어휘 renew 갱신하다   subscription 구독   correct 수정하다, 정정하다   estimate 견적서, 추정

정답 (B)

Questions 62-64 refer to the following conversation and product list. 62-64는 다음 대화와 제품 목록에 관한 문제입니다.

W Hi. **62** Are you looking for something?
M Yes. Could you tell me where the men's wear department is?
W OK. What are you looking for?
M I need a jacket, but I'm not really sure what to buy. Hmm... I have a meeting every day. So I might need something fashionable, but I can't afford a very costly one.
W Don't worry about the price. All of the goods are currently marked down by 20% and **63** there are some really nice classic jackets. Take a look at this brochure.
M Oh, **63** this one looks great. Do you have this one in size 46?
W **64** I need to check if we have any in that size in stock. Why don't you sit here? **64** I will be back shortly.

여: 안녕하세요. **62** 찾고 계시는 게 있나요?
남: 네. 남성복 코너가 어디에 있는지 알려 주시겠어요?
여: 네. 무엇을 찾고 계신가요?
남: 저는 재킷이 필요한데 무엇을 사야 할지 모르겠어요. 음... 저는 회의가 매일 있어요. 그래서 유행에 맞는 것이 필요할 것 같은데 너무 비싼 건 살 여유가 없어요.
여: 가격은 걱정하지 마세요. 모든 상품이 현재 20%까지 가격이 인하되었어요. 그리고 **63** 정말 멋진 클래식 재킷들이 있어요. 이 책자를 보세요.
남: 오, **63** 이거 좋아 보이네요. 이거 46사이즈 있나요?
여: **64** 그 사이즈의 재고를 가지고 있는지 확인해야 해요. 여기 앉아 계시는 게 어떠세요? **64** 곧 돌아오겠습니다.

어휘 fashionable 유행에 맞는   afford (~을 살) 여유가 되다, 형편이 되다   currently 현재   mark down 가격을 인하하다   take a look at ~을 보다   brochure 책자   in stock 재고가 있는   shortly 곧

62 Who most likely is the woman?
 (A) A tailor
 (B) A marketing specialist
 (C) A sales associate
 (D) A fashion designer

여자는 누구일 것 같은가?
 (A) 재단사
 (B) 마케팅 전문가
 (C) 판매 사원
 (D) 패션 디자이너

┌─○ 기본 정보 파악 – 직업 ─────────────
│ **문제 키워드 | Who / woman**
│ 화자의 직업을 묻는 문제의 단서는 보통 대화 전반부에 등장한다. 여자의 첫 번째 대사에서 남자에게 무언가 찾고 있는지(Are you looking for something?) 물었고, 이후 할인 및 재고에 대해서 언급했으므로 여자는 의류 매장에서 근무하는 판매 사원임을 알 수 있다. 따라서 정답은 (C)이다.
                                                                                            정답 (C)

63 Look at the graphic. Which brand does the man say he likes?
(A) Ann Myer
(B) Stella Tillerson
(C) Timothy Denim
(D) Ellen Sports

시각 자료를 보시오. 남자는 어느 브랜드가 좋다고 말하는가?
(A) Ann Myer
(B) Stella Tillerson
(C) Timothy Denim
(D) Ellen Sports

─○ 신유형 - 시각 자료 연계 ─

문제 키워드 | graphic / Which brand / man / likes

시각 자료 연계 문제로, 대화의 정보를 바탕으로 시각 자료를 통해 정답을 찾아야 한다. 멋진 클래식 재킷이 있다(there are some really nice classic jackets.)며 책자를 보여 주는 여자에게 남자는 좋아 보인다(this one looks great.)고 말했다. 시각 자료에서 클래식 재킷의 브랜드를 확인하면 Ann Myer이므로 정답은 (A)이다.

정답 (A)

64 What does the woman offer to do?
(A) Give a brochure
(B) Stock some goods
(C) Check an inventory
(D) Read a contract

여자는 무엇을 하겠다고 제안하는가?
(A) 책자 제공하기
(B) 일부 상품 비치하기
(C) 재고 확인하기
(D) 계약서 읽기

─○ 구체적인 정보 파악 - 제안/요청 ─

문제 키워드 | What / woman / offer

제안 문제는 대화의 후반부에서 정답의 단서를 찾을 수 있다. 남자가 특정 사이즈가 있냐고 묻자, 여자는 재고가 있는지 확인해야 한다(I need to check if we have any in that size in stock.)고 말하며 곧 돌아오겠다(I will be back shortly.)고 했으므로 정답은 (C)이다.

패러프레이징 check if ~ in stock ~의 재고가 있는지 확인하다 → **Check an inventory** 재고를 확인하다

어휘 stock 비치하다, 비축하다   inventory 재고   contract 계약서

정답 (C)

Questions 65-67 refer to the following conversation and coupon. 65-67은 다음 대화와 쿠폰에 관한 문제입니다.

W Hello, Marcus. Have you heard? 65 Claire from sales has been promoted. So, she's going to be transferred to the headquarters in Milan, soon.
M Wow. That's good. It will be a great opportunity for her.
W We're going out to have dinner with her this evening at the Barrett Bistro to congratulate her. Would you like to join us?
M That sounds great. I'd be happy to. Oh, actually, I have a discount coupon for the place. We can try some of their special dishes at lowered prices.
W Really? Claire loves pasta. 66 Let's order some pasta dishes for her, and we can also share them.
M Sounds perfect. 67 Why don't we drive to the restaurant? I brought my car.

여: 안녕하세요, Marcus 씨. 들으셨어요? 65 영업부의 Claire 씨가 승진했어요. 그래서 그녀는 곧 밀라노에 있는 본사로 전근 가게 될 거예요.
남: 와. 잘됐네요. 그녀에게 좋은 기회가 될 거예요.
여: 그녀를 축하하기 위해서 Barrett 식당에서 오늘 밤에 그녀와 함께 저녁을 먹을 거예요. 같이 가실래요?
남: 그거 좋겠네요. 갈게요. 오, 사실, 저는 그 식당의 할인 쿠폰을 가지고 있어요. 할인된 가격으로 특별 요리를 맛볼 수 있을 거예요.
여: 정말요? Claire 씨는 파스타를 정말 좋아해요. Clair 씨를 위해 66 파스타 요리를 주문해요. 나눠 먹을 수도 있잖아요.
남: 좋아요. 67 차를 타고 식당으로 갈까요? 제가 차를 가져왔어요.

Barrett Bistro
Seasonal Specials

20% off Beef Steaks
25% off Chicken Salad
66 30% off Pastas
35% off Burgers

Barrett 식당
특별 계절 요리

소고기 스테이크 20% 할인
치킨 샐러드 25% 할인
66 파스타 30% 할인
버거 35% 할인

어휘 | promote 승진시키다 transfer 전근 가다, 전근시키다 headquarters 본사 opportunity 기회 bistro 작은 식당 congratulate 축하하다 lowered 낮아진 share 공유하다, 나누다

65 According to the woman, what is the news about?
(A) A budget will be cut.
(B) A colleague got a promotion.
(C) An office will be relocated.
(D) A contract has been renewed.

여자의 말에 따르면, 무엇에 관한 소식인가?
(A) 예산이 삭감될 것이다.
(B) 동료가 승진했다.
(C) 사무실이 이전될 것이다.
(D) 계약이 갱신되었다.

구체적인 정보 파악 – 특정 사항

문제 키워드 | woman / what / news

여자가 말한 소식의 내용을 묻는 문제이므로 여자의 대사에 집중한다. 대화의 전반부에 여자가 영업부의 Claire 씨가 승진했다 (Claire from sales has been promoted.)는 소식을 전하고 있으므로 정답은 (B)이다.

패러프레이징 Claire from sales has been promoted. 영업부의 Clair 씨가 승진했다.
→ **A colleague got a promotion.** 동료가 승진했다.

어휘 | budget 예산 cut down 삭감하다 colleague 동료 promotion 승진 relocate 이전하다 contract 계약(서) renew 갱신하다

정답 (B)

66 Look at the graphic. Which discount will be applied to the speakers' bill?
(A) 20%
(B) 25%
(C) 30%
(D) 35%

시각 자료를 보시오. 화자들의 계산서에 어떤 할인이 적용될 것인가?
(A) 20%
(B) 25%
(C) 30%
(D) 35%

> **신유형 – 시각 자료 연계**
>
> **문제 키워드** | graphic / Which discount / will / applied / bill
>
> 시각 자료 연계 문제로, 대화에서 제시된 정보를 바탕으로 시각 자료를 통해 정답을 찾아야 한다. 문제의 보기로 할인율이 제시되어 있으므로 대화에서 정답의 단서로 메뉴가 제시될 것임을 예상하고 대화를 들어야 한다. 할인 쿠폰이 있다는 남자의 말에 여자가 파스타를 주문하자(Let's order some pasta dishes)고 했으므로 파스타 요리를 할인받을 것임을 알 수 있다. 시각 자료에서 파스타는 30% 할인이 적용된다는 것을 알 수 있으므로 정답은 (C)이다.
>
> 정답 (C)

67 What does the man suggest the woman do?
(A) Share a car
(B) Meet other employees
(C) Try a new dish
(D) Arrive in advance

남자가 여자에게 제안한 것은 무엇인가?
(A) 차를 같이 타기
(B) 다른 직원들 만나기
(C) 새로운 요리 맛보기
(D) 미리 도착하기

> **구체적인 정보 파악 – 제안/요청**
>
> **문제 키워드** | What / man / suggest / woman
>
> 남자가 제안한 것을 묻는 문제이므로 남자의 대사에 주목해야 한다. 후반부에 남자가 식당까지 차를 타고 가자(Why don't we drive to the restaurant? I brought my car.)고 제안하고 있으므로 정답은 (A)이다.
>
> **패러프레이징** Why don't we drive 차를 타고 갈까요? → **Share a car** 차를 같이 타기
>
> **어휘** try ~를 시도해 보다   in advance 미리
>
> 정답 (A)

Questions 68-70 refer to the following conversation and trade show floor plan.　68-70은 다음 대화와 무역 박람회 평면도에 관한 문제입니다.

W　Mark, do you have some time to discuss our trade show? It's an urgent issue. We have to choose an exhibitor space by tomorrow. There aren't many available.
M　Look, there's still one large booth open, but that costs much more than our budget allows. Moreover, **68** we need to distribute the brochures and samples with the company logo on them.
W　I know. We already spent too much on promotional items.
M　I think we can't afford a large booth. **69** Let's go with the one closest to the exit. That way, attendees will see us when they walk out the door.
W　I agree. **70** We need to notify the organizer as soon as possible.
M　Sure, **70** I'll call her right now.

여: Mark 씨, 무역 박람회와 관련해 논의할 시간이 있으신가요? 긴급한 사안입니다. 우리는 내일까지 전시 공간을 선택해야 합니다. 남아 있는 곳이 많지 않습니다.
남: 보세요, 아직 사용할 수 있는 큰 부스가 한 곳 있지만 우리의 예산이 허용하는 것보다 훨씬 많은 비용이 들어요. 게다가 **68** 우리는 회사 로고가 있는 책자와 샘플을 나눠 주어야 합니다.
여: 알고 있습니다. 우리는 이미 홍보 제품에 너무 많은 비용을 사용했습니다.
남: 큰 부스를 대여할 여유가 없을 거라 생각됩니다. **69** 출구와 가장 가까운 곳으로 합시다. 그렇게 하면, 참가자들이 퇴장할 때 우리를 볼 수 있을 거예요.
여: 동의합니다. **70** 가능한 한 빨리 주최측에 알려야 합니다.
남: 네, **70** 제가 지금 바로 전화하겠습니다.

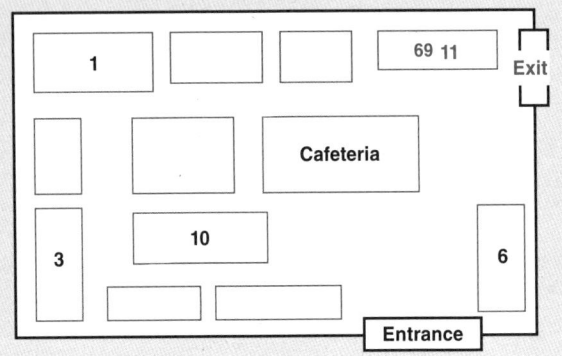
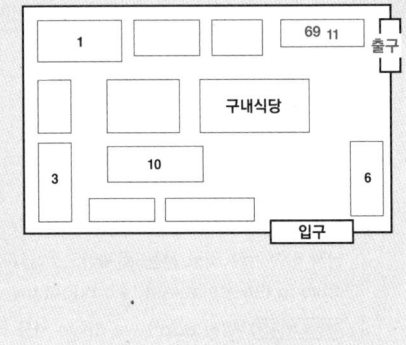

어휘　discuss 논의하다　trade show 무역 박람회　urgent 긴급한　issue 사안, 문제　exhibitor 출품 회사　space 공간　available 이용할 수 있는　cost 비용이 들다　budget 예산　allow 허용하다　distribute 나누어 주다　promotional item 홍보 제품, 판촉물　afford ~에 대한 여유가 되다　close to ~에 가까운　attendee 참석자　notify 알리다, 통지하다　organizer 주최자

68　What do the speakers plan to give away at the trade show?
(A) Free refreshments
(B) Discount coupons
(C) Promotional items
(D) Meal vouchers

화자들은 무역 박람회에서 무엇을 나누어 줄 계획인가?
(A) 무료 간식
(B) 할인 쿠폰
(C) 판촉물
(D) 식사권

─○ 구체적인 정보 파악 - 특정 사항 ─

문제 키워드 | What / give away / trade show

화자들이 나눠 주려고 계획하는 것이 무엇인지 묻는 문제로, 질문의 키워드인 give away는 대화에서 distribute로 언급되었다. 남자의 대사에서 무역 박람회에서 참가자들에게 회사 로고가 있는 책자와 샘플을 나눠 주어야 한다(we need to distribute the brochures and samples with the company logo on them.)고 했으므로 정답은 (C)이다.　　정답 (C)

69 Look at the graphic. Which booth do the speakers want to reserve?
(A) Booth 1
(B) Booth 3
(C) Booth 6
(D) Booth 11

시각 자료를 보시오. 화자들은 어느 부스를 예약하기를 원하는가?
(A) 1번 부스
(B) 3번 부스
(C) 6번 부스
(D) 11번 부스

─○ 신유형 – 시각 자료 연계 ─

문제 키워드 | graphic / Which booth / speakers / want

신유형인 시각 자료 연계 문제로, 부스 장소가 보기로 제시되어 있으므로 출구나 입구, 혹은 구내식당을 기준으로 장소 전치사나 형용사와 함께 단서가 제시될 것임을 예측하고 대화를 듣도록 한다. 대화 중반부 이후 남자가 출구와 가장 가까운 곳으로 하자(Let's go with the one closest to the exit.)고 말한 것을 단서로, 시각 자료를 확인하면 화자들이 예약하기를 원하는 장소가 11번 부스임을 알 수 있다. 따라서 정답은 (D)이다.

정답 (D)

70 What does the man offer to do?
(A) Call his manager
(B) Submit the planned budget
(C) Contact an event organizer
(D) Arrange a client meeting

남자는 무엇을 하겠다고 제안하는가?
(A) 그의 상사에게 전화하기
(B) 기획 예산안 제출하기
(C) 행사 기획자에게 연락하기
(D) 고객과의 회의 준비하기

─○ 구체적인 정보 파악 – 제안/요청 ─

문제 키워드 | What / man / offer

제안/요청 문제이므로 대화의 후반부에서 정답을 찾을 수 있다. 후반부에서 여자가 가능한 한 빨리 주최측에 알려야 한다(We need to notify the organizer as soon as possible.)고 하자 남자가 지금 바로 전화하겠다(I'll call her right now.)고 하였으므로 정답은 (C)이다.

[패러프레이징] call 전화하다 → contact 연락하다

[어휘] submit 제출하다 arrange 준비하다

정답 (C)

PART 4

Questions 71-73 refer to the following telephone message. 71-73은 다음 전화 메시지에 관한 문제입니다.

W Hello, Alicia. This is Ana Silva calling from Sharp House Care. I would like to inform you that 71 I won't be able to set up your new doors tomorrow as scheduled. 72 I mistakenly ordered some sizes that don't fit. I'm really sorry about this. I've already called the supplier and the right sizes will arrive soon. When I receive the shipment, I will tell you. Meanwhile, 73 would you remove the furnishings for our replacement work? If you have any questions, please call me back. Thank you.

여: 안녕하세요, Alicia 씨. Sharp 주택 관리에서 전화드리는 Ana Silva입니다. 71 제가 예정대로 내일 귀하의 새 문들을 설치할 수 없다는 것을 알려 드리고자 합니다. 72 제가 실수로 맞지 않는 크기를 주문했습니다. 이 일은 정말로 죄송합니다. 이미 공급업체에 연락했으니 제대로 된 크기로 곧 도착할 것입니다. 물건을 받으면 알려 드리겠습니다. 그동안 73 저희의 교체 작업을 위해 가구를 치워 주시겠어요? 질문이 있으시면 저에게 전화 주시기 바랍니다. 감사합니다.

어휘 inform 알리다 set up ~을 설치하다 mistakenly 실수로 fit 맞다 supplier 공급업체 receive 받다 shipment 배송(품) meanwhile 그동안 remove 치우다 furnishings 가구, 세간 replacement 교체

71 According to Ms. Silva, what will not be done as scheduled?
(A) Signing a contract
(B) Finishing roadwork
(C) Installing doors
(D) Paying a rental fee

Silva 씨에 따르면, 무엇이 예정대로 끝나지 않을 것인가?
(A) 계약서 서명
(B) 도로 공사 마무리
(C) 문 설치
(D) 임대료 지불

○ **구체적인 정보 파악 – 특정 사항**

문제 키워드 | Ms. Silva / what / not / as scheduled

as scheduled가 핵심 키워드로 담화 전반부에서 정답의 근거를 찾아야 한다. 화자인 Silva 씨가 예정대로 내일 새 문들을 설치할 수 없다(I won't be able to set up your new doors tomorrow as scheduled.)고 했으므로 정답은 (C)이다.

패러프레이징 set up your new doors 새 문들을 설치하다 → **Installing doors** 문 설치

어휘 contract 계약(서) roadworks 도로 공사 rental fee 임대료

정답 (C)

72 Why does the speaker apologize?
(A) She did not contact a client.
(B) She ordered some wrong products.
(C) She was late for a meeting.
(D) She needs to leave work early.

화자는 왜 사과하는가?
(A) 고객에게 연락하지 않았다.
(B) 잘못된 상품을 주문했다.
(C) 회의에 늦었다.
(D) 일찍 퇴근해야 한다.

○ **구체적인 정보 파악 – 이유/원인**

문제 키워드 | Why / speaker / apologize

화자가 실수로 맞지 않는 크기를 주문했다(I mistakenly ordered some sizes that don't fit.)며 정말 미안하다(I'm really sorry about this.)고 했으므로, 상품을 잘못 주문한 것에 대해 사과하는 것임을 알 수 있다. 따라서 정답은 (B)이다.

패러프레이징 mistakenly ordered some sizes that don't fit 실수로 맞지 않는 사이즈를 주문했다
→ ordered some wrong products 잘못된 상품을 주문했다

정답 (B)

73 What will the listener most likely do next?
(A) Deliver some supplies
(B) Set up some equipment
(C) Prepare for replacement work
(D) Confirm the dimensions of a room

청자는 다음에 무엇을 할 것 같은가?
(A) 일부 용품 배달
(B) 일부 장비 설치
(C) 교체 작업 준비
(D) 방 크기 확인

○ **구체적인 정보 파악 – 미래**

문제 키워드 | What / will / listener / next

청자가 앞으로 할 일을 묻는 문제로, 담화 후반부 화자의 권유/제안 표현에서 정답을 찾는다. 후반부에 화자가 교체 작업을 위해 가구를 치워 줄 것(would you remove the furnishings for our replacement work?)을 요청했으므로 정답은 (C)이다.

패러프레이징 remove the furnishings for our replacement work 교체 작업을 위해 가구를 치우다
→ **Prepare for replacement work** 교체 작업 준비

어휘 equipment 장비 confirm 확인하다 dimension 크기, 치수

정답 (C)

Questions 74-76 refer to the following excerpt from a meeting. 74-76은 다음 회의 발췌록에 관한 문제입니다.

> M OK, everyone. That's all for today's planning meeting. **74** I'm so pleased our firm is hosting the marketing conference this quarter and very happy we had our budget settled at today's meeting. **75** I'm going to hand in the request for financial support to the accounting team later today. As soon as they give us approval, we will be able to begin making travel arrangement for the presenters we'll select. So, **76** please be sure everyone here attends the next staff meeting. We'll talk about who should be invited for the keynote speech at the conference. Thank you.

> 남: 네, 여러분. 오늘의 기획 회의는 여기까지입니다. **74** 우리 회사가 이번 분기에 마케팅 콘퍼런스를 주최하게 되어 매우 기쁘고, 또한 오늘 회의에서 예산을 확정하여 매우 기쁩니다. **75** 제가 오늘 늦게 회계팀에 재정 지원 신청서를 제출할 것입니다. 그들이 승인을 해주는 즉시 우리가 선정할 발표자들을 위한 출장 준비를 시작할 수 있을 것입니다. 그러니 **76** 여기에 계신 모든 분들은 반드시 다음 직원회의에 참석해 주시기 바랍니다. 콘퍼런스의 기조연설에 누구를 초대해야 할지 논의할 것입니다. 감사합니다.

어휘 | planning meeting 기획 회의 host 주최하다 quarter 분기 settle 해결하다, 결정하다 hand in ~을 제출하다 request 요청, 요청서 financial 금융의, 재정의 support 지원, 지지 as soon as ~하자마자 approval 승인 arrangement 준비 keynote speech 기조연설

74 What is the main purpose of today's meeting?
(A) To present an award
(B) To arrange a conference
(C) To welcome new employees
(D) To invite employees to a banquet

오늘 회의의 주된 목적은 무엇인가?
(A) 상을 수여하기
(B) 콘퍼런스를 준비하기
(C) 신입 사원을 환영하기
(D) 직원들을 연회에 초대하기

○ 기본 정보 파악 – 주제

문제 키워드 | What / purpose / today's meeting

초반부에 화자가 이번 분기에 마케팅 콘퍼런스를 주최하게 되어 매우 기쁘고 오늘 회의에서 예산을 확정하여 매우 기쁘다(I'm so pleased our firm is hosting the marketing conference this quarter and very happy we had our budget settled at today's meeting.)고 하였다. 따라서 회의의 목적은 콘퍼런스를 준비하는 것이었음을 알 수 있으므로 정답은 (B)이다.

어휘 | present an award 상을 주다 arrange 준비하다 banquet 연회
정답 (B)

75 According to the speaker, what will be done later today?
(A) Preparing a presentation
(B) Printing out some documents
(C) Submitting a request
(D) Booking a meeting room

화자의 말에 따르면, 오늘 늦게 무엇을 마칠 것인가?
(A) 발표 준비
(B) 문서 출력
(C) 신청서 제출
(D) 회의실 예약

○ 구체적인 정보 파악 – 미래

문제 키워드 | What / will / later today

핵심 키워드인 later today가 언급되는 곳에 집중한다. 오늘 늦게 회계팀에 재정 지원 신청서를 제출할 것(I'm going to hand in the request for financial support to the accounting team later today.)이라고 했으므로 정답은 (C)이다.

패러프레이징 | hand in 제출하다 → Submitting 제출
정답 (C)

76 What are the listeners asked to do?
(A) Be present at the next meeting
(B) Contact a travel agency
(C) Attend a training session
(D) Revise a contract

청자들이 요청받은 것은 무엇인가?
(A) 다음 회의에 참석하기
(B) 여행사에 연락하기
(C) 교육에 참석하기
(D) 계약서 수정하기

○ 구체적인 정보 파악 – 제안/요청

문제 키워드 | What / listeners / asked

요청 사항을 묻는 질문이므로 담화 후반부의 제안/요청 표현에 집중하자. 후반부에 여기에 있는 모든 사람들은 다음 직원회의에 참석하기 바란다(please be sure everyone here attends the next staff meeting.)고 했으므로 정답은 (A)이다.

패러프레이징 | attends the next staff meeting 다음 직원회의에 참석하기
→ Be present at the next meeting 다음 회의에 참석하기

어휘 | present 참석한 contact 연락하다 revise 수정하다 contract 계약(서)
정답 (A)

TEST 07 315

Questions 77-79 refer to the following excerpt from a workshop. 77-79는 다음 워크숍 발췌록에 관한 문제입니다.

W   Good morning, everyone. **77** Thank you for attending the first day of your presentation skills training workshop. I'm Amanda Morgan. I've been working as a consultant and author for 10 years. By the time you complete this course, I'm sure you will feel much more comfortable during your presentation. **78** At the end of today, you will each have an opportunity to present for yourself. So, please keep following my directions through out today's workshop. Okay, before we start, **79** I'll give you some forms you will need to fill out. They're for your self-assessment to help you diagnose yourself.

여: 안녕하세요. 여러분. **77** 발표 기술 훈련 워크숍의 첫 날에 참석해 주셔서 감사드립니다. 저는 Amanda Morgan입니다. 저는 10년 동안 컨설턴트와 작가로서 일하고 있습니다. 이 과정을 마칠 무렵이면, 여러분은 발표하는 동안 마음이 훨씬 더 편안해질 것이라고 확신합니다. **78** 오늘 과정의 마지막에 여러분 자신을 발표할 기회를 갖게 될 것입니다. 따라서 오늘 워크숍이 진행되는 동안 저의 지도를 잘 따라와 주시기 바랍니다. 자, 시작하기 전에 **79** 여러분이 작성하실 양식을 드리겠습니다. 이것은 여러분이 스스로를 진단하는 데 도움을 주기 위한 자기 평가서입니다.

어휘 author 작가   by the time ~할 무렵   complete 완료하다, 작성하다   be sure (that) (~을) 확신하다   comfortable 편안한   opportunity to V ~할 기회   present 발표하다   follow 따르다   direction 지도, 안내   fill out 기입하다   self-assesment 자기 평가   diagnose 진단하다

77 What is the workshop mainly about?
(A) Creating effective proposals
(B) Improving presentation skills
(C) Learning company policies
(D) Getting a job

워크숍은 주로 무엇에 관한 것인가?
(A) 효과적인 제안서 작성
(B) 발표 기술 향상
(C) 회사 정책 학습
(D) 일자리 얻기

> **기본 정보 파악 – 주제**
>
> **문제 키워드 | What / workshop / about**
> 특정 행사나 연설의 주제는 해당 행사를 소개하는 첫 문장에서 주로 언급된다. 발표 기술 훈련 워크숍에 참석해 줘서 고맙다다 (Thank you for attending the first day of your presentation skills training workshop.)고 했으므로 (B)가 정답이다.
>
> **패러프레이징** presentation skills training 발표 기술 훈련 → Improving presentation skills 발표 기술 향상
>
> **어휘** create 만들다, 창작하다   effective 효과적인   proposal 제안서   improve 개선하다   policy 정책   정답 (B)

78 What will the listeners be doing at the end of today?
(A) Introducing themselves
(B) Presenting a current project
(C) Assessing their works
(D) Receiving a certificate

청자들은 오늘 과정의 마지막에 무엇을 할 예정인가?
(A) 스스로를 소개하기
(B) 현재 프로젝트 발표하기
(C) 본인 작업 평가하기
(D) 수료증 받기

> **구체적인 정보 파악 – 미래**
>
> **문제 키워드 | What / will / listeners / at the end of today**
> at the end of today가 핵심 키워드로, 그 앞뒤에서 단서가 나올 것을 예상하자. 또한 청자들이 미래에 할 일은 you will ~, you're going to ~ 등의 미래 시제 표현과 함께 언급됨을 알아 두자. 오늘 과정의 마지막에 자신을 발표할 기회를 갖게 될 것 (At the end of today, you will each have an opportunity to present for yourself.)이라고 했으므로 정답은 (A)이다.
>
> **패러프레이징** present for yourself 자신을 발표하다 → Introduce themselves 스스로를 소개하기
>
> **어휘** introduce 소개하다   current 현재의   assess 평가하다   certificate 수료증, 증명서   정답 (A)

79 What will the listeners do next?
(A) Complete a form
(B) Adjust tables
(C) Read some manuals
(D) Work with a partner

청자들은 다음에 무엇을 할 것인가?
(A) 양식 작성하기
(B) 테이블 조정하기
(C) 설명서 읽기
(D) 파트너와 함께 일하기

> **구체적인 정보 파악 – 미래**
>
> **문제 키워드 | What / will / listeners / next**
> 화자가 다음에 할 일을 묻는 문제이므로 you will ~/ I'll ask you ~/ I'll give you ~ 등으로 시작하는 후반부 대사에 집중한다. 화자가 청자들에게 작성할 양식을 주겠다(I'll give you some forms you will need to fill out.)고 했으므로 (A)가 정답이다.
>
> **패러프레이징** some forms you will need to fill out 작성할 양식 → Complete a form 양식 작성하기   정답 (A)

Questions 80-82 refer to the following talk. 80-82는 다음 담화에 관한 문제입니다.

W ⁸⁰ Welcome to our historic Dearborn Garden. My name is Mary Watson and ⁸¹ I'll be your guide today. We'll begin our tour with a walk through the main garden. As you may know, it was first built by James Cohen, a famous novelist, in 1849. We'll see this garden fast. After that, we'll be visiting the main building located in the center of the garden. You'll see exhibits on history of this garden. And then, ⁸² we will move to the Cream House, located behind the main building where we'll have lunch. At the end of the tour, you'll have an opportunity to purchase some souvenirs for your friends and family. Okay, let's get started.

여: ⁸⁰ 역사적으로 유명한 Dearborn 정원에 오신 것을 환영합니다. 제 이름은 Mary Watson이며, ⁸¹ 오늘 여러분들의 가이드가 되어 드릴 것입니다. 가장 큰 정원을 산책하면서 오늘의 투어를 시작할 것입니다. 여러분들이 아시다시피, 그곳은 유명 소설가인 James Cohen 씨에 의해 1849년에 처음 지어졌습니다. 우리는 이 정원을 빠르게 둘러볼 것입니다. 그 이후에는 정원 중앙에 위치한 본관을 방문할 것입니다. 여러분들은 이 정원의 역사와 관련된 전시품들을 관람하실 것입니다. 그런 다음에는, ⁸² 점심 식사를 할 장소인, 본관 뒤에 위치한 Cream House로 이동할 것입니다. 투어가 끝날 때쯤에는, 친구들과 가족들을 위한 기념품을 구매하실 수 있습니다. 그러면, 시작하겠습니다.

어휘 historic 역사적으로 유명한 main 가장 큰, 중요한 novelist 소설가 fast 빠르게 main building 본관 exhibit 전시품 and then 그런 다음 opportunity to V ~할 기회 purchase 구매하다 souvenir 기념품

80 Where does the talk most likely take place?
(A) At a garden
(B) At an old apartment
(C) At a construction site
(D) At a city park

담화는 어디에서 이루어지고 있겠는가?
(A) 정원에서
(B) 오래된 아파트에서
(C) 공사 현장에서
(D) 도시 공원에서

○ 기본 정보 파악 – 장소

문제 키워드 | Where / talk / take place

담화 장소를 묻는 문제는 담화 전반부에서 정답을 찾는다. 도입부에서 역사적으로 유명한 Dearborn 정원에 온 것을 환영한다(Welcome to our historic Dearborn Garden.)고 한 것으로 보아 대화가 진행되고 있는 장소는 정원임을 알 수 있다. 따라서 정답은 (A)이다.

정답 (A)

81 What is the purpose of the talk?
(A) To give some advice about gardening
(B) To promote a new exhibit
(C) To discuss a policy
(D) To explain a tour

담화의 목적은 무엇인가?
(A) 정원 손질에 대해 조언하기
(B) 새로운 전시 홍보하기
(C) 정책 논의하기
(D) 투어 설명하기

○ 기본 정보 파악 – 주제

문제 키워드 | What / purpose / talk

담화의 목적을 묻는 질문으로, 전반부에서 정답의 단서를 찾아야 한다. 화자는 자신을 '가이드'라고 소개한 후, 이어서 투어 일정에 대해서 설명하고(I'll be your guide today. We'll begin our tour with a walk through the main garden.) 있으므로 정답은 (D)이다.

정답 (D)

82 According to the speaker, what can the listeners do at Cream House?
(A) Purchase some gifts
(B) Eat lunch
(C) Look at some photographs
(D) Take a group picture

화자의 말에 따르면, 청자들은 Cream House에서 무엇을 할 수 있는가?
(A) 선물 구매
(B) 점심 식사
(C) 사진 감상
(D) 단체 사진 촬영

○ 구체적인 정보 파악 – 특정 사항

문제 키워드 | What / can / listeners / do / Cream House

청자들이 Cream House에서 할 일이 무엇인지를 묻는 문제로, 키워드 Cream House에 집중해서 정답을 찾아야 한다. 담화 후반부에 점심 식사를 할 장소인, 본관 뒤에 위치한 Cream House로 이동할 것(we will move to the Cream House, located behind the main building where we'll have lunch.)이라고 했으므로 정답은 (B)이다.

정답 (B)

Questions 83-85 refer to the following instructions. 83-85는 다음 설명에 관한 문제입니다.

M Hello, everybody. Before the Saturday evening rush starts, I'd like to inform you of our new evening special. This evening special is a beef dish. The beef is grilled with garlic and sliced onions, and served with roasted potatoes. 83 Please make sure to let our customers know about it as handing out the menus to them. 84 If diners would like to learn more about our regular dishes, well, it's not your first day working here. And, I should tell you about the time sheets mentioned last week. 85 The management team has moved up the deadline for handing them in. It will be Tuesday evening instead of Wednesday evening.

남: 모두들 안녕하세요. 토요일 저녁의 바쁜 시간이 시작되기 전에 여러분께 우리의 새로운 저녁 특별 요리를 알려 드리고자 합니다. 오늘 저녁 특별 요리는 소고기 요리입니다. 소고기를 마늘 및 얇게 썬 양파와 함께 그릴에 구워서 구운 감자와 함께 내놓습니다. 83 고객들에게 메뉴판을 제공할 때 이 요리에 대해 꼭 알려 주시기 바랍니다. 84 만약 손님이 우리의 기존 메뉴에 대해 더 알고 싶어 하더라도, 음, 오늘이 여러분들의 근무 첫날이 아니니까요. 그리고 저는 지난주에 말한 근무 시간 기록표에 대해 이야기하겠습니다. 85 관리팀이 일정 제출 마감일을 앞당겼습니다. 마감일은 수요일 저녁이 아니라 화요일 저녁입니다.

어휘 rush 바쁨, 분주함 inform 알리다 grill 그릴에 굽다 sliced 얇게 썬 roasted 구운 hand out 나눠 주다 diner 식사하는 사람, 손님 regular 평상시의, 정기적인 time sheet 근무 시간 기록표 mention 말하다 deadline 마감 hand in ~을 제출하다 instead of ~ 대신에

83 What are the listeners encouraged to do?
(A) Confirm a list of available items
(B) Provide customers with free samples
(C) Notify customers of a special menu
(D) Address complaints immediately

청자들이 권장받은 것은 무엇인가?
(A) 이용 가능한 상품 목록 확인하기
(B) 고객들에게 무료 샘플 제공하기
(C) 고객들에게 특별 메뉴 알리기
(D) 불만 즉시 처리하기

○ 구체적인 정보 파악 – 제안/요청

문제 키워드 | What / listeners / encouraged
권유/제안 표현에 단서가 있다. 새롭게 출시된 특선 요리를 소개한 뒤에 고객들에게 메뉴판을 제공할 때 이 요리에 대해 꼭 알려 주라(Please make sure to let our customers know about it ~.)고 했으므로 정답은 (C)이다.   정답 (C)

84 What does the speaker mean when he says, "it's not your first day working here"?
(A) New employees need to attend a training session.
(B) Further information is unnecessary for the listeners.
(C) The listeners will get a promotion soon.
(D) The quality of service should be improved.

화자가 "오늘이 여러분들의 근무 첫날이 아니니까요"라고 말할 때 의미하는 것은 무엇인가?
(A) 신입 사원은 교육에 참석해야 한다.
(B) 추가 정보가 청자들에게 필요하지 않다.
(C) 청자들은 곧 승진할 것이다.
(D) 서비스 품질이 개선되어야 한다.

○ 신유형 – 화자의 의도 파악

문제 키워드 | What / speaker / mean / "it's not your first day working here"
전반부에서 화자는 청자들에게 새롭게 출시된 특선 요리를 소비자들에게 소개하도록 요청했는데, 손님이 신 메뉴가 아니라 기존 메뉴에 대해 더 알고 싶어 하는(If diners would like to learn more about our regular dishes,) 상황을 가정한 후에 "오늘이 여러분들의 근무 첫날이 아니니까요(it's not your first day working here)"라고 말했다. 즉, 처음이 아니니 알아서 처리해 줄 것을 기대한다는 말이므로 청자들에게 추가 정보가 필요하지 않다는 의미다. 따라서 정답은 (B)이다.
어휘 further 더 이상의, 추가의 unnecessary 불필요한 promotion 승진 quality 질 improve 개선하다   정답 (B)

85 What is mentioned about the time sheets?
(A) They can be completed online.
(B) They require a manager's signature.
(C) They will be sent to a different place.
(D) They need to be submitted earlier.

근무 시간 기록표에 대해 언급된 것은 무엇인가?
(A) 온라인에서 작성할 수 있다.
(B) 관리자의 서명이 필요하다.
(C) 다른 장소로 보내질 것이다.
(D) 더 일찍 제출되어야 한다.

○ 구체적인 정보 파악 – 특정 사항

문제 키워드 | What / mentioned / time sheets
후반부에 근무 시간 기록표(time sheets)에 대해 이야기하겠다고 한 후에 관리팀이 일정 제출 마감일을 앞당겼다(The management team has moved up the deadline for handing them in.)고 했으므로 정답은 (D)이다.
패러프레이징 moved up the deadline 마감일을 앞당겼다 → need to be submitted earlier 더 일찍 제출되어야 한다
어휘 complete 작성하다 require 필요하다 signature 서명 submit 제출하다   정답 (D)

Questions 86-88 refer to the following announcement. 86-88은 다음 안내에 관한 문제입니다.

W Good morning, everyone. **86** I have a brief announcement to make about the multi-function copiers which have been installed in our office. I'm aware that some of you were expecting new monitors, but I don't think that'll happen until next quarter. Well, **87** the copiers tend to have a rather high level of security, but they're not difficult to use. Before making a copy, just type in your employee ID code using the keypad on the machine. **88** If there is any problem, our technicians can help you out. But I hope you understand they're usually tied up with other work. Please tell me if you have trouble contacting them.

여: 안녕하세요, 여러분. **86** 우리 사무실에 설치한 다기능 복사기와 관련하여 간단히 안내 말씀을 드리겠습니다. 여러분들 중 일부는 새로운 모니터를 기대하고 계셨다는 것을 알고 있지만 다음 분기까지는 그럴 가능성이 없을 것 같습니다. 음, **87** 복사기의 보안 수준이 다소 높은 편이지만, 사용하기는 어렵지 않습니다. 복사하기 전에 기계의 키패드를 사용해 사원 번호를 입력하시기만 하면 됩니다. **88** 문제가 있으시면 기술자들이 여러분들을 도와 드릴 것입니다. 하지만 그들은 주로 다른 업무로 바쁘다는 점을 양해 부탁드립니다. 그들과 연락하는 데 어려움이 있으시면 저에게 알려 주시기 바랍니다.

어휘 brief 간단한 make an announcement 발표를 하다 multi-function 다기능 copier 복사기 install 설치하다 aware 알고 있는 expect 기대하다 happen 일어나다, 발생하다 quarter 분기 tend to V ~하는 경향이 있다 level 정도, 수준 security 보안 type in 입력하다 technician 기술자 be tied up with ~로 바쁘다 have trouble -ing ~하는 데 곤란을 겪다 contact 연락하다

86 According to the speaker, what equipment has been set up?
(A) Fax machines
(B) Coffee makers
(C) Copiers
(D) Monitors

화자의 말에 따르면, 어떤 장비가 설치되었는가?
(A) 팩스기
(B) 커피 메이커
(C) 복사기
(D) 모니터

─○ 구체적인 정보 파악 - 특정 사항 ─

문제 키워드 | what / equipment / set up

설치된 장비를 묻는 문제로, 핵심 키워드인 set up이 담화에서는 유사 어휘인 installed로 언급되었다. 화자는 사무실에 설치된 다기능 복사기와 관련해 간단한 안내를 하겠다(I have a brief announcement to make about the multi-function copiers which have been installed in our office.)고 했으므로 정답은 (C)이다. 정답 (C)

87 What feature of the equipment does the speaker mention?
(A) Its speed
(B) Its price
(C) Its durability
(D) Its security

화자가 언급한 장비의 특징은 무엇인가?
(A) 속도
(B) 가격
(C) 내구성
(D) 보안성

─○ 구체적인 정보 파악 - 특정 사항 ─

문제 키워드 | What feature / equipment / mention

화자가 언급한 제품 특징을 묻는 문제로, equipment는 copiers를 가리킨다. 화자는 사무실에 설치된 복사기의 보안 수준이 다소 높은 편(the copiers tend to have a rather high level of security,)이라는 특징을 언급하였으므로 정답은 (D)이다. 정답 (D)

88 Why does the speaker say, "they're usually tied up with other work"?
(A) To suggest recruiting additional workers
(B) To inform the listeners of a possible delay
(C) To complain about a tight schedule
(D) To ask the listeners to work overtime

화자는 왜 "그들은 주로 다른 업무로 바쁩니다"라고 말하는가?
(A) 추가 직원 채용을 제안하기 위해
(B) 청자들에게 지체 가능성을 알리기 위해
(C) 빠듯한 일정에 불만을 제기하기 위해
(D) 청자들에게 초과 근무를 요청하기 위해

─○ 신유형 - 화자의 의도 파악 ─

문제 키워드 | Why / speaker / say / "they're usually tied up with other work"

화자의 의도 파악 문제는 앞뒤 상황을 포괄적으로 설명한 보기가 정답이다. 화자는 If 조건절로 해당 제품 사용에 문제가 있으면 기술자들이 도움을 줄 수 있다(If there is any problem, our technicians can help you out.)는 가정의 상황과 해결책을 동시에 언급한 후에 역접을 의미하는 but과 함께 해당 문장을 언급하였다. 즉, 기술자들이 도와줄 수는 있지만 다른 업무로 바빠서 늦게 처리될 수 있음을 사전에 공지하는 것이므로 정답은 (B)이다.

어휘 recruit 채용하다 additional 추가의 delay 지연, 지체 tight 빠듯한 정답 (B)

Questions 89-91 refer to the following excerpt from a meeting. 89-91은 다음 회의 발췌록에 관한 문제입니다.

W Good evening, everyone. Sorry for this last-minute meeting. We were just informed that 90 Rick Hansen from *Global Industry Magazine* will be here on Thursday. 89 He got a good impression of our hydrogen fueled vehicles and he'd like to hear about the way our company makes them so affordable. So, when he gets here, I'll take him around every department. 91 Please explain to him what contribution you make as a team member to these car models. Just a brief explanation of what each of you does on the job will be enough.

여 안녕하세요, 여러분. 급박하게 회의를 소집해서 죄송합니다. 방금 90 〈글로벌 산업 매거진〉의 Rick Hansen 씨가 목요일에 여기에 올 것이라는 통보를 받았습니다. 89 그는 우리의 수소 연료 차량에 좋은 인상을 받았고, 우리 회사가 수소 연료 자동차를 매우 저렴하게 만드는 방법에 대해서 듣고 싶어 합니다. 그래서 그가 여기에 오면, 제가 그를 데리고 모든 부서를 돌 예정입니다. 91 여러분이 팀원으로서 이 자동차 모델에 어떤 기여를 하는지 그에게 설명해 주시기 바랍니다. 여러분의 업무에 관한 간단한 설명이면 충분할 겁니다.

어휘 last-minute 막판에, 마지막 순간에 ｜ inform 알리다 ｜ global 세계적인 ｜ impression 인상, 느낌 ｜ hydrogen 수소 ｜ fuel 연료를 공급하다 ｜ vehicle 차량 ｜ affordable 감당할 수 있는, 저렴한 ｜ department 부서 ｜ contribution 기여 ｜ brief 간단한 ｜ explanation 설명 ｜ enough 충분한

89 What field do the listeners work in?
(A) Medical service
(B) Car manufacturing
(C) Public transportation
(D) Book publishing

청자들은 어떤 분야에서 일하는가?
(A) 의료 서비스
(B) 자동차 제조
(C) 대중교통
(D) 도서 출판

○ 기본 정보 파악 - 직업/업종

문제 키워드 ｜ What field / listeners / work

청자들의 직업/업종은 주로 담화의 초반부에서 알 수 있다. 잡지사에서 나오는 사람이 우리 회사의 수소 연료 차량에 좋은 인상을 받았다(He got a good impression of our hydrogen fueled vehicles)며, 제조 방법에 대해 듣고 싶어 한다고 했으므로 청자들은 자동차 제조 회사에서 일한다는 것을 알 수 있다. 따라서 정답은 (B)이다.

정답 (B)

90 What will most likely happen on Thursday?
(A) A construction project will begin.
(B) An important announcement will be made.
(C) A journalist will visit a company.
(D) A company will move to a different location.

목요일에 무슨 일이 일어날 것 같은가?
(A) 건설 프로젝트가 시작될 것이다.
(B) 중요한 발표가 있을 것이다.
(C) 기자가 회사를 방문할 것이다.
(D) 회사가 다른 곳으로 이사할 것이다.

○ 구체적인 정보 파악 - 미래

문제 키워드 ｜ What / will / happen / Thursday

담화에서 '목요일'이 언급되는 곳에 집중한다. 초반부에 〈글로벌 산업 매거진〉의 Rick Hansen 씨가 목요일에 여기(자동차 제조사)에 올 것(Rick Hansen from *Global Industry Magazine* will be here on Thursday.)이라는 통보를 받았다고 했으므로 기자가 회사를 방문하는 것임을 알 수 있다. 따라서 정답은 (C)이다.

패러프레이징 Rick Hansen from Global Industry Magazine will be here 〈글로벌 산업 매거진〉의 Rick Hansen 씨가 목요일에 여기에 올 것이다 → **A journalist will visit a company.** 기자가 회사를 방문할 것이다.

어휘 construction 건설 ｜ important 중요한 ｜ announcement 발표 ｜ journalist 기자

정답 (C)

91 What does the speaker ask the listeners to do?
(A) Submit their progress reports
(B) Review a survey result
(C) Come to work early
(D) Talk with a visitor about their jobs

화자가 청자들에게 요구하는 것은 무엇인가?
(A) 그들의 진행 보고서 제출하기
(B) 설문 조사 결과 검토하기
(C) 일찍 출근하기
(D) 업무에 관해 방문객과 이야기하기

○ 구체적인 정보 파악 - 제안/요청

문제 키워드 ｜ What / speaker / ask / listeners

제안/요청 문제에 대한 단서는 주로 후반부에 제시된다는 것을 기억해 두자. 요청을 할 때 쓰는 please 등이 나온다면 반드시 그 뒷부분을 집중해서 들어야 한다. 담화의 후반부에서 여러분들이 팀원으로서 이 자동차 모델에 어떤 기여를 하는지 그에게 설명해 주기 바란다(Please explain to him what contribution you make as a team member to these car models.)고 언급하고 있다. 여기서 him은 앞에서 언급한 방문객인 Rick Hansen 씨임을 알 수 있으므로 정답은 (D)이다.

정답 (D)

Questions 92-94 refer to the following broadcast. 92-94는 다음 방송에 관한 문제입니다.

M Thank you for listening to my radio show, *Business Issues*. This is Andres Fletcher, and **92** I've been running a small business myself for over fifteen years. So, today I'd like to give some simple but effective advice that can help improve your small business. **93** Have you ever thought about participating in a trade show? I know it sounds very costly, **93** but you would be able to introduce your products to a lot of potential customers at one time. On top of that, it can give you a great chance to not only check out the competition but also expand your business network. Alright, now **94** let me give you some tips on how we can make our trade show experience a great one.

남: 〈비즈니스 이슈〉 라디오 쇼를 들어 주셔서 감사합니다. 저는 Andres Fletcher이며, **92** 15년 넘게 작은 업체를 직접 운영해 오고 있습니다. 그러니 오늘 여러분들의 소규모 사업을 발전시키는 데 도움이 될 수 있는 간단하면서도 효과적인 조언들을 해 드리려 합니다. **93** 무역 박람회 참석에 대해서 생각해 보신 적이 있나요? 비용이 많이 드는 것처럼 느끼실 것을 알지만 **93** 한 번에 많은 잠재 고객들에게 여러분의 제품을 소개할 수 있을 것입니다. 이외에도 경쟁 업체를 확인할 수 있을 뿐만 아니라 사업망을 늘릴 수 있는 엄청난 기회를 제공할 수 있습니다. 자, 이제 **94** 여러분들의 무역 박람회 참석을 보람차게 만들 수 있는 방법에 대해서 몇 가지 조언을 드리겠습니다.

어휘 run 운영하다 effective 효과적인 advice 조언, 충고 improve 개선시키다, 발전시키다 participate in ~에 참가하다 trade show 무역 박람회 costly 많은 돈이 드는 potential 잠재적인 at one time 한 번에 on top of ~ 외에 competition 경쟁 업체 expand 확장하다

92 What does the speaker mention about himself?
(A) He has worked as a broadcaster for a long time.
(B) He will publish a book soon.
(C) He has his own business.
(D) He is resigning from his current position.

화자가 본인에 대해서 언급한 것은 무엇인가?
(A) 오랫동안 방송인으로 일을 해 왔다.
(B) 곧 책을 출판할 것이다.
(C) 본인 소유의 업체를 갖고 있다.
(D) 현 직책에서 사임할 것이다.

○ 구체적인 정보 파악 – 특정 사항

문제 키워드 | What / speaker / mention / himself

화자가 본인에 대해 언급한 사실을 묻는 문제로, 전반부에서 대명사 I에 집중한다. 화자는 본인이 15년 넘게 작은 업체를 운영해 오고 있다(I've been running a small business myself for over fifteen years.)고 소개하고 있으므로 정답은 (C)이다.

패러프레이징 have been running a small business myself 작은 업체를 직접 운영해 오고 있다
→ has his own business 본인 소유의 업체를 갖고 있다

정답 (C)

93 Why does the speaker say, "I know it sounds very costly"?
(A) To turn down a request
(B) To acknowledge a common thought
(C) To negotiate a price
(D) To disagree with some opinions

화자는 왜 "비용이 많이 드는 것처럼 느끼실 것을 압니다"라고 말하는가?
(A) 요청을 거절하기 위해서
(B) 일반적인 생각을 인정하기 위해서
(C) 가격을 협상하기 위해서
(D) 일부 의견에 동의하지 않기 위해서

○ 신유형 – 화자의 의도 파악

문제 키워드 | Why / speaker / say / "I know it sounds very costly"

앞뒤 문맥을 참고하여 포괄적인 화자의 의도를 파악하는 문제이다. 화자는 무역 박람회 참가에 대해 고민을 해 봤는지 묻고, 해당 문장과 함께, 그렇지만 한 번에 많은 잠재 고객들에게 제품을 소개할 수 있다는 장점을 설명하고 있다. 즉, 무역 박람회 참가는 돈이 많이 든다는 일반적인 생각은 인정하지만 그럼에도 장점이 있으니 참여해 보라고 하는 내용임을 알 수 있다. 따라서 정답은 (B)이다.

어휘 turn down 거절하다 acknowledge 인정하다 negotiate 협상하다 disagree 동의하지 않다 opinion 의견

정답 (B)

94 What will most likely happen next?
(A) Some suggestions will be given.
(B) A guest will be introduced.
(C) A list of events will be provided.
(D) Some questions will be received.

다음에 무슨 일이 있을 것 같은가?
(A) 제안을 해 줄 것이다.
(B) 손님을 소개할 것이다.
(C) 행사 목록이 제공될 것이다.
(D) 질문을 받을 것이다.

○ 구체적인 정보 파악 – 미래

문제 키워드 | What / will / happen / next

후반부에 화자가 청자들의 무역 박람회 참석을 보람차게 만들 수 있는 방법에 대해서 몇 가지 조언을 해 주겠다(let me give you some tips on how we can make our trade show experience a great one.)고 했으므로 정답은 (A)이다.

패러프레이징 give you some tips 몇 가지 조언을 하다 → Some suggestions will be given. 제안을 해줄 것이다.

정답 (A)

Questions 95-97 refer to the following advertisement and price list. 95-97은 다음 광고와 가격표에 관한 문제입니다.

M Becky Furnishing is holding its annual sale and ⁹⁵ currently our most popular armchairs can be purchased at a 40% discounted price. You don't need to worry about a delivery fee. Just order online and pick it up at your nearest store. A small container includes all of the components. ⁹⁶ Since it is easy to assemble at any place without spending much time, most of our customers like this armchairs. ⁹⁷ Our brief assembly instructions are accessible by logging on to our Web site. Visit us today and take advantage of this great opportunity.

남: Becky 가구는 연례 할인 행사를 진행 중이며 ⁹⁵ 현재 가장 인기 있는 안락의자를 40퍼센트 할인된 가격에 구매하실 수 있습니다. 배송료는 걱정하지 않으셔도 됩니다. 온라인에서 주문하신 뒤에 가장 가까운 매장에서 물건을 찾아 가세요. 작은 용기에 모든 부품이 포함되어 있습니다. ⁹⁶ 시간이 오래 걸리지 않고 어느 곳에서든 쉽게 조립이 가능하기 때문에 대부분의 저희 고객님이 이 안락의자를 좋아합니다. ⁹⁷ 웹사이트에 로그인하시면 간략한 조립 설명서를 이용하실 수 있습니다. 오늘 방문하셔서 이 좋은 기회를 누리십시오.

Product names	Discounted prices
Folding chair	£30
⁹⁵ Armchair	£35
Stacking chair	£37
Side chair	£40

제품명	할인 가격
접는 의자	30 파운드
⁹⁵ 안락의자	35 파운드
스태킹 의자	37 파운드
팔걸이 없는 의자	40 파운드

어휘 annual 연례의 currently 현재 popular 인기 있는 armchair 안락의자 purchase 구매하다 discounted price 할인 가격 delivery fee 배달료 pick up 가져가다 container 용기 include 포함하다 component 부품 assemble 조립하다 brief 간략한 assembly 조립 instructions 설명서 accessible 이용 가능한 take advantage of ~을 이용하다 opportunity 기회 fold 접다 stacking chair 스태킹 의자(포개지는 의자) side chair 팔걸이 없는 작은 의자

95 Look at the graphic. Which price of the chair is being advertised?
(A) £30
(B) £35
(C) £37
(D) £40

시각 자료를 보시오. 광고되고 있는 의자의 가격은 얼마인가?
(A) 30파운드
(B) 35파운드
(C) 37파운드
(D) 40파운드

―○ 신유형 – 시각 자료 연계 ―

문제 키워드 | graphic / Which price / chair / advertised

광고하고 있는 의자의 가격을 묻는 시각 자료 연계 문제로, 먼저 보기와 시각 자료의 관계를 파악해야 한다. 보기에는 제품의 가격이 제시되었으므로, 담화에서 단서로 구체적인 의자 이름이 제시될 것임을 예상하고 들어야 한다. 화자는 현재 가장 인기 있는 안락의자를 40퍼센트 할인된 가격에 구매할 수 있다(currently our most popular armchairs can be purchased at a 40% discounted price.)고 했으므로 시각 자료에서 안락의자를 찾으면 (B)가 정답이다.

정답 (B)

96 What is the main reason many customers like the chair?
(A) It is very durable.
(B) It comes with a lifetime warranty.
(C) It is much cheaper than other chairs.
(D) It does not take a long time to assemble.

고객들이 그 의자를 좋아하는 주된 이유는 무엇인가?
(A) 매우 튼튼하다.
(B) 평생 품질 보증서가 딸려 온다.
(C) 다른 의자보다 훨씬 저렴하다.
(D) 조립하는 데 오랜 시간이 걸리지 않는다.

―○ 구체적인 정보 파악 – 이유/원인 ―

문제 키워드 | What / reason / customers / like / chair

고객들이 안락의자를 좋아하는 이유를 묻는 문제이다. 화자는 시간이 오래 걸리지 않고 어느 곳에서든 쉽게 조립이 가능하기 때문에 대부분의 고객이 이 안락의자를 좋아한다(Since it is easy to assemble at any place without spending much time, most of our customers like this armchairs.)고 했으므로 정답은 (D)이다.

패러프레이징 assemble ~ without spending much time 시간이 오래 걸리지 않고 조립하다
→ not take a long time to assemble 조립하는 데 오랜 시간이 걸리지 않는다

어휘 durable 튼튼한, 내구성이 있는 lifetime 일생, 평생 warranty 보증(서)

정답 (D)

97 According to the advertisement, what is available on a Web site?
(A) A discount coupon
(B) Technical assistance
(C) The exact size of a product
(D) Simple instructions

광고에 따르면, 웹사이트에서 무엇을 이용할 수 있는가?
(A) 할인 쿠폰
(B) 기술적 도움
(C) 제품의 정확한 크기
(D) 간단한 설명서

○ 구체적인 정보 파악 - 특정 사항

문제 키워드 | **what / available / Web site**

웹사이트에서 확인할 수 있는 것이 무엇인지를 묻는 문제로, 후반부에서 핵심 키워드 Web site에 집중해서 정답을 찾는다. 화자는 웹사이트에 로그인하면 간략한 조립 설명서를 이용할 수 있다(Our brief assembly instructions are accessible by logging on to our Web site.)고 언급하고 있으므로 정답은 (D)이다.

패러프레이징 **brief assembly instructions** 간략한 조립 설명서 → **Simple instructions** 간단한 설명서

어휘 technical 기술적인 exact 정확한

정답 (D)

Questions 98-100 refer to the following telephone message and map. 98-100은 다음 전화 메시지와 지도에 관한 문제입니다.

W Hello, Mr. Martinez. **98** It's Maggie from Western & Southern Realty. I found the perfect property for your new store. It was just updated on the sale list. **99** It is located on Lincoln Street directly across from Joe's Cafe. This area is always packed with people, especially now that the City Hall has extended hours and holds various events open to the public on the weekends. So there has been much more foot traffic. Because a lot of other people are interested in the property, you'd better hurry if you want to see this place. **100** I know it's a little more expensive than you expected. But once you come down here and see it in person, **100** you might think it's worth the increased cost. Please call me and let me know what you think.

여: 안녕하세요, Martinez 씨. **98** Western & Southern 부동산의 Maggie입니다. 귀하의 새로운 매장을 위한 완벽한 건물을 찾았습니다. 그곳은 방금 매물로 나왔습니다. **99** 그곳은 링컨 거리에 있는 Joe's 카페의 바로 맞은편에 위치해 있습니다. 특히 시청이 시간을 연장하고 주말에 일반인들이 이용할 수 있는 다양한 행사를 개최하고 있기 때문에 이 지역은 항상 사람들로 가득합니다. 그래서 행인들이 더욱 많아졌습니다. 많은 사람들이 그 건물에 관심을 갖고 있기 때문에 이 장소를 보시기를 원한다면 서두르는 것이 좋겠습니다. **100** 귀하가 예상한 것보다 가격이 좀 더 비싸다는 것을 알고 있습니다. 그러나 일단 이곳에 와서, 직접 확인하시면, **100** 비용을 더 들일 만한 가치가 있다는 것을 알게 되실 겁니다. 제게 전화 주셔서 어떻게 생각하시는지를 알려 주시기 바랍니다.

City Hall	Post Office	Joe's Café
Lincoln Street		
Grocery Store	HSB Bank	**99** Auto Repair Shop

시청	우체국	Joe's 카페
링컨 거리		
식품점	HSB 은행	**99** 자동차 수리점

어휘 property 건물, 부동산　update 업데이트하다　locate 위치시키다　directly 바로, 직접　packed with ~로 꽉 찬　now that ~이니까　extend 연장하다　hold 개최하다　various 다양한　open 열린, 공개된　foot traffic 걸어 다니는 사람들　interested in ~에 관심이 있는　had better+V ~하는 편이 낫다　expensive 비싼　worth ~할 가치가 있는　increased 늘어난　cost 비용

98 Who most likely is the speaker?
 (A) An apartment manager
 (B) A real estate agent
 (C) A café owner
 (D) A sales manager

화자는 누구일 것 같은가?
 (A) 아파트 관리인
 (B) 부동산 직원
 (C) 카페 소유주
 (D) 영업 매니저

○ 기본 정보 파악 – 직업/업종

문제 키워드 | Who / speaker

전화 메시지에서 화자의 신원은 전반부의 This is ~ / It is ~ 같은 표현에서 주로 언급된다. Western & Southern 부동산의 Maggie(It's Maggie from Western & Southern Realty.)라고 했으므로 정답은 (B)이다.

정답 (B)

99 Look at the graphic. Which location is the speaker talking about?
(A) City Hall
(B) Grocery Store
(C) HSB Bank
(D) Auto Repair Shop

시각 자료를 보시오. 화자는 어떤 장소에 관해 말하고 있는가?
(A) 시청
(B) 식품점
(C) HSB 은행
(D) 자동차 수리점

신유형 – 시각 자료 연계

문제 키워드 | graphic / Which location / talking

지도가 제시된 시각 자료 연계 문제는 지도에 명시된 장소 명사가 어떤 전치사와 결합하여 담화에서 언급되는지 주의 깊게 들어야 한다. 그곳은 링컨 거리에 있는 Joe's 카페의 바로 맞은편에 위치해 있다(It is located on Lincoln Street directly across from Joe's Cafe.)고 했으므로 시각 자료에서 Joe's 카페의 바로 맞은편에 있는 것을 찾으면 (D)가 정답이다. 정답 (D)

---

100 What plan does the speaker suggest changing?
(A) A store renovation
(B) A blueprint
(C) A work schedule
(D) A budget

화자는 어떤 계획을 변경하라고 제안하는가?
(A) 상점 개조
(B) 청사진
(C) 작업 일정
(D) 예산

구체적인 정보 파악 – 제안/요청

문제 키워드 | What plan / suggest / changing

제안/요청 사항은 담화의 후반부에 제시된다. 추천한 부동산이 예상보다 조금 비싸다(I know it's a little more expensive than you expected.)고 언급한 후에 비용을 더 들일 만한 가치가 있다는 것을 알게 될 것(you might think it's worth the increased cost)이라고 했으므로 예산 수정을 제안하고 있음을 알 수 있다. 따라서 정답은 (D)이다. 정답 (D)

Test08.mp3

MP3 다운로드
eng.conects.com

QR 코드로 바로가기

PART 1
PART 2
PART 3
PART 4

ANSWER KEYS

PART 1	1 (C)	2 (D)	3 (D)	4 (C)	5 (B)	6 (C)				
PART 2	7 (B)	8 (A)	9 (B)	10 (B)	11 (C)	12 (B)	13 (C)	14 (C)	15 (A)	16 (C)
	17 (C)	18 (C)	19 (C)	20 (C)	21 (B)	22 (B)	23 (C)	24 (C)	25 (C)	26 (A)
	27 (A)	28 (A)	29 (B)	30 (A)	31 (B)					
PART 3	32 (B)	33 (C)	34 (B)	35 (A)	36 (B)	37 (C)	38 (C)	39 (B)	40 (A)	41 (A)
	42 (D)	43 (C)	44 (B)	45 (B)	46 (C)	47 (C)	48 (C)	49 (C)	50 (C)	51 (A)
	52 (C)	53 (C)	54 (B)	55 (C)	56 (C)	57 (B)	58 (B)	59 (C)	60 (C)	61 (B)
	62 (B)	63 (A)	64 (B)	65 (B)	66 (B)	67 (B)	68 (A)	69 (B)	70 (C)	
PART 4	71 (A)	72 (D)	73 (C)	74 (C)	75 (A)	76 (A)	77 (B)	78 (C)	79 (D)	80 (A)
	81 (C)	82 (B)	83 (C)	84 (B)	85 (D)	86 (D)	87 (C)	88 (C)	89 (B)	90 (A)
	91 (A)	92 (A)	93 (B)	94 (C)	95 (B)	96 (D)	97 (D)	98 (C)	99 (C)	100 (A)

PART 1

1
BR
(A) A man is posting a sheet of paper.
(B) A man is looking for a document in a cabinet.
(C) A woman is holding a pen.
(D) A woman is examining a pair of glasses.

(A) 남자가 종이 한 장을 게시하고 있다.
(B) 남자가 캐비닛에서 문서를 찾고 있다.
(C) 여자가 펜을 들고 있다.
(D) 여자가 안경을 자세히 살펴보고 있다.

- **2인 사진**
  게시판 앞에 두 사람이 서 있는 모습으로, 두 사람의 공통 동작뿐 아니라 각자의 개별 동작 및 상태도 잘 살펴야 한다.
  (A) 남자가 종이를 게시하고 있는(posting) 모습이 아니므로 오답이다.
  (B) 문서를 찾고 있다(looking for)는 남자의 동작과 무관하므로 오답이다.
  (C) 여자가 펜을 들고 있는 모습을 정확히 묘사한 정답이다.
  (D) 여자가 안경을 살펴보고 있는(examining) 모습이 아니므로 오답이다.
  어휘 post 게시하다 sheet 한 장 look for ~을 찾다 cabinet 캐비닛, 보관장 examine 살펴보다   정답 (C)

2
US
(A) A woman is mowing the grass.
(B) A woman is removing her hat.
(C) A woman is raking leaves in the garden.
(D) A woman is pulling a cart with some branches.

(A) 여자가 잔디를 깎고 있다.
(B) 여자가 모자를 벗고 있다.
(C) 여자가 정원에서 나뭇잎을 갈퀴로 긁어모으고 있다.
(D) 여자가 나뭇가지가 담긴 수레를 끌고 있다.

- **1인 사진**
  여자가 수레를 끌고 가는 모습으로, 여자의 동작이나 상태 묘사에 초점을 맞춰 들어야 한다.
  (A) 여자가 잔디를 깎고 있는(mowing) 모습이 아니므로 오답이다.
  (B) 여자가 모자를 벗고 있는(removing) 모습이 아니므로 오답이다.
  (C) 여자는 갈퀴를(raking) 들고 있지 않고 나뭇잎(leaves)도 찾아볼 수 없으므로 오답이다.
  (D) 여자가 나뭇가지가 담긴 수레를 끌고 있는 모습을 정확히 묘사한 정답이다.
  어휘 mow (잔디를) 깎다 grass 잔디 remove 벗다 rake 갈퀴로 긁어모으다 garden 정원 pull 끌다, 당기다 branch 나뭇가지   정답 (D)

3
US
(A) A man is paying for some fruits.
(B) A man is unloading some vegetables from a cart.
(C) A man is walking into a grocery store.
(D) A man is selecting some items.

(A) 남자가 과일 값을 지불하고 있다.
(B) 남자가 카트에서 채소를 꺼내고 있다.
(C) 남자가 식료품점으로 걸어 들어가고 있다.
(D) 남자가 상품을 고르고 있다.

- **1인 사진**
  상품을 고르고 있는 남자의 모습으로, 인물의 동작이나 상태에 주목해서 들어야 한다.
  (A) 남자가 지불하고 있는(paying for) 모습이 아니므로 오답이다.
  (B) 남자가 카트에서 채소를 꺼내고 있는(unloading) 모습이 아니므로 오답이다.
  (C) 남자가 식료품점으로 걸어 들어가고 있는(walking into) 모습이 아니므로 오답이다.
  (D) 남자가 상품을 고르고 있는 모습을 정확히 묘사한 정답이다.
  어휘 pay for ~에 대해 값을 치르다 unload 짐을 내리다 vegetable 채소 grocery store 식료품점 select 고르다   정답 (D)

4

(A) A woman is assembling a desk.
(B) A carpet is being unrolled on the floor.
(C) An armchair is unoccupied.
(D) Potted plants are lined along the wall.

(A) 여자가 책상을 조립하고 있다.
(B) 카펫을 바닥에 펼치고 있다.
(C) 안락의자가 비어 있다.
(D) 화분들이 벽을 따라 줄지어 있다.

○ 사물/풍경 사진

사람이 없는 사무실의 모습으로, 사진 속 모든 사물의 위치나 상태에 주목해야 한다.
(A) 사진에서 사람(woman)은 보이지 않으므로 오답이다.
(B) 사람이 없는 사진에서 사물을 주어로 하는 수동태 진행형(is being unrolled)은 오답이다.
(C) 안락의자가 비어 있는 모습을 정확히 묘사한 정답이다.
(D) 사진에서 화분은 보이지만, 벽을 따라 줄지어 있는(lined along the wall) 모습이 아니므로 오답이다.

어휘 assemble 조립하다 unroll 펼치다 armchair 안락의자 unoccupied 비어 있는 potted plant 화분 line 줄을 서다   정답 (C)

5

(A) The men are greeting each other.
(B) A man is handing some documents to another man.
(C) A woman is rearranging some office furniture.
(D) Each person is seated in front of a computer.

(A) 남자들이 서로 인사를 나누고 있다.
(B) 남자가 다른 남자에게 문서를 건네고 있다.
(C) 여자가 사무용 가구를 재배열하고 있다.
(D) 사람들이 각자 컴퓨터 앞에 앉아 있다.

○ 3인 이상 사진

3명의 사람이 사무실에 있는 모습으로, 인물 묘사와 사물/배경 묘사 중 어떤 것이든 보기로 나올 수 있으므로 사진의 모든 요소를 잘 관찰해야 한다.
(A) 남자들이 인사를 나누고 있는(greeting) 모습이 아니므로 오답이다.
(B) 한 남자가 다른 남자에게 문서를 건네고 있는 모습을 정확히 묘사한 정답이다.
(C) 사무용 가구를 재배열하고 있는(rearranging) 여자는 보이지 않으므로 오답이다.
(D) 컴퓨터 앞에 앉아 있는(seated in front of a computer) 사람은 여자 한 명뿐이므로 오답이다.

어휘 greet 인사하다 hand 건네다, 전달하다 rearrange 재배열하다 office furniture 사무용 가구   정답 (B)

6

(A) Some people are strolling along the water's edge.
(B) Some stalls have been erected near the trees.
(C) Some chairs have been arranged on a beach.
(D) Shells are scattered across the sand.

(A) 사람들이 물가를 따라 산책하고 있다.
(B) 가판대가 나무 근처에 세워져 있다.
(C) 의자들이 해변에 놓여 있다.
(D) 조개껍질이 모래에 흩어져 있다.

○ 사물/풍경 사진

사람이 등장하지 않는 해변의 모습으로, 사진 속 모든 사물의 위치나 상태에 주목해야 한다.
(A) 사진에서 사람들(people)은 보이지 않으므로 오답이다.
(B) 사진에서 가판대(stalls)는 보이지 않으므로 오답이다.
(C) 해변에 의자가 놓여 있는 모습을 정확히 묘사한 정답이다.
(D) 사진에서 조개껍질(shells)은 보이지 않으므로 오답이다.

어휘 stroll 거닐다, 산책하다 stall 가판대, 노점 erect 건설하다, 세우다 arrange 배열하다 shell 조개껍질 scatter 흩뿌리다   정답 (C)

PART 2

7 How many chairs do we need to order for tomorrow?
(A) Arrange them in numerical order.
(B) 15 or so.
(C) Near the desk.

내일을 위해 의자를 얼마나 많이 주문해야 하나요?
(A) 그것들을 번호순으로 정리하세요.
(B) 15개쯤이요.
(C) 책상 가까이에요.

> **How 의문문**
>
> 문제 키워드 | **How many chairs / order**
>
> 주문할 의자의 수를 묻는 How many 의문문이다.
> (A) 질문의 order를 반복 사용한 오답이다. 질문의 order는 '주문'을 의미하지만 여기서의 order는 '순서'를 의미한다.
> (B) 주문할 의자의 수를 묻는 질문에 구체적인 수로 답변했으므로 정답이다.
> (C) 질문의 chairs에서 연상할 수 있는 desk를 사용하여 혼동을 유도한 오답이다.
>
> 어휘 order 주문하다 arrange 정리하다 numerical order 번호순
>
> 정답 (B)

8 Why don't you come to the opera with me and James?
(A) Thanks, but I have to work overtime tonight.
(B) She is not coming today.
(C) Yes, it was sold out.

저와 James 씨와 함께 오페라를 보러 가시는 게 어때요?
(A) 고맙지만, 저는 오늘 밤에 야근을 해야 해요.
(B) 그녀는 오늘 안 와요.
(C) 네, 그건 매진되었어요.

> **권유/제안 의문문**
>
> 문제 키워드 | **Why don't you / come / opera**
>
> 함께 오페라를 보러 갈 것을 제안하는 권유/제안 의문문이다.
> (A) 오페라를 보러 가자는 제안에 오늘 밤에 야근을 해야 해서 갈 수 없는 상황임을 설명하고 있으므로 우회적으로 거절한 정답이다.
> (B) 질문의 come과 발음이 유사한 coming을 사용한 오답이다.
> (C) Yes라며 제안에 동의하는 듯한 긍정의 답을 해놓고, 뒤이어 매진되었다고 부언 설명하는 것은 어색하므로 오답이다.
>
> 어휘 work overtime 초과 근무를 하다 sold out 매진된
>
> 정답 (A)

9 Are we going to buy wooden or plastic tables?
(A) A bulk order.
(B) Plastic would be cheaper.
(C) A 10% discount coupon.

나무 테이블을 살까요, 아니면 플라스틱 테이블을 살까요?
(A) 대량 주문이요.
(B) 플라스틱이 더 저렴할 거예요.
(C) 10% 할인 쿠폰이요.

> **선택 의문문**
>
> 문제 키워드 | **buy / wooden / or / plastic tables**
>
> 나무 테이블과 플라스틱 테이블 중 어느 것을 살지를 묻는 선택 의문문이다.
> (A) 질문의 buy에서 연상할 수 있는 order를 사용하여 혼동을 유도한 오답이다.
> (B) 나무 테이블과 플라스틱 테이블 중 어느 것을 살지 묻는 질문에 플라스틱이 더 싸다는 말로 플라스틱을 선택하는 답변을 하였으므로 정답이다.
> (C) 질문의 buy에서 연상할 수 있는 discount coupon을 사용하여 혼동을 유도한 오답이다.
>
> 어휘 wooden 나무로 된 bulk order 대량 주문 discount 할인
>
> 정답 (B)

10 Isn't our department going to move into the headquarters?
_{US}
_{BR}
(A) We are using a moving company.
(B) Yes, but not for another month.
(C) I guess you didn't order enough for them.

우리 부서가 본사로 이동할 예정이지 않나요?
(A) 저희는 이삿짐 회사를 이용하고 있어요.
(B) 네, 그렇지만 다음 달까지는 아니에요.
(C) 당신이 그들을 위해 충분히 주문하지 않은 것 같아요.

○ 부정 의문문

문제 키워드 | Isn't / department / going / move / headquarters

부서가 본사로 이동할 예정인지 확인하는 부정 의문문이다.
(A) 질문의 move와 발음이 유사한 moving을 사용한 오답이다.
(B) 이동할 예정인지 확인하는 질문에 긍정의 Yes로 답변한 뒤, 그렇지만 다음 달까지는 아니라고 부연 설명을 하고 있으므로 정답이다.
(C) I guess만 듣고 정답으로 고르지 않도록 주의해야 한다. 충분히 주문하지 않았다는 답변은 부서가 본사로 이동하는지 묻는 질문과 무관한 내용이므로 오답이다.

어휘 department 부서 move into ~로 이동하다 headquarters 본사

정답 (B)

11 What will the presenter be showing us during the product demonstration?
_{AU}
_{US}
(A) He'll attend the show.
(B) There are a few models.
(C) Mainly newly updated functions.

발표자가 제품 시연을 하는 동안 우리에게 무엇을 보여 줄 것인가요?
(A) 그가 쇼에 참석할 거예요.
(B) 몇 가지 모델이 있습니다.
(C) 주로 새로 업데이트된 기능들이요.

○ What 의문문

문제 키워드 | What / presenter / showing

발표자가 제품 시연을 하는 동안 무엇을 보여 줄지 묻는 What 의문문이다.
(A) 질문의 showing과 발음이 비슷한 show를 사용하여 혼동을 유도한 오답이다.
(B) 질문의 product에서 연상할 수 있는 models를 사용하여 혼동을 유도한 오답이다.
(C) 무엇을 보여 줄 것인지 묻는 질문에 '새롭게 업데이트된 기능들'이라고 구체적인 시연 내용으로 답변했으므로 정답이다.

어휘 presenter 진행자, 발표자 product demonstration 제품 시연 function 기능

정답 (C)

12 I left the revised report on your desk this morning.
_{AU}
_{BR}
(A) First thing tomorrow.
(B) Thanks for letting me know.
(C) Leave it to my assistant.

저는 오늘 아침에 수정된 보고서를 당신의 책상에 두었습니다.
(A) 내일 첫 번째로요.
(B) 알려 주셔서 감사합니다.
(C) 제 조수에게 맡겨 주세요.

○ 평서문

문제 키워드 | I / left / report / your desk

보고서를 책상에 두었다고 말하는 평서문이다.
(A) 시기를 묻는 When 의문문에 어울리는 답변이므로 오답이다.
(B) 보고서를 책상에 두었다는 말에 알려 줘서 고맙다고 답변하였으므로 정답이다.
(C) 제시된 평서문에 포함된 left의 원형인 leave를 이용하여 혼동을 유도한 오답이다.

어휘 leave 두다 revised 수정된 assistant 조수

정답 (B)

13 Why is my mobile phone running slowly?
US BR
(A) Sure, that works.
(B) To buy a new one.
(C) I had to upgrade applications in mine.

왜 제 휴대폰은 느리게 작동하나요?
(A) 네, 됩니다.
(B) 새것을 구매하기 위해서요.
(C) 저는 제 것의 어플리케이션들을 업그레이드해야 했어요.

○─ Why 의문문 ─────────────────────────────

문제 키워드 | Why / mobile phone / running slowly

휴대폰이 느리게 작동하는 이유를 묻는 Why 의문문이다.
(A) 권유/제안/부탁에 대한 승낙의 표현인 Sure는 이유를 묻는 Why 의문문에 대한 응답으로 적절하지 않으므로 오답이다.
(B) Why 의문문에 이유/목적의 to부정사로 응답하고 있지만, 휴대폰이 느리게 작동하는 이유로는 적절하지 않으므로 오답이다.
(C) 휴대폰이 느리게 작동하는 이유를 묻는 질문에 어플리케이션들을 업그레이드해야 했다는 본인의 경우를 제시함으로써 느려진 이유를 우회적으로 답변한 정답이다.

어휘 run 작동하다   application 어플리케이션; 적용, 응용; 지원

정답 (C)

---

14 Is the company planning to replace all the computers?
US AU
(A) He's out today.
(B) Yes, he will replace me.
(C) Yes, we're getting new ones this week.

회사가 모든 컴퓨터를 교체할 계획인가요?
(A) 그는 오늘 외근 중이에요.
(B) 네, 그가 저를 대신할 거예요.
(C) 네, 우리는 이번 주에 새로운 것을 받을 거예요.

○─ Be동사 의문문 ─────────────────────────────

문제 키워드 | Is / company / planning / replace / computers

회사가 컴퓨터를 교체할 계획인지를 묻는 Be동사 의문문이다.
(A) 대명사 he로 지칭할 만한 특정 인물이 질문에 등장하지 않았으므로 오답이다.
(B) 질문의 replace를 반복 사용한 오답이다.
(C) 컴퓨터를 교체할 계획인지 묻는 질문에 긍정의 Yes로 응답한 후, 이번 주에 새로운 컴퓨터를 받을 것이라고 부연 설명을 하고 있으므로 정답이다.

어휘 replace 교체하다, 대신하다   get 받다

정답 (C)

---

15 Have all of the invitations been mailed out?
BR US
(A) Paige from the dispatching department might know.
(B) Two times this week.
(C) Thanks. I will definitely go.

모든 초대장이 발송되었나요?
(A) 배송 부서에서 근무하는 Paige 씨가 알 거예요.
(B) 이번 주에만 두 번이요.
(C) 감사합니다. 저는 반드시 가겠습니다.

○─ 조동사 의문문 ─────────────────────────────

문제 키워드 | Have / invitations / mailed out

초대장의 발송 여부를 확인하는 조동사 의문문이다.
(A) 초대장의 발송 여부를 확인하는 질문에 해당 업무의 담당자인 Paige 씨를 언급하여, '나는 모른다'는 것을 우회적으로 전하고 있는 정답이다. 일종의 I don't know 유형 답변이다.
(B) 구체적인 횟수를 나타내고 있으므로 How often 의문문에 어울리는 답변이다.
(C) 상대방의 권유/제안에 승낙하는 표현이므로 오답이다.

어휘 invitation 초대장   mail out 발송하다   dispatching department 배송 부서   definitely 확실히, 틀림없이

정답 (A)

16 How long does it take you to commute to work?
BR
AU
(A) There was a traffic jam.
(B) About two hours ago.
(C) Less than an hour by train.

당신은 통근 시간이 얼마나 걸리나요?
(A) 교통 체증이 있었습니다.
(B) 약 2시간 전에요.
(C) 기차로 1시간도 안 걸립니다.

> **○ How 의문문**
>
> **문제 키워드 | How long / take / commute / work**
>
> 통근에 걸리는 시간을 묻는 How long 의문문이다.
> (A) commute에서 연상 가능한 traffic jam을 사용해 혼동을 유도하고 있으나, 현재 시제를 사용한 질문에 과거 시제로 답하고 있으므로 시제 불일치 오답이다.
> (B) '2시간 전'이라는 특정 시점을 언급하고 있으므로 When 의문문에 어울리는 답변이다.
> (C) 통근에 걸리는 시간을 묻는 질문에 '1시간 미만'이라고 답했으므로 소요 시간으로 적절히 답변한 정답이다.
>
> **어휘** commute 통근하다 traffic jam 교통 체증 less than ~보다 적은   정답 (C)

17 You offer a discount on women's apparel, right?
US
US
(A) I'll do it right away.
(B) Yes, we only sell children's clothing.
(C) Yes, it's 50% off.

여성 의류는 할인 중이죠, 그렇죠?
(A) 제가 지금 바로 할게요.
(B) 네, 저희는 아동복만 판매하고 있습니다.
(C) 네, 50% 할인 중입니다.

> **○ 부가 의문문**
>
> **문제 키워드 | You / offer / discount / women's apparel / right**
>
> 여성 의류가 할인 중인지를 확인하는 부가 의문문이다.
> (A) 질문에서 언급한 right을 이용한 오답으로 그 이후의 답변이 여성 의류 할인 여부를 묻는 질문과 무관하므로 오답이다.
> (B) 질문의 apparel과 유사 어휘인 clothing을 사용한 오답이다.
> (C) 할인 여부를 확인하는 질문에 긍정의 답변과 함께 구체적인 할인율을 제시하고 있으므로 정답이다.
>
> **어휘** offer 제공하다 women apparel 여성 의류 sell 판매하다   정답 (C)

18 Who's supposed to attend the one day workshop on Monday?
US
BR
(A) Please put that on his calendar.
(B) The training workshop is held on Fridays.
(C) I know I'm not.

월요일에 있을 일일 워크숍에 누가 참석하기로 되어 있나요?
(A) 그것을 그의 일정에 넣어 주세요.
(B) 교육 워크숍은 금요일마다 열립니다.
(C) 제가 아니란 것은 알아요.

> **○ Who 의문문**
>
> **문제 키워드 | Who / supposed / attend**
>
> 워크숍에 누가 참석하기로 되어 있는지 묻는 Who 의문문이다.
> (A) 질문의 workshop on Monday에서 연상할 수 있는 calendar를 사용하여 혼동을 유도한 오답이다. he/she(his/her)가 포함된 답변은 질문에 특정한 사람이 언급되어야 가능하므로 주의하자.
> (B) 질문의 workshop을 반복 사용하여 혼동을 유도한 오답이다.
> (C) 누가 워크숍에 참석하기로 되어 있는지 묻는 질문에 본인은 아니라는 말로 '모른다'는 것을 우회적으로 전달한 정답이다.
>
> **어휘** be supposed to V ~하기로 되어 있다 attend 참석하다 calendar 달력, 일정   정답 (C)

19 What is your favorite at this restaurant?
AU (A) I recommend the Italian restaurant.
US (B) She asked me a favor.
(C) This is my first time here.

이 식당에서 어떤 음식을 가장 좋아하세요?
(A) 저는 이탈리아 식당을 추천합니다.
(B) 그녀가 저에게 부탁했어요.
(C) 저는 이곳이 처음이에요.

What 의문문

문제 키워드 | What / is / favorite / this restaurant

이 식당에서 좋아하는 음식이 무엇인지 묻는 What 의문문이다.
(A) 질문의 restaurant을 반복 사용한 오답이다.
(B) 질문의 favorite과 발음이 유사한 favor를 사용하여 혼동을 유도한 오답이다.
(C) 이 식당에서 좋아하는 음식이 무엇인지 묻는 질문에 이 식당에 처음 와 봤다는 답변은 처음이라 '모른다'는 것을 우회적으로 말한 것이므로 정답이다.

어휘 recommend 추천하다　favor 부탁

정답 (C)

20 Where do you want me to leave this copier?
AU (A) I left it in the basement.
BR (B) Every other week.
(C) We don't have any room in our office.

이 복사기를 어디에 두길 원하세요?
(A) 저는 그것을 지하실에 두었어요.
(B) 격주로요.
(C) 저희 사무실에는 자리가 없어요.

Where 의문문

문제 키워드 | Where / leave / copier

복사기를 어디에 두길 원하는지 묻는 Where 의문문이다.
(A) 질문의 시제는 현재인데 답변의 시제는 과거이므로 시제 불일치 오답이다.
(B) 장소를 묻는 질문에 빈도로 답변한 오답으로, How often 의문문에 어울리는 답변이다.
(C) 복사기를 어디에 둘지 묻는 질문에 사무실에는 자리가 없다는 말로 다른 곳에 두어야 한다는 것을 우회적으로 말한 정답이다.

어휘 copier 복사기　basement 지하실

정답 (C)

21 I'm working on the research project to investigate the side effects
US of our sleeping pill.
US (A) No, it did not affect our sales.
(B) Let me know if you need any help.
(C) I'd rather not take any medicine.

저는 우리 수면제의 부작용을 조사하는 연구 프로젝트를 진행하고 있습니다.
(A) 아니요, 그건 저희 매출에 영향을 미치지 않았습니다.
(B) 도움이 필요하시면 알려 주세요.
(C) 약을 복용하지 않는 게 좋겠어요.

평서문

문제 키워드 | I'm / working / project / investigate / side effects / sleeping pill

수면제 부작용을 조사하는 프로젝트를 진행하고 있다고 말하는 평서문이다.
(A) effects와 발음이 비슷한 affect를 사용하여 혼동을 유도한 오답이다.
(B) 수면제 부작용을 조사하고 있다는 말에 도움이 필요하면 알려 달라고 도움을 제안하고 있으므로 정답이다.
(C) 질문의 pill에서 연상할 수 있는 medicine을 사용하여 혼동을 유도한 오답이다.

어휘 investigate 조사하다　side effect 부작용　sleeping pill 수면제　affect 영향을 미치다　medicine 약

정답 (B)

22 Why has the café on the first floor been closed all this week?
(A) Yes, they are open until 9.
(B) They're doing some repairs.
(C) It is very crowded.

1층에 있는 카페는 왜 이번 주 내내 문이 닫혀 있나요?
(A) 네, 그곳은 9시까지 영업해요.
(B) 그곳은 수리 중이에요.
(C) 그곳은 매우 붐벼요.

Why 의문문

문제 키워드 | Why / café / closed / this week

카페가 왜 영업을 안 하는지 이유를 묻는 Why 의문문이다.
(A) 질문의 closed에서 연상할 수 있는 open을 사용하여 혼동을 유도한 오답이다.
(B) 카페가 문이 닫혀 있는 이유를 묻는 질문에 수리 중이라는 구체적인 이유로 답변했으므로 정답이다.
(C) 질문의 closed와 발음이 비슷한 crowded를 사용하여 혼동을 유도한 오답이다.

어휘 floor 층 repair 수리 crowded 붐비는, 사람이 많은

정답 (B)

---

23 Mr. Jacobs has been in the banking industry for a long time, hasn't he?
(A) No, a financial director.
(B) It takes longer than I thought.
(C) Yes, for about forty years.

Jacobs 씨는 금융업계에서 오랫동안 일해 왔지요, 그렇지 않나요?
(A) 아니요, 재무 이사요.
(B) 생각보다 오래 걸리네요.
(C) 네, 약 40년 동안이요.

부가 의문문

문제 키워드 | Jacobs / has been / banking industry / long time / hasn't he

Jacobs 씨가 금융업계에서 오랫동안 일해 왔는지를 확인하는 부가 의문문이다.
(A) 부정의 No로 응답하였지만, 질문과 무관한 내용이 이어지므로 오답이다. 질문의 banking에서 연상할 수 있는 financial을 사용하여 혼동을 유도하였다.
(B) 질문의 long과 발음이 비슷한 longer를 사용하여 혼동을 유도한 오답이다.
(C) Jacobs 씨가 금융업계에서 오랫동안 일해 왔는지를 확인하는 질문에 긍정의 Yes로 응답하며 약 40년 동안 일해 왔다고 부연 설명을 하였으므로 정답이다.

어휘 banking industry 금융 업계 financial 재무의 director 이사

정답 (C)

---

24 Should we go over the survey results sometime tomorrow?
(A) For research and development.
(B) Customer feedback is quite positive.
(C) I'll be out of the office this week.

우리는 내일 조사 결과를 검토해야 하나요?
(A) 연구 개발을 위해서요.
(B) 고객 피드백은 꽤 긍정적입니다.
(C) 저는 이번 주에 사무실에 없을 거예요.

조동사 의문문

문제 키워드 | Should we / go over / survey results / tomorrow

내일 조사 결과를 검토해야 하는지 묻는 조동사 의문문이다.
(A) 질문의 survey에서 연상 가능한 research를 사용해 혼동을 유도한 오답으로, 이유나 목적을 묻는 Why 의문문에 어울리는 답변이다.
(B) 질문의 survey results에서 연상 가능한 customer feedback을 사용해 혼동을 유도한 오답이다.
(C) 내일 검토해야 하는지 묻는 질문에 이번 주에 사무실에 없을 거라는 말로 내일 검토할 수 없음을 우회적으로 전달한 정답이다.

어휘 go over ~을 검토하다 survey 조사 result 결과 research 연구 development 개발 positive 긍정적인

정답 (C)

25
AU
BR
Why did you drop our marketing proposal for next year?
(A) I forgot to bring it.
(B) It includes all the expenses.
(C) Because the funding was limited.

왜 저희의 내년 마케팅 제안을 거절하셨나요?
(A) 그것을 가져오는 것을 잊었어요.
(B) 그건 모든 비용을 포함하고 있어요.
(C) 자금이 한정되어 있었기 때문이에요.

> **Why 의문문**
>
> **문제 키워드 | Why / did / drop / marketing proposal**
>
> 마케팅 제안을 거절한 이유를 묻는 Why 의문문이다.
> (A) 가져오는 것을 잊었다는 답변은 제안을 거절한 이유를 묻는 질문과 무관한 내용이므로 오답이다.
> (B) 질문의 proposal에서 연상할 수 있는 includes, expenses를 사용하여 혼동을 유도한 오답이다.
> (C) 제안을 거절한 이유를 묻는 질문에 자금이 한정되어 있었기 때문이라며 구체적인 이유로 답변하고 있으므로 정답이다.
>
> **어휘** drop 떨어뜨리다 proposal 제안(서) include 포함하다 expense 비용 funding 자금 limited 한정된, 제한된
>
> 정답 (C)

26
US
US
Did we sign the contract already?
(A) We still need Mr. Park's approval.
(B) Just your signature.
(C) Four pages long.

우리는 이미 계약서에 사인했죠?
(A) 우리는 아직 Park 씨의 승인이 필요합니다.
(B) 당신의 서명만이요.
(C) 4페이지 분량이요.

> **조동사 의문문**
>
> **문제 키워드 | Did / we / sign / contract**
>
> 계약서에 사인했는지 묻는 조동사 의문문이다.
> (A) 계약서에 사인했는지 묻는 질문에 아직 Park 씨의 승인이 필요하다는 말로 아직 계약서에 사인하지 않았다는 것을 우회적으로 전하는 답변이므로 정답이다.
> (B) 질문의 sign에서 연상할 수 있는 signature를 사용하여 혼동을 유도한 오답이다.
> (C) 책이나 문서의 분량을 묻는 How many 의문문에 어울리는 답변이므로 오답이다.
>
> **어휘** contract 계약(서) sign 사인하다, 서명하다 approval 승인 signature 서명
>
> 정답 (A)

27
US
BR
Have you booked a flight ticket for your vacation?
(A) I'm not sure I can go.
(B) I need your passport, please.
(C) My flight was delayed.

당신의 휴가를 위해 항공권을 예약했나요?
(A) 갈 수 있을지 모르겠어요.
(B) 당신의 여권을 주세요.
(C) 제 비행기가 연착되었어요.

> **조동사 의문문**
>
> **문제 키워드 | Have / you / booked / flight ticket / vacation**
>
> 휴가를 위해 항공권을 예약했는지 묻는 조동사 의문문이다.
> (A) 휴가를 위해 항공권을 예약했는지 묻는 질문에 직접적인 답변 대신 휴가를 갈 수 있을지 모르겠다고 우회적으로 답변하고 있으므로 정답이다.
> (B) 질문의 flight에서 연상할 수 있는 passport를 사용하여 혼동을 유도한 오답이다.
> (C) 질문의 flight를 반복 사용한 오답이다.
>
> **어휘** book 예약하다 vacation 휴가 passport 여권
>
> 정답 (A)

28 AU US

We don't have much storage space in the warehouse.
(A) I already reported that to the manager this morning.
(B) Cash on delivery.
(C) The boxes are stacked in numerical order.

창고에 저장 공간이 많지 않습니다.
(A) 오늘 아침에 그것을 이미 관리자에게 보고했습니다.
(B) 물건을 받고 대금을 지불하는 방식이요.
(C) 상자들은 번호순으로 쌓여 있습니다.

○ 평서문

문제 키워드 | We / don't / have / storage space

창고에 저장 공간이 많지 않다는 내용의 평서문이다.
(A) 저장 공간이 충분하지 않다는 말에 해당 문제를 이미 관리자에게 이야기했다며 문제에 대한 해결책을 제시하였으므로 정답이다.
(B) warehouse에서 연상할 수 있는 delivery를 사용하여 혼동을 유도한 오답이다. 또한 cash on delivery는 '물건을 받고 대금을 지불하는 방식'이라는 뜻으로 결제 수단을 나타내므로 How 의문문에 어울리는 답변이다.
(C) warehouse에서 연상할 수 있는 boxes를 사용하여 혼동을 유도한 오답이다. 또한 상자가 쌓여 있는 방식을 묻는 How 의문문에 어울리는 답변이다.

어휘 storage space 저장 공간   warehouse 창고   cash on delivery 현금 결제 방식, 물건을 받고 대금을 지불하는 방식   stack 쌓다   in numerical order 번호순으로

정답 (A)

29 AU BR

How are we going to market our new sports shoes?
(A) I've been stopped at the market.
(B) Mostly with commercials.
(C) A new sports product line.

우리의 새로운 운동화를 어떻게 광고할 건가요?
(A) 저는 시장에 들렀습니다.
(B) 주로 광고 방송으로요.
(C) 새로운 스포츠 제품 라인이요.

○ How 의문문

문제 키워드 | How / we / market / new sports shoes

새 운동화를 어떻게 광고할 것인지 묻는 How 의문문이다.
(A) 질문의 market을 반복 사용한 오답이다.
(B) 광고 방법을 묻는 질문에 광고 방송으로 하겠다고 구체적인 방법을 제시한 정답이다.
(C) 질문의 sports를 반복 사용한 오답이다.

어휘 market 광고하다   mostly 주로, 일반적으로   commercial 광고 (방송)

정답 (B)

30 US US

When is the due date to finish the annual sales report?
(A) I already submitted it.
(B) He will tell us.
(C) To human resources.

연간 매출 보고서의 마감일은 언제인가요?
(A) 제가 이미 그것을 제출했어요.
(B) 그가 저희에게 알려 줄 거예요.
(C) 인사부로요.

○ When 의문문

문제 키워드 | When / is / due date

마감일이 언제인지를 묻는 When 의문문이다.
(A) 보고서의 마감일을 묻는 질문에 본인이 이미 그것을 제출했다고 답변했으므로 정답이다.
(B) 질문에서 구체적인 사람을 언급하는 경우에만 he나 she로 답변할 수 있다는 점을 유의하자.
(C) 장소를 묻는 Where 의문문에 적절한 답변이므로 오답이다.

어휘 due date 마감일   finish 끝내다   annual 매년의, 연례의   sales report 매출 보고서   submit 제출하다

정답 (A)

TEST 08

31 Should I buy a brand new sedan or a used one?
(A) It's a customer service number.
(B) I know a good car dealer.
(C) A different department.

신형 세단을 구매해야 할까요, 아니면 중고를 구매해야 할까요?
(A) 그것은 고객 서비스 전화번호입니다.
(B) 저는 괜찮은 자동차 중개인을 알고 있습니다.
(C) 다른 부서요.

⊸ 선택 의문문

문제 키워드 | buy / brand new sedan / or / used one

신형 세단과 중고 차량 중 어느 것을 구입해야 하는지를 묻는, 단어와 단어를 연결하는 선택 의문문이다.
(A) 질문과 관계없는 답변이므로 오답이다.
(B) 신형 세단과 중고 중 어느 것을 구입해야 하는지를 묻는 질문에 괜찮은 자동차 중개인을 안다는 말로 차량 구매에 도움을 줄 만한 사람을 언급했으므로 정답이다.
(C) 질문과 상관없는 답변이므로 오답이다.

어휘 brand new 완전히 새 것인   customer service number 고객 서비스 번호   car dealer 자동차 중개인   department 부서   **정답 (B)**

PART 3

Questions 32-34 refer to the following conversation. 32-34는 다음 대화에 관한 문제입니다.

M Hi, **32** I made a reservation for a rental car. Is it possible to pick it up now?
W OK, thank you for using Della Rental service. Before letting you take the car, we need a few more details from you to complete your rental agreement in our system.
M Sure. Hmm... **33** I actually forgot to bring my confirmation number. Is it OK without it?
W That's totally OK. **34** We can find it in our system right away. Please just give us your phone number and name.

남 안녕하세요, **32** 렌터카를 예약했어요. 지금 가지고 갈 수 있을까요?
여 네, Della 대여 서비스를 이용해 주셔서 감사합니다. 차량을 가지고 가시기 전에 저희 시스템에 대여 계약서를 작성하기 위해 몇 가지 세부 사항이 필요합니다.
남 알겠습니다. 흠… **33** 사실 저는 예약 번호를 깜빡하고 가져오지 않았습니다. 그것이 없어도 괜찮을까요?
여 괜찮습니다. **34** 저희 시스템에서 바로 확인할 수 있습니다. 휴대폰 번호와 이름을 알려 주세요.

어휘 make a reservation 예약을 하다 rental car 렌터카 pick up ~을 찾아오다 details 세부 사항 complete 작성하다 rental agreement 임대 계약서 forget 잊다 confirmation number 예약 번호 totally 완전히, 전적으로 right away 곧바로

32 What does the man want to do?
(A) Repair a vehicle
(B) Pick up a car
(C) Draft an agreement
(D) Reserve a room

남자는 무엇 하기를 원하는가?
(A) 차량 수리하기
(B) 차량 가져가기
(C) 합의서 초안 작성하기
(D) 객실 예약하기

구체적인 정보 파악 - 특정 사항

문제 키워드 | What / man / want

남자가 하고 싶은 일이 무엇인지를 묻는 문제로, 남자의 대사에서 단서를 찾는다. 남자는 렌터카를 예약했으며, 지금 차를 가져가도 되는지(I made a reservation for a rental car. Is it possible to pick it up now?) 묻고 있으므로 정답은 (B)이다.

어휘 repair 수리하다 draft 초안을 작성하다 reserve 예약하다

정답 (B)

33 What is the man concerned about?
(A) His credit card details
(B) His driver licence
(C) His confirmation number
(D) His home address

남자가 걱정하는 것은 무엇인가?
(A) 그의 신용카드 세부 정보
(B) 그의 운전면허증
(C) 그의 예약 번호
(D) 그의 자택 주소

구체적인 정보 파악 - 문제점

문제 키워드 | What / man / concerned

남자가 걱정하고 있는 것이 무엇인지를 묻는 문제로, 남자의 대사에 집중한다. 남자는 예약 번호를 깜빡했다(I actually forgot to bring my confirmation number.)며, 그것이 없어도 괜찮은지(Is it OK without it?) 확인함으로써 우려 사항을 드러내고 있으므로 정답은 (C)이다.

어휘 driver licence 운전면허증

정답 (C)

34 What will the woman most likely do next?
(A) Sign an agreement
(B) Look up some information
(C) Refer to an e-mail
(D) Contact another department

여자는 다음에 무엇을 할 것 같은가?
(A) 계약서에 서명하기
(B) 정보 찾아보기
(C) 이메일 참고하기
(D) 다른 부서와 연락하기

구체적인 정보 파악 - 미래

문제 키워드 | What / will / woman / next

여자의 미래 일정을 묻는 문제로, 후반부 여자의 대사에서 정답의 단서가 나온다. 남자가 예약 번호를 가져오지 않았다고 하자 여자가 회사 시스템에서 바로 확인할 수 있다(We can find it in our system right away.)고 언급하였다. 따라서 정답은 (B)이다.

패러프레이징 find it(= confirmation number) in our system 시스템에서 그것(= 예약 번호)을 확인하다
→ **Look up some information** 정보 찾아보기

어휘 information 정보 refer to ~을 참고하다 contact 연락하다

정답 (B)

TEST 08

Questions 35-37 refer to the following conversation. 35-37은 다음 대화에 관한 문제입니다.

AU
US

M Hello, Ms. Grant. **35** Have you finished putting up a wooden fence around the house?
W Hello, Mr. Gordon. It's almost done. But there is a small issue we need to take care of.
M Oh, what's the matter?
W **36** We've run out of some wooden materials for the gate. So, I need to go to Gospel Supplies on Barnet Road now to get some more.
M Alright. Well, **37** don't take Highway 16 since it's closed for maintenance. You should use Stanmore Road. That is probably much less crowded.
W OK, thank you for the information.

남: 안녕하세요, Grant 씨. **35** 집 주변에 나무 울타리를 세우는 것은 끝내셨나요?
여: 안녕하세요, Gordon 씨. 거의 다 끝났습니다. 하지만 저희가 해결해야 하는 작은 문제가 있습니다.
남: 오, 문제가 무엇이죠?
여: **36** 문에 쓸 나무 자재가 다 떨어졌어요. 그래서 재료를 더 사러 바네트 도로에 있는 Gospel 용품점에 가야 합니다.
남: 알겠습니다. 음, **37** 16번 고속도로는 보수 때문에 폐쇄되었으니 타지 마세요. 스탠모어 도로를 타고 가세요. 훨씬 더 한적할 거예요.
여: 알겠습니다. 정보를 주셔서 감사합니다.

어휘 put up ~을 세우다, 설치하다   wooden 나무로 된   fence 울타리   issue 문제   take care of ~을 처리하다   run out of ~을 다 써버리다, ~이 없어지다   material 재료   gate 문   highway 고속도로   maintenance 보수   probably 아마도   crowded 붐비는

35 What most likely is the woman's job?
(A) Carpenter
(B) Bus driver
(C) Realtor
(D) Plumber

여자의 직업은 무엇일 것 같은가?
(A) 목수
(B) 버스 운전기사
(C) 부동산 중개인
(D) 배관공

○ 기본 정보 파악 – 직업/업종

문제 키워드 | What / woman's job

남자가 여자에게 집 주변에 나무 울타리를 세우는 것은 끝났냐(Have you finished putting up a wooden fence around the house?)고 물었고, 여자가 거의 끝났다고 했으므로, 여자는 나무로 뭔가를 만드는 사람임을 알 수 있다. 따라서 정답은 (A)이다.

패러프레이징 **putting up a wooden fence** 나무 울타리를 세우는 것 → **Carpenter** 목수   정답 (A)

36 According to the woman, what is the problem?
(A) One of the workers called in sick.
(B) More materials are needed.
(C) A tool is not working.
(D) There is a scheduling conflict.

여자의 말에 따르면, 무엇이 문제인가?
(A) 한 직원이 전화를 걸어 병가를 냈다.
(B) 재료가 더 필요하다.
(C) 장비가 작동하지 않는다.
(D) 일정이 겹쳤다.

○ 구체적인 정보 파악 – 문제점

문제 키워드 | woman / what / problem

문제점을 묻는 남자에게 여자가 문에 쓸 나무 자재가 다 떨어졌다(We've run out of some wooden materials for the gate.)고 했으므로 정답은 (B)이다.

패러프레이징 **run out of some wooden materials** 재료가 다 떨어지다 → **More materials are needed.** 재료가 더 필요하다.

어휘 tool 도구   scheduling conflict 일정 충돌   정답 (B)

37 What does the man suggest that the woman do?
(A) Complete a job as soon as possible
(B) Bring a receipt
(C) Use a different route
(D) Correct some information

남자는 여자에게 무엇 하기를 제안했는가?
(A) 가능한 한 빨리 업무 마무리하기
(B) 영수증 가져오기
(C) 다른 경로 이용하기
(D) 정보 정정하기

○ 구체적인 정보 파악 – 제안/요청

문제 키워드 | What / man / suggest / woman

후반부 남자의 권유/제안 표현에 집중한다. 남자가 16번 고속도로는 보수 때문에 폐쇄되었으니 타지 말고, 스탠모어 도로를 타라 (don't take Highway 16 ~. You should use Stanmore Road.)고 했으므로 정답은 (C)이다.

패러프레이징 **don't take Highway 16** 16번 고속도로는 타지 마세요 / **use Stanmore Road** 스탠모어 도로를 타세요
→ **Use a different route** 다른 경로 이용하기   정답 (C)

Questions 38-40 refer to the following conversation. 38-40은 다음 대화에 관한 문제입니다.

W Clayton, **38** I'm very happy that our business suit clearance sale has been going so well. We have never been busy like this since we started our shop.
M Yeah, it's much better than we expected. **39** I think featuring Howard's navy-blue suits was an excellent idea. People seem to really like the suit a lot.
W **39** That's right. <u>Only a few boxes are left in the storage room.</u>
M I'm surprised that Howard creates such trendy styles. We should consider doing more business with the company.
W Indeed. **40** Let's ask a sales person to bring some more samples of other clothes. Carrying more of their products will definitely help our business.

여: Clayton 씨, **38** 우리의 정장 재고 정리 세일이 굉장히 잘되고 있어서 기뻐요. 가게를 개업한 이후로 이렇게 바쁜 적이 없었어요.
남: 네, 훨씬 기대 이상이었어요. **39** Howard의 네이비블루 정장을 특별히 포함시킨 것이 대단한 아이디어였던 것 같습니다. 사람들이 그 정장을 무척이나 좋아하는 것 같아요.
여: **39** 맞습니다. 창고에 몇 상자밖에 남지 않았습니다.
남: Howard에서 그런 최신 유행 스타일을 제작한다는 점에 놀랐어요. 그 회사와 거래를 늘리는 걸 고려해야 합니다.
여: 맞아요. **40** 영업 직원에게 다른 의류 샘플을 더 가져다 달라고 요청합시다. 그들의 제품을 더 취급하는 것은 분명 우리 사업에 도움이 될 것입니다.

어휘 suit 정장 clearance sale 재고 정리 세일 expect 예상하다 feature 특별히 포함하다 storage room 창고 create 만들다, 창조하다 trendy 최신 유행의 consider 고려하다 do business with ~와 거래하다 indeed 정말, 확실히 carry 취급하다 definitely 확실히

38 What kind of product are the speakers talking about?
(A) Household appliances
(B) Office supplies
(C) Formal clothes
(D) Commercial properties

화자들은 어떤 종류의 제품에 대해서 이야기하고 있는가?
(A) 가전제품
(B) 사무용품
(C) 정장
(D) 상업용 부지

○ 기본 정보 파악 – 주제

문제 키워드 | What / product / speakers / talking
대화의 주제를 묻는 문제로, 대화 초반부에 집중한다. 여자가 초반부에 정장 재고 정리 세일이 굉장히 잘되고 있어서 기쁘다(I'm very happy that our business suit clearance sale has been going so well.)고 했으므로 정답은 (C)이다.

패러프레이징 business suit 정장 → Formal clothes 정장

정답 (C)

39 What does the woman mean when she says, "Only a few boxes are left in the storage room"?
(A) She needs to order more containers.
(B) Some products are almost sold out.
(C) A shop requires proper inventory management.
(D) Some records indicate wrong figures.

여자가 "창고에 몇 상자밖에 남지 않았습니다"라고 말할 때 의미하는 것은 무엇인가?
(A) 그녀는 더 많은 용기를 주문해야 한다.
(B) 일부 제품들이 거의 매진되었다.
(C) 가게는 적절한 재고 관리가 필요하다.
(D) 일부 기록의 수치는 잘못되었다.

○ 신유형 – 화자의 의도 파악

문제 키워드 | What / woman / mean / "Only a few boxes are left in the storage room"
남자가 Howard의 네이비블루 정장을 특별히 포함시킨 것이 대단한 아이디어였던 것 같다며, 사람들이 그 정장을 무척이나 좋아하는 것 같다(I think featuring Howard's navy-blue suits was a excellent idea. People seem to really like the suit a lot.)고 하자, 여자가 이에 동의(That's right.)하며 "창고에 몇 상자밖에 남지 않았습니다"라고 말한 것이다. 이것은 Howard의 네이비블루 정장이 잘 팔려서 재고가 얼마 남지 않았다는 의미이므로 정답은 (B)이다.

어휘 require 필요하다 proper 적절한 inventory 재고 management 관리 indicate 나타내다 figure 수치

정답 (B)

40 What does the woman say she will do?
(A) Contact a sales person
(B) Invest more in advertisement
(C) Print out more brochures
(D) Open more branches

여자는 무엇을 할 예정이라고 이야기하는가?
(A) 영업 직원과의 연락
(B) 광고에 더 많은 비용 투자
(C) 책자 추가 인쇄
(D) 더 많은 지점 개업

○ 구체적인 정보 파악 – 미래

문제 키워드 | What / woman / say / will
여자가 말한 미래 일정을 묻는 문제이므로, 후반부에 여자의 대사에 집중한다. 영업 직원에게 다른 의류 샘플을 더 가져다 달라고 요청하자(Let's ask a sales person to bring some more samples of other clothes.)고 했으므로 정답은 (A)이다.

패러프레이징 ask a sales person 영업 직원에게 요청하다 → Contact a sales person 영업 직원과의 연락

정답 (A)

Questions 41-43 refer to the following conversation. 41-43은 다음 대화에 관한 문제입니다.

US
US

W Good afternoon, Philadelphia City Public Library. How can I help you?
M Yes. **41** I'm a reporter for *Daily Australia*. I'm doing some research about French literature. I've heard your library has a collection of rare classic books such as old French novels, plays, and poetry. Would I be able to borrow those books?
W Actually, **42** those books don't circulate. You can only use them here in the library.
M Thanks. Should I make an appointment to see the rare book section?
W Yes. **43** I'll put your call through to the rare books desk right now.

여: 안녕하세요. 필라델피아 시립 도서관입니다. 무엇을 도와 드릴까요?
남: 네, **41** 저는 〈일간 오스트레일리아〉의 기자입니다. 저는 프랑스 문학에 대해 조사하고 있습니다. 이곳 도서관에 오래된 프랑스 소설, 희곡과 시집 같은 희귀 고전 도서를 소장하고 있다고 들었습니다. 제가 이 도서들을 대출할 수 있을까요?
여: 사실, **42** 그 도서들은 대출이 불가능합니다. 이곳 도서관 안에서만 해당 도서들을 이용하실 수 있습니다.
남: 감사합니다. 희귀 도서 구역을 보려면 예약을 해야 하나요?
여: 네, **43** 지금 바로 희귀 도서를 담당하고 있는 부서로 전화를 돌려 드리겠습니다.

어휘 reporter 기자, 리포터 do some research 조사하다 literature 문학 a collection of ~의 소장품, 수집품 rare 드문, 희귀한 classic 고전적인 novel 소설 play 연극 poetry 시 circulate 대출되다, 순환하다 make an appointment 약속을 하다

41 What is the man's job?
(A) Journalist
(B) Professor
(C) Librarian
(D) Publisher

남자의 직업은 무엇인가?
(A) 기자
(B) 교수
(C) 사서
(D) 출판업자

┌─○ 기본 정보 파악 – 직업 ─
│ **문제 키워드** | What / man's job
│ 남자의 직업을 묻는 문제로, 대화의 전반부에서 단서를 찾을 수 있다. 남자의 첫 대사에서 자신을 〈일간 오스트레일리아〉의 기자 (I'm a reporter for *Daily Australia*.)라고 소개하고 있으므로 정답은 (A)이다.
│ **패러프레이징** reporter 기자 → **Journalist** 기자   정답 (A)
└

42 What does the woman say about some books?
(A) They are available as e-books.
(B) They are available in France only.
(C) They cannot be open to the public.
(D) They cannot be taken from the building.

여자가 일부 도서에 대해 말한 것은 무엇인가?
(A) 전자책으로 이용이 가능하다.
(B) 프랑스에서만 구할 수 있다.
(C) 일반에 공개가 불가능하다.
(D) 건물에서 가지고 나갈 수 없다.

┌─○ 구체적인 정보 파악 – 특정 사항 ─
│ **문제 키워드** | What / woman / say / some books
│ 여자의 두 번째 대사에서 남자가 대출하고 싶어 하는 희귀 고전 도서들은 대출이 불가능하며, 도서관 안에서만 이용할 수 있다 (those books don't circulate. You can only use them here in the library.)고 언급했으므로 정답은 (D)이다.
│ **패러프레이징** don't circulate 대출하지 않는다 → **cannot be taken from the building** 건물에서 가지고 나갈 수 없다
│   정답 (D)
└

43 What will the woman do next?
(A) Make an appointment
(B) Send an application form
(C) Transfer a phone call
(D) Check the schedule

여자는 다음에 무엇을 할 것인가?
(A) 예약하기
(B) 신청서 발송하기
(C) 전화 돌리기
(D) 일정 확인하기

┌─○ 구체적인 정보 파악 – 미래 ─
│ **문제 키워드** | What / will / woman / next
│ 후반부 여자의 대사 중 미래 표현인 I'll ~이 언급되는 곳에서 단서를 찾을 수 있다. 지금 바로 희귀 도서를 담당하고 있는 부서로 남자의 전화를 돌려 주겠다(I'll put your call through to the rare books desk right now.)고 했으므로 정답은 (C)이다.
│ **패러프레이징** put your call through ~로 전화를 돌리다 → **Transfer a phone call** 전화 돌리기
│ 어휘 application form 신청서 transfer (전화를) 돌리다, 이동하다   정답 (C)
└

Questions 44-46 refer to the following conversation. 44-46은 다음 대화에 관한 문제입니다.

W Good to see you back, Brad. **44** How was the banking seminar you attended?
M Well, it was a great opportunity to learn more about the current banking trends.
W Oh, that sounds interesting. Please tell me more.
M OK. For one, **45** Anthony Lee, one of the presenters, encouraged bank employees like us to take the latest online training courses to keep up with new market trends.
W That's a great idea. If we do, we can save a lot of time by avoiding leaving our office for face-to-face training sessions.
M And, the most informative thing was that he provided online training information created by Southeast Banking Association. It is definitely useful for us.
W Well, that sounds good. But, my question is whether we can afford the courses.
M Actually, that's what I need to work on next. **46** I have to check how much they will cost and make a report for the management meeting.

여: 다시 만나게 되어 반갑습니다, Brad 씨. **44** 참석하신 은행업 세미나는 어떠셨나요?
남: 네, 현재 은행 동향에 관해서 더 많이 배울 수 있는 좋은 기회였어요.
여: 오, 흥미롭게 들리는데요. 더 이야기해 주세요.
남: 네, 한 가지는, **45** 발표자 중 한 분인 Anthony Lee 씨가 우리 같은 은행 직원들에게 새로운 시장 동향을 알기 위해 최신 온라인 교육 과정을 수강할 것을 권장했어요.
여: 그거 좋은 생각이네요. 그렇게 하면, 대면 교육 때문에 사무실을 비우지 않아도 되니까 많은 시간을 절약할 수 있겠네요.
남: 그리고 가장 유익한 것은 그가 동남부 은행 협회가 만든 온라인 교육 정보를 제공했다는 것이에요. 그건 정말로 우리에게 유용해요.
여: 네, 그거 좋겠네요. 그렇지만 그 과정을 들을 수 있는 경제적인 여건이 되는지가 의문이에요.
남: 사실, 그게 바로 제가 다음에 해야 할 일이에요. **46** 저는 비용이 얼마가 들지 확인해서 경영진 회의를 위해 보고서를 작성해야 해요.

어휘 trend 동향, 추세 presenter 발표자 encourage 권장하다 keep up with ~을 알다 save 절약하다 avoid 방지하다, 피하다 face-to-face 얼굴을 마주 대하고 informative 유익한 association 협회 definitely 확실히 afford ~할 여유가 되다 management 경영진

44 What type of industry do the speakers work in?
(A) Tourism
(B) Financial service
(C) Car manufacturing
(D) Software development

화자들은 어떤 산업에 종사하는가?
(A) 관광업
(B) 금융 서비스업
(C) 자동차 제조업
(D) 소프트웨어 개발업

○ 기본 정보 파악 – 직업/업종

문제 키워드 | What / industry / speakers / work

업종과 관련된 정보는 주로 전반부에 언급된다. 여자가 첫 대사에서 남자에게 참석했던 은행업 세미나(the banking seminar)가 어땠는지 물었고, 남자가 중반부에 '우리와 같은 은행 직원들(bank employees like us)'이라고 했으므로 정답은 (B)이다.

패러프레이징 bank employees 은행 직원 → Financial service 금융 서비스   정답 (B)

45 What did Anthony Lee encourage the man to do?
(A) Talk with individual workers
(B) Attend some online courses
(C) Participate in various social gatherings
(D) Issue a company newsletter

Anthony Lee 씨가 남자에게 하라고 권장한 것은 무엇인가?
(A) 각각의 직원들과 이야기하기
(B) 온라인 강좌 수강하기
(C) 다양한 사교 모임 참여하기
(D) 사보 발행하기

○ 구체적인 정보 파악 – 제안/요청

문제 키워드 | What / Anthony Lee / encourage / man

Anthony Lee 씨가 은행 직원들에게 새로운 시장 동향을 알기 위해 최신 온라인 교육 과정을 수강할 것(take the latest online training)을 권장했다고 했으므로 정답은 (B)이다.   정답 (B)

46 What does the man indicate he will do?
(A) Submit some application forms
(B) Post a notice on the bulletin board
(C) Find out some cost information
(D) Schedule a meeting

남자는 무엇을 할 거라고 말하는가?
(A) 신청서 제출하기
(B) 게시판에 게시물 붙이기
(C) 비용 알아보기
(D) 회의 일정 잡기

○ 구체적인 정보 파악 – 미래

문제 키워드 | What / man / indicate / will

대화 후반부 남자의 대사에서 정답의 단서를 찾을 수 있다. 남자가 마지막 대사에서 비용이 얼마가 들지 확인해야 한다(I have to check how much they will cost)고 했으므로 정답은 (C)이다.   정답 (C)

Questions 47-49 refer to the following conversation.   47-49는 다음 대화에 관한 문제입니다.

US
BR

M Hello, ⁴⁸ I'm staying in room 303. ⁴⁷ The wireless Internet in my room doesn't seem to be working as of this morning.
W Oh, ⁴⁸ we're really sorry for the inconvenience. We're experiencing a minor technical issue. But our maintenance team is working on it, so the service will be available again by this evening.
M OK. Then, I'd like to know if the fee for today's access can be refunded. I think I've already been charged for the Internet service for each day while I stay here.
W Certainly. ⁴⁹ The fee will be deducted from your bill right now, and you can find the details when you check out.

남 안녕하세요, ⁴⁸ 저는 303호에서 숙박하고 있습니다. 오늘 오전부터 ⁴⁷ 제 방 무선 인터넷이 작동하지 않는 것 같습니다.
여 오, ⁴⁸ 불편을 드려 정말 죄송합니다. 저희는 사소한 기술적인 문제를 겪고 있습니다. 하지만 관리팀이 현재 작업 중이니, 오늘 저녁쯤부터는 해당 서비스를 다시 사용하실 수 있을 것입니다.
남 알겠습니다. 그러면 오늘 접속 요금은 환불받을 수 있는지 알고 싶습니다. 제가 머무는 기간 동안 매일의 각 날짜에 해당하는 인터넷 사용 요금이 이미 청구된 것 같은데요.
여 물론이죠. ⁴⁹ 지금 바로 귀하의 청구서에서 그 요금이 공제될 것이며, 체크아웃하실 때 세부 사항을 확인하실 수 있습니다.

어휘 inconvenience 불편함 experience 경험하다 minor 사소한 technical 기술적인 issue 문제 maintenance team 관리팀 available 이용 가능한 fee 요금, 수수료 access 접속 refund 환불하다 charge 요금을 청구하다 deduct 공제하다 bill 청구서

47 What is the purpose of the man's call?
(A) To put in an order
(B) To reserve a room
(C) To inquire about a problem
(D) To arrange an event

남자가 전화를 건 목적은 무엇인가?
(A) 주문하기
(B) 객실 예약하기
(C) 문제에 대해서 문의하기
(D) 행사 준비하기

> **기본 정보 파악 – 전화 목적**
>
> **문제 키워드 | What / purpose / man's call**
>
> 남자의 첫 번째 대사에 단서가 있다. 남자가 머무르고 있는 방의 무선 인터넷이 작동하지 않는 것 같다(The wireless Internet in my room doesn't seem to be working)고 문제점을 언급하고 있으므로 정답은 (C)이다.   정답 (C)

48 Who most likely is the woman?
(A) An Internet engineer
(B) A software designer
(C) A hotel employee
(D) A security officer

여자는 누구일 것 같은가?
(A) 인터넷 기술자
(B) 소프트웨어 디자이너
(C) 호텔 직원
(D) 경비원

> **기본 정보 파악 – 직업/업종**
>
> **문제 키워드 | Who / woman**
>
> 남자가 303호에 묵고 있다(I'm staying in room 303.)며 무선 인터넷이 안 된다고 하자, 여자가 사과하며(we're really sorry for the inconvenience.) 상황을 설명한 것으로 보아 여자는 숙박 시설에서 근무함을 알 수 있으므로 정답은 (C)이다.   정답 (C)

49 According to the woman, what can be found when the man checks out?
(A) A list of local attractions
(B) Transportation information
(C) An adjusted detail of a bill
(D) Directions to a bank

여자의 말에 따르면, 남자가 체크아웃할 때 무엇을 확인할 수 있는가?
(A) 지역 관광지 목록
(B) 교통 정보
(C) 수정된 청구서 내역
(D) 은행까지 가는 길

> **구체적인 정보 파악 – 특정 사항**
>
> **문제 키워드 | woman / what / found / when / man / checks out**
>
> 여자는 마지막 대사에서 지금 바로 청구서에서 요금이 공제될 것이며, 체크아웃할 때 세부 사항을 확인할 수 있다(The fee will be deducted from your bill right now, and you can find the details when you check out.)고 했으므로 정답은 (C)이다.
>
> **패러프레이징** The fee will be deducted from your bill 청구서에서 요금이 공제될 것이다
>   → **An adjusted detail of a bill** 수정된 청구서 내역
>
> **어휘** attraction 관광지 transportation 교통 adjusted 수정된 directions 길 안내   정답 (C)

Questions 50-52 refer to the following conversation. 50-52는 다음 대화에 관한 문제입니다.

W Vince, you did a really good job. **50** I want to thank you for preparing the presentation on time. I didn't think you could finish it before the deadline.
M Yes. These days, it's been hard to keep up with all the requests by myself. But what can I do? **51** Our sales department is still short handed.
W Actually, I have good news for you. We have some interviews scheduled to fill the vacant positions in your department.
M Oh, I'm glad to hear that. Also, **52** I've been meaning to ask about my request to be considered for a managerial position in the research and development department.
W I believe a transfer is a definite possibility. Since both departments are related to each other, your experience will be a great asset to R&D as well.

여: Vince 씨, 정말 잘하셨어요. **50** 제시간에 발표를 준비해 주셔서 감사해요. 당신이 마감 기한 내에 마무리하지 못할 것이라 생각했어요.
남: 네. 요즘 모든 요청을 혼자 대응하느라 힘들었어요. 하지만 어쩌겠어요? **51** 저희 영업부는 여전히 일손이 부족하잖아요.
여: 사실, 제게 당신을 위한 좋은 소식이 있어요. 당신 부서의 공석을 채우기 위한 면접이 예정되어 있어요.
남: 오, 그렇다니 기뻐요. **52** 또한, 연구개발부의 관리직에 저를 고려해 줄 것을 요청한 것에 대해 여쭈어보려 했어요.
여: 분명히 이동 가능성이 있다고 생각해요. 두 부서가 서로 관련이 있기 때문에 당신의 경험은 연구개발부에서도 커다란 자산이 될 것입니다.

어휘 do a good job 잘하다 on time 제시간에 keep up with ~에 뒤지지 않다, 계속 ~하다 by oneself 혼자서 short handed 일손이 부족한 vacant position 공석인 자리 mean to V ~할 셈이다 managerial position 관리직 transfer 이동, 이전 definite 분명한, 확실한 possibility 가능성 be related to ~와 관계가 있다 experience 경험 asset 자산

50 What does the woman thank the man for?
(A) Giving a presentation
(B) Arranging a meeting
(C) Meeting a project deadline
(D) Organizing a company event

여자는 무엇 때문에 남자에게 감사하는가?
(A) 발표를 한 것
(B) 회의를 준비한 것
(C) 프로젝트 마감일을 지킨 것
(D) 회사 행사를 준비한 것

> 구체적인 정보 파악 - 이유/원인
>
> 문제 키워드 | What / woman / thank / man
>
> 여자는 제시간에 발표를 준비해서 고맙다(thank you for preparing the presentation on time)고 했으므로 정답은 (C)이다.
>
> 패러프레이징 preparing the presentation on time 제시간에 발표를 준비한 것
> → Meeting a project deadline 프로젝트 마감일을 지킨 것
>
> 정답 (C)

51 What does the man say about the sales department?
(A) It faces a staff shortage.
(B) It was relocated to another place.
(C) It had a poor performance last month.
(D) It will receive an award.

남자가 영업부에 대해 말하는 것은 무엇인가?
(A) 직원이 부족한 상황에 처해 있다.
(B) 다른 곳으로 옮겼다.
(C) 지난달의 성과가 형편없었다.
(D) 상을 받을 것이다.

> 구체적인 정보 파악 - 특정 사항
>
> 문제 키워드 | What / man / say / sales department
>
> 남자가 우리 영업부는 여전히 일손이 부족하다(Our sales department is still short handed.)고 했으므로 정답은 (A)이다.
>
> 패러프레이징 still short handed 일손이 부족하다 → face a staff shortage 직원이 부족한 상황에 처해 있다
>
> 정답 (A)

52 What does the man ask about?
(A) The evaluation of his work
(B) The availability of office space
(C) The possibility of a transfer
(D) The qualifications for a promotion

남자는 무엇에 대해서 묻는가?
(A) 그의 업무 평가
(B) 사무 공간 이용 가능성
(C) 이동 가능성
(D) 승진 자격

> 구체적인 정보 파악 - 특정 사항
>
> 문제 키워드 | What / man / ask about
>
> 남자의 마지막 대사에서 연구개발부의 관리직에 고려해 줄 것(to be considered for a managerial position in the research and development department), 즉 인사이동 요청에 대해 물어보려 했다고 했으므로 정답은 (C)이다.
>
> 정답 (C)

Questions 53-55 refer to the following conversation. 53-55는 다음 대화에 관한 문제입니다.

US / US

M Sabrina, 53 the winter holiday package sales were much lower than expected. I think 53 our travel agency does not reach out to as many potential customers as our competitors do.
W Yeah, that's true. 54 Our new advertisement will start in a week, so more sales can be expected soon.
M Well... The thing is that the holiday season is nearly over.
W That's right. By now, there should be more winter holiday bookings.
M Actually, 55 I'm thinking about asking transportation vendors and hotels in partnership with us to arrange additional two-or three-day package tours. I believe it will bring in more people willing to take a short vacation.
W It's worth trying. 55 I'll contact them right away and talk about it in detail.

남: Sabrina 씨, 53 겨울 휴가철 패키지 상품 매출이 예상보다 많이 저조하네요. 우리 여행사는 경쟁 업체만큼 많은 잠재 고객들에게 노출이 되지 않는 것 같아요.
여: 네, 맞아요. 54 신규 광고가 일주일 뒤에 시작될 예정이니 곧 더 많은 매출을 기대할 수 있을 거예요.
남: 글쎄요… 문제는 휴가철이 거의 끝나간다는 것이죠.
여: 맞아요. 지금쯤이면 겨울 휴가 예약이 훨씬 더 많아야 해요.
남: 사실, 55 우리와 제휴를 맺은 운송 업체와 호텔에 요청해 추가로 2-3일짜리 패키지 상품을 마련하는 것을 생각하고 있어요. 이것으로 단기 여행을 가려는 사람들을 유입할 수 있을 거라 생각해요.
여: 시도해 볼 가치가 있네요. 55 제가 그들에게 바로 연락해서 세부적으로 논의할게요.

어휘 sales 매출 expect 예상하다 reach out to ~에게 접근하다 potential 잠재적인 competitor 경쟁 업체 advertisement 광고 booking 예약 transportation 운송, 수송 vendor 판매 회사 in partnership with ~와 제휴하여 arrange 마련하다, 준비하다 additional 추가적인 bring in ~을 유치하다 worth -ing ~의 가치가 있는 in detail 상세하게

53 What type of business do the speakers most likely work for?
(A) A hotel
(B) A real estate office
(C) A travel agency
(D) An advertising company

화자들은 어떤 종류의 업체에서 근무하는 것 같은가?
(A) 호텔
(B) 부동산 중개 사무소
(C) 여행사
(D) 광고 회사

○ 기본 정보 파악 – 직업/업종

문제 키워드 | What / business / speakers / work

화자들이 근무하는 업체의 종류를 묻는 문제로, 전반부에서 정답의 근거를 찾는다. 남자가 겨울 휴가철 패키지 상품 매출이 예상보다 많이 저조하다(the winter holiday package sales were much lower than expected.)고 하였고, 또한 '우리 여행사(our travel agency)'라고 했으므로 화자들은 여행사에서 근무하고 있음을 알 수 있다. 따라서 정답은 (C)이다.

정답 (C)

54 What does the man mean when he says, "the holiday season is nearly over"?
(A) He wanted to go on a vacation earlier.
(B) An advertising campaign may not be very effective.
(C) He has a deadline to meet.
(D) A new product design should be released soon.

남자가 "휴가철이 거의 끝나간다"라고 말할 때 의미하는 것은 무엇인가?
(A) 그는 더 일찍 휴가 가기를 바랐다.
(B) 광고 캠페인이 별로 효과적이지 않을 수 있다.
(C) 그는 지켜야 할 마감이 있다.
(D) 신규 상품 디자인이 곧 공개될 것이다.

○ 신유형 – 화자의 의도 파악

문제 키워드 | What / man / mean / "the holiday season is nearly over"

해당 문장 앞뒤의 맥락을 파악하여 정답을 찾아야 한다. 전반부에서 남자가 휴가철 매출이 저조하다고 하자, 여자는 신규 광고가 일주일 내로 시작될 예정이니 곧 더 많은 매출을 기대할 수 있을 것(Our new advertisement will start in a week, so more sales can be expected soon.)이라고 하였고, 이에 대해 "휴가철이 거의 끝나간다(the holiday season is nearly over)"는 것이 문제라고 말한 것이다. 이는 휴가철이 끝나가는 시점이므로 신규 광고로 많은 매출을 기대할 수 없다는 남자의 의견을 제시하고 있는 것이므로 정답은 (B)이다.

어휘 effective 효과적인 deadline 마감(일) release 공개하다

정답 (B)

55 What will the woman most likely do next?
(A) Print out some flyers
(B) Review customer comments
(C) Call some business partners
(D) Submit a report

여자는 다음에 무엇을 할 것 같은가?
(A) 전단지 인쇄
(B) 고객 의견 검토
(C) 협력 업체 연락
(D) 보고서 제출

─○ 구체적인 정보 파악 – 미래 ─

문제 키워드 | What / will / woman / next

여자의 미래 일정을 묻는 문제로, 후반부에서 정답의 근거를 찾는다. 남자가 제휴를 맺은 운송 업체와 호텔에 요청해 추가로 2-3일 짜리 패키지 상품을 마련하려고 한다(I'm thinking about asking transportation vendors and hotels in partnership with us to arrange additional two-or three-day package tours.)고 하자, 여자가 그들에게 바로 연락해서 세부적으로 논의하겠다 (I'll contact them right away and talk about it in detail.)고 했으므로 정답은 (C)이다.

[패러프레이징] transportation vendors and hotels in partnership with us 우리와 제휴를 맺은 운송 업체와 호텔
→ business partners 협력 업체

[어휘] flyer 전단 review 검토하다 comment 의견 submit 제출하다   정답 (C)

Questions 56-58 refer to the following conversation with three speakers. 56-58은 다음 세 명의 대화에 관한 문제입니다.

US
AU
BR

M1 Hello, Mr. Kim and Ms. Jackson. **56** Thank you for meeting with me about your store renovation on such short notice.
M2 Sure, Peter. So how's it going?
M1 As I told you, we planned to finish the work by tomorrow. But **57** there was a delivery problem. Some of the light fixtures were sent to our office instead of to the store. Although **57** we can get those items delivered here on Friday morning, it will take a couple of days to install them.
W Oh, no. We invited the guests over for the Grand Reopening Celebration this weekend. Are you going to finish by then, Peter?
M1 I'm afraid not. One day won't be enough for the electrician to install everything.
W OK, we'd better postpone the event until next Monday. **58** I'll call the guests right now to inform them about the change.

남1: 안녕하세요, Kim 씨와 Jackson 씨. **56** 이렇게 갑작스러운 통지에도 귀하의 매장 수리와 관련해 저를 만나 주셔서 감사합니다.
남2: 물론이죠, Peter 씨. 그래서 어떻게 진행되고 있나요?
남1: 제가 말씀드린 대로, 저희는 그 작업을 내일까지 끝낼 계획이었습니다. 하지만 **57** 배송에 문제가 있었습니다. 조명 기구 중 일부가 매장이 아닌 저희 사무실로 발송되었습니다. **57** 그 물품들을 금요일 오전에 이곳으로 배송시킬 수 있지만 그것들을 설치하는 데 이틀이 소요될 것입니다.
여: 오, 안 돼요. 이번 주말에 대규모 재개장 축하 행사를 위해 손님들을 초대했어요. 그때까지 끝낼 것인가요, Peter 씨?
남: 유감스럽지만 안 될 것 같아요. 기술자가 모든 것을 설치하는 작업을 하는 데 하루는 충분하지 않아요.
여: 알겠습니다. 다음 주 월요일로 행사를 미루는 것이 좋겠네요. **58** 지금 바로 손님들에게 전화해서 변경에 대해 알릴게요.

어휘 renovation 수리 a short notice 갑작스러운 통지 plan to V ~하기로 계획하다 light fixture 조명 기구 install 설치하다 invite 초대하다 guest 손님 reopening 재개장 celebration 축하 (행사) electrician 기술자 postpone 미루다, 연기하다 inform 알리다

56 What is the main topic of the conversation?
(A) A hotel grand opening
(B) A company reorganization
(C) A renovation project
(D) A product launch

대화의 주제는 무엇인가?
(A) 호텔 개장
(B) 회사 조직 개편
(C) 수리 프로젝트
(D) 제품 출시

┌─○ 기본 정보 파악 – 주제 ─────────────────────────
│ **문제 키워드** | What / topic / conversation
│ 첫 번째 대사에서 남자1이 갑작스러운 통지에도 상점 수리와 관련해 만나 줘서 고맙다(Thank you for meeting with me about your store renovation ~.)고 말한 것으로 보아 수리와 관련된 이야기가 주요 화제임을 알 수 있으므로 (C)가 정답이다.
│ **어휘** reorganization 재편성, 개편 launch 출시, 개시   정답 (C)

57 According to Peter, what problem will be corrected on Friday?
(A) An inaccurate work schedule
(B) A delivery issue
(C) A supply order mistake
(D) A lack of light fixtures

Peter 씨의 말에 따르면, 금요일에 어떤 문제가 수정될 것인가?
(A) 부정확한 작업 일정
(B) 배송 문제
(C) 공급 주문 실수
(D) 조명 기구의 부족

┌─○ 구체적인 정보 파악 – 특정 사항 ───────────────
│ **문제 키워드** | Peter / what problem / corrected / Friday
│ Peter 씨, 즉 남자1이 두 번째 대사에서 배송에 문제가 있었다(there was a delivery problem.)며, 금요일 오전에 이곳으로 배송시킬 수 있다(we can get those items delivered here on Friday morning,)고 했으므로 금요일에 배송 관련 문제가 해결될 것임을 알 수 있다. 따라서 정답은 (B)이다. 대화에서 light fixtures가 언급되지만 부족하다는 말은 없으므로 (D)는 오답이다.
│ **어휘** correct 수정하다, 바로잡다 inaccurate 부정확한 lack 부족, 결핍   정답 (B)

58 What will the woman most likely do next?
(A) Reserve an event space
(B) Make a phone call
(C) Revise an oder
(D) Stick to the original plan

여자는 다음에 무엇을 할 것 같은가?
(A) 행사 장소 예약하기
(B) 전화하기
(C) 주문 수정하기
(D) 원래 계획 고수하기

┌─○ 구체적인 정보 파악 – 미래 ─────────────────────
│ **문제 키워드** | What / will / woman / next
│ 여자의 미래 정보는 주로 여자의 후반부 대사에서 언급된다. 여자의 마지막 대사에서 지금 바로 손님들에게 전화해서 변경에 대해 알리겠다(I'll call the guests right now to inform them about the change.)고 했으므로 (B)가 정답이다.
│ **패러프레이징** call 전화하다 → **Make a phone call** 전화하기
│ **어휘** reserve 예약하다 revise 수정하다 stick to ~을 고수하다 original 원래의   정답 (B)

Questions 59-61 refer to the following conversation. 59-61은 다음 대화에 관한 문제입니다.

BR
AU

W Hi, Fred. **59** Our restaurant was so slow last night. Normally, we don't have many patrons after eight o'clock during weekdays.
M That's true. We should consider closing early. **60** How about suggesting changing our operation hours to the management?
W You're right. Well, tomorrow's menu still needs to be updated. I couldn't find where the chef left the note.
M Have you checked the back office? She usually leaves the next day's menu on the back office door.
W Alright, I found it. **61** I should post tomorrow's special on the board before we close.

여: 안녕하세요, Fred 씨. **59** 어젯밤 우리 식당은 너무 한산했어요. 보통 평일 오후 8시 이후에는 손님들이 많지 않아요.
남: 맞아요. 우린 문을 일찍 닫는 것을 고려해야 합니다. **60** 경영진에게 영업시간 변경을 제안하는 게 어떨까요?
여: 당신 말이 맞아요. 그런데 내일 메뉴가 아직 업데이트가 안 되었어요. 요리사가 그 메모를 어디에 두었는지 찾을 수가 없었어요.
남: 뒤쪽 사무실을 확인했나요? 그녀는 보통 뒤쪽 사무실 문에 다음 날 메뉴를 남겨두어요.
여: 그렇군요. 찾았습니다. 문을 닫기 전에 **61** 제가 게시판에 내일의 특별 메뉴를 게시해야겠네요.

어휘 slow 한산한   normally 보통   patron 손님   consider -ing ~하는 것을 고려하다   suggest 제안하다   operation hour 영업시간   update 최신화하다   leave 남기다, 두다   post 게시하다

59 What kind of business do the speakers work for?
(A) A culinary school
(B) A supermarket
(C) A local restaurant
(D) A real estate agency

화자들은 어떤 종류의 업체에서 일하는가?
(A) 요리 학교
(B) 슈퍼마켓
(C) 지역 식당
(D) 부동산

○ 기본 정보 파악 - 직업/업종

문제 키워드 | What / business / speakers / work

화자들의 근무처나 업종은 대화의 전반부에서 확인할 수 있으며, our/this/here 등의 표현과 함께 주로 언급된다. 여자의 첫 번째 대사에서 어젯밤 우리 식당이 너무 한산했다(Our restaurant was so slow last night)고 했으므로 화자들이 일하는 곳은 식당임을 알 수 있다. 따라서 정답은 (C)이다. 정답 (C)

60 What does the man want to ask the management to consider?
(A) Allowing staff to change shifts
(B) Upgrading old appliances
(C) Changing hours of operation
(D) Giving a discount to frequent customers

남자는 경영진에게 무엇에 대한 고려를 요청하기 원하는가?
(A) 직원이 교대 근무를 변경해도 되게 하기
(B) 낡은 가전제품을 업그레이드하기
(C) 영업시간을 변경하기
(D) 단골손님들에게 할인 제공하기

○ 구체적인 정보 파악 - 제안/요청

문제 키워드 | What / man / ask / management

남자의 말에서 핵심 키워드인 management가 언급되는 부분을 확인하자. 경영진에게 영업시간 변경을 제안하는 게 어떠냐(How about suggesting changing our operation hours to the management?)는 남자의 말에서 (C)가 정답임을 알 수 있다.

어휘 allow 허가하다, 허락하다   shift 교대 근무   appliances 가전제품   frequent customer 단골손님   정답 (C)

61 What will the woman most likely do next?
(A) Call a manager
(B) Post the daily special
(C) Place an order
(D) Change a work shift

여자는 다음에 무엇을 할 것 같은가?
(A) 관리자에게 전화하기
(B) 일일 스페셜 메뉴를 게시하기
(C) 주문하기
(D) 교대 근무를 변경하기

○ 구체적인 정보 파악 - 미래

문제 키워드 | What / will / woman / next

여자가 다음에 할 일은 여자의 마지막 말에서 확인할 수 있다. 여자의 마지막 말에서 I will ~/I should ~/I can ~과 같은 미래 표현 문장을 확인하자. 게시판에 내일의 특별 메뉴를 게시해야겠다(I should post tomorrow's special on the board)는 여자의 말에서 정답은 (B)임을 알 수 있다.

어휘 daily 매일의, 나날의   정답 (B)

Questions 62-64 refer to the following conversation and table. 62-64는 다음 대화와 표에 관한 문제입니다.

M Finally, we've made great progress in planning our annual company picnic. The options for the picnic shelter for our lunch and entertainment have been narrowed down. ⁶²We can now finalize the arrangement with the budget approved this morning.
W That's right. Choosing the shelter is the most important thing. Let's look at the list of the options.
M Well... Actually, I've been to the Hendon Green area. It was nice, but more than 60 people are coming. In case of rain, a shelter that has larger space will be required. So ⁶³let's go with the largest one.
W Absolutely. Please just inform me of the exact date. Then, ⁶⁴I'll book a shuttle bus for everyone to the park from the office.

Town Public Park Picnic Facilities	
Available Capacity	**List of Shelters**
⁶³ 70 people	Finchley Hill
60 people	Hendon Green
45 people	Tufnell Lake
30 people	Archway

남: 마침내 연례 회사 야유회 준비가 상당 진전되었습니다. 점심 식사와 오락을 위한 야유회 장소의 선택지가 좁혀졌습니다. ⁶² 이제 오늘 아침에 승인된 예산으로 준비를 마무리할 수 있습니다.
여: 맞습니다. 장소 선택이 가장 중요합니다. 선택지 목록을 봅시다.
남: 음… 사실, 저는 헨든 그린 지역에 가봤습니다. 그곳이 좋긴 했지만, 60명 이상 참석할 예정이잖아요. 비가 올 경우에 대비해 더 넓은 공간의 쉼터가 필요할 거예요. 그러니 ⁶³ 가장 넓은 곳으로 합시다.
여: 물론이에요. 정확한 날짜만 알려 주세요. 그러면 모두가 회사에서 공원으로 이동할 수 있도록 ⁶⁴ 셔틀 버스를 예약하겠습니다.

도시 공원 야유회 시설	
수용 가능 인원	**쉼터 목록**
⁶³ 70명	핀칠리 힐
60명	헨든 그린
45명	터프넬 레이크
30명	아치웨이

어휘 progress 진전, 진척 annual 연례의 picnic 소풍, 피크닉 option 선택(지) shelter 쉼터, 오두막 entertainment 오락, 여흥 narrow down 좁히다 finalize 마무리하다 arrangement 준비 budget 예산 approve 승인하다 choose 선택하다 require 필요하다 absolutely 틀림없이, 확실히 inform 알리다 exact 정확한

62 According to the man, what was approved this morning?
(A) The date of a picnic
(B) The budget for an event
(C) The menu options
(D) The place to go

남자의 말에 따르면, 오늘 아침 무엇이 승인되었나?
(A) 야유회 날짜
(B) 행사 예산
(C) 메뉴 선택
(D) 갈 장소

○ 구체적인 정보 파악 – 특정 사항

문제 키워드 | man / what / approved / this morning
남자가 말한 것을 묻는 문제이므로 남자의 말에서 키워드 approved와 this morning이 언급되는 곳에 집중한다. 전반부에 남자가 회사 야유회 준비에 대해서 이야기하면서 오늘 아침에 승인된 예산으로 준비를 마무리할 수 있다(We can now finalize the arrangement with the budget approved this morning.)고 했으므로 정답은 (B)이다. 정답 (B)

63 Look at the graphic. Which shelter was chosen by the speakers?
(A) Finchley Hill
(B) Hendon Green
(C) Tufnell Lake
(D) Archway

시각 자료를 보시오. 화자들은 어떤 쉼터를 골랐나?
(A) 핀칠리 힐
(B) 헨든 그린
(C) 터프넬 레이크
(D) 아치웨이

○ 신유형 – 시각 자료 연계

문제 키워드 | graphic / Which shelter / chosen / speakers
시각 자료 연계 문제로, 보기와 시각 자료의 관계부터 파악해야 한다. 보기에 쉼터 목록이 제시되어 있으므로 대화에서는 수용 인원에 대한 정보가 정답의 단서로 제시될 것이다. 중반부 남자가 더 넓은 쉼터가 필요할 것이라며 가장 넓은 곳으로 하자(let's go with the largest one.)고 했다. 따라서 시각 자료에서 가장 많은 인원을 수용할 수 있는 곳을 찾으면 핀칠리 힐이므로 정답은 (A)이다. 정답 (A)

64 What does the woman say she will do?
(A) Search for a map
(B) Arrange transportation
(C) Print out some documents
(D) Rent some tables and chairs

여자는 무엇을 하겠다고 말하는가?
(A) 지도 찾기
(B) 차편 마련하기
(C) 문서 출력하기
(D) 테이블과 의자 빌리기

구체적인 정보 파악 - 미래

문제 키워드 | What / woman / say / will

여자가 말한 미래의 일을 묻는 문제이므로 후반부 여자의 대사에 주목해야 한다. 여자의 마지막 대사에서 셔틀 버스를 예약하겠다 (I'll book a shuttle bus)고 했으므로 정답은 (B)이다.

패러프레이징 book a shuttle bus 셔틀 버스를 예약하다 → **Arrange transportation** 차편 마련하기

어휘 arrange 마련하다, 준비하다   rent 빌리다

정답 (B)

Questions 65-67 refer to the following conversation and rental chart. 65-67은 다음 대화와 대여표에 관한 문제입니다.

W: Thank you for visiting Walton Car Rental. How may I help you?
M: Hello, 65 we're moving to a new office building soon, so we're searching for a truck to rent to take our office furniture and supplies to the new place.
W: Okay. Well, you can refer to this brochure showing the types and sizes of vehicles you can rent. Could you tell me how much you are trying to transport?
M: Hmm... Basically, we have two offices and a waiting lounge with three sofas and two coffee tables.
W: If that's the case, I'd like to recommend the second largest vehicle we offer. It's 17 feet long and can carry three rooms of furniture.
M: Well, a bit smaller one looks enough for me. 66 Can I rent one of your 15 feet vehicles?
W: Certainly. 67 When do you need the vehicle? Let me print out the contract.

여: Walton 자동차 대여점에 방문해 주셔서 감사합니다. 무엇을 도와 드릴까요?
남: 안녕하세요. 65 저희는 새로운 사무실 건물로 곧 옮길 예정이어서 저희의 사무실 가구와 물품을 새로운 장소로 옮기기 위해 임대할 트럭을 찾고 있습니다.
여: 알겠습니다. 음, 귀하께서 임대하실 수 있는 차량의 유형과 크기가 나와 있는 이 책자를 보세요. 수송하려고 하는 양이 얼마나 되는지 알려 주실 수 있나요?
남: 음, 기본적으로 소파 3개와 커피 테이블 2개가 있는 대기실과 사무실 2개입니다.
여: 그런 경우라면, 저희가 제공하는 차량 중 두 번째로 큰 것을 추천해 드립니다. 그 트럭은 17피트 길이이고, 방 3개의 가구를 나를 수 있습니다.
남: 흠, 저는 약간 더 작은 것이면 충분할 것 같아요. 66 15피트 차량을 임대할 수 있을까요?
여: 물론이죠. 67 차량이 언제 필요하신가요? 제가 계약서를 출력하도록 하겠습니다.

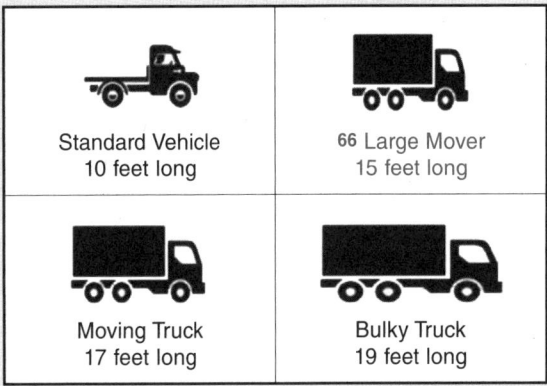

Vehicle Rentals

차량 대여

어휘: search for ~을 찾다 rent 임대하다 supplies 물품, 비품 refer to ~을 참고하다, 살펴보다 vehicle 차량 transport 수송하다 basically 기본적으로 waiting lounge 대기실 enough 충분한 print out 출력하다 bulky 부피가 큰

65 Why is the man trying to rent a vehicle?
(A) He wants to move some building supplies.
(B) He is relocating to a new office.
(C) His truck is in a service center.
(D) His client needs an express shipping service.

왜 남자는 차량을 임대하려고 하는가?
(A) 건축 자재를 옮기려고 한다.
(B) 새로운 사무실로 이전할 것이다.
(C) 자신의 트럭이 정비소에 있다.
(D) 고객이 빠른 배송 서비스를 필요로 한다.

구체적인 정보 파악 - 이유/원인

문제 키워드 | Why / man / rent / vehicle

첫 번째 문제는 대화의 전반부에서 정답의 단서가 나올 가능성이 높다. 남자의 첫 번째 대사에서 새로운 사무실 건물로 곧 옮길 예정이어서 사무실 가구와 물품을 새로운 장소로 옮기기 위해 임대할 트럭을 찾고 있다(we're moving to a new office building soon, so we're searching for a truck to rent to take our office furniture and supplies to the new place.)고 했으므로 정답은 (B)이다.

어휘: building supplies 건축 자재 relocate 이전하다 express 급행의, 신속한

정답 (B)

66 Look at the graphic. Which vehicle will the man rent?
(A) Standard Vehicle
(B) Large Mover
(C) Moving Truck
(D) Bulky Truck

─○ 신유형 - 시각 자료 연계

문제 키워드 | graphic / Which vehicle / man / rent

보통 시각 자료 연계 문제의 보기는 대화에서 직접적으로 언급되지 않는다. 따라서 대화에서는 보기로 제시되어 있는 각 차량의 종류가 아닌 차량의 길이에 대한 정보가 제시될 것임을 예상하도록 하자. 15피트 차량을 임대할 수 있는지(Can I rent one of your 15 feet vehicles?) 묻는 남자의 마지막 말에서 (B)가 정답임을 알 수 있다. 두 번째로 가장 큰 것을 추천한다는 여자의 말만 듣고 (C)를 정답으로 생각할 수 있지만, 남자가 더 작은 것이면 충분할 것 같다는 말로 여자의 제안을 거절하고 있으므로 오답이다.

정답 (B)

시각 자료를 보시오. 남자는 어떤 차량을 빌릴 것인가?
(A) 기본 차량
(B) 큰 이사 차량
(C) 이사 트럭
(D) 대형 트럭

67 What information does the woman ask about?
(A) Where the new office is located
(B) When a car will be rented
(C) How to make a payment
(D) Whether she needs a driving licence

─○ 구체적인 정보 파악 - 특정 사항

문제 키워드 | What information / woman / ask about

문제의 ask about은 대화에서 질문 형식으로 언급됨을 알아 두자. 여자가 마지막 부분에 차량이 언제 필요한지(When do you need the vehicle?) 물었으므로 정답은 (B)이다.

어휘 make a payment 지불하다   driving licence 운전면허증

정답 (B)

여자는 어떤 정보에 대해 묻고 있는가?
(A) 새로운 사무실이 위치한 장소
(B) 차량이 임대될 시간
(C) 지불 방법
(D) 운전면허증 필요 여부

Questions 68-70 refer to the following conversation and flowchart. 68-70은 다음 대화와 흐름도에 관한 문제입니다.

US / US

M Hi, Ms. Ellis. Thank you for visiting Robin's Financial Solution. Please have a seat and let's talk about your current situation.
W OK, **68** I'm running a small business that carries rare books such as old novels and textbooks.
M Right, and have you had a chance to check the chart showing the process for financial planning on our Web site?
W Yes, I have. And it was very informative. **69** My aim is to open a few more stores in the near future.
M Great. So what would you like me to do for you?
W Hmm... Actually, **70** I'm having difficulty in designing an action plan to accomplish my aim. That's why I am here to talk about designing a plan with you today.

남 안녕하세요, Ellis 씨. Robin's 재무 솔루션에 방문해 주셔서 감사합니다. 자리에 앉으셔서 당신의 현재 상황에 대해서 이야기를 나누어 봅시다.
여 네, **68** 저는 오래된 소설과 교과서 같은 희귀 도서를 취급하는 작은 업체를 운영하고 있습니다.
남 네, 그러면 저희 웹사이트에서 재무 설계 과정을 보여주는 차트를 확인해 보셨나요?
여 네, 확인했습니다. 그리고 그 차트는 매우 유익했습니다. **69** 제 목표는 조만간 더 많은 가게를 여는 것입니다.
남 대단해요. 그러면 제가 무엇을 해 드리면 될까요?
여 음, 사실 **70** 목표 달성을 위한 상세한 사업 계획서를 작성하기가 너무 어렵습니다. 그래서 오늘 제가 당신과 계획서 작성에 관한 이야기를 나누려고 여기 온 것입니다.

the Process for Financial Planning

Stage A ➔ Stage B ➔ **70** Stage C ➔ Stage D

| Accessing current financial status | Creating a list of future aims | Designing an action plan | Overseeing outcomes |

재무 설계 과정

A 단계 ➔ B 단계 ➔ **70** C 단계 ➔ D 단계

| 현 재무 상태 평가 | 미래 목표 목록 작성 | 상세한 사업 계획서 작성 | 결과 감독 |

어휘 financial 금융의, 재정의 solution 해법, 해결책 have a seat 착석하다 current 현재의 situation 상황 run 운영하다 carry 취급하다 rare 희귀한, 드문 novel 소설 textbook 교과서 have a chance to V ~할 기회가 있다 process 과정 financial planning 재무 설계 informative 유용한 정보를 주는, 유익한 aim 목표 in the near future 가까운 장래에 있어서 have difficulty in -ing ~에 어려움이 있다 action plan 상세한 사업 계획 accomplish 달성하다 access 평가하다 create 만들다 oversee 감독하다 outcome 결과

68 What type of business is the woman running?
(A) A second-hand bookshop
(B) A car service center
(C) A Web site design company
(D) A household appliance store

여자는 어떤 종류의 업체를 운영하고 있는가?
(A) 중고 책방
(B) 자동차 서비스 센터
(C) 웹사이트 디자인 회사
(D) 가전제품 판매점

> **기본 정보 파악 – 직업/업종**
>
> **문제 키워드** | What / business / woman / running
>
> 여자가 운영하고 있는 업체의 종류를 묻는 문제로, 여자의 첫 대사에 집중한다. 여자는 오래된 소설과 교과서 같은 희귀 도서를 취급하는 작은 업체를 운영하고 있다(I'm running a small business that carries rare books such as old novels and textbooks.)고 했으므로 정답은 (A)이다.
>
> **패러프레이징** business that carries rare books such as old novels and textbooks
> 오래된 소설과 교과서 같은 희귀 도서를 취급하는 업체
> → **A second-hand bookshop** 중고 책방
>
> **어휘** second-hand 중고의 household appliance 가전제품
>
> 정답 (A)

69 What does the woman say she intends to do in the near future?
(A) Resign from her current position
(B) Enlarge her business
(C) Finish her study at university
(D) Publish her own novel

여자는 가까운 미래에 무엇을 할 생각이라고 말하는가?
(A) 현 직책에서 사임
(B) 사업 확장
(C) 대학에서 학업 마무리
(D) 본인 소설 출판

─○ 구체적인 정보 파악 – 특정 사항 ─

문제 키워드 | What / woman / say / intends / near future

여자의 미래 계획을 묻는 문제로, 핵심 키워드인 near future가 언급되는 곳에서 정답의 단서를 찾는다. 여자가 본인의 목표는 조만간 더 많은 가게를 여는 것(My aim is to open a few more stores in the near future.)이라고 했으므로 정답은 (B)이다.

패러프레이징 open a few more stores 더 많은 가게를 열다 → **Enlarge her business** 사업 확장

어휘 resign 사임하다 enlarge 확장하다 publish 출판하다

정답 (B)

70 Look at the graphic. Which stage does the woman want to talk about?
(A) Stage A
(B) Stage B
(C) Stage C
(D) Stage D

시각 자료를 보시오. 여자는 어떤 단계에 대해서 이야기를 나누고 싶어 하는가?
(A) A 단계
(B) B 단계
(C) C 단계
(D) D 단계

─○ 신유형 – 시각 자료 연계 ─

문제 키워드 | graphic / Which stage / woman / want / talk

여자가 이야기를 나누고 싶어 하는 단계를 묻는 시각 자료 연계 문제로, 보기에는 각 단계의 기호만 제시되어 있으므로 대화에서 각 단계의 세부 정보가 언급될 것임을 예상하고 듣는다. 여자는 목표 달성을 위한 상세한 사업 계획서를 작성하기가 매우 어렵다며 그래서 계획서 작성에 관한 이야기를 나누려고 왔다(I'm having difficulty in designing an action plan to accomplish my aim. That's why I am here to talk about designing a plan with you today.)고 하였다. 따라서 시각 자료에서 사업 계획서 작성 단계를 찾으면 (C)가 정답이다.

정답 (C)

PART 4

Questions 71-73 refer to the following excerpt from a meeting. 71-73은 다음 회의 발췌록에 관한 문제입니다.

M Let's shift gears and talk about the next item on the agenda. **71 We were supposed to start working on the smart phone application advertisement. 72 However, the client informed us that the application will not be ready until the end of this month. So, I think it is impossible to begin the advertising campaigns as originally scheduled.** They don't want to run any ads until next quarter. As this will influence our schedule for other projects, **73 let me show you our updated timeline. Please review it carefully** and tell me if there are any conflicts with your schedule for other assignments.

남: 분위기를 바꿔서 다음 안건에 대해 이야기를 나누어 봅시다. 71 우리는 스마트폰 앱의 광고 작업을 시작하기로 되어 있었습니다. 72 하지만 고객이 이번 달 말까지 앱이 준비되지 않을 것이라고 우리에게 알려왔습니다. 따라서 원래 일정대로 광고 캠페인을 진행하는 것은 불가능할 것 같습니다. 그들은 다음 분기까지는 광고가 나가는 것을 원치 않습니다. 이것이 우리의 다른 프로젝트 일정에 영향을 줄 것이기 때문에 73 최신 일정표를 보여 드리겠습니다. 그것을 꼼꼼히 검토하시고, 여러분들의 다른 업무 일정과 겹치는 것이 있다면 말씀해 주세요.

어휘 shift gears 태도를 바꾸다   agenda 의제, 안건   be supposed to V ~하기로 되어 있다   work on ~에 대한 작업을 하다   inform 알리다, 통지하다   originally 본래   run (광고를) 내다   quarter 분기   influence 영향을 미치다   timeline 시간표   conflict with ~와의 충돌   assignment 업무

71 What type of business does the speaker work for?
(A) An advertising agency
(B) A mobile phone manufacturer
(C) An appliance store
(D) A shipping company

화자는 어떤 종류의 업체에서 일하는가?
(A) 광고 회사
(B) 휴대폰 제조 회사
(C) 가전기기 판매점
(D) 배송 회사

○ 기본 정보 파악 - 직업/업종

문제 키워드 | What / business / speaker / work

전반부에 화자가 스마트폰 앱의 광고(the smart phone application advertisement) 작업을 시작하기로 되어 있었다고 한 것으로 보아 광고 회사에서 근무하고 있음을 알 수 있으므로 정답은 (A)이다.   정답 (A)

72 What problem does the speaker mention?
(A) Low sales
(B) A budget cut
(C) Poor quality
(D) A project delay

화자가 언급한 문제점은 무엇인가?
(A) 저조한 매출
(B) 예산 삭감
(C) 품질 불량
(D) 프로젝트 지연

○ 구체적인 정보 파악 - 문제점

문제 키워드 | What problem / speaker / mention

역접 접속사 뒤에서 단서가 언급될 확률이 높다. 화자와 청자들은 본래 스마트폰 앱의 광고 작업을 시작하려 했지만, 이번 달 말까지 앱이 준비가 안 될 것이라는 고객의 소식(However, the client informed us that the application will not be ready until the end of this month.)을 언급하였다. 이후, 그래서 원래 예정대로 광고 캠페인을 진행하는 것은 불가능할 것 같다(So, I think it is impossible to begin the advertising campaigns as originally scheduled.)고 했으므로 정답은 (D)이다.   정답 (D)

73 What does the speaker ask the listeners to do?
(A) Volunteer to stay late
(B) Submit some documents
(C) Look through a schedule
(D) Speak to their supervisor

화자는 청자들에게 무엇 하기를 요청하는가?
(A) 자진하여 야근하기
(B) 서류 제출하기
(C) 일정표 검토하기
(D) 상사와 이야기하기

○ 구체적인 정보 파악 - 제안/요청

문제 키워드 | What / speaker / ask / listeners

후반부의 권유/제안 표현에서 화자가 청자에게 부탁한 일이 무엇인지를 찾는다. 화자는 프로젝트 지연으로 인해 새로운 일정표를 짰다면서 다른 일정과 겹치지 않는지 꼼꼼히 확인해 달라(let me show you our updated timeline. Please review it carefully ~.)고 부탁하고 있다. 따라서 정답은 (C)이다.

패러프레이징 review it(= our updated timeline) carefully 그것(= 최신 일정표)을 꼼꼼히 검토하다
→ Look through a schedule 일정표 검토하기   정답 (C)

Questions 74-76 refer to the following talk. 74-76은 다음 담화에 관한 문제입니다.

W On behalf of our company, ⁷⁴I'd like to welcome all of you to CP Tire & Rubber Company. My name is Jennifer Hawkins. I am the director of product development and I will give you a tour of our factory since it is ⁷⁴your first day. I believe all of you already know ⁷⁵our company has been in operation for over 200 years with a great reputation and now you are ⁷⁴a part of this established company. Okay, we're now moving to the assembly area of the factory. ⁷⁶Before we leave, your orientation package and safety equipment will be distributed.

여: 우리 회사를 대표하여, ⁷⁴여러분 모두 CP Tire & Rubber 사에 오신 것을 환영합니다. 제 이름은 Jennifer Hawkins입니다. 저는 제품 개발부 부장이며, 오늘이 ⁷⁴여러분의 근무 첫날이기 때문에 여러분들께 공장을 견학시켜 드릴 예정입니다. 여러분 모두 ⁷⁵우리 회사가 훌륭한 평판으로 200년 이상 운영되어 왔다는 것과 이제 여러분들이 ⁷⁴확실히 자리 잡은 이 회사의 일부가 되었다는 것을 알 거라 생각합니다. 그러면 이제 공장의 조립 구역으로 이동하겠습니다. ⁷⁶출발하기 전에 여러분들에게 오리엔테이션 물품과 안전 장비가 배부될 예정입니다.

어휘 on behalf of ~을 대표하여   rubber 고무   development 개발   in operation 운영 중인   reputation 평판, 명성   established 인정받은, 확실히 자리를 잡은   assembly 조립   safety 안전   equipment 장비   distribute 나누어 주다

74 Who is the speaker most likely talking to?
 (A) Tourists
 (B) Safety inspectors
 (C) New employees
 (D) Overseas investors

화자는 누구에게 말하고 있는 것 같은가?
 (A) 여행객들
 (B) 안전 검사관들
 (C) 신입 직원들
 (D) 해외 투자자들

○ 기본 정보 파악 – 직업/업종

문제 키워드 | Who / speaker / talking to

청자가 누구인지는 주로 담화의 전반부에서 알 수 있다. 담화의 전반부에 화자가 CP Tire & Rubber 사에 온 것을 환영한다(I'd like to welcome all of you to CP Tire & Rubber Company.)고 하였고, 또한 '근무 첫날(your first day)'이라는 말과 '회사의 일원(a part of this established company)'이라는 말을 단서로, 첫 근무를 시작하는 신입 직원들에게 환영 인사를 전하고 있음을 알 수 있다. 따라서 정답은 (C)이다.

정답 (C)

75 What about the company is the speaker most proud of?
 (A) Its long history
 (B) Its market share
 (C) The quality of its products
 (D) Its up-to-date equipment

화자는 회사의 무엇을 가장 자랑스러워하는가?
 (A) 긴 역사
 (B) 시장 점유율
 (C) 제품의 질
 (D) 최신 장비

○ 구체적인 정보 파악 – 특정 사항

문제 키워드 | What / company / speaker / proud

화자가 회사와 관련하여 가장 자랑스럽게 생각하는 점이 무엇인지를 묻는 문제이다. 화자가 근무하고 있는 회사가 훌륭한 평판으로 200년 이상 운영해 왔다(our company has been in operation for over 200 years with a great reputation)는 것을 언급하였으므로 긴 역사를 자랑스러워하는 것임을 알 수 있다. 따라서 정답은 (A)이다.

패러프레이징 operation for over 200 years with a great reputation 훌륭한 평판으로 200년 이상 운영 → **history** 역사

어휘 market share 시장 점유율   quality 품질, 질   up-to-date 최신의

정답 (A)

76 What will the listeners do next?
 (A) Receive some materials
 (B) Visit the assembly area
 (C) Wear safety equipment
 (D) Return some samples

청자들은 다음에 무엇을 할 예정인가?
 (A) 일부 자료 받기
 (B) 조립 구역 방문하기
 (C) 안전 장비 착용하기
 (D) 샘플 반납하기

○ 구체적인 정보 파악 – 미래

문제 키워드 | What / will / listeners / next

미래의 일은 주로 담화 후반부에 단서가 나온다. 후반부에 공장으로 출발하기 전에 오리엔테이션 관련 물품과 안전 장비를 배부한다(Before we leave, your orientation package and safety equipment will be distributed.)고 했으므로 정답은 (A)이다. (B)와 (C)는 물품을 받은 다음에 할 일이므로 오답이다.

패러프레이징 orientation package 오리엔테이션 물품 → **materials** 자료

정답 (A)

Questions 77-79 refer to the following tour information. 77-79는 다음 투어 안내에 관한 문제입니다.

M OK, everyone. **77** This will be the last part of today's tour. We will have three hours to explore the village. You can take a walk around the outdoor market and also do some shopping. Don't forget that we will meet in front of the gallery where our tour bus is parked. Oh, speaking of the gallery, **78** if you are not sure about how to spend the three hours, think about enjoying artworks in the gallery. Since **79** our dinner reservation is at six o'clock at the Singh Bistro, please be sure to come back in time. The place is very popular, so they won't give us any time for delay.

남: 자, 여러분. **77** 이곳은 오늘 투어의 마지막 장소입니다. 우리는 3시간 동안 마을을 둘러볼 것입니다. 여러분은 야외 시장 주변을 산책할 수도 있고 쇼핑을 할 수도 있습니다. 투어 버스가 주차되어 있는 갤러리 앞에서 만나는 것을 잊지 마세요. 아, 갤러리 이야기가 나와서 그런데요, **78** 3시간을 어떻게 보낼지 잘 모르겠다면, 갤러리에서 예술품을 감상하는 것을 생각해 보세요. **79** 6시에 Singh 식당에 저녁 식사가 예약되어 있으니 꼭 제시간에 돌아와 주시기 바랍니다. 매우 인기 있는 곳이라서 지체할 시간을 주지 않을 것입니다.

어휘 explore 탐사하다 village 마을 take a walk 산책하다 outdoor 야외의 in front of ~의 앞에 speaking of ~에 관해서 말한다면 artwork 예술품 reservation 예약 bistro 식당 delay 지연, 지체

77 Where most likely are the listeners?
(A) At a trade show
(B) At a tourist attraction
(C) At a local restaurant
(D) At a shopping center

청자들은 어디에 있는 것 같은가?
(A) 무역 박람회에
(B) 관광 명소에
(C) 지역 식당에
(D) 쇼핑센터에

○ 기본 정보 파악 – 장소

문제 키워드 | Where / listeners

청자들의 현재 위치를 묻는 문제로, 전반부 here, this 등의 표현에 집중해야 한다. 전반부에 화자가 '오늘 투어의 마지막 장소(This will be the last part of today's tour.)'라고 하였고, 시장을 구경하거나 쇼핑을 할 수 있다고 했으므로 청자들이나 현재 관광지에 있음을 알 수 있다. 따라서 정답은 (B)이다.

정답 (B)

78 Why does the speaker say, "think about enjoying artworks in the gallery"?
(A) To change a schedule
(B) To remind the listeners of a plan
(C) To suggest a tourist spot
(D) To talk about an experience

화자는 왜 "갤러리에서 예술품을 감상하는 것을 생각해 보세요"라고 말하는가?
(A) 일정을 변경하기 위해
(B) 청자들에게 계획을 상기시키기 위해
(C) 관광 장소를 추천하기 위해
(D) 경험에 대해 말하기 위해

○ 신유형 – 화자의 의도 파악

문제 키워드 | Why / speaker / say / "think about enjoying artworks in the gallery"

화자의 의도 파악 문제는 해당 문장과 앞뒤 문맥을 종합하여 답을 찾아야 한다. 중반부에서 화자가, 해당 문장을 말하기 앞서 '3시간을 어떻게 보낼지 잘 모르겠다면(if you are not sure about how to spend the three hours)'이라는 단서를 붙였으므로 어떻게 시간을 보내야 하는지 모르는 사람들에게 둘러볼 곳을 추천하기 위해 한 말임을 알 수 있다. 따라서 정답은 (C)이다.

어휘 remind 상기시키다 tourist spot 관광지 experience 경험

정답 (C)

79 According to the speaker, what are the listeners scheduled to do at six o'clock?
(A) Attend a lecture
(B) Go to a bus stop
(C) See a performance
(D) Have a dinner

화자의 말에 따르면, 6시에 예정되어 있는 것은 무엇인가?
(A) 강의 참석하기
(B) 버스 정류장에 가기
(C) 공연 관람하기
(D) 저녁 식사하기

○ 구체적인 정보 파악 – 미래

문제 키워드 | what / scheduled / at six o'clock

핵심 키워드인 at six o'clock에 집중하여, 후반부에서 정답을 찾는다. 후반부에 화자가 6시에 Singh 식당에서 저녁 식사가 예약되어 있다(our dinner reservation is at six o'clock at the Singh Bistro,)고 했으므로 정답은 (D)이다.

패러프레이징 dinner reservation 저녁 예약 → **Have a dinner** 저녁 식사하기

어휘 be scheduled to V ~할 예정이다 lecture 강의, 강연 performance 공연

정답 (D)

Questions 80-82 refer to the following recorded message. 80-82는 다음 녹음 메시지에 관한 문제입니다.

BR

W Good morning. **80** Thank you for calling Alberta Legal Office. **81** Due to the office renovation work from July 9 to July 14, we are currently closed. We're very sorry for any inconvenience you may experience because of this closure. **82** If you are in need of legal advice, you can contact our office administrator, Jessica Brown, by sending an e-mail to j-brown@ albertalegaloffice.com. Your inquiry will be redirected by her to one of our lawyers who has relevant experience to your case. Thank you.

여: 안녕하세요. **80** Alberta 법률 사무소에 전화 주셔서 감사합니다. **81** 7월 9일부터 14일까지 진행되는 사무실 보수 공사 때문에 저희는 현재 운영을 하고 있지 않습니다. 휴업 때문에 불편을 드리게 되어 사과 드립니다. **82** 법률 상담이 필요하시다면, j-brown@ albertalegaloffice.com으로 이메일을 보내서서 사무장인 Jessica Brown 씨에게 연락하시면 됩니다. 그녀가 귀하의 문의 사항을 귀하의 사건과 관련된 경험이 있는 변호사에게로 다시 전달할 것입니다. 감사합니다.

어휘 legal office 법률 사무소   due to ~ 때문에   renovation 개조   currently 현재   inconvenience 불편   experience 경험하다, 겪다; 경험, 경력   closure 휴업, 폐쇄   in need of ~을 필요로 하는   advice 조언   office administrator 사무 관리자   inquiry 문의 사항   redirect 다시 보내다   lawyer 변호사   relevant 관련 있는   case 사건, 사례

80 Where does the speaker most likely work?
(A) At a law office
(B) At a construction firm
(C) At an office supply store
(D) At a news agency

화자는 어디에서 근무하고 있는 것 같은가?
(A) 법률 사무소에서
(B) 건설 회사에서
(C) 사무용품 판매점에서
(D) 통신사에서

─○ 기본 정보 파악 – 직업/업종

문제 키워드 | Where / speaker / work

화자의 근무지를 묻는 문제는 주로 전반부에서 정답의 근거가 언급된다. 화자가 Alberta 법률 사무소에 전화를 걸어 줘서 고맙다(Thank you for calling Alberta Legal Office.)고 했으므로 정답은 (A)이다.

패러프레이징 Legal Office 법률 사무소 → **a law office** 법률 사무소

정답 (A)

81 What is mentioned about the office?
(A) Its location will be changed.
(B) It will have a new director.
(C) It is under renovation.
(D) Its opening hours will be shortened.

사무실에 대해 언급된 것은 무엇인가?
(A) 위치가 변경될 예정이다.
(B) 신규 책임자가 올 예정이다.
(C) 보수 중이다.
(D) 영업시간이 단축될 예정이다.

─○ 구체적인 정보 파악 – 특성 사항

문제 키워드 | What / mentioned / office

문제의 핵심 키워드인 office에 집중한다. 화자는 7월 9일부터 14일까지 진행되는 사무실 보수 공사로 인해 현재 운영을 하고 있지 않다(Due to the office renovation work from July 9 to July 14, we are currently closed.)고 했으므로 정답은 (C)이다.

패러프레이징 the office renovation work 사무실 보수 공사 → **under renovation** 보수 중인

어휘 location 위치   renovation 보수   shorten 단축하다

정답 (C)

82 What does the speaker instruct the listeners to do?
(A) Access a Web site regularly
(B) Send a message by e-mail
(C) Complete a request form
(D) Make a phone call

화자는 청자들에게 무엇 하기를 지시하는가?
(A) 주기적으로 웹사이트 접속하기
(B) 이메일로 메시지 전송하기
(C) 신청서 작성하기
(D) 전화 걸기

─○ 구체적인 정보 파악 – 제안/요청

문제 키워드 | What / speaker / instruct / listeners

화자가 청자들에게 지시한 일이 무엇인지를 묻는 문제로, 후반부에서 정답의 단서를 찾는다. 화자는 법률 상담이 필요한 청자들은 Jessica Brown 씨에게 이메일을 보내서 연락하면 된다(If you are in need of legal advice, you can contact our office administrator, Jessica Brown, by sending an e-mail to j-brown@albertalegaloffice.com.)고 대체 연락 방법을 언급하였다. 따라서 정답은 (B)이다.

어휘 instruct 지시하다   access 접근하다   regularly 정기적으로   complete 작성하다   request form 신청서

정답 (B)

Questions 83-85 refer to the following broadcast. 83-85는 다음 방송에 관한 문제입니다.

US

M Now, it's time for the latest local business news. On Tuesday, 83 Casey Appliances has announced that its main store will relocate to a bigger location on Kensington Road from the current one on Boston Avenue. The decision on this has become inevitable due to the shop's growing popularity since 84 Brett Armstrong was hired as CEO. With Mr. Armstrong's great leadership, 85 Casey Appliances, which is famous for its energy efficient products with modern designs, will be releasing a new line of LCD TVs next winter. The product launch will be held at the new location.

남: 이제 최근 현지 기업 관련 소식을 위한 시간입니다. 화요일에 83 Casey 가전은 본점을 보스턴 거리에 위치한 현 매장에서 켄싱턴 로에 위치한 더 큰 곳으로 이전할 예정임을 발표하였습니다. 84 Brett Armstrong 씨가 최고 경영자로 채용된 이후 상점의 인기가 증가했기 때문에 이 결정은 필연적이었습니다. Armstrong 씨의 강한 리더십으로, 85 현대적인 디자인의 에너지 효율이 좋은 제품으로 유명한 Casey 가전은 내년 겨울에 새로운 LCD TV 제품을 공개할 예정입니다. 제품 출시는 새롭게 이전한 장소에서 진행될 예정입니다.

어휘 latest 최신의 local 현지의, 지역의 appliances 가전제품 relocate 이전하다 current 현재의 decision on ~에 대한 결정 inevitable 불가피한, 필연적인 due to ~ 때문에 growing 커지는 popularity 인기 hire 채용하다 be famous for ~로 유명하다 energy efficient 에너지 효율적인 modern 현대적인 release 공개하다, 발표하다 product launch 상품 출시

83 According to the broadcast, what has been announced?
(A) Some road maintenance work
(B) A store's relocation
(C) An international trade fair
(D) Unemployment rates

방송에 따르면 무엇이 발표되었는가?
(A) 도로 보수 작업
(B) 매장 이전
(C) 국제 무역 박람회
(D) 실업률

○ 기본 정보 파악 – 주제

문제 키워드 | what / announced
방송에서 언급된 내용, 즉 주제를 묻는 문제로, 담화 전반부에 집중한다. 전반부에 Casey 가전이 본점을 보스턴 거리에 위치한 현 매장에서 켄싱턴 로에 위치한 더 큰 곳으로 이전할 예정임을 발표했다(Casey Appliances has announced that its main store will relocate to a bigger location on Kensington Road from the current one on Boston Avenue.)고 했으므로 정답은 (B)이다.

패러프레이징 main store will relocate 본점이 이전할 것이다 → **A store's relocation** 매장 이전

어휘 maintenance 유지, 보수 relocation 이전 international 국제적인 unemployment rate 실업률   정답 (B)

84 Who most likely is Brett Armstrong?
(A) A technician
(B) A business executive
(C) A news reporter
(D) A city official

Brett Armstrong 씨는 누구일 것 같은가?
(A) 기술자
(B) 회사 임원
(C) 기자
(D) 시 공무원

○ 기본 정보 파악 – 직업/업종

문제 키워드 | Who / Brett Armstrong
Brett Armstrong 씨의 직업을 묻는 문제로, 핵심 키워드인 Brett Armstrong이 언급되는 곳에서 정답의 단서를 찾는다. 화자는 Brett Armstrong 씨가 최고 경영자로 채용되었다(Brett Armstrong was hired as CEO.)는 과거 정보를 언급하였으므로 정답은 (B)이다.

패러프레이징 CEO 최고 경영자 → **A business executive** 회사 임원   정답 (B)

85 What is Casey Appliances going to do next winter?
(A) Open an online store
(B) Extend its business hours
(C) Recruit more employees
(D) Unveil a new product line

Casey 가전은 내년 겨울에 무엇을 할 예정인가?
(A) 온라인 매장 오픈
(B) 영업시간 연장
(C) 직원 추가 채용
(D) 신제품 발표

○─ 구체적인 정보 파악 – 미래 ─────────────

문제 키워드 | What / Casey Appliances / going to do / next winter

Casey 가전의 내년 겨울 계획을 묻는 문제로, 후반부에서 핵심 키워드인 next winter가 언급되는 곳에 집중한다. 화자는 현대적 디자인의 에너지 효율이 좋은 제품으로 유명한 Casey 가전이 내년 겨울에 새로운 LCD TV를 공개할 예정(Casey Appliances, which is famous for its energy efficient products with modern designs, will be releasing a new line of LCD TVs next winter.)이라고 했으므로 정답은 (D)이다.

패러프레이징 releasing a new line of LCD TVs 새로운 LCD TV 공개 → **Unveil a new product line** 신제품 발표

어휘 extend 연장하다 recruit 채용하다 unveil 발표하다

정답 (D)

Questions 86-88 refer to the following excerpt from a meeting. 86-88은 다음 회의 발췌록에 관한 문제입니다.

W Okay, everyone is here. As you know, **86 we are planning our tourism industry conference next month**. And I asked you to submit presentation proposals at last month's staff meeting. **87 However, I've only received 20 proposals so far. Now, this is a bit disappointing because it is good to have more proposals to choose from. But, we have another week until the deadline.** In the meantime, we need some volunteers to make a survey for participants, which will be used at the end of the conference. **88 If you'd like to be a part of the team, please drop by my office after the meeting.**

여: 좋습니다, 모든 분들이 모이셨네요. 여러분도 아시겠지만, 86 우리는 다음 달에 관광 산업 콘퍼런스를 계획하고 있습니다. 그리고 지난달 직원회의에서 여러분들께 발표 제안서의 제출을 요청드렸습니다. 87 하지만 지금까지 받은 제안서는 겨우 20개입니다. 더 많은 제안서들 중 선택을 하는 것이 좋기 때문에 이것은 다소 실망스럽습니다. 하지만 마감 기한까지 한 주가 더 있습니다. 그러는 동안, 우리는 참가자들을 대상으로 설문 조사를 진행할 자원자들이 필요한데, 이 설문 조사는 콘퍼런스의 마지막에 사용될 것입니다. 88 이 팀의 일원이 될 원하신다면 회의가 끝난 후 제 사무실에 들러 주시기 바랍니다.

어휘 plan 계획하다 tourism industry 관광 산업 submit 제출하다 proposal 제안서 disappointing 실망스러운 choose 선택하다 deadline 마감 기한 in the meantime 그러는 동안 volunteer 자원봉사자 participant 참가자 drop by ~에 들르다

86 What event is the speaker discussing?
(A) A staff orientation
(B) An industrial design contest
(C) A musical festival for tourists
(D) A conference

화자는 어떤 행사에 대해 논의하고 있는가?
(A) 직원 오리엔테이션
(B) 산업 디자인 경연 대회
(C) 관광객들을 위한 음악 축제
(D) 콘퍼런스

○ 기본 정보 파악 – 주제
문제 키워드 | What event / discussing
특정 행사나 연설의 주제는 해당 행사를 소개하는 첫 문장에서 주로 언급된다. 다음 달에 관광 산업 콘퍼런스를 계획하고 있다(we are planning our tourism industry conference next month)고 했으므로 정답은 (D)이다.   정답 (D)

87 What does the speaker imply when she says, "we have another week until the deadline"?
(A) There is inaccurate information on the brochure.
(B) The listeners have time to submit proposals.
(C) Some more time is needed.
(D) She wants to hire more workers.

화자가 "마감 기한까지 한 주가 더 있습니다"라고 말할 때 암시하는 것은 무엇인가?
(A) 소책자에 부정확한 정보가 있다.
(B) 청자들은 제안서를 제출할 시간이 있다.
(C) 시간이 더 필요하다.
(D) 그녀는 더 많은 직원을 고용하고자 한다.

○ 신유형 – 화자의 의도 파악
문제 키워드 | What / speaker / imply / "we have another week for the deadline"
화자의 의도 파악 문제는 해당 문장의 앞뒤 연결어에 집중하자. 제안서를 겨우 20개 받았다며, 다소 실망스럽다(However, I've only received 20 proposals so far. Now, this is a bit disappointing ~)고 언급한 이후 역접의 But 뒤에 해당 문장이 제시되므로, 청자들에게 아직 제안서를 제출할 시간이 남아 있다는 의미임을 알 수 있다. 따라서 정답은 (B)이다.   정답 (B)

어휘 inaccurate 부정확한

88 Why should the listeners visit the speaker after the meeting?
(A) To request some time off
(B) To contact every participant
(C) To become a member of a team
(D) To interview some candidates

왜 청자들은 회의가 끝난 이후에 화자를 방문해야 하는가?
(A) 휴가를 요청하기 위해
(B) 모든 참가자들에게 연락하기 위해
(C) 팀의 일원이 되기 위해
(D) 지원자들을 면접하기 위해

○ 구체적인 정보 파악 – 이유/원인
문제 키워드 | Why / listeners / visit / speaker / after the meeting
이유를 묻는 문제는 담화에서 이유가 먼저 언급되고 문제 키워드가 나중에 언급되는 경우가 많으니 주의하자. 조사를 진행할 자원봉사자가 필요하다고 한 후 그 팀의 일원이 될 원하면 회의가 끝난 후 사무실에 들러 달라(If you'd like to be a part of the team, please drop by my office after the meeting.)고 했으므로 (C)가 정답이다.

패러프레이징 be a part of the team 팀의 일원이 되다 → become a member for a team 팀의 일원이 되다   정답 (C)

어휘 time off 휴가 contact 연락하다 candidate 지원자, 후보자

Questions 89-91 refer to the following talk. 89-91은 다음 담화에 관한 문제입니다.

W **89** Welcome to the Small and Home Business Club. My name is Margaret Lawrence and I've been teaching how to build up and foster a successful partnership, relationships and social network at Ontario University. The topic of today's workshop is "**90** Making A Better Business Network". Statistics have shown that a local business network can help small companies increase sales. **90** We'll specifically talk about how to establish a network with other small companies in the same field and how to support each other. **91** And if you have any questions, you can interrupt me during my talk.

여: **89** 소규모 재택 사업 클럽에 오신 것을 환영합니다. 제 이름은 Margaret Lawrence이고, 온타리오 대학에서 성공적인 파트너십, 관계 그리고 소셜 네트워크를 쌓고 발전시키는 방법을 가르치고 있습니다. 오늘의 워크숍의 주제는 "**90** 더 나은 사업 네트워크 만들기"입니다. 통계 자료는 지역 사업 네트워크가 소규모 회사들의 매출 상승에 도움을 줄 수 있다는 것을 보여 줍니다. **90** 우리는 특히 같은 분야에 있는 다른 소규모 회사들과 네트워크를 구축하는 방법과 서로 지원할 수 있는 방법에 대해 이야기할 것입니다. **91** 그리고 질문이 있으시면, 제가 이야기하는 동안에 끼어드셔도 됩니다.

어휘 | build up ~을 개발하다 foster 발전시키다 successful 성공적인 partnership 동반자 관계 relationship 관계 statistics 통계 specifically 특히 establish 설립하다 interrupt 중단시키다

89 Who is the talk most likely intended for?
(A) Technical experts
(B) Small-business owners
(C) Sales representatives
(D) University professors

이 담화는 누구를 위한 것이겠는가?
(A) 전문 기술자
(B) 소규모 자영업자
(C) 판매 직원
(D) 대학 교수

○ 기본 정보 파악 - 직업/업종

문제 키워드 | Who / intended for
청자의 직업을 묻는 문제의 단서는 담화 전반부에 나오는 경우가 많다. 담화 전반부에 소규모 재택 사업 클럽에 온 것을 환영한다(Welcome to the Small and Home Business Club)고 하였으므로, 청자는 소규모 자영업자일 것이라고 유추할 수 있다. 따라서 정답은 (B)이다.
정답 (B)

90 What does the speaker want to help the listeners do?
(A) Set up a business network
(B) Lead a successful online business
(C) Operate a Web site better
(D) Improve presentation skills

화자는 청자들이 무엇을 하는 것을 돕고 싶어 하는가?
(A) 사업 네트워크 설립하기
(B) 성공적인 온라인 사업 이끌기
(C) 웹사이트 더 잘 운영하기
(D) 발표 기술 향상시키기

○ 구체적인 정보 파악 - 특정 사항

문제 키워드 | What / speaker / want / help / listeners
화자가 청자에게 도움을 주고자 하는 것이 무엇인지 묻는 문제이다. 워크숍의 주제가 '더 나은 사업 네트워크 만들기(Making A Better Business Network)'이고, 또한 화자가 후반부에 같은 분야에 있는 다른 소규모 회사들과 네트워크를 구축할 방법과 서로 지원할 수 있는 방법에 대해 이야기할 것(We'll specifically talk about how to establish a network with other small companies in the same field and how to support each other.)이라고 하였으므로, 화자는 청자들이 사업 네트워크를 설립하는 것을 돕고 싶어 한다는 것을 알 수 있다. 따라서 정답은 (A)이다.

패러프레이징 establish 설립하다 → set up 설립하다

어휘 set up 설립하다 lead 이끌다 improve 향상시키다
정답 (A)

91 What are the listeners asked to do?
(A) Ask a question at any time
(B) Keep quiet during the talk
(C) Hold a question until the end of the talk
(D) Buy tickets for the event

청자에게 요청되는 것은 무엇인가?
(A) 언제든지 질문하는 것
(B) 담화가 진행되는 동안 조용히 하는 것
(C) 담화가 끝날 때까지 질문을 보류하는 것
(D) 행사 티켓을 구매하는 것

○ 구체적인 정보 파악 - 제안/요청

문제 키워드 | What / listeners / asked
제안/요청 문제는 담화 후반부에 단서가 제시되는 편이다. 담화의 후반부에서 질문이 있으면 화자가 이야기하는 동안 해도 된다(And if you have any questions, you can interrupt me during my talk.)고 하였으므로 (A)가 정답이다.
정답 (A)

Questions 92-94 refer to the following announcement. 92-94는 다음 안내에 관한 문제입니다.

M 92 Before starting your shift on the assembly line, I'd like to give you a brief reminder. Although you are under pressure to complete your work quickly due to the heavy workload, we have to be more attentive when doing welding work. 93 It's important not to neglect to grind the edge of each beam before you start on the next one. The beams with rough edges are not acceptable. <u>Many clients have recently talked about this issue.</u> As the quality control manager, I need to ensure materials are processed smoothly and efficiently with no compromise in quality. 94 As of next week, in order to ensure this important step in the process is done properly, each beam will be inspected by our newly organized team.

남 92 생산 라인에서 여러분들이 근무를 시작하기 전에 간단하게 한마디를 하려 합니다. 여러분들은 과중한 업무량 때문에 일을 빠르게 완료해야 한다는 압박을 받고 있지만, 용접 작업을 할 때 더 주의해야 합니다. 93 다음 작업을 시작하기 전에 각 막대마다 모서리를 가는 걸 게을리하지 않는 것이 중요합니다. 모서리가 거친 막대는 용인될 수 없습니다. 최근 많은 고객들이 이 문제에 대해서 이야기하고 있습니다. 품질 관리 책임자로서, 저는 품질에 영향을 주지 않고 순조롭고 효율적으로 재료들이 가공되기를 바랍니다. 94 다음 주부터 그 과정에서 이 중요한 절차가 올바르게 이루어질 수 있도록, 새롭게 조직된 부서에서 각 막대를 점검할 것입니다.

어휘 assembly line 생산 라인 | brief 간략한 | reminder 상기시키는 것 | under pressure 압박을 받고 있는 | complete 완료하다 | quickly 빠르게 | workload 업무량 | attentive 신경을 쓰는, 주의 깊은 | welding work 용접 작업 | neglect 방치하다, 게을리하다 | grind 갈다 | edge 모서리 | beam 빔, 막대 | rough 거친 | acceptable 받아들여지는, 허용할 수 있는 | recently 최근에 | issue 문제 | quality control 품질 관리 | ensure 반드시 ~하게 하다 | material 재료 | process 가공하다, 처리하다; 과정 | smoothly 순조롭게, 부드럽게 | efficiently 효율적으로 | with no compromise in ~과 타협하지 않고 | as of ~일자로 | properly 올바르게, 제대로 | inspect 점검하다 | organized 조직된

92 Where do the listeners most likely work?
(A) At a manufacturing facility
(B) At a construction site
(C) At a newspaper company
(D) At a conference center

청자들은 어디에서 근무할 것 같은가?
(A) 제조 시설에서
(B) 건설 현장에서
(C) 신문사에서
(D) 회의장에서

○ 기본 정보 파악 - 직업/업종

문제 키워드 | Where / listeners / work

청자들의 근무지를 묻는 문제로, 담화 전반부에서 정답의 단서를 찾는다. 화자는 청자들이 생산 라인에서 근무를 시작하기 전에 간단하게 한마디를 하려 한다(Before starting your shift on the assembly line, I'd like to give you a brief reminder.)고 했으므로 정답은 (A)이다.

패러프레이징 assembly line 생산 라인 → manufacturing facility 제조 시설

정답 (A)

93 Why does the speaker say, "Many clients have recently talked about this issue"?
(A) To recognize an employee for hard work
(B) To emphasize the importance of a procedure
(C) To assign new work to each worker
(D) To announce business growth

화자는 왜 "최근 많은 고객들이 이 문제에 대해서 이야기하고 있습니다"라고 말하는가?
(A) 직원의 노고를 인정하기 위해서
(B) 절차의 중요성을 강조하기 위해서
(C) 각 직원에게 신규 업무를 할당하기 위해서
(D) 사업 성장을 발표하기 위해서

○ 신유형 - 화자의 의도 파악

문제 키워드 | Why / speaker / say / "Many clients have recently talked about this issue"

주변 문맥과 해당 문장을 종합하여 화자의 의도를 파악해야 한다. 화자는 다음 작업을 시작하기 전에 막대의 모서리를 가는 걸 게을리하지 않는 것이 중요하다(It's important not to neglect to grind the edge of each beam before you start on the next one.)고 말하며, 모서리가 거친 막대는 용인될 수 없다(The beams with rough edges are not acceptable.)고 언급한 뒤에 해당 표현을 언급하였다. 즉, 막대의 모서리를 가는 작업의 중요성을 강조하기 위해 고객의 불만을 언급한 것이므로 정답은 (B)이다.

어휘 recognize 인정하다 | emphasize 강조하다 | importance 중요성 | procedure 절차 | assign 배정하다, 할당하다 | growth 성장

정답 (B)

94 According to the speaker, what will be done by a new team?
(A) Special machines will be designed.
(B) Work areas will be expanded.
(C) Items will be checked.
(D) Temporary workers will be hired.

화자의 말에 따르면, 새로운 부서에 의해 무엇이 이루어질 것인가?
(A) 특수 기계가 디자인될 것이다.
(B) 작업 구역이 확장될 것이다.
(C) 제품들이 검사될 것이다.
(D) 임시 직원들이 채용될 것이다.

─○ 구체적인 정보 파악 - 미래

문제 키워드 | what / will / new team

새로운 부서가 담당할 업무가 무엇인지를 묻는 문제로, 후반부에서 정답의 근거를 파악한다. 화자는 다음 주부터 그 과정에서 이 중요한 절차가 올바르게 이루어질 수 있도록, 새롭게 조직된 부서에서 각 막대를 점검할 것(As of next week, in order to ensure this important step in the process is done properly, each beam will be inspected by our newly organized team.)이라고 했으므로 정답은 (C)이다.

패러프레이징 each beam will be inspected 각 막대가 점검될 것이다 → **Items will be checked.** 제품들이 검사될 것이다.

어휘 expand 확장하다, 확대하다   temporary 임시의

정답 (C)

Questions 95-97 refer to the following telephone message and floor plan. 95-97은 다음 전화 메시지와 평면도에 관한 문제입니다.

W Hello, **95** my name is Mae Beck, one of the organizers for the annual trade fair. I'm calling to let you know that I've just e-mailed you a revised floor plan for the exhibit hall. As last year, a display shelf has been provided to you. So, **96** you can display your newest digital cameras in the middle. And also, according to your request, **97** a separate space in the back has been added for meeting with customers privately. If you have any questions, please call me back at 443-7733. Thank you.

여: 안녕하세요, **95** 저는 연례 무역 박람회의 주최자 중 한 명인 Mae Beck입니다. 수정된 전시실 도면을 방금 이메일로 발송했다는 것을 알려 드리고자 전화하였습니다. 작년처럼 진열 선반이 제공됩니다. 그러니 **96** 중앙에 최신 디지털 카메라를 전시하실 수 있습니다. 또한 당신의 요청에 따라, **97** 고객들과 개별적으로 만날 수 있도록 뒤쪽에 분리된 공간이 추가되었습니다. 문의 사항이 있으시다면, 443-7733으로 전화 주십시오. 감사합니다.

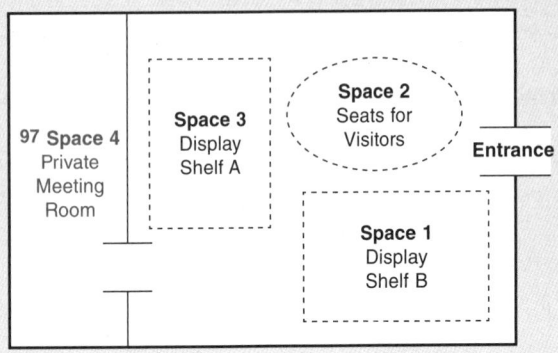
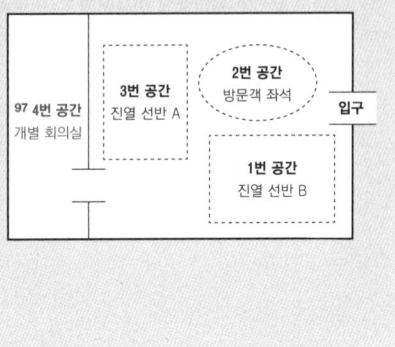

어휘 organizer 주최자 annual 연례의 trade fair 무역 박람회 revised 수정된 floor plan 도면 exhibit hall 전시실 display shelf 진열 선반 newest 최신의 separate 분리된 space 공간 add 추가하다, 덧붙이다 privately 남몰래, 개인으로서

95 Who is leaving the message?
(A) A building constructor
(B) An event organizer
(C) A delivery person
(D) A technician

누가 메시지를 남기고 있는가?
(A) 건설업자
(B) 행사 주최자
(C) 배달원
(D) 기술자

┌─ 기본 정보 파악 – 직업/업종 ─
│
│ 문제 키워드 | Who / leaving / message
│
│ 메시지를 남긴 사람, 즉 화자의 직업을 묻는 문제로, 주로 담화 전반부에 정답의 근거가 언급된다. 화자는 연례 무역 박람회의 주최자 중 한 명인 Mae Beck(my name is Mae Beck, one of the organizers for the annual trade fair.)이라고 본인을 소개하고 있으므로 정답은 (B)이다.
│
│ 패러프레이징 one of the organizers for the annual trade fair 연례 무역 박람회의 주최자 중 한 명
│ → An event organizer 행사 주최자
│ 정답 (B)

96 What is mentioned about the digital cameras?
(A) They are currently on sale.
(B) They can not be used during the event.
(C) They come with a limited warranty.
(D) They will be located in the center.

디지털 카메라에 대해 언급된 것은 무엇인가?
(A) 현재 판매 중이다.
(B) 행사 기간 동안 사용되지 않을 수 있다.
(C) 한정된 보증서가 함께 나온다.
(D) 중앙에 놓일 예정이다.

─○ 구체적인 정보 파악 - 특정 사항 ──────────────

문제 키워드 | What / mentioned / digital cameras

핵심 키워드인 digital cameras가 언급되는 곳에서 정답의 단서를 찾는다. 화자는 청자에게 최신형 디지털 카메라를 중앙에 전시할 수 있다(you can display your newest digital cameras in the middle.)고 언급했으므로 정답은 (D)이다.

패러프레이징 display ~ in the middle 중앙에 전시하다 → **be located in the center** 중앙에 놓이다

어휘 currently 현재　limited 제한된, 한정된　warranty 보증(서)　　　　　　　　　　　　　　　정답 (D)

97 Look at the graphic. Which space has been added?
(A) Space 1
(B) Space 2
(C) Space 3
(D) Space 4

시각 자료를 보시오. 어떤 공간이 추가되었는가?
(A) 1번 공간
(B) 2번 공간
(C) 3번 공간
(D) 4번 공간

─○ 신유형 - 시각 자료 연계 ──────────────

문제 키워드 | graphic / Which space / added

추가된 공간이 어디에 위치해 있는지를 묻는 시각 자료 연계 문제로, 담화를 들을 때 추가되는 공간의 용도에 집중해야 한다. 화자는 고객들과 개별적으로 만날 수 있도록 뒤쪽에 분리된 공간이 추가되었다(a separate space in the back has been added for meeting with customers privately)고 언급하였다. 즉, 고객과의 회의를 할 수 있는 개별 회의실인 (D)가 정답이다.

정답 (D)

Questions 98-100 refer to the following telephone message and weather report.

98-100은 다음 전화 메시지와 일기 예보에 관한 문제입니다.

W   Hello, this is Lola. **98** I'm calling regarding the three-mile charity marathon that is being organized to raise funds for the new public park. Actually, we are facing a problem. Did you check the weather report? **99** It is expected to rain heavily on the day we scheduled the event. Although we can hand out some raincoats to participants, I think no one will really want to run under such weather conditions. So, **100** why don't we get together early tomorrow and talk about rescheduling it to an alternative day if possible? If it can be done, we will need to make a lot of adjustments to our plan. Thank you.

여: 안녕하세요, Lola예요. 새로운 공립 공원을 위한 기금을 마련하기 위해 준비하고 있는 **98** 3마일 자선 마라톤과 관련해서 연락드렸어요. 사실, 문제가 있어요. 일기 예보를 확인하셨나요? **99** 행사 예정일에 비가 많이 올 것이라 예상돼요. 우리가 참가자들에게 비옷을 나누어 줄 수는 있지만, 그러한 날씨에는 누구도 달리고 싶지 않을 거라 생각해요. 그러니 **100** 내일 오전에 만나 가능하다면 다른 날로 일정을 조정하는 것에 대해 이야기해 보는 게 어때요? 만약 가능하다면, 계획을 많이 수정해야 할 것 같아요. 감사합니다.

Weather Report				
Monday	Tuesday	99 Wednesday	Thursday	Friday
Light Rain	Humid [partly cloudy]	Heavy Rain	Sunny [moderate wind]	Sunny [extreme heat]

일기 예보				
월요일	화요일	99 수요일	목요일	금요일
이슬비	습함 [약간 흐림]	폭우	화창 [약한 바람]	화창 [폭염]

어휘 regarding ~에 관하여   charity 자선   organize 준비하다, 조직하다   raise fund 기금을 모으다   face 직면하다   weather report 일기 예보   raincoat 비옷   participant 참가자   weather condition 기상 상태   get together 만나다   reschedule 일정을 조정하다   alternative 대안의   make an adjustment 조정하다   humid 습한   partly 부분적으로   moderate 중간의

98 What event is the speaker talking about?
(A) A tour to the museum
(B) An outdoor concert
(C) A charity race
(D) An annual celebration

화자는 어떤 행사에 대해 말하고 있는가?
(A) 박물관 견학
(B) 야외 콘서트
(C) 자선 달리기
(D) 연례 기념 행사

○ 기본 정보 파악 – 주제

문제 키워드 | What event / speaker / talking
행사의 주제를 묻는 문제로, 간단한 인사말 뒤에 언급될 확률이 높다. 화자가 3마일 자선 마라톤과 관련해서 연락했다(I'm calling regarding the three-mile charity marathon)고 했으므로 정답은 (C)이다.

패러프레이징 three-mile charity marathon 3마일 자선 마라톤 → **A charity race** 자선 달리기

정답 (C)

99 Look at the graphic. Which day was originally planned for the event?
(A) Monday
(B) Tuesday
(C) Wednesday
(D) Friday

시각 자료를 보시오. 원래 행사가 계획되어 있던 요일은 언제인가?
(A) 월요일
(B) 화요일
(C) 수요일
(D) 금요일

○ 신유형 – 시각 자료 연계

문제 키워드 | graphic / Which day / originally / planned / event
본래 행사가 진행될 계획이었던 요일을 묻는 시각 자료 연계 문제로, 먼저 보기와 시각 자료의 관계를 파악해야 한다. 보기에는 요일이 제시되어 있으므로, 담화에서는 구체적인 날씨가 단서로 제시될 것임을 예상할 수 있다. 화자가 일기 예보를 언급하며 행사 예정일에 비가 많이 올 것으로 예상된다(It is expected to rain heavily on the day we scheduled the event.)고 했으므로, 시각 자료에서 폭우가 내릴 요일을 찾으면 (C)가 정답이다.

정답 (C)

100 What does the speaker suggest doing tomorrow?
(A) Having a meeting
(B) Mailing some flyers
(C) Purchasing additional raincoats
(D) Designing a new sign

화자는 내일 무엇을 할 것을 제안하는가?
(A) 회의하기
(B) 전단 발송하기
(C) 비옷을 추가로 구입하기
(D) 신규 간판 디자인하기

구체적인 정보 파악 – 제안/요청

문제 키워드 | What / speaker / suggest / tomorrow

화자가 청자에게 제안한 일이 무엇인지를 묻는 문제로, 후반부에서 핵심 키워드인 tomorrow와 권유/제안 표현에 집중해서 정답의 단서를 찾는다. 화자는 내일 오전에 만나 가능하다면 다른 날로 일정을 조정하는 것에 대해 이야기해 보는 게 어떤지(why don't we get together early tomorrow and talk about rescheduling it to an alternative day if possible?) 묻고 있으므로 정답은 (A)이다.

패러프레이징 **get together ~ and talk about** 만나서 ~에 대해 이야기하다 → **Having a meeting** 회의하기

어휘 flyer 전단   additional 추가의

정답 (A)

TEST 09

Test09.mp3

MP3 다운로드
eng.conects.com

QR 코드로 바로가기

PART 1
PART 2
PART 3
PART 4

ANSWER KEYS

PART 1	1 (C)	2 (D)	3 (A)	4 (A)	5 (C)	6 (D)				
PART 2	7 (B)	8 (B)	9 (B)	10 (C)	11 (A)	12 (B)	13 (C)	14 (C)	15 (C)	16 (B)
	17 (B)	18 (A)	19 (B)	20 (C)	21 (B)	22 (B)	23 (A)	24 (B)	25 (A)	26 (A)
	27 (C)	28 (B)	29 (B)	30 (C)	31 (B)					
PART 3	32 (A)	33 (D)	34 (B)	35 (B)	36 (A)	37 (B)	38 (B)	39 (D)	40 (B)	41 (A)
	42 (D)	43 (C)	44 (B)	45 (A)	46 (B)	47 (C)	48 (B)	49 (C)	50 (B)	51 (B)
	52 (A)	53 (D)	54 (D)	55 (A)	56 (C)	57 (C)	58 (B)	59 (A)	60 (C)	61 (C)
	62 (B)	63 (A)	64 (D)	65 (C)	66 (B)	67 (D)	68 (C)	69 (D)	70 (C)	
PART 4	71 (C)	72 (C)	73 (B)	74 (C)	75 (D)	76 (B)	77 (B)	78 (B)	79 (A)	80 (C)
	81 (B)	82 (B)	83 (A)	84 (B)	85 (C)	86 (B)	87 (D)	88 (A)	89 (C)	90 (B)
	91 (A)	92 (D)	93 (C)	94 (A)	95 (C)	96 (C)	97 (B)	98 (B)	99 (C)	100 (B)

PART 1

1
US

(A) She's moving a scale.
(B) She's checking some equipment.
(C) She's writing with a pen.
(D) She's taking an item down from a shelf.

(A) 그녀는 저울을 옮기고 있다.
(B) 그녀는 장비를 점검하고 있다.
(C) 그녀는 펜으로 무언가를 적고 있다.
(D) 그녀는 선반에서 물건을 내리고 있다.

○ **1인 사진**

여자가 저울 뒤에 서서 펜으로 무언가를 쓰고 있는 모습으로, 여자의 동작이나 상태, 사진 속 사물과의 관계를 잘 파악해야 한다.
(A) 사진에서 저울은 보이지만 여자가 옮기고 있는(moving) 모습이 아니므로 오답이다.
(B) 여자가 장비를 점검하고 있는(checking) 모습이 아니므로 오답이다.
(C) 여자가 펜으로 무언가를 적고 있는 모습을 정확히 묘사한 정답이다.
(D) 사진에서 선반은 보이지만 여자가 선반에서 물건을 내리고 있는(taking an item down) 모습은 아니므로 오답이다.

어휘 scale 저울 check 점검하다 equipment 장비 shelf 선반

정답 (C)

2
AU

(A) She's trying on a shoe.
(B) She's checking a price tag.
(C) She's talking to a sales clerk.
(D) She's holding an item.

(A) 그녀는 신발을 신어 보고 있다.
(B) 그녀는 가격표를 확인하고 있다.
(C) 그녀는 점원과 이야기를 나누고 있다.
(D) 그녀는 상품을 들고 있다.

○ **1인 사진**

여자가 신발을 들어서 보고 있는 모습으로, 여자의 동작이나 상태 묘사에 초점을 맞춰 들어야 한다.
(A) 사진에서 신발은 보이지만 여자가 신어 보고 있는(trying) 모습이 아니므로 오답이다.
(B) 여자가 신발을 들어서 보고 있지만, 가격표를 확인하고 있는지는(checking a price tag) 알 수 없으므로 오답이다.
(C) 사진에서 점원(sales clerk)은 보이지 않으므로 오답이다.
(D) 여자가 상품을 들고 있는 모습을 정확히 묘사한 정답이다.

어휘 try on ~을 입어 보다, 신어 보다 check 확인하다 price tag 가격표 sales clerk 점원

정답 (D)

3
BR

(A) They're seated at workstations side by side.
(B) They're looking at a monitor hanging from a ceiling.
(C) One of the chairs is situated near the window.
(D) An office is separated by a partition.

(A) 그들은 사무실 자리에 나란히 앉아 있다.
(B) 그들은 천장에 걸려 있는 모니터를 보고 있다.
(C) 의자 하나가 창가에 위치해 있다.
(D) 사무실이 칸막이로 분리되어 있다.

○ **2인 사진 속 사물/배경**

사무실에 두 사람이 나란히 앉아 있는 모습으로, 두 사람의 공통적인 동작이나 상태에 주목하여 보기를 들어야 한다.
(A) 두 사람이 사무실 자리에 나란히 앉아 있는 모습을 정확히 묘사한 정답이다.
(B) 사진 속 인물들이 모니터를 보고 있는(looking at a monitor) 모습이 아니므로 오답이다.
(C) 사진에서 의자는 등장하지만 창가에 위치한(situated near the window) 의자는 보이지 않으므로 오답이다.
(D) 사진에서 칸막이(partition)는 보이지 않으므로 오답이다.

어휘 workstation 작업대, 사무실 자리 hang 걸다, 매달다 ceiling 천장 situate 위치시키다 separate 분리하다 partition 칸막이

정답 (A)

4
<U.S.>

(A) Some hikers are crossing over a stream.
(B) Some people are resting on the bridge.
(C) Mountains can be seen from an outdoor pool.
(D) Some tourists are pointing at some mountains.

(A) 몇몇 도보 여행자들이 개울을 건너고 있다.
(B) 몇몇 사람들이 다리 위에서 쉬고 있다.
(C) 야외 수영장에서 산을 볼 수 있다.
(D) 몇몇 관광객들이 산을 가리키고 있다.

─○ 다인 사진 속 사물/배경 ─────────────────

사람들이 개울을 건너고 있는 모습으로, 사람들과 사물/배경이 혼재되어 있는 사진 유형은 인물 묘사와 사물/배경 묘사 중 어떤 것이든 보기로 나올 수 있으므로 사진의 모든 요소를 잘 관찰해야 한다.

(A) 도보 여행자들이 개울을 건너고 있는 모습을 정확히 묘사한 정답이다.
(B) 사람들이 쉬고 있는(resting) 모습이 아니며, 다리(bridge)도 보이지 않으므로 오답이다.
(C) 사진에서 야외 수영장(outdoor pool)은 보이지 않으므로 오답이다.
(D) 산을 가리키고 있는(pointing at) 사람은 보이지 않으므로 오답이다.

어휘 hiker 도보 여행자 cross 건너다 stream 개울, 시내 rest 쉬다, 휴식을 취하다 bridge 다리 point at ~을 가리키다

정답 (A)

5
<U.S.>

(A) A man is chaining a bicycle to a post.
(B) Some trees are casting shadows on the ground.
(C) Bicycles have been parked outdoors.
(D) A sign post is being installed.

(A) 남자가 사슬로 자전거를 기둥에 묶고 있다.
(B) 몇몇 나무들이 지면에 그림자를 드리우고 있다.
(C) 자전거들이 야외에 세워져 있다.
(D) 표지판이 설치되고 있다.

─○ 사물/풍경 사진 ─────────────────

사람은 없고 야외에 자전거들이 세워져 있는 모습으로, 사물/풍경 사진 유형은 사진 속 모든 사물의 위치나 상태에 주목해야 한다.

(A) 사진에서 사람(man)은 보이지 않으므로 오답이다.
(B) 사진에서 나무는 등장하지만 나무들이 그림자를 드리우고 있는(casting shadows) 모습은 보이지 않으므로 오답이다.
(C) 자전거가 야외에 세워져 있는 모습을 정확히 묘사한 정답이다.
(D) 사람이 없는 사진에서 사물을 주어로 하는 수동태 진행형(is being installed)은 오답이다.

어휘 chain 사슬로 묶다 post 기둥 cast a shadow 그림자를 드리우다 ground 땅, 지면 outdoors 야외에

정답 (C)

6

(A) Some people are resting on the stone fence.
(B) A group of tourists are posing for a photograph.
(C) An outdoor area is crowded with people.
(D) A walkway is lined with trees.

(A) 몇몇 사람들이 돌담 위에서 쉬고 있다.
(B) 단체 관광객들이 사진 촬영을 위해 포즈를 취하고 있다.
(C) 야외 공간이 사람들로 붐빈다.
(D) 보도를 따라 나무들이 줄지어 있다.

─○ 다인 사진 속 사물/배경 ─────────────────

사람들이 몇 명 보이는 야외 공간의 모습으로, 사람들과 사물/배경이 혼재되어 있는 사진 유형은 인물 묘사와 사물/배경 묘사 중 어떤 것이든 보기로 나올 수 있으므로 사진의 모든 요소를 잘 관찰해야 한다.

(A) 사진에서 돌담 위에서 쉬고 있는(resting) 사람은 보이지 않으므로 오답이다.
(B) 사진에서 사진을 찍기 위해 포즈를 취하고 있는(posing for a photograph) 단체 관광객의 모습은 보이지 않으므로 오답이다.
(C) 사진 속 공간이 사람들로 붐비는(crowded with people) 모습이 아니므로 오답이다.
(D) 보도를 따라 나무들이 줄지어 있는 모습을 정확히 묘사한 정답이다.

어휘 stone fence 돌담 pose 포즈를 취하다 outdoor 야외의 be crowded with ~로 붐비다 walkway 보도 be lined with ~이 줄지어 있다

정답 (D)

PART 2

7 US US
When are you going on vacation?
(A) There is a vacancy.
(B) My flight leaves on Sunday.
(C) For this summer.

당신은 언제 휴가를 가나요?
(A) 공석이 있습니다.
(B) 제 항공편은 일요일에 떠납니다.
(C) 올여름을 위해서요.

When 의문문

문제 키워드 | When / you / going / vacation

언제 휴가를 가는지 묻는 When 의문문이다. When 의문문과 같이 시점을 묻는 질문에는 Yes/No로 대답할 수 없으며, 특정 시간이나 행위 발생 시점이 나오면 정답임을 기억하자.
(A) 질문의 vacation과 발음이 유사한 vacancy를 사용하여 혼동을 유도한 오답이다.
(B) 언제 휴가를 가는지 묻는 질문에 항공편이 일요일에 출발한다고 적절히 답변하였으므로 정답이다.
(C) 질문의 vacation에서 연상 가능한 summer를 사용하여 혼동을 유도한 오답이다.

어휘 vacation 휴가   vacancy 공석   flight 항공편

정답 (B)

8 US BR
Who has been appointed as the vice president?
(A) I will meet the doctor this afternoon.
(B) It's Ms. Erickson.
(C) No, the director will present himself.

누가 부사장으로 임명됐나요?
(A) 저는 오늘 오후에 그 의사 선생님을 만날 거예요.
(B) Erickson 씨요.
(C) 아니요, 감독이 직접 나올 겁니다.

Who 의문문

문제 키워드 | Who / appointed / vice president

누가 부사장으로 임명됐는지 묻는 Who 의문문이다.
(A) 질문의 appointed를 다른 뜻인 '약속한'이란 의미로 오해했을 경우 혼동할 수 있는 오답이다.
(B) 누가 부사장으로 임명됐는지 묻는 질문에 Erickson 씨라고 구체적인 인물로 답변하고 있으므로 정답이다.
(C) Who 의문문에 Yes/No로 대답할 수 없으므로 오답이다.

어휘 appoint 임명하다, 약속하다   vice president 부사장   present oneself 본인이 출두하다

정답 (B)

9 AU US
Should I book the train ticket soon?
(A) You are right, I really enjoyed the trip.
(B) Yes, you'd better do it now.
(C) With a receipt.

제가 곧 기차표를 예약해야 하나요?
(A) 맞아요, 여행이 정말 즐거웠어요.
(B) 네, 지금 하는 게 좋겠어요.
(C) 영수증과 함께요.

조동사 의문문

문제 키워드 | Should I / book / ticket

기차표를 곧 예약해야 하는지 묻는 조동사 의문문이다.
(A) 긍정(You are right)으로 답했지만, 질문의 train ticket에서 연상할 수 있는 trip을 사용하여 혼동을 유도한 오답이다.
(B) 곧 기차표를 예약해야 하는지 묻는 질문에 긍정(Yes)으로 답한 뒤, 지금 바로 하는 것이 좋겠다고 답변하고 있으므로 정답이다.
(C) 질문의 book, ticket에서 연상할 수 있는 receipt를 사용하여 혼동을 유도한 오답이다.

어휘 book 예약하다   receipt 영수증

정답 (B)

10 Where are we supposed to meet the clients in London?
(A) Our director, Griffin.
(B) A direct flight.
(C) At a hotel downtown.

런던 어디에서 고객들을 만나기로 했죠?
(A) 우리 책임자인 Griffin 씨요.
(B) 직항편이요.
(C) 시내에 있는 호텔에서요.

Where 의문문

문제 키워드 | Where / supposed / meet / clients

고객들을 어디서 만나기로 되어 있는지 묻는 Where 의문문이다.
(A) Who 의문문에 어울리는 답변이므로 오답이다.
(B) 질문의 London에서 연상 가능한 flight을 사용하여 혼동을 유도한 오답이다.
(C) 만나기로 한 장소를 묻는 질문에 '전치사+장소 명사'로 적절히 답변하였으므로 정답이다.

어휘 be supposed to V ~하기로 되어 있다   director 책임자   direct 직행의, 직접적인   downtown 시내에

정답 (C)

11 Are you looking for something in particular?
(A) No thanks, I'm just looking around.
(B) I care about it.
(C) In the next aisle.

특별히 찾는 것이 있으세요?
(A) 아니요, 괜찮아요. 저는 그냥 둘러보고 있어요.
(B) 저는 그것을 신경 쓰고 있어요.
(C) 다음 통로에요.

Be동사 의문문

문제 키워드 | Are / you / looking / something / particular

특별히 찾는 것이 있냐고 묻는 Be동사 의문문이다.
(A) 특별히 찾는 것이 있냐고 묻는 질문에 아니며 그냥 둘러보고 있다고 설명하고 있으므로 정답이다.
(B) it으로 지칭할 만한 구체적 대상이 질문에서 언급되지 않았으므로 오답이다.
(C) 장소를 묻는 Where 의문문에 어울리는 답변이므로 오답이다.

어휘 in particular 특별히   aisle 통로

정답 (A)

12 When do you want me to schedule your next appointment?
(A) Sorry, it is not on the list.
(B) I am available this Friday afternoon.
(C) I met Dr. Carroll.

다음 예약을 언제로 잡아 드릴까요?
(A) 죄송합니다, 그건 목록에 없습니다.
(B) 저는 이번 주 금요일 오후에 시간이 있습니다.
(C) 저는 Carroll 박사님을 만났습니다.

When 의문문

문제 키워드 | When / schedule / appointment

다음 예약을 언제로 할지 묻는 When 의문문이다.
(A) 질문의 appointment에서 예약자 명단 등을 떠올릴 때 연상할 수 있는 list를 사용하여 혼동을 유도한 오답이다.
(B) 다음 예약을 언제로 할지 묻는 질문에 이번 주 금요일 오후에 시간이 있다고 구체적인 시점을 제시하고 있으므로 정답이다.
(C) 다음 예약을 언제로 할지 묻는 '미래' 의미의 질문에 과거 시제로 답변하고 있으므로 시제 불일치 오답이며, 구체적인 인물을 언급했으므로 Who 의문문에 어울리는 답변이다.

어휘 appointment 예약   available 시간이 있는

정답 (B)

13 We haven't received the invoice yet, have we?
(A) A voice mail message.
(B) The company account.
(C) No, not yet.

우리 아직 청구서를 받지 못했죠, 그렇죠?
(A) 음성 메시지요.
(B) 회사 계좌요.
(C) 아니요, 아직 못 받았어요.

> **부가 의문문**
>
> **문제 키워드 | We / haven't received / invoice / have we?**
> 청구서를 받지 않았다는 사실을 확인하는 내용의 부가 의문문이다.
> (A) 질문의 invoice와 발음이 비슷한 voice를 사용한 오답이다.
> (B) 질문의 invoice에서 연상할 수 있는 account를 사용해 혼동을 유도한 오답이다.
> (C) 청구서를 받지 못한 것을 확인하는 질문에 부정의 답변인 No와 함께 아직 못 받았다고 부연하고 있으므로 정답이다.
>
> **어휘** invoice 청구서   voice mail message 음성 메시지   account 계좌
>
> 정답 (C)

14 Does this bus go to Manchester?
(A) He will be here shortly.
(B) Only two stops.
(C) That's what the driver told me.

이 버스는 맨체스터로 가나요?
(A) 그는 곧 여기로 올 거예요.
(B) 겨우 두 정거장이요.
(C) 운전기사가 그렇다고 했어요.

> **조동사 의문문**
>
> **문제 키워드 | Does / bus / go / Manchester**
> 버스가 맨체스터로 가는지 묻는 조동사 의문문이다.
> (A) 질문의 go에서 연상할 수 있는 here를 사용하여 혼동을 유도한 오답으로, 질문에 구체적인 사람이 언급되어야만 he나 she가 포함된 답변이 가능하다는 점을 유의하자.
> (B) 질문의 bus에서 연상할 수 있는 stops를 사용하여 혼동을 유도한 오답이다.
> (C) 버스가 맨체스터에 가는지 묻는 질문에 운전기사가 그렇게 말했다는 답변으로, 버스가 맨체스터로 간다는 것을 우회적으로 표현하였으므로 정답이다.
>
> **어휘** shortly 곧   stop 정거장
>
> 정답 (C)

15 Are there more candidates to interview tomorrow?
(A) Yes, we have a fantastic view.
(B) That was more than we expected.
(C) No, we don't have anything scheduled this week.

내일 인터뷰할 지원자가 더 있나요?
(A) 네, 저희는 멋진 전망을 가지고 있습니다.
(B) 우리가 예상했던 것보다 더 많았습니다.
(C) 아니요, 우리는 이번 주에 어떤 일정도 없습니다.

> **Be동사 의문문**
>
> **문제 키워드 | Are / there / candidates / interview / tomorrow**
> 내일 인터뷰할 지원자가 있는지 묻는 Be동사 의문문이다.
> (A) 질문의 interview와 발음이 비슷한 view를 사용한 오답이다.
> (B) 미래에 관한 질문에 과거로 답하고 있으므로 시제 불일치 오답이다.
> (C) 인터뷰할 지원자가 더 있는지 묻는 질문에 부정의 No로 답하며, 이번 주에는 어떤 일정도 없다고 부연하고 있으므로 정답이다.
>
> **어휘** candidate 지원자   fantastic 환상적인, 멋진   view 전망   expect 예상하다
>
> 정답 (C)

16 How much will it cost to fix the laptop computer?
(A) It will be ready in two days.
(B) About 250 dollars.
(C) Post it on our Web site.

노트북을 고치는 데 비용이 얼마가 들까요?
(A) 이틀 후에 준비될 거예요.
(B) 약 250달러요.
(C) 저희 웹사이트에 게시해 주세요.

─○ How 의문문 ─

문제 키워드 | How much / cost / fix

노트북 수리비를 묻는 How much 의문문이다.
(A) 질문에서 fix를 듣고 연상할 수 있는 오답으로, 시기를 묻는 When 의문문에 어울리는 답변이다.
(B) 비용을 묻는 질문에 250달러라고 구체적인 비용으로 답변했으므로 정답이다.
(C) 질문의 cost와 발음이 비슷한 post를 사용하여 혼동을 유도한 오답이다.

어휘 cost (값, 비용이) 들다　fix 수리하다　post 게시하다

정답 (B)

---

17 Why don't you bring it back to the store while I am cleaning the room?
(A) He already bought one.
(B) Sure, I will.
(C) A list of clearance items.

제가 방을 치우는 동안 당신은 그것을 상점으로 도로 가져다 주는 게 어때요?
(A) 그는 이미 하나 샀어요.
(B) 물론이죠, 그럴게요.
(C) 재고 정리 제품 목록이요.

─○ 권유/제안 의문문 ─

문제 키워드 | Why don't you / bring / back / store

물건을 상점에 도로 가져다주는 것이 어떠냐고 제안하는 의문문이다.
(A) 질문에 나온 bring의 과거형인 brought와 발음이 유사한 bought(buy의 과거형)를 사용하여 혼동을 유도한 오답이다.
(B) 물건을 상점에 도로 가져다주는 것이 어떠냐고 제안하는 말에 긍정의 Sure로 답하며, 그렇게 하겠다고 부연하고 있으므로 정답이다.
(C) 질문의 cleaning과 발음이 유사한 clearance를 사용하여 혼동을 유도하는 오답이다.

어휘 clearance 정리, 없애기

정답 (B)

---

18 Have you decided on the dates for interviewing applicants?
(A) Yes, I'll e-mail you about it.
(B) A job advertisement.
(C) More than thousands of applications.

지원자 인터뷰 날짜를 결정하셨나요?
(A) 네, 그것에 관해서 이메일을 보내 드릴게요.
(B) 채용 공고요.
(C) 수천 통 이상의 지원서요.

─○ 조동사 의문문 ─

문제 키워드 | Have you / decided / dates

인터뷰 날짜를 결정했는지 묻는 조동사 의문문이다.
(A) 인터뷰 날짜를 결정했는지 묻는 질문에 긍정의 Yes로 답하고, 그것에 관해서 이메일을 보내겠다고 부연하고 있으므로 정답이다.
(B) 질문의 interviewing에서 연상할 수 있는 job advertisement를 사용하여 혼동을 유도한 오답이다.
(C) 질문의 applicants와 발음이 유사한 applications를 사용하여 혼동을 유도한 오답이다.

어휘 decide 결정하다　applicant 지원자　application 지원서

정답 (A)

19 Where's the waiting room?
(A) She's in her office.
(B) I'll show you.
(C) In about 10 minutes.

대기실은 어디에 있나요?
(A) 그녀는 사무실에 있어요.
(B) 제가 알려 드릴게요.
(C) 10분 정도 후에요.

Where 의문문

문제 키워드 | Where / waiting room

대기실이 어디에 있는지 묻는 Where 의문문이다.
(A) in her office만을 듣고 정답으로 고르지 않아야 한다. she가 누구인지 알 수 없으므로 오답이다.
(B) 대기실이 어디에 있는지 묻는 질문에 본인이 알려 주겠다고 했으므로 정답이다.
(C) 10분 정도 후라는 시점을 나타내고 있으므로 When 의문문에 어울리는 답변이다.

어휘 waiting room 대기실 show (방향, 위치를) 알려 주다

정답 (B)

---

20 Do you know where I can get office supplies?
(A) Yes, to the supply room.
(B) He is one of our suppliers.
(C) What do you need?

사무용품을 어디에서 가져올 수 있는지 아세요?
(A) 네, 비품실로요.
(B) 그는 저희 공급자 중 한 분이에요.
(C) 무엇이 필요하세요?

간접 의문문

문제 키워드 | where / get / office supplies

사무용품을 어디에서 가져올 수 있는지 묻는 where이 포함된 간접 의문문이다.
(A) supply room이라는 장소를 언급하고 있지만, 전치사 to는 이동 방향을 나타내어 '~로, ~쪽으로'를 의미하므로 오답이다. to 대신 from을 썼다면 get from(~에게서 얻다)의 의미로 정답이 될 수 있다.
(B) 질문의 supplies와 발음이 비슷한 suppliers를 사용하여 혼동을 유도한 오답이다.
(C) 사무용품을 어디에서 가져올 수 있는지 묻는 질문에 무엇이 필요한지 반문하며 간접적으로 답변하고 있으므로 정답이다.

어휘 office supply 사무용품 supply room 비품실 supplier 공급자

정답 (C)

---

21 Who can I talk to about a guided tour here?
(A) No, it's a very famous gallery in town.
(B) Let me take you to the reception desk.
(C) Three times a day.

이곳의 가이드 투어에 대해서 누구와 이야기할 수 있나요?
(A) 아니요, 시내에서 매우 유명한 미술관입니다.
(B) 제가 접수처로 안내해 드릴게요.
(C) 하루에 세 번이요.

Who 의문문

문제 키워드 | Who / can I / talk / guided tour

가이드 투어에 대해서 누구와 이야기할 수 있는지 묻는 Who 의문문이다.
(A) Who 의문문에 Yes/No로 대답할 수 없으므로 오답이다.
(B) 가이드 투어에 대해서 누구와 이야기할 수 있는지 묻는 질문에 본인이 접수처로 안내해 주겠다고 이야기할 대상이 있는 곳을 알려 주고 있으므로 정답이다.
(C) 빈도를 묻는 How often 의문문에 어울리는 답변이므로 오답이다.

어휘 famous 유명한 reception desk 접수처

정답 (B)

22 How do I access my account on my mobile phone?
(A) On the screen of the phone.
(B) Download the application from our Web site.
(C) The account is not available now.

휴대폰으로 제 계정에 어떻게 접속하나요?
(A) 전화기 화면요.
(B) 저희 웹사이트에서 앱을 다운로드 받으세요.
(C) 그 계정은 지금 이용할 수 없습니다.

─ How 의문문 ─

문제 키워드 | How / access / account

휴대폰으로 계정에 어떻게 접속하는지 묻는 How 의문문이다.
(A) 질문의 phone을 반복 사용하여 혼동을 유도한 오답이다.
(B) 계정 접속 방법을 묻는 질문에 웹사이트에서 앱을 다운로드 받으라고 구체적인 방법을 알려 주고 있으므로 정답이다.
(C) 질문의 account를 반복 사용하여 혼동을 유도한 오답이다.

어휘 access 접속하다, 접근하다   account 계정   application 앱, 어플   available 이용할 수 있는

정답 (B)

---

23 All of our storage spaces are filled with goods.
(A) There is more space in the basement.
(B) She will file them.
(C) No, just store the boxes.

저장 공간이 모두 상품으로 가득 차 있습니다.
(A) 지하에 공간이 더 있습니다.
(B) 그녀가 그것들을 보관할 예정입니다.
(C) 아니요, 그 상자들만 보관합니다.

─ 평서문 ─

문제 키워드 | All / storage spaces / filled

저장 공간이 모두 가득 차 있다는 내용의 평서문이다.
(A) 저장 공간 부족하다고 문제 상황을 알리는 말에 지하에 공간이 더 있다고 해결책을 제시하고 있으므로 정답이다.
(B) 대명사 she로 지칭할 수 있는 사람 명사가 질문에 언급되지 않았으므로 오답이다.
(C) storage와 발음이 비슷한 store를 사용하여 혼동을 유도한 오답이다.

어휘 storage space 저장 공간   be filled with ~로 가득 차다   goods 상품   basement 지하층   file (문서 등을 정리하여) 보관하다   store 저장하다

정답 (A)

---

24 What brand of cosmetics do you recommend?
(A) I will put on makeup later.
(B) I forgot what it's called.
(C) It is a new costume designed by Ms. Kim.

당신은 어떤 화장품 브랜드를 추천하나요?
(A) 저는 나중에 화장할게요.
(B) 이름이 무엇인지 잊어버렸어요.
(C) 이것은 Kim 씨가 디자인한 새로운 의상입니다.

─ What 의문문 ─

문제 키워드 | What brand / recommend

어떤 화장품 브랜드를 추천하는지 묻는 What 의문문이다.
(A) 질문의 cosmetics에서 연상할 수 있는 makeup을 사용하여 혼동을 유도한 오답이다.
(B) 추천하는 브랜드를 묻는 질문에 이름을 잊어버렸다고 답변하였으므로 정답이다.
(C) 질문의 cosmetics와 발음이 비슷한 costume을 사용하여 혼동을 유도한 오답이다.

어휘 cosmetics 화장품   recommend 추천하다   put on makeup 화장하다   costume 의상, 복장

정답 (B)

25 Didn't you call the agency to send more flyers?
(A) They haven't delivered them yet.
(B) In numerical order.
(C) Check the contact information.

전단을 더 발송하라고 대리점에 전화하지 않았나요?
(A) 그들은 아직 그것들을 배달하지 않았어요.
(B) 번호 순서대로요.
(C) 연락처를 확인하세요.

○─ **부정 의문문** ─

문제 키워드 | Didn't / call / agency / send / flyers

전단을 더 발송하라고 대리점에 전화하지 않았는지 확인하는 부정 의문문이다.
(A) 전화하지 않았냐고 확인하는 질문에 전화는 했지만 대리점에서 아직 발송하지 않았다고 우회적으로 말하고 있으므로 정답이다.
(B) 방법을 묻는 How 의문문에 어울리는 답변이다.
(C) 질문의 call에서 연상할 수 있는 contact information을 사용하여 혼동을 유도한 오답이다.

어휘 agency 대리점 flyer 전단 numerical 수의, 수와 관련된 order 순서, ~순 contact information 연락처

정답 (A)

---

26 Can you make a copy of the customer survey results for me?
(A) Sure, let me finish this first.
(B) A focus group interview.
(C) There are a few negative responses.

고객 설문 조사 결과를 복사해 주시겠어요?
(A) 물론이죠, 이것을 먼저 끝낼게요.
(B) 포커스 그룹 인터뷰요.
(C) 몇 건의 부정적인 반응이 있습니다.

○─ **요청/부탁 의문문** ─

문제 키워드 | Can you / make / copy

설문 조사 결과를 복사해 줄 것을 부탁하는 의문문이다.
(A) 복사를 요청하는 말에 수락의 표현인 Sure와 함께 우선 하던 것을 먼저 끝내고 복사해 주겠다고 답변하였으므로 정답이다.
(B) 질문의 survey에서 연상할 수 있는 설문 조사 방법의 하나인 focus group interview를 사용하여 혼동을 유도한 오답이다.
(C) 질문의 survey results에서 연상할 수 있는 negative responses를 사용하여 혼동을 유도한 오답이다.

어휘 make a copy 복사하다 result 결과 focus group 포커스 그룹(시장/여론 조사를 위해 뽑힌 특정한 계층의 소수의 사람들)
negative 부정적인 response 반응

정답 (A)

---

27 Tim, this project is due in a week.
(A) It will expire soon.
(B) Yes, he will do.
(C) I'll get started right away.

Tim 씨, 이 프로젝트는 1주일 후에 마감입니다.
(A) 그것은 곧 만료될 것입니다.
(B) 네, 그가 할 거예요.
(C) 당장 시작하겠습니다.

○─ **평서문** ─

문제 키워드 | project / due / in a week

프로젝트가 1주일 후에 마감이라고 진술하는 평서문이다.
(A) due에서 연상할 수 있는 expire를 사용하여 혼동을 유도한 오답이다.
(B) Yes로 동의의 답변을 하였지만, he가 누구인지 알 수 없으므로 오답이다. Tim은 상대방(you)을 가리키는 것으로, he/she가 포함된 답변은 질문에 구체적인 제3자가 언급되어 있어야 가능하므로 주의하자.
(C) 프로젝트가 1주일 후에 마감이라는 말에 당장 시작하겠다고 다음 행동을 제시하고 있으므로 정답이다. '내가 하겠다, 내가 알아보겠다' 등의 I'll ~ 답변은 평서문에 대한 대표적인 응답이라는 점을 알아 두자.

어휘 due 만기의, 예정인 expire 만료되다 get started (어떤 일을 하기) 시작하다 right away 즉시, 곧바로

정답 (C)

28 Do you want me to schedule your presentation first or second?
(A) Yes, it was my first time.
(B) I wish to have some extra time before my turn.
(C) See if you have your own materials.

당신의 발표를 첫 번째로 잡아 드릴까요, 아니면 두 번째로 잡아 드릴까요?
(A) 네, 처음이었어요.
(B) 저는 제 순서 전에 시간을 좀 갖고 싶습니다.
(C) 당신의 자료가 있는지 확인하세요.

> **○ 선택 의문문**
>
> **문제 키워드 |** schedule / your presentation / first / or / second
>
> 첫 번째와 두 번째 중 원하는 순서를 묻는 선택 의문문이다.
> (A) 둘 중 하나를 선택해야 하는 상황이므로 Yes/No 답변은 오답이다.
> (B) 첫 번째와 두 번째 중 원하는 순서를 묻는 질문에 본인의 차례 전에 시간을 갖고 싶다는 말로 두 번째를 우회적으로 표현하였으므로 정답이다.
> (C) 질문의 presentation에서 연상 가능한 materials를 사용해 혼동을 유도한 오답이다.
>
> **어휘** schedule 일정을 잡다 extra 추가의, 여분의 material 자료
>
> 정답 (B)

29 I think all of us should work overtime tonight, shouldn't we?
(A) It's about 6 o'clock now.
(B) No, the project deadline was extended.
(C) The timesheet was posted last week.

저는 우리 모두가 오늘 밤에 야근을 해야 한다고 생각해요, 그렇지 않나요?
(A) 지금 대략 6시입니다.
(B) 아니요, 프로젝트 마감 기한이 연장되었습니다.
(C) 출퇴근 시간 기록 용지가 지난주에 게시되었습니다.

> **○ 부가 의문문**
>
> **문제 키워드 |** all of us / should work overtime / shouldn't we
>
> 야근을 해야 하는 것이 아닌지 확인하는 부가 의문문이다.
> (A) 현재 시각을 묻는 질문(What time is it?)에 어울리는 답변이다.
> (B) 야근을 해야 하는지 확인하는 질문에 부정의 No로 답한 후, 야근을 안 해도 되는 구체적인 이유를 부연하고 있으므로 정답이다.
> (C) 미래를 묻는 질문에 과거 시제로 답변하고 있으므로 오답이다.
>
> **어휘** work overtime 야근하다 deadline 마감(일) extend 연장하다 timesheet 출퇴근 시간 기록 용지 post 게시하다
>
> 정답 (B)

30 Who's going to give a presentation on Monday?
(A) He can not make it.
(B) At the press release.
(C) It was cancelled.

월요일에 누가 발표하나요?
(A) 그는 갈 수 없어요.
(B) 보도 자료에요.
(C) 그건 취소됐어요.

> **○ Who 의문문**
>
> **문제 키워드 |** Who / give / presentation / Monday
>
> 월요일에 누가 발표하는지 묻는 Who 의문문이다.
> (A) 질문에 구체적인 사람이 언급된 경우에만 he나 she가 포함된 답변이 가능하므로 오답이다.
> (B) 질문의 presentation에서 연상할 수 있는 press release를 사용하여 혼동을 유도한 오답으로, 장소를 묻는 Where 의문문에 어울리는 답변이다.
> (C) 월요일에 누가 발표할지 묻는 질문에 발표가 취소되었다고 답변하였으므로 정답이다.
>
> **어휘** presentation 발표, 프레젠테이션 make it 성공하다, 시간에 맞춰 가다 press release 보도 자료 cancel 취소하다
>
> 정답 (C)

31 Why are we reviewing all the proposals today?
(A) The proposed budget.
(B) Elma will be out of the office tomorrow.
(C) Most of them look good though.

왜 우리는 모든 제안서들을 오늘 검토하고 있나요?
(A) 제안된 예산안이요.
(B) Elma 씨가 내일 사무실에 없을 거예요.
(C) 그렇지만 대부분 좋아 보입니다.

> **◦ Why 의문문**
>
> **문제 키워드 | Why / we / reviewing / all / proposals**
>
> 모든 제안서들을 오늘 검토하는 이유를 묻는 Why 의문문이다.
> (A) 질문의 proposals와 발음이 유사한 proposed를 사용하여 혼동을 유도한 오답이다.
> (B) 모든 제안서들을 오늘 검토하는 이유를 묻는 질문에 특정 인물이 내일 사무실에 없을 거라고 오늘 다 검토해야 하는 이유를 구체적으로 설명하고 있으므로 정답이다.
> (C) 상태를 묻는 How 의문문에 적절한 답변이므로 오답이다.
>
> **어휘** review 검토하다　proposal 제안(서)　proposed 제안된　budget 예산(안)　though 그렇지만
>
> 정답 (B)

PART 3

Questions 32-34 refer to the following conversation with three speakers. 32-34는 다음 세 명의 대화에 관한 문제입니다.

US
US
BR

W1 Excuse me, can I talk with the manager here?	여1: 실례합니다, 이곳 관리자와 이야기할 수 있을까요?
M Yes, ³² I'm the manager, ma'am. How may I help you?	남: 네, ³² 제가 관리자입니다. 무엇을 도와 드릴까요?
W1 I ordered the beef dish. One of your servers, Lola, told me it wouldn't take long, but ³² the dish hasn't come out yet.	여1: 저는 쇠고기 요리를 주문했어요. 종업원인 Lola 씨가 시간이 오래 걸리지 않을 거라고 말했는데, ³² 아직도 음식이 나오지 않았어요.
M Oh, sorry. How long have you been waiting for it?	남: 오, 죄송합니다. 얼마나 오래 기다리고 계신가요?
W1 More than half an hour, so far.	여1: 지금까지 30분 넘게 기다리고 있어요.
M Hmm... It can't be... Why don't I find out what's happening? ³³ Lola, the lady here hasn't received her meal for over 30 minutes.	남: 음… 그럴 리가 없는데요… 무슨 일인지 알아보겠습니다. ³³ Lola 씨, 이 여성 분께서 30분 넘게 음식을 받지 못했어요.
W2 Oh, ³³ I beg your pardon. It seems like our kitchen is backed up with so many orders now. I've already asked them several times.	여2: 오, ³³ 죄송합니다. 현재 주문이 많아서 주방이 밀려 있는 것 같습니다. 이미 주방 직원들에게 여러 번 요청했습니다.
M OK, ³⁴ I will talk to the chef and bring your food right away.	남: 알겠습니다, ³⁴ 제가 주방장과 이야기를 나눈 후에 곧 음식을 가져다 드리겠습니다.

어휘 beef 쇠고기　server 웨이터, 종업원　half an hour 30분　find out ~을 알아내다　be backed up with ~로 밀려 있다, 막혀 있다　chef 주방장

32 Who most likely is the man?
 (A) A restaurant supervisor
 (B) A café owner
 (C) A receptionist
 (D) A factory manager

남자는 누구일 것 같은가?
 (A) 식당 관리자
 (B) 카페 주인
 (C) 접수 담당자
 (D) 공장 관리자

─○ 기본 정보 파악 – 직업/업종 ─────────────────────

문제 키워드 | Who / man

남자의 첫 대사에 집중한다. 관리자를 찾는 여자1의 말에 남자가 본인이 관리자(I'm the manager)라고 하였고, 이에 여자1이 주문한 음식이 나오지 않았다(the dish hasn't come out yet.)는 문제점을 언급하였다. 따라서 정답은 (A)이다.

[패러프레이징] **manager** 관리자 → **supervisor** 관리자　　　　　　　　　　　　　　정답 (A)

33 Why does Lola say she feels sorry?
 (A) An item is currently out of stock.
 (B) A bill is incorrect.
 (C) A worker is not friendly.
 (D) An order has not been brought out yet.

왜 Lola 씨는 미안하다고 말하는가?
 (A) 제품이 현재 품절이다.
 (B) 청구서가 잘못되었다.
 (C) 직원이 친절하지 않다.
 (D) 주문한 것이 아직 나오지 않았다.

─○ 구체적인 정보 파악 – 이유/원인 ─────────────────

문제 키워드 | Why / Lola / say / sorry

Lola 씨가 사과하는 곳에 집중한다. 중후반부에 남자가 Lola 씨에게 손님이 30분 넘게 음식을 받지 못했다(Lola, the lady ~ 30 minutes.)고 한 것에 대해 Lola 씨가 죄송하다(I beg your pardon.)고 한 것이므로 정답은 (D)이다.

어휘 currently 현재　out of stock 품절인　bill 청구서　incorrect 잘못된　friendly 친절한　　정답 (D)

34 What does the man say he will do?
 (A) Change a request
 (B) Talk with a coworker
 (C) Cancel an order
 (D) Discount an item

남자는 무엇을 할 예정이라고 말하는가?
 (A) 요청 변경
 (B) 동료와 대화
 (C) 주문 취소
 (D) 제품 할인

─○ 구체적인 정보 파악 – 미래 ───────────────────

문제 키워드 | What / man / say / will

남자의 미래 일정을 묻는 문제로, 후반부 남자의 대사 중 미래 표현에 집중한다. 후반부에 남자가 주방장과 이야기를 나눈 후에 곧 음식을 가져다주겠다(I will talk to the chef and bring your food right away.)고 했으므로 정답은 (B)이다.

[패러프레이징] **talk to the chef** 주방장과 이야기하다 → **Talk with a coworker** 동료와 대화　　정답 (B)

Questions 35-37 refer to the following conversation. 35-37은 다음 대화에 관한 문제입니다.

AU
BR

M Hello, thanks for calling Italiano Garden.
W Hi. I'm planning an anniversary celebration. **35 Your restaurant's been recommended**, but I'd like to know how many people you can accommodate at once.
M Our restaurant has a seating capacity of 200 people inside and we also have more than 10 tables on the patio.
W And **36** how much does a full course meal cost per person?
M **36** Our full course dinner is 150 dollars.
W Hmm... The Queen's Café charges 120 dollars.
M Well, if you leave me your phone number, **37** I'll call you back right after I speak to the manager. It won't take long.
W Thanks. I'd appreciate that.

남 안녕하세요, Italiano Garden에 전화 주셔서 감사합니다.
여 안녕하세요. 저는 기념일 축하 행사를 계획하고 있어요. **35** 당신의 식당을 추천받았는데 한 번에 몇 명을 수용할 수 있는지 알고 싶어요.
남 저희 식당은 내부에 200명을 수용할 수 있는 좌석이 있고 또한 테라스에 10개 이상의 테이블이 있어요.
여 그리고 **36** 풀코스 식사는 인당 얼마인가요?
남 **36** 저희 풀코스 식사는 150달러입니다.
여 음… Queen's Café는 120달러를 청구하는데요.
남 음, 전화번호를 남겨주시면, **37** 관리자와 이야기한 후에 바로 전화 드릴게요. 오래 걸리지 않을 거예요.
여 감사합니다. 그렇게 해 주시면 정말 고맙죠.

어휘 anniversary 기념일 celebration 축하 행사 recommend 추천하다 accommodate 수용하다 at once 동시에, 한꺼번에 capacity 수용력 inside 내부에 patio 테라스 charge 청구하다

35 Where does the man most likely work?
(A) At a hotel
(B) At a restaurant
(C) At an event-planning company
(D) At a party-supply store

남자는 어디에서 일할 것 같은가?
(A) 호텔에서
(B) 식당에서
(C) 이벤트 기획 회사에서
(D) 파티 용품 회사에서

> ○ 기본 정보 파악 – 장소
>
> 문제 키워드 | Where / man / work
>
> 남자가 일하는 곳을 묻는 질문이다. 여자가 남자에게 당신의 식당을 추천받았다(Your restaurant's been recommended)고 했으므로 남자가 식당에서 일한다는 것을 알 수 있다. 따라서 정답은 (B)이다.
>
> 정답 (B)

36 Why does the woman say, "The Queen's Café charges 120 dollars"?
(A) To negotiate a price
(B) To notify the man of her decision
(C) To express her satisfaction
(D) To prevent a wrong charge

여자는 왜 "Queen's Café는 120달러를 청구하는데요"라고 말하는가?
(A) 가격을 협상하기 위해
(B) 남자에게 그녀의 결정을 알리기 위해
(C) 만족감을 표하기 위해
(D) 잘못된 청구를 예방하기 위해

> ○ 신유형 – 화자의 의도 파악
>
> 문제 키워드 | Why / woman / say / "The Queen's Café charges 120 dollars"
>
> 여자의 말을 주변 문맥과 종합하여 의도를 파악해야 한다. 문제에 제시된 말 앞의 문맥을 살펴보면, 풀코스 식사가 얼마인지(how much does a full course meal cost per person?) 묻는 여자의 질문에 남자는 150달러(Our full course dinner is 150 dollars.)라고 응답하고 있다. 이에 대해 여자가 "Queen's Café는 120달러를 청구한다"고 언급한 것이므로 더 저렴한 다른 식당의 가격을 언급하며 가격을 협상하고자 하는 의도가 있음을 알 수 있다. 따라서 정답은 (A)이다.
>
> **어휘** negotiate 협상하다 notify 알리다 decision 결정 express 표현하다 satisfaction 만족(감) prevent 예방하다
>
> 정답 (A)

37 What will the man do next?
(A) Call the woman back
(B) Speak with a manager
(C) Provide some samples
(D) Cancel an order

남자는 다음에 무엇을 할 것인가?
(A) 여자에게 다시 전화하기
(B) 관리자와 이야기하기
(C) 일부 샘플 제공하기
(D) 주문 취소하기

> ○ 구체적인 정보 파악 – 미래
>
> 문제 키워드 | What / will / man / next
>
> 남자가 앞으로 할 일을 묻는 문제로, 이런 유형의 문제는 대화 후반에 단서가 나오는 경우가 많다. 남자의 마지막 대사에서 관리자와 이야기한 후에 바로 다시 전화하겠다(I'll call you back right after I speak to the manager.)고 했으므로 정답은 (B)이다. 여자에게 다시 전화하는 것은 관리자와 이야기한 후에 할 일이므로 오답이다.
>
> 정답 (B)

Questions 38-40 refer to the following conversation. 38-40은 다음 대화에 관한 문제입니다.

US
BR

M Good afternoon, Sara. 38 How's designing new jogging shoes going? Don't forget that the general manager is expecting the final version of the design later this week.
W The entire division is solely focusing on the work at the moment. Except the color scheme, we're almost ready for the basic model. 39 We're a little bit worried about the deadline.
M I believe that won't be a problem. Your team's work has always been great. 40 Just remember to e-mail me the progress report on Thursday.
W OK, I will. Thank you.

남: 안녕하세요, Sara 씨. 38 새로운 조깅화 디자인은 어떻게 진행되고 있나요? 총책임자가 이번 주까지 최종 버전의 디자인을 볼 수 있기를 기대하고 있다는 것을 잊지 마세요.
여: 현재 부서 전체가 오직 그 작업에만 전념하고 있습니다. 색채 배합을 제외하면, 기본 모델은 거의 준비가 되었습니다. 39 저희는 마감일을 약간 걱정하고 있습니다.
남: 그건 문제가 되지 않을 거예요. 당신의 팀에서 작업한 것들은 항상 좋았습니다. 40 다만 목요일에 이메일로 진행 보고서를 잊지 말고 보내 주세요.
여: 알겠습니다, 그렇게 하겠습니다. 감사합니다.

어휘 general manger 총책임자 expect 기대하다, 예상하다 entire 전체의 division 부서 solely 오로지, 단지 focus on ~에 초점을 맞추다, 전념하다 at the moment 바로 지금 except ~을 제외하고 color scheme 색채 배합 deadline 마감(일) progress 진행

38 What type of business do the speakers most likely work for?
(A) A local museum
(B) A shoe manufacturing firm
(C) A fitness center
(D) An employment agency

화자들은 어떤 종류의 회사에서 일하는 것 같은가?
(A) 지역 박물관
(B) 신발 제조 회사
(C) 헬스장
(D) 직업소개소

○ 기본 정보 파악 - 직업/업종

문제 키워드 | What / business / speakers / work

화자가 근무하는 회사의 종류를 묻는 문제로, 주로 대화 초반부에 단서가 있다. 초반부에 남자가 여자에게 새로운 조깅화의 디자인 진행 상황(How's designing new jogging shoes going?)을 묻는 것으로 보아 남자와 여자가 신발 관련 회사에서 근무하고 있음을 알 수 있다. 따라서 정답은 (B)이다.

[패러프레이징] designing new jogging shoes 새로운 조깅화를 디자인하는 것
→ A shoe manufacturing firm 신발 제조 회사

정답 (B)

39 What is the woman concerned about?
(A) Revising a policy
(B) Finding a way to increase sales
(C) Solving recent customer complaints
(D) Finishing a task by a deadline

여자는 무엇에 대해서 걱정하는가?
(A) 정책을 수정하는 것
(B) 매출 증가 방법을 모색하는 것
(C) 최근 고객의 불만을 해결하는 것
(D) 마감일까지 업무를 마치는 것

○ 구체적인 정보 파악 - 문제점

문제 키워드 | What / woman / concerned

여자가 걱정하고 있는 것을 묻는 문제로, 핵심 키워드인 concerned가 여자의 대사에서는 worried로 언급됐다. 여자가 마감일을 약간 걱정하고 있다(We're a little bit worried about the deadline.)고 했으므로 정답은 (D)이다.

어휘 revise 수정하다 policy 정책 increase 올리다 solve 해결하다 recent 최근의 complaint 불만, 항의 task 업무

정답 (D)

40 What does the man ask the woman to do?
(A) Revise a report
(B) E-mail the status of a job
(C) Prepare a presentation
(D) Repair some equipment

남자는 여자에게 무엇 하기를 요청하는가?
(A) 보고서 수정
(B) 이메일로 작업 현황 전달
(C) 발표 준비
(D) 장비 수리

○ 구체적인 정보 파악 - 제안/요청

문제 키워드 | What / man / ask / woman

남자의 요청 사항을 묻는 문제로, 남자의 대사 중 권유/제안 표현에서 정답을 파악한다. 남자가 후반부에 목요일에 이메일로 진행 보고서를 보내 달라(Just remember to e-mail me the progress report on Thursday.)고 했으므로 정답은 (B)이다.

[패러프레이징] e-mail me the progress report 진행 보고서를 보내다 → E-mail the status of a job 이메일로 작업 현황 전달

어휘 status 상황, 상태 repair 수리하다 equipment 장비

정답 (B)

Questions 41-43 refer to the following conversation. 41-43은 다음 대화에 관한 문제입니다.

M: Oh, hello, Juana. It's good to see you here. What are you doing?
W: Hi, Edgar. Actually, I've been writing a novel. **41** I have a dream of becoming a published author.
M: That's wonderful. **42** You know a friend of mine works for a publishing company. He is working as an editor, so he reviews a lot of manuscripts from new writers every day. **42** Do you want me to tell him about your work?
W: Really? That'd be a great help! Well, but I think I should contact him myself. **43** Can you give his e-mail address to me?
M: **43** Of course, let me write it down here for you.

남: 오, 안녕하세요, Juana 씨. 여기서 만나게 돼서 기뻐요. 뭐하고 지내세요?
여: 안녕하세요, Edgar 씨. 사실 저는 소설을 쓰고 있어요. **41** 저는 출판 작가가 되는 꿈을 가지고 있어요.
남: 대단해요. **42** 제 친구가 출판사에서 일해요. 그는 편집자로 일하고 있어서 신인 작가들의 많은 원고를 매일 검토해요. **42** 그에게 당신의 작품에 관해 이야기해 드릴까요?
여: 정말요? 그러면 정말 도움이 될 거예요. 음, 그렇지만 제가 직접 그에게 연락해야 할 것 같아요. **43** 저에게 그의 이메일 주소를 알려 주실 수 있나요?
남: **43** 물론이죠, 여기에 적어 드릴게요.

어휘 novel 소설 publishing 출판 author 작가 editor 편집자 review 검토하다 manuscript 원고 contact 연락하다

41 What dream is the woman trying to achieve?
(A) To become an author
(B) To open a book store
(C) To visit other countries
(D) To join a publishing company

여자가 이루려는 꿈은 무엇인가?
(A) 작가가 되는 것
(B) 서점을 개업하는 것
(C) 다른 나라들을 방문하는 것
(D) 출판사에 입사하는 것

○ 구체적인 정보 파악 – 특정 사항

문제 키워드 | What dream / woman / trying / achieve

여자가 이루려는 꿈을 묻는 문제로, 전반부 여자의 대사에서 핵심 키워드인 dream이 언급되는 곳에 집중한다. 전반부에 여자가 출판 작가가 되는 꿈을 갖고 있다(I have a dream of becoming a published author.)고 했으므로 정답은 (A)이다. **정답 (A)**

---

42 What does the man offer to do for the woman?
(A) Design a survey
(B) Review some paperwork
(C) Revise a proposal
(D) Get in touch with his friend

남자는 여자를 위해 무엇을 하겠다고 제안하는가?
(A) 설문 조사 만들기
(B) 서류 검토하기
(C) 제안 수정하기
(D) 그의 친구에게 연락하기

○ 구체적인 정보 파악 – 제안/요청

문제 키워드 | What / man / offer / woman

남자가 제안한 것을 묻는 문제로, 남자의 대사에서 제안 표현이 언급되는 곳에 집중한다. 중반부에 남자가 친구가 출판사에서 일한다(You know a friend of mine works for a publishing company.)며, 여자가 쓴 소설에 관해 그에게 이야기하는 것(Do you want me to tell him about your work?)을 제안했으므로 정답은 (D)이다.

패러프레이징 tell 알리다 → Get in touch with ~에게 연락하다

어휘 revise 수정하다 proposal 제안(서) get in touch with ~와 연락하다 **정답 (D)**

---

43 What information is given to the woman?
(A) Some directions to a building
(B) A list of local businesses
(C) Some contact information
(D) A home address

어떤 정보가 여자에게 제공되는가?
(A) 건물로 가는 길 안내
(B) 현지 사업체 명단
(C) 연락처
(D) 집 주소

○ 구체적인 정보 파악 – 특정 사항

문제 키워드 | What information / given / woman

여자에게 제공되는 정보가 무엇인지 묻는 문제로, 후반부에서 정답의 단서를 찾는다. 후반부에 여자가 남자에게 친구의 이메일 주소를 알려 줄 수 있는지(Can you give his e-mail address to me?) 묻자, 남자가 여기에 적어 주겠다(Of course, let me write it down here for you.)고 하였다. 따라서 (C)가 정답이다.

패러프레이징 e-mail address 이메일 주소 → contact information 연락처 **정답 (C)**

Questions 44-46 refer to the following conversation with three speakers. 44-46은 다음 세 명의 대화에 관한 문제입니다.

AU
BR
US

M: Lucy, **44** I didn't expect to see you still working in the office. You are supposed to leave at 5:00, aren't you?
W1: Yes, but **45** I couldn't come to work until 10:30 this morning because my car broke down. It's in the service center right now.
M: Oh, that sometimes happens. Anyway, how will you get home, then?
W1: Hilda will be here soon. Her apartment is close to my place, so she offered to drive me home. Oh, here she is now.
W2: Hello, Lucy. Are you ready to leave now? Since the fuel is very low, we need to stop by the gas station on the way.
W1: Oh, that's OK. Well, actually, **46** I'd like to pay for it to express my appreciation for giving me a ride.

남: Lucy 씨, **44** 당신이 아직까지 사무실에서 근무하고 있을 거라 생각하지 못했어요. 당신은 다섯 시에 퇴근을 하잖아요, 그렇지 않나요?
여1: 네, 하지만 **45** 제 차가 고장이 나서 오늘 아침에 10시 30분까지 출근을 하지 못했습니다. 차는 지금 서비스 센터에 있습니다.
남: 오, 가끔씩 그럴 때가 있습니다. 그러면 집까지 어떻게 가실 건가요?
여1: Hilda 씨가 곧 여기로 올 거예요. 그녀의 아파트가 저희 집과 가까워서, 저를 집까지 태워 주겠다고 했습니다. 아! 그녀가 오네요.
여2: 안녕하세요, Lucy 씨. 퇴근할 준비가 되셨나요? 연료가 얼마 없어서 가는 길에 주유소에 들러야 해요.
여1: 네, 괜찮습니다. 음, 사실, **46** 태워 주시는 것에 대한 감사의 뜻을 표하고자 주유비를 내 드리고 싶어요.

어휘 be supposed to V ~하기로 되어 있다   fuel 연료   stop by ~에 들르다   express 표현하다   appreciation 감사   give a ride 태워 주다

44 What did the man not expect to see?
(A) Some documents containing wrong information
(B) A coworker staying late at work
(C) An office space under renovation
(D) Some vehicles parked on the street

남자는 무엇을 볼 것이라 예상하지 못했는가?
(A) 잘못된 정보가 포함된 문서
(B) 일터에 늦게까지 남아 있는 동료
(C) 보수 중인 사무실
(D) 거리에 주차된 차량

○ 구체적인 정보 파악 – 특정 사항

문제 키워드 | What / man / not / expect / see

남자의 대사에 집중한다. 남자가 초반에 Lucy 씨에게 아직까지 사무실에서 근무하고 있을 거라 생각하지 못했다(I didn't expect to see you still working in the office.)고 했으므로 정답은 (B)이다.

어휘 contain 포함하다   wrong 틀린, 잘못된   coworker 동료   renovation 보수, 개조   vehicle 차량   정답 (B)

45 What was the problem Lucy encountered in the morning?
(A) Her car had an unexpected glitch.
(B) Her purse was missing.
(C) She got off at the incorrect location.
(D) She lost her smart phone.

Lucy 씨에게 아침에 닥친 문제는 무엇이었는가?
(A) 그녀의 차에 예상치 못한 문제가 생겼다.
(B) 지갑을 분실하였다.
(C) 잘못된 장소에 내렸다.
(D) 스마트 폰을 분실하였다.

○ 구체적인 정보 파악 – 문제점

문제 키워드 | What / problem / Lucy / encountered / morning

여자1인 Lucy 씨의 대사에 집중한다. Lucy 씨가 차가 고장 나서 오늘 아침에 10시 30분까지 출근을 하지 못했다(I couldn't ~ my car broke down.)고 했으므로 정답은 (A)이다.

패러프레이징 broke down 고장 나다 → had an unexpected glitch 예상치 못한 문제가 생겼다

어휘 unexpected 예상하지 못한   glitch 결함, 문제   purse 지갑   missing 없어진, 실종된   incorrect 잘못된, 틀린   정답 (A)

46 What does Lucy offer to do for Hilda?
(A) Search for some information
(B) Share a cost
(C) Hand in a document
(D) Make a phone call

Lucy 씨는 Hilda 씨를 위해 무엇 하기를 제안하는가?
(A) 정보 검색
(B) 비용 분담
(C) 서류 제출
(D) 전화 통화

○ 구체적인 정보 파악 – 제안/요청

문제 키워드 | What / Lucy / offer / Hilda

후반부 권유/제안 표현에 집중한다. Lucy 씨는 Hilda 씨가 집까지 태워 주는 것에 대한 감사의 뜻을 표하고자 주유비를 내고 싶다(I'd like to pay for it to express my appreciation for giving me a ride.)고 했으므로 정답은 (B)이다.

패러프레이징 pay for it 비용을 지불하다 → Share a cost 비용 분담   정답 (B)

Questions 47-49 refer to the following conversation. 47-49는 다음 대화에 관한 문제입니다.

M: Tracy, can I talk to you for a minute? I want to tell you that I've found some new cleaning goods, called "Fresh and Bright." **47** It will definitely be a good addition for our supermarket to sell.
W: Well, that sounds interesting. I want to know more about it.
M: **48** Because of its environmentally friendly ingredients, our customers will like to use it.
W: Hmm... If that is so, **49** let's call the supplier and order some samples to see how our customers will like it before making a large quantity order. So, we can see whether it would sell well or not.

남: Tracy 씨, 잠깐 저와 얘기할 수 있을까요? 제가 "Fresh and Bright"라는 이름의 새로운 청소 제품을 발견했다는 것을 알려 드리고요. **47** 우리 슈퍼마켓의 판매 제품으로 넣기에 확실히 좋을 것 같습니다.
여: 음, 흥미롭네요. 그것에 대해 좀 더 알고 싶어요.
남: **48** 그 제품의 환경 친화적인 성분 때문에 우리 고객들은 그것을 사용하고 싶어 할 것입니다.
여: 흠... 만약 그 제품이 그렇다면, 대량 주문을 하기 전에 우리 고객들이 그것을 얼마나 좋아할지 알아보기 위해 **49** 공급업자에게 전화해서 샘플 주문을 해 보죠. 그러면 그것이 잘 팔릴지 그렇지 않을지 알아볼 수 있을 겁니다.

어휘 goods 제품 called ~라고 불리는 definitely 확실히 addition 추가(물) environmentally friendly 환경 친화적인 ingredient 재료, 성분 supplier 공급업자 quantity 양

47 What type of business do the speakers most likely work for?
(A) A construction company
(B) A shipping firm
(C) A retail store
(D) A cleaning company

화자들은 어떤 종류의 업체에서 일하는 것 같은가?
(A) 건설 회사
(B) 배송 회사
(C) 소매점
(D) 청소 회사

┌─○ 기본 정보 파악 – 직업/업종 ─────────────────────────────
│ **문제 키워드 | What / business / speakers / work**
│ 화자들이 일하는 근무처나 업종은 대화의 전반부에 언급되며, 주로 our/we/this/here 등의 단어와 함께 제시된다. 남자가 첫 번째 대사에서 우리 슈퍼마켓의 판매 제품으로 넣기에 확실히 좋을 것 같다(It will definitely be a good addition for our supermarket to sell.)고 했으므로 화자들이 근무하는 곳은 슈퍼마켓, 즉 소매점임을 알 수 있다. 따라서 정답은 (C)이다.
│ **패러프레이징** supermarket 슈퍼마켓 → retail store 소매점   정답 (C)

48 According to the man, why will customers like new goods?
(A) Because of its user-friendly design
(B) Because of its price that is much cheaper than other products
(C) Because of its ingredients that do not harm the environment
(D) Because of its online ordering system

남자의 말에 따르면, 왜 고객들은 새로운 제품을 좋아할 것인가?
(A) 사용자 친화적인 디자인 때문에
(B) 다른 제품보다 훨씬 저렴한 가격 때문에
(C) 환경에 해를 끼치지 않는 성분 때문에
(D) 온라인 주문 시스템 때문에

┌─○ 구체적인 정보 파악 – 이유/원인 ─────────────────────────────
│ **문제 키워드 | man / why / customers / like**
│ 남자의 대사에서 핵심 키워드인 customers와 like가 언급되는 곳에 집중한다. 제품의 환경 친화적인 성분 때문에 고객들이 그것을 사용하고 싶어 할 것(Because of its environmentally friendly ingredients, our customers will like to use it.)이라고 했으므로 정답은 (C)이다.
│ **어휘** user-friendly 사용자 친화적인 harm 해를 끼치다, 손상시키다   정답 (C)

49 What does the woman suggest the man do?
(A) Design a new model
(B) Revise a report
(C) Contact a supplier
(D) Put up a new sign

여자는 남자에게 무엇을 할 것을 제안하는가?
(A) 새로운 모델 디자인
(B) 보고서 수정
(C) 공급업자에게 연락
(D) 새로운 간판 설치

┌─○ 구체적인 정보 파악 – 제안/요청 ─────────────────────────────
│ **문제 키워드 | What / woman / suggest / man**
│ 여자의 후반부 대사에서 권유/제안 표현을 확인하자. 대화 후반부에 공급업자에게 전화하자(let's call the supplier)고 Let's를 사용하여 제안했으므로 정답은 (C)이다. 제안/요청의 표현이 나열되는 경우, 처음 언급된 것이 답이 됨을 주의하자.
│ **패러프레이징** call the supplier 공급업자에게 전화하다 → Contact a supplier 공급업자에게 연락
│ **어휘** revise 수정하다 put up ~을 설치하다   정답 (C)

Questions 50-52 refer to the following conversation. 50-52는 다음 대화에 관한 문제입니다.

US
US

W Hi, Ed. Where are you heading to?
M **50 I need to make a presentation at the surgeons' meeting today.**
W Oh, **51 I thought Vicky is going to do that. Is she doing something else?**
M Vicky is tied up with some other reports.
W I see. So, what will we be talking about today?
M **52 The agenda will be all about the renovation plan for the medical offices starting next year.** As the renovation work will be carried out floor by floor, some of us will need to see patients at different offices for several months.

여: 안녕하세요, Ed 씨. 어디 가는 길이신가요?
남: **50 오늘 외과 전문의 회의에서 발표를 해야 해요.**
여: 오, **51 저는 Vicky 씨가 하는 줄 알았어요. 그녀는 다른 걸 하고 있나요?**
남: Vicky 씨는 다른 보고서 때문에 바쁩니다.
여: 그렇군요. 그러면 우리가 오늘 무엇에 대해서 이야기를 나눌 건가요?
남: **52 모든 안건들은 내년에 실시되는 진료실 보수 계획과 관련이 있습니다.** 보수 작업이 층별로 진행될 예정이기 때문에 우리 중 일부는 몇 달 동안 다른 진료실에서 환자들을 봐야 할 거예요.

어휘 head to ~를 향해서 가다   make a presentation 발표를 하다   surgeon 외과 전문의   be tied up with ~으로 바쁘다   agenda 의제, 안건
renovation 개조, 보수   medical office 진료실   carry out 수행하다, 이행하다   patient 환자

50 What type of business do the speakers most likely work for?
(A) A marketing agency
(B) A medical institution
(C) A conference center
(D) A flooring company

화자들은 어떤 종류의 회사에서 근무하는 것 같은가?
(A) 마케팅 회사
(B) 의료 시설
(C) 회의장
(D) 바닥재 회사

┌─ ○ 기본 정보 파악 – 직업/업종 ─────
│
│ **문제 키워드** | What / business / speakers / work
│
│ 화자들이 근무하는 곳을 묻는 문제로, 대화 초반부에서 근거를 찾는다. 남자가 초반부에 외과 전문의 회의에서 발표를 해야 한다(I need to make a presentation at the surgeons' meeting today.)고 했고, 진료실 보수 관련 이야기를 했으므로 정답은 (B)이다.
│
│ **패러프레이징** surgeons 외과 전문의 → **A medical institution** 의료 시설
│
│   정답 (B)

51 What does the man mean when he says, "Vicky is tied up with some other reports"?
(A) A deadline is expected to be extended.
(B) A colleague cannot participate in a meeting.
(C) He thinks they are understaffed.
(D) He has to work overtime for several months.

남자가 "Vicky 씨는 다른 보고서 때문에 바쁩니다"라고 말할 때 의미하는 것은 무엇인가?
(A) 마감일이 연장될 것이라 예상된다.
(B) 동료는 회의에 참석할 수 없다.
(C) 그는 직원이 부족하다고 생각한다.
(D) 그는 몇 달 동안 야근을 해야 한다.

┌─ ○ 신유형 – 화자의 의도 파악 ─────
│
│ **문제 키워드** | What / man / mean / "Vicky is tied up with some other reports"
│
│ 해당 문장의 주변 문맥을 파악하여 화자의 의도를 파악해야 한다. 여자가 Vicky 씨가 발표를 하는 줄 알았다(I thought Vicky ~ to do that.)며 그녀는 다른 걸 하고 있는지(Is she doing something else?) 묻자 남자가 "Vicky 씨는 다른 보고서 때문에 바쁩니다"라고 답한 것이다. 즉, Vicky 씨는 다른 일정으로 회의에 참석하지 못한다는 의미이므로 정답은 (B)이다.
│
│ **어휘** deadline 마감(일)   extend 연장하다   colleague 동료   participate in ~에 참여하다   understaffed 일손이 부족한
│   정답 (B)

52 What will take place next year?
(A) A renovation project
(B) New training sessions
(C) An internship program
(D) Organizational reform

내년에 무슨 일이 있을 것인가?
(A) 보수 프로젝트
(B) 신규 교육
(C) 인턴 프로그램
(D) 조직 개혁

┌─ ○ 구체적인 정보 파악 – 미래 ─────
│
│ **문제 키워드** | What / will / next year
│
│ 후반부 대사 중 핵심 키워드인 next year가 언급되는 곳에서 정답을 찾는다. 후반부에 남자가 모든 안건들은 내년에 실시되는 진료실 보수 계획과 관련이 있다(The agenda ~ next year.)고 했으므로 정답은 (A)이다.
│
│ **패러프레이징** the renovation plan 보수 계획 → **A renovation project** 보수 프로젝트
│
│ **어휘** organizational reform 조직 개혁
│   정답 (A)

Questions 53-55 refer to the following conversation. 53-55는 다음 대화에 관한 문제입니다.

W ⁵³ I believe it's time to consider increasing production of our Natural Fresh refrigerator. It's been so popular since last summer that the product is often sold out at many of our chain stores.
M Oh! What good news! Well, but you know, ⁵⁴ it may be difficult to do so since we're now short-handed. Currently, many of our employees are already staying late to meet the recent demand.
W ⁵⁵ Why don't you come with me to talk to Ms. Cortez in Personnel? I've already scheduled a meeting with her for Thursday.
M Why not? I think I can do that.
W I'd like to talk about hiring extra staff promptly for our assembly line so that we can keep up with the demand.

여: ⁵³ 우리 Natural Fresh 냉장고의 생산량을 늘리는 것을 고려해야 할 시기라고 생각합니다. 지난여름부터 인기가 매우 많아서 여러 지점에서 자주 품절되었습니다.
남: 오! 좋은 소식이네요! 음, 하지만 아시다시피, ⁵⁴ 우리는 지금 일손이 부족하기 때문에 그렇게 하기는 어려울 수 있습니다. 현재 최근의 수요를 맞추기 위해 많은 직원들은 이미 늦게까지 근무하고 있습니다.
여: ⁵⁵ 저와 함께 가서 인사부의 Cortez 씨에게 이야기하는 게 어때요? 이미 목요일에 그녀와 회의 일정을 잡아두었습니다.
남: 좋아요. 그렇게 할 수 있을 것 같아요.
여: 수요를 맞추기 위해, 조립 라인에 즉시 추가 직원을 고용하는 것에 대해 이야기하고 싶습니다.

어휘 consider 고려하다 increase 증가시키다 production 생산, 생산량 natural 자연의 fresh 신선한 refrigerator 냉장고 popular 인기 있는 sold out 매진된 chain store 체인점 short-handed 일손이 부족한 currently 현재 recent 최근의 demand 수요, 요구 extra 추가의 promptly 즉시 assembly line 조립 라인 keep up with ~을 맞추다, ~에 뒤지지 않다

53 What does the woman indicate about the refrigerator?
(A) It is inexpensive.
(B) It will receive an award.
(C) It is in great demand.
(D) It consumes less energy.

여자는 냉장고에 대해 무엇이라고 말하는가?
(A) 저렴하다.
(B) 상을 받을 것이다.
(C) 수요가 많다.
(D) 에너지 소비가 적다.

구체적인 정보 파악 – 특정 사항

문제 키워드 | What / woman / indicate / refrigerator

여자가 냉장고에 대해 언급한 것이 무엇인지 묻는 문제로, 여자의 대사에서 냉장고가 언급되는 부분에 집중한다. 여자의 첫 대사에서 냉장고의 생산량을 늘리는 것을 고려해야 할 시기(I believe it's time to consider increasing production of our Natural Fresh refrigerator.)라는 언급과 함께, 작년여름부터 해당 제품이 인기가 많아서 여러 지점에서 자주 품절되었다(It's been so popular since last summer that the product is often sold out at many of our chain stores.)고 했으므로 여자가 냉장고에 대해 언급한 것은 수요가 많다는 것임을 알 수 있다. 따라서 정답은 (C)이다.

패러프레이징 **popular** 인기가 많은 → **in great demand** 수요가 많은

어휘 inexpensive 저렴한 award 상 consume 소비하다

정답 (C)

54 What is the man concerned about?
(A) Insufficient work hours
(B) A limited budget
(C) Old equipment
(D) A shortage of labour

남자는 무엇을 걱정하는가?
(A) 부족한 근무 시간
(B) 한정된 예산
(C) 오래된 장비
(D) 노동력 부족

구체적인 정보 파악 – 문제점

문제 키워드 | What / man / concerned

문제점과 관련된 문제는 대화의 전반부에서 정답을 찾을 수 있다. 남자의 대사에서 우리는 지금 일손이 부족하기 때문에 그렇게 하기는 어려울 수 있다(it may be difficult to do so since we're now short-handed.)고 했으므로 남자가 걱정하는 것은 일손 부족임을 알 수 있다. 따라서 정답은 (D)이다.

패러프레이징 **short-handed** 일손이 부족한 → **A shortage of labour** 노동력 부족

어휘 insufficient 불충분한 limited 한정된, 제한된 budget 예산 equipment 장비 shortage 부족 labour 노동(력)

정답 (D)

55 What does the woman suggest the man do on Thursday?
(A) Come to a meeting
(B) Hand in a report
(C) Review some data
(D) Lead a training session

여자가 남자에게 목요일에 하라고 제안하는 것은 무엇인가?
(A) 회의에 참석하기
(B) 보고서 제출하기
(C) 자료 검토하기
(D) 교육 과정 진행하기

구체적인 정보 파악 – 제안/요청

문제 키워드 | What / woman / suggest / man / Thursday

여자가 제안한 것을 묻는 문제이므로 여자의 대사에서 권유/제안 표현이 언급되는 곳에 집중한다. 여자의 대사에서 Cortez 씨에게 이야기하기 위해 함께 가는 게 어떤지(Why don't you come with me to talk to Ms. Cortez in Personnel?) 묻고 있으며, 목요일에 그녀와 회의 일정이 잡혀 있다(I've already scheduled a meeting with her for Thursday.)고 언급하고 있으므로, 여자는 목요일에 같이 회의에 참석하자고 제안하고 있음을 알 수 있다. 따라서 정답은 (A)이다.

어휘 hand in ~을 제출하다   review 검토하다   lead 이끌다

정답 (A)

Questions 56-58 refer to the following conversation. 56-58은 다음 대화에 관한 문제입니다.

M	South Town music store. How may I help you?
W	Hello, I'm running a fairly small recording studio and I have some broken speakers. **56** Do you have a repair service for this kind of equipment?
M	Certainly, we can fix that equipment. Just drop them off before 5 P.M. today, and we'll have them ready by Friday.
W	Hmm... Well, **57** I'll be out of town for a conference in London on Friday, so it'll be difficult for me to pick them up then. But I think I can come by on Saturday. Is that OK?
M	Sure. Then, we'll have more time to work on them then.
W	Your location is 549 South Avenue, isn't it?
M	Exactly! **58** You can leave your vehicle in front of our building when you arrive here. We have a designated parking lot for our customers.

남: 사우스 타운 음악 매장입니다. 무엇을 도와 드릴까요?
여: 안녕하세요, 저는 상당히 작은 녹음실을 운영하고 있는데, 스피커가 망가졌습니다. **56** 이런 종류의 장비를 수리하시나요?
남: 당연하죠, 저희는 그런 장비들을 수리할 수 있습니다. 오늘 오후 5시 이전에 저희 가게에 맡기시면, 금요일까지 준비해 놓겠습니다.
여: 음... 글쎄요, **57** 런던에서 진행되는 학회 때문에 금요일에 이곳에 없을 테니 그때 물건을 찾아가는 것은 어려울 것 같아요. 대신 토요일에 들를 수 있을 것 같습니다. 괜찮을까요?
남: 네. 그러면 그때까지 그것들을 수리할 시간이 좀 더 있겠네요.
여: 가게의 위치가 사우스 거리 549죠, 맞나요?
남: 맞습니다! **58** 이곳에 도착하시면 건물 앞에 차량을 주차하실 수 있습니다. 고객들을 위한 지정 주차 구역이 있어요.

어휘 run 운영하다 fairly 꽤 recording studio 녹음실 broken 고장 난 repair 수리; 수리하다 equipment 장비 fix 수리하다 drop off 맡기다 out of town 도시를 떠나서 pick up 가져가다 location 위치, 장소 vehicle 차량 designated 지정된 parking lot 주차장

56 What does the woman ask the man to do?
(A) Lead music classes
(B) Promote new recordings
(C) Fix some equipment
(D) Arrange transportation

여자는 남자에게 무엇 하기를 요청하는가?
(A) 음악 수업 진행
(B) 신규 음반 홍보
(C) 장비 수리
(D) 교통편 마련

─○ 구체적인 정보 파악 – 제안/요청 ─

문제 키워드 | What / woman / ask / man

여자의 요청 사항을 묻는 문제로, 여자의 대사에서 정답을 파악한다. 여자가 스피커가 망가졌다며 이런 장비를 수리하는지(Do you have a repair service for this kind of equipment?) 물었으므로 정답은 (C)이다.

[패러프레이징] repair service for this kind of equipment 이런 장비에 대한 수리 서비스
→ **Fix some equipment** 장비 수리

어휘 lead 이끌다 promote 홍보하다 recording 녹음, 음반 arrange 준비하다, 마련하다

정답 (C)

57 Why is the woman not able to visit the store on Friday?
(A) She needs to meet a client.
(B) Her studio will be renovated.
(C) She will be on a business trip.
(D) Her family will be staying in town.

여자는 왜 금요일에 가게를 방문할 수 없는가?
(A) 고객을 만나야 한다.
(B) 스튜디오를 보수할 것이다.
(C) 출장 중일 것이다.
(D) 가족이 마을에 머무를 것이다.

─○ 구체적인 정보 파악 – 이유/원인 ─

문제 키워드 | Why / woman / not / visit / store / Friday

여자가 금요일에 상점을 방문할 수 없는 이유를 묻는 문제로, 여자의 대사 중 Friday가 언급되는 곳 앞뒤에서 정답을 찾는다. 여자는 런던에서 진행되는 학회 때문에 금요일에 마을에 없을 것(I'll be out of town for a conference in London on Friday,)이라고 했으므로 정답은 (C)이다.

[패러프레이징] **out of town for a conference** 학회 때문에 마을에 없는 → **on a business trip** 출장 중인

어휘 renovate 개조하다, 보수하다 stay 머무르다

정답 (C)

58 What does the man advise the woman to do?
(A) Print out some instructions
(B) Park her car in an area
(C) Bring enough cash
(D) Fill out a request form

남자는 여자에게 무엇 하기를 조언하는가?
(A) 설명서 인쇄하기
(B) 구역에 차량 주차하기
(C) 충분한 현금 가져오기
(D) 신청서 작성하기

─○ 구체적인 정보 파악 – 제안/요청

문제 키워드 | What / man / advise / woman

남자가 여자에게 조언한 일이 무엇인지를 묻는 문제로, 후반부 남자의 대사 중 권유/제안 표현에 집중한다. 남자는 매장에 도착하면 매장 앞에 차량을 주차할 수 있다(You can leave your vehicle in front of our building when you arrive here.)고 했으므로 정답은 (B)이다.

패러프레이징 leave your vehicle in front of our building 건물 앞에 차량을 주차하다
→ **Park her car in an area** 구역에 차량 주차하기

어휘 instructions 설명서   fill out ~을 작성하다   request form 신청서

정답 (B)

Questions 59-61 refer to the following conversation. 59-61은 다음 대화에 관한 문제입니다.

AU
BR

M: Hi, I'm calling from WQ High Tech. You sent us an e-mail requesting information about our TM 400 Watcher.
W: Yes, thank you for such a quick response. ⁵⁹ I'm running my own farm, and I think your TM 400 can be used to measure soil moisture, right? I need some kind of equipment that helps me figure out when my fields should be watered.
M: ⁶⁰ TM 400 is exactly what you're looking for. Its automated sensors will detect the levels of moisture in your fields, so it can inform you which parts require water.
W: That's perfect. Hmm... But, I'm worried about the price.
M: Our payment plan, $125 per month, will cover everything.
W: Well, ⁶¹ can I call you back after checking my budget? Your number is 3321-4444, right?

남: 안녕하세요, WQ 하이 테크에서 연락드렸습니다. 저희에게 TM 400 Watcher 관련 자료를 요청하는 이메일을 보내 주셨네요.
여: 네, 이렇게 빠르게 응답해 주셔서 감사합니다. ⁵⁹ 저는 제 소유의 농장을 운영하고 있으며, TM 400이 토양 수분을 측정하는 데 사용될 수 있을 거라 생각해요, 그렇죠? 저는 토양에 언제 물을 주어야 하는지 알 수 있도록 도움을 주는 장비가 필요합니다.
남: ⁶⁰ TM 400이 바로 당신이 찾고 있는 것입니다. 자동 센서가 토양 내 수분의 양을 감지하여 어느 부분이 수분이 필요한지를 알려 줄 수 있습니다.
여: 완벽합니다. 음… 하지만 저는 가격이 걱정스럽니다.
남: 한 달에 125달러인 저희 요금제에는 모든 것이 포함되어 있습니다.
여: 글쎄요, ⁶¹ 제가 예산을 확인한 후에 다시 전화해도 될까요? 전화번호는 3321-4444이죠, 그렇죠?

어휘 request 요청하다 information 정보 quick 빠른 response 응답, 회신 own 자신의 farm 농장 measure 측정하다 soil 토양 moisture 수분 equipment 장비, 용품 figure out 알아내다, 계산해 내다 field 밭, 토지 water 물을 주다 exactly 정확히 look for ~을 바라다, 찾다 automated 자동화된 sensor 센서, 감지기 detect 알아내다, 감지하다 level 정도 payment plan 결제 방식 cover 포함시키다, 다루다

59 Who is the woman?
(A) A business owner
(B) A construction worker
(C) A property developer
(D) A real estate agent

여자는 누구인가?
(A) 사업주
(B) 건설 노동자
(C) 부동산 개발업자
(D) 부동산 중개인

─○ 기본 정보 파악 – 직업/업종

문제 키워드 | Who / woman

여자의 직업을 묻는 문제로, 전반부 여자의 대사에 집중해야 한다. 여자의 첫 대사에서 본인 소유의 농장을 운영하고 있다(I'm running my own farm)고 했으므로 정답은 (A)이다.

패러프레이징 running my own farm 본인 소유의 농장을 운영하다 → **business owner** 사업주

정답 (A)

60 What does the man say about the TM 400 Watcher?
(A) It can be used to anticipate weather.
(B) It records cash transactions.
(C) It keeps track of the levels of moisture.
(D) It monitors system failures.

남자가 TM 400 Watcher에 대해 말하는 것은 무엇인가?
(A) 날씨를 예측하는 데에 사용될 수 있다.
(B) 현금 거래를 기록한다.
(C) 수분의 양을 파악한다.
(D) 시스템 장애를 관리한다.

─○ 구체적인 정보 파악 – 특정 사항

문제 키워드 | What / man / say / TM 400 Watcher

핵심 키워드인 TM 400 Watcher에 집중하여 정답을 찾아야 한다. 남자가 중반부에 TM 400이 바로 여자가 찾고 있는 것(TM 400 is exactly what you're looking for.)이라며, 자동 센서가 토양 내 수분의 양을 감지한다(Its automated sensors will detect the levels of moisture in you fields,)고 했으므로 정답은 (C)이다.

패러프레이징 detect the levels of moisture 토양 내 수분의 양을 감지하다
→ **keeps track of levels of moisture** 수분의 양을 파악한다

어휘 anticipate 예상하다, 예측하다 weather 날씨 record 기록하다 cash transaction 현금 거래 keep track of ~을 파악하다, 기록하다 monitor 감시하다, 관리하다 failure 실패, 장애

정답 (C)

61 Why does the woman say she will call back?
(A) She wants to talk with her manager.
(B) She has a meeting to attend.
(C) She has to review her finances.
(D) She needs more information about the equipment.

여자는 왜 다시 전화할 것이라고 말하는가?
(A) 관리자와 이야기하길 원한다.
(B) 참석해야 할 회의가 있다.
(C) 본인의 재정 상태를 확인해야 한다.
(D) 장비에 대한 정보가 더 필요하다.

○ 구체적인 정보 파악 – 이유/원인

문제 키워드 | Why / woman / say / call back

여자가 다시 전화를 한다고 이야기한 이유를 묻는 문제로, 대화 후반부 여자의 대사에서 정답을 찾는다. 후반부에서 여자가 예산을 확인한 후에 다시 전화해도 될지(can I call you back after checking my budget?) 묻고 있으므로 정답은 (C)이다.

패러프레이징 checking my budget 예산을 확인하다 → review her finances 재정 상태를 확인하다

어휘 attend 참석하다   review 검토하다, 확인하다   finance 재정

정답 (C)

Questions 62-64 refer to the following conversation and request form. 62-64는 다음 대화와 신청서에 관한 문제입니다.

US / US

W Mr. Chandler, I just talked with the conference center on the phone.
M Was it about the conference next month?
W Yeah. They asked us to provide a revised list of the supplies and equipment needed for the event. I reviewed the original request form. And ⁶²I think we should ask for more folding chairs.
M That's right. 72 participants have signed up. So, call the center back and inform them about it, please. By the way, ⁶³has Mr. Collins, our keynote speaker, sent a draft of his speech?
W Yes, we just received it by e-mail, and ⁶⁴I was about to print it out. Let me do it right now and then leave the speech in your office.

Request Form	
Supplies & Equipment	Number
☐ Tables	13
☐ ⁶² Chairs	60
☐ Podium	0
☐ Projectors	1
☐ Microphones	4

여: Chandler 씨, 제가 방금 콘퍼런스 센터와 통화했습니다.
남: 다음 달에 있을 콘퍼런스에 관한 것이었나요?
여: 네, 그들이 행사에 필요한 용품과 장비의 수정 목록을 달라고 요청했어요. 저는 기존의 요청서를 검토했습니다. 그런데 ⁶² 접이식 의자를 더 요청해야 할 것 같습니다.
남: 맞습니다. 72명의 참가자가 등록했습니다. 그러니 센터에 다시 전화해서 그것에 대해서 알려 주세요. 그런데 ⁶³ 기조 연설자인 Collins 씨가 연설 원고를 보냈나요?
여: 네, 방금 이메일로 받았고, ⁶⁴ 제가 막 그것을 인쇄하려고 했습니다. 지금 바로 인쇄해서 연설문을 당신의 사무실에 두겠습니다.

요청서	
용품 & 장비	수량
☐ 테이블	13
☐ ⁶² 의자	60
☐ 연단	0
☐ 영사기	1
☐ 마이크	4

[어휘] revised 수정된 supply 용품 equipment 장비 original 원래의 folding 접을 수 있는 participant 참가자 sign up 등록하다, 신청하다 keynote speaker 기조 연설자 draft 원고, 초안

62 Look at the graphic. Which number on the request form needs to be updated?
(A) 13
(B) 60
(C) 0
(D) 4

시각 자료를 보시오. 신청서에서 어떤 수량이 변경되어야 하는가?
(A) 13
(B) 60
(C) 0
(D) 4

┌─○ 신유형 – 시각 자료 연계 ─────────────────────────────────────
│ 문제 키워드 | graphic / Which number / needs / updated
│ 변경되어야 할 수량이 무엇인지 묻는 시각 자료 연계 문제로, 보기와 시각 자료의 관계부터 파악해야 한다. 보기에 수량이 제시되어 있으므로 대화에서 정답의 단서가 용품과 장비 이름으로 제시될 것임을 예측할 수 있다. 여자의 대사에서 기존의 신청서를 검토했다는 언급에 이어 접이식 의자를 더 요청해야 할 것 같다(I think we should ask for more folding chairs.)고 했으므로 신청서에서 의자의 수량이 변경되어야 한다는 것을 알 수 있다. 시각 자료에서 의자의 수량은 60이므로 정답은 (B)이다. 정답 (B)

63 According to the man, who is Mr. Collins?
(A) A conference speaker
(B) An event organizer
(C) A building inspector
(D) A news reporter

남자에 따르면, Collins 씨는 누구인가?
(A) 콘퍼런스 연설자
(B) 행사 주최자
(C) 건물 조사원
(D) 뉴스 기자

―o 기본 정보 파악 – 직업/업종 ――――

문제 키워드 | man / who / Mr. Collins

남자의 대사에서 Collins 씨가 언급되는 곳에 집중한다. 남자가 여자에게 기조 연설자인 Collins 씨가 연설 원고를 보냈는지(has Mr. Collins, our keynote speaker, sent a draft of his speech?) 묻는 것으로 보아 Collins 씨는 기조 연설자라는 것을 알 수 있으므로 정답은 (A)이다.

정답 (A)

64 What does the woman say she will do next?
(A) Make a phone call
(B) Purchase some office supplies
(C) Go out for lunch
(D) Print out some documents

여자는 다음에 무엇을 할 것이라고 말하는가?
(A) 전화하기
(B) 사무용품 구매하기
(C) 점심 먹으러 나가기
(D) 문서 인쇄하기

―o 구체적인 정보 파악 – 미래 ――――

문제 키워드 | What / woman / say / will / next

여자가 말한 미래 정보를 묻는 문제이므로 대화의 후반부 여자의 대사에서 단서를 찾을 수 있다. Collins 씨가 연설 원고를 보냈는지 묻는 남자의 질문에 여자가 받아서 막 인쇄하려 했다며, 지금 바로 하겠다(I was about to print it out. Let me do it right now)고 했으므로, 여자는 연설 원고를 인쇄할 것임을 알 수 있다. 따라서 정답은 (D)이다.

[패러프레이징] **a draft** 원고 → **documents** 문서

정답 (D)

Questions 65-67 refer to the following conversation and GPS map. 65-67은 다음 대화와 GPS 지도에 관한 문제입니다.

US
AU

W Thank you for giving me a ride home this evening, Stevens. I was so worried about how to get home since 65 **my car is in the service center.**

M Your apartment is close to mine, so it's not a problem. But because of 66 **the Jazz Concert being held this evening,** the route I usually use to go home is closed.

W Yeah, I heard that, too. My mobile phone's GPS map indicates that three other roads are available for us to use. 67 **One of them will take us only 15 minutes.**

M That's good. 67 **We should take that one.**

여: 오늘 저녁에 집에 태워 주셔서 감사합니다, Stevens 씨. 65 제 차가 서비스 센터에 있어서 집에 어떻게 가나 걱정했어요.

남: 당신의 아파트가 제 집과 가까워서 문제가 되지는 않습니다. 그런데 66 오늘 저녁에 열리는 재즈 콘서트 때문에 제가 평상시 집에 갈 때 사용하는 도로가 폐쇄되었어요.

여: 네, 저도 들었어요. 제 휴대폰에 설치된 GPS 지도에는 우리가 이용할 수 있는 다른 도로가 3개가 있다고 나오네요. 67 그 중 하나는 15분밖에 걸리지 않아요.

남: 좋네요. 67 그것을 타야겠어요.

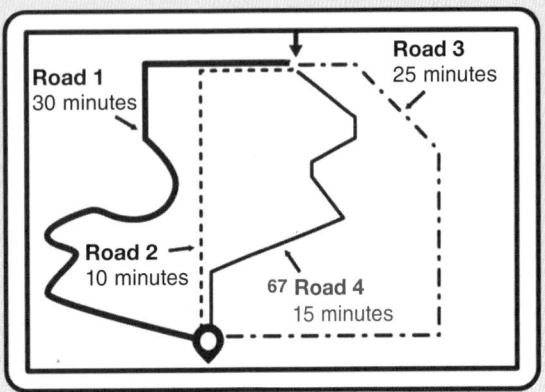

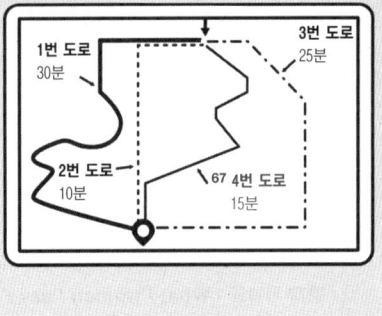

어휘 give a ride 태워 주다   be worried about ~을 걱정하다   close to ~에 가까운   route 경로   indicate 나타내다, 보여 주다   available 이용 가능한

65 Why is the man offering the woman a ride?
(A) Her train has been delayed.
(B) She has just moved to the area.
(C) Her car is being repaired.
(D) She left her car at home.

남자는 왜 여자를 태워 주고 있는가?
(A) 그녀의 기차가 연착되었다.
(B) 그녀는 그 지역으로 막 이사를 갔다.
(C) 그녀의 자동차가 수리 중이다.
(D) 그녀는 집에 자동차를 두고 왔다.

○ 구체적인 정보 파악 - 이유/원인

문제 키워드 | Why / man / offering / woman / ride

남자가 여자를 태워 주는 이유를 묻는 문제이다. 여자가 첫 번째 대사에서 남자에게 차를 태워 주어 고맙다는 인사를 전하면서 본인의 차가 서비스 센터에 있어서(my car is in the service center.) 집에 어떻게 갈지 걱정했다고 말했다. 따라서 정답은 (C)이다.

패러프레이징 car is in the service center 차가 서비스 센터에 있다 → **car is being repaired** 차가 수리 중이다

어휘 delay 지연시키다   area 지역   repair 수리하다

정답 (C)

66 According to the man, what event is being held this evening?
(A) A marathon
(B) A musical event
(C) A sports game
(D) A parade

남자의 말에 따르면, 오늘 저녁에 어떤 행사가 진행되는가?
(A) 마라톤
(B) 음악 행사
(C) 스포츠 경기
(D) 퍼레이드

구체적인 정보 파악 – 미래

문제 키워드 | man / what event / held / this evening

this evening을 핵심 키워드로 잡고 남자의 대사를 주의 깊게 들어야 한다. 남자가 중반부에 오늘 저녁에 열리는 재즈 콘서트(the Jazz Concert being held this evening)를 언급했으므로 정답은 (B)이다.

패러프레이징 Jazz Concert 재즈 콘서트 → **A musical event** 음악 행사

정답 (B)

---

67 Look at the graphic. Which road will the speakers use?
(A) Road 1
(B) Road 2
(C) Road 3
(D) Road 4

시각 자료를 보시오. 화자들은 어떤 도로를 이용할 것인가?
(A) 1번 도로
(B) 2번 도로
(C) 3번 도로
(D) 4번 도로

신유형 – 시각 자료 연계

문제 키워드 | graphic / Which road / speakers / use

가장 먼저 보기와 시각 자료의 관계를 파악해야 한다. 보기에 도로 종류가 제시되어 있으므로, 대화에서는 해당 도로를 이용할 때 걸리는 시간이 정답의 단서로 언급될 것임을 예상하고 들어야 한다. 후반부에 여자가 GPS 지도에 3개의 도로가 나온다고 하면서 그중 하나는 15분밖에 걸리지 않는다(One of them will take us only 15 minutes.)고 하였고, 그 말을 듣고 남자가 그것을 타자(We should take that one.)고 했다. 따라서 시각 자료에서 15분이 걸리는 도로를 찾으면 정답은 (D)이다.

정답 (D)

Questions 68-70 refer to the following conversation and list. 68-70은 다음 대화와 목록에 관한 문제입니다.

M: Ms. Oliver. I heard there will be a workshop which will give me a great chance to learn more about marketing in social media. I just wonder if our firm could pay for it. **68** It'll be very informative for me to be aware of various ways to reach many potential customers through social media.

W: I think that's a great idea. We always want to know how to bring in more customers. What's the registration fee for it?

M: I have a list showing how much it will be. Well, basically, **69** it's too late to get a discount for advance registration.

W: Hmm... Alright! Just go ahead and register for it. I also want to know what kind of topics they will address at the workshop.

M: **70** I will forward you all the details about it including topics and schedules by e-mail.

남: Oliver 씨. 제가 소셜 미디어 마케팅에 대해 더 배울 수 있는 좋은 기회가 될 워크숍이 진행될 예정이라는 소식을 들었습니다. 우리 회사에서 그 비용을 부담해 줄 수 있는지 궁금합니다. **68** 제가 소셜 미디어를 통해 많은 잠재 고객들에게 다가가는 다양한 방법을 알게 되면 매우 유익할 것입니다.

여: 좋은 생각인 것 같아요. 우리는 항상 어떻게 더 많은 고객을 유치할 수 있는지 알길 원해요. 등록비는 얼마인가요?

남: 가격이 얼마인지 나와 있는 목록이 있어요. 음, 일단 **69** 사전 등록 할인을 받기에는 너무 늦었네요.

여: 음... 괜찮아요! 어서 등록하세요. 또한 워크숍에서 어떤 주제들이 다루어지는지 알고 싶어요.

남: **70** 주제와 일정을 포함하여 모든 관련 세부 사항들을 이메일로 전달해 드리겠습니다.

Fee list for Social Marketing		
	Students	**69** Professional
Advance Registration (before Jun 10)	$50	$150
69 Standard Registration (After June 10)	$100	**69** $250

소셜 마케팅 신청비 목록		
	학생	**69** 전문가
사전 등록 (6월 10일 이전)	50달러	150달러
69 일반 등록 (6월 10일 이후)	100달러	**69** 250달러

어휘 wonder 궁금하다 firm 회사 pay for ~의 비용을 지불하다 informative 유용한 정보를 주는 be aware of ~을 알다 various 다양한 reach 미치다, 닿다 potential 잠재적인 registration 등록 fee 요금, 비용 basically 기본적으로 advance 사전의 register for ~에 등록하다 topic 주제 address 고심하다, 다루다 forward 전달하다 details 세부 사항 including ~을 포함하여

68 What field does the man most likely work in?
(A) Financial management
(B) Research and development
(C) Sales and marketing
(D) Social studies

남자는 어떤 분야에서 근무하고 있을 것 같은가?
(A) 재무 관리
(B) 연구 개발
(C) 영업 마케팅
(D) 사회 연구

○ 기본 정보 파악 - 직업/업종

문제 키워드 | What field / man / work

남자의 근무 분야를 묻는 문제로, 초반부 남자의 대사에서 단서를 찾는다. 남자가 초반부에 소셜 미디어 마케팅 워크숍 소식을 전하며 소셜 미디어를 통해 잠재 고객들에게 다가가는 방법을 알게 되면 매우 유익할 것(It'll be very informative for me to be aware of various ways to reach many potential customers through social media.)이라고 했다. 이를 통해 마케팅 관련 분야에서 근무하고 있음을 알 수 있으므로 정답은 (C)이다.

정답 **(C)**

69 Look at the graphic. How much will the firm most likely pay for the event?
(A) $50
(B) $100
(C) $150
(D) $250

시각 자료를 보시오. 회사가 행사를 위해 얼마를 지불할 것 같은가?
(A) 50달러
(B) 100달러
(C) 150달러
(D) 250달러

○ 신유형 - 시각 자료 연계

문제 키워드 | graphic / How much / firm / pay / event

회사에서 부담할 행사 비용을 묻는 시각 자료 연계 문제로, 보기에 비용이 제시되어 있으므로 그 외의 정보에 집중하여 대화를 듣는다. 우선 초반부에 남자의 회사에서 세미나 비용을 부담하는지 궁금해 하는 것에서 남자가 학생이 아님을 알 수 있고, 후반부에 사전 등록으로 할인을 받기에는 너무 늦었다(it's too late to get a discount for advance registration.)고 했으므로 일반 등록임을 알 수 있다. 따라서 시각 자료에서 전문가의 일반 등록 비용을 찾으면 250달러이므로 (D)가 정답이다.   정답 (D)

70 What will the man forward the woman by e-mail?
(A) An application form
(B) A registration number
(C) An event schedule
(D) A signed contract

남자는 여자에게 이메일로 무엇을 전달할 것인가?
(A) 신청서
(B) 등록 번호
(C) 행사 일정
(D) 서명된 계약서

○ 구체적인 정보 파악 - 특정 사항

문제 키워드 | What / man / forward / woman / e-mail

남자가 여자에게 이메일로 전달할 내용이 무엇인지를 묻는 문제로, 남자의 대사에 단서가 있다. 후반부에 남자가 주제와 일정을 포함하여 모든 관련 세부 사항들을 이메일로 전달하겠다(I will forward you all the details about it including topics and schedules by e-mail.)고 했으므로 정답은 (C)이다.

어휘 application form 신청서　signed 서명된　contract 계약서   정답 (C)

PART 4

Questions 71-73 refer to the following broadcast. 71-73은 다음 방송에 관한 문제입니다.

US
W   Good morning, listeners. Thank you for listening to *QRC Alice*, our town's favorite radio show. I'd like to mention a few updates on the community event calendar. There will be a cancellation of an event. **71 The outdoor music concert at Canons Park will not take place this Friday.** This must cause a huge disappointment to most of you, but **72 a large storm is expected to hit our region.** Once a different date for the concert has been set, we'll inform you. Let's turn over to Roxanne Moss. **73 She will give us local business news right after the commercial break.**

여: 안녕하세요, 청취자 여러분. 우리 마을에서 가장 많은 사랑을 받고 있는 라디오 방송인 〈QRC Alice〉를 청취해 주셔서 감사합니다. 지역 행사 일정 관련 몇 가지 최신 정보를 알려 드리고 싶습니다. 행사 하나가 취소될 것입니다. 71 이번 주 금요일에 카논즈 공원에서 야외 음악 콘서트는 진행되지 않을 것입니다. 이 일은 여러분께 큰 실망을 안겨줄 것이지만, 72 큰 폭풍이 우리 지역을 강타할 것으로 예상됩니다. 다른 콘서트 날짜가 정해지면, 알려 드리겠습니다. 이제 Roxanne Moss 씨에게 넘기겠습니다. 73 광고 후에 그녀가 지역 기업 관련 소식을 전해 줄 것입니다.

어휘 community 지역 사회 calendar 달력, 일정표 cancellation 취소 outdoor 야외의 take place 개최되다 huge 막대한 disappointment 실망 storm 폭풍 hit 강타하다 region 지역 turn over to ~에게 넘기다 local 현지의, 지역의 commercial break 광고

71 What type of event was canceled this Friday?
(A) A sports match
(B) An outdoor exhibition
(C) A music concert
(D) A new product release

이번 주 금요일에 취소된 행사는 무엇인가?
(A) 스포츠 경기
(B) 야외 전시회
(C) 음악 콘서트
(D) 신제품 출시

○ 구체적인 정보 파악 - 특정 사항

문제 키워드 | What / event / canceled / this Friday

핵심 키워드인 this Friday가 언급되는 곳에서 정답을 찾자. 이번 주 금요일에 야외 음악 콘서트는 진행되지 않을 것(The outdoor music concert ~ this Friday.)이라고 했으므로 정답은 (C)이다.

어휘 exhibition 전시(회) release 출시, 개봉   정답 (C)

72 What is the reason for the cancellation of an event?
(A) Because of a technical problem
(B) Because of a construction project
(C) Because of severe weather conditions
(D) Because of a delay in government approval

행사가 취소된 이유는 무엇인가?
(A) 기술적인 문제 때문에
(B) 건설 프로젝트 때문에
(C) 악천후 때문에
(D) 정부 승인의 지연 때문에

○ 구체적인 정보 파악 - 이유/원인

문제 키워드 | What / reason / cancellation / event

행사가 취소된 이유를 묻는 문제이다. 야외 음악 콘서트의 취소 소식을 알린 후, 큰 폭풍이 우리 지역을 강타할 것으로 예상된다(a large storm is expected to hit our region.)고 행사 취소의 이유를 언급했으므로 정답은 (C)이다.

패러프레이징 a large storm 큰 폭풍 → severe weather conditions 악천후

어휘 technical 기술적인 construction 건설 delay 지연 government 정부 approval 승인   정답 (C)

73 What will most likely be aired next?
(A) Some local news
(B) Some advertisements
(C) Business reports
(D) Weather forecasts

다음에 무엇이 방송될 것 같은가?
(A) 지역 뉴스
(B) 광고
(C) 기업 소식
(D) 일기 예보

○ 구체적인 정보 파악 - 미래

문제 키워드 | What / will / aired / next

이어서 방송될 내용이 무엇인지를 묻는 문제로, 후반부에 집중한다. 화자는 Roxanne Moss 씨에게 방송을 넘기며, 광고 후에 그녀가 지역 기업 관련 소식을 전해 줄 것(She will give us local business news right after the commercial break.)이라고 했으므로, 화자의 말이 끝난 뒤에는 광고가 이어질 것임을 알 수 있다. 따라서 정답은 (B)이다.

패러프레이징 the commercial break 광고 → Some advertisements 광고   정답 (B)

Questions 74-76 refer to the following telephone message. 74-76은 다음 전화 메시지에 관한 문제입니다.

W: Hi, my name is Heidi Austin. I live in apartment 401. **74** I'm calling to make a complaint about the residents next door to me. They've often parked their vehicle in the parking space assigned to me. **75** A few days ago, I tried to speak to them, but they behaved in an uncooperative manner. I don't want to look for a place to park every night. It's very inconvenient. I think this issue needs to be discussed in person. So, **76** I'd like to come by your office on Monday afternoon. Please call me and let me know if you're available. Thank you.

여: 안녕하세요, 저는 Heidi Austin입니다. 저는 아파트 401호에 거주하고 있습니다. **74** 옆집 거주자들에 대해 항의하기 위해 전화했습니다. 그들이 자주 저에게 할당된 주차 공간에 주차를 합니다. **75** 며칠 전에 그들과 이야기를 하려고 했지만, 그들은 비협조적으로 행동하였습니다. 매일 밤 주차 공간을 찾아 돌아다니고 싶지 않습니다. 매우 불편합니다. 이 문제와 관련해서 직접 이야기를 해야 한다고 생각합니다. 그래서 **76** 월요일 오후에 당신의 사무실에 들르려 합니다. 전화를 주셔서, 시간이 있으신지 알려 주십시오. 감사합니다.

어휘 make a complaint 항의를 제기하다 resident 거주자 next door 옆집에 assigned 할당된, 배정된 behave 행동하다 uncooperative 비협조적인 manner 태도, 방식 inconvenient 불편한 issue 문제 in person 직접 come by ~에 잠깐 들르다 available 시간이 되는

74 Why is the speaker leaving the message?
(A) To give a notice to move out
(B) To complain about a fitness center
(C) To talk about a parking problem
(D) To request a repair service

화자는 왜 메시지를 남기고 있는가?
(A) 이사 나가라는 통지를 주기 위해
(B) 헬스장에 대한 불만을 제기하기 위해
(C) 주차 문제에 대해서 이야기를 나누기 위해
(D) 수리 서비스를 요청하기 위해

○ 기본 정보 파악 - 전화 목적

문제 키워드 | Why / speaker / leaving / message

담화 전반부에서 정답의 단서를 찾는다. 옆집 거주자들이 화자에게 할당된 주차 공간에 주차를 하는 것에 대해 항의하고자 전화를 걸었다(I'm calling to ~ assigned to me.)는 목적을 직접적으로 언급하였다. 따라서 정답은 (C)이다.

패러프레이징 parked their vehicle in the parking space assigned to me 나에게 할당된 주차 공간에 주차를 했다
→ **a parking problem** 주차 문제

정답 (C)

75 According to the speaker, what happened a few days ago?
(A) She contacted a real estate agency.
(B) She lost her car key.
(C) She came home earlier than usual.
(D) She spoke to her neighbors.

화자의 말에 따르면, 며칠 전에 어떤 일이 발생했는가?
(A) 부동산에 연락했다.
(B) 자동차 열쇠를 잃어버렸다.
(C) 평소보다 일찍 집에 도착했다.
(D) 이웃과 이야기를 나누었다.

○ 구체적인 정보 파악 - 특정 사항

문제 키워드 | what / happened / a few days ago

핵심 키워드인 a few days ago가 언급되는 곳에서 정답을 파악할 수 있다. 화자가 며칠 전에 이웃과 이야기를 나누려 했다(A few days ago, I tried to speak to them,)고 했으므로 정답은 (D)이다.

어휘 contact 연락하다 real estate agency 부동산 lose 잃어버리다 neighbor 이웃

정답 (D)

76 What does the speaker say she wants to do on Monday afternoon?
(A) Rent a car
(B) Visit an office
(C) Meet her friends
(D) Go on a vacation

화자는 월요일 오후에 무엇을 하길 원한다고 이야기하는가?
(A) 차량 렌트하기
(B) 사무실 방문하기
(C) 친구와 만나기
(D) 휴가 가기

○ 구체적인 정보 파악 - 미래

문제 키워드 | What / speaker / want / Monday afternoon

핵심 키워드인 Monday afternoon이 언급되는 곳 주변에서 정답의 근거를 찾는다. 화자는 문제를 해결하고자 월요일 오후에 청자의 사무실에 들르려 한다(I'd like to come by your office on Monday afternoon.)고 했으므로 정답은 (B)이다.

패러프레이징 come by 들르다 → Visit 방문하기

정답 (B)

Questions 77-79 refer to the following excerpt from a meeting. 77-79는 다음 회의 발췌록에 관한 문제입니다.

US

M   Good morning, everyone. And thank you for coming to this meeting on such short notice. **77** I know you are all busy today here at the factory. But <u>it will only take a couple of minutes.</u> As you know, **78** last Friday a group of inspectors from our headquarters came in and checked all our working conditions. And we've received excellent ratings in most of the sections. But they did identify just one thing that we could improve on. Our efficiency will be increased if we revise some of our work flow. **79** So I've invited Jeff Clark, the chief inspector, back this afternoon to share what we can do better. He'll provide some tips for improving work efficiency.

남   안녕하세요, 모두들. 갑작스러운 요청에도 회의에 참석해 주셔서 감사합니다. **77** 저는 여러분들이 오늘 이곳 공장에서 매우 바쁘게 근무하고 있음을 알고 있습니다. 하지만 시간이 얼마 걸리지 않을 것입니다. 아시다시피, **78** 지난주 금요일에 본사의 조사관들이 방문하여 우리의 모든 근로 환경을 점검하였습니다. 그리고 우리는 대부분의 항목에서 좋은 점수를 받았습니다. 하지만 그들은 우리가 개선시킬 수 있는 한 가지를 발견했습니다. 만약 우리가 일부 업무 흐름을 수정한다면, 효율성을 증가시킬 수 있을 것입니다. **79** 그래서 저는 조사 책임자인 Jeff Clark 씨에게 오늘 오후에 다시 와서 우리가 보다 더 잘할 수 있는 것이 무엇인지 공유해 줄 것을 요청했습니다. 그가 업무 효율성 증진에 필요한 몇 가지를 조언해 주실 것입니다.

어휘 on short notice 갑자기, 충분한 예고 없이   inspector 조사관   headquarters 본사   working condition 작업 환경   rating 순위, 평가   section 부분, 부문   identify 찾다, 발견하다   improve 개선하다   efficiency 효율성   increase 증가시키다   revise 수정하다   work flow 작업의 흐름   chief 최고의   share 공유하다

77 What does the speaker imply when he says, "it will only take a couple of minutes"?
(A) An inspection will not last long.
(B) Employees will get back to work soon.
(C) His office is close to the headquarters.
(D) A meeting will start in a minute.

화자가 "시간이 얼마 걸리지 않을 것입니다"라고 말할 때 의미하는 것은 무엇인가?
(A) 점검이 오랫동안 진행되지 않을 것이다.
(B) 직원들은 곧 업무에 복귀할 것이다.
(C) 그의 사무실은 본사와 가깝다.
(D) 회의가 곧 시작될 것이다.

> **신유형 - 화자의 의도 파악**
>
> **문제 키워드** | What / speaker / imply / "it will only take a couple of minutes"
>
> 화자의 의도를 묻는 문제로, 해당 표현의 앞뒤 맥락을 파악하여 정답을 찾아야 한다. 화자가 청자들에게 회의에 참석해 준 것에 대해 감사 인사를 전하고 오늘 이곳 공장에서 매우 바쁘게 근무하고 있음을 알고 있다(I know you are all busy today here at the factory.)고 말한 후, 역접의 접속사 But과 함께 시간이 얼마 걸리지 않을 것(But it will only take a couple of minutes)이라는 문제의 표현을 언급했다. 즉, 회의가 금방 끝나 업무에 바로 복귀할 수 있을 것이라는 의미를 나타내는 것이므로 정답은 (B)이다.
>
> **어휘** inspection 조사, 점검   last 지속되다
>
> 정답 (B)

78 What does the speaker say happened last Friday?
(A) A factory was renovated.
(B) A business was inspected.
(C) New equipment arrived.
(D) A power failure occurred.

화자는 지난주 금요일에 무슨 일이 있었다고 말하는가?
(A) 공장을 개조했다.
(B) 회사가 점검을 받았다.
(C) 새로운 장비가 도착했다.
(D) 정전이 발생했다.

> **구체적인 정보 파악 - 특정 사항**
>
> **문제 키워드** | What / speaker / say / happened / last Friday
>
> 지난주 금요일에 발생한 일이 무엇인지를 묻는 문제로, last Friday를 핵심 키워드로 잡고 문제를 풀어야 한다. 화자는 지난주 금요일에 본사의 조사관들이 방문하여 모든 근로 환경을 점검했다(last Friday a group of inspectors from our headquarters came in and checked all our working conditions.)고 했으므로 정답은 (B)이다.
>
> **패러프레이징** checked all our working conditions 모든 근로 환경을 점검했다
>   → A business was inspected 회사가 점검을 받았다
>
> **어휘** renovate 개조하다, 수리하다   power failure 정전   occur 발생하다
>
> 정답 (B)

79 What is Jeff Clark supposed to do this afternoon?
(A) Give some tips for working efficiently
(B) Provide a guide for safety management
(C) Replace some equipment
(D) Promote a new product

Jeff Clark 씨는 오늘 오후에 무엇을 하기로 되어 있는가?
(A) 효율적으로 근무하는 것에 대해 조언하기
(B) 안전 관리에 대한 지침 제공하기
(C) 일부 장비 교체하기
(D) 신상품 홍보하기

구체적인 정보 파악 – 미래

문제 키워드 | What / Jeff Clark / supposed / this afternoon

미래 정보는 담화의 후반부에 등장한다는 것에 유념하며, 핵심 키워드인 this afternoon 주변에서 정답을 찾는다. 담화 마지막 부분에 화자는 조사 책임자인 Jeff Clark 씨에게 오늘 오후에 다시 와서 우리가 더 잘할 수 있는 것이 무엇인지 공유해 줄 것을 요청했다(So I've invited Jeff Clark, the chief inspector, back this afternoon to share what we can do better.)며 그가 업무 효율성 증진에 필요한 몇 가지를 조언해 줄 것(He'll provide some tips for improving work efficiency.)이라고 했으므로 정답은 (A)이다.

[패러프레이징] improving work efficiency 업무 효율성을 증진하는 것 → working efficiently 효율적으로 근무하는 것

[어휘] efficiently 효율적으로   guide 지침, 안내   safety 안전   management 관리   replace 교체하다   promote 홍보하다   정답 (A)

Questions 80-82 refer to the following broadcast. 80-82는 다음 방송에 관한 문제입니다.

M Good morning, I'm Peter Cohen from ENG local news. **80** I'm here at the newly renovated Fremantle City Community Center. It's the first day to open to the public. There are many things to see as well as enjoyable family activities. As one of the most impressive features in the center, once you enter the main hall, **81** you can see a variety of paintings on the wall which were donated from local artists. They are also available for sale. If you want, you can consult with a receptionist on site. **82** For more information about the paintings, you can call the center directly or visit the Web site at www.fremantlecommuntiycenter.com.

남: 안녕하세요, ENG 지역 뉴스의 Peter Cohen입니다. **80** 저는 이곳 새롭게 단장한 프리맨틀 시 주민 센터에 나와 있습니다. 일반에 처음 공개되는 날입니다. 가족들과 즐길 수 있는 활동뿐만 아니라 볼거리도 많이 있습니다. 센터의 가장 인상적인 특징 중 하나로, 본관에 들어가자마자, **81** 여러분들은 지역 예술가들에게 기증 받은 다양한 그림들이 벽에 걸려 있는 것을 보실 수 있습니다. 그것들은 판매도 가능합니다. 원하신다면 현장에 있는 접수원들과 상담하실 수 있습니다. **82** 그림과 관련된 더 자세한 정보를 원하신다면, 센터로 바로 전화 주시거나 웹사이트 www.fremantlecommuntiycenter.com을 방문하세요.

어휘 newly 새롭게, 최근에   renovated 보수된, 수리된   the public 일반 대중   enjoyable 즐길 수 있는   activity 활동   impressive 인상적인   feature 특징, 특색   enter 들어가다   a variety of 여러 가지의   donate 기부하다   local 지역의   artist 예술가   available for sale 판매 가능한   consult with ~와 상담하다   receptionist 접수 담당자   on site 현장의   directly 곧장, 바로

80 Where is the speaker reporting from?
(A) A radio station
(B) An art museum
(C) A community center
(D) A public library

화자는 어디에서 보도하고 있는가?
(A) 라디오 방송국
(B) 미술관
(C) 주민 센터
(D) 공립 도서관

○ 기본 정보 파악 – 장소

문제 키워드 | Where / speaker / reporting

장소를 묻는 문제는 담화 전반부에 단서가 나오는 경우가 많다. 새롭게 단장한 프리맨틀 시 주민 센터에 나와 있다(I'm here at the newly renovated Fremantle City Community Center.)고 하였으므로 정답은 (C)이다.   정답 (C)

81 What does the speaker say about paintings?
(A) They are leased from an art center.
(B) They can be purchased.
(C) They will be given as a gift.
(D) They are originally from other countries.

화자가 작품에 관하여 언급하는 것은 무엇인가?
(A) 아트 센터에서 대여했다.
(B) 구매가 가능하다.
(C) 선물로 증정될 것이다.
(D) 본래 다른 국가에서 제작되었다.

○ 구체적인 정보 파악 – 특정 사항

문제 키워드 | What / speaker / say / paintings

핵심 키워드인 paintings가 언급되는 곳에서 단서를 찾을 수 있다. 지문 중반부에 지역 예술가들에게 기증받은 다양한 그림들이 벽에 걸려 있는 것을 볼 수 있다(you can see a variety of paintings on the wall which were donated from local artists.)며, 그것들은 판매도 가능하다(They are also available for sale.)고 하였으므로 정답은 (B)이다.

패러프레이징 are available for sale 판매가 가능하다 → can be purchased 구매가 가능하다

어휘 lease 대여하다, 임대하다   originally 본래, 원래   정답 (B)

82 According to the speaker, what can the listeners do online?
(A) Join a membership program
(B) Get some information about paintings
(C) Register for an event
(D) Check a tour schedule

화자의 말에 따르면, 청자들은 온라인에서 무엇을 할 수 있는가?
(A) 회원 프로그램에 가입하기
(B) 그림 관련 정보 얻기
(C) 행사에 등록하기
(D) 견학 일정 확인하기

○ 구체적인 정보 파악 – 특정 사항

문제 키워드 | what can / listeners / do / online

청자들이 온라인에서 무엇을 할 수 있는지를 묻는 문제이다. 후반부에 그림과 관련된 더 자세한 정보를 원하면, 센터로 전화하거나 웹사이트를 방문하라(For more information about the paintings ~ visit the Web site)고 했으므로 정답은 (B)이다.   정답 (B)

Questions 83-85 refer to the following telephone message. 83-85는 다음 전화 메시지에 관한 문제입니다.

US

W Hello, Isabel. This is Bannie. 83 I'm calling to talk about the new smart phone model. At the moment, the first round of consumer focus groups is being prepared to conduct a review. 84 I'm aware that you're very concerned about letting people review a new model which is still being developed. But, only the appearance of the phone will be examined by the reviewers at this time. Just continue to focus on the remaining details of its interior. Then, the second round of groups will meet after a sample model is completed by your team. Meanwhile, 85 please inform me of the date the preparation for the first round can be done.

여 안녕하세요, Isabel 씨. 저는 Bannie입니다. 83 신형 스마트폰 제품에 대해 이야기를 나누고자 전화드렸습니다. 현재 평가를 진행하기 위해 1차 소비자 포커스 그룹을 준비하고 있습니다. 84 아직 개발 중인 신형 모델을 사람들에게 평가하게 하는 것에 대해 매우 걱정하고 있다는 것을 알고 있습니다. 하지만 이번에는 평가자들이 휴대폰의 외관만을 검토할 것입니다. 내부의 나머지 세부 사항에 계속 집중해 주십시오. 그러면 당신의 부서에서 샘플 모델을 완성한 후에 2차 그룹이 모일 것입니다. 그동안 85 1차에 대한 준비가 마무리될 날짜를 저에게 알려 주십시오.

어휘 consumer 소비자 prepare 준비하다 conduct 실시하다 aware 알고 있는 concerned 걱정하는 appearance 외관, 모양 examine 조사하다 reviewer 평가자 complete 완료하다

83 What kind of business does the speaker work for?
(A) An electronics company
(B) A car dealership
(C) A home appliance store
(D) A marketing company

화자는 어떤 종류의 회사에서 근무하는가?
(A) 전자 기기 회사
(B) 자동차 대리점
(C) 가전 기기 판매점
(D) 마케팅 회사

○ 기본 정보 파악 – 직업/업종

문제 키워드 | What / business / speaker / work
화자의 직업을 묻는 문제로, 주로 담화 전반부에 정답의 근거가 언급된다. 화자가 초반에 신형 스마트폰 제품에 대해 이야기를 나누고자 전화했다(I'm calling to talk about the new smart phone model.)고 했으므로 정답은 (A)이다.

패러프레이징 new smart phone model 신형 스마트폰 제품 → electronics 전자 기기   정답 (A)

84 Why does the speaker say, "only the appearance of the phone will be examined by the reviewers at this time"?
(A) To make a change to a product
(B) To make the listener less worried
(C) To remind the listener of a deadline
(D) To express dissatisfaction with an arrangement

화자는 왜 "이번에는 평가자들이 휴대폰의 외관만을 검토할 것입니다"라고 말하는가?
(A) 제품에 변화를 주기 위해
(B) 청자의 걱정을 줄이기 위해
(C) 청자에게 마감일을 상기시키기 위해
(D) 처리의 불만을 표현하기 위해

○ 신유형 – 화자의 의도 파악

문제 키워드 | Why / speaker / say / "only the appearance of the phone will be examined by the reviewers at this time"
화자의 의도 파악 문제로 전후 맥락을 파악하여 문제를 풀어야 한다. 화자는 아직 개발 중인 신형 모델을 사람들에게 평가하게 하는 것에 대해 청자가 매우 걱정하고 있다는 것을 알고 있다(I'm aware ~ still being developed.)고 말한 뒤에 역접의 접속사 But과 함께 해당 문장을 말하였다. 즉, 걱정하는 청자를 안심시키려는 의도임을 알 수 있으므로 (B)가 정답이다.

어휘 deadline 마감(일) express 표현하다 dissatisfaction 불만 arrangement 처리, 준비   정답 (B)

85 What is the listener asked to do?
(A) Start a new project
(B) Prepare a meeting
(C) Clarify a date
(D) Change a design

청자는 무엇을 할 것을 요청받는가?
(A) 신규 프로젝트 시작
(B) 회의 준비
(C) 날짜 확정
(D) 디자인 변경

○ 구체적인 정보 파악 – 제안/요청

문제 키워드 | What / listener / asked
후반부의 제안/요청 표현에 집중한다. 후반부에 화자가 청자에게 1차를 위한 준비가 마무리될 날짜를 알려 달라(please inform me of the date ~ can be done.)고 했으므로 정답은 (C)이다.   정답 (C)

Questions 86-88 refer to the following advertisement. 86-88은 다음 광고에 관한 문제입니다.

W Do you want to be more educated and smarter? There's no need to go to private institutes in person every day. Think about all the time and effort you have to spend. Now all you need is 86 our online distance learning program that allows you to get a high quality university education from anywhere in the world. In today's increasingly busy society, the most important thing is that our program allows people to gain a new qualification while maintaining their current jobs. 87 You will be surprised at how flexibly you can combine courses and times. 88 Find out which program matches you by taking a free test on our Web site.

여: 더 교양 있고 똑똑해지고 싶으신가요? 매일 사설 학원에 직접 가지 않아도 됩니다. 당신이 소비해야 할 시간과 노력을 생각해 보세요. 지금 당신에게 필요한 것은 세계 어디에서나 높은 수준의 대학 교육을 받을 수 있는 86 저희의 온라인 원격 교육 프로그램입니다. 갈수록 더 바빠지는 오늘날의 사회에서, 가장 중요한 점은 저희 프로그램은 사람들이 현재 하는 일을 유지하면서 새로운 자격을 취득하는 것을 가능하게 한다는 것입니다. 87 수업과 시간을 얼마나 유연하게 조합시킬 수 있는지 놀라실 것입니다. 88 저희 웹사이트에서 무료 테스트를 받으셔서 어떤 프로그램이 맞는지 찾아보세요.

어휘 educated 교양 있는   private institute 사설 학원   in person 직접   spend 쓰다   distance learning 원격 교육   increasingly 점점 더   qualification 자격, 자격증   maintain 유지하다   current 현재의   flexibly 융통성 있게, 유연하게   combine 조합되다   course 과정, 수업

86 According to the speaker, what does the company do?
(A) Organize personal classes
(B) Provide online learning opportunities
(C) Provide driving instructions
(D) Help finding a job

화자의 말에 따르면, 회사는 무엇을 하는가?
(A) 개인 수업 편성
(B) 온라인 학습 기회 제공
(C) 운전 교육 제공
(D) 일자리 찾는 것 지원

┌─ 기본 정보 파악 – 직업/업종 ─
문제 키워드 | what / company / do

직업이나 업종을 묻는 문제는 담화의 전반부에서 we/our/this/here 등의 표현과 함께 제시되는 제품이나 서비스의 이름을 통해서 정답의 근거를 찾을 수 있다. 전반부에 '우리의 온라인 원격 교육 프로그램(our online distance learning program)'이라고 언급한 것으로 보아 (B)가 정답임을 알 수 있다.

패러프레이징 online distance learning program 온라인 원격 교육 프로그램
→ online learning opportunities 온라인 학습 기회

어휘 organize 조직하다, 편성하다   personal 개인의   opportunity 기회   instruction 지침, 안내   정답 (B)

87 What does the speaker say is surprising about the program?
(A) Its price
(B) Its instructors
(C) Its period
(D) Its flexibility

화자는 그 프로그램에 대해서 무엇이 놀랍다고 말하는가?
(A) 가격
(B) 강사진
(C) 기간
(D) 유연성

┌─ 구체적인 정보 파악 – 특정 사항 ─
문제 키워드 | What / surprising / program

surprising을 핵심 키워드로 잡고 담화를 들어야 한다. 후반부에 수업과 시간을 얼마나 유연하게 조합시킬 수 있는지 놀랄 것(You will be surprised at how flexibly you can combine courses and times.)이라고 했으므로 (D)가 정답이다.   정답 (D)

88 What does the speaker invite the listeners to do?
(A) Take an online test
(B) Download a discount coupon
(C) Watch an instructional video
(D) Quit a current job

화자가 청자들에게 하라고 요청한 것은 무엇인가?
(A) 온라인 테스트 받기
(B) 할인 쿠폰 다운로드하기
(C) 교육용 비디오 보기
(D) 현재 직장 그만두기

┌─ 구체적인 정보 파악 – 제안/요청 ─
문제 키워드 | What / speaker / invite / listeners

담화 후반부에서 정답의 단서를 찾을 수 있다. 담화 마지막에 웹사이트에서 무료 테스트를 받아서 어떤 프로그램이 맞는지 찾아보라(Find out which program matches you by taking a free test on our Web site.)고 했으므로 정답은 (A)이다.

어휘 instructional 교육의   quit 그만두다, 그만하다   정답 (A)

Questions 89-91 refer to the following instructions. 89-91은 다음 설명에 관한 문제입니다.

> M   Before we move onto the next agenda, **89** let's talk about the result of the surveys we sent to customers who made a purchase of a car from our dealership last quarter. As you may remember, **90** the surveys were created to figure out whether the customers were happy with the service we provided. We sent out the surveys four weeks ago and I'm so glad that we've received back more than 50% of them. Honestly, this is a much higher rate than expected. I believe this is probably because **91** a coupon for a free car wash is provided when the customers have sent back a completed survey. So, I think the incentive can be applied when we do other promotional events.

> 남: 다음 안건으로 넘어가기 전에 **89** 지난 분기에 우리 대리점에서 차를 구매한 고객들에게 발송했던 설문지 결과에 대해 이야기를 나누어 봅시다. 여러분들이 기억하시겠지만, **90** 설문지는 고객들이 우리가 제공하는 서비스에 만족하는지 여부를 조사하기 위해 제작되었습니다. 4주 전에 설문지를 발송했으며, 이들 중 50% 이상을 회수하게 되어 매우 기쁩니다. 솔직히 예상한 것보다 훨씬 높은 수치입니다. **91** 이것은 아마도 설문지를 작성하여 다시 보낸 고객들에게는 무료 세차 쿠폰이 제공되기 때문인 것 같습니다. 그래서 우리가 다른 홍보 행사를 할 때도 이 혜택이 적용될 수 있겠다고 생각합니다.

어휘 move onto ~로 넘어가다 | agenda 안건 | result 결과 | survey 설문 조사 | dealership 대리점 | quarter 분기 | create 만들다 | figure out ~을 알아내다 | honestly 솔직히, 정말로 | rate 비율 | completed 작성한 | incentive 장려책, 우대책 | promotional event 홍보 행사

89 Where do the listeners work?
(A) At a car wash
(B) At a post office
(C) At a car dealership
(D) At an advertising agency

청자들은 어디에서 근무하고 있는가?
(A) 세차장에서
(B) 우체국에서
(C) 자동차 대리점에서
(D) 광고 회사에서

○ 기본 정보 파악 - 직업/업종

문제 키워드 | Where / listeners / work

담화 전반부에 집중한다. 전반부에 화자가 지난 분기에 우리 대리점에서 차를 구매한 고객들에게 발송했던 설문지 결과에 대해 이야기를 나누어 보자(let's talk ~ last quarter.)고 하였으므로, 정답은 (C)이다.   정답 (C)

90 According to the speaker, what is the purpose of the survey?
(A) To invite customers to an event
(B) To find out the level of customer satisfaction
(C) To decide the location of a new store
(D) To create a new vehicle

화자의 말에 따르면, 설문 조사의 목적은 무엇인가?
(A) 고객들을 행사에 초대하기 위해
(B) 고객 만족도를 알아내기 위해서
(C) 새로운 매장의 위치를 결정하기 위해서
(D) 신차를 제작하기 위해서

○ 구체적인 정보 파악 - 특정 사항

문제 키워드 | what / purpose / survey

핵심 키워드인 survey가 언급되는 곳에서 정답을 찾는다. 설문지는 고객이 서비스에 만족하는지 여부를 조사하기 위해 제작되었다(the surveys ~ we provided.)고 했으므로 정답은 (B)이다.

패러프레이징 figure out whether the customers were happy 고객들이 만족하는지 여부를 조사하다
→ find out the level of customer satisfaction 고객 만족도를 알아내다

어휘 invite 초대하다 | find out ~을 알아내다 | level 정도, 단계 | satisfaction 만족 | decide 결정하다 | vehicle 차량   정답 (B)

91 What incentive was offered to the customers who returned the survey?
(A) A car wash
(B) A car maintenance service
(C) A set of car tires
(D) A parking pass

설문지를 돌려보낸 고객들은 어떤 혜택을 제공받았는가?
(A) 세차
(B) 자동차 점검 서비스
(C) 타이어 세트
(D) 주차권

○ 구체적인 정보 파악 - 특정 사항

문제 키워드 | What incentive / offered / customers / returned / survey

문제의 키워드 중 returned가 담화에서는 sent back으로 언급되었다. 설문지를 작성해 다시 보낸 고객들에게는 무료 세차 쿠폰이 제공되었다(a coupon for a free car wash ~ a completed survey.)고 했으므로 정답은 (A)이다.   정답 (A)

Questions 92-94 refer to the following speech. 92-94는 다음 연설에 관한 문제입니다.

W   92 Thank you all for coming here to celebrate Julia Sharon's retirement. On behalf of our office, I'd like to say a few words. When I first joined General Apparel, Julia was the first person I met and I've learned a lot from her. As many of you know, 93 she is one of the legendary business women in the fashion industry. Well, like many of her staff members, I always stopped by her office and asked questions. I don't know what I'm going to do now. I think after 30 years of working here, she deserves a break. And we'd like to present you with a small token of our appreciation. 94 All of us here contributed to buy a gift. Julia, could you please come up here?

여: 92 Julia Sharon 씨의 은퇴를 축하하기 위해 이곳에 와 주셔서 모두 감사드립니다. 저희 사무실을 대표하여 몇 마디 하고 싶습니다. 제가 처음 General Apparel에 입사했을 때, Julia 씨는 제가 처음 만난 사람이었고, 저는 그녀에게 많은 것을 배웠습니다. 많은 분들이 아시다시피, 93 그녀는 패션 업계에서 아주 유명한 여성 사업가 중 한 명입니다. 음, 그녀의 많은 직원들처럼, 저는 항상 그녀의 사무실에 들러서 질문했습니다. 이젠 무엇을 해야 할지 모르겠네요. 저는 그녀가 이곳에서 30년을 일했으니 쉴 자격이 있다고 생각합니다. 그리고 저희는 감사의 작은 징표를 당신에게 드리고 싶습니다. 94 여기 있는 모든 분들이 선물을 구입하는 데 보탰습니다. Julia 씨, 이곳으로 올라와 주시겠어요?

어휘 celebrate 축하하다   retirement 은퇴   on behalf of ~을 대표하여   legendary 아주 유명한   stop by ~에 잠시 들르다   deserve 누릴 자격이 있다   present 주다; 선물   token 표시, 상징   appreciation 감사   contribute 기여하다

92 Where most likely are the listeners?
(A) At an anniversary banquet
(B) At an award ceremony
(C) At an investor meeting
(D) At a retirement party

청자들은 어디에 있을 것 같은가?
(A) 기념일 만찬에
(B) 시상식에
(C) 투자자 회의에
(D) 은퇴 파티에

─○ 기본 정보 파악 – 장소 ─

문제 키워드 | Where / listeners

장소를 묻는 문제는 담화 전반부에 집중해야 한다. 담화 초반에 Julia Sharon 씨의 은퇴를 축하하기 위해 이곳에 와 줘서 모두 고맙다(Thank you all for coming here to celebrate Julia Sharon's retirement.)고 하였으므로 청자들은 은퇴를 축하하기 위한 행사에 참석했다는 것을 알 수 있다. 따라서 정답은 (D)이다.

어휘 anniversary 기념일   banquet 연회, 만찬   investor 투자자

정답 (D)

93 Why does the speaker say, "I always stopped by her office and asked questions"?
(A) To suggest an idea
(B) To remind a schedule
(C) To give a compliment
(D) To get some feedback

왜 화자는 "저는 항상 그녀의 사무실에 들러서 질문했습니다"라고 말하는가?
(A) 아이디어를 제안하기 위해
(B) 일정을 상기시키기 위해
(C) 칭찬하기 위해
(D) 피드백을 얻기 위해

─○ 신유형 – 화자의 의도 파악 ─

문제 키워드 | Why / speaker / say / "I always stopped by her office and asked questions"

제시된 표현의 앞뒤 문맥을 종합하여 화자의 의도를 파악해야 한다. 앞서 Julia Sharon이 패션 업계에서 아주 유명한 여성 사업가 중 한 명(she is one of the legendary business women in the fashion industry.)이라고 하였고, 그녀의 많은 다른 직원들처럼(like many other her staff members), 본인도 항상 그녀의 사무실에 들러서 질문했다(I always stopped by her office and asked questions.)고 하였다. 이것은 Julia의 은퇴로 이제는 본인을 포함한 동료 직원들이 질문을 할 곳이 없다는 의미로, Julia가 회사에서 매우 소중한 존재였음을 표현하는 것, 즉 그녀를 칭찬하기 위해 한 말임을 알 수 있다. 따라서 (C)가 정답이다.

어휘 compliment 칭찬, 찬사

정답 (C)

94 What does the speaker say she and her coworkers did?
(A) They purchased a present.
(B) They conducted a survey.
(C) They prepared their own meals.
(D) They made a contract.

화자는 그녀와 그녀의 동료들이 무엇을 했다고 말하는가?
(A) 선물을 구입했다.
(B) 설문 조사를 했다.
(C) 자신의 식사를 준비했다.
(D) 계약했다.

구체적인 정보 파악 – 특정 사항

문제 키워드 | **What / she / coworkers / did**

화자와 동료들이 무엇을 했는지 묻는 문제이다. 담화 후반부에 여기 있는 모든 분들이 선물을 구입하는 데 기여했다(All of here contributed to buy a gift.)고 했으므로 정답은 (A)이다.

어휘 conduct 실시하다 make a contract 계약하다

정답 (A)

Questions 95-97 refer to the following telephone message and identification badge.

95-97은 다음 전화 메시지와 사원증에 관한 문제입니다.

M Hello, Mr. Ford. My name is Barry Garza and I'm calling about my employee ID badge and parking permit. **95** You issued them to me when I visited your security office earlier, since it was my first day here at Clapham Inc. But as soon as I came back to my office, **96** I found that the extension number on the badge is wrong. Except that, other details on it look just fine. **97** Please call me back when you have time. My phone number is 322-4431. Thank you.

남: 안녕하세요, Ford 씨. 저는 Barry Garza로, 사원증과 주차증 때문에 연락드립니다. **95** 이전에 제가 경비실을 방문했을 때 당신께서 그것들을 제게 발급해 주셨습니다. 그날이 제가 이곳 Clapham 기업에서 근무하는 첫날이었거든요. 하지만 제가 사무실로 돌아오자마자 **96** 사원증의 내선 번호가 잘못되었음을 알게 되었습니다. 이것을 제외하고, 사원증의 다른 세부 항목들은 괜찮은 것 같습니다. **97** 시간 나실 때 제게 전화 주세요. 제 전화번호는 322-4431입니다. 감사합니다.

Full Name : Barry Garza
ID Code : 00234-B
Department : Accounting
96 Extension Number : 3456
Telephone No. : 322-4431

성명: Barry Garza
사원증 번호: 00234-B
부서: 회계부
96 내선 번호: 3456
전화번호: 322-4431

어휘 employee ID 사원증 parking permit 주차증 issue 발행하다 security office 경비실 extension number 내선번호 wrong 잘못된 except ~을 제외하고는 details 세부 사항

95 Which department does the listener work for?
(A) Accounting
(B) Personnel
(C) Security
(D) Sales

청자는 어떤 부서에서 근무하고 있는가?
(A) 회계
(B) 인사
(C) 경비
(D) 영업

┌─○ 기본 정보 파악 - 부서 ─────────────────────
│ **문제 키워드** | Which department / listener / work
│ 청자의 근무 부서를 묻는 문제로, 담화 전반부에 집중한다. 담화 전반부에서 화자는 청자인 Ford 씨가 근무하는 경비실에 방문했을 때 청자가 주차증과 사원증을 발급해 주었다(You issued them to me when I visited your security office earlier)고 했으므로 정답은 (C)이다.
│   정답 (C)

96 Look at the graphic. What information does the speaker mention is wrong?
(A) Barry Garza
(B) 00234-B
(C) 3456
(D) 322-4431

시각 자료를 보시오. 화자는 어떤 정보가 잘못되었다고 이야기하는가?
(A) Barry Garza
(B) 00234-B
(C) 3456
(D) 322-4431

─○ 신유형 – 시각 자료 연계 ─

문제 키워드 | graphic / What information / speaker / mention / wrong

화자가 잘못되었다고 언급한 정보가 무엇인지 묻는 시각 자료 연계 문제로, 보기에는 각 항목의 세부 정보가 언급되었으므로 각 항목에 집중해서 담화를 듣는다. 화자는 사원증의 내선 번호가 잘못되었음을 발견했다(I found that the extension number on the badge is wrong.)고 했으므로 시각 자료에서 내선 번호를 확인하면 (C)가 정답이다.   정답 (C)

97 What is the listener asked to do?
(A) Forward some information
(B) Make a phone call
(C) Compile some documents
(D) Arrange a meeting

청자는 무엇 하기를 요청받는가?
(A) 일부 정보 전달하기
(B) 전화하기
(C) 일부 문서 편집하기
(D) 회의 준비하기

─○ 구체적인 정보 파악 – 제안/요청 ─

문제 키워드 | What / listener / asked

화자가 청자에게 요청한 일이 무엇인지 묻는 문제로, 화자의 제안/요청 표현에서 정답을 찾는다. 화자는 사원증의 오류를 언급한 뒤에 시간이 있을 때 전화를 달라(Please call me back when you have time.)고 요청하고 있다. 따라서 정답은 (B)이다.

패러프레이징 call me back 제게 전화 주세요 → **Make a phone call** 전화하기

어휘 forward 전달하다 compile 편집하다 arrange 준비하다, 마련하다   정답 (B)

Questions 98-100 refer to the following excerpt from a meeting and pie chart.

98-100은 다음 회의 발췌록과 원 그래프에 관한 문제입니다.

M: It is our last agenda for today's meeting. I'd like to tell you about the result of the survey conducted last month. First, 98 as head of the product development, I'd like to thank the sales and marketing team for conducting the survey. As you all know, it's about what kind of salad dressing we will add to our current items. As you see, we have a tie for first place. So 99 we have to make a decision. Our main goal is to enter into the Asian market. Therefore, we'd better introduce the dressing which they are familiar with. 100 Although the Garlic and Herb would be as popular in all of our markets, we're not going to produce that one now. Instead, we're going to make the other dressing that tied for first place. Moreover, the sales and marketing agreed with us. Any question so far?

남: 오늘 회의의 마지막 안건이네요. 저는 지난달에 실시했던 조사의 결과에 대해 이야기하고자 합니다. 우선 98 제품 개발팀의 팀장으로서, 저는 조사를 진행해 준 영업 마케팅팀에 감사드립니다. 여러분 모두 아시듯이 현재의 제품에 어떤 종류의 샐러드 드레싱을 추가할 것인지에 대한 것입니다. 보시다시피, 1위가 동률입니다. 그래서 99 우린 결정을 해야 합니다. 우리의 주요 목표는 아시아 시장에 진입하는 것입니다. 그러므로 우리는 그들에게 익숙한 드레싱을 내놓는 것이 좋겠습니다. 100 비록 '마늘과 허브'가 우리의 모든 시장에서 그랬던 것만큼 인기 있을 수 있겠지만, 지금은 그것을 생산하지 않을 것입니다. 대신에 공동 1위를 한 다른 드레싱을 생산할 것입니다. 게다가 영업 마케팅부는 저희의 의견에 동의했습니다. 여기까지 질문 있으신가요?

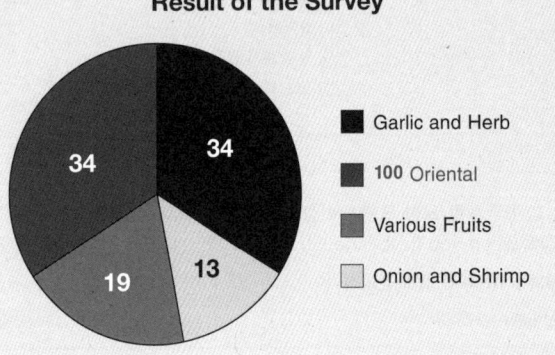

Result of the Survey
- Garlic and Herb: 34
- 100 Oriental: 34
- Various Fruits: 19
- Onion and Shrimp: 13

조사 결과
- 마늘과 허브: 34
- 100 오리엔탈: 34
- 다양한 과일: 19
- 양파와 새우: 13

어휘 agenda 안건 conduct (특정한 활동을) 하다 add 추가하다 current 현재의 tie 동점; 동점을 이루다, 비기다 make a decision 결정을 하다 goal 목표 enter into ~에 진입하다 introduce 도입하다, 소개하다 be familiar with ~에 익숙하다 popular 인기 있는 agree with ~에게 동의하다 so far 지금까지

98 Which team does the speaker mostly likely work in?
(A) Sales and marketing
(B) Product development
(C) Accounting
(D) Purchasing

화자는 어느 팀에서 근무할 것 같은가?
(A) 영업 마케팅
(B) 제품 개발
(C) 회계
(D) 구매

○ 기본 정보 파악 - 직업/업종

문제 키워드 | Which team / speaker / work

근무 부서를 묻는 문제로, 담화 초반에 단서가 나올 것을 예상하고 들어야 한다. 담화의 초반에 제품 개발팀의 팀장으로서 조사를 진행해 준 영업 마케팅팀에 감사한다(as head of the product development, I'd like to thank the sales and marketing team for conducting the survey.)고 했으므로 (B)가 정답이다. 감사의 대상인 영업 마케팅팀을 선택하지 않도록 주의해야 한다.

정답 (B)

99 According to the speaker, what factor influenced a decision?
(A) Recent trends
(B) Budget limits
(C) Preference in other countries
(D) Similar products in a market

화자의 말에 따르면, 어떤 요인이 결정에 영향을 주었는가?
(A) 최근 경향
(B) 예산 한도
(C) 다른 나라에서의 선호도
(D) 시장 내 유사 제품

구체적인 정보 파악 – 특정 사항

문제 키워드 | what factor / influenced / decision

핵심 키워드인 decision을 염두에 두고 담화를 들어야 한다. 우린 결정을 해야 한다(we have to make a decision)고 언급한 후, 주요 목표는 아시아 시장에 진입하는 것(Our main goal is to enter into the Asian market.)이라며 그들에게 익숙한 드레싱을 내놓는 것이 좋겠다(Therefore, we'd better introduce the dressing which they are familiar with.)고 하였다. 따라서 결정에 영향을 준 것은 다른 나라들의 선호도임을 알 수 있으므로 정답은 (C)이다.

어휘 recent 최근의 trend 경향, 추세 budget 예산 limit 한도 preference 선호(도) similar 비슷한

정답 (C)

100 Look at the graphic. Which salad dressing will be produced?
(A) Garlic and herb
(B) Oriental
(C) Various fruits
(D) Onion and shrimp

시각 자료를 보시오. 어떤 샐러드 드레싱이 생산될 것인가?
(A) 마늘과 허브
(B) 오리엔탈
(C) 다양한 과일
(D) 양파와 새우

신유형 – 시각 자료 연계

문제 키워드 | graphic / Which salad dressing / will / produced

언급된 정보와 제시된 시각 자료를 교차 확인하여 정답을 찾아야 한다. 생산될 샐러드 드레싱이 무엇인지 묻는 문제로, 후반부에 '마늘과 허브'가 우리의 모든 시장에서 그랬던 것만큼 인기 있을 수도 있지만, 지금은 생산하지 않을 것(Although the Garlic and Herb would be as popular in all of our markets, we're not going to produce that one now.)이라며 대신에 공동 1위를 한 다른 드레싱을 생산할 것(Instead, we're going to make the other dressing that tied for first place.)이라고 했으므로 시각 자료에서 '마늘과 허브'가 아닌 1위 드레싱을 찾으면 '오리엔탈'로 확인된다. 따라서 (B)가 정답이다.

정답 (B)

TEST 10

Test10.mp3
MP3 다운로드
eng.conects.com

QR 코드로 바로가기

PART 1
PART 2
PART 3
PART 4

ANSWER KEYS

PART 1   1 (B)   2 (D)   3 (A)   4 (B)   5 (A)   6 (D)

PART 2   7 (B)   8 (B)   9 (B)   10 (A)   11 (B)   12 (B)   13 (C)   14 (A)   15 (B)   16 (B)
17 (B)   18 (B)   19 (B)   20 (C)   21 (B)   22 (A)   23 (C)   24 (B)   25 (A)   26 (A)
27 (B)   28 (B)   29 (A)   30 (C)   31 (B)

PART 3   32 (B)   33 (A)   34 (C)   35 (B)   36 (D)   37 (A)   38 (A)   39 (D)   40 (C)   41 (B)
42 (B)   43 (A)   44 (C)   45 (B)   46 (D)   47 (C)   48 (D)   49 (C)   50 (C)   51 (B)
52 (D)   53 (B)   54 (B)   55 (C)   56 (C)   57 (D)   58 (B)   59 (D)   60 (A)   61 (D)
62 (C)   63 (C)   64 (A)   65 (D)   66 (C)   67 (B)   68 (C)   69 (B)   70 (D)

PART 4   71 (B)   72 (C)   73 (C)   74 (A)   75 (D)   76 (D)   77 (D)   78 (B)   79 (D)   80 (D)
81 (A)   82 (A)   83 (C)   84 (D)   85 (A)   86 (B)   87 (A)   88 (C)   89 (B)   90 (C)
91 (B)   92 (D)   93 (A)   94 (C)   95 (C)   96 (C)   97 (B)   98 (B)   99 (B)   100 (D)

PART 1

1
US

(A) She's repairing a vehicle.
(B) She's wearing glasses.
(C) She's washing a car with a piece of cloth.
(D) She's mounting some equipment on the wall.

(A) 그녀는 차량을 수리하고 있다.
(B) 그녀는 안경을 착용하고 있다.
(C) 그녀는 천 조각으로 차를 닦고 있다.
(D) 그녀는 벽에 장비를 고정시키고 있다.

○ 1인 사진

여자가 세차를 하고 있는 모습으로, 인물의 동작이나 상태에 주목해서 들어야 한다.
(A) 사진에서 차량은 확인되지만 여자가 수리하고 있는(repairing) 모습이 아니므로 오답이다.
(B) 여자가 안경을 착용한 상태를 정확히 묘사한 정답이다.
(C) 여자가 차를 닦고 있는 모습이지만 천 조각(a piece of cloth)으로 닦고 있지는 않으므로 오답이다.
(D) 여자가 벽에 장비를 고정시키는(mounting) 모습이 아니므로 오답이다.

어휘 repair 수리하다 vehicle 차량 wear 착용하고 있다 cloth 옷감, 천 mount 고정시키다, 끼우다 equipment 도구, 장비 wall 벽

정답 (B)

2
BR

(A) A woman is holding the machine lid open.
(B) A woman is carrying a basket.
(C) A woman is loading some clothes into a machine.
(D) A woman is kneeling on the tile floor.

(A) 여자가 기계 뚜껑을 연 채로 잡고 있다.
(B) 여자가 바구니를 들고 있다.
(C) 여자가 기계에 옷을 넣고 있다.
(D) 여자가 타일 바닥에 무릎을 꿇고 앉아 있다.

○ 1인 사진

여자가 세탁기 앞에 무릎을 꿇고 앉아서 옷을 보고 있는 모습으로, 인물의 동작이나 상태에 주목해서 들어야 한다.
(A) 사진에서 세탁기 뚜껑이 열려 있는 것은 확인되지만 여자가 뚜껑을 잡고 있는(holding) 모습이 아니므로 오답이다.
(B) 여자가 바구니를 들고 있는(carrying) 모습이 아니므로 오답이다.
(C) 사진에서 옷과 세탁기는 보이지만 여자가 세탁기에 옷을 넣고 있는(loading) 중인지 꺼내고 있는 중인지 판단할 수 없으므로 오답이다.
(D) 여자가 타일 바닥에 무릎을 꿇고 앉아 있는 모습을 정확히 묘사한 정답이다.

어휘 lid 뚜껑 carry 나르다 basket 바구니 load 싣다, 적재하다 kneel on ~에 무릎을 꿇고 앉다 tile floor 타일 바닥

정답 (D)

3
AU

(A) He's resting his hand on the desk.
(B) He's looking at his watch.
(C) He's folding a paper.
(D) He's working on wooden stairs.

(A) 그는 책상 위에 손을 올려놓고 있다.
(B) 그는 자신의 시계를 보고 있다.
(C) 그는 종이를 접고 있다.
(D) 그는 나무 계단에서 작업을 하고 있다.

○ 1인 사진

남자가 책상에 앉아서 무언가를 하는 모습으로, 인물의 동작이나 상태에 주목해서 들어야 한다.
(A) 남자가 책상에 손을 올려놓고 있는 모습을 정확히 묘사한 정답이다.
(B) 사진에서 시계는 보이지만 남자가 시계를 보고 있는(looking at) 모습이 아니므로 오답이다.
(C) 남자가 종이를 접고 있는(folding) 모습이 아니므로 오답이다.
(D) 사진에서 나무 계단은 보이지만 남자가 나무 계단에서 작업을 하고 있는(working on) 모습이 아니므로 오답이다.

어휘 rest 쉬다, 올려놓다 look at ~을 보다 fold 접다 wooden 나무로 된 stairs 계단

정답 (A)

4
(A) A woman is looking through a handbag.
(B) A woman is walking along the corridor.
(C) A woman is adjusting some art works.
(D) A woman is mopping the floor.

(A) 여자가 핸드백을 살펴보고 있다.
(B) 여자가 복도를 따라 걷고 있다.
(C) 여자가 몇몇 예술 작품들을 조정하고 있다.
(D) 여자가 대걸레로 바닥을 닦고 있다.

○ **3인 이상 사진**

다수의 인물이 있는 미술관의 모습으로, 등장인물 모두의 동작을 잘 살펴야 한다.
(A) 여자가 핸드백을 들고 있지만 핸드백을 살펴보고 있는(looking through) 모습이 아니므로 오답이다.
(B) 여자가 복도를 따라 걷고 있는 모습을 정확히 묘사한 정답이다.
(C) 사진에서 예술 작품은 확인할 수 있지만 여자가 작품을 조정하고 있는(adjusting) 모습을 찾을 수 없으므로 오답이다.
(D) 대걸레로 바닥을 닦고 있는(mopping) 여자는 보이지 않으므로 오답이다.

어휘 look through ~을 살펴[훑어]보다 along ~을 따라 corridor 복도 adjust (약간) 조정[조절]하다, (매무새 등을) 바로잡다 art work 예술 작품 mop 대걸레로 닦다 floor 바닥

정답 (B)

5
(A) There is a display stand filled with items.
(B) People are moving potted plants.
(C) One of the men is stacking some tables.
(D) A line is being painted on the road.

(A) 제품이 담긴 진열대가 있다.
(B) 사람들이 화분을 옮기고 있다.
(C) 남자들 중 한 명이 테이블을 쌓고 있다.
(D) 도로에 선을 그리고 있다.

○ **다인 사진 속 사물/배경**

배경이 부각되는 야외의 모습으로, 사물을 묘사하는 표현에 집중한다.
(A) 사진 우측에서 제품이 담긴 진열대를 확인할 수 있으므로 정답이다.
(B) 사진에서 화분을 옮기는(moving) 사람들의 모습은 보이지 않으므로 오답이다.
(C) 사진에서 테이블은 확인할 수 있지만 이것을 쌓고 있는(stacking) 남자의 모습은 보이지 않으므로 오답이다.
(D) 선은 이미 그려져 있으며 선을 그리고 있는(being painted) 사람의 모습은 보이지 않으므로 오답이다.

어휘 display stand 진열대 filled with ~이 담긴, ~로 채워진 potted plant 화분에 심은 식물 stack 쌓다

정답 (A)

6
(A) A fence around the building is being installed.
(B) An apartment is under construction.
(C) Some workers are using tools.
(D) Heavy machinery has been left on the ground.

(A) 건물 주변에 울타리가 설치되고 있다.
(B) 아파트가 공사 중이다.
(C) 몇몇 작업자들이 도구를 사용하고 있다.
(D) 중장비가 땅에 놓여 있다.

○ **사물/풍경 사진**

사람이 등장하지 않는 공사 현장의 모습으로, 사진 속 모든 사물의 위치나 상태에 주목해야 한다.
(A) 사람이 등장하지 않는 사진에서 수동태 진행형(is being installed)은 오답이다.
(B) 아파트(apartment)가 공사 중인지는 확인할 수 없으므로 오답이다.
(C) 사진에서 사람은 등장하지 않으므로 사람 명사(workers)가 포함된 보기는 오답이다.
(D) 공사 현장에 중장비가 놓여 있는 모습을 정확히 묘사하고 있으므로 정답이다.

어휘 fence 울타리 install 설치하다 under construction 공사 중인 tool 연장, 도구 heavy machinery 중장비 ground 땅바닥, 지면

정답 (D)

PART 2

7
US
US

Why were you late for the meeting this morning?
(A) I thought she was in the meeting.
(B) Because I got stuck in traffic.
(C) Later tomorrow.

오늘 아침 회의에 왜 늦으셨나요?
(A) 저는 그녀가 회의에 참석했다고 생각했어요.
(B) 교통 체증에 갇혀 있었기 때문입니다.
(C) 내일 늦게요.

● Why 의문문

문제 키워드 | Why / you / late

회의에 늦은 이유를 묻는 Why 의문문이다.
(A) 질문의 meeting을 반복 사용한 오답이다. Why 의문문에 I thought으로 시작하는 변명이나 핑계 답변이 정답이 될 수 있지만, 회의에 지각한 이유와는 관련이 없는 답변이므로 오답이다.
(B) 늦은 이유를 묻는 질문에 이유의 접속사인 Because를 사용하여 교통 체증에 갇혀 있었기 때문이라고 구체적인 이유를 설명하고 있으므로 정답이다.
(C) 질문의 late와 발음이 비슷한 later를 사용한 오답이며, 과거 시제의 질문에 미래 부사구를 사용해 답변하고 있으므로 시제 불일치 오답이다.

어휘 late for ~에 늦은, 지각한   get stuck in traffic 교통 체증에 갇히다

정답 (B)

8
US
BR

Where did you buy those folders?
(A) A few days ago.
(B) At a stationery store.
(C) Our office supplies.

그 폴더들을 어디에서 샀나요?
(A) 며칠 전에요.
(B) 문구점에서요.
(C) 우리의 사무용품이요.

● Where 의문문

문제 키워드 | Where / buy / folders

폴더 구입 장소를 묻는 Where 의문문이다.
(A) 시간을 묻는 When 의문문에 어울리는 답변이므로 오답이다.
(B) 구매 장소를 묻는 질문에 문구점이라는 구체적인 장소로 답하였으므로 정답이다.
(C) 질문의 folders에서 연상 가능한 office supplies를 사용하여 혼동을 유도한 오답이다.

어휘 stationery store 문구점   office supply 사무용품

정답 (B)

9
AU
US

Which computer is yours?
(A) No, that's not mine.
(B) The one next to Mr. Leonard's desk.
(C) It was very useful, wasn't it?

어떤 컴퓨터가 당신의 것입니까?
(A) 아니요, 그것은 제 것이 아닙니다.
(B) Leonard 씨의 책상 옆에 있는 것이요.
(C) 그것은 매우 유용했어요, 그렇지 않나요?

● Which 의문문

문제 키워드 | Which computer / yours

상대방의 컴퓨터가 어느 것인지를 묻는 Which 의문문이다.
(A) 의문사 의문문에는 Yes/No로 답변할 수 없고, 질문에 구체적인 명사가 언급되지 않으면 대명사 that을 사용하여 답변할 수 없으므로 오답이다.
(B) 어떤 컴퓨터가 상대방의 컴퓨터인지 묻는 질문에 The one을 이용하여 'Leonard 씨의 책상 옆에 있는 것'이라고 답변하였으므로 정답이다. Which 의문문은 the one이 포함된 답변이 정답으로 자주 등장한다.
(C) 현재 시제의 질문에 과거 시제로 답변하고 있으므로 시제 불일치 오답이다.

어휘 next to ~ 옆에   useful 유용한

정답 (B)

10 Who's in charge of the new product development?
(A) Mr. Miles is.
(B) Our company account.
(C) Yes, that's really successful.

누가 신제품 개발을 담당하고 있나요?
(A) Miles 씨입니다.
(B) 우리 회사 계좌입니다.
(C) 네, 그건 정말 성공입니다.

> **Who 의문문**
>
> **문제 키워드 | Who / in charge of / product development**
>
> 누가 신제품 개발을 담당하고 있는지 묻는 Who 의문문이다.
> (A) 신제품 개발 담당을 묻는 질문에 구체적인 인물의 이름으로 답하고 있으므로 정답이다.
> (B) 질문의 charge에서 연상할 수 있는 account를 사용하여 혼동을 유도한 오답이다.
> (C) Who 의문문에는 Yes/No로 대답할 수 없으므로 오답이다.
>
> 어휘 in charge of ~을 담당하는 development 개발 account 계좌 successful 성공적인   정답 (A)

11 Where's the photo copier I can use here?
(A) I thought he knew that.
(B) Ours is broken.
(C) 20 copies.

이곳에서 제가 사용할 수 있는 복사기는 어디에 있나요?
(A) 그가 그것을 알고 있다고 생각했어요.
(B) 저희 것은 고장 났습니다.
(C) 20부요.

> **Where 의문문**
>
> **문제 키워드 | Where / photo copier / can / use / here**
>
> 사용할 수 있는 복사기의 위치를 묻는 Where 의문문이다.
> (A) 대명사 he로 지칭할 만한 사람이 질문에 등장하지 않았으므로 오답이다.
> (B) 사용 가능한 복사기의 위치를 묻는 질문에 복사기가 고장 났다는 말로 사용할 수 있는 복사기가 없음을 우회적으로 전달하고 있으므로 정답이다.
> (C) 질문의 copier와 발음이 비슷한 copies를 사용한 오답이다.
>
> 어휘 photo copier 복사기 broken 부러진, 고장 난   정답 (B)

12 When will the replacements and other parts be delivered?
(A) By air mail, please.
(B) In a day.
(C) A manufacturing plant.

교체품과 다른 부품들은 언제 배달될 예정인가요?
(A) 항공 우편으로요.
(B) 오늘 안에요.
(C) 제조 공장이요.

> **When 의문문**
>
> **문제 키워드 | When / replacements / other parts / delivered**
>
> 교체품과 다른 부품들이 언제 배달되는지 묻는 When 의문문이다.
> (A) 전치사 By와 함께 배달 수단 혹은 방법을 제시하고 있으므로 How 의문문에 어울리는 답변이다.
> (B) 배달이 언제 될지 묻는 질문에 시간 부사구로 대략적인 시간을 알리고 있으므로 정답이다.
> (C) 질문의 parts와 발음이 비슷한 plant를 사용한 오답이다.
>
> 어휘 replacement 교체(품) part 부품 deliver 배달하다 air mail 항공 우편 manufacturing plant 제조 공장   정답 (B)

13 Thomas was promoted to the position of sales manager, right?
(A) More positions than I thought.
(B) We have to recommend him.
(C) No, it was Ben Henderson.

Thomas 씨가 영업 부장으로 승진했어요, 그렇죠?
(A) 제가 생각했던 것보다 더 많은 자리요.
(B) 우리는 그를 추천해야 해요.
(C) 아니요, Ben Henderson 씨였어요.

> **부가 의문문**
>
> **문제 키워드 | Thomas / promoted / sales manager / right**
>
> Thomas 씨가 영업 부장으로 승진했는지 확인하는 부가 의문문이다.
> (A) 질문의 position을 반복 사용하여 혼동을 유도한 오답이다.
> (B) 질문의 promoted에서 연상할 수 있는 recommend를 사용하여 혼동을 유도한 오답이다.
> (C) Thomas 씨가 승진했는지 확인하는 질문에 부정의 No로 응답한 뒤, Ben Henderson 씨였다고 정정하고 있으므로 정답이다.
>
> **어휘** promote 승진시키다 position 직위, 일자리 recommend 추천하다
>
> 정답 (C)

14 How did you enjoy your dinner?
(A) We had a good time, thanks.
(B) I can make a reservation.
(C) He was our server.

저녁은 어떠셨나요?
(A) 좋은 시간을 보냈어요. 감사합니다.
(B) 제가 예약할 수 있습니다.
(C) 그는 저희 담당 종업원이었습니다.

> **How 의문문**
>
> **문제 키워드 | How / you / enjoy / dinner**
>
> 저녁 식사가 즐거웠는지 묻는 How 의문문이다.
> (A) 저녁 식사가 어땠는지 묻는 질문에 좋은 시간을 보냈다며 고맙다고 답하였으므로 정답이다.
> (B) 질문의 dinner에서 연상할 수 있는 reservation을 사용해 혼동을 유도한 오답이다.
> (C) 대명사 he로 지칭할 만한 사람이 질문에 등장하지 않았으므로 오답이다.
>
> **어휘** have a good time 즐거운 시간을 보내다 make a reservation 예약하다 server 웨이터, 종업원
>
> 정답 (A)

15 Who portrayed the main role of Sophia in the movie?
(A) In order to play an important role.
(B) An unknown actress, Kimberley Larson.
(C) I did meet the film director.

누가 영화에서 주인공인 Sophia를 연기했나요?
(A) 중요한 배역을 연기하기 위해서요.
(B) 잘 알려지지 않은 여배우인 Kimberley Larson 씨요.
(C) 저는 그 영화감독을 만났어요.

> **Who 의문문**
>
> **문제 키워드 | Who / portrayed / main role**
>
> 누가 주인공을 연기했는지 묻는 Who 의문문이다.
> (A) 질문의 role를 반복 사용하여 혼동을 유도한 오답이다.
> (B) 주인공을 맡은 배우를 묻는 질문에 구체적인 인물인 Kimberley Larson 씨라고 답변하고 있으므로 정답이다.
> (C) 질문의 movie에서 연상 가능한 film을 사용하여 혼동을 유도한 오답이다.
>
> **어휘** portray 연기하다, 묘사하다 role 역할 play 연기하다 important 중요한 unknown 유명하지 않은 film director 영화감독
>
> 정답 (B)

16 Why don't you ask Chrystal to help you to install it?
US
BR
(A) A new system controller.
(B) I'll ask her later.
(C) We need to order more.

Chrystal 씨에게 설치를 도와 달라고 요청하는 게 어때요?
(A) 새로운 시스템 제어 장치요.
(B) 나중에 그녀에게 물어볼게요.
(C) 우리는 더 주문해야 해요.

> ─○ 권유/제안 의문문 ─
>
> **문제 키워드** | **Why don't you / ask / Chrystal / help**
>
> Chrystal 씨에게 도움을 요청할 것을 제안하는 의문문이다.
> (A) 질문의 install에서 연상할 수 있는 system을 사용하여 혼동을 유도한 오답이다.
> (B) 도움을 요청할 것을 제안하는 질문에 나중에 그녀에게 물어보겠다고 우회적으로 동의의 뜻을 전달한 정답이다.
> (C) 질문과 상관없는 답변이므로 오답이다.
>
> **어휘** install 설치하다 controller (기계의) 제어 장치   정답 (B)

17 Would you be willing to make a speech at the banquet?
AU
US
(A) It would be a successful event.
(B) Yes, I'd be happy to.
(C) Sorry, I was not there.

연회에서 발표를 할 의향이 있으신가요?
(A) 그것은 성공적인 행사가 될 것입니다.
(B) 네, 기꺼이 하겠습니다.
(C) 죄송합니다만, 저는 그곳에 있지 않았습니다.

> ─○ 조동사 의문문 ─
>
> **문제 키워드** | **Would / you / make / speech / banquet**
>
> 연회에서 발표를 할 의향이 있는지 묻는 조동사 의문문이다.
> (A) 질문의 banquet에서 연상할 수 있는 event를 사용하여 혼동을 유도한 오답이다.
> (B) 발표할 의향이 있는지 묻는 질문에 긍정의 대답과 함께 기꺼이 하겠다고 덧붙였으므로 정답이다.
> (C) 미래 일정에 관한 질문에 과거 시제로 답변하고 있으므로 시제 불일치 오답이다.
>
> **어휘** be willing to V 기꺼이 ~하다 make a speech 연설하다 banquet 연회, 만찬 successful 성공적인   정답 (B)

18 I can bring some snacks to the meeting room, right?
AU
BR
(A) Just throw them away.
(B) No, that's not allowed.
(C) It's somewhere in the lobby.

회의실에 간식을 가져와도 되죠, 그렇죠?
(A) 그냥 버리세요.
(B) 아니요, 그건 허용되지 않아요.
(C) 로비 어딘가에 있어요.

> ─○ 부가 의문문 ─
>
> **문제 키워드** | **I / can / bring / snacks / right**
>
> 회의실에 간식을 가져올 수 있는지 확인하는 부가 의문문이다.
> (A) 질문의 bring에서 연상할 수 있는 throw away를 사용하여 혼동을 유도한 오답이다.
> (B) 간식을 가져올 수 있는지 묻는 질문에 부정의 No로 응답하며 그건 허용되지 않는다고 부연하고 있으므로 정답이다.
> (C) 장소를 묻는 Where 의문문에 적절한 답변이므로 오답이다.
>
> **어휘** bring 가져오다 throw away ~을 버리다 allow 허용하다   정답 (B)

19
US
US

Could you show me where I can try these shirts on?
(A) The size 6.
(B) Sure, follow me.
(C) You should try it again.

이 셔츠를 어디에서 입어 볼 수 있는지 알려 주실 수 있나요?
(A) 6호요.
(B) 네, 저를 따라오세요.
(C) 다시 한 번 해 보세요.

○ 간접 의문문

문제 키워드 | Could / show / me / where / try / shirts

셔츠를 입어 볼 수 있는 장소를 알려 달라고 요청하는 내용의 의문사 where가 포함된 간접 의문문이다.
(A) 구체적인 사이즈를 언급하고 있으므로 사이즈를 묻는 질문(What size do you usually wear?)에 대한 답변이다.
(B) 옷을 입어 볼 수 있는 장소를 알려 달라는 요청에 긍정의 답변과 함께 따라오라는 말로 그 장소를 직접 안내해 줄 것을 제안하고 있으므로 정답이다.
(C) 질문의 try를 반복 사용한 오답이다.

어휘 try on ~을 입어 보다   follow 따라오다

정답 (B)

20
US
AU

What's this coat made of?
(A) Yes, it's pure wool.
(B) In China, I think.
(C) Let me check the label.

이 코트는 무엇으로 만들어졌나요?
(A) 네, 그것은 순모입니다.
(B) 제 생각에는 중국에서요.
(C) 라벨을 확인해 보겠습니다.

○ What 의문문

문제 키워드 | What / coat / made of

코트가 무엇으로 만들어졌는지 묻는 What 의문문이다.
(A) 의문사 의문문은 Yes/No로 답변할 수 없으므로 오답이다.
(B) 장소 부사구 답변은 Where 의문문에 어울리는 답변이므로 오답이다.
(C) 코트가 무엇으로 만들어졌는지 묻는 질문에 라벨을 확인하겠다고 답했으므로 정답이다. Let me check ~ 답변은 일종의 I don't know형 답변이다.

어휘 made of ~로 만든   pure wool 순모   label 라벨, 상표

정답 (C)

21
BR
US

Do you want to go somewhere to discuss the budget?
(A) I delivered them in time.
(B) It is a bit noisy in here.
(C) In the list.

예산을 논의하기 위해 어딘가로 가고 싶나요?
(A) 저는 그것들을 제시간에 배달했습니다.
(B) 여기는 약간 시끄럽네요.
(C) 목록에요.

○ 조동사 의문문

문제 키워드 | Do you want / go / somewhere / discuss

논의를 위해 어딘가로 가고 싶은지 묻는 조동사 의문문이다.
(A) 질문의 go에서 연상 가능한 in time을 사용하여 혼동을 유도한 오답이다.
(B) 논의를 위해 어딘가로 가고 싶은지 묻는 질문에 이곳은 약간 시끄럽다는 말로 자리를 옮기고 싶다는 뜻을 우회적으로 전달한 정답이다.
(C) 출처를 묻는 Where 의문문에 어울리는 답변이다.

어휘 somewhere 어딘가   budget 예산   in time 제시간에   a bit 약간   noisy 시끄러운

정답 (B)

22
BR
AU

Which table do you like better, the brown one or the black one?
(A) The brown one looks good to me.
(B) You should make a reservation now.
(C) It's an annual banquet.

갈색 테이블과 검정색 테이블 중 어느 것을 더 좋아하시나요?
(A) 갈색이 좋아 보입니다.
(B) 지금 예약을 하셔야 합니다.
(C) 그것은 연례 축하연입니다.

─○ 선택 의문문

문제 키워드 | Which table / better / brown / or / black

갈색 테이블과 검정색 테이블 중 어느 것을 더 좋아하는지 묻는 선택 의문문이다.
(A) 갈색 테이블과 검정색 테이블 중 어느 것을 더 좋아하는지 묻는 질문에 갈색이 좋아 보인다고 하나를 선택하여 답하였으므로 정답이다.
(B) 질문의 table에서 연상할 수 있는 reservation을 사용하여 혼동을 유도한 오답이다.
(C) 질문의 주어가 You이면, 답변은 I로 시작해야 하므로 주어 불일치 오답이다.

어휘 make a reservation 예약하다   annual 연례의   banquet 연회 (만찬)   정답 (A)

23
US
US

I am thinking to expand my garden next month.
(A) Around the wooden fence.
(B) Gardening is my favorite, too.
(C) Is that going to be expensive?

저는 다음 달에 정원을 확장할 생각이에요.
(A) 나무 울타리 주변에요.
(B) 원예는 저도 좋아하는 거예요.
(C) 그건 돈이 많이 들죠?

─○ 평서문

문제 키워드 | I / thinking / expand / garden

정원을 확장할 생각이라는 내용의 평서문이다.
(A) garden에서 연상할 수 있는 wooden fence를 사용하여 혼동을 유도한 오답이다.
(B) garden과 발음이 비슷한 Gardening을 사용하여 혼동을 유도한 오답이다.
(C) 정원을 확장할 생각이라는 말에 정원 확장과 관련된 질문을 하고 있으므로 정답이다.

어휘 expand 확장하다   garden 정원   fence 울타리   gardening 원예   expensive 비싼   정답 (C)

24
US
BR

I want to make a reservation for 5 people for tonight at 6 o'clock.
(A) Yes, we do have vegetarian dishes.
(B) We're fully booked today.
(C) There are no specials today.

저는 오늘 저녁 6시에 5명 예약하고 싶습니다.
(A) 네, 저희는 채식 요리가 있습니다.
(B) 저희는 오늘 예약이 모두 찼습니다.
(C) 오늘은 특선 요리가 없습니다.

─○ 평서문

문제 키워드 | I / want / make a reservation

예약을 요청하는 평서문이다.
(A) 긍정의 Yes로 응답하여 정답이 될 것 같지만, 관련 없는 내용이 이어지고 있으므로 오답이다.
(B) 예약을 요청하는 말에 모두 예약되어 있다는 구체적인 이유를 언급해 상대방의 요청을 우회적으로 거절하고 있으므로 정답이다.
(C) tonight에서 연상할 수 있는 today를 사용하여 혼동을 유도한 오답이다.

어휘 make a reservation 예약하다   vegetarian dish 채식 요리   fully 완전히, 충분히   special 특선 요리   정답 (B)

25 Why don't we leave early for our dinner with the clients?
(A) I still have a lot to do.
(B) A Japanese restaurant.
(C) Yes, I have called him.

고객과의 저녁 식사를 위해 일찍 나가는 게 어떤가요?
(A) 저는 아직 할 일이 많이 있습니다.
(B) 일본 식당이요.
(C) 네, 제가 그에게 전화를 했었습니다.

─○ 권유/제안 의문문 ─

문제 키워드 | Why don't we / leave early

일찍 나가는 것을 제안하는 의문문이다.
(A) 일찍 나가는 게 어떠냐는 제안에 업무가 많다는 구체적인 이유로 거절 의사를 표하고 있으므로 정답이다.
(B) 질문의 dinner에서 연상할 수 있는 restaurant를 사용한 오답으로, 식당 종류를 묻는 질문(What kind of restaurant do you like?)에 어울리는 답변이다.
(C) 긍정의 답변 Yes로 시작했지만, 이후의 내용이 질문과 관련 없으므로 오답이다.

어휘 leave early 먼저 떠나다　client 고객

정답 (A)

---

26 When are you going to buy a new warehouse?
(A) We don't have a real estate agent yet.
(B) A maximum capacity.
(C) Yes, we will renew the contract.

언제 새 창고를 구매하실 예정인가요?
(A) 우린 아직 부동산 중개인이 없어요.
(B) 최대 용량이요.
(C) 네, 계약서를 갱신할 것입니다.

─○ When 의문문 ─

문제 키워드 | When / you / buy / warehouse

창고를 언제 구매할 것인지 묻는 When 의문문이다.
(A) 창고를 언제 구매할 것인지 묻는 질문에 부동산 중개인을 정하지 않았기 때문에 창고 구매 예정 시기를 이야기할 수 없음을 간접적으로 설명하고 있으므로 정답이다.
(B) 질문의 warehouse에서 연상할 수 있는 capacity를 사용하여 혼동을 유도한 오답이다.
(C) 의문사 의문문에는 Yes/No로 답변할 수 없으므로 오답이다.

어휘 warehouse 창고　real estate agent 부동산 중개인　maximum 최대의　capacity 용량　renew 갱신하다　contract 계약서

정답 (A)

---

27 It's hard to tell how many people will attend tomorrow's event.
(A) It was well attended.
(B) You're right. It depends on the weather.
(C) Sometime next month.

내일 행사에 얼마나 많은 사람들이 참석할지 알기 어려워요.
(A) 참석자가 많았어요.
(B) 맞아요. 그건 날씨에 달려 있어요.
(C) 다음 달 중에요.

─○ 평서문 ─

문제 키워드 | hard / tell / how many people / attend / tomorrow's event

내일 행사에 사람들이 얼마나 참석할지 예측하기 어렵다는 내용의 평서문이다.
(A) attend와 발음이 유사한 attended를 사용하여 혼동을 유도한 오답이다.
(B) 참석자 수를 예측하기 어렵다는 말에 동의하며 날씨에 달려 있다고 부연하고 있으므로 정답이다.
(C) 시간을 묻는 When 의문문에 어울리는 답변이므로 오답이다.

어휘 well attended 많은 사람들이 참석한　depend on ~에 달려 있다

정답 (B)

28
US AU

How often does Rachel want to attend these training programs?
(A) At the last staff meeting.
(B) What has she done in the past?
(C) She missed her train.

Rachel 씨는 이 교육 프로그램에 몇 번 참가하길 원하시나요?
(A) 지난번 직원회의에서요.
(B) 그녀는 과거에 무슨 일을 했죠?
(C) 그녀는 기차를 놓쳤습니다.

How 의문문

문제 키워드 | How often / Rachel / attend / training programs

Rachel 씨가 원하는 참석 횟수를 묻는 How often 의문문이다.
(A) 질문의 의도와 다른 장소에 대한 답변으로 오답이다.
(B) 특정인이 원하는 교육 참석 횟수를 묻는 질문에 원하는 구체적인 교육/훈련 횟수를 언급하는 것이 아니라 Rachel 씨가 과거에 무슨 일을 했는지/어떤 교육을 받았는지를 확인하고자 추가 정보를 묻는 답변으로 정답이다. 이는 원하는 교육의 횟수와 과거의 업무 경험/교육에 대한 연관성을 확인하기 위해 반문한 것으로 볼 수 있다.
(C) 질문의 training과 발음이 비슷한 train을 사용한 오답이다.

어휘 attend 참석하다 training session 교육 (과정) attendance 참석 required 필수의 past 과거

정답 (B)

29
BR US

Do we have some extra chairs in the storage?
(A) We're using them for tomorrow's meeting.
(B) Yes, you can close it.
(C) Maria just ordered more paper.

창고에 여분의 의자가 있나요?
(A) 저희는 내일 회의 때 그것들을 사용할 예정입니다.
(B) 네, 그것을 닫으셔도 됩니다.
(C) Maria 씨가 방금 종이를 더 구매했습니다.

조동사 의문문

문제 키워드 | Do / we / have / extra chairs

여분의 의자가 있는지를 확인하는 조동사 의문문이다.
(A) 여분의 의자가 있는지 묻는 질문에 내일 회의에서 그것들을 사용할 것이라는 답변은 여분의 의자가 있음을 우회적으로 전달하는 것이므로 정답이다.
(B) 긍정의 답변인 Yes 뒤의 내용이 질문의 내용과 무관하므로 오답이다.
(C) 더 주문했다는 내용이므로 현재 여분이 없음을 우회적으로 전달한 정답으로 착각할 수 있지만, 의자가 아닌 종이를 주문한 것이므로 오답이다.

어휘 extra 추가의 storage 창고

정답 (A)

30
BR AU

Where are the expense folders?
(A) That's not the one.
(B) Cheaper than the previous model.
(C) Did you check the cabinet?

비용 서류철이 어디에 있나요?
(A) 그게 아니에요.
(B) 기존 모델보다 더 저렴합니다.
(C) 캐비닛을 확인하셨나요?

Where 의문문

문제 키워드 | Where / expense folders

비용 서류철이 어디에 있는지 묻는 Where 의문문이다.
(A) 그게 아니라는 답변은 장소를 묻는 질문에 적절하지 않으므로 오답이다.
(B) 질문의 expense에서 연상할 수 있는 cheaper를 사용하여 혼동을 유도한 오답이다.
(C) 비용 서류철이 어디 있는지 묻는 질문에 수납장을 확인했냐고 반문하며 있을 법한 곳을 알려 주고 있으므로 정답이다.

어휘 expense 비용, 경비 previous 이전의

정답 (C)

31

AU BR

Should we change vendors for office supplies?
(A) You can find the vending machine at the corner.
(B) The contract expires at the end of next month.
(C) Some staplers and printing paper.

우리는 사무용품 공급 업체를 변경해야 하나요?
(A) 코너에서 자동판매기를 찾으실 수 있습니다.
(B) 그 계약은 다음 달 말에 만료됩니다.
(C) 스테이플러 몇 개와 인쇄 용지요.

― ○ 조동사 의문문 ―

문제 키워드 | Should / we / change / vendors

공급 업체를 변경해야 하는지 묻는 조동사 의문문이다.
(A) 질문의 vendors와 발음이 비슷한 vending을 사용하여 혼동을 유도한 오답이다.
(B) 공급 업체를 변경해야 하는지 묻는 질문에 계약이 다음 달 말에 만료된다는 말로 공급 업체를 다음 달 말에 바꾸어야 한다는 것을 우회적으로 전달하고 있으므로 정답이다.
(C) 질문의 office supplies에서 연상할 수 있는 staplers와 printing paper를 사용하여 혼동을 유도한 오답이다.

어휘 vendor 판매 회사, 공급 업체   office supplies 사무용품   vending machine 자동판매기   contract 계약(서)   expire 만료되다

정답 (B)

PART 3

Questions 32-34 refer to the following conversation. 32-34는 다음 대화에 관한 문제입니다.

US
AU

W: Hi, Kris. I don't know how to deal with so many questions about our company's restructuring. **32** Recently many of our employees have contacted us here in the Human Resources Department to ask about the restructuring plan.
M: Yes, I know. There seems to be a lot of confusion about how it will go. Do you have any suggestions for what we can do?
W: I think we should hold an information session about our restructuring strategies.
M: That's a good idea. **33** We can hold a session to clear things up and let them know no one will be let go.
W: That's true. There will be only integration between departments.
M: Okay. **34** If you want me to schedule a session, I can do that right now.

여: 안녕하세요, Kris 씨. 우리 회사의 구조조정과 관련된 많은 질문들을 어떻게 처리해야 할지 모르겠습니다. **32** 최근 많은 직원들이 이곳 인사과로 우리에게 연락하여 구조조정 계획에 대해 묻고 있어요.
남: 네, 알고 있습니다. 그 일이 어떻게 진행될지에 대하여 많은 혼란이 있는 것 같습니다. 우리가 무엇을 할 수 있는지 제안해 주실 것이 있나요?
여: 우리 회사의 구조조정 전략과 관련하여 설명회를 열어야 한다고 생각합니다.
남: 좋은 생각입니다. **33** 우리가 설명회를 열어서 상황을 정리하고 직원들에게 해고되는 사람이 없다는 것을 알릴 수 있습니다.
여: 맞습니다. 부서 간의 통합만 있을 예정입니다.
남: 알겠습니다. **34** 만약 제가 일정을 잡기를 원하신다면, 지금 바로 할 수 있습니다.

어휘 deal with ~을 처리하다, 해결하다 restructuring 구조조정 recently 최근에 confusion 혼란 suggestion 제안, 제의 information session 설명회 strategy 전략 clear up 정리하다, 설명하다 let go 해고하다

32 Which department do the speakers work in?
(A) Sales
(B) Human Resources
(C) Information Technology
(D) Finance

화자들은 어떤 부서에서 근무하고 있는가?
(A) 영업
(B) 인사
(C) 정보 기술
(D) 회계

> **기본 정보 파악 - 직업/업종**
>
> **문제 키워드 | Which department / speakers / work**
>
> 근무 부서에 관한 정보는 대화의 전반부에서 찾을 수 있다. 여자의 첫 대사에서 최근 많은 직원들이 이곳 인사과로 연락하여 구조조정 계획에 대해 묻고 있다(Recently many of our employees have contacted us here in the Human Resources Department to ask about the restructuring plan.)고 하였으므로 정답은 (B)이다.
>
> 정답 (B)

33 What does the man want employees to know?
(A) The company will not dismiss anyone.
(B) The company will hire some new employees.
(C) A confidential survey will be conducted.
(D) Some employees are not satisfied.

남자는 직원들이 무엇을 알기를 원하는가?
(A) 회사가 어느 누구도 해고하지 않을 것이다.
(B) 회사가 신입 직원들을 채용할 것이다.
(C) 비밀 조사가 실시될 것이다.
(D) 일부 직원들은 만족하지 않고 있다.

> **구체적인 정보 파악 - 특정 사항**
>
> **문제 키워드 | What / man / want / employees / know**
>
> 남자의 대사에 주목해야 한다. 남자는 설명회를 열어서 상황을 정리하고 직원들에게 해고되는 사람이 없다는 것을 알릴 수 있다 (We can hold a session to clear things up and let them know no one will be let go.)고 하였으므로 정답은 (A)이다.
>
> **어휘** dismiss 해고하다 confidential 비밀의, 기밀의 conduct 실시하다 satisfied 만족하는
>
> 정답 (A)

34 What does the man say he will do next?
(A) Distribute an employee handbook
(B) Lead a seminar
(C) Arrange an information session
(D) Request some research data

남자는 다음에 무엇을 할 것이라고 말하는가?
(A) 직원 안내서 배부하기
(B) 세미나 진행하기
(C) 설명회 준비하기
(D) 조사 자료 요청하기

> **구체적인 정보 파악 - 미래**
>
> **문제 키워드 | What / man / say / will**
>
> 후반부 남자의 대사에서 정답을 찾을 수 있다. 남자의 마지막 대사에서 여자가 원한다면 설명회 일정을 잡는 업무를 담당할 수 있다 (If you want me to schedule a session, I can do that right now.)고 언급했으므로 정답은 (C)이다.
>
> 정답 (C)

Questions 35-37 refer to the following conversation. 35-37은 다음 대화에 관한 문제입니다.

US
US

W **35** I saw a TV commercial for your fitness center, and I'd like to become a member. But, before joining the membership, could I get more information about it?

M Certainly. If you become a member of Stanmore Gym, you'll be eligible to use the most advanced equipment at any of our fitness facilities in the region. **36** What makes our facilities the most convenient is that we provide our service 24 hours a day through the year, which few of our competitors do.

W That's excellent. Actually, **37** I'm planning to participate in a marathon race that's taking place in October. So, it'd be great for me to have access to your indoor athletics track until late night.

여: **35** 여기 피트니스 센터의 TV 광고를 봤는데, 회원이 되고 싶어서요. 하지만 회원 가입을 하기 전에 정보를 더 얻을 수 있을까요?
남: 그럼요. Stanmore 체육관의 회원이 되시면, 지역 내에 위치한 저희의 모든 피트니스 시설에서 최첨단 장비를 사용하실 수 있습니다. **36** 저희 시설의 가장 편리한 점은 연중무휴 24시간 서비스를 제공한다는 것인데, 저희의 경쟁 업체는 거의 그렇게 하지 않습니다.
여: 훌륭하네요. 사실 **37** 저는 10월에 열리는 마라톤에 참가할 계획입니다. 그래서 늦은 밤까지 실내 육상 경기 트랙을 이용할 수 있다면 저에게 정말 좋을 거예요.

어휘 | commercial 광고 (방송) be eligible to V ~할 자격이 있다 advanced 선진의, 고급의 region 지역 convenient 편리한 competitor 경쟁자 participate in ~에 참가하다 take place 개최되다 have access 접근할 수 있다 indoor 실내의 athletics 육상 경기

35 How did the woman learn about Stanmore Gym?
(A) From an acquaintance
(B) From a TV advertisement
(C) From a poster
(D) From a magazine article

여자는 Stanmore 체육관을 어떻게 알게 되었나?
(A) 지인을 통해
(B) TV 광고를 통해
(C) 포스터를 통해
(D) 잡지 기사를 통해

> **구체적인 정보 파악 – 특정 사항**
>
> 문제 키워드 | How / woman / learn / Stanmore Gym
>
> 여자가 체육관을 어떻게 알게 되었는지 묻는 문제로, 여자의 전반부 대사에 집중하자. 여자가 첫 대사에서 피트니스 센터의 TV 광고를 봤다(I saw a TV commercial for your fitness center,)고 했으므로 정답은 (B)이다.
>
> 패러프레이징 TV commercial TV 광고 → TV advertisement TV 광고
>
> 정답 (B)

36 Why are Stanmore Gym's facilities more convenient than some of its competitors?
(A) Because of its multiple locations
(B) Because of its new equipment
(C) Because of its affordable prices
(D) Because of its longer operating hours

Stanmore 체육관의 시설이 경쟁 업체보다 더 편리한 이유는 무엇인가?
(A) 여러 곳에 위치해 있기 때문에
(B) 새로운 장비 때문에
(C) 저렴한 가격 때문에
(D) 영업시간이 더 길기 때문에

> **구체적인 정보 파악 – 이유/원인**
>
> 문제 키워드 | Why / Stanmore Gym's facilities / convenient / competitors
>
> 핵심 키워드인 convenient와 competitors에 집중하자. 남자가 이 시설의 가장 편리한 점은 연중무휴 24시간 서비스를 제공한다는 것이고, 경쟁 업체는 그렇게 하지 않는다(What makes our facilities ~ our competitors do.)고 했으므로 정답은 (D)이다.
>
> 어휘 multiple 많은, 다수의 location 위치 affordable 저렴한
>
> 정답 (D)

37 What is the woman going to do in October?
(A) Take part in a sports event
(B) Become a professional trainer
(C) Join a new company
(D) Publish a book

여자는 10월에 무엇을 할 것인가?
(A) 스포츠 대회 참가하기
(B) 전문 트레이너 되기
(C) 새로운 회사에 입사하기
(D) 책 출판하기

> **구체적인 정보 파악 – 미래**
>
> 문제 키워드 | What / woman / going / October
>
> 여자의 대사에서 핵심 키워드인 October가 언급되는 곳에 집중한다. 후반부 여자의 대사에서 10월에 열리는 마라톤에 참가할 계획(I'm planning to participate in a marathon race that's taking place in October.)이라고 했으므로 정답은 (A)이다.
>
> 패러프레이징 participate in a marathon race 마라톤에 참가하다 → Take part in a sports event 스포츠 대회 참가하기
>
> 어휘 take part in ~에 참가하다 publish 출판하다
>
> 정답 (A)

Questions 38-40 refer to the following conversation. 38-40은 다음 대화에 관한 문제입니다.

W   Hi, you have reached City Concert Hall. How can I help you?
M   Hi, **38** I already have two tickets to the jazz concert for tomorrow and I'm wondering if I can buy one more ticket.
W   **39** I'm very sorry, but tomorrow's show is completely sold out. How about the day after tomorrow? That would be Saturday. We do have some tickets still available on that night.
M   That will work. Would it be possible for me to exchange the tickets I already have for tomorrow for the Saturday performance? That way, my friends and I can go all together.
W   Okay. Let me book your seats first. **40** If you can come early on Saturday, the actors will be signing posters before the show that night.
M   **40** Great. Thanks for the information.

여: 안녕하세요, 시 콘서트홀입니다. 무엇을 도와 드릴까요?
남: 안녕하세요, **38** 저는 내일 있을 재즈 콘서트의 표를 이미 두 장 갖고 있는데, 한 장을 더 구입할 수 있을지 궁금합니다.
여: **39** 정말 죄송합니다만, 내일 공연은 모두 매진되었습니다. 모레 공연은 어떠신가요? 토요일이요. 그날 저녁 표는 아직 좀 남아 있습니다.
남: 그러면 되겠네요. 제가 이미 갖고 있는 내일 공연 표를 토요일 공연으로 바꿀 수 있을까요? 그러면 저와 제 친구들 모두 함께 갈 수 있을 겁니다.
여: 알겠습니다. 우선 귀하의 좌석을 예약해 드리겠습니다. **40** 토요일에 일찍 오시면, 그날 밤 공연 전에 배우들이 포스터에 사인을 해 줄 것입니다.
남: **40** 좋네요. 알려 주셔서 감사합니다.

어휘 completely 완전히 | sold out 매진된 | available 이용 가능한 | possible 가능한 | exchange 교환하다 | performance 공연 | advice 조언

38 What are the speakers discussing?
(A) A musical performance
(B) A dance festival
(C) A photography exhibit
(D) A sales presentation

화자들은 무엇에 대해 이야기하고 있는가?
(A) 음악 공연
(B) 댄스 축제
(C) 사진 전시회
(D) 영업 프레젠테이션

기본 정보 파악 – 주제

문제 키워드 | What / speakers / discussing

대화의 주제는 전반부 대사에서 파악하는 것이 일반적이다. 남자의 첫 번째 대사에서 재즈 콘서트의 표를 이미 두 장 갖고 있는데, 한 장을 더 구입할 수 있을지 궁금하다(I already have two tickets to the jazz concert for tomorrow and I'm wondering if I can buy one more ticket.)고 하였고, 콘서트 표와 관련된 대화를 이어 가고 있으므로 정답은 (A)이다.

패러프레이징 jazz concert 재즈 콘서트 → musical performance 음악 공연

정답 (A)

39 Why does the woman apologize to the man?
(A) A ticket is no longer valid.
(B) A parking area is full.
(C) A poster has changed.
(D) All seats have been sold out.

여자는 남자에게 왜 사과하는가?
(A) 표가 더 이상 유효하지 않다.
(B) 주차장이 꽉 찼다.
(C) 포스터가 변경되었다.
(D) 모든 좌석이 매진되었다.

구체적인 정보 파악 – 이유/원인

문제 키워드 | Why / woman / apologize / man

남자가 표를 한 장 더 사고 싶다고 하자 여자가 미안하지만 내일 공연은 모두 매진되었다(I'm very sorry, but tomorrow's show is completely sold out.)고 답하였으므로 정답은 (D)이다.

어휘 valid 유효한

정답 (D)

40 What will the man probably do on Saturday?
(A) Call back later
(B) Visit the gift shop
(C) Arrive early
(D) Buy a poster

남자는 아마 토요일에 무엇을 할 것인가?
(A) 나중에 전화하기
(B) 선물 가게 방문하기
(C) 일찍 도착하기
(D) 포스터 구입하기

구체적인 정보 파악 – 미래

문제 키워드 | What / will / man / Saturday

Saturday가 핵심 키워드이다. Saturday가 언급된 여자의 대사에서 토요일에 일찍 오면, 공연 전에 배우들이 포스터에 사인을 할 것(If you can come early on Saturday, ~ that night.)이라고 하자, 남자가 알려 줘서 고맙다(Thanks for the information.)고 하였으므로, 남자는 아마도 토요일에 일찍 공연장에 도착할 것임을 알 수 있다. 따라서 정답은 (C)이다.

정답 (C)

Questions 41-43 refer to the following conversation. 41-43은 다음 대화에 관한 문제입니다.

AU
BR

M Hello, **41** I've signed up to attend this year's international convention for the whole four days. But, I think I misplaced my entry badge somewhere. Is it possible to get in the convention without it?
W I'm sorry to tell you that no one can enter the hall without it. **42** I think you have to get a new one.
M Yeah, I thought so. Where can I get a new one? How much will it be?
W You don't need to pay any fee for it. And actually if you'd like, **42** I can take care of it for you.
M Oh, thank you very much.
W Well, **43** I need to verify your registration, so show me your photo ID please.

남: 안녕하세요, **41** 저는 올해 국제회의에 4일 모두 참석하기 위해 등록을 했습니다. 하지만 출입증을 어디에 두었는지 모르겠습니다. 출입증 없이 회의장에 입장할 수 있을까요?
여: 죄송하지만 출입증 없이는 누구도 회의장에 입장할 수 없습니다. **42** 새로 출입증을 발급받으셔야 할 것 같습니다.
남: 네, 저도 그렇게 생각했어요. 어디에서 새로 발급받을 수 있을까요? 비용은 얼마나 들까요?
여: 수수료는 지불하지 않으셔도 됩니다. 또한 원하신다면 **42** 제가 그것을 처리해 드릴 수 있습니다.
남: 오, 정말 감사합니다.
여: 음, **43** 등록을 확인해야 하니 사진이 부착된 신분증을 보여 주세요.

어휘 sign up 신청하다, 등록하다   international convention 국제회의   whole 전체의, 모든   misplace 제자리에 두지 않다, 잘못 두다   entry badge 출입증   somewhere 어딘가에   enter 입장하다   fee 수수료, 요금   take care of ~을 처리하다   verify 입증하다   registration 등록

41 What event is the man most likely attending?
(A) A sports game
(B) A convention
(C) A movie preview
(D) A book fair

남자가 참석하고 있는 행사는 무엇이겠는가?
(A) 스포츠 경기
(B) 회의
(C) 영화 시사회
(D) 도서 박람회

─○ 구체적인 정보 파악 – 특정 사항 ─

문제 키워드 | What event / man / attending

남자가 참석하고 있는 행사가 무엇인지 묻는 문제로, 남자의 대사에 집중한다. 남자는 올해 국제회의에 참석하기 위해 등록을 했다 (I've signed up to attend this year's international convention)고 했으므로 정답은 (B)이다.   정답 (B)

42 What does the woman offer to do for the man?
(A) Provide some local information
(B) Issue a new pass
(C) Find a lost item
(D) Give a refund

여자는 남자를 위해서 무엇을 해 주겠다고 하는가?
(A) 현지 정보 제공하기
(B) 신규 출입증 발급하기
(C) 분실물 찾기
(D) 환불해 주기

─○ 구체적인 정보 파악 – 제안/요청 ─

문제 키워드 | What / woman / offer / man

여자가 제안한 것을 묻는 문제로, 여자의 대사에 집중한다. 출입증(entry badge)을 잃어버렸다는 남자에게 여자가 새로 발급받아야 한다(I think you have to get a new one.)고 하였고, 어디서 받을 수 있는지 묻는 남자의 질문에 본인이 처리해 줄 수 있다(I can take care of it for you.)고 했으므로 정답은 (B)이다.

패러프레이징 entry badge 출입증 → pass 출입증

어휘 provide 제공하다   local 현지의, 지역의   issue 발행하다   pass 입장권, 통행권   lost item 분실물   refund 환불

정답 (B)

43 What will the man most likely do next?
(A) Present some identification
(B) Proceed to the security office
(C) Make a reservation
(D) Contact his manager

남자는 다음에 무엇을 할 것 같은가?
(A) 신분증 제시
(B) 경비실 방문
(C) 예약
(D) 관리자에게 연락

― 구체적인 정보 파악 - 미래 ―

문제 키워드 | What / will / man / next

미래 일정 문제는 후반부에 정답의 근거가 언급된다. 여자가 마지막에 남자에게 등록을 확인해야 하니 사진이 부착된 신분증을 보여 달라(I need to verify your registration, so show me your photo ID please.)고 했으므로 남자가 신분증을 보여 줄 것임을 알 수 있다. 따라서 정답은 (A)이다.

패러프레이징 show me your photo ID 사진이 부착된 신분증을 보여 주세요
→ **Present some identification** 신분증 제시

어휘 present 제시하다 identification 신분증 proceed to ~에 가다 security office 경비실

정답 (A)

Questions 44-46 refer to the following conversation. 44-46은 다음 대화에 관한 문제입니다.

US / US

W   Hi, Mason. **44** Did you hear that we've got to make the decision about choosing the contractor for our cleaning service? I think the local office cleaning's service is too limited. They offer the service only three times a week. I think that Holland Cleaning is much better for our needs.
M   I agree with you about Holland. **45** But the problem is it costs almost double, which means we have to cut down on other expenses. Otherwise, we will go over this year's budget.
W   We are aware of the concern, of course. But we've got increasingly more complaints about the store's cleanliness. I think we can convince our financial manager that it'll contribute to our sales.
M   That's right. Then, **46** let's write a proposal together and submit it to the management.

여: 안녕하세요, Mason 씨. **44** 우리의 청소 서비스 계약 업체를 선택하는 것과 관련해 결정을 내려야 한다는 얘기를 들었나요? 저는 지역 사무실 청소 업체의 서비스가 너무 제한적이라고 생각해요. 그들은 서비스를 일주일에 세 번만 제공하잖아요. 우리에겐 Holland 청소 회사가 훨씬 더 낫다고 생각합니다.
남: 저도 Holland에 관해서는 당신의 의견에 동의합니다. **45** 그러나 문제는 거의 두 배의 비용이 든다는 것이고, 이는 우리가 다른 지출을 삭감해야 한다는 것을 의미해요. 그렇지 않으면 우리는 올해 예산을 초과할 것입니다.
여: 물론 그런 염려에 대해서는 알고 있어요. 하지만 매장의 청결과 관련하여 점점 더 많은 불평을 받고 있어요. 그것이 우리의 매출에 기여할 것이라고 재무 담당자를 납득시킬 수 있을 것이라 생각합니다.
남: 맞아요. 그럼 **46** 제안서를 함께 작성해서 경영진에게 제출하도록 하죠.

어휘   have got to V ~해야 한다   make a decision 결정하다   contractor 계약 업체   limited 제한된, 한정된   need 필요, 요구   agree 동의하다   cost 비용이 들다   double 두 배(의)   cut down 삭감하다   expense 지출, 비용   go over ~을 초과하다, 검토하다   budget 예산   aware of ~에 대해 알고 있는   concern 걱정, 염려   increasingly 점점 더   complaint 불평   cleanliness 청결   convince 납득시키다, 확신시키다   financial 금융의, 재정의   contribute to ~에 기여하다   proposal 제안서

44   What are the speakers discussing?
(A) Purchasing computer software
(B) Meeting a budget
(C) Hiring a service company
(D) Promoting store managers

화자들은 무엇에 관해 이야기하고 있는가?
(A) 컴퓨터 소프트웨어를 구입하는 것
(B) 예산을 맞추는 것
(C) 서비스 업체를 고용하는 것
(D) 매장 매니저들을 승진시키는 것

─○ 기본 정보 파악 - 주제 ─

문제 키워드 | What / speakers / discussing

대화의 주제는 보통 대화 전반부의 첫 두 문장에서 알 수 있다. 첫 번째 대사에서 청소 서비스 계약 업체를 선택하는 것(Did you hear that we've got to make the decision about choosing the contractor for our cleaning service?)에 관해 질문하였고, 이와 관련된 이야기를 이어 가고 있으므로 (C)가 정답이다.

패러프레이징   choosing the contractor for our cleaning service 청소 서비스 계약 업체를 선택하는 것
→ hiring a service company 서비스 업체를 고용하는 것

정답 (C)

45   According to the man, what should be considered?
(A) The times of cleaning service
(B) Budgetary restrictions
(C) Safety concerns
(D) Optional features

남자의 말에 따르면, 무엇이 고려되어야 하는가?
(A) 청소 서비스의 횟수
(B) 예산 제한
(C) 안전 우려
(D) 선택 기능

─○ 구체적인 정보 파악 - 특정 사항 ─

문제 키워드 | man / what / considered

남자가 말한 것을 묻는 문제이므로 남자의 말에서 단서를 찾자. however, but이 언급될 경우 그 뒤의 문장에 집중한다. but이 언급된 남자의 대사에서 문제는 거의 두 배의 비용이 든다는 것이고, 이는 다른 지출을 삭감해야 한다는 것을 의미한다(But the problem is it costs almost double, which means we have to cut down on other expenses.)며 그렇지 않으면 올해 예산을 초과할 것(Otherwise, we will go over this year's budget.)이라고 하였다. 이를 통해 예산을 고려해야 한다는 것이 남자의 생각임을 알 수 있으므로 정답은 (B)이다.

어휘   budgetary 예산의   restriction 제한, 제약   concern 우려, 걱정   optional 선택 가능한, 선택적인   feature 기능, 특징

정답 (B)

46 What does the man suggest doing?
(A) Checking online reviews
(B) Reviewing a proposal
(C) Contacting a service provider
(D) Working on a document

남자는 무엇을 하는 것을 제안하는가?
(A) 온라인 후기 확인하기
(B) 제안서 검토하기
(C) 서비스 제공업체에 연락하기
(D) 문서 작업 하기

─○ 구체적인 정보 파악 - 제안/요청

문제 키워드 | **What / man / suggest / woman**

남자가 제안한 것은 남자의 마지막 대사의 제안 표현에서 확인할 수 있다. 남자가 마지막 대사에서 보고서를 함께 작성해서 경영진에게 제출하자(let's write a proposal together and submit it to the management.)고 하였으므로 정답은 (D)이다.

[패러프레이징] **write a proposal** 제안서를 작성하다 → **Working on a document** 문서 작업 하기

[어휘] review 후기; 검토하다 contact 연락하다

정답 (D)

Questions 47-49 refer to the following conversation with three speakers. 47-49는 다음 세 명의 대화에 관한 문제입니다.

AU
BR
US

M   OK, everyone. This is almost the end of the tour of our headquarters. 47 Our next stop is the personnel office where you will fill out your new employee paperwork. Are there any questions?
W1 Yes, I have one. Could you tell me where we can get a pass to access the employee fitness center?
M   Well, you don't need to get any particular pass for the facility. Employees can use it until 9 P.M. during weekdays. 48 You can access it with your employee ID card. Are there any other questions?
W2 Hmm... I would like to know when we'll be heading to the sales department. 49 I'm really looking forward to seeing our coworkers.
M   Then, 49 let's go there first. They are also eager to meet you all.

남: 네, 여러분. 우리의 본사 견학이 거의 끝나갑니다. 47 다음으로 들를 장소는 여러분이 신입 직원 관련 서류를 작성하실 인사부 사무실입니다. 질문 있으신가요?
여1: 네, 저요. 직원 헬스장을 사용할 수 있는 출입증은 어디에서 받을 수 있는지 이야기해 주시겠습니까?
남: 음, 그 시설을 위해 특정 출입증을 받을 필요는 없습니다. 직원들은 주중에 오후 9시까지 그곳을 이용할 수 있습니다. 48 여러분의 사원증으로 이용이 가능합니다. 다른 질문 있으신가요?
여2: 음… 언제 영업 부서를 방문하는지 알고 싶어요. 49 제 동료들을 만나는 것을 정말 고대하고 있어요.
남: 그러면 49 그곳으로 먼저 갑시다. 그들 또한 여러분을 만나기를 기대하고 있습니다.

어휘 headquarters 본사 personnel office 인사과 fill out ~을 작성하다 paperwork 서류 (작업) pass 통행증 access 접근하다 particular 특정한 head to ~로 향하다 look forward to -ing ~을 기대하다 coworker 동료 be eager to V ~하고 싶은 생각이 간절하다

47 Who most likely is the man talking with?
(A) Legal assistants
(B) Researchers
(C) New hires
(D) Technicians

남자는 누구와 이야기하고 있는 것 같은가?
(A) 법률 보조원들
(B) 연구원들
(C) 신입 직원들
(D) 기술자들

○ 기본 정보 파악 - 직업/업종

문제 키워드 | Who / man / talking

남자의 첫 대사에서 본사 견학이 거의 끝나간다는 언급과 함께, 다음으로 들를 장소는 신입 직원 관련 서류를 작성할 인사부 사무실 (Our next stop is ~ new employee paperwork.)이라고 했으므로 정답은 (C)이다.

[패러프레이징] new employee 신입 직원 → New hires 신입 직원   정답 (C)

48 What does the man say about the fitness facility?
(A) It requires a nominal fee.
(B) It has been under renovation.
(C) It is not accessible early in the morning.
(D) It can be accessed by using an employee ID.

남자가 헬스 시설에 대해서 말하는 것은 무엇인가?
(A) 아주 적은 비용이 필요하다.
(B) 수리 중이다.
(C) 이른 아침에는 이용할 수 없다.
(D) 사원증을 이용하여 출입이 가능하다.

○ 구체적인 정보 파악 - 특정 사항

문제 키워드 | What / man / say / fitness facility

fitness facility를 핵심 키워드로 잡고 문제를 풀어야 한다. 여자1이 헬스장 출입증에 대해 묻자 남자가 사원증으로 이용이 가능하다(You can access it with your employee ID card.)고 했으므로 (D)가 정답이다.

어휘 require 필요로하다 nominal 명목상의, 아주 작은 fee 수수료, 비용 renovation 수리 accessible 이용할 수 있는   정답 (D)

49 What will the women most likely do next?
(A) Go to the personnel office
(B) Arrange a regular meeting
(C) Meet with other workers
(D) Talk with a manager

여자들은 다음에 무엇을 할 것 같은가?
(A) 인사부로 가기
(B) 정기 회의 준비하기
(C) 다른 동료들과 만나기
(D) 관리자와의 이야기하기

○ 구체적인 정보 파악 - 미래

문제 키워드 | What / will / women / next

여자2가 후반부에 영업 부서에 언제 가는지 알고 싶다며 동료들을 만나는 것을 정말 고대하고 있다(I'm really looking forward to seeing our coworkers.)고 하자, 남자가 그러면 그곳으로 먼저 가자(let's go there first.)고 했으므로 (C)가 정답이다.

[패러프레이징] seeing our coworkers 동료들을 만나는 것 → Meet with other workers 다른 동료들과 만나기   정답 (C)

Questions 50-52 refer to the following conversation. 50-52는 다음 대화에 관한 문제입니다.

M: Judy, what happened to our delivery timetable for the furniture? I was told that about 20 orders were shipped later than originally scheduled.
W: 50 The problem was found in the online ordering system we have been using. The confirmation e-mail sent to customers indicated the incorrect shipping date.
M: Hmm.. Then, has the problem been fixed?
W: Yeah, but I think we should set up another step in the process. 51 Let's send text messages to our customers before shipping products so that each customer can expect when they'll receive their order.
M: That's a good idea. 52 Let's inform our employees of this change at the staff meeting today.
W: Sure, it will definitely make our process more efficient.

남: Judy 씨, 우리의 가구 배송 일정에 무슨 일이 생긴 거죠? 대략 20개의 주문이 원래 예정보다 늦게 발송됐다고 들었어요.
여: 우리가 사용하는 50 온라인 주문 시스템에서 문제가 발견되었어요. 고객들에게 보낸 확인 메일에 배송일이 잘못 표기되었어요.
남: 음, 그럼, 문제는 해결됐나요?
여: 네, 그렇지만 이 절차에 한 단계를 추가해야 할 것 같아요. 51 고객들이 주문한 물건을 언제 받을지 예상할 수 있게 제품을 배송하기 전에 고객들에게 문자 메시지를 보냅시다.
남: 좋은 생각이에요. 52 오늘 직원회의에서 이러한 변경 사항을 직원들에게 알립시다.
여: 좋아요, 이건 분명히 우리의 절차를 더 효율적으로 만들 거예요.

어휘 | happen 발생하다, 일어나다 timetable 일정표 originally 원래 scheduled 예정된 confirmation 확정, 확인 indicate 나타내다 incorrect 맞지 않는 fix 수리하다 set up 마련하다 step 단계 process 절차, 과정 definitely 분명히 efficient 효율적인

50 According to the woman, why were some orders shipped later than scheduled?
(A) Some products were sold out.
(B) An employee called in sick.
(C) The order system had a problem.
(D) None of the delivery vehicles were available.

여자의 말에 따르면, 일부 주문은 왜 예정보다 늦게 배송되었나?
(A) 일부 제품이 품절되었다.
(B) 직원이 병가를 냈다.
(C) 주문 시스템에 문제가 있었다.
(D) 배송 차량이 없었다.

> 구체적인 정보 파악 - 이유/원인
>
> 문제 키워드 | woman / why / orders / shipped / later than scheduled
>
> 여자가 말한 것을 묻는 문제이므로 여자의 대사에 집중한다. 배송 일정에 무슨 일이 생겼는지 묻는 남자의 말에 여자가 온라인 주문 시스템에서 문제가 발견되었다(The problem was found in the online ordering system)고 답변했으므로 정답은 (C)이다.
>
> 어휘 | sold out 매진된, 품절된 call in sick 전화로 병결을 알리다 vehicle 차량 available 이용할 수 있는
>
> 정답 (C)

51 What does the woman suggest to make the process better?
(A) Outsourcing some work
(B) Texting customers when their order will arrive
(C) Taking inventory more often
(D) Hiring additional workers for the shipping department

여자는 절차를 개선시키기 위해 무엇을 제안하는가?
(A) 일부 업무 외부 위탁하기
(B) 주문이 언제 도착하는지 고객들에게 문자 메시지 보내기
(C) 더 자주 재고 조사하기
(D) 배송 부서에 추가 직원 고용하기

> 구체적인 정보 파악 - 제안/요청
>
> 문제 키워드 | What / woman / suggest / make / process / better
>
> 중반부에 여자가 고객들이 주문한 물건을 언제 받을지 예상할 수 있게 제품을 배송하기 전에 고객들에게 문자 메시지를 보내자(Let's send text messages ~ receive their order.)고 했으므로 정답은 (B)이다.
>
> 어휘 | outsource 외부에 위탁하다 inventory 재고 additional 추가의
>
> 정답 (B)

52 What will the man most likely do today?
(A) Interview applicants
(B) Visit another branch
(C) Meet with some clients
(D) Announce a change

남자는 오늘 무엇을 할 것 같은가?
(A) 지원자들 면접하기
(B) 다른 지점 방문하기
(C) 고객들 만나기
(D) 변경 사항 알리기

> 구체적인 정보 파악 - 미래
>
> 문제 키워드 | What / will / man / today
>
> 후반부 남자의 대사에 집중한다. 후반부에 남자가 오늘 직원회의에서 이러한 변경 사항을 직원들에게 알리자(Let's inform our employees of this change at the staff meeting today.)고 했으므로 정답은 (D)이다.
>
> 정답 (D)

Questions 53-55 refer to the following conversation. 53-55는 다음 대화에 관한 문제입니다.

US
AU

W Hello, my name is Inez Vazquez. 53 I'm calling about the application I submitted for the web designer position 2 weeks ago. 53 Is it possible to know when my interview will be held?
M Hi, Ms. Vazquez. Sorry, we haven't reviewed the application yet, but may I ask you to tell me about yourself right now?
W Well, 54 my major at university was computer programming and I completed my degree about a month ago.
M That's great. Congratulation! Hmm... 54 But the position requires some previous work experience.
W Actually, I used to develop the Web site for my brother's online trading company while studying at university.
M That's very impressive. 55 May I have the link to the Web site? I would like to have a look at your work.
W Certainly. 55 I'll e-mail it to you right now.

여: 안녕하세요, 제 이름은 Inez Vazquez입니다. 2주 전에 웹 디자이너 직책에 53 지원서를 제출한 것과 관련해서 연락드렸습니다. 언제 인터뷰가 진행되는지 알 수 있을까요?
남: 안녕하세요, Vazquez 씨. 죄송해요. 아직 지원서를 검토하지 못했어요. 하지만 지금 자기소개를 해 주실 수 있나요?
여: 음, 54 대학교에서 저의 전공은 컴퓨터 프로그래밍이었고, 약 한 달 전에 학위를 마쳤습니다.
남: 잘됐군요. 축하드립니다! 음… 54 하지만 그 직책은 과거 경력이 필요해요.
여: 사실 저는 대학교에서 공부를 하면서 오빠의 온라인 무역 회사의 웹사이트를 개발했습니다.
남: 매우 인상적이네요. 55 웹사이트 링크를 알려 주시겠습니까? 당신이 작업한 것을 보고 싶네요.
여: 알겠습니다. 55 지금 당장 이메일로 보내 드리겠습니다.

어휘 application 지원(서), 신청(서) submit 제출하다 review 검토하다 major 전공 complete 완료하다, 끝마치다 require 요구되다 previous 이전의 work experience 경력 develop 개발하다 trading 무역 impressive 인상적인

53 What kind of information does the woman ask about?
(A) An office address
(B) The status of an application
(C) A company's new Web site
(D) A university curriculum

여자는 어떤 정보에 대해서 물어보는가?
(A) 사무실 주소
(B) 지원 상황
(C) 회사의 신규 웹사이트
(D) 대학 교육 과정

○ 구체적인 정보 파악 - 특정 사항

문제 키워드 | What / information / woman / ask about

여자의 대사에 집중한다. 여자의 첫 번째 대사에서 지원서를 제출한 것과 관련해서 연락한다(I'm calling about the application I submitted)며, 언제 인터뷰가 진행되는지 알 수 있냐(Is it possible to know when my interview will be held?)고 묻고 있으므로 정답은 (B)이다.

어휘 status 상황, 상태 curriculum 교육 과정

정답 (B)

---

54 What does the man imply when he says, "the position requires some previous work experience"?
(A) Many candidates have failed to get a job.
(B) The woman's qualifications may not be enough for a position.
(C) Some work can be more difficult than expected.
(D) The man will give up applying for a job.

남자가 "그 직책은 과거 경력이 필요해요"라고 말할 때 의미하는 것은 무엇인가?
(A) 많은 지원자들이 구직에 실패했다.
(B) 여자의 자격이 직책에 충분하지 않을 수 있다.
(C) 일부 업무는 예상보다 더 어려울 수 있다.
(D) 남자는 일자리에 지원하는 것을 포기할 것이다.

○ 신유형 - 화자의 의도 파악

문제 키워드 | What / man / imply / "the position requires some previous work experience"

제시된 문장과 주변 문맥을 종합하여 화자의 의도를 파악해야 한다. 대학교에서 컴퓨터 프로그래밍을 전공했고, 약 한 달 전에 학위를 마쳤다(my major at university was computer programming and I completed my degree about a month ago.)는 여자의 말에 대해, 남자가 축하 인사를 전하며 역접 접속사 but과 함께 "그 직책은 과거 경력이 필요해요(the position requires some previous work experience)"라고 한 것은 여자가 지원한 직책에는 경력이 필요한데 대학을 막 졸업했다고 하니 자격이 충분하지 않을 수 있다고 생각해서 지원 자격을 알려 주는 것임을 알 수 있다. 따라서 정답은 (B)이다.

어휘 candidate 후보자, 지원자 fail to V ~하지 못하다 qualification 자격 enough 충분한 give up 포기하다 apply for ~에 지원하다

정답 (B)

55 What will the woman most likely do next?
  (A) Set up a software program
  (B) Visit the man's office
  (C) Forward a link to the man
  (D) Search for other open positions

여자는 다음에 무엇을 할 것 같은가?
  (A) 소프트웨어 프로그램 설치
  (B) 남자의 사무실 방문
  (C) 남자에게 링크 전달
  (D) 다른 구인 공고 검색

―○ 구체적인 정보 파악 - 미래 ―

문제 키워드 | What / will / woman / next

미래 문제이므로 대화 후반부에서 정답의 단서를 찾을 수 있다. 후반부에 웹사이트 링크를 알려 달라(May I know a link to the Web site?)는 남자의 말에 여자가 지금 당장 이메일로 보내겠다(I'll e-mail it to you right now.)고 했으므로 정답은 (C)이다.

어휘 set up ~을 설치하다 forward 전달하다 search for ~을 찾다

정답 (C)

Questions 56-58 refer to the following conversation with three speakers. 56-58은 다음 세 명의 대화에 관한 문제입니다.

US
US
BR

M Hi, I'm Evan Gregory, a reporter from *Contemporary Fashion Magazine*. I have an appointment with Ms. Griffin. **56** I'm scheduled to have an interview with her at 3 o'clock.
W1 OK, she's expecting you. I'll tell her you're here. Meanwhile, **57** please sign in. We need to record all visitors' names here.
M Of course, I will.
W1 Ms. Griffin will be down here in a minute. Oh, here she is. Ms. Griffin, this is Evan Gregory. He is here for your 3 o'clock appointment.
W2 Nice to meet you, Mr. Gregory. Thank you for coming. **58** I'm very sorry, but could you wait for a moment before we start? I have an urgent matter to take care of right now.

남: 안녕하세요, 〈컨템퍼러리 패션 매거진〉의 Evan Gregory 기자입니다. Griffin 씨와 만날 약속이 있습니다. **56** 3시에 그녀를 인터뷰할 예정입니다.
여1: 네, 그녀는 당신을 기다리고 있습니다. 당신이 도착했다고 알려 드리겠습니다. 그동안 **57** 서명을 해 주세요. 여기에 모든 방문객의 이름을 기록해야 합니다.
남: 네, 알겠습니다.
여1: Griffin 씨가 곧 내려오실 거예요. 오, 저기 오시는군요. Griffin 씨, 이분은 Evan Gregory입니다. 당신과 3시에 약속이 잡혀 있습니다.
여2: Gregory 씨, 만나서 반갑습니다. 와 주셔서 감사합니다. **58** 죄송하지만, 시작하기 전에 잠시 기다려 주실 수 있나요? 지금 바로 처리해야 하는 급한 일이 있어서요.

어휘 reporter 기자, 리포터 contemporary 현대의, 동시대의 have an appointment with ~와 만날 약속이 있다 be scheduled to V ~할 예정이다 meanwhile 그동안에 sign in 서명하다 record 기록하다 visitor 방문객 urgent 긴급한 take care of ~을 처리하다

56 What is the reason for the man's visit?
(A) To tour a facility
(B) To introduce a new product
(C) To have an interview with a person
(D) To register for an event

남자가 방문한 이유는 무엇인가?
(A) 시설을 견학하기 위해
(B) 신제품을 소개하기 위해
(C) 한 사람을 인터뷰하기 위해
(D) 행사에 등록하기 위해

○ 기본 정보 파악 – 방문 목적

문제 키워드 | What / reason / man's visit

남자가 방문한 목적을 묻는 문제로, 대화 전반부에 집중한다. 남자는 자신을 소개한 뒤에 3시에 Griffin 씨를 인터뷰할 예정(I'm scheduled to have an interview with her at 3 o'clock.)이라고 했으므로 정답은 (C)이다.

어휘 facility 시설 introduce 소개하다 register for ~에 등록하다

정답 (C)

57 What is the man asked to do?
(A) Read some documents
(B) Present his identification
(C) Come back later
(D) Leave some information

남자는 무엇 하기를 요청받는가?
(A) 서류 읽기
(B) 신분증 제시하기
(C) 나중에 다시 오기
(D) 정보 남기기

○ 구체적인 정보 파악 – 제안/요청

문제 키워드 | What / man / asked

남자가 요청받은 일이 무엇인지를 묻는 문제로, 여자1의 대사에서 정답을 찾는다. 여자1이 남자에게 서명을 해 달라(please sign in.)고 요청했으므로 정답은 (D)이다.

패러프레이징 sign in 서명하다 → Leave some information 정보 남기기

어휘 present 제시하다 identification 신분증

정답 (D)

58 What is the reason for Ms. Griffin's apology?
(A) Some documents are missing.
(B) Mr. Gregory needs to wait.
(C) An appointment has been canceled.
(D) An employee made a mistake.

Griffin 씨가 사과를 한 이유는 무엇인가?
(A) 서류가 분실되었다.
(B) Gregory 씨가 기다려야 한다.
(C) 약속이 취소되었다.
(D) 직원이 실수를 했다.

○ 구체적인 정보 파악 – 이유/원인

문제 키워드 | What / reason / Griffin's apology

Griffin 씨가 사과한 이유를 묻는 문제로, Griffin 씨의 대사에 집중한다. Griffin 씨가 Gregory 씨에게 사과를 하며 잠시만 기다려 줄 수 있는지(I'm very sorry, but could you wait for a moment before we start?) 물었으므로 정답은 (B)이다.

어휘 missing 분실된, 사라진 cancel 취소하다

정답 (B)

Questions 59-61 refer to the following conversation. 59-61 다음 대화에 관한 문제입니다.

AU
BR

M **59** Welcome to the Oriental Noodle House. Did you make a reservation?
W No, I didn't know I should.
M That's not a problem. How many in your party?
W There are four of us. **60** Do we have to wait for a table? We only have an hour for lunch.
M **60** I am afraid all the tables are reserved inside. But <u>we do have a balcony table upstairs.</u>
W Actually, it is a kind of business meeting so it's too noisy outside for us.
M OK, then **61** why don't I put you on our wait list?
W Hum. **61** We'd better try somewhere else. However, I will make a reservation next time.

남: **59** Oriental 국숫집에 오신 것을 환영합니다. 예약을 하셨습니까?
여: 아니요, 해야 하는지 몰랐어요.
남: 괜찮습니다. 일행이 몇 분이신가요?
여: 4명입니다. **60** 자리가 나기를 기다려야 하나요? 저희는 점심 먹을 시간이 한시간 밖에 없어요.
남: **60** 죄송하지만 실내의 테이블은 모두 예약되어 있습니다. 하지만 위층에 발코니 테이블이 있습니다.
여: 사실 일종의 업무상 회의여서 실외는 너무 소란스러울 것 같습니다.
남: 알겠습니다, 그럼 **61** 대기자 명단에 올려 드릴까요?
여: 흠. **61** 다른 곳에 가 보는 게 좋겠습니다. 하지만 다음에는 예약을 하겠습니다.

어휘 oriental 동양의 noodle 국수 make a reservation 예약하다 party 단체, 일행 reserved 예약된 inside 안에 upstairs 위층에 a kind of 일종의 noisy 시끄러운 wait list 대기자 명단 had better ~하는 편이 낫다

59 Where most likely are the speakers?
(A) At a real estate office
(B) At a convention center
(C) At a furniture store
(D) At a restaurant

화자들은 어디에 있을 것 같은가?
(A) 부동산 중개소에
(B) 컨벤션 센터에
(C) 가구점에
(D) 식당에

○ 기본 정보 파악 - 장소

문제 키워드 | Where / speakers

시작 부분에 남자가 국숫집에 온 것을 환영한다(Welcome to the Oriental Noodle House.)고 한 것으로 보아 대화 장소가 식당임을 알 수 있으므로 정답은 (D)이다.   정답 (D)

60 Why does the man say, "we do have a balcony table upstairs"?
(A) To suggest an alternative
(B) To verify that the payment and bill amount match
(C) To change a seat
(D) To show more items

남자는 왜 "위층에 발코니 테이블이 있습니다"라고 말하는가?
(A) 대안을 제시하기 위해
(B) 지불 금액과 계산서 금액이 일치하는 것을 확인하기 위해
(C) 좌석을 변경하기 위해
(D) 더 많은 물건을 보여 주기 위해

○ 신유형 - 화자의 의도 파악

문제 키워드 | Why / man / say / "we do have a balcony table upstairs"

제시된 문장의 앞뒤 문맥을 종합하여 답을 찾아야 한다. 앞에서 여자가 기다려야 하는지(Do we have to wait for a table?) 묻자 남자가 실내의 테이블은 모두 예약되어 있다(I am afraid all the tables are reserved inside.)면서, 하지만 "위층에 발코니 테이블이 있다"고 말한 것이므로 대안을 제시하고자 한 말임을 알 수 있다. 따라서 정답은 (A)이다.

어휘 alternative 대안 verify 확인하다 payment 지불(금) bill 청구서, 계산서 match 일치하다, 맞다   정답 (A)

61 What does the woman decide to do?
(A) Place an order
(B) Sit in the shade
(C) Reserve a table
(D) Visit another business

여자는 무엇을 하기로 결정하는가?
(A) 주문하기
(B) 그늘에 앉기
(C) 테이블 예약하기
(D) 다른 업장 방문하기

○ 구체적 정보 파악 - 특정 사항

문제 키워드 | What / woman / decide

후반부에 대기자 명단에 올릴지(why don't I put you on our wait list?) 묻는 남자의 말에 여자가 다른 곳에 가 보는 게 좋겠다(We'd better try somewhere else.)고 하였으므로 여자가 다른 식당에 가기로 결정한 것을 알 수 있다. 따라서 정답은 (D)이다.

패러프레이징 try somewhere else 다른 곳에 가 보다 → **Visit another business** 다른 업체 방문하기   정답 (D)

Questions 62-64 refer to the following conversation and schedule. 62-64는 다음 대화와 일정표에 관한 문제입니다.

M Hello, Carla. This is Holt. Did you arrive at the train station yet? 62 I think it will take me about 20 more minutes to get there. I'm stuck in a traffic jam. I hope I'll be there before our train leaves. The next one is 4 hours later.

W That's OK. I got here a few minutes ago and found that 63 our train's been delayed about half an hour. I'm sure you won't miss it.

M Oh, what a relief! But, 64 could you call Mr. Park? I think we should tell him that we won't be able to make it on time to the reception party this evening.

남: 안녕하세요, Carla 씨. 저는 Holt입니다. 기차역에 벌써 도착하셨나요? 62 저는 도착까지 대략 20분 정도 더 걸릴 것 같아요. 교통 체증 때문에 꼼짝 못하고 있어요. 우리가 탑승할 기차가 떠나기 전에 그곳에 도착하기를 바라요. 다음 기차는 4시간 후에 있어요.

여: 괜찮아요. 저는 몇 분 전에 이곳에 도착했는데, 63 우리가 탈 기차가 약 30분 정도 연착되었음을 알게 됐어요. 그건 놓치지 않을 거예요.

남: 오, 다행이네요! 하지만 64 Park 씨에게 전화해 주실 수 있나요? 오늘 저녁 환영회 시간에 맞춰 도착하지 못할 수 있다고 그에게 알려 주어야 할 것 같아요.

Final Destination	Departure time	Current Status
Vancouver	9:30	On time
Toronto	10:00	Delayed [one hour]
63 Calgary	10:30	63 Delayed [30 minutes]
Ottawa	12:15	On time

최종 목적지	출발 시간	현재 상태
밴쿠버	9:30	정시 도착
토론토	10:00	연착 [1시간]
63 캘거리	10:30	63 연착 [30분]
오타와	12:15	정시 도착

어휘 arrive 도착하다 train station 기차역 be stuck in ~에 갇히다 traffic jam 교통 체증 delay 늦추다, 지체시키다 half an hour 30분 relief 안도, 안심 make it 도착하다 on time 제시간에 reception party 환영회 destination 목적지, 도착지 departure 출발 current 현재의 status 상태

62 According to the man, what is the problem?
(A) One of the speakers is late for an event.
(B) A train is out of service for a few days.
(C) He is not able to get somewhere in time.
(D) A colleague of his called in sick.

남자의 말에 따르면, 문제점은 무엇인가?
(A) 화자들 중 한 명이 행사에 늦는다.
(B) 기차가 며칠간 운행되지 않는다.
(C) 그는 제시간에 도착할 수 없다.
(D) 그의 동료 중 한 명이 전화로 병가를 냈다.

> **구체적인 정보 파악 - 문제점**
>
> **문제 키워드 | man / what / problem**
> 남자가 언급한 문제점을 묻는 문제로, 남자의 대사에서 정답의 근거를 찾는다. 남자는 도착까지 대략 20분 정도 더 걸릴 것 같다며 교통 체증 때문에 꼼짝 못하고 있다(I think it will take me about 20 more minutes to get there. I'm stuck in a traffic jam.)고 했으므로 정답은 (C)이다.
>
> 어휘 out of service 운행되지 않는 colleague 동료 call in sick 전화로 병가를 내다
>
> 정답 (C)

63 Look at the graphic. Which destination do the speakers need to go?
(A) To Vancouver
(B) To Toronto
(C) To Calgary
(D) To Ottawa

┌─ 신유형 - 시각 자료 연계 ─────────────────────────────────┐
│ **문제 키워드** | graphic / Which destination / speakers / go
│
│ 화자들의 최종 목적지를 묻는 시각 자료 연계 문제로, 보기에 언급되지 않은 출발 시간과 현 상태에 집중해서 대화를 듣는다. 여자가 중반부에서 남자에게 화자들이 탑승하려는 기차가 30분 정도 연착되었다(our train's been delayed about half an hour.)는 소식을 전하고 있으므로 시각 자료에서 30분 연착된 것을 찾으면 정답은 (C)이다.
│   정답 (C)
└───┘

시각 자료를 보시오. 화자들은 어느 목적지로 가야 하는가?
(A) 밴쿠버로
(B) 토론토로
(C) 캘거리로
(D) 오타와로

64 What is the woman asked to do?
(A) Make a call to someone
(B) Call off a meeting
(C) Ask for a deadline extension
(D) Purchase tickets

여자는 무엇 하기를 요청받는가?
(A) 누군가에게 전화하기
(B) 회의 취소하기
(C) 마감일 연장 요청하기
(D) 표 구매하기

┌─ 구체적인 정보 파악 - 제안/요청 ───────────────────────┐
│ **문제 키워드** | What / woman / asked
│
│ 여자가 요청받은 일이 무엇인지를 묻는 문제로, 후반부 남자의 제안/요청 표현에서 정답의 단서가 언급될 확률이 높다. 후반부에 남자가 Park 씨에게 전화해 줄 수 있는지(could you call Mr. Park?) 물으며 시간에 맞춰 도착하지 못할 수 있다고 알려야 한다고 했다. 따라서 정답은 (A)이다.
│
│ **패러프레이징** call Mr. Park Park 씨에게 전화하다 → **Make a call to someone** 누군가에게 전화하기
│
│ **어휘** call off ~을 취소하다   deadline 마감(일)   extension 연장
│   정답 (A)
└───┘

Questions 65-67 refer to the following conversation and chart. 65-67은 다음 대화와 차트에 관한 문제입니다.

M Hi, this is Levi and I'm calling about the apricot trees I'd like to purchase from your nursery. I'm planning to have some trees planted around my house. **65 I believe they are going to make my house look much better.** I'm browsing your online store now.

W Certainly, can you find the tree measurement chart?

M Yes. Hmm... Could you tell me how different these smaller sizes are?

W **66** Size 4 trees can be planted in pots on terraces or balconies while size 3 trees should be planted in the ground, but they tend to produce much more fruit.

M Well, **66** I don't think I will plant them in pots. There're plenty of spaces for them around my house. Could you deliver them to my house?

W Of course, sir. And also, **67** our work crew can plant the trees at no additional charge.

남: 안녕하세요, 저는 Levi이고, 당신의 묘목장에서 구입하고 싶은 살구나무 때문에 전화했습니다. 제가 살고 있는 집 주변에 나무를 심을 계획입니다. 65 그러면 집이 훨씬 더 보기 좋을 것 같아요. 지금 당신의 온라인 매장을 둘러보고 있어요.
여: 알겠습니다. 묘목 측정표를 확인하실 수 있나요?
남: 네. 음... 이 작은 크기의 나무들은 어떻게 다른지 설명해 주실 수 있나요?
여: 66 4호 나무는 테라스나 발코니에 놓을 화분에 심을 수 있는 반면, 3호 나무는 땅에 심으셔야 해요. 하지만 더 많은 열매를 수확하실 수 있습니다.
남: 글쎄요, 66 저는 화분에 심진 않을 거예요. 저희 집에는 그것들을 심을 공간이 충분합니다. 집까지 나무를 배달해 주실 수 있나요?
여: 물론이죠. 또한 67 저희 직원들이 추가 요금 없이 나무를 심어 드릴 수 있습니다.

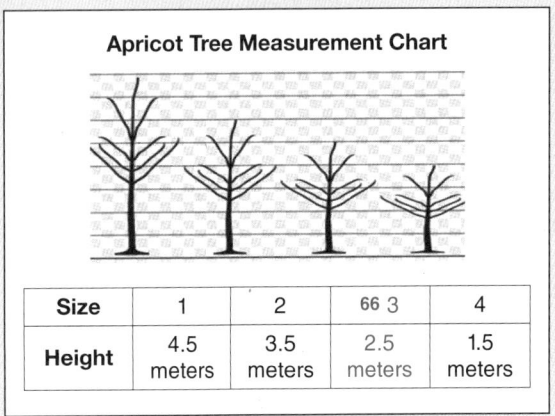

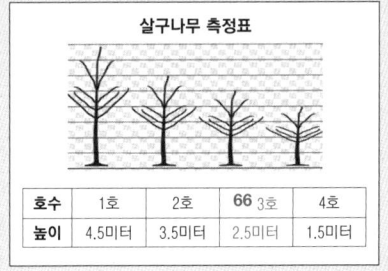

어휘 apricot tree 살구나무 nursery 묘목장 plant 심다 browse 둘러보다 measurement 측정 pot 화분 ground 땅, 지면 tend to V ~하는 경향이 있다 plenty of 많은 space 공간 deliver 배달하다 work crew 직원 at no additional charge 추가 요금 없이

65 Why does the man want to purchase some trees?
(A) To grow organic fruits
(B) To use for a memorial event
(C) To give them to his coworkers
(D) To enhance the appearance of a building

남자는 왜 나무를 구입하길 원하는가?
(A) 유기농 과일을 재배하기 위해
(B) 추모 행사에 사용하기 위해
(C) 동료에게 주기 위해
(D) 건물의 외관을 개선하기 위해

> 구체적인 정보 파악 - 이유/원인
>
> 문제 키워드 | Why / man / purchase / trees
>
> 남자가 나무를 구입하려는 이유를 묻는 문제로, 남자의 대사에서 정답의 근거를 찾는다. 남자는 집 주변에 나무를 심을 계획이라며 그러면 집이 훨씬 더 보기 좋을 것 같다(I believe they are going to make my house look much better.)고 했으므로 정답은 (D)이다.
>
> 패러프레이징 make my house look much better 집을 훨씬 더 보기 좋게 만들다
> → enhance the appearance of a building 건물의 외관을 개선하다
>
> 어휘 organic 유기농의 memorial 추모의 coworker 동료 enhance 높이다, 향상시키다 appearance 외모, 외관   정답 (D)

66 Look at the graphic. Which height of trees does the man intend to buy?
(A) 4.5 meters
(B) 3.5 meters
(C) 2.5 meters
(D) 1.5 meters

시각 자료를 보시오. 남자는 어떤 높이의 나무를 구입하려고 하는가?
(A) 4.5미터
(B) 3.5미터
(C) 2.5미터
(D) 1.5미터

○ 신유형 - 시각 자료 연계

문제 키워드 | graphic / Which height / trees / man / buy

남자가 구입하려는 나무의 높이를 묻는 시각 자료 연계 문제로, 보기에 구체적인 높이가 제시되어 있으므로, 대화에서는 크기별 세부 정보가 제시될 것임을 예상하고 들어야 한다. 여자가 4호 나무는 테라스나 발코니에 놓을 화분에 심을 수 있는 반면, 3호 나무는 땅에 심어야 한다(Size 4 trees can be planted in pots on terraces or balconies while size 3 trees should be planted in the ground,)고 하자, 남자는 화분에 심진 않을 것(I don't think I will plant them in pots.)이라고 했다. 따라서 시각 자료에서 3호 나무를 찾으면 정답은 (C)이다.

정답 (C)

67 What extra service does the woman mention to the man?
(A) Lawn mowing
(B) Free tree planting
(C) Regular cleaning
(D) Express shipping

여자가 남자에게 언급한 추가 서비스는 무엇인가?
(A) 잔디 깎기
(B) 무료로 나무 심기
(C) 정기 청소
(D) 빠른 배송

○ 구체적인 정보 파악 - 특정 사항

문제 키워드 | What extra service / woman / mention / man

여자가 언급한 추가 서비스가 무엇인지를 묻는 문제로, 여자의 대사에 집중한다. 여자는 직원들이 추가 요금 없이 나무를 심어 줄 수 있다(our work crew can plant the trees at no additional charge.)고 했으므로 정답은 (B)이다.

[패러프레이징] at no additional charge 추가 요금 없이 → Free 무료로

[어휘] lawn mowing 잔디 깎기   regular 정기적인   express 빠른

정답 (B)

Questions 68-70 refer to the following conversation and building directory. 68-70은 다음 대화와 건물 안내도에 관한 문제입니다.

W: Welcome to the Harman International building. How can I help you?
M: Yes. Actually **68** Sally Beauty Holdings is expecting me. Could you tell me where they're located?
W: They are on the second floor. They've been waiting for you for a while now. **69** If you want, I can give you a copy of our building directory.
M: That would be very helpful. Thanks.
W: By the way, I think you'd better hurry. Their office manager called down here several times to see if you'd arrived yet.
M: Well, **70** the manager called too late yesterday. So we could not make an appointment this morning. However, I came here as soon as possible.
W: OK. I will call the office and let them know you are coming up.

여: Harman International 빌딩에 오신 것을 환영합니다. 무엇을 도와 드릴까요?
남: 네. 사실 **68** Sally Beauty Holdings에서 저를 기다리고 있습니다. 어디에 있는지 가르쳐 주실 수 있나요?
여: 2층에 있어요. 한동안 당신을 기다리고 있었습니다. **69** 원하시면, 저희 건물 안내도를 한 부 드릴게요.
남: 그건 큰 도움이 될 거예요. 감사합니다.
여: 그런데 당신은 서둘러야 할 것 같아요. 그 사무실의 관리자가 당신이 도착했는지 알아보기 위해 몇 번이나 여기에 전화했었어요.
남: 음, **70** 관리자가 어제 너무 늦게 전화했어요. 그래서 오늘 아침 시간으로 약속을 할 수 없었어요. 그렇지만 최대한 빨리 이곳에 온 거예요.
여: 알겠습니다. 제가 사무실에 전화해서 당신이 올라간다고 알릴게요.

Harman International building
Directory
second floor
201   Cleary Recording Studio
202   Bryant Employment Services
68 203   Sally Beauty Holdings
204   World Languages Translations

Harman International 빌딩
안내도
2층
201   Cleary 녹음실
202   Bryant 직업소개소
68 203   Sally Beauty Holdings
204   세계 언어 번역원

어휘 | be located 위치해 있다   building directory 건물 안내도   hurry 서두르다   make an appointment 약속을 하다   as soon as possible 가능한 한 빨리

68 Look at the graphic. Which office will the man visit?
(A) Office 201
(B) Office 202
(C) Office 203
(D) Office 204

시각 자료를 보시오. 남자는 어느 사무실을 방문할 것인가?
(A) 201호 사무실
(B) 202호 사무실
(C) 203호 사무실
(D) 204호 사무실

○ 신유형 – 시각 자료 연계

문제 키워드 | graphic / Which office / will / man / visit

시각 자료 연계 문제로, 보기에 사무실 호수가 제시되어 있으므로 대화에서는 사무실에 입주해 있는 업체명으로 정답의 단서가 제시될 것임을 예측하고 들어야 한다. 남자가 Sally Beauty Holdings가 본인을 기다리고 있다(Sally Beauty Holdings is expecting me)고 언급하며 사무실이 어디에 있는지 묻고 있으므로 남자는 Sally Beauty Holdings의 사무실에 방문할 것임을 알 수 있다. 시각 자료에서 Sally Beauty Holdings는 203호라고 명시되어 있으므로 정답은 (C)이다.   정답 (C)

69 What does the woman offer the man?
 (A) Some food
 (B) Some information
 (C) A beverage
 (D) A message

여자는 남자에게 무엇을 제공하는가?
 (A) 음식
 (B) 정보
 (C) 음료
 (D) 메시지

구체적인 정보 파악 – 제안/요청

문제 키워드 | What / woman / offer / man

중반부에 여자가 남자에게 원하면 건물 안내도를 한 부 주겠다(If you want, I can give you a copy of our building directory.)며 건물 안내도를 주는 것을 제안하고 있으므로 이를 포괄할 수 있는 (B)가 정답이다. 정답 (B)

---

70 Why was the man late?
 (A) He was stuck in traffic.
 (B) His phone was misplaced.
 (C) He was not informed.
 (D) He has a busy schedule.

남자는 왜 늦었는가?
 (A) 교통 체증에 갇혀 있었다.
 (B) 전화를 잃어버렸다.
 (C) 통보받지 못했다.
 (D) 일정이 바쁘다.

구체적인 정보 파악 – 이유/원인

문제 키워드 | Why / man / late

후반부 남자의 대사에서 관리자가 어제 너무 늦게 전화해서 오늘 아침 시간으로 약속을 잡을 수 없었다(the manager called too late yesterday. So we could not make an appointment this morning.)며 그렇지만 최대한 빨리 온 것(However, I came here as soon as possible.)이라고 언급하고 있다. 즉, 남자는 오늘 아침에 다른 일정이 있었다는 얘기며, 이는 남자가 바쁜 일정 때문에 늦었다는 것이므로 정답은 (D)이다. 관리자가 어제 늦게 전화했다고 했으므로 (C)는 오답이다.

어휘 stuck in traffic 교통이 막힌 misplace 둔 곳을 잊다 inform 알리다, 통지하다 정답 (D)

PART 4

Questions 71-73 refer to the following announcement. 71-73은 다음 안내에 관한 문제입니다.

W Attention, shoppers! 71 Thank you for shopping at RCO Supermarket. 72 I'd like to remind you again to come by aisle 8 where customers can sample our new line of bakery goods. Some fresh bread's just been baked. 73 Our bakery goods are much healthier than the other competitors' since we only use organic ingredients. In addition, all the bakery goods can be purchased at discounted prices only during this month. Thank you.

여: 쇼핑객 여러분들, 잠시 안내 말씀 드리겠습니다! 71 RCO 슈퍼마켓에서 쇼핑해 주셔서 감사합니다. 72 저희가 새롭게 출시한 베이커리 제품을 시식할 수 있는 8번 통로에 들러 보시라고 다시 말씀드립니다. 신선한 빵이 방금 갓 구워졌습니다. 73 저희 베이커리 제품은 유기농 재료만을 사용하기 때문에 다른 경쟁 업체의 제품보다 훨씬 더 건강에 좋습니다. 또한, 이번 달에만 모든 베이커리 제품을 할인된 가격에 구매하실 수 있습니다. 감사합니다.

어휘 attention (안내 방송에서) 알립니다, 주목하세요 remind 상기시키다 come by ~에 잠깐 들르다 aisle 통로, 복도 sample 시식하다, 시도해 보다 goods 상품, 제품 fresh 신선한 bake 굽다 competitor 경쟁 업체, 경쟁자 organic 유기농의 ingredient 재료, 성분

71 Where most likely are the listeners?
(A) At a pharmacy
(B) In a food mart
(C) In a local café
(D) At a department store

청자들은 어디에 있을 것 같은가?
(A) 약국에
(B) 식료품 마트에
(C) 지역 카페에
(D) 백화점에

○ 기본 정보 파악 – 장소

문제 키워드 | Where / listeners

청자들이 있는 장소를 묻는 문제로, 담화 전반부에 집중한다. 전반부에 화자가 RCO 슈퍼마켓에서 쇼핑해 주셔서 감사하다(Thank you for shopping at RCO Supermarket.)고 했으므로 슈퍼마켓에서 하는 안내 방송임을 알 수 있다. 따라서 정답은 (B)이다.

패러프레이징 RCO Supermarket RCO 슈퍼마켓 → a food mart 식료품 마트
정답 (B)

72 What are the listeners encouraged to do?
(A) Buy new cooking equipment
(B) Obtain a discount coupon
(C) Eat some sample food
(D) Proceed to the checkout counter

청자들은 무엇을 할 것을 권유받는가?
(A) 새로운 조리도구 구매하기
(B) 할인 쿠폰 얻기
(C) 샘플 음식 먹기
(D) 계산대로 향하기

○ 구체적인 정보 파악 – 제안/요청

문제 키워드 | What / listeners / encouraged

청자들이 요청받은 것이 무엇인지를 묻는 문제로, 화자의 권유/제안 표현에서 정답의 근거를 찾는다. 화자는 청자들에게 새롭게 출시한 베이커리 제품을 시식할 수 있는 8번 통로에 들러 볼 것(I'd like to remind you again to come by aisle 8 where customers can sample our new line of bakery goods.)을 제안하고 있으므로 정답은 (C)이다.

패러프레이징 sample our new line of bakery goods 새롭게 출시한 베이커리 제품을 시식하다
→ Eat some sample food 샘플 음식 먹기

어휘 equipment 장비, 용품 obtain 얻다, 입수하다 proceed to ~로 향하다
정답 (C)

73 What is mentioned about the bakery goods?
(A) They can be delivered.
(B) The prices are much cheaper.
(C) The ingredients are organic.
(D) They are cooked by a famous chef.

베이커리 제품에 대해서 언급된 것은 무엇인가?
(A) 배달이 가능하다.
(B) 가격이 훨씬 저렴하다.
(C) 재료가 유기농이다.
(D) 유명 셰프가 만든다.

○ 구체적인 정보 파악 – 특정 사항

문제 키워드 | What / mentioned / bakery goods

후반부에서 핵심 키워드인 bakery goods가 언급되는 곳에 집중한다. 화자가 근무하고 있는 슈퍼마켓의 베이커리 제품은 유기농 재료만을 사용하기 때문에 다른 경쟁 업체의 제품보다 훨씬 더 건강에 좋다(Our bakery goods are much healthier than the other competitors' since we only use organic ingredients.)고 언급했으므로 정답은 (C)이다.
정답 (C)

Questions 74-76 refer to the following recorded message. 74-76은 다음 녹음 메시지에 관한 문제입니다.

M **74** You have reached the Transportation Department of Newark City. We're sorry to inform you that all work regarding issuing a driver's license will now take seven business days, which is longer than before. **75** Due to a new policy starting next year, all applications must be sent to Newtonville for review. If you want to check the status of your license, **76** be sure to have your registration number ready and one of our representatives will be with you shortly.

남 **74** 뉴어크 시의 교통국입니다. 이제 운전면허증 발급 관련 모든 업무는 이전보다 더 오래 걸리며 업무일 기준으로 7일이 소요될 것이라는 점을 알리게 되어 유감입니다. **75** 내년부터 시행되는 신규 정책 때문에 모든 신청서를 뉴튼빌로 보내 검토를 받아야 합니다. 만약 귀하의 면허증 발급 진행 상황을 확인하려면, **76** 등록 번호를 준비해 주시면 바로 직원과 연결해 드리겠습니다.

어휘 reach 연락하다 Transportation Department 교통국 inform 알리다 regarding ~에 관하여 issue 발급하다 driver's license 운전면허증 business day 영업일 due to ~ 때문에 policy 정책 application 신청서 status 진행 상황 registration 등록 representative 직원 shortly 곧

74 Which department in Newark City most likely created the message?
(A) Transportation
(B) Sanitation
(C) Construction
(D) Education

뉴어크 시의 어떤 부서에서 이 메시지를 제작하였겠는가?
(A) 교통국
(B) 위생국
(C) 건설과
(D) 교육부

─○ 기본 정보 파악 – 직업/업종 ─

문제 키워드 | Which department / created / message

메시지를 제작한 부서를 묻는 문제이다. 전반부에서 청자가 뉴어크 시의 교통국에 전화를 걸었음(You have reached the Transportation Department of Newark City.)을 확인할 수 있으므로 정답은 (A)이다.   정답 (A)

75 According to the message, what has caused a problem?
(A) The license fee was increased.
(B) An application process was shortened.
(C) More people want to travel overseas.
(D) A new policy will go into effect next year.

메시지에 따르면, 무엇으로 인해 문제가 발생하였는가?
(A) 면허료가 인상되었다.
(B) 신청 과정이 단축되었다.
(C) 더 많은 사람들이 해외로 여행 가기를 원한다.
(D) 신규 정책이 내년에 시행될 예정이다.

─○ 구체적인 정보 파악 – 문제점 ─

문제 키워드 | what / caused / problem

우선 문제가 무엇인지를 알아야 한다. 담화의 전반부에 운전면허증 발급 업무에 더 많은 시간이 소요될 예정이라는 문제점을 언급한 뒤에 내년부터 시행되는 신규 정책 때문에 모든 신청서를 뉴튼빌로 보내 검토를 받아야 한다(Due to a new policy starting next year, all applications must be sent to Newtonville for review.)는 이유를 명확하게 설명하고 있다. 따라서 정답은 (D)이다.

어휘 fee 수수료 increase 인상하다 application 신청 process 과정 shorten 단축하다 go into effect 효력이 발생되다, 실시되다   정답 (D)

76 What does the message remind the listeners to do?
(A) Visit a Web site
(B) Return an old license
(C) Sign up for a membership
(D) Provide a registration number

메시지는 청자들에게 무엇을 할 것을 상기시키는가?
(A) 웹사이트를 방문하는 것
(B) 이전 면허증을 반납하는 것
(C) 회원에 가입하는 것
(D) 등록 번호를 제공하는 것

─○ 구체적인 정보 파악 – 특정 사항 ─

문제 키워드 | What / message / remind / listeners

담화의 후반부에 면허 발급 진행 상황을 확인하려면, 등록 번호를 준비하라(be sure to have your registration number ready)고 청자들에게 요청하고 있으므로 (D)가 정답이다.

패러프레이징 have your registration number ready 등록 번호를 준비하다
→ **Provide a registration number** 등록 번호를 제공하다   정답 (D)

Questions 77-79 refer to the following excerpt from a meeting. 77-79는 다음 회의 발췌록에 관한 문제입니다.

〔US〕

M Thanks for attending this planning meeting. **77 From next week we will conduct the customer satisfaction survey** but **78 we don't have enough questionnaires yet. So we need to develop a series of questions to find out their opinions and purchasing behaviour.** I'll give each of you a list of previous questions. **79 I know most of you haven't done this work before, but we do not have any guidelines or templates. To be honest, I don't have much experience with this.** But Frederick, our marketing expert, has done a lot of surveys. Frederick, could you help me?

남: 오늘 기획 회의에 참석해 주셔서 감사합니다. **77 다음 주부터 우리는 고객 만족 설문 조사를 실시할 예정이지만, 78 아직 설문 문항이 충분하지 않습니다. 그래서 우리가 고객들의 의견이나 구매 습관을 확인할 수 있는 일련의 질문들을 만들어야 합니다.** 제가 여러분 개개인에게 이전 질문 목록을 나누어 드리겠습니다. **79 여러분 대다수가 이전에 이러한 업무를 해 본 적이 없음을 알고 있지만, 우리는 어떠한 가이드라인이나 견본이 없습니다. 솔직히 말하자면, 저도 이것과 관련해 경험이 많지 않습니다.** 하지만 우리의 마케팅 전문가인 Frederick 씨는 설문 조사 업무를 많이 했습니다. Frederick 씨, 저를 도와주시겠습니까?

어휘 | planning meeting 기획 회의 conduct 실시하다 satisfaction 만족 questionnaire 설문지, 설문 조사 질문 develop 개발하다 a series of 일련의 find out ~을 알아내다 opinion 의견 behaviour 행동 (방식) previous 이전의 template 견본 to be honest 솔직히 말하자면

77 What event is the speaker discussing?
(A) A staff orientation
(B) A corporate luncheon
(C) A product development
(D) A customer survey

화자는 어떤 일에 대해서 이야기하고 있는가?
(A) 직원 오리엔테이션
(B) 기업 오찬
(C) 제품 개발
(D) 소비자 설문

○ 기본 정보 파악 – 주제

문제 키워드 | What event / speaker / discussing

담화의 주제는 주로 담화 전반부에서 확인할 수 있다. 담화의 전반부에 다음 주부터 고객 만족 설문조사를 실시할 예정(From next week we will conduct the customer satisfaction survey)이라고 했으므로 (D)가 정답이다.   정답 (D)

78 What does the speaker ask the listeners to do?
(A) Fill out the survey
(B) Check an attendance list
(C) Devise some questions
(D) Invite a guest speaker

화자는 청자들에게 무엇을 할 것을 요청하는가?
(A) 설문 조사를 작성하는 것
(B) 참석자 명단을 확인하는 것
(C) 질문들을 생각해 내는 것
(D) 초청 연사를 초대하는 것

○ 구체적인 정보 파악 – 제안/요청

문제 키워드 | What / speaker / ask / listeners

담화 중반부에 언급되는 제안 표현을 잘 들어야 한다. 담화 중반에 아직 설문 문항이 충분하지 않다(we don't have enough questionnaires yet)며 고객들의 의견이나 구매 습관을 확인할 수 있는 일련의 질문들을 만들어야 한다(So we need to develop a series of questions ~)고 하였으므로 (C)가 정답이다.

패러프레이징 develop a series of questions 일련의 질문들을 만들다 → Devise some questions 질문들을 생각해 내다

어휘 | fill out 작성하다 attendance 참석 devise 생각해 내다, 고안하다 invite 초대하다   정답 (C)

79 What does the speaker imply when he says, "I don't have much experience with this"?
(A) He does not want to take on a new task.
(B) He wants someone to teach him.
(C) He wants to learn more about this job.
(D) He cannot answer listeners' questions.

화자가 "저도 이것과 관련해 경험이 많지 않습니다"라고 말할 때 의미하는 것은 무엇인가?
(A) 새로운 업무를 담당하기를 원치 않는다.
(B) 누군가가 가르쳐 주기를 바란다.
(C) 이 업무와 관련해 더 많이 배우기를 원한다.
(D) 청자들의 질문에 대답할 수 없다.

○ 신유형 – 화자의 의도 파악

문제 키워드 | What / speaker / imply / "I don't have much experience with this"

주변 문맥을 종합하여 정답을 찾아야 한다. 앞서 청자들 대다수가 이전에 이러한 업무를 해 본 적이 없음을 알고 있지만, 어떠한 가이드라인과 견본을 갖고 있지 않다(I know most of you haven't done this work before, but we do not have any guidelines or templaters.)는 문제점을 언급하였고, 부사구 To be honest와 함께, 화자 또한 이와 관련된 경험이 부족하다는 이야기를 전하고 있다. 즉, 화자도 청자들을 도울 수 없다는 뉘앙스를 내포하고 있는 것이므로 정답은 (D)이다.   정답 (D)

Question 80-82 refer to the following talk. 80-82는 다음 담화에 관한 문제입니다.

[US]

W Okay. Thank you for attending our monthly staff meeting. Before we start the meeting, I have an important announcement. **80 We will have new ID cards that you can use on all our factory floors.** Currently, all staff members get their plastic ID badges when they first join our company. **81 But starting next week, all ID badges will be replaced with new ID cards embedded with chips.** The chip will allow you to enter all laboratories and even the cafeteria. By doing this, we can further strengthen security. **82 So please don't forget to replace your ID badge with a new one at the security office by the end of the month.**

여: 좋습니다. 월례 직원회의에 참석해 주셔서 감사합니다. 회의를 시작하기 전에 중요한 공지 사항이 있습니다. 80 우리의 모든 공장 현장에서 사용할 수 있는 새로운 신분증 카드를 갖게 될 것입니다. 현재는 모든 직원들이 회사에 입사할 때 플라스틱 신분증 배지를 받습니다. 81 그러나 다음 주부터 모든 신분증 배지는 칩이 들어 있는 새로운 신분증 카드로 교체될 것입니다. 그 칩은 여러분이 모든 연구실과 심지어는 구내식당까지 입장할 수 있도록 할 것입니다. 이렇게 함으로써, 우리는 보안을 더욱 강화할 수 있습니다. 82 따라서 이달 말까지 보안 사무실에서 여러분의 신분증 배지를 새것으로 교체하는 것을 잊지 마시기 바랍니다.

어휘 monthly 월례의 important 중요한 announcement 공지, 안내 ID(= identification) 신분증명서, 신분증 factory floor 공장의 작업 현장 currently 현재 starting ~부터 replace A with B A를 B로 교체하다 embed 박다, 끼워 넣다 allow to V ~하는 것을 허가하다 laboratory 실험실, 연구실 further 더 strengthen 강화하다 security 보안

80 Where do the listeners work?
(A) At a community center
(B) At a clinic
(C) At a store
(D) At a factory

청자들은 어디서 일하고 있는가?
(A) 주민 센터에서
(B) 병원에서
(C) 상점에서
(D) 공장에서

○ 기본 정보 파악 - 직업/업종

문제 키워드 | Where / listeners / work

청자들의 근무처를 묻는 문제로, 담화의 전반부에서 주로 our/your/here/this 등의 표현과 함께 단서가 언급된다. 모든 공장 현장에서 사용할 수 있는 새로운 신분증 카드를 갖게 될 것(we will have new ID cards that you can use on all our factory floors.)이라는 말을 통해 청자들이 공장에서 일하고 있음을 알 수 있다. 따라서 정답은 (D)이다.

정답 (D)

81 What does the speaker say will be changed?
(A) A chip-based ID card will be used.
(B) Some members will move to another office.
(C) A hiring policy will be revised.
(D) Security officers will be replaced.

화자는 무엇이 변경될 것이라고 말하는가?
(A) 칩이 내장된 신분증 카드가 사용될 것이다.
(B) 몇몇 직원들이 다른 사무실로 이동할 것이다.
(C) 고용 정책이 수정될 것이다.
(D) 보안 직원들이 교체될 것이다.

○ 구체적인 정보 파악 - 특정 사항

문제 키워드 | What / will / changed

핵심 키워드는 change이지만, 담화에서 replace/relocate/move 등 변경을 나타내는 다른 단어를 통해 단서가 언급될 수 있음을 알아 두자. 다음 주부터 모든 신분증 배지는 칩이 들어 있는 새로운 신분증 카드로 교체될 것(But starting next week, all ID badges will be replaced with new ID cards embedded with chips.)이라고 했으므로 (A)가 정답이다.

패러프레이징 ID cards embedded with chips 칩이 들어 있는 신분증 카드 → **A chip-based ID card** 칩이 내장된 ID 카드

어휘 chip-based 칩이 내장된 hiring policy 고용 정책 revise 수정하다, 개정하다

정답 (A)

82 What are the listeners asked to do by the end of the month?
(A) Visit the security office
(B) Submit opinions
(C) Download coupons
(D) Sign up for membership

청자들은 이달 말까지 무엇을 하도록 요청받는가?
(A) 보안 사무실 방문
(B) 의견 제출
(C) 쿠폰 다운로드
(D) 회원권 신청

○ 구체적 정보 파악 - 제안/요청

문제 키워드 | What / listeners / asked / end of the month

이달 말까지 보안 사무실에서 신분증 배지를 새 카드로 교체하는 것을 잊지 말라(So please don't forget to replace your ID badge with a new one at the security office by the end of the month.)고 했으므로 정답은 (A)이다.

정답 (A)

Questions 83-85 refer to the following excerpt from a meeting. 83-85는 다음 회의 발췌록에 관한 문제입니다.

M **83** I'd like to start today's marketing department meeting with preparations for our upcoming summer season here at the Springfield Hotel. As you all know, during the last summer season we offered a variety of new water activities for our guests. It was well received by our guests. So, we decided to offer some of the activities this season, too. **84** But, I want you to do some brainstorming for this season's new additions. **85** As a reference, I'll pass out a list of activities we've provided so far. So, let's talk about what we can add to our services.

남 **83** 이곳 Springfield 호텔의 다가오는 여름 시즌 준비와 관련된 내용으로 오늘의 마케팅 부서 회의를 시작하려 합니다. 모두 아시다시피, 지난여름 시즌에 우리는 손님들에게 다양한 새로운 수상 활동을 제공했습니다. 그것이 고객들로부터 좋은 반응을 얻었습니다. 그래서 저희는 이번 시즌에도 일부 활동을 제공하기로 결정했습니다. **84** 하지만 이번 시즌에 새로 추가할 것들에 대해 여러분들이 브레인스토밍을 해 주셨으면 합니다. **85** 참고할 수 있도록, 우리가 지금까지 제공해왔던 활동들의 목록을 나누어 드리겠습니다. 그럼 우리의 서비스에 무엇을 추가할 수 있는지 이야기를 나누어 봅시다.

어휘 preparation 준비   upcoming 다가오는   a variety of 다양한   water activity 수상 활동   brainstorming 브레인스토밍(무엇에 대해 여러 사람들이 동시에 자유롭게 자기 생각을 제시하는 방법)   addition 추가   reference 참고   pass out ~을 나누어 주다   so far 지금까지

83 What type of business does the speaker work for?
(A) A travel firm
(B) An advertising agency
(C) A hotel
(D) A recreation company

화자는 어떤 종류의 회사에서 근무하고 있는가?
(A) 여행사
(B) 광고 회사
(C) 호텔
(D) 레크레이션 회사

○ 기본 정보 파악 – 직업/업종

문제 키워드 | What / business / speaker / work

업종 문제는 주로 전반부에 단서가 있다. 도입부에 이곳 Springfield 호텔의 다가오는 여름 시즌 준비와 관련된 내용으로 마케팅 부서 회의를 시작하려 한다(I'd like to start today's marketing department meeting ~ here at the Springfield Hotel.)고 했으므로 화자가 호텔에서 근무하고 있음을 알 수 있다. 따라서 정답은 (C)이다.

정답 (C)

84 What are the listeners encouraged to do at today's meeting?
(A) Conduct a market survey
(B) Test a sample product
(C) Find some agencies
(D) Make a suggestion

청자들은 오늘 회의에서 무엇을 하도록 권유받는가?
(A) 시장 조사 실시하기
(B) 샘플 제품 테스트하기
(C) 대리점 조사하기
(D) 제안하기

○ 구체적인 정보 파악 – 제안/요청

문제 키워드 | What / listeners / encouraged / today's meeting

However, But 등의 언급이 있을 경우 그 뒤의 문장에 집중하자. 담화 중반부에 화자는 이번 시즌에 새로 추가할 것들에 대해 브레인스토밍을 해 달라(But, I want you to do some brainstorming for this season's new additions.)고 하였고 마지막 부분에 함께 이야기를 나누자고 했으므로 정답은 (D)이다.

어휘 conduct 실시하다   agency 대리점, 대행사

정답 (D)

85 What will the speaker do next?
(A) Distribute a document
(B) Accept volunteers
(C) Collect donations
(D) Answer some questions

화자는 다음에 무엇을 할 것인가?
(A) 서류 나누어 주기
(B) 자원봉사자 받기
(C) 기부금 받기
(D) 질문에 답변하기

○ 구체적인 정보 파악 – 미래

문제 키워드 | What / will / speaker / next

미래 문제는 주로 담화의 후반부에서 정답을 찾을 수 있다. 후반부에 화자는 청자들이 참고할 수 있도록 지금까지 제공해 왔던 활동들의 목록을 나누어 주겠다(As a reference, I'll pass out a list of activities we've provided so far.)고 했으므로 (A)가 정답이다.

패러프레이징 pass out a list of activities 활동들의 목록을 나누어 주다 → Distribute a document 서류 나누어 주기

어휘 distribute 나누어 주다   accept 받다, 수락하다   volunteer 자원봉사자   collect 모으다, 수집하다   donation 기부

정답 (A)

Questions 86-88 refer to the following introduction. 86-88은 다음 소개에 관한 문제입니다.

US
W Good to see you again at today's seminar, everyone. First of all, 86 I heard that many of you had a problem finding this room. I'm sorry that I thought the room was the same as the one we used last week. Okay, today I'm very excited to introduce our first speaker, William Wiseman. 87 Mr. Wiseman is one of the established financial experts at Karlson Communication Group. His lectures focus on how to create a realistic budget proposal effectively and efficiently. As a consultant, since he has advised many local businesses, 88 he will figure out what your needs are and help you develop your own proposals. Let's give a warm welcome to Mr. Wiseman.

여: 오늘 세미나에서 여러분 모두를 다시 만나게 되어 기쁩니다. 우선, 86 많은 분들이 이 방을 찾는 데 어려움이 있었다고 들었습니다. 지난주에 사용했던 방과 동일한 방으로 착각하여 죄송합니다. 자, 오늘 저는 첫 번째 발표자인 William Wiseman 씨를 소개하게 되어 매우 기쁩니다. 87 Wiseman 씨는 Karlson 커뮤니케이션 그룹의 저명한 금융 전문가 중 한 분입니다. 그의 강연은 효과적이고 효율적으로 현질적인 예산 제안서를 작성하는 방법에 초점을 맞추고 있습니다. 컨설턴트로서 그는 많은 현지 기업에 조언을 해 왔기 때문에 88 여러분들이 필요한 것들을 알아내어 여러분들의 제안서를 개발할 수 있도록 도움을 드릴 것입니다. Wiseman 씨를 따뜻하게 맞이해 주시기 바랍니다.

어휘 | introduce 소개하다 established 저명한 financial expert 금융 전문가 lecture 강연 focus on ~에 초점을 맞추다 realistic 현실적인 budget 예산 proposal 제안서 effectively 효과적으로 efficiently 효율적으로 consultant 컨설턴트 local 현지의 figure out ~을 알아내다

86 What does the speaker apologize for?
(A) Being difficult to register online
(B) Informing an incorrect place
(C) Cancelling an appointment
(D) Arriving late to an event

화자는 무엇에 대해서 사과를 하고 있는가?
(A) 온라인 등록의 어려움
(B) 잘못된 장소 전달
(C) 약속 취소
(D) 행사 지각

구체적인 정보 파악 - 이유/원인

문제 키워드 | What / speaker / apologize

초반에 화자는 청자들이 세미나 장소를 찾는 데 어려움을 겪었다고 들었다(I heard that many of you had a problem finding this room.)며 지난주에 사용했던 방과 동일한 방으로 착각하여 죄송하다(I'm sorry that I thought the room was the same as the one we used last week.)고 사과하고 있다. 따라서 정답은 (B)이다.

어휘 | register 등록하다 incorrect 부정확한, 틀린

정답 (B)

87 Who is William Wiseman?
(A) A financial expert
(B) An architect
(C) A business owner
(D) A communication consultant

William Wiseman 씨는 누구인가?
(A) 금융 전문가
(B) 건축가
(C) 기업 대표
(D) 의사소통 컨설턴트

기본 정보 파악 - 직업/업종

문제 키워드 | Who / William Wiseman

William Wiseman을 핵심 키워드로 잡고 문제를 풀어야 한다. 중반부에서 화자는 Wiseman 씨를 Karlson 커뮤니케이션 그룹의 저명한 금융 전문가(Mr. Wiseman is one of the established financial experts at Karlson Communication Group.)라고 소개하고 있으므로 정답은 (A)이다.

정답 (A)

88 What will William Wiseman talk about?
(A) Securing data
(B) Developing collaboration skills
(C) Creating a proposal
(D) Evaluating a report

William Wiseman 씨는 무엇에 대해서 이야기를 할 것인가?
(A) 데이터를 확보하는 것
(B) 협동 능력을 개발하는 것
(C) 제안서를 제작하는 것
(D) 보고서를 평가하는 것

구체적인 정보 파악 - 특정 사항

문제 키워드 | What / will / William Wiseman / talk

Wiseman 씨를 간단히 소개한 뒤, 그가 청자들이 필요한 것들을 알아내어 청자들이 제안서를 개발할 수 있도록 도움을 줄 것(he will figure out what your needs are and help you develop your own proposals.)이라고 했으므로 정답은 (C)이다.

어휘 | secure 확보하다 collaboration 협동, 협력 create 제작하다, 만들다 evaluate 평가하다

정답 (C)

Questions 89-91 refer to the following telephone message. 89-91은 다음 전화 메시지에 관한 문제입니다.

W   Hi, Susan. This is Molly. How are you doing? Listen, you know Kevin got a promotion, right? 89 I think we should throw a party to celebrate it. So, let's meet up to make a plan in detail. 90 We'll definitely need to talk about finding the right place with good foods. I think you remember how the last party was. 90 This time, I don't want to miss seeing Kevin surprised. Well, 91 I'm going to have dinner with a friend of mine at the newly opened restaurant on 51st Avenue tomorrow night. I'll tell you about how the space and food are. Probably, we can hold the party there if everything is OK. See you soon.

여: 안녕하세요, Susan 씨. 저는 Molly입니다. 어떻게 지내고 계신가요? 저기요, Kevin 씨가 승진했다는 것을 알고 계시죠, 그렇죠? 89 우리가 축하 파티를 열어 주어야 할 것 같아요. 그러니 만나서 상세하게 계획을 세워 봐요. 90 맛있는 음식이 있는 적당한 곳을 찾는 것에 대해서도 분명히 이야기를 나누어야 할 거예요. 지난번 파티가 어땠는지를 기억하실 거라 생각해요. 90 이번에는, Kevin 씨가 놀라는 모습을 놓치고 싶지 않아요. 음, 91 저는 내일 밤에 51번 가에 새로 개업한 식당에서 친구와 저녁을 먹을 예정이에요. 제가 식당과 음식이 어땠는지 이야기해 드릴게요. 모든 것이 괜찮으면 아마도 거기서 파티를 열어도 될 것 같아요. 곧 봬요.

어휘 promotion 승진   throw a party 파티를 열다   celebrate 축하하다   meet up 만나다   make a plan 계획을 세우다   in detail 상세하게   definitely 분명히   miss 놓치다   avenue 거리, -가

89   What is the speaker mainly talking about?
(A) Reviewing some information
(B) Making a plan for a party
(C) Attending a promotional event
(D) Arranging a business conference

화자는 주로 무엇에 대해서 이야기하고 있는가?
(A) 일부 정보 재검토
(B) 파티 계획
(C) 홍보 행사 참석
(D) 기업 학회 준비

> ○ 기본 정보 파악 - 주제
>
> **문제 키워드 | What / speaker / talking**
>
> 담화의 주제를 묻는 문제로, 담화 전반부에서 단서를 찾는다. 전반부에 화자는 청자에게 Kevin 씨의 승진에 대한 축하 파티를 열어 주어야 할 것 같다며 만나서 계획을 세우자(I think we should throw a party to celebrate it. So, let's meet up to make a plan in detail.)고 제안하고 있다. 따라서 정답은 (B)이다.
>
> **어휘** review 재검토하다   promotional 홍보의   arrange 준비하다, 마련하다
>
> 정답 (B)

90   What does the speaker imply when she says, "I think you remember how the last party was"?
(A) She is requiring more specific information.
(B) She did not need more help from her colleagues.
(C) She is not completely happy with the preceding event.
(D) She will arrange a meeting regularly.

화자가 "지난번 파티가 어땠는지를 기억하실 거라 생각해요"라고 말할 때 의미하는 것은 무엇인가?
(A) 더 구체적인 정보를 요구하고 있다.
(B) 동료들의 추가 도움이 필요하지 않았다.
(C) 이전 행사에 완전히 만족하지는 않는다.
(D) 정기적으로 회의를 준비할 것이다.

> ○ 신유형 - 화자의 의도 파악
>
> **문제 키워드 | What / speaker / imply / "I think you remember how the last party was"**
>
> 주변 문맥을 참고하여 화자의 말의 의도를 파악하는 문제이다. 화자는 Kevin 씨의 승진 기념 파티를 위해 맛있는 음식이 있는 적당한 곳을 찾는 것에 대해서도 이야기를 나누어야 할 것(We'll definitely need to talk about finding the right place with good foods.)이라고 말과 함께 제시된 문장을 언급하였다. 또한 이어서 화자는 이번에는 Kevin 씨가 놀라는 모습을 놓치고 싶지 않다(This time, I don't want to miss seeing Kevin surprised.)는 희망을 표현하고 있다. 즉, 화자는 지난 파티의 음식과 장소가 다소 마음에 들지 않았고, 누군가가 놀라는 모습을 놓쳐서 아쉬웠음을 추측할 수 있으므로 정답은 (C)이다.
>
> **어휘** require 요구하다   specific 구체적인   colleague 동료   completely 완전히   preceding 이전의, 앞의   regularly 정기적으로
>
> 정답 (C)

91 What does the speaker say she is going to do tomorrow night?
(A) Order some food supplies
(B) Visit a restaurant
(C) Request some catering services
(D) Sign up for an event

화자는 내일 밤에 무엇을 할 예정이라고 이야기하는가?
(A) 식자재 주문
(B) 식당 방문
(C) 출장 연회 서비스 요청
(D) 행사 신청

○ 구체적인 정보 파악 – 미래

문제 키워드 | What / speaker / say / going / tomorrow night

후반부에 핵심 키워드인 tomorrow night이 언급되는 곳에서, 화자의 미래 일정을 파악한다. 화자는 내일 밤에 친구와 함께 새로 개업한 식당에서 저녁을 먹을 것(I'm going to have dinner with a friend of mine at the newly opened restaurant on 51st Avenue tomorrow night.)이라고 했으므로 정답은 (B)이다.

패러프레이징 have a dinner ~ at the newly opened restaurant 새로 개업한 식당에서 저녁을 먹다
→ Visit a restaurant 식당 방문

정답 (B)

Questions 92-94 refer to the following broadcast. 92-94는 다음 방송에 관한 문제입니다.

W Thank you for tuning in to our program. **92** Let's continue talking about cost-effective marketing methods for small business. During the commercial break, **93** a business owner called in and told us that his new business is reliant on word-of-mouth advertising and **it seems very successful**. However, Jodi Horton from Willesden Business College is here with us to talk more about various ways to reach a wider audience. He'll start by talking with us about sponsored advertisements on different social media. Now, **94** Jodi, many people may already know this approach is very effective, but could you tell us more about how much it would cost?

여: 저희 프로그램을 청취해 주셔서 감사합니다. **92** 소규모 사업을 위한 비용 효율적인 마케팅 방법에 대해서 계속 이야기를 나누어 봅시다. 광고 시간 동안, **93** 한 기업 대표께서 전화하여 그의 신규 사업이 구두 광고에 의존하고 있으며, 이것이 매우 성공적인 것 같다고 이야기해 주었습니다. 하지만 월즈덴 경영 대학원의 Jodi Horton 씨가 청중들의 범위를 더 넓힐 수 있는 다양한 방법에 대해 이야기를 나누기 위해 이 자리에 오셨습니다. 그는 다른 소셜 미디어의 후원 광고에 대해서 이야기하는 것으로 시작할 것입니다. 그러면 **94** Jodi 씨, 이미 많은 분들이 이 방법이 매우 효과적임을 알고 있지만, 비용이 얼마나 드는지 더 자세히 이야기해 주실 수 있나요?

어휘 tune in to ~로 채널을 맞추다 continue -ing 계속하여 ~하다 cost-effective 비용 효과가 높은 method 방법 commercial break 광고 방송을 위한 프로그램 중단 시간 reliant on ~에 의지하는, 의존하는 word-of-mouth 구두의, 구전의 advertising 광고 successful 성공적인 various 다양한 reach 들어가다, 미치다 audience 청중 sponsored 지원받는, 후원받는 approach 방법 cost 비용이 들다

92 What is the main topic of the broadcast?
 (A) Overseas investment
 (B) Finding a right location
 (C) Hiring good workers
 (D) Cost-effective advertising

방송의 주제는 무엇인가?
 (A) 해외 투자
 (B) 괜찮은 장소 물색
 (C) 유능한 직원 채용
 (D) 비용 효율적인 광고

○ 기본 정보 파악 – 주제

문제 키워드 | What / topic / broadcast

방송 주제를 묻는 문제로, 주제 문제는 전반부에 집중해야 한다. 화자는 소기업들을 위한 비용 효율적인 마케팅 방법에 대해서 계속 이야기를 나누어 보자(Let's continue talking about cost-effective marketing methods for small business.)고 했으므로 정답은 (D)이다.

패러프레이징 cost-effective marketing methods 비용 효율적인 마케팅 방법
 → Cost-effective advertising 비용 효율적인 광고

어휘 overseas 해외의 investment 투자   정답 (D)

93 What does the speaker imply when she says, "it seems very successful"?
 (A) A marketing method may be effective.
 (B) A training event should take place regularly.
 (C) A store has been in business for a long time.
 (D) A new business needs to focus on a product line.

화자가 "이것이 매우 성공적인 것 같습니다"라고 말할 때 의미하는 것은 무엇인가?
 (A) 어떤 마케팅 방법이 효과적일 수 있다.
 (B) 교육 행사는 정기적으로 진행되어야 한다.
 (C) 가게가 오랫동안 운영되어 왔다.
 (D) 신생 기업은 생산 라인에 초점을 맞추어야 한다.

○ 신유형 – 화자의 의도 파악

문제 키워드 | What / speaker / imply / "it seems very successful"

화자의 의도 파악 문제는 앞뒤 상황을 포괄적으로 설명한 보기가 정답이다. 화자는 한 기업 대표가 전화하여 말했다며 그가 신규 사업을 구두 광고에 의존하고 있다(a business owner called in and told us that his new business is reliant on word-of-mouth advertising and)는 말과 함께 "매우 성공적인 것 같다"는 제시된 문장을 언급하였다. 즉, 구두 광고가 효과적일 수 있다는 것을 이야기하는 것이므로 정답은 (A)이다.

어휘 regularly 정기적으로   정답 (A)

94 What does the speaker say will happen next?
(A) A traffic update will be given.
(B) A commercial break will start.
(C) A guest will share some details.
(D) A list of sponsors will be announced.

화자는 다음에 무슨 일이 있을 것이라고 이야기하는가?
(A) 교통 속보가 방송될 것이다.
(B) 광고 시간이 시작될 것이다.
(C) 손님과 세부 사항을 공유할 것이다.
(D) 후원자 목록이 발표될 것이다.

─○ 구체적인 정보 파악 – 미래 ─

문제 키워드 | What / will / happen / next

화자가 이야기한 미래 일정을 묻는 문제로, 미래 정보는 담화 후반부에서 언급된다. 담화 후반부에 화자는 초대 손님인 Jodi 씨에게 이미 많은 분들이 이 방법이 매우 효과적임을 알고 있지만, 비용이 얼마나 드는지를 더 자세히 이야기해 줄 수 있는지(Jodi, many people may already know this approach is very effective, but could you tell us more about how much it would cost?) 물으며 비용 관련 세부 사항을 이야기해 줄 것을 요청하고 있으므로 정답은 (C)이다.

패러프레이징 tell us more about how much would it cost 비용이 얼마나 드는지를 더 자세히 이야기하다
 → **share some details** 세부 사항을 공유하다

어휘 share 공유하다   details 세부 사항   sponsor 후원자

정답 (C)

Questions 95-97 refer to the following announcement and chart. 95-97은 다음 안내와 표에 관한 문제입니다.

M I'd like to welcome all of you to this year's Agricultural Trade Fair 95 here at Agriculture and Marine Product Market. Today, we have scheduled several informative talks throughout the day such as "How to be a farmer" which will start shortly. A famous agriculturalist, Michael Lee, will share his expertise with us. If you are interested in the building of our distribution center, you'll see me again. 96 I'm leading a talk this afternoon. It's about where and when we will build an Agricultural and Marine Products Distribution Center. Okay, then, 97 please take advantage of the refreshments we have set out for you on the table next to the entrance.

남: 95 이곳 농수산물 시장에서 열리는 올해의 농산물 무역 박람회에 오신 여러분 모두에게 환영의 말을 전하고 싶습니다. 오늘은 곧 시작될 강연인 "농부가 되는 방법"과 같은 여러 유익한 강연들이 온종일 예정되어 있습니다. 유명한 농업 전문가인 Michael Lee 씨가 그의 전문 지식을 공유할 것입니다. 저희의 유통 센터 건설에 관심이 있으시다면 저를 다시 보시게 될 것입니다. 96 저는 오늘 오후에 강연을 할 것입니다. 그것은 저희가 어디에 언제 농수산물 유통 센터를 지을지에 관한 것입니다. 자, 그러면 97 출입구 옆 테이블에 저희가 마련해놓은 다과를 이용하시기 바랍니다.

Title	Time
How to be a farmer	09:00 A.M.
How to export agricultural and marine products	10:00 A.M.
96 The plan for construction of an Agricultural and Marine Products Distribution Center	03:00 P.M.
Marketing economics of agricultural products	05:00 P.M.

제목	시간
농부가 되는 방법	오전 9시
농수산물 수출 방법	오전 10시
96 농수산물 유통 센터 건설 계획	오후 3시
농산물 마케팅 경제학	오후 5시

어휘 agricultural 농업의 trade fair 무역 박람회 marine 해양의 schedule 일정을 잡다 informative 유익한 such as ~와 같은 shortly 곧 agriculturalist 농업 전문가 share 공유하다 expertise 전문 지식 distribution center 유통 센터 take advantage of ~을 이용하다 refreshments 다과 entrance (출)입구 export 수출하다

95 Where is the announcement most likely being made?
(A) At a conference center
(B) At a community park
(C) At a market
(D) At a school

안내는 어디에서 이루어지고 있는 것 같은가?
(A) 회의장에서
(B) 지역 공원에서
(C) 시장에서
(D) 학교에서

> **기본 정보 파악 – 장소**
>
> 문제 키워드 | Where / announcement / made
>
> 장소를 묻는 문제는 담화 전반부에 단서가 나오는 경우가 많다. 담화 전반부에 화자가 '이곳 농수산물 시장(here at Agriculture and Marine Product Market)'이라고 언급했으므로 정답은 (C)이다.
>
> 정답 (C)

96 Look at the graphic. What time will the speaker be leading a talk?
(A) At 09:00 A.M.
(B) At 10:00 A.M.
(C) At 03:00 P.M.
(D) At 05:00 P.M.

시각 자료를 보시오. 화자는 언제 강연할 것인가?
(A) 오전 9시에
(B) 오전 10시에
(C) 오후 3시에
(D) 오후 5시에

> **신유형 – 시각 자료 연계**
>
> 문제 키워드 | graphic / What time / speaker / talk
>
> 담화에서 언급된 정보와 문제지에 제시된 시각 자료를 연계하여 정답을 파악하는 문제이다. 담화에서 화자는 오늘 오후에 강연을 할 것이고, 그것은 어디에 언제 농수산물 유통 센터를 지을지에 관한 것(I'm leading a talk this afternoon. It's about where and when we will build an Agricultural and Marine Products Distribution Center.)이라고 언급하고 있다. 시각 자료에서 농수산물 유통 센터 건설 계획에 대한 강연이 있는 시각은 오후 3시로 확인되므로 정답은 (C)이다.
>
> 정답 (C)

97 What can the listeners find near the entrance?
(A) Brochures
(B) Light food and drinks
(C) Promotional gifts
(D) Area maps

청자들은 출입구 근처에서 무엇을 찾을 수 있는가?
(A) 안내 책자
(B) 가벼운 음식과 음료
(C) 홍보용 선물
(D) 지역 지도

─○ 구체적인 정보 파악 - 특정 사항 ─

문제 키워드 | **What / listeners / find / entrance**

entrance를 핵심 키워드로 잡고 문제를 풀어야 한다. 담화 후반에 출입구 옆 테이블에서 다과를 이용하라(please take advantage of the refreshments we have set out for you on the table next to the entrance.)고 언급하고 있으므로 정답은 (B)이다.

[패러프레이징] **refreshments** 다과 → **Light food and drinks** 가벼운 음식과 음료   정답 (B)

Questions 98-100 refer to the following excerpt from a meeting and graph. 98-100은 다음 회의 발췌록과 그래프에 관한 문제입니다.

W Okay, **98** did you get the sales report for our office supplies stores? Look at the sales records on the second page. It shows that the highest sales figure hit 500 thousand dollars, which has climbed for the third month in a row. So, I'd like to talk about a way to boost the sales of that store even more. As you know, we have almost the same space for each location. **99** I suggest we could try to make more space for our highest sales record location. **100** I'll ask the manager to do some market research about what they need.

여: 자, **98** 우리 사무용품 매장들의 매출 보고서를 받으셨나요? 2페이지의 매출 기록을 봐 주십시오. 가장 높은 매출은 50만 달러를 달성했으며, 3개월 연속으로 상승하고 있는 것을 보여 줍니다. 그래서 해당 지점의 매출을 더 높일 수 있는 방법에 대해서 이야기하고 싶습니다. 아시다시피, 각 지점은 거의 동일한 공간을 갖고 있습니다. **99** 매출이 가장 높은 지점의 공간을 늘리는 것을 제안드립니다. **100** 관리자에게 그들이 필요한 것이 무엇인지에 관해 시장 조사를 할 것을 요청하겠습니다.

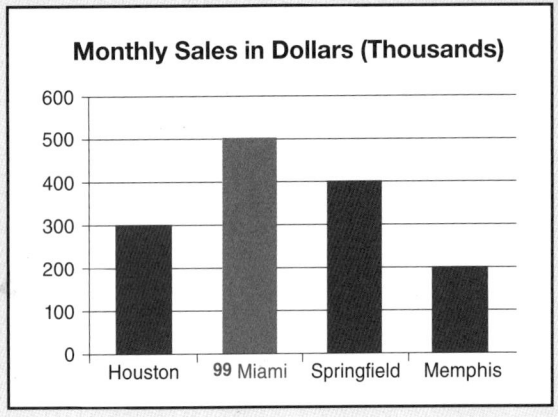
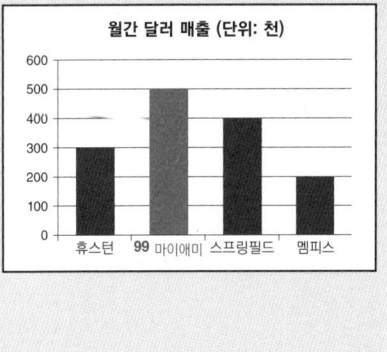

어휘 sales report 매출 보고서 office supplies 사무용품 record 기록 sales figure 매출 합계(액) hit 닿다, 이르다 climb 오르다 in a row 잇달아, 연이어 boost 증가하다, 인상하다 space 공간, 자리 location 위치, 장소 do some research 조사를 하다

98 What kind of business does the speaker work for?
(A) A consumer-research agency
(B) An office supplies store chain
(C) A real estate company
(D) A supermarket chain

화자는 어떤 종류의 회사에서 근무하고 있는가?
(A) 소비자 조사 기관
(B) 사무용품 체인점
(C) 부동산 회사
(D) 슈퍼마켓 체인점

─○ 기본정보 파악 - 직업/업종

문제 키워드 | What / business / speaker / work

청자나 화자의 직업을 묻는 문제는 정답의 단서가 주로 담화 전반부에서 언급된다. 담화 전반부에서 화자가 사무용품 매장들의 매출 보고서를 받았는지(did you get the sales report for our office supplies stores?) 확인하고 있으므로 정답은 (B)이다.

정답 (B)

99 Look at the graphic. According to the speaker, which location will have more space?
(A) Houston
(B) Miami
(C) Springfield
(D) Memphis

시각 자료를 보시오. 화자의 말에 따르면, 어느 지점의 공간이 더 넓어질 것인가?
(A) 휴스턴
(B) 마이애미
(C) 스프링필드
(D) 멤피스

─○ 시각 자료 연계

문제 키워드 | graphic / which location / have / more space

담화에서 언급되는 정보와 문제지에 제시된 시각 자료를 연계하여 푸는 문제이다. 담화 후반부 화자는 매출이 가장 높은 지점의 공간을 늘리는 것을 제안한다(I suggest we could try to make more space for our highest sales record location.)고 하였고, 시각 자료에서 매출이 가장 높은 지점은 마이애미로 확인되므로 정답은 (B)이다.

정답 (B)

100 What does the speaker say she will do?
(A) Recruit more employees
(B) Praise a team's performance
(C) Order additional supplies
(D) Contact a local manager

화자는 무엇을 할 예정이라고 이야기하는가?
(A) 직원 추가 모집
(B) 팀의 성과 칭찬
(C) 추가 용품 구매
(D) 지역 관리자와 연락

구체적인 정보 파악 - 미래

문제 키워드 | What / speaker / say / will

미래 정보 파악 문제는 주로 후반부에 단서가 제시된다. 마지막 대사에서 화자는 관리자에게 시장 조사를 할 것을 요청할 것(I'll ask the manager to do some market research about what they need.)이라고 하였으므로 관리자에게 연락할 것임을 알 수 있다. 따라서 정답은 (D)이다.

어휘 recruit 모집하다 praise 칭찬하다 performance 성과, 실적 additional 추가의   정답 (D)

토익 시험 당일 가장 빠른 해설과 점수 확인

TOEIC 정기고사 풀서비스

시험 종료 30분 안에
정답 확인과 채점까지 모두 한 번에 해결!

빠른 정답 서비스
시험 종료 후, 30분 이내에
실시간 정답 업데이트!

파트별 난이도 확인
응시생들이 직접 체감한
파트별 난이도 확인!

실시간 채점 및 점수
업로드된 정답으로
빠르고 정확하게 채점까지!
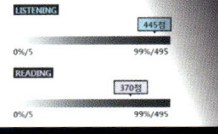

라이브 해설 강의
이번 토익을 직접 풀어본 선생님들의
난이도 분석은 물론, 라이브 해설강의까지!

논란 문제 종결
이번 토익에서 가장 논란이 되었던
바로 그 문제, 전문가의 해설로 논란 종결!
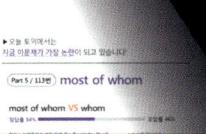

비교해보세요.
토익 정답을 가장 빨리 확인하고,
채점까지 할 수 있는 곳은
영단기입니다.

영단기 토익 정기고사 풀서비스 이용하려면?   [영단기 ▼] [검색]

가장 빠른 토익 고득점이 가능한 어학원 1위 영단기의 책임감으로
아무도 시도하지 못했던 가장 빠르고 정확한 토익 정기고사 풀서비스를 준비했습니다.

*㈜해럴드 주최 『2015 상반기 대학생 선호브랜드 대상』 '가장 빠르게 토익 고득점이 가능한 어학원' 부문 1위

인공지능 출제 예측서비스

STELLA

STELLA가 예측한 토익 PART 5 2문제 중 1문제* 적중

*12월 20일 시험대비 STELLA 예측 문제 PART 5 30문제 중 15문제 시험 문제유형 적중 기준

토익 시험을 위한 모든 것을 준비해 두었습니다.
STELLA가 제안하는 '시기별 맞춤 콘텐츠'를 이용해보세요.

D-10

TOEIC 출제예측특강
영단기 토익 대표강사님들의 예측 특강으로 더욱 완벽하게 시험을 대비하세요.

D-5
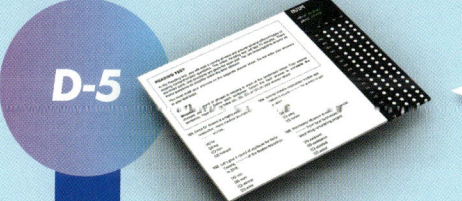
STELLA 예측 문제 풀기
이번 시험에 출제될 토익 문제가 영단기 모든 수강생 분들에게 제공됩니다.

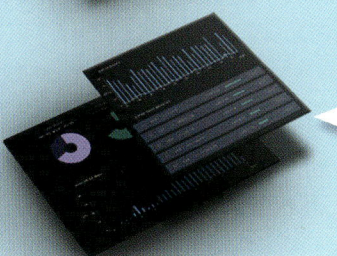
성적 분석 서비스
예측 문제를 풀어본 경쟁자들의 통계 데이터를 통해 본인의 현 위치를 파악할 수 있습니다.

D-day

토익 당일 채점 서비스
시험 당일 정답 공개는 물론 시험 총평과 논란문제까지 제공해드려요.

STELLA   eng.conects.com

토익스피킹
500% 환급반

따라만 와도,
여러분의 성적은 더 높이 올라갑니다!

📢 **모집조건** ▸ 토스 단기 고득점이 필요한 학생 ▸ 수강료가 부담스러운 학생
▸ 성적과 환급, 두 가지 모두를 원하는 학생

Lv.6 달성 시 **100% 환급**	
Lv.7 달성 시 **200% 환급**	
Lv.8 달성 시 **300% 환급**	

STEP 1 Daily Care
어플을 통한 꾸준한 학습 관리

STEP 2 Weekly Care
주차별 예상 문제 총정리

STEP 3 Monthly Care
핵심을 찌르는 월별 토스 경향 분석

STEP 4 Final Care
고득점을 위한 특강 마무리

*모든 환급은 출석 미션 완료를 전제로 하여 진행됩니다.

3가지 고득점 전략으로 점수 보장!

OPIc
THE REAL FREE PASS

최신 트렌드 강의!
매주, 매월, 시험 직전 업데이트 되는 최신 경향 강의

왕초보도 AL가능!
수 많은 목표달성 학생들에 의해서 입증된 짱짱한 강의력

체계적인 커리큘럼
자신의 위치에 맞는 수업 선택, 실력은 자동으로 UP UP!

오픽 프리패스와 함께라면 고득점 스토리는 여러분들의 이야기가 될 것입니다.

김유라 | IH
세라김 선생님
대기업도 문제 없게 만든 IH의 힘!

조진희 | IH
지니강 선생님
낮은 토익 점수를 만회할 저만의 무기가 필요했어요!

정다운 | AL
지니강 선생님
필수암기 지문에 나의 이야기를 더하니 AL이 떴니!

정찬용 | IH
세라김 선생님
대기업 일등 공신 IH!